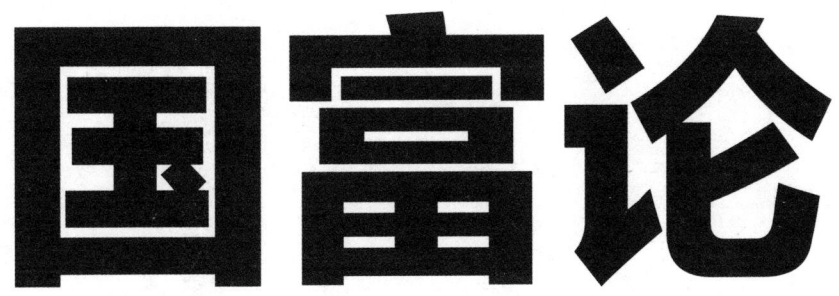

[英]亚当·斯密 著 富强 译

THE
WEALTH
OF
NATIONS

引论及全书篇章设计

　　一国国民每年消费的全部生活必需品和便利品(包括本国的直接产物,或是用这类产物从外国购得的物品),都来源于国民的劳动。

　　国民生活供给情况的好坏,取决于生活必需品和便利品与消费者人数的比例大小。这一比例对任何一国国民来说,都受制于两个因素:第一,本国国民运用劳动的熟练程度和技巧、判断力;第二,本国从事有用劳动的人数和不从事有用劳动的人数的比例大小。不论该国的土壤、气候和面积状况如何,国民生活供给情况的好坏都由这两个因素来决定。

　　另外,国民供给情况的好坏,似乎更大程度上取决于第一个因素。在未开化的渔猎民族区,有劳动能力的人为了供养自己和家族内因老弱病残而无力劳动的人,都或多或少地从事着有用劳动,以尽可能地获得各种生活必需品和便利品。不过,因为资源贫乏,生活贫困的他们迫不得已——至少被认为是迫不得已——不是直接杀死自己的老人、孩子或长期患病的亲人,就是遗弃这些人不管,任由这些人饿死或者被野兽吞食。相反,在繁荣而文明的国家里,许多人即使根本就不从事劳动,他们消费的劳动生产物也往往比大多数劳动者所消费的要多,甚至高达十倍乃至百倍。因为,这时社会全部劳动生产物非常多,可以充足地供应给所有人,包括那些最下等、最贫穷的劳动者。只要这些最下等、最贫穷的劳动者勤勉节俭,都可以比那些未开化的人享受到更多的生活必需品和便利品。

　　劳动生产力是如何得以改良的,劳动生产物又是按照何种顺序自然而然地向社会各阶层分配的?本书第一篇主要讨论这些问题。

　　国民在运用劳动时,如果实际劳动熟练程度和技巧、判断力这三个条件保持不变,那么无论这三个条件处于何种水平,供给情况的好坏都必然取决于从事有用劳动的人数和不从事有用劳动的人数的比例。无论在任何场合,有用的生产性劳动者人数都和推动劳动的资本量大小及资本用途成比例,这一点将在本书的后文论述。

本书第二篇讨论的是:资本的性质、资本累积的方法,以及因为资本用途不同其所推动的劳动量也不同。

随着劳动运用的熟练程度、技巧和判断力的不断掌握,不同的国民采取了极不相同的计划来实行对劳动的一般管理或指导。这些计划对于增加一国生产物的有利程度不尽相同。有些国家特别鼓励农村产业,而另一些国家却鼓励城市产业,恐怕还没有哪一个国家不偏不倚地实行过平均发展各种产业的政策。罗马帝国崩溃之后,欧洲各国都实行了比较不利于农村产业而有利于城市产业的政策,即鼓励手工业、制造业和商业的发展。人们为什么采用和规定了这些政策?这就是本书第三篇的主题。

这些最初也许是被特殊阶层的利益与偏见左右的计划,最终还是得到了实施。但是这些计划对全体社会的福利产生的影响,却是他们没有考虑到的,更不用说预见了。因为这些计划的影响,出现了极不相同的经济学说。有人认为城市产业重要,也有人认为农村产业重要。这些不同的学说引起了极大的反响,不但相当大地影响了学者们的意见,而且左右了君王和国家的政策。在本书第四篇中,我将尽我所能地对这些不同的学说,以及它们在各时代和各国中所产生的重要影响,作出详细而明确的解释。

总之,本书前四篇说明了国民的收入是如何构成的,以及不同时代、不同国家每年供应给国民消费的财富的性质。本书最后一篇,即第五篇,讨论的是君主或国家的收入。在第五篇中,我尽力说明这三点:第一,君主或国家的必要费用是什么,其中的赋税来源,哪些部分应该由全社会共同承担,哪些部分应该出自社会某些特殊阶级或成员。第二,怎样募集全社会所有纳税人的经费,各种募集方法的利弊大概有哪些。第三,近代各国政府几乎都把收入的一部分作为担保来发行公债,原因是什么;这种债务会对土地和劳动的年产物这种真实的财富产生什么影响。

目 录

引论及全书篇章设计 /1

第一篇　论增进劳动生产力的因素及分配劳动生产物给各个阶层的自然顺序

第一章　分工 /1

第二章　分工的起源 /6

第三章　市场大小会限制分工 /9

第四章　货币的起源和效用 /12

第五章　商品的劳动价格与货币价格 /16

第六章　商品的价格组成 /28

第七章　商品的自然价格与市场价格 /33

第八章　工资 /40

第九章　资本与利润 /56

第十章　劳动与资本对工资与利润的影响 /63

　　第一节　由职业性质造成的不平衡 /64

　　第二节　由政策造成的不平衡 /78

第十一章　地租 /96

　　第一节　总能提供地租的土地生产物 /98

　　第二节　有条件提供地租的土地生产物 /109

　　第三节　上述两种土地生产物相对价值的变动 /119

本章总结 /168

第二篇　论资本的流通、累积和作用

序　论 /172

第一章　资财的划分 /173

第二章　维持国民资本的货币 /178

第三章　资本积累与生产和非生产性劳动的关系 /208

第四章　贷出取息的资财 /220

第五章　资本的用途 /226

第三篇　论不同国家资本发展的不同

第一章　财富的自然积蓄 /237

第二章　欧洲农业在罗马帝国崩溃后曾受到抑制 /240

第三章　罗马帝国崩溃后都市的发展 /248

第四章　城市工商业会促进农村的发展 /255

第四篇　论政治经济学体系

序　论 /265

第一章　重商主义的内在机制 /265

第二章　限制进口本国也能生产的外国货物 /282

第三章　限制进口那些使我国陷入贸易逆差的外国货物 /296

　　第一节　此种限制不符合重商主义 /296

　　第二节　此种限制也不符合其他原则 /307

第四章　退税 /314

第五章　奖励金 /317
　　　附　录 /341
第六章　通商条约 /343
第七章　殖民地 /350
　　第一节　新殖民地建立的目的 /350
　　第二节　新殖民地繁荣的原因 /355
　　第三节　两大发现对欧洲的意义 /372
第八章　关于重商主义的结论 /402
第九章　重农主义 /414

第五篇　论国家的收入

第一章　君主或国家的费用 /431
　　第一节　国防经费 /431
　　第二节　司法经费 /442
　　第三节　公共工程和机关的费用 /450
　　第四节　维持君主的尊严也需要费用 /502
本章的结论 /502
第二章　公共收入的来源 /503
　　第一节　君主或国家的非常规收入 /503
　　第二节　赋税 /508
第三章　公债 /558

第一篇 论增进劳动生产力的因素及分配劳动生产物给各个阶层的自然顺序

第一章 分工

分工出现之后，劳动生产力得到了最大的增进，运用劳动时的熟练程度、技巧和判断力也得以加强。

社会一般业务分工所产生的结果，可以通过考察个别制造业的分工状况来让人们易于理解。在一般人看来，最完全的分工只出现在一些极不重要的制造业中。实际上，这些不重要的制造业的分工并没有更加周密，而是由于它们只能供给少数人少量的需要，它们所雇用来从事各部门工作的工人人数自然不多，往往可以集合在同一个工厂之内，可以让人一览无余。那些大制造业则相反，它们要供给大多数人大量的需要，所以各工作部门都雇用了大量的劳动者，既不可能把这些人都集合在同一个工厂里，也不可能让人同时看见一个部门以上的工人。尽管这些大制造业工作部门的划分实际上比小制造业要多得多，但因为这种划分不像小制造业那么明显，所以这一点很少有人会注意。

扣针制造业虽然极其微小，但它的分工往往可以引起人们的注意，我就以它为例子来详细说明。如果一个工人没有接受过这一职业（扣针的制造会成为一种专门的职业，就是分工的结果）的相应训练，也不知道怎么使用这一职业所需要的机械（这种机械之所以有可能发明出来，恐怕也是因为分工的出现），那么就算他一整天都竭力工作，也有可能连一枚扣针都制造不出来，更不用说二十枚了。分工出现之后，就有了现在的经营方法。

1

分工不但使这种作业全部成为专门的职业，还把这一职业分成了若干个部门。这些若干个部门中的大多数，也同样成了专门的职业。整个工序分为抽铁丝、拉直、切截、削尖铁丝的一端、打磨铁丝的另一端（以方便装针头），分别由不同的人负责完成。仅仅是做针头这一道工序，就需要通过两三个操作来完成。装针头、把针头涂白、包装，都成了专门的职业。这样细分起来，扣针的制造就分成了十八道工序。在有些工厂里，这十八道工序分别由十八个专门的工人负责完成。

当然，也有些工厂会让一个工人完成两三道工序。我见过一个类似的小工厂，里面只有十个工人，因此有几个工人就需要负责完成两三道工序。这样的小工厂虽然资源匮乏得连必要的机械设备也很简陋，但是只要工人们勤勉地工作，一天也能生产出十二磅针。按照每一磅重的针有四千枚来计算，这个工厂每天总共可以生产四万八千枚针，即每人每天可以制造出四千八百枚针。

如果工人们不是分别专习于一种特殊的业务，而是各自独立工作，那么任何人都不可能在一天之内制造出二十枚针，甚至一枚也制造不出来。如果不是因为适当的分工合作，那么他们不但不能完成今日成针数量的二百四十分之一，恐怕连四千八百分之一都完成不了。

对于其他各种操作较复杂的工艺及制造业，虽然不能做这样细密的分工，但分工的效果都是一样的。凡是能分工的工艺，分了工就可以相应地增强劳动生产力。分工的这种好处，也体现在各种行业各自分立这一社会现象上。如果一个国家有着较高的产业与劳动生产力的增进水平，那么其各行各业的分工一般也都达到了较高水平。

在未开化区域中由一个人担任的工作，在进步的社会中一般都由几个人分任。在进步的社会中，各人的身份一般是单一的，农民就是农民，制造者只是制造者。此外，往往需要由许多劳动者共同承担生产一种完全制造品所必需的劳动。比如，在麻织业和毛织业中就采用了许多不同的技艺。无论从亚麻及羊毛的生产到麻布的漂白和烫平，还是从呢绒的染色到最后一道加工，都细分给各个部门负责，所采用的技艺也各有不同。

农业由于有其特殊性，所以不能进行细密的分工，各种工作都不能像制造业那样截然分立。比如，木匠与铁匠截然不同，通常可以看作两种完全不同的职业，但牧民与农民却不能像前者那样完全分开。同样地，纺工和织工分别由

第一篇 论增进劳动生产力的因素及分配劳动生产物给各个阶层的自然顺序

两个人担任,但锄耕、耙平、播种和收获却常常由同一个人负责。农业上的种种不同劳动会随着季节的推移而巡回,绝不可能指定一个人只从事一种劳动。

也许就是因为农业不能采用完全的分工制度,才使得农业在劳动生产力的增进上,总是跟不上制造业的步伐。现在,就算是农业和制造业都优于邻国的富裕国家,其制造业方面的优越程度也必然大于农业。在富裕的国家里,土地一般都耕耘得比较好,投入的劳动与费用也较多。按照土地面积与肥沃程度来比较,富裕国家的粮食产量也较多。

但是,这样大的生产量与投入其中的较大劳动量和费用相比,却很少在比例上大大超过后者。就农业方面来说,富国的劳动生产力未必都比贫国大得多,至少不像制造业那样有较大的差距。所以,品质同样优良的小麦,在富国市场的售价未必都比贫国低廉。比如,法国的富裕和进步程度远胜于波兰,但品质同样优良的小麦在波兰的售价与在法国的售价是一样低廉的。而法国与英格兰相比,法国可能要在富裕与进步程度上略逊一筹,但是,法国的产麦省可以生产出和英格兰小麦完全相同的优质小麦,而且两者的价格在多年内也大致相同。在麦田的耕种方面,英格兰比法国好,法国比波兰好得多。由此可见,贫国尽管在耕种上处于劣势,也同样可以生产出品质优良、售价低廉的小麦,有能力在相当程度上与富国竞争。

而在制造业方面,至少是在富国的土壤、气候、位置适宜于这类制造业的场合中,贫国却无力与富国竞争。法国丝绸之所以比英国丝绸好且便宜,就在于法国的气候更适合生产原丝,至少在今日原丝进口税很高的状况下是这样的。但是在铁器和粗毛织物业,英国却远胜于法国。品质同样优良的铁器和粗毛织物,英国的售价比法国的低廉得多。据说,波兰几乎没有什么制造业,仅有的少数几家制造业也只生产人类生存所必需的粗糙的家庭制品。

出现了分工之后,同样数量的劳动者所完成的工作量,就能比过去多得多。其原因有三点:第一,劳动者因为专业而掌握了技巧;第二,免除了由一种工作转到另一种工作所带来的时间损失;第三,随着简化和缩减劳动的机械的发明,一个人能够做原本需要许多人才能完成的工作。

第一,劳动者因为掌握了劳动技巧,其所能完成的工作量也势必增加。分工实施之后,各劳动者的业务就只局限于一种单纯的操作,所以他们当然能够大大地增进劳动的熟练程度。

假设有一个普通的铁匠,他用惯了铁锤却从来没有做过钉子,一旦他因为某种原因而必须做钉子时,那么我敢说,他一天最多只能做出两三百枚质量拙劣不堪的钉子。一个人即使习惯于制钉,但如果不以制钉为主业,那么就算他再竭力工作,也几乎不能在一天之内制造出八百或一千枚钉子。我见过几个专以制钉为业的青年人,他们都不满二十岁,也没有任何其他的手艺,但是他们在尽力工作时,每人每天能够制造出两千三百多枚钉子。然而,也不能因为这样就认为制钉是最简单的操作。同一个劳动者,既要负责鼓炉、调火、烧铁、挥锤打制,还要在打制钉头时注意调换工具。

与制钉子相比,制扣针和制金属纽扣的各项操作要简单得多,而以制扣针和纽扣为终身职业的人,其劳动的熟练程度通常也高得多。所以,在这一类制造业中,有几种操作的速度之快,简直令人难以想象,除非你亲眼所见,不然你绝对不会相信人手也能有这么大的本领。

第二,如果节省了由于转换工作而损失的一些时间,那么由此得到的利益,会比我们乍一看时所能想象到的利益要大得多。

人们不可能很快地从一种工作转到另一种工作,特别是当另一种工作要使用完全不同的工具,且在不同的地方进行时。比如,一个乡村人既耕作农田又担任织工,如果他在织机与耕地之间来回奔波的话,就一定要虚耗许多时间。诚然,如果这两种技艺能在同一场地上进行,那么无疑可以减少许多时间上的损失。

但即便如此,还是会有很大的损失,因为一个人的手在由一种工作状态转向另一种工作状态时,通常都要闲置一会儿。一个人在开始一项新工作的最初时刻,总免不了会心不在焉,势必难以立即积极地把全部精力都投入到工作中。而且,这种状态将会持续相当长的一段时间。一个农村劳动者,如果他每半小时就要换一次工作和劳动工具,而且几乎每天都必须从事二十项不同的工作,那么他自然(甚至可以说是必然)会养成闲荡、偷懒、随便等习惯。

农村劳动者就因为这种种习惯,常常会流于懒惰和散漫,即使到了形势非常紧迫的时刻,他们也不会精力十足地干。所以,即使他们在技巧方面没有缺陷,但仅仅就是这些习惯,也足以大大减少他们所能完成的工作量。

第三,适当的机械的使用在多大程度上简化和节省了劳动,大家必定都知道,我也就不再多说了。在这里,我要说的是:那些简化和节省劳动的机械的发

第一篇 论增进劳动生产力的因素及分配劳动生产物给各个阶层的自然顺序

明,好像也是分工的结果。

相比较而言,人类的注意力如果只集中于单一的事物上,会比分散在许多事物上更容易发现达到目标的更简易、更便利的方法。分工出现以后,每个人的注意力都会自然而然地全部倾注在一种简单的事物上。所以,在各个劳动部门中,只要哪一项工作还有改良的余地,那么不久之后,自然就会有劳动者发现一些比较简易而便利的方法,以便更有效地做好各自的工作。正因为如此,如今用在分工最细密的各种制造业上的机械,有很大一部分原本都是普通工人的发明。这些比较便宜的操作方法的发现,就得益于他们所从事的最单纯的操作。

一个人只要常去制造厂观察,就一定会看到一些由普通工人发明的非常精巧的机械。工人们从事的工作都非常简单。工人们为了能够容易而迅速地完成工作,自然会用心找出更好的工作方法。最初的蒸汽机,需要有人守在旁边,根据活塞的升降交替着打开或关闭汽锅与汽缸间的通路。有一次,担任这项工作的一个儿童因为贪玩,就用绳子把开闭通路的活动门把手系在机器的另一部分上。这样一来,活动门就可以不需要人力而自行开闭了。蒸汽机大改良的方法之一,竟然来自一个贪玩的男孩。

但是,并不是一切机械的改良都是由机器的使用者发明的。许多改良都来源于专门的机械制造师的智慧,还有一些改良则来自哲学家或思想家。哲学家或思想家不用制造任何实物,他们的任务只在于观察一切事物。因此,他们常常能够把各种相去甚远、完全没有关系的物体联系并结合起来。随着社会的进步,哲学或推想也成了某个特定阶层人民的主要业务或专门工作,而且这种业务或工作还分成了许多部门,每个部门又各自成了一种像其他职业一样的行业。哲学上的这种分工,取得了和产业上的分工同样的效果,既增进了技巧又节省了时间,使得各人都擅长于各自的特殊工作,不但提高了整体的工作量,而且大大增进了技术含量。

因为分工的出现,在政治修明的国家里,就连最底层的劳苦大众也普遍富裕。各行各业的产量大增,在这一行业中的产物除了满足劳动者自身所需之外,还可以大量出卖;同时,其他行业的劳动者也都生产出了大量的产物,他们可以用它们来交换其他劳动者的大量物品。一个人所需的物品可以通过与别人交换而得到充分供应,别人所需的物品也可以从他那里获得,就这样,社会

各阶层都普遍富裕起来。

在文明而繁荣的国家里，考察一下最普通技工或日工的生活用品，你会发现其中都凝结着无数劳动者的一部分劳动，虽然这些劳动只占了一小部分。

比如，日工所穿的粗劣的羊毛大衣，就是由许多劳动者联合劳动而制成的。这种产物虽然朴素，但是势必要许多人联合起来才能完成，要有分别负责牧羊、分拣羊毛、梳羊毛、染色、粗梳、纺线、织布、漂白、裁缝的人，还要有其他许多人。而且，这些劳动者往往居住在相隔很远的地方，需要许多商人和运输者的劳动，才能把材料从甲地运到乙地。像染工所用的药料，常常需要从世界上各个遥远的地方购得，而要搜集起这些品种不同的药料，势必要大大地借助于商业和航运业——其中凝结了许多造船人、水手、制帆人和绳索制造者的劳动，而这些普通劳动者所使用的工具，又需要多少种劳动才能够生产出来！姑且不说水手用的船、漂白工用的水车、织工用的织机这类复杂的机器，单是一些简单的器械，就需要许多种类的劳动才可以制造出来，比如剪羊毛用的剪刀。这种剪刀虽然极为简单，但也凝聚了各种各样的技艺，需要矿工、熔铁炉建造者、伐木工、烧炭工、制砖人、泥水匠、锅炉工、机械安装工、铁匠等的共同劳动才能生产出来。

同样地，我们也可以观察他们的服装和家庭用具。比如，无论是贴身的粗麻布衬衣、脚上的鞋子、睡觉的床铺、床铺上的各种物品和装置、烹制食物的炉子、采掘自地下并需要由水路或陆路运输才能送达的煤炭、桌子上的全部用具、盛放和分取食物的器皿、面包和麦酒、厨房中其他的器具，还是能透过热气和光线却遮挡风雨的玻璃窗、制造这些便利品所需要的各种器具，以及一切使世界北部成为舒适的居住地所必需的知识和技术……总之，任意一样你观察到的东西，都投入了各种劳动。由此可以知道，如果没有千千万万人的协作，一个文明社会中的、微不足道的人，要想按照他现在所适应的舒服简单的方式取得其所需的日用品，是不可能的。

第二章　分工的起源

分工虽然有这么多的好处，但是这诸多好处并不是源于人类的智慧，而是

第一篇　论增进劳动生产力的因素及分配劳动生产物给各个阶层的自然顺序

一种互通有无、物物交换的倾向逐渐发展起来的结果。尽管人类凭着智慧预见到分工会产生普遍富裕，并想通过分工来实现普遍富裕，但人类最初的目标并不是这一广大效用。

现在，我们不把这种倾向是不是一种不能进一步分析的本然性能，或更确切地说是不是理性和言语能力的必然结果列入研究范围。但是，这种倾向是人类所共有且特有的，其余各个种类的动物似乎都不知道这种倾向或其他任何一种协约。

两只猎犬共同追逐一只兔子的情况时有发生，其中一只猎犬将兔子逐向另一只猎犬，或在另一只猎犬把兔子逐到它那一边时加以拦截。这一举动，看上去好像也是一种协同动作，但这种协同只是它们的欲望对象相同时偶然产生的一致，只发生在某一特定时刻，并不是契约的结果。两犬公平审慎地交换骨头的情形，我们从来没有见过。除了人类之外的其他任何一种动物，以姿势或自然呼声向其他动物示意说"这是我的，那是你的，我愿意拿我的东西跟你交换"的情形，我们也从未见过。

某一动物要想从人或其他动物那里取得某物，唯一的说服手段就是博取授予者的欢心。比如，想要取得食物的小犬向母犬百般献媚、想要唤起主人注意以投食过来的家狗做出种种娇态等。这种手段，有时也被我们人类用来对待同胞。一个想让同胞满足自己意愿的人，当他没有其他适当的方法时，就会以种种卑劣阿谀的手段来博得对方的欢心。不过，这种办法受时间所限，只能偶尔为之，不可能每次都搬过来用。在文明社会中，一个人不容易搏得其他人的好感，就算尽其毕生之力亦收效甚微，却随时有可能遇上获得多数人援助的情况。除人类之外，别的动物几乎一到壮年就全都能够在自然界独立，不需要其他动物的援助。

而人类，几乎随时随地都需要同胞的协助，不可能仅仅依赖他人的恩惠。如果一个人为了自己的利益，能够刺激别人的利己心而自愿替自己做事，他就可以比较容易地达到目的了。任何一个想与别人做买卖的人，都可以先这样提议：请把我所要的东西给我吧，这样你就能从我这里得到你想要的东西。这就是交易的通义。我们依照这个方法，可以取得所需要的大部分帮助。屠夫、酿酒家或烙面师供给我们每天所需的食物和饮料，不是出自恩惠，而是因为他们自

7

利的打算。我们不说唤起别人利他心的话，而改说唤起别人利己心的话。就算我们自己有需要，也要说这样做对他们有利。

在这个社会上，没有哪一个人愿意像乞丐一样过着全然靠别人施舍的生活。就算是乞丐，也不能一味地依赖别人的恩惠。诚然，乞丐的生活资料归根到底都来自具有慈悲心的善人。但是，这种善举只是出于一种道义，它没有、也不可能随时随地地提供给乞丐。乞丐的大部分临时需要，也是通过契约、交换和买卖而得到的，就像其他人一样。他拿出别人给他的金钱购买食物；他把别人给他的旧衣换成更合身的旧衣、食物或寄宿的地方，或是把旧衣服换成货币后再购买自己需要的衣服、食物或住所。这些都不是别人恩惠的结果。

正因为契约、交换和买卖实现了我们所需要的大部分帮助，所以当初才产生了分工这一倾向。比如，在狩猎和游牧民族中有一个擅长制造弓矢的人，他曾用自己制成的弓矢交换别人的家畜或兽肉，却发现与猎人交换所得，比他亲自到野外捕猎得到的还要多。他为了自身利益打算，就把制造弓矢当成自己的主要业务，因此成了武器制造者。另一个擅长建造小茅屋或移动房屋的框架和屋顶的人，则经常被人请去建造房屋，得到的酬劳是家畜、兽肉。后来，他终于发现一心一意地从事这一工作对自己有利，然后他就成了房屋建筑者。同理，第三个人做了铁匠或铜匠，第四个人成了鞣皮者或制革者——未开化时期，皮革是人类的主要衣料。这样一来，人们就拿出自己生产而又消费不了的剩余劳动产物，以换得自己所需的别人劳动生产物的剩余部分。人们从这一现象上得到了鼓励，开始从事一种特定的业务，也正因为如此，他们在各自的业务上得到了磨炼，因而能够发挥各自的天赋资质或才能。

实际上，人类天赋才能的差异并没有我们想象的那么大。成年人在其所从事的不同职位上所表现出的非常不同的才能，与其说是分工的原因，不如说是分工的结果。这种说法在多数情况下都适用。比如说哲学家和挑夫，这两个人性格差异非常明显，造成这种明显差异的，应该说是习惯、风俗与教育，而不是天性。他们在七八岁以前，天性极其相似，恐怕就连他们的双亲和朋友也不能看出他们有任何显著的差别。大约从七八岁或年龄更大一些之后，他们就开始从事极不相同的职业，渐渐地，他们才能的差异才开始看得出来并逐渐增大，最后，受虚荣心驱使的哲学家，简直不肯承认自己与挑夫有任何相似的地方。然而，如果没有这种互通有无、物物交换倾向的产生，那么每一个人要想取得生活上的一切必需品和便利品,都必须亲自生产,这么一来,所有人的任务和工作都没有任何分别,当然也就不可能存在因为工作差异所产生的巨大的才能差异了。

交换倾向的出现,使得从事各种职业的人产生了极其显著的才能差异,而且这种差异是有用的差异。人类在没有受过教育和习俗的熏陶以前来自自然资质上的差别,跟许多同种但不同属的动物来自天性的差异相比,要大得多。在天赋资质方面,猛犬与猎狗的差异、猎狗与长耳狗的差异、长耳狗与牧畜家犬的差异,都比哲学家与挑夫的差异要大得多。但是,这些同种不同属的动物并不能相互利用。对强力的猛犬来说,敏捷而迅速的猎狗、智巧的长耳狗、柔顺的牧畜家犬,都不能给它以辅助。这种种不同的资质和才能,之所以不能结合成一个共同的资源,就因为动物们一直都各自独立、各自保卫,没有能力和倾向把自然赋予它们的才能进行交易,因而也就不能增进同种之间的幸福和便利。可是对人类来说,情况就完全不同了。在人与人之间,哪怕是差异相当明显的才能也可以互相交换着使用。互通有无、物物交换的一般倾向,使得人们把各种才能所生产的不同产物聚集成一个共同的资源。任何人都可以根据需要,用自己的资源从这个共同的资源里换取别人生产的物品。

第三章　市场大小会限制分工

由于分工起源于交换,所以限制分工程度的是交换能力的大小。换句话说,就是市场的广狭限制了分工的程度。如果市场过小,人们就不能用自己劳动生产物的剩余部分,来随意换得自己所需的别人劳动生产物的剩余部分,这样他们也就不会终生从事某一职业。

有些业务只能在大都市里经营,哪怕是一些最普通的业务,比如说搬运。因为,小村落里根本就不需要专门的搬运工,而普通的城市又不能保证有不断的工作机会。在荒凉而人烟稀少的苏格兰高地一带,不管是哪一个乡村农夫,都必须为自己的家属兼任许多职务,像屠户、烙面师、酿酒人。在那种地方,就算在二十英里内,你也很难找到两个铁匠、木匠或泥水匠。那些零星散居的人家,距离工匠至少有八九英里之遥,所以只好自己动手做许多小事情。而在人口众多而

繁忙的大城市，人们一定会雇请专业工人来帮忙做那些小事情。

一个人兼营几种性质类似因而使用同一材料的行业，在农村到处可见。一切木制的物品，农村木匠都可以制造；所有铁制的物品，农村铁匠都会制作。农村木匠除了是木匠之外，还是雕刻师、家具师之类的细工木匠，乃至制车轮者、制耕犁者、制二轮或四轮运货车者……铁匠的工作比木匠的工作更为繁杂。在苏格兰高地那样僻远的内地，一个人要想靠专门造铁钉来维持生计，是不可能的。因为在那里，即使他一年劳动三百天，每天制钉一千枚，每年制钉三十万枚，一年的销售量也不会超过一天的制造额，也就是说，他一年也销售不出一千枚钉子。

水运开拓的市场，比陆运开拓的市场要广大得多。所以，一直以来，各种产业的分工改良都自然而然地从沿海、沿河一带开始。这种改良要想在内地得以普及，往往需要许久。

现在，用两个人、八匹马，来驾驭一辆装载了约四吨货物的广辐四轮运货车，在伦敦和爱丁堡之间往返，一共需要六个星期。可是，如果走水路的话，六个人或八个人就可以驾驶一艘载重二百吨货物的船只，同样的时间里也可以往返伦敦和利兹。所以，走陆路需要一百人、四百匹马和五十辆四轮运货车搬运的货物，如果借由水运的话，可以方便地由六个人或八个人搬运。此外，从伦敦运二百吨货物到爱丁堡，按最低运费来计算，也至少要负担一百个人三个星期的生活费、四百匹马和五十辆四轮运货车的维持费，再加上和维持费几乎相等的消耗，全部费用加起来，必然是一笔高昂的运费。然而，水运所要负担的，不过是六到八个人的生活费、货船的消耗费，再就是与陆运保险费有较大差额的高额水运保险费。所以，如果除了陆运之外，两个都市之间没有其他的交通方法，那么就只有那些重量不大而价格很高的物品，才能在这两个都市之间流通了。这样，两地之间就只有现今的这一小部分商业，两地的产业发展所需要的相互刺激，也就只有依靠这一小部分商业来提供了。假如世界上只有陆运，那么商业活动就无法在那些偏远的地区之间进行。由伦敦至加尔各答的陆上运费，高昂得没有货物可以负担得起。就算有货物可以担负起这一运费，也没有什么输送方法可以让它们安全地通过，因为在介于两地之间的领土上，住着许多野蛮的民族。水运却没有这些限制，现今，这两个都市间进行了大规模的贸易，它们相互提供市场，并大力鼓励彼此的产业发展。

第一篇 论增进劳动生产力的因素及分配劳动生产物给各个阶层的自然顺序

水运的这种大便利，使得工艺和产业改良都自然地发起于水运便利之地，而且许久之后才能在内地普及。内地由于与河海隔离，其大部分产物都只能在邻近的地方销售，所以在长时间内，货品的销量必定和邻近地方的财富与人口成比例，结果是它的改良步伐总是落在邻近地方后面。比如英国在北美的殖民地上，都沿着海岸和河岸开发大种植园，很少把殖民区域扩展到离水运很远的地区。

根据最可靠的史料记载，地中海沿岸各国开化最早。地中海是现今最大的内海，没有潮汐和可怕的波涛，只有风浪。在罗盘及指南针尚未发明、造船术尚不完全时期，人们视狂澜怒涛为畏途，都不愿意远离海岸，所以选择了地中海，它不仅海面平滑、岛屿星罗棋布，而且距离海岸很近，适宜于初期航海。在古代，直布罗陀海峡被认为是世界的尽头，驶过它向西航行，长期以来被认为是航海史上最危险、最可怕的旅途。许久之后，以造船和航海事业著称的腓尼基人和迦太基人，才敢于尝试。在这之后又过了很久，才有别国人敢来问津。

在地中海沿岸各国中，首推埃及的农业和制造业发展最早、改良最大。在上埃及，尼罗河两岸数英里内的地域比较繁盛。在下埃及，尼罗河分成了无数大大小小的支流，这些支流遍布全国，只要略加施工，就可以在全国范围内流通，无论是在各大都市、各个重要的村落间，还是在村野的各个农家间都可以进行便利的水运。荷兰境内的莱茵河和麦斯河今日所提供的便利，大致也就是这样的吧。埃及的内陆航行如此广泛而便宜，也难怪它会进步得那么早了。

农业和制造业上的改良，东印度孟加拉各省、中国东部的几个省，似乎也在极早的时期就开始进行了，虽然这一往古事迹尚未得到欧洲有权威的历史学家的确证。就像埃及的尼罗河一样，印度境内的恒河及其他大河，也分出了许多可以通航的支流。而在中国东部各省，也有若干条分成了许多支流和水道的大江大河，这些河流相互交通，使得内地航行的范围得以扩大，这一航行范围的广阔程度，就算是尼罗河、恒河这两大河合在一起，也无法比拟。但是，有一点很奇怪：对于对外贸易，古代的埃及人、印度人和中国人都不鼓励。内陆的航行，似乎是他们财富的全部来源。

而有些地方，似乎一直处于未开化的野蛮状态，像非洲内地、距离黑海和里海以北极远的亚洲部分地区、古塞西亚（现今的鞑靼和西伯利亚）等。鞑靼海是一个冰洋，不能通航；而鞑靼境内虽有若干条世界著名的大河流过，却因

彼此相距太远而不能相互交通，所以，鞑靼境内的大部分地区，都没有商业和交通的有利条件。欧洲有波罗的海、亚得里亚海，欧亚两大陆间有地中海、黑海，亚洲有阿拉伯、波斯、印度、孟加拉瓜及退罗诸海湾。非洲却没有一个大内海，虽然其境内有诸多大河，但诸大河又相隔太远，不能进行较大规模的内地航行。

此外，一国境内就算有流贯其间的大河，但如果此大河没有支流，而其下游又必须流经他国才能入海，那么这个国家要想进行大规模的商业活动，也是不可能的。因为，下游国手中掌握着上游国与海洋交通的支配权。比如流经巴伐利亚、奥地利和匈牙利的多瑙河，它的效用就极为有限。但是，如果三国中的任何一个国家独有它到黑海的全部航权，那么它的效用就不能等量齐观了。

第四章　货币的起源和效用

分工完全确立之后，一个人自己的劳动产物就不能完全满足自身的需求了。他所需求的大部分物品，都是别人的劳动生产物，他必须要用自己劳动产物的剩余部分去交换，才能满足需求。于是，所有人要想生活，都要依赖交换。换句话说，所有人在一定程度上都成了商人，而严格地说，社会也就成了商业社会。

但这种交换力的作用，在刚开始分工时往往很不明显。比方说，甲持有某种自己消费不了的物品，而乙持有的物品却不够自己消费。这时，甲自然乐于卖出自己手中剩余物品的一部分，乙也乐于购买甲的这一物品，但因为乙手中没有甲现在需求的物品，所以他们仍然不能达成交易。再比方说，屠户把自己消费不了的肉放在店内出卖，而酿酒家和烙面师刚好都需要一份，他们自然愿意购买，但假如他们只有各自的制造品可供交换，而屠户现在需要的麦酒和面包又得到了供给，那么，交易同样不可能达成。此时，屠户对酿酒家和烙面师来说，就不能算是商人，酿酒家和烙面师也不是屠户的顾客。这么一来，他们就不能为对方提供帮助。

自从分工确立之后，避免这种不便的方法，就被有思虑的人想出来了。他身边不但带有自己的劳动产物，还有一定数量的某种物品——在他看来，拿着

第一篇 论增进劳动生产力的因素及分配劳动生产物给各个阶层的自然顺序

这种物品去交换任何生产物,都不会有人拒绝。

人们为了找到这种不会被任何人拒绝的物品,先后想到并用过了种种物品。据说,在未开化的社会里,牲畜曾是商业上的通用媒介,也就是牲畜可以用来交换各种物品。显然,牲畜是极不便的媒介,但我们发现,古代交换的评价标准,却往往是牲畜的头数。荷马曾经说过这么一句话:"迪奥米德的铠甲仅仅值九头牛,格罗卡斯的铠甲却值一百头牛。"据说,作为商业交换媒介的物品,阿比西尼亚用盐、印度沿海某些地方用某种贝壳、弗吉尼亚用烟草、纽芬兰用干鱼丁、英国在西印度的殖民地用砂糖,其他若干个国家,则选用了兽皮或鞣皮。据我所知,苏格兰有个乡村,现今还在用铁钉作为媒介来购买麦酒和面包。

然而,由于种种不可抗拒的原因,金属最终成了所有的国家都决定使用的媒介。金属与其他任何货物相比都不逊色。它不易磨损,不仅具有很强的耐久性,还能全无损失地任意分割,而且分割之后还可以再熔回原形。金属的这种性质,是其他一切有耐久性的物品都不具有的。因此,金属成了商业流通中最适宜的媒介。

比如,假设只有用牲畜才可以换食盐,那么想购买食盐的人,一次购买食盐的价值,势必要相当于整头牲畜才可以。因为,他用来购买食盐的牛或羊不能分割,就算可以分割,也不能再复原了。同理,如果他想购买更多的食盐,比如两倍或三倍多的分量,那么也只有用两三头牛或羊来交换才可以。相反的,假设他用金属与别人进行交易,那么他可以只按照自己目前需要的分量,分割出与该分量价值相当的金属给对方。这样一来,就解决了用牲畜来交换时所带来的问题。

至于选择哪种金属,在各个国家也并不相同。古斯巴达人用铁;古罗马人则选用了铜;而所有富裕的商业国,却选择了金银。金属在最初用作交换媒介时,都是未经铸造的粗条,且没有任何印记。古代历史家蒂米阿斯记载过这方面的情况,普林尼[①]还引用他的话说:"瑟维阿斯·图利阿斯时代的罗马人,还没有开始使用铸造货币购买自己需要的东西,当时当成货币使用的物品,都是没有刻印的粗铜条。"

---

① 译注:盖乌斯·普林尼·塞孔都斯(Gaius Plinius Secundus,公元23~公元79),著有《博物志》,是古罗马的百科全书式作家。

金属在这种粗陋的情况下,有两种极大的不便:第一,不方便称量;第二,不方便化验真假。

作为贵金属,在分量上哪怕有少许差异,在价值上也会有很大的差别。但是,要想精确地称量这类金属,至少需要有极其精密的砝码和天平,金的称量尤其如此。诚然,如果是贱金属,那么就算分量稍微差一点,其价值也不会差太多,因此没必要仔细称量。但是,对一个穷人来说,如果他每次只买卖价值一个铜板的货物,那么每次都要把这一个铜板称来称去的,不免会让他觉得极其麻烦。

化验金属的真假,更是困难而又烦琐。要想得到可靠的检验结果,就得取出金属的一部分,放进坩埚,再用适当的熔解液熔解。在铸币制度实施以前,人们为避免遭受极大的欺骗,只能使用这种困难而又烦琐的检验方法。人们售卖货物时所得的一磅金属,表面上很像纯银或纯铜的,但是其中却可能混有最粗劣、最低贱的金属,与货物的价值根本不相当。

这一弊端影响了交易的便利性,阻碍了各种工商业的发展。所以,进步的国家都认为有这样一种必要,就是把通常用来购买货物的特定金属,分成一定分量并加盖公印。于是,就有了铸币制度,被称为造币厂的官衙也出现了。铸币制度与麻布呢绒检查制度类似。检查官的任务,就是通过加盖公印来确定货币金属的分量、划分货币金属的品质。

最初,在货币金属上盖公印,目的似乎都在于确定金属的品质或纯度,它们是必须确定而又最难确定的。当时的公印,类似于今日在银器皿和银条上所刻的纯度标记。类似的还有只刻在金块一面而不是全面覆盖的西班牙式标记,它也只是确定了金属的纯度,没有标明金属的重量。《旧约全书》中记载:亚伯拉罕为了得到伊弗伦的马克派拉田地,用了四百舍克尔的银子作代价。当时在商人中间流通的货币,据说就是舍克尔。但是,当时的金属货币流通都只论重量而不论个数,就像今日的金块、银条的授受一样。据说,撒克逊人入主英格兰时,其征收的岁入不是货币而是实物,即各种粮食。到了征服王威廉第一时期,才首次以货币缴纳税收。当时纳入国库的货币,在很长的一段时期里也都是按重量来计收的。

要毫无误差地称量金属,不但非常麻烦,而且极其困难。人们为了解决这一难题,引出了铸币制度。铸币的两面都被盖住,有时就连边缘也会被盖住。刻

第一篇　论增进劳动生产力的因素
及分配劳动生产物给各个阶层的自然顺序

印铸币时,金属的纯度和重量都得到了确定。从此,铸币就全都以个数来授受,从而免除了称重量的麻烦。

看样子,铸币的名称原本是要表明金属的重量或数量的。罗马从瑟维阿斯·图利阿斯时代开始铸造货币,当时的罗马币阿斯(AS)或庞多(Pond),都含有一罗马磅的纯铜。就像我们的特鲁瓦磅那样,阿斯或庞多也分为十二盎司,每盎司阿斯或庞多含有一盎司纯铜。爱德华一世时期,一英磅含一陶尔磅纯银,一陶尔磅似乎要多于一罗马磅而少于一特鲁瓦磅。直到亨利八世十八年,英国造币厂才开始采用特鲁瓦磅。特鲁瓦是法国的一个城市,位于法国东北部的香槟省,是当时一个有名的市场,其中不断有欧洲各国的人民出入,因此,大家都熟悉并尊重它所采用的衡量标准。查理曼大帝时期的法币利佛(Liver),含有纯银一特鲁瓦磅。

从亚力山大一世到布鲁斯时期,一磅苏格兰币,含有与一磅英币同重量、同纯度的一磅银。英格兰、法兰西和苏格兰所采用的便士,初期都含有重一便士(二十分之一盎司),或二百四十分之一磅的银。作为重量名称的,最初似乎还有先令。亨利三世时期,法律规定:当一夸脱小麦价值二十先令时,价值一个铜板的上等小麦面包,要达到十二先令四便士的重量。但是,便士对磅的比例,似乎比先令对便士、先令对磅的比例要稳定。在古代法国,苏(Soul)或先令所含的便士也不稳定,五便士、十二便士,甚至二十乃至四十便士的情况,都出现过。在古代的撒克逊,其一先令的含量的变动,大抵与其邻国法兰克的先令变动情况类似,甚至在某一个时期内似乎只含有五便士。

在法国,自从查理曼大帝时期以来,镑、先令或便士虽然在价值上有很大变动,但彼此间的比例却几乎和现在一样,没有多大的变动。这种情况,也出现在了自征服王威廉第一时期以来的英格兰。

我相信这么一点:世界各国的君主都是贪婪而偏私的,他们欺骗臣民,次第削减货币最初所含金属的真实分量。比如,罗马共和国后期的阿斯,竟然减到了当初的二十四分之一,虽然名为一磅的含量,实际上却只有半盎司。再比如现在的镑和便士,英格兰的镑和便士大约只相当于当初的三分之一,苏格兰则减到了当初的三十六分之一,法国甚至减到了当初的五十六分之一。

君王和国家采用这种办法,就能用较小量的银来偿还债务、履行各种契约。事实上,他们剥夺了债权人的一部分应得权利。君王拥有这样一种特权:用

同样金额的新贬值币来偿还货币改铸前的欠款。现在,政府采取这一削减货币分量的措施,就是把这种特权推广到了国内其他的债务人身上。这一有利于债务人的措施,实际上损害了债权人的利益,它对个人财产所产生的影响,有时甚至比公共大灾祸所能产生的还要大得多、普遍得多。

但是,就是在这种情况之下,货币还是成了一切文明国通用的商业媒介。自从货币出现之后,一切货物都能通过它进行买卖。

人们在进行交换时,不管是用货币交换货物,还是用货物交换货物,都要遵循一定的法则。这些法则,决定了商品的相对价值和交换价值。

需要注意的是,"价值"这个词有两个不同的意思,一个是物品的效用,一个是由于占有某物而获得的购买他种货物的能力。我们称前者为使用价值,后者为交换价值。使用价值很大的东西,不一定有交换价值;反过来,交换价值很大的东西,也不一定有使用价值。比如水,它虽然具有最大的用途,却不能用来购买任何物品,也不需要用任何物品来换取它。相反的,金钢钻虽然几乎没有使用价值,但是要想拥有它,却需要大量的其他货物。

阐明以下三点,有助于我们探讨支配商品交换价值的原则:

一、交换价值的真实尺度是什么,即什么构成了一切商品的真实价格?

二、真实价格由哪些部分构成?

三、有时,真实价格的一部分或全部,会高于自然价格或普通价格,出现这一情况的原因是什么?也就是说,是什么原因使商品的市场价格或实际价格,有时不能与其自然价格恰恰一致?

在下面的三章里,我将竭力详细说明这三个问题。不过,为了把问题阐述明了,有些地方难免会有些啰嗦,请读者忍耐;而面对一个极其抽象、复杂的问题时,即使殚精竭虑地想要把它阐述明白,也难免说得不够清楚,请读者细心体会。

第五章　商品的劳动价格与货币价格

在分工完全确立之前,一个人享受人生的必需品、便利品和娱乐品的程度,反映了他的贫富水平。但是,自从分工确立了之后,各人所需要的物品大部

第一篇 论增进劳动生产力的因素及分配劳动生产物给各个阶层的自然顺序

分都来自他人的劳动。所以,衡量贫富水平的尺度,变成了一个人能够支配的劳动的多少,也就是他能够购买的劳动的多少。一个人占有着某种自己不愿消费的货物,然后又用它去交换他物。那么,这一货物的价值,就等于他能购买或支配的劳动量。因此,衡量一切商品交换价值的真实尺度就是劳动。

对任何一个物品来说,其真实价格,或者说是取得它的实际代价,都是获得它所付出的辛苦和麻烦。如果一个人占有这一物品并愿意用它来交换他物,那么它对这个人的真正价值,等于这个人占有它之后省免的辛苦和麻烦。货币或货物与劳动等价,都可以用来购买物品,就像我们用自己的劳动取得的一样,还能使我们免除相当的劳动。因为,它们含有一定劳动量的价值,我们完全可以用来交换其他有同量劳动价值的物品。劳动作为第一性价格,最初可以用来购买一切货物和财富。在人世间,用来购买财富的,原本就是劳动,而不是金银。所以,劳动的价值,等于一个占有财富并愿用以交换他物的人,用它来购买或支配的劳动量。

霍布斯说过,财富就是权力。而事实上,并不是获得或承继了大宗的财产之后,人们就拥有了政治权力,不管这一权力是民政还是军政方面的。财产只是获得政权的一种手段,不是决定因素,人们未必能靠它获得政权。财产向占有他的人提供的权力,只是购买力,只是支配当时市场上各种劳动或劳动生产物的权力。而且,这种支配权的大小,恰恰跟他的财产多少成比例。也就是说,财产的大小,制约着他所能购买或支配的他人劳动量或劳动生产物的数量。一种物品的交换价值,必然与其可供人们支配的劳动量相等。

劳动可以用来衡量一切商品的交换价值,却不能衡量一切商品的价值。我们往往很难确定两个不同的劳动量的比例,因为决定这一比例的因素有很多。在分析时,除了要考虑花费在两种工作上的时间,还要考虑它们的困难度和精巧度有什么不同。同样是用一个钟头完成的工作,困难工作所包含的劳动量,也许要比容易工作所包含的劳动量要多。需要经过十年学习才能做的工作,即使做一个小时,它所含的劳动量也可能比普通业务做一个月所含的要多。

然而,要找到衡量困难度和精巧度的准确尺度,却不那么容易。人们在进行交换时,通过市场议价来大致调整困难度和精巧度,从而使它们在大体上两不相亏,而并没有用任何准确的尺度。这么做,虽然对日常买卖不够准确,却也足够了。当然了,人们在交换不同的劳动生产物时,通常都会考虑上述困难度

17

和精巧度。

此外,当商品种类多时,交换通常在商品之间进行;而当商品少时,则是用商品交换劳动。因此,在估定某一商品的交换价值时,衡量尺度自然也就是它所购得的另一种商品量,而不是它所购得的劳动量。而且,"一定分量的特定商品"跟"一定分量的劳动"相比,前者更容易让人理解。因为,前者是一个物体,人们可以看得到摸得着;而后者却只是一个概念,非常抽象,即使可以被人充分理解,它也不像具体的物体那样明显、自然。

随着社会的发展,物物交换停止了,货币成了商品交换的一般媒介,人们开始用商品来交换货币。这时,如果屠户需要面包或麦酒,他会先拿着牛肉或羊肉去市场,把它换成货币,再到面包店或酒店去,用货币购买面包或麦酒。他所能购得的面包或麦酒的量,取决于他售卖牛羊肉所得的货币量。因此,对屠户来说,牛羊肉的价值,自然就是它能换得的货币量,而不是等量的面包和麦酒量。同样地,在说到家畜肉的价值时,用每磅值三四便士,比用每磅值三四斤面包和三四夸脱麦酒都更合适。所以,人们在计算商品的交换价值时,多是以货币量为尺度,而不是按它所能换得的劳动或其他商品的量。

实际上,金银虽然是一般媒介,却也跟其他一切商品一样,其价值高低、购买难易度都会随时间而变化。在一定时期内,决定金银可以支配的劳动量或他种商品量的因素,往往是当时已经发现的著名金银矿山的出产量。十六世纪,欧洲金银的价值大幅下降,几乎减少为原价的三分之一,就是由于人们在美洲发现了许多金银矿山。分析其原因,是因为发现大量金银之后,金银上市所需的劳动量相对减少,它所能购买或支配的劳动也就相应减少了。但是,这次大量金银的发现,只是金银价值史上最大的一次变革,却不是历史上唯一的变革。

我们知道,测定他物数量的正确尺度,其本身绝对不能不断变动。像是一步的远近、一把所抓东西的多少、两臂合抱的长度,都会因人而异,所以不能作为测定其他物品的尺度。这种情况,也同样适用于自身价值不断变动的商品。然而,劳动却另当别论。因为,劳动本身是无差别的。

对于劳动者来说,无论何时何地,等量的劳动都有同等的价值。精力和熟练度差不多的劳动者,其劳动时所牺牲的安乐、自由与幸福,必然是等量的;他所付出的劳动代价,决定了他所能购买的货物量。

第一篇 论增进劳动生产力的因素及分配劳动生产物给各个阶层的自然顺序

事实上，同样的劳动所能购买的货物量，在不同时期也是不同的，会时多时少。但这种变动，只是货物价值的变动；而购买这一货物的劳动的价值，并没有因此而发生变化。只要是难于购得或者需要花费大量劳动才能取得的货物，无论何时何地都价值昂贵；相反的，只要某一货物易于购得或取得，它的价值也必然低廉。因此，只有劳动才能随时随地地估量和比较各种商品的价值。无论何时何地，劳动的价值都不会变动，它是商品的真实价格。至于货币，它只是商品的名义价格。

对于劳动者来说，等量的劳动一般都有等量的价值；但是，对雇用劳动者的雇主来说，等量劳动的价值却会因时而变。因为，在不同时期，雇主购买劳动所需要的货物量是不同的。因此，对他而言，劳动跟其他一切物品一样，经常会发生价格变动。某一劳动，如果需要花费多量货物才能购得，它的价格就高昂；反之，则价格低廉。换句话说，就是劳动价格高时，货物的价格低；劳动价格低时，货物的价格高。

因此，可以通俗地说，劳动价格也有真实价格与名义价格之分，这一点与商品是一样的。劳动的真实价格，就是一定数量的生活必需品和便利品，它们与劳动等量。劳动的名义价格，就是一定数量的货币，它不一定与劳动等量。只有劳动的真实价格，才能决定劳动者的贫富、劳动报酬的高低；名义价格则不具备这一功能。

劳动的真实价格与名义价格的区别，在理论和实践方面都非常重要。一般情况下，同一真实价格的价值是相等的，而同一名义价格的价值则可能存在极大的差异。造成这一差异的原因，往往就是金银价值的变动。所以，如果一个人要把土地永久地租出去，那么他就不能用一定数额的、可能会发生变动的货币作为地租。不然，就不能保证土地的价值永久不变。一定数额的货币的价值变动，一般分为两种。第一，随着时代的变化，同一名称的铸币所含的金银分量会有所不同。第二，在不同的时代，同一分量的金银价值也会不相同。

在国家的统治者看来，对国家有利的方法之一，就是减少铸币内所含纯金属的量。而增加铸币内所含纯金属的量，则不利于他们的统治。毫无疑问，各国都在逐步减少铸币内所含的纯金属量。就是因为这一变动，货币地租的价值才降低了。

欧洲金银的价值之所以会降低，就是因为人们发现了美洲矿山。当时，虽然没有确实的论据,却有许多人都作出了同一种推测:金银价值还会长时期地继续下降。在这一情况下,即使用货币地租的不是若干镑铸币,而是若干盎司的纯银或某种成色的白银,也不会增加货币地租的价值。就是这一推测,降低了货币地租的价值。

相较于货币地租,谷物地租更能保持原有的价值,即使是在铸币名实一致时也是如此。伊丽莎白在她在位的第十八年,就对地租作了这一规定:国内各学院的地租,三分之二用货币缴纳,三分之一用谷物缴纳。如果不愿意缴纳那三分之一的谷物地租,可以按照谷物的时价将其折合成货币缴纳。

在当时,由谷物折合成的货币,也就占全部地租的三分之一;但现在,布勒克斯顿博士却说,这三分之一的地租实际上是其余三分之二的两倍。照此推算,各学院的货币地租应该要减到原值的四分之一,或是原谷物的四分之一才对。然而,英国铸币单位至今仍然几乎没有什么变化。同一数量的铸币,无论是镑、先令还是便士,几乎都含有同一分量纯银。由此推断,是银价下降导致了货币地租价值的跌落。

这时,如果铸币内所含的纯银量也减少了,货币地租就会损失得更大。在含银量的变动方面,法兰西铸币比苏格兰铸币要大很多,而苏格兰铸币比英格兰铸币也要大。这么一算的话,昔日有价值的地租现在几乎没有任何价值。

而等量的谷物,也就是劳动者的生活资料,却不会出现上述情况。即使是在两个相隔很远的时期里,在购买等量劳动的可能性方面,等量谷物似乎都要比等量金银或其他货物大。因此,在两个相隔很远的时期里,等量谷物保持相同真实价格的可能性更大。换句话说,就是在购买或支配他人的等量劳动方面,有谷物者比有货币者更有优势。当然,在购买或支配等量劳动方面,我只能说等量谷物比等量其他商品的可能性要大,而不能说完全有这种可能。因为,要用等量谷物丝毫不差地购买或支配等量劳动,是不可能的。

就像后文所说的那样,在不同时期,劳动者的生活资料(劳动的真实价格)是大不相同的,进步社会最多,静止社会次之,退步社会最少。在一定时期内,用谷物之外的其他任何商品去购买生活资料,都可以购得相当的劳动量。因此,能够影响谷物地租的因素,只有一定分量的谷物所能购买的劳动量的变动。但是,在用谷物以外的其他物品计算地租时,还要另外考虑这一物品所能换购的谷物量的变动。

第一篇 论增进劳动生产力的因素及分配劳动生产物给各个阶层的自然顺序

不过,还有一点需要我们注意。谷物地租真实价值的变动,从世纪角度来看,比货币地租要少得多;可从年代角度来看,却比货币地租要多得多。在后面的章节中,我们将详细说明这一点:劳动的货币价格与谷物的货币价格,并不会逐年地同步波动。谷物的货币价格,会不时地偏离它的平均或普通价格,发生暂时或偶然的变动;而劳动的货币价格却不会有很大的波动,它似乎与谷物的平均或普通价格保持一致。影响谷物平均或普通价格的因素,有金银的价格、金银矿山的出产额、把金银运送到市场所必须的劳动量,还有整个社会必须消费的谷物量。这一点,将在后文进行详细的介绍。

从世纪角度来看,银价的变动有时会非常大;但是从年代角度来看,银价的变动却很小,甚至经常是五十或一百年不变。既然银价在这么长时期内都几乎不变,那么在其他社会情况全无或几乎无变动时,平均或普通货币价格也就不会发生什么变动;而劳动的货币价格,无疑也保持不变。不过,由于谷物的货币价格会暂时或偶然性地发生变动,所以谷物今年的价格比去年高一倍的情况,是经常会发生的。比如,同样品种的谷物,今天的价格还是二十五先令每夸脱,明年则可能会涨到五十先令每夸脱。

可是,当每夸脱谷物的价格由二十五先令涨到五十先令时,谷物地租的名义价值和真实价值也会相应增长,而且比以前高一倍。换句话说,就是谷物地租跟以前相比,它所能支配的劳动量或其他货物量又增加了一倍。然而,劳动和其他大多数商品的货币价格,却并没有随着这些变动而发生变化。

由此可见,只有劳动,才是衡量价值的普遍和正确的尺度。换句话说,就是无论何时何地,都可以以劳动为标准来比较各种商品的价值。所以,衡量某一物品的真实价值的尺度,在世纪范围内就不能是它所能换得的银量,而在年的范围内则不能是它所能换得的谷物量。但是,如果用它所能换得的劳动量作为尺度,那么无论是以世纪还是年为期限,都可以极其准确地确定它的真实价值。在世纪范围内,等量谷物支配等量劳动的可能比等量白银更大,所以谷物更适合作价值尺度;而在以年为期限时,等量谷物支配等量劳动的可能又比等量的银更小,因此白银更适合作价值尺度。

在制定永久地租或缔结长期租地契约时,区分真实价格与名义价格还有些用处;而在日常的普通买卖中,则没有必要对这两种价格进行区分。

只要是时间与地点相同,一切物品的真实价格与名义价格都是成正比的。

例如,在伦敦市场上,如果售卖一种商品所得的货币越多,这一商品所能购买或支配的劳动量也就越多;而售卖这一商品所得的货币越少,这一商品所能购买或支配的劳动量也就越少。所以,当且仅当时间和地点相同时,货币才是衡量一切商品交换价值的正确尺度。

当两地相隔很远时,商品的真实价格与货币价格就不再成正比例了。对往来贩运货物的商人来说,商品的货币价格更重要。也就是说,他只考虑购买与出卖同一商品所花费的金银数量的差额。同样的劳动量或生活必需品、便利品,在中国广州只需要花半盎司白银就可以购买得到,而在伦敦却需要一盎司甚至更多。所以,广州商人以半盎司白银出售的某一物品,也许比伦敦商人以一盎司白银出售的这一物品更有价值、更重要。这时,如果广州的这一商品被伦敦商人以半盎司白银购得,然后又以一盎司白银的价格在伦敦出售,那么这笔买卖就使伦敦商人获得了百分之百的利润。此时,伦敦银价和广州银价几乎完全相同。不过,对这个商人来说,就算广州的半盎司白银比伦敦一盎司白银更能支配较多的劳动量或生活必需品、便利品,那也不是最重要的。他所希望获得的,只是在伦敦花一盎司白银,就能支配两倍于广州半盎司白银所能支配的劳动量或生活必需品、便利品。

名义价格(货币价格)决定了日常生活中几乎一切买卖行为是否适当,所以自然地,人们大都只注意名义价格,却不注意真实价格。

但是,这并不是说商品的真实价值就不需要讨论了。本书会根据需要,适时地比较特定商品在不同时间、不同地方的不同真实价值。换句话说,就是特定商品在不同时期,可以为其所有者提供不同的支配他人劳动的能力,此时就必须比较它的真实价值。这么一来,我们实际上要比较的,就是由不同的金银量购买的不同劳动量,而不再只是出售特定商品所得的不同金银量。但是,当时间和距离都相隔很远时,往往又无法正确地知道劳动的时价。虽然很少有地方会正式地记录谷物的时价,但是,人们(特别是历史学家和著述学家)一般都会清楚地记得谷物的时价。由于谷物时价和劳动时价的涨落比例一般是最近似的(不是同一比例),所以我们一般可以放心地用谷物时价来进行比较,从而得出劳动的大致时价。下面,我将进行几个类似的比较。

随着产业的进步,商业国家为了便利,开始同时使用好几种金属铸币。比如,用金币来偿付大的款项;用银币来做款额不大不小的买卖;用铜币或更低

第一篇 论增进劳动生产力的因素
及分配劳动生产物给各个阶层的自然顺序

贱的金属铸币来做数额更小的买卖。在这三类金属中，往往有一种会被特别选定为主要的价值尺度。被选定的这类金属，一般都是最先被用作为商业媒介的那一类。因为，这类金属在还没有其他货币可用时，就已经是本位币，后来也就自然地被沿用了。

据说，罗马在爆发第二次普尼克战争之前只有铜币，直到第二次普尼克战争爆发的前五年才开始铸造银币。后来，罗马共和国的价值尺度还是铜币。因为，罗马虽然出现了银币，但在国内的一切账簿中，还是出现了若干的阿司镑或塞斯特斯(Sesterce)。塞斯特斯是银币的单位，1塞斯特斯=2.5阿司镑。塞斯特斯虽然是银币的计量单位，但其价值却经常用铜币来计算。因此，在罗马，如果一个人负债很多，就会被人们说成"欠了别人很多铜"。

而那些建立在罗马帝国废墟上的北方民族国家，似乎只有银币，甚至若干年之后也没有金币和铜币。英格兰也是如此，在撒克逊人入主当地时，当地还只有银币，直到爱德华三世时才出现了少量金币，詹姆士一世以后才有铜币。

所以，依据这一理由，我可以相信英格兰及近代欧洲的其他各国，都是用银来计算一切账簿、货物以及财产的价值的。人们在表述一个人有多少财产时，不说他拥有多少几尼的金，而是说他有多少镑纯银。

我相信无论各国，都是以那种被认为是价值标准的金属铸币作为法定支付手段的。比如在英格兰，黄金铸币即使出现了很久，还是没有被用作法定的货币。金币和银币的价值比例，只有市场能够唯一决定，而不是法律或公告规定的。所以，债权人可以拒绝债务人用金币来偿还债务，也可以按一个双方都同意的金价来接受金币。

现在，铜币已经不再是法定货币了，只能用来兑换一些小银币。所以，在这种情况下，本位与非本位金属在名义上的区别，已经不再是它们的唯一区别了。

渐渐地，人们习惯了同时使用多种铸币，并且知道了如何按价值比例对各种铸币进行换算。在那个时候，这一比例所带来的便利，我相信大多数国家都感受到了。因此，它们才从法律上规定了这一比例。比如，多少纯度和重量的几尼应该兑换二十一先令。此外，还规定了大数额的债款可以用先令作为法定货币来偿付。所以，在法定比例固定不变的状态下，本位与非本位金属只有名义上的区别。

23

但是,当法定比例发生变化时,本位与非本位金属在名义上的区别,又不再是它们的唯一区别了——至少我认为这种区别不是唯一的。

例如,当一切账目和债务都用银币来记载,而一几尼金币的法定价值又发生了变化(不管是由二十一先令落至二十先令,还是升至二十二先令)时,再用相同数目的银币偿还旧债,这种名义上的差异就非常大。在一几尼金币比二十一先令低的时候,需要数额更大的金币才能等值偿付;而当一几尼金币比二十一先令高时,又需要用数额较小的金币偿付才行。在这种情况下,银价似乎不像金价那么容易变动。

这时,衡量一切物品的价值尺度似乎变成了银,而不再是金。金的价值取决于它所能交换的银量,而银的价值则不然。这种差异之所以会出现,都是因为人们习惯了用银币来记载账目数额。

相反的,如果有人欠了一张注明了价值二十五或五十几尼金币的德拉蒙期票,那么即使是在法定比例发生了变动之后,他仍旧可以用同额金币来偿付。如果他用银币偿付,则这笔银币的数目必定会随着法定比例的变动而变动,甚至会有很大的不同。单就这张期票的支付来说,金价似乎又比银价更稳定。这时,衡量一切物品的价值尺度似乎变成了金,而不再是银了。因此,如果所有账簿、契约、债券上的数额都是用金币记载的,那么金就会被认为是价值标准或价值尺度。

当不同金属铸币有不同价值时,如果法定兑换比例保持不变,那么支配一切铸币价值的金属就是价值最昂贵的那一种。例如,如果用常衡(十六盎司为一磅)来计算,那么英国的十二便士铜币,重量应该等于半磅铜的重量;然而由于铜质不良,铜在被铸成铜币之前,基本上不值七便士银币。但是,法律又规定了十二便士铜币可以兑换一先令,于是十二便士又值一先令了,而且随时可以兑换。也就是说,在最近的金币改革之前,英国金币,至少是在伦敦及其附近流通的金币,还没有像大部分银币那样低劣到标准重量以下,就连磨损的二十一先令银币,也还是等于一几尼金币。

最近,英国政府为了使英国金币能够像别国的通用铸币一样足值,也采取了相关的法律措施,规定官署要在这一命令的有效期内,依重量来收受金币,使其与标准重量接近;而磨损了的银币,仍然继续保持磨损剥蚀状态在市场上流通,而且二十一先令银币仍被认为值一几尼优良的金币。金币的这一改革措

第一篇　论增进劳动生产力的因素及分配劳动生产物给各个阶层的自然顺序

施，显然抬高了银币兑换金币的能力。

英国造币厂在铸造铸币时，把一磅的金铸成了四十四个半几尼的金币。这样的话，按照一几尼等于二十一先令计算，一磅的金就可以铸成四十六镑十四先令六便士。因此，一盎司金币等值于三镑十七先令十个半便士的银币。再加上英格兰一向不征收铸币税，每块重一磅或一盎司标准金块的黄金，都可以换得等量的铸币。所以，英格兰金币的价格，就是所谓的金的造币厂价格——每盎司三镑十七先令十个半便士。

在英国进行金币改革之前的好多年，市场上每盎司标准金块的价格都在三镑十八先令以上，常见的是三镑十九先令，甚至是四镑。但是，当时的四镑金币基本上都被磨损过，很少含有足值的一盎司标准金。自从金币改革之后，每盎司标准金块的市价甚至很少超过三镑十七先令七便士，比改革前造币厂的价格还要低，而且从未超过造币厂的价格。

但是在进行支付时，金币和银币的市价都是相同的。因此，金币改革不仅提高了金币的价值，也提高了可以与其对比的银的价值。不过，金币或银币的价值增长并不像其他大部分货物的价格增长那么显著。因为，其他大部分货物的价格还受其他许多因素的影响。

英格兰造币厂在铸币时，把一磅的标准银块铸成了六十二先令的银币。所以，所谓的英格兰银的造币厂价格，就是一盎司合五先令二便士。造币厂在与人们进行标准银块的交换活动时，就以这个价格给付银币量。而在金币改革之前，一盎司标准银块的市价却时常在五先令四便士到五先令八便士之间浮动，最普通的似乎是五先令七便士。自从进行了金币改革之后，一盎司标准银块的市价一路降到了五先令五便士、五先令四便士，甚至是五先令三便士，很少有超过五先令五便士的时候。

当然，金币改革也波及了银币，使得银块的市价也降低了许多，不过始终没有低到造币厂的价格。就拿所合金属比价不同的英格兰铸币来说，由于铜的比价远远超过了其真实价值，所以银的比价也略低于其真实价值。在英格兰，需要大约十五盎司的纯银才能换得一盎司的纯金；而在欧洲市场，比如法国和荷兰，大约只需要十四盎司纯银就可以换得一盎司纯金，高于银在英格兰的比价。

然而，铜块的价格却并没有因为铜的比价高而增高，就算是英格兰的铜块

价格也是如此。同样地,银块的价格也没有因为银币的比价过低而下落,而是仍然保持着它与金子、银子的适当兑换比例。直到威廉三世进行了银币改革之后,银块的价格也仍然略高于造币厂的价格。洛克认为,造成高银价的原因,是允许银块输出而禁止银币输出。因为,允许银块输出会减少国内银块的量,从而相对地增加了国内的银币需求,而国内需要银币的普通买卖人的人数,必然比为输出或为其他目的而需要银块的人数多得多。

可是,当我们也对金块采取同样的措施,即允许金块输出而禁止金币输出时,金块的价格却比造币厂的价格还要低。就像现在一样,那时的金币也被认为是无须改革的,它支配着一切铸币的真实价值,它的比价比银币要高得多。银块的价格,以前没有因为银币改革而降低到造币厂的价格,现在也不会因为任何类似的改革而降低。

如果银币能像金币似的和标准重量大致相同,那么按照今日的比价,一几尼金币所能购买的银块就会比它换得的银币少。假如银币是足值的,就可以先把它熔成银块,换成等值的金币,再用金币换取更多的银币。要防止人们这样图利,似乎只有改变金银比价这一种方法。

如果要防止上述图利现象的出现,可以使银币的比价高于现行金银铸币的比价,还要让它像铜币一样,只能用来兑换先令,而不能再充当法定货币。如果这样的话,高比价银就会像现今的高比价铜一样,绝对不会让任何债权人吃亏,而是让银行业者吃亏。因为,当银行里发生挤兑时,银行业者为了拖延时间,以避免立时兑付,往往会用最小的六便士银币来支付存款者的款项。而一旦实行了高比价银这一规定,银行业者就不能再采取这种不名誉的方法了,而是必须保证金柜中随时都有大量的现金。这一规定,自然对银行业者非常不利,却很大地保障了债权人的利益。

当然,即使是价值三镑十七先令十个半便士(金的造币厂价格)的优良金币,含有的标准金也未必在一盎司以上。因此,有人认为三镑十七先令十个半便士的金币,最多只能换购一盎司的金块。不过在使用时,金块没有金币便利;而且,就算可以持金块免费去造币厂换金币,也往往需要花费好几个星期的时间。现在,造币厂的工作更加繁忙了,取铸币的时间也延长了好几个月。如果这么拖延时间,就相当于抽取了小额的铸币税,从而使金币的价值升高,而不再等于等量金块的价值了。所以,如果英国银币能够保持其对金的适当比价,那么就算不实行银币改革,银块的价格也会比造币厂的价格低,甚至连磨损的银币都可以按照这一金银比价来兑换金块。

如果收取持有金银条块者小额的铸币税,会使金银铸币的价值高出等量金银条块的价值,这时就需要按税额比例增加金银制品的价值。比如,在制造金银器皿时,会根据制造费用的大小增加该器皿的价值。这么一来,铸币的价值就比金银块的价值高,能够防止出现熔解、输出铸币的现象。就算出现了某种特殊情况,急需输出一部分货币,这些货币的大部分也会在不久之后流回本国的。因为在国外,人们只能按照条块的重量出售铸币;而在国内,铸币却有超过其重量的购买力。人们为了图利,自然会把这些输出的货币带回国内来。据说,法兰西自从收取了百分之八的铸币税之后,国内输出的货币都会自动地再流回来。

金银条块在镀金、包金、镶边和绣花以及海陆运输途中,都会有不同程度的损耗;甚至在铸币及器皿上也会有磨损。所以,其市价会不时变动,就像其他一切商品的市价也会因为这一原因而不时变动一样。那些没有矿山的国家要想弥补这类损失和消耗,就得不断地输入金银。我相信,金银进口商一定会竭力按照市场需求输入金银,就像其他商人竭力满足当时的市场需求一样。

但是,他们所输入的金银量,有时难免会多于或少于当时的市场需求。无论他们考虑得有多么周到,也难以避免这种情况。假如输入的金银条块多于需求,金银进口商们为了避免担负再输出的危险与困难,就会在国内直接出售,哪怕售价略低于一般价格;相反的,假如输入的金银条块少于需要,他们就能够以高于一般价格的市价将其卖出。

由于需求偶然变动的影响,金银条块的市价一般都不稳定。如果金银条块的市价能够在好几年内持续地保持稳定,而且市价略高或略低于造币厂的价格,那么我们就可以这么说,铸币的价值会持续地高于或低于铸币中应含有的纯金或纯银量,一定与它自身的情况有关。只有稳定和持续的原因,才会导致稳定和持续的结果。

无论在任何国家,在某一特定的时间和地点,如果通用铸币的特点符合货币的标准,货币就可以成为准确的价值尺度。也就是说,如果铸币含有它应当含有的纯金或纯银量,它就可以像货币一样作为价值尺度。

比方说,如果英国的四十四个半几尼正好等于一磅的标准金,也就是十一

盎司纯金和一盎司合金,那么在某一特定时间和地点,这种金币就可以作为衡量商品实际价值的尺度。可是,如果这四十四个半几尼受到了不同程度的磨损消耗,其所含的标准金不足一磅重,那么再用它作价值尺度,就难免会出差错。

实际上,市场上也没有那么多适合作标准的度量衡。所以,商人们总是凭着一般经验,以他们认为标准的那种度量衡为标准来调整自己商品的价格。在铸币紊乱的场合,商人们也是以经验觉察到的铸币实际含量来调整商品价格的。对商人们来说,铸币应当含有的纯金或纯银量并不实用。

我所说的商品货币价格无关哪种铸币,只是指出售这种商品所得的纯金或纯银量。打个比方,在我看来,爱德华一世时代的六先令八便士和今天的一镑,货币价格相同。因为,经过判断,它们所含的纯银分量几乎相同。

第六章　商品的价格组成

在初期的野蛮社会,还没有发生资本累积和土地私有的情况。这时,人们进行物品交换的标准是唯一的,就是各种物品所需要的劳动量之间的比例。例如,对一般的狩猎民族来说,如果捕杀一头海狸需要的劳动是捕杀一头鹿的两倍,那么一头海狸就可以换两头鹿。自然地,在一般情况下,两天劳动所得生产物的价值,就是一天劳动所得的两倍;而两个小时劳动所得生产物的价值,是一个小时劳动所得的两倍。

如果一种劳动比另一种劳动更艰苦,自然会引起劳动者的考虑。因为,这种艰苦程度较高的劳动,做一个小时所能换得的生产物,往往是做两个小时艰苦程度较低的劳动所能换得生产物的两倍。

如果是需要非凡的技巧和智能才能完成的劳动,就要给予该劳动生产物以较高的价值,以表示对具有这种技能的劳动者的尊重。因为,这种技能常常需要经过多年苦练才能获得,给予该劳动生产物以较高的价值,只不过是对劳动者获得这一技能所花费的劳动与时间的合理补偿。在进步的社会,对于从事艰苦工作的劳动者,或是特别熟悉某项工作的劳动者,都会考虑增加其劳动工资。

这种考虑,可能早在初期的蒙昧社会就有过。这时,劳动者支配着自己的

第一篇 论增进劳动生产力的因素及分配劳动生产物给各个阶层的自然顺序

全部劳动生产物。当然，他也可以用自己的劳动生产物来购换或支配其他的劳动量，这一劳动量的大小，取决于生产这一物品所需要的一般劳动量。

随着资本在个别人手中积聚，其中有一些人把资本投在了劳动人民身上。这些人为劳动者提供了原材料和生活资料，叫他们劳作，以生产更多的劳动生产物或增加劳动原材料的价值。等劳动者们制造出完全制造品之后，投资者就可以拿这些制造品与货币、劳动或其他货物进行交换，其交换所得不仅足够支付原材料的代价和劳动工资，还能给企业家留下一部分利润。在这种情况下，增加的劳动原材料的价值，就被分成了两个部分，一部分用于支付劳动者的工资；另一部分则变成了雇主的利润。

雇主所获得的那部分利润，足够支付他垫付原材料和工资所花费的全部资本。假如这部分利润不能多于他所垫付的资本，那么他就不会再有兴趣去雇用工人；而如果这一利润不能和他所垫付的资本额比例相当，他就只会进行小投资，而不会进行大投资。

资本的利润在一些人眼中，或许只是支付给监督、指挥这种劳动的企业家的特别工资。但实际上，支配利润与工资的是两个完全不同的原则，因此利润与工资是完全不同的。而且，资本的利润取决于所投资本价值的大小，而不是由监督指挥这种劳动的数量、强度与技巧决定的。

我们以某处的两种不同的制造业为例进行说明。假设该处制造业资本的普通年利润为百分之十，这两种制造业各有二十名劳动者，每人每年的工资是十五镑，每年各需支付工人工资三百镑。其中，第一种制造业每年加工的原料比较粗糙，只值七百镑；而第二种制造业所需的原料比较精细，每年需要花费七千镑。把这些投资都合计起来，前者一年的投资也不过一千镑，后者却有七千三百镑。按照百分之十的年利润来计算二者的年利润，前者仅得一百镑，后者却得到了七百三十镑。虽然他们的利润额不同，可他们的监督指挥却几乎没有什么差别。在许多大工厂里，大多都是由一个重要职员经管此类工作的。

监督指挥那一类劳动的价值，由经管此类职务的职员工资体现。决定该职员工资的，是他的劳动和技巧，以及他所负担的责任，而不是他所管理和监督的资本。至于资本所有者，虽然他几乎没怎么劳动，却希望通过其投入的资本获得一定的利润。所以，资本利润完全不同于劳动工资，它受另外一种完全不同的原则支配，是商品价格中一个重要的组成部分。

在这种情况下,劳动者的全部劳动生产物,就不再由劳动者自身独占,而是要分出一部分给雇用他的资本所有者。决定某一商品所应交换、支配或购买的劳动量的因素,除了花费在取得或生产这一商品上的劳动量,还要再加上垫付劳动工资并提供材料的资本的利润。

无论在任何国家,只要土地成了私有财产,地主们就都会想着不劳而获,甚至还要求收取土地上的自然生产物的地租。在土地共有的时代,劳动者只需要出力采集,就可以获得森林地带的树木、田野的草、大地上的各种自然果实;可是现在,劳动者要获得这些自然产物,却要另外付出代价,不但要获得采集权,还必须把他采集的产物分出一部分给地主。这一部分(或者说这一部分的代价)就是地租。于是,地租就成了大多数商品价格中的第三个组成部分。

组成商品价格的,除了地租,还有另外两部分,就是被分解出来的劳动工资和利润。衡量这三个组成部分真实价值的尺度,是它们各自所能购买或支配的劳动量。这一点必须指出。

商品的价格无论在什么社会,都最终被分解成了地租、劳动工资、利润这三部分,或是其中之一二。在进步社会,绝大部分商品的价格都或多或少地由这三部分组成。

下面以谷物价格为例说明。谷物价格被分成了三部分:第一部分是地租,付给地主;第二部分是工资,付给进行生产活动的劳动者;第三部分是利润,付给农业家。这三部分,直接或间接地构成了谷物的全部价格。也许有人认为,谷物价格还应该有第四个组成部分,即耕畜或其他农具的消耗。但是,这种消耗只是农业家资本补充的一部分,它和农业上一切用具的价格,都包含在上述三个部分当中。就拿耕马来说,它所消耗的价格,包括饲养马所需土地的地租、牧马的劳动工资、农业家垫付地租和工资的资本。因此,虽然谷物价格包括了一部分耕马的代价及其维持费,但直接或最终构成其全部价格的,还是地租、劳动及利润这三部分。

再拿面粉价格来说,也不能单一地考虑谷物的价格,还要加上面粉厂厂主的利润、面粉厂雇工的工资。如果面粉被做成了面包,那么就不只要考虑面粉的价格了,还要考虑面包师的利润、面包厂雇工的工资。除了这些,还要考虑谷物从农家运到面粉厂,再磨成面粉运到面包师那里所需的若干劳动。这种劳动的工资和利润,都需要若干资本预先垫付,它们是面粉和面包价格的组成部分。

第一篇　论增进劳动生产力的因素及分配劳动生产物给各个阶层的自然顺序

亚麻价格和谷物价格一样,也由三个部分组成。要是把亚麻纺成麻布,还另外需要理麻工、纺工、织工、漂白工的劳动。这些劳动都需要由不同的工人完成,因此需要雇用这些工人的雇主分别垫付资本。所以,在麻布的价格中,自然要加上这种种劳动的工资,以及这种种资本的利润。

在物品制造行业,越接近物品完成时期,物品价格中工资和利润部分所占的比例就越比地租大。而且,由于后一阶段需要的资本比前一阶段多,所以后一阶段制造者所得的利润,比前一阶段制造者所得的还要多。就拿雇用织工和纺工的资本来说,前者必须大于后者。因为,雇用织工时,除了要像雇用纺工一样支付纺工工资,还要另外支付织工工资及利润。利润与资本之间的比例,总是一定的。

当然,也有少数商品的价格组成只有劳动工资及资本利润,甚至有极少数商品还只需要支付劳动工资。这种现象,即使是在最进步的社会,也时有出现。

比如说海产鱼类的价格,通常就只包括支付渔夫的劳动、支付渔业资本利润这两个部分。这种价格,只有在极少的情况下,才会包括地租。关于这一点,下文将有说明。河上渔业往往不同于海上渔业,这一差异在欧洲大部分地区甚至更为明显。在欧洲,鲑鱼业基本上都要支付"地租"。严格来说,这种"地租"还不能称为土地地租,但它无疑也是构成鲑鱼价格的一部分,就像工资和利润一样。

有一种叫"苏格兰玛瑙"的斑色小石,就是只需要支付劳动工资的极少数商品之一。这种斑色小石产于苏格兰的某些地方。有少数穷人把它们从海岸上拾集起来,再卖给雕石业者。雕石业者在购买这种斑色小石时,就只需要支付穷人们的劳动工资,而不需支付地租和利润。

总之,无论是什么商品,它的全部价格构成,最终必然包括劳动工资、地租、利润这三个部分,或其中之一二。商品价格中的利润部分,就是除去地租及商品生产、制造乃至搬运所需要的全部劳动之外,剩余的部分。

劳动工资、地租、利润这三部分或其中之一二,从小处来说,构成了每一件商品的价格或交换价值;从大处来说,构成了一国全部劳动年产物中一切商品的价格,并被分配到了国内的不同居民手里。每一年,社会上由劳动采集或生产的全部物品(或者说全部物品的价格),就是这样分配给社会不同成员的。一切收入和一切可交换价值的源泉,都是工资、利润和地租。

只要一个人靠自己的资源取得收入，那么他的收入就来自他自身的劳动、资本或土地。靠劳动所得的那一部分收入，我们称之为工资；运用资本所得的那一部分收入，称为利润；有资本却转借他人使用，并由此获得的收入，叫做货币的利息或利益。明显地，借款人因为有了借款，也就有了冒险获取利润的机会，自然要付给借出者利息以作为报酬。

利息这种收入是一种派生款项。只要借款人不是用借款来还债的浪子，那么他所偿还的利息，一定来自借助借款得到的利润或他种收入。地租是完全来自土地的收入，要交给地主。而劳动和资本，则归属于农业家。土地对农业家来说，只是一种用来获得劳动工资和资本利润的工具。归根到底，一切赋税收入、工资、抚恤金和各种年金，都来源于劳动工资、资本利润或土地地租。

这三种收入是不同的。通常情况下，当它们都属于不同的人时，还比较容易区分；但是，当它们属于同一个人时，往往容易混淆。

如果一个乡绅耕种自己的一部分土地，那么他的身份就是地主和农业家，他在支付了耕作费用之后，就可以同时获得地租和利润。而这些收益，往往都被他笼统地称作了利润。这么一来，地租和利润的概念就被混淆了。在英国的北美和西印度，大部分种植园园主都是用自己的土地来经营农业的。他们常说的，也是种植园的利润，而不是种植园的地租。

一般农业家是很少雇用监工的，他们自己就可以指导农场的日常工作。通常情况下，他们会自己完成犁耕、耙掘等工作。因此，在他们所得的全部收入中，既包括地租，又包括了农业资本及其普通利润，以及他们自己作为劳动者和监工的工资。如果从全部收入中除去他垫付的资本和地租，剩下的就统称为利润。而这笔利润，明明还包括了工资。所以这时，工资和利润就混淆了。

再以一个独立工作的制造业者为例。如果他拥有足够购买原材料并维持生活的资本，那么等到货物上市时，他既能以工人身份领取工资，又能以老板身份从售卖品中获取利润。他的这两项收益，通常也被称作利润。这时，工资和利润也被混为一谈了。

有一个种植园主，如果他亲自动手栽培植物，那么他就有了地主、农业家和劳动者这三重身份。所以，他的生产物的全部价格，除了包括他自己作为地主所获得的地租，还包括他作为农业家的利润和劳动者的工资。但在通常情况下，他会把全部收入都看成是自己的劳动所得。这时，工资又与地租和利润这二者混淆了。

在文明国家内,大部分商品的交换价值都由大量的利润和地租构成,而不是单由劳动构成。所以,生产乃至运输社会全部劳动年产物所需要的劳动量,要远远小于这些年产物所能购买或支配的劳动量。假设社会每年所能购买的劳动量都被雇用,那么后一年度生产物的价值将比前一年度的更大。因为,经过了一年又一年,劳动量大大增加了。可是,消费这些年产物的人,除了劳动者自身,还包括大部分游惰阶级。这种现象,在任何国家都很普通。一国每年按什么比例给这两个阶级的人民分配年产物,决定了该国年产物的普通或平均价值的高低。

第七章 商品的自然价格与市场价格

所有的劳动工资以及资本利润,都有一个普通或平均水平。这种现象,无论在哪一个社会及其邻近地区都很常见。就像我在后面所说的那样,支配这种普通水平的因素,一个是社会一般情况(比如贫富、进步状况),一个是具有各种用途的特殊事物。同样地,地租也有一个普通或平均水平,它也同样受两种因素的支配,一个是当地及其邻近地区的一般社会情况,一个是土地天然与人工改良的肥沃程度。

在这些地方,可以称这一普通或平均水平为当时通行的自然水平,比如工资自然水平、利润自然水平或地租自然水平。如果有一种商品,它的售价刚好等于它被生产、制造乃至运送到市场所花费的全部费用(包括按自然水平支付的全部地租、工资和利润),那么它就是按自然价格出售的。

当商品的售价是自然价格时,它的价格就和价值相当。也就是说,自然价格刚好等于出售它的人所花费的实际费用。一般情况下,商品的原始费用都不包含再贩卖的利润。但是,如果再贩卖者以原始费用卖掉这一商品,他就得不到当地的一般利润,自然也会遭受损失。与其这样,他还不如将这一资本投在其他方面,以获得一笔利润。而且,他的利润收入就是他生活资料的正当来源。因为,他在制造、运输商品的过程中所垫付的资本,不但包括了劳动者的工资(或生活资料),还包括了他自己的生活资料。从大体上说,他的生活资料与他出卖商品所得的利润相当。如果商品出卖者没有从商品中获得利润,那么他就没有取回他所花费的实际费用,自然会因此而遭受损失。所以,一般商人出卖货物,都会定一个能获得利润的价格。虽然这种价格未必最低,却是他在长时间内可以接受的。这种情形,至少会出现在每个人都能随意变更职业的自由之地。

通常情况下,商品的市场价格就是出卖它的实际价格。它和自然价格相比,时高时低,有时也和自然价格相等。商品的自然价格,由地租、劳动工资和利润构成,任何人想要购买商品,都必须支付这一费用。支配商品市场价格的,是商品的实际销售量与需要量的比例。如果一个人愿意以自然价格来购买某一商品,那么他就是这一商品的有效需求者,他的需求就是有效需求。比如,一辆由六匹马拉的大马车,绝对不是为了满足一个贫民的需要而送往市场出售的。因为对这个贫民来说,这种需求不是有效需求。当然了,有效需求不同于绝对需求,它不一定能促使商品销售的实现。

如果一个商品没有足够的供销量来满足市场的有效需求,就不能让购买者得到他们所需的数量。即使他们愿意支付这一商品所耗费的地租、劳动工资和利润,他们的需求也得不到满足。有些人为了得到这种商品,宁愿支付较大的价格。这时,竞争就产生了。这一商品的市场价格,自然也就升到了自然价格之上。决定市场价格上升程度的因素有两个,一是货品的缺乏程度;二是竞争者的富有和奢侈程度。竞争的热烈程度越大,价格上升的空间就越大。如果竞争者的富有和奢侈程度相同,就要看这一商品本身对求购者有多重要。因此,生活必需品在被封锁的都市或其他有饥饿发生的场合,总是特别昂贵。

相反的,如果这种商品的供销量超过了市场需求,超出来的那部分商品就要以低价卖出。即使未超出的部分是按必须支付的地租、劳动工资和利润卖出的,全体价格也会随着那部分低价而降低。这么一来,这种商品的市场价格就会比它的自然价格低。决定市场价格下降程度的,是超过额的大小。如果超过额过大,卖方就会急于把商品卖出去,从而加剧了卖方的竞争激烈程度。当超过额相同时,易腐败商品要比耐久性商品具有更加激烈的竞争度。比如说柑橘和旧式铁器相比,前者引起卖方竞争的程度更大。

假如这种商品的供销量恰好满足市场的有效需求,其市场价格基本和自然价格相同。这时,这些商品也就以自然价格售出。这一价格,也是相互竞争的

第一篇 论增进劳动生产力的因素及分配劳动生产物给各个阶层的自然顺序

各商人都必须接受的最低价格。

为了使商品适应有效需求，商人们都会考虑该商品的上市量。因为，当商品上市量小于或等于有效需求时，有利于所有使用土地、劳动或资本的商品供应者；而当商品上市量大于或等于有效需求时，又有利于除商品供应者之外的其他人。

假如商品的上市量超过有效需求，那么它的市场价格肯定会比自然价格低。这么一来，就会促使利益相关者撤回一部分投资。如果是地租部分下降了，地主们就会立刻撤回一部分土地；如果是工资部分下降了，劳动者就会撤回一部分劳动；而如果是利润部分下降了，则是雇主撤回一部分资本。于是，不久之后，商品的供销量又重新与有效需求相适应，市场价格也就跟着升到了自然水平，重新与自然价格相一致了。

相反的，假如商品的上市量小于有效需求，那么它的市场价格就会比自然价格高。这样的话，就会促使利益相关者加大投入。如果是地租部分上升了，就会促使其他地主准备更多的土地，以生产出更多的这种商品；如果是工资部分上升了，就会促使其他劳动者也投入生产这一商品的行列中；而如果是利润部分上升了，则会促使其他雇主也投入资本，以制造出更多的这一商品，再送往市场。于是，不久之后，商品的供销量就充分满足了有效需求，使得市场价格重新降到了自然水平，与自然价格相一致。

如此说来，一切商品的市场价格，都围绕着自然价格这一中心价格上下波动。有时候，难免会发生各种意外，从而影响了商品的市场价格，使它有时抬高到中心价格之上，有时又强抑到中心价格之下。但是，不管发生了什么障碍，商品的市场价格都会时刻向着这个中心价格波动。

为了向市场提供适当的商品量，以恰好满足有效需求，每年的全部劳动量也自然会依着这个方式，使自己与有效需求相适应。

但是，即使是使用同量的劳动，不同商品的逐年产出量也不相同。对有些业务来说，每年的产出量可能大不相同；而对另外一些业务来说，逐年产出量却往往相等。比如农业生产，即使是农业劳动者的人数不变，他们今年产出的谷物、葡萄酒、食用油、啤酒花等商品的量，也与往年不同。但是，纺织行业就不同了，如果纺织工的人数不变，那么他们每年产出的麻布和呢绒量，几乎都会相等。

35

对农业生产来说,它生产的商品量即使适应市场的有效需求,也只是等于这一产业的平均生产量。在实际生产中,这一商品的产出量往往并不等于平均生产量,甚至会比平均生产量大得多或小得多。因此,商品的上市量跟它的有效需求相比,有时会大大超过,有时则会少许多。就算是市场的有效需求始终保持不变,也不能避免商品市场价格围绕着自然价格上下波动。

而对纺织行业来说,其同量劳动的生产量却总是相同或大致相同,因而会相对准确地适合市场的有效需求。所以,当这一商品的有效需求保持不变时,其市场价格也保持不变,基本上和自然价格相同。根据经验,大家都知道麻布和呢绒的价格比较稳定,不像谷价那样经常变动;即使变动,也没有谷价的变动那么大。因为,影响麻布和呢绒价格变动的原因,只有需求;而影响谷价变动的原因,除了需求,还有商品量的多少。商品量的变动,是一种更巨大、更频繁的变动。

如果商品的市价偶然发生了变动,只会影响其中的工资和利润部分,一般不会影响到地租部分。因为,地租已经被确定成了货币,不会随着市价的变动而发生比率或价值的变动。即使地租是按原生产物的比例或数量来计算的,其受影响的部分也只是年租的价值,而年租的比率则保持不变。地主和农业经营者在议定租佃条件时,都竭力使地租与生产物的平均价格相适应,而没有考虑生产物的临时价格。

决定商品市价偶然或一时变动的因素,是当时市场上积存的商品量或劳动量,换句话说,就是当时市场上的商品量或劳动量影响工资或利润的程度。以黑布为例,如果遇到国丧,往往连黑布存货都不足以供应需求,以致市价昂贵,使得持有大量黑布的商人大大获利。可是,从买卖黑布中获利的只有商人,织布工人的工资却没有因此而增加。因为,这时市场上供不应求的是既成的商品,而不是待成的劳动。

在国丧时,虽然织工们的工资不会受影响,但是缝工们的工资却会抬高。因为,在黑布被缝成孝服的过程中,需要大量缝工的待成劳动,使得现有供给量不足以满足有效需求。因为国丧,丝绸和棉布的需求会停顿半年甚至一年。这么一来,丝绸和棉布就供过于求,它们的价格会因此而降低,从而使得持有大量丝绸和棉布的商人的利润,以及精制这些丝绸和棉布的劳动者的工资,都跟着降低。

对于各种商品来说,虽然其市价始终都有围绕自然价格上下波动的趋向,但确实也有许多商品的市价在长时间内大大超过其自然价格。其原因不一而足,比如特殊的意外事故、天然因素、特殊的政策规定。以下详细说明。

一、特殊的意外事故引起的市价增高

当某一商品的有效需求增加,从而将其市价抬得比自然价格高很多时,大部分供应者都会小心翼翼地隐瞒这一变化,免得被人知道。因为,如果人们知道其中有丰厚的利润,一定会向这方面投资。这么一来,市场上的商品量就会重新满足有效需求,于是这一商品的市场价格重新降回自然价格,甚至是降到自然价格以下。至于这种秘密能保持多久,要看供给者距离市场的远近。如果供给者距离市场很远,这一秘密有时就能保持好几年。于是,知道这一秘密的人,就可以在这几年内独享这份非常的利润。不过,这种秘密一般都不能长久地保持。

就保守秘密的时间而言,制造业比商业要长久一些。比如,一个染工发现了一种制造染料的方法,用这种方法制造染料,可以节约一半的费用。如果他能够妥善地保守这一秘密,他甚至他的子孙就能独享这一发现带来的利益。这种利益虽然是额外利益,却是他的"高价格"劳动所得,或者说是他个人劳动的高工资。但是,这么说似乎又不太准确,还不如说是他所有资本的额外利润。由于,他可以一再地得到这种利益,因而他的利益总额在资本总额中就保持了一定的比例。

市价的这种增高只是由一些特殊的偶发事件引起的。但是,它的作用却不小,有时甚至会持续好多年。

二、天然因素引起的市价增高

有些自然产物比较特殊,它需要特殊的土壤和地理位置,或许用上该国所有适合生产这些产物的土地,都生产不出满足市场有效需求的数量。对于这种产物,就算全部上市,也只能供应给那些愿意支付特别价格的人。也就是说,这些人不仅要支付按照自然率计算而必须要支付的地租、产制和运销所用的劳动工资、资本利润,还要支付其高出自然价格的那一部分价格。

这类商品的高售价,可以连续保持好几个世纪。这样的话,其价格中的地

租部分就比按照自然率计算的地租要高。如果一种土地跟邻近的同样肥沃和精耕细作的土地相比,可以生产珍贵的产物(比如土壤和位置优良的法国珍贵葡萄种植地),那么它们的地租就不会保持一定比例,但它们的劳动工资及资本利润却往往保有一个自然的比例。

这种市价增高方式,是天然原因引起的,它的作用会永远持续下去,因而其有效需求也得不到充分的供给。

三、特殊的政策引起的市价增高

如果某种商品被个人或商业公司垄断,那么其影响就会和保守商业或制造业秘密的影响相同。因为,一旦这一商品被垄断,垄断者就会把市场存货量控制在有效需求之下,使得这一商品的需求量永远得不到满足。这么一来,他们就能以大大超出自然价格的市价卖出他们的商品,从而获得高工资或高利润,作为垄断的报酬。

在商业垄断出现之后的各个时期内,商品的最高价格几乎都是由垄断获得的。相反的,在某些时期或长时期内,商品可能有的最低价格,都是由自然价格或自由竞争价格获得的。在各个时期内,垄断价格都是垄断者可能向买者榨取的最高价格(或者说是买者愿意支付的最高价格),而自然价格或自由竞争价格则是卖者能够接受的最低价格。如果商品售价低于这一最低价格,卖者就不能够继续营业了。

除了垄断之外,还有一些作用不及垄断,但性质与垄断相同的组织或法规,比如排他的同业组合、学徒法规和各种限制特殊职业竞争人数的法规。这些组织或法规,实际上控制了某些产业,是一种扩大的垄断,往往能够让垄断者以超过自然价格的市价卖出这些产业的所有商品,也稍微提高了生产这些商品所使用的劳动工资和资本利润。

这种市价增高方式,是由各种法规引起的,它会因为这些法规的有效而存在,也会随着这些法规的消亡而消亡。

由此可见,任何一个商品的市价都能长期地高于它的自然价格。反之,则不然。如果一个商品的市价低于它的自然价格,那么不管降低的是土地、劳动或资本中的哪一个部分,其所带来的损失都会立刻反馈给利益相关者,促使他们马上撤回自己的那部分投资。于是,商品的上市量又重新适合了有效需

第一篇　论增进劳动生产力的因素及分配劳动生产物给各个阶层的自然顺序

求,使得市价不久就回升到了自然价格。这种情况,至少会出现在有完全自由的地方。

至于学徒法规和其他的各种法规,它能在制造业繁荣时抬高劳动者的工资,当然也能在制造业衰微时把劳动者的工资降到自然率之下。因为,在制造业繁荣时,这些法规可以避免竞争者进入他们的行业;而在制造业衰弱时,这些法规又妨碍了他们,使得他们不能改行去做其他的职业。

不过,这些法规在抬高劳动者工资方面所起的作用,可能会持续好多个世纪;而在降低劳动者工资方面所起的作用,却可能只会持续到那些受过职业训练的劳动者死去。当那些受过职业训练的劳动者们死去之后,从事这一职业的人数又会重新与市场的有效需求相适应。当然,这种情况有可能不适合古印度和古埃及那样的国家。因为,在这些国家,每个人都必须依据教规继承父业;如果有谁变更了职业,就犯了最可怕的亵渎神灵罪。这样,无论是任何职业,都很容易出现一连几代的劳动工资或资本利润都低于自然率的现象。

至此,商品的市场价格与自然价格的差异就讲完了。

虽然决定商品自然价格的因素是工资、利润和地租,但无论在任何社会,这种自然价格都会同时随着社会的贫富、进步程度而变动。至于变动的原因,我将尽力在以下四章里详细说明。

第一,工资率是在什么状况下自然而然地确定的,这一状况受到了社会的贫富、进步程度的哪些影响。

第二,利润率是在什么状况下自然而然地确定的,这一状况受到了社会的贫富、进步程度的哪些影响。

第三,下面我要说的比例,是由什么支配的。

劳动及资本用途的不同,决定了货币工资与货币利润的不同。但是,无论各种劳动及资本的用途有多么不同,货币工资和货币利润之间似乎都成一定的比例关系。决定这种比例关系的因素,一个是劳动及资本用途的性质,另一个是社会的不同法律和政策。对这一点的详细说明,将在后章进行。这种比例虽然在许多方面都受制于法律和政策,却似乎不会随着社会的贫富、进步程度而变化。

第四,支配地租的因素,以及使得一切土地生产物的真实价格变动的原因各是什么。

第八章 工资

劳动生产物是劳动的自然报酬,或者是劳动的自然工资。

在原始社会,土地还不是私有财产,也没有资本累积,所以也没有地主或雇主,劳动的全部生产物都归劳动者所有。

如果这种状态继续下去,由分工引起的劳动生产力的增强,就会使劳动工资跟着增加。这么一来,生产物品所需的劳动量就会越变越小,从而使得一切物品的价格都日渐低廉。这时,只要是包括等量劳动的商品,都可以相互交换;各种商品都可以用少量的劳动生产物来购买。

实际上,一切物品都随着社会的进步而变得低廉。而在表面上,有些物品却变得比以前昂贵。换句话说,就是拿它去换其他货物,能够换得的物品数量比以前更多。现在,假设大多数产业的劳动生产力都增加了十倍(即该产业的劳动生产量是以前的十倍),某一种产业的劳动生产力却只增加了一倍,这时,如果交换这大多数产业与某一种产业一天的劳动生产物,那么前者似乎吃亏了。因为,在工作量相同的情况下,前者用十倍的生产物只换得了二倍的生产物。所以,从表面上看,后者的一磅似乎比以前贵了五倍。但是事实上,是后者的一磅比以前低廉了二分之一,也就是现在生产这一磅货物比以前容易了两倍。因为,虽然生产这一货物所需的其他货物量是以前的五倍,但所需的劳动量也同时减少到了以前的一半。

在原始社会,全部的劳动生产物都由劳动者独享;等到出现了土地私有和资本累积(即使当时的劳动生产力还没有得到显著的改善),劳动者独享劳动生产物的现象就终结了。至于这种现象对劳动报酬或劳动工资的影响,我们没有必要进一步探讨。

土地私有之后,劳动者在土地上生产或采集到的几乎所有物品,都得按要求分一部分给地主。因此,地租是从土地上的劳动生产物中扣除的第一个项目。

一般的耕作者,大都没有生活资料。通常情况下,他们的生活费都由雇用他们的农业家来垫付,直到庄稼收割。而要想让农业家们垫付耕作者的生活

第一篇 论增进劳动生产力的因素及分配劳动生产物给各个阶层的自然顺序

费,就得让农业家们分享耕作者的生产物。这样,农业家们才能收回他们的资本,并得到相当的利润,从而甘愿雇用耕作者。因此,从土地上的劳动生产物中扣除的第二个项目,是利润。

实际上,除了农业生产物之外,其他的一切劳动生产物也都要扣除利润。比如在工艺或制造业,在作业完成以前,大部分劳动者维持生产所需的原材料、工资与生活费,都是由雇主垫付的。而雇主的代价,就是分享劳动者的劳动生产物(或者说劳动加在原材料上的价值)。我们把雇主分享的这一份额,叫做雇主获得的利润。

如果一个人既可以独立工作,又有自行购买原材料的资本,还能够在作业期间维持自己的生活,那么当作业完成时,他就兼有劳动者、雇主这两重身份,所以能够独享全部的劳动生产物(即劳动对原材料所增加的全部价值),他的利得也自然包括了资本利润、劳动工资这两种不同的收入。

不过,这种实例并不常见。比如全欧洲,如果按照比例计算,在二十一个工人中,有二十个都会在老板手下干活,只有一个工人兼任老板。而且,一说到劳动工资,人们都普遍理解为雇主付给劳动者的劳动报酬。一般情况下,这里的雇主和劳动者都不是同一个人。

无论在什么地方,劳动者的普通工资都由劳资两方所订的契约决定。劳资两方的关系是利害关系,所以他们在订立契约时,立场绝对不会一致。劳动者是为提高工资才与雇主结合的,他当然盼望多得;而雇主却想减低工资,当然不愿意多给。

至于劳资双方谁占有利地位,换言之,就是谁能最终迫使对方接受自己提出的条件,一般是很容易推断的。因为,雇主的人数相对较少,比较容易团结起来,而且这一团结不受法律限制。但是,人数众多的劳动者的结合,却受到了法律的禁止。许多为提高劳动价格而结合的团体,都经常会被议会的法令取缔;而那些为减低劳动价格而结合的组织,却没有一个被取缔。而且,一旦发生争议,雇主可以打持久战,劳动者却大多不能坚持。因为,地主、农业家、制造者或商人,本身都有积蓄,就算不雇用一个劳动者也能维持一两年的生活;而失业的劳动者却没有足够的资本,他们一般连一个星期都不能坚持,更别说坚持一个月、一年了。雇主和劳动者相互需要的程度,在长时期内是相同的。但是,雇主对劳动者的需要,没有劳动者对雇主的需要那么迫切。

人们可能经常会听到工人的结合,却很少听到雇主的结合。而实际上,雇主之间随时随地都有可能结合。因此,那些透过表面现象认为雇主很少结合的人,根本不了解世故、不了解问题的真相。雇主们的结合,是一种秘而不宣的团结一致的结合,目的就是使劳动工资不超过其实际应得工资。无论何时何地,如果哪个雇主胆敢破坏这种团结,那他就是做了最不明智的事,一定会被邻近行业者和同行业者耻笑。

雇主之间的这种结合,是一种自然的结合,它普遍得不被人知道,所以我们才不经常听到。有时候,雇主们为了把劳动工资减低到实际工资以下,会秘密地进行特殊结合,而且会在达到目的之前,始终保持极度的沉默。

对于这种秘密结合,劳动者虽然能够痛彻地感受到,但往往无力抵抗,只有默默地屈服。因此,其他人都不知道这种秘密结合的存在。

但有时候,工人们为了对抗这种结合,往往也会防御性地组织起来。而且,即使是在雇主没有结合的情况下,工人们也会为了提高劳动价格而自动结合。他们之所以会结合,有时是因为粮食价格忽然上涨,有时是因为他们的劳动被雇主过多地剥夺了。他们一旦结合,消息很快就会传遍,无论这一结合是防御性的还是攻击性的。因为,他们一旦结合起来,就是已经处于绝望的境地了,他们为了迅速解决自己的温饱问题,只好铤而走险,采取狂呼呐喊甚至是可怕的暴力手段,胁迫雇主立即满足他们的需要。

这时候,雇主当然也会大肆宣扬,并求助于官厅,要求官厅禁止工人的结合。因此,这种激愤的暴动结合,一般是不能给工人带来利益的,其结果往往是为首者受到惩罚或全体一败涂地。由于官厅的干涉,再加上一部分雇主能够坚持,大多数劳动者只好为了生计而屈服。

虽然雇主在争议中经常处于有利地位,但他所给付的劳动者(哪怕是最低级的劳动者)的普通工资,也不能低于一定的标准。而且,还要在长时期内保持这一标准。

支付给仅靠劳动过活者的工资,至少要足够其维持生活。一般情况下,这一工资还得能够让劳动者赡养家室。似乎就因为这个原因,坎梯隆[2]才作出了如下推测:供养着一对子女的最下级劳动者的工资,至少也得是其自身所需

---

[2] 译注:理查德·坎梯隆(Richard Cantillon),法国经济学家。

生活费的倍数;而其妻子的劳动所得,除去照料儿女的部分,只够维持自己的生活。

据一般统计,有一半儿童都在未成年之前死去。因此,最贫穷的劳动者,为了能够有两个活到成人年龄的孩子,一般至少会养育四个孩子。坎梯隆认为:"抚养四个孩子的必要费用,几乎等于一个成年人的生活费,这对于一个最低级的劳动者来说应该不成问题。因为,就连一个强壮奴隶的劳动价值,都是他自身生活费的倍数,何况是一个最低级的劳动者。因此,我似乎可以肯定这一点:即使是最低级、普通的劳动者夫妇,他们的劳动所得也必须要稍微超过他俩的生活费,才能赡养家属。至于这种超过额是按什么比例来计算的,我不想确定。"

不过,在某些情况下,劳动者所处的地位比雇主更有利。他们得到的工资,会大大超过上述符合一般人道标准的最低工资。

无论在任何国家,如果其市场不断增加对工人、散工、佣人这类靠工资生活人的需求,也就是说,劳动者的就业机会每年都多于前一年,那么劳动者就没必要为了提高工资而结合。因为,雇主这时自然会竞相出高价雇用劳动者。这么一来,他们为了防止工资提高而组成的自然组合,就会自动被冲破。

明显地,雇主对靠工资生活的劳动者的需求,必定会随着他垫付的劳动工资的增加而增加,而且会成比例地增加。这种增加的资本,一部分来自雇主超过生活所需的生活费,一部分来自雇主超过自己使用所需的资财。

不管是哪一个地主、年金领受者、有钱人,只要他认为自己的收入既能维持一家人生活又有剩余,就一定会用全部或部分剩余额来雇用家仆。而且,他们所雇用的家仆人数,会自然地随着这一剩余额的增加而增加。

把剩余额花费在雇用方面的人,除了有钱人,还有织工、鞋匠这类独立工作的劳动者。当他所持的资本除了足够他购买原材料、维持他在货品出售之前的生活之外,还有剩余时,他自然也会为了获得更多的利润,而拿这一剩余部分去雇用帮工。他所雇用的帮工人数,也自然会随着这一剩余额的增加而增加。

因此,一国对靠工资生活的劳动者的需求,取决于该国的收入和资本是否增加。当收入和资本增加时,这一需求自然也随之增加;而当收入和资本没有增加时,这一需求也绝对不会增加。

收入和资本是国民财富。所以,换句话说,就是当国民财富增加时,对靠工资生活的劳动者的需求自然也会增加;而当国民财富没有增加时,对靠工资生活的劳动者的需求也绝对不会增加。

决定劳动工资增高的因素,不是现有的国民财富有多庞大,而是国民财富的不断增加。所以,出现最高劳动工资的国家,往往不是最富有的国家,而是那些最快变得富裕、繁荣的国家。

现在的英格兰和北美各地相比,前者虽然较富裕,但其劳动工资却没有后者高。在纽约,普通劳动者一天的工资,是三先令六便士的美币(合二先令英币);而造船木匠一天所赚的,除了十先令六便士的美币,还有一品脱价值六便士英币的糖酒(总共合六先令六便士英币);而泥水匠和建筑木匠,每天可以赚得八先令美币(合四先令六便士英币);就连裁缝帮工,每天也可以赚得五先令美币(合二先令十便士英币)……这些劳动工资,都比伦敦同行业者的劳动工资高。

在北美的殖民地,劳动工资似乎和纽约一样高,而食品价格比英格兰要低很多,所以当地从未出现过饥荒现象。即使是遇到歉收年,也只是减少一部分输出,剩余的部分还足够满足自己所需。所以,对北美劳动者来说,如果其货币价格高于母国,那么按照比例,其真实价格也一定高于母国。换言之,在为劳动者提供生活必需品和便利品方面,北美劳动的实际能力要高于母国。

跟英格兰相比,北美虽然不够富裕,却更繁荣,其财富的增长速度也快得多。居民人数的增加,就是一国繁荣的明显标识。同样是增加一倍的居民,北美英属各殖民地只需要二十或二十五年就做到了,而英格兰及其他大多数欧洲国家却用了大约五百年。居民人数迅速增加的原因,主要是当地人口迅速繁殖,而不是有新居民移入。据说,当地有些高龄居民甚至有上百个直系子孙。这时,虽然子女众多,但由于劳动报酬优厚,家庭反而会富盛起来。

照推算,一个未离开双亲家庭的子女,其劳动价值足有一百镑。在欧洲中下等人中,如果一个青年寡妇有四五个孩子,那么她就很难再找一个丈夫。而在北美,结婚的最大鼓励就是儿童。如果北美同样也有一个有四五个孩子的青年寡妇,则往往会有男子因为孩子的诱惑而向她求婚。所以,早婚在北美根本不足为奇。因为早婚,北美的人口大量增加。不过,尽管北美增加了很多人口,劳动者的人数还是不够。劳动者增加的速度,跟劳动需求增加的速度、维持劳

第一篇　论增进劳动生产力的因素及分配劳动生产物给各个阶层的自然顺序

动者的资金增加的速度相比,似乎要慢得多。

无论一个国家有多富有,只要它在长时期内处于停滞不前的状态,它的工资都不会很高。因为,这笔用来支付工资的资金,也许是它能够支付居民的收入和资本的极大数额。如果在几个世纪之内,这笔资金都几乎维持不变,那么每年所需的劳动者人数也会得到满足,甚至还有剩余。这么一来,雇主就不会因为劳动者不足而相互竞争了。

而当劳动者人数增加到超过有效需求时,就业机会就会不足。于是,劳动者就不得不通过相互竞争来获得工作。比如说,当劳动者的工资除了足够养活其一家人之外,还有剩余时,如果又出现了劳动者之间的竞争,那么雇主们就会出于利害关系而压低工资,不久之后,工资就会被减到合乎一般人道标准的最低水平。

一直以来,中国都是世界上最富的国家。它拥有最肥沃的土地、最精细的耕作、最多而且最勤勉的居民。然而,不知从何时起,它似乎就开始停滞不前了。如果翻看现在的旅行家写的关于中国的报告,就会发现其中记述的中国的耕作、勤劳及人口的稠密状况,几乎跟五百年前马可波罗记述的同类报告没什么两样。中国财富的发展程度,也许早在马可波罗时代以前,就已经达到了该国法律制度所允许的顶峰了。

比较各旅行家的报告,发现它们有很多地方都是相互矛盾的。但是,它们都一致地记述了一点,那就是中国的劳动工资低廉得难以赡养家属。在中国,耕作者虽然终日劳动,所得的报酬最多也只够购买少量稻米;至于技工,状况就更恶劣了。他们携带着器具在街市上不断地东奔西走,靠搜寻甚至是乞求工作来过活,完全不同于那些漫不经心地在自己的工场内等候顾客的欧洲技工。中国下层人民跟欧洲最贫乏的国民相比,前者的贫困程度要远远超过后者。

据说,由于广州附近的陆地上没有居住处,有数千户人家都栖息在小渔船中。这些人不但没有住处,还缺少食物,往往会为了夺得船舶丢弃的污秽废物而相互殴打。他们如果得到猫或狗的尸体,即使那些尸体已经有一半烂掉并发臭了,他们也会像别国人得到卫生食品那样高兴。人们之所以会结婚,也不是出于生儿育女的考虑,而是因为婚后就可以自由地杀害儿童。每天夜里,各大都市都会多出若干弃婴。这些弃婴,要么被丢弃在街头巷尾,要么像小狗似的被扔进水里。杀婴这种可怕的工作,据说还被一部分人公然地认为是一种谋

生的手段。

中国虽然可能处于停滞不前的状态,但它似乎也没有退步。在那里,你看不到被遗弃的都市,也没有荒芜的耕地,每年被雇用的劳动也几乎不变,维持劳动的资金也几乎没有减少。因此,最下级劳动者即使生活资料非常贫乏,也能勉强维持生活。于是,其阶级人数自然也就保持不变了。

而在维持劳动的资金显著减少的国家里,就完全是另外一番情形了。在这类国家里,如果各等职业所需的雇工和劳动者人数逐年减少,就会有许多人找不到工作。比如,上等阶级的人民如果不能找到上等工作,就会想到去找一份下等工作,如此下去,做最下等工作的劳动者就不止是超过需要的最下级劳动者了,还包括许多来自其他各个阶级的人。这么一来,劳动者人数就会供过于求,以致产生剧烈的职业竞争,把劳动工资降低到了极致。而且,即使人们愿意忍受这种极度悲惨、贫困的生活水准,还是有许多人找不到工作。这些没有工作的人,如果不想饿死,就得沦为乞丐,或者是做出什么罪大恶极的勾当。遭受穷乏、饥饿和死亡等灾祸袭击的,接下来就是最下级的劳动者了,然后是全部的上等阶级。当除去苛政或灾祸后的剩余收入和资本足够维持现有居民的生计时,居民人数就不会再减少了。这种情况,常见于今日东印度的孟加拉及其他若干英属殖民地。

一个土地肥沃的国家,如果在人口大大减少之后,每年还有三四十万人因为饥饿而处于死亡边缘,那么该国用以维持劳动的资金一定正在迅速减少。英国对待北美政治机构的态度,是保护与统治;而对待东印度的商业公司,采取的则是压迫与压制手段。英国的这两种措施,性质完全不同。要说明这一点,这两地的情况就是最合适的例证。

所以,优厚的劳动报酬是国民财富增进的征兆。如果一国的国民财富增进,那么其国民的劳动报酬一定优厚;如果一国停滞不前,那么贫穷劳动者就无法维持生计;而当社会急速退步时,劳动者则处于饥饿状态。

现今,大不列颠的劳动工资不仅可以维持劳动者一家的生活,还明显有剩余。关于这一点,我们无须靠烦琐地计算劳动者最少需要多少工资才能养活一家来证明。因为,有很多征象都明显地表明了它确实高出符合人道标准的最低工资。

第一,在大不列颠,不管是高级劳动还是最低级的劳动,都有夏季工资和

第一篇 论增进劳动生产力的因素及分配劳动生产物给各个阶层的自然顺序

冬季工资之分。

冬季工资要低于夏季工资,而且冬季还要临时支付薪炭开支,所以冬季的家庭生活费在一年中是最高的;夏季生活费最低,这时的工资反而最高。由此可见,支配劳动工资的因素,并不是劳动者的最低生活所需,而是工作数量及工作价值。也许有人会说,劳动者全年的工资并没有超过其维持全家一年生活所需的数额,他只是把夏季工资的一部分留在冬季时使用了。可是,奴隶或完全仰赖他人生活的人却无法受到这样的待遇,他们只会得到和他们的日常需要相称的生活资料。

第二,在大不列颠,食品价格的变动不会影响到劳动工资。

在大不列颠,食品价格每年甚至每月都会变动;但是,有许多地方的劳动价格,甚至经过了半个世纪还仍旧不变。所以说,当地的贫穷劳动者,如果他能在食品最昂贵的年岁维持一家人的生活,那么他也能在食品价格一般且供给充足时过得很舒适,而在食品价格相当低廉时过着优裕的生活。在过去十年,虽然许多地方的食品价格都相当昂贵,但这并没有对劳动的货币价格产生明显影响。虽然有些地方的劳动价格有所提高,但其原因却是劳动需求的增加。

第三,食品价格的变动,每年都比劳动工资的变动要大;而不同地方劳动工资的变动,却大于这些地方食品价格的变动。

在大不列颠的几乎所有地方,面包和家畜肉的价格一般都相同。其他大多数贫穷劳动者能够购买的零售商品,在大都市和一些偏远地方的售价也同样低廉,甚至在大都市的售价还更低。造成这一现象的原因,我以后再说明。

但是,大都市及其附近地区的劳动工资跟数里之外的劳动工资相比,往往会更高。高出的幅度,在五分之一到四分之一不等,也就是高出了百分之二十到百分之二十五。在伦敦及其附近地区,普通劳动者每天的工资是十八便士;而在数里之外,这一普通工资却减到了十四或十五便士。在爱丁堡及其附近,普通劳动者一天的工资是十便士;而在距其数里之外的地方,相同劳动的报酬也降到了八便士。在苏格兰低地一带,大部分地区的普通劳动价格都是八便士,而且其变动幅度也比英格兰小得多。

一个人未必会因为劳动价格的差异而从这一教区搬迁到那一教区,但货物却不同。许多容积巨大的货物,都会因为价格差异而被人从这一教区移到那一教区,或者在国内各个地方移动,甚至是被运输到世界各地。在这么频繁的

交通下，各地货物供应量很快就会在一定范围内趋于均衡。人性虽被确定是见异思迁的，但以往的经验则表明人类其实是安土重迁的。在大不列颠，如果一个贫苦劳动者能靠最低劳动工资养活一家人，那么他一定能在工资最高的地方优裕地过活。

第四，无论从时间还是地点上比较，劳动价格的变动都往往与食品价格的变动相反。

在苏格兰，一般人常吃的谷物的价格要高于英格兰。因此，苏格兰几乎年年都会从英格兰输入大量谷物。这些从英格兰输入的谷物，在苏格兰的售价必须高于英格兰。但是，无论这一高价有多高，也不能高于苏格兰本地同等质量谷物的售价。

谷物可磨得的粉量的多少，决定了它的品质是否优良。英格兰谷物所磨得的粉量，比苏格兰谷物要多得多。因此，从表面上看，英格兰谷物要比苏格兰谷物价格高；但从品质或重量上说，英格兰谷物的价格一般要远远低于苏格兰谷物的价格。可是，英格兰的劳动价格，却高于苏格兰的劳动价格。因此，同样是在联合王国，如果一个贫苦劳动者能够在苏格兰养活一家人，那么他在英格兰就一定能过上优裕的生活。

现在，苏格兰普通人民最常吃的好食物就是燕麦片。而在英格兰，同一阶层人民最常吃的食物比燕麦片要好得多。正是工资的差异，才导致了这种生活方式的差异。可是，许多人却认为是生活方式的差异导致了工资的差异，真是令人不可思议。打个比方，甲骑马乙步行的原因，是甲富能备马、乙则贫得只好步行，而不是甲有马乙却没有。

从各年度的计算结果来看，英格兰和苏格兰两地上世纪的谷物价格要高于本世纪，这是不容置疑的。如果一定要证明这一事实，那么用苏格兰作实证可能会更准确一些。因为，苏格兰的谷价每年都是公定的，完全可以作为证明材料。每一年，苏格兰都会依据市场的实际状况，按程序评定各地各种谷物的价格。在法国甚至欧洲的大多数地方，也出现了类似的情况，而法国的情况是有明确证据证明的。所以，英格兰、苏格兰两地谷物上世纪价格高于本世纪的情况，是不需要间接证据作为旁证的。同样地，两地上世纪的劳动价格远远低于本世纪，也是无可置疑的。

因此，如果上世纪的贫穷劳动者能够维持一家人的生活，那么本世纪的贫

第一篇 论增进劳动生产力的因素及分配劳动生产物给各个阶层的自然顺序

穷劳动者必定会过得更舒适。在上世纪的苏格兰,普通劳动者的夏季日工资是六便士,冬季日工资是五便士;而在苏格兰高地及西部各岛,大多数劳动者的工资是每星期三先令左右。而在本世纪的英格兰,低地地区的普通劳动工资是八便士一天;在爱丁堡等邻近英格兰的各个州,以及劳动需求大大增加的格拉斯科、卡隆和艾尔郡等地,普通劳动者的日工资甚至达到十便士或一先令。英格兰农工商业的改进比苏格兰要早得多,因而其劳动需求及劳动价格也随之增加。所以,英格兰上世纪和本世纪的劳动工资都要高于苏格兰。英格兰的劳动工资,就是从那时起开始大大增加的。然而,由于英格兰的工资种类比苏格兰多,因而其工资增加率也较难确定。

在1614年,步兵的饷银是八便士一天,与现在的标准相同。当初,由于大多数步兵都来自普通阶级,所以他们的饷银额数,也必然是以普通劳动者的工资标准来规定的。查理二世时代,一位名叫黑尔斯的高等法院院长,作出了如下推算:由父母、两个略有工作能力的子女、两个毫无劳动能力的子女组成的六口之家,一星期的生活费是十先令,一年的生活费总共是二十六镑。如果他们想赚来这么多钱活口,只有去劳动,不然就得去乞讨或盗窃。关于这个问题,黑尔斯似乎曾经作过一番研究。

因为政治算术才能而备受戴维南博士赏识的格里戈里·金先生,也曾在1688年就一般劳动者及不住宿佣工的普通收入进行了推算。格里戈里·金认为,按一个家庭平均由三个半人组成来计算,其一年要花费十五镑生活费。格里戈里·金与黑尔斯二人的计算,表面上好像有出入,实则大体一致。因为,按照他们的计算,在这种家庭里,每个人一星期的生活费大约都得二十便士。

从那时起,大不列颠这种家庭的货币收入与费用,都或多或少有所增加。不过,这一增加部分的额数,并没有高得像现在的一些报告说的那样。不过,劳动价格并不能十分正确地确定,这在任何地方都是一样的。因为,就算劳动区域和劳动种类相同,劳动者的巧拙以及雇主的宽吝也会影响劳动工资。如果某地没有就工资作出法律规定,那么我们也可以确定该地的普通工资。而且凭经验,法律虽然屡次想对工资作出明确规定,可这些规定却总是不适当。

在本世纪,劳动真实报酬(即劳动者创造的生活必需品和便利品的真实数量)增加的比例,与劳动货币价格增加的比例相比,前者可能更大。跟从前相比,不仅谷物的价格稍微降低了,其他许多适于贫穷劳动者的东西也大大跌价了。就以马铃薯为例,在今日的大不列颠,大多数地方的马铃薯售价都比三四十年前降低了一半。除了马铃薯之外,大头菜、胡萝卜、卷心菜等的价格也很低廉。这些蔬菜,从前是用铁锹种植的,现在都普遍用犁耕种了。总之,所有蔬果的价格都降低了。

上世纪,英国消费的苹果和洋葱,大部分都是从弗兰德输入的。麻布和呢绒制造技术的大改良,让劳动者穿上了质优价廉的衣服;而随着贱金属制造技术的改进,劳动者不但有了更精良的职业工具,还用上了便利的家具。当然,由于课税,肥皂、食盐、蜡烛、皮革、发酵酒等的价格抬高了。不过,贫穷劳动者极少会消费这些价格昂贵的东西。因此,对贫穷劳动者来说,多数物品的价格都降低了。现在,经常能听到一种说法,就是贫穷劳动者也开始奢侈了,他们对以前的衣、食、住都感到不满。由此,我们确信劳动的货币价格与真实价格都增加了。

下层阶级的生活状况得到了改善,对社会有利还是不利呢?这个问题的答案很明显。无论一个国家有多大,其居民大多数也都是仆役、劳力和各类工人。如果大部分成员的境遇都得到了改善,就绝对不会对国家造成损害。假如一国的大部分居民都处于贫困、悲惨的状态,那么这个国家一定不繁荣。此外,对一个为全体社会提供衣、食、住的人来说,他只有分享到一部分劳动生产物,才能让自己的生活也过得去,这样才算公正。

因为贫困,人们无疑不想结婚,却未必不结婚。贫困似乎对生育有利。在苏格兰高地,生活在半饥饿状态的妇女,常常能生二十多个孩子;而上等社会的妇女,一般只能生两三个,有的还不能生育。在上等社会,妇女经常会患不孕症;而在下等社会,却极少有妇女会患不孕症。生活奢侈的女性,虽然能够享乐,但其生育能力却往往会因此而被削弱甚至彻底丧失。

贫困虽然对生育有利,却对抚养子女极其不利。就像在寒冽和严酷的环境中,刚长出来的植物不久就会被冻死一样,在苏格兰高地,经常出现一个妇女生二十个孩子却只活了一个的情况。我从几位有经验的军官那里得知,就算是让部队士兵的所有孩子都去当吹鼓手,人数也不够,更别说是去补充部队的缺额了。而在军营附近的其他地方,却有很多可爱的孩子。不过,这些可爱的孩子,一般长不到十三四岁就会死去。在一些地方,半数的儿童不足四岁就死了;还有许多地方,有一半的儿童会在七岁前死去。普遍现象是,有一半儿童会在九、十岁前死去。在各地的下等人中间,普遍能看到这么大的死亡率。一般来说,下等人

第一篇　论增进劳动生产力的因素及分配劳动生产物给各个阶层的自然顺序

虽然比上等人更能生育,却不能像上等人那样细心地养育子女,因而其子女很少能成年。由育婴堂及教区慈善会收养的儿童,其死亡率比下等儿童的死亡率还要大。

各种动物,都需要一定的生活资料才能繁殖。在文明社会里,只有生活资料不足的下等人才能限制人类的繁殖,方法就是杀死大部分子女。如果劳动者有丰厚的劳动报酬,那么他就有能力改善儿童的给养,从而养大较多的孩子,而不是无奈地扩大杀死儿童的限度。

儿童被杀死的程度,必然尽可能地与劳动的需求程度相称。当劳动需求增加时,劳动报酬也会随之增加,这必然会鼓励劳动者结婚并繁育后代,因而人口也自然会不断增加,从而满足增加的劳动需求。当劳动报酬不能足够用来繁育后代,劳动报酬不久就会因为劳动力的缺乏而抬高;而当劳动报酬高到能够繁育过多的后代,劳动报酬不久就会因为劳动力过多而减到自然水平。在市场上,不管是劳动供给不足,还是劳动供给过剩,都会迫使劳动价格在短时间回复到社会所需的适当水平。

商品生产受制于商品需求,类似地,人口生产也必然受制于人口需求。如果人口生产过度迟缓,就需要促进其生产进度;如果人口生产过度迅速,则需要抑制其增长速度。正是这一需求,支配和决定了世界各地人口的繁殖程度,它促使了北美人口的迅速增加,也使得欧洲人口逐渐而缓慢地增长,还让中国的人口不增不减。

有一种说法是,奴隶的损耗会给雇主带来损失,而自由佣工的损耗则是其自身的损失。其实,无论是前者还是后者,其损耗都需要雇主来支付。雇主为了让各种职工和自由佣工都能够按照社会需求而增加、减少或保持人数不变,必须给付他们足够的工资。虽然自由佣工的损耗也会给雇主带来损失,但这一损失要比奴隶的损耗所带来的损失小得多。一般情况下,管理用于修补奴隶损耗资金的人,都是大意的雇主或疏忽的监工;而管理用于修补自由佣工损耗资金的人,则是自由佣工自己。如果让没有秩序的富人来管理钱财,那么钱财也会被管理得没有秩序;要是让锱铢必较的穷人自己来管理钱财,钱财自然能处处节省。

虽然富人和穷人都怀着相同的目的来管理钱财,但由于管理方法不同,其管理费用也大不相同。因此,根据所有时代的一切国民经验,我相信自由人的管理费用归根到底要低于奴隶的管理费用。即使是在普通劳动工资很高的波士顿、纽约和费城,也同样是这种情况。

所以,当国民财富增加时,劳动者就能够得到充足的劳动报酬,从而使得人口增加。要是有人对此发出怨言,那就表示他对国民繁荣的必然结果与原因不满。

值得指出的一点是,当社会处于进步并日益富裕,但还没有达到绝顶富裕的状态时,也许大多数贫穷劳动者都会觉得幸福、安乐。当社会处于静止的呆滞状态时,人民生活是艰难的;当社会处于退步的悲惨状态时,人民生活是困苦的;而当社会处于进步状态时,社会各阶级都很旺盛,人民会生活得越来越快乐。

当劳动报酬充足时,普通人民就会受此鼓励而繁殖后代,并更加勤勉,就像人类的其他品质会因为受奖励而加强一样。丰富的生活资料,能增进劳动者的体力;而生活改善和晚景优裕的美好希望,则会让他们工作得更加卖力。所以,如果一个地方的劳动工资高,那么其劳动者也比低工资地区的劳动者更加活泼、勤勉、敏捷。比方说,英格兰的劳动者和苏格兰的相比,前者更强;而大都市附近的劳动者跟偏远农村的相比,也是前者更强。

这时,如果有些劳动者能花四天就挣足一星期的生活资料,那么他在其余的三天,就可以无所事事。但是,这种情况很少见。大多数劳动者在做着按件计算工资的工作时,往往都会在几年之内把身体累垮。据说,无论是伦敦还是其他一些地区的木匠,都不能将其精壮气力保持到八年以上。在其他许多按件计算工资的行业,也经常会发生这种现象。除了制造业按件计算工资之外,农村一些劳动也是按件计酬的。无论哪种行业都有一些特殊岗位,而工作在这些特殊岗位上的技工,往往会因为操劳过度而生病,而且生的是特殊疾病。关于这类特殊疾病,意大利著名医生拉马齐尼曾专门著书论述过。

在我们看来,士兵与勤劳人民不同。但是,他们在从事一些特殊工作时,也是按件领工资的,而且其报酬率不会超过一定的数额。士兵的这一报酬,经常是军官与领工者商定之后决定的,以避免士兵因操劳过度而损害健康。在这一工资数额确定之前,士兵们常常因为希望得到较大报酬而相互竞争,以致操劳过度,只用四天就完成了一星期的工作量。这么一来,他们就有了三天的闲散时间。

第一篇 论增进劳动生产力的因素及分配劳动生产物给各个阶层的自然顺序

可是,世人却因为这三天的闲散而大发牢骚,甚至大声叫嚣。他们不知道,在连续数天都进行着紧张的脑力或体力劳动之后,大多数人都会有强烈的休息欲望。这种欲望,只有暴力或某种强烈的需要才能抑制住。在紧张劳动之后纵情放松是人的天性,不管是悠闲自在一会儿,还是去闲游浪荡或消遣娱乐,都可以避免产生危险甚至致命的后果。如果这一天性要求得不到满足,劳动者迟早都会产生特殊的职业病。

如果雇主有理性和人道,就不应该鼓励劳动者勤勉,而应该让他们适度地休息。我相信,无论在哪个行业,如果劳动者既能适度休息又能不断工作,那么他不仅能够长期保持健康,还能做出比其他人多的年工作量。

有人说,劳动者在物价低廉时比平常懒惰,而在物价高昂时又比平常勤勉。因此,他们得出了这一结论:劳动者会在生活资料丰富时迟缓地工作,而在生活资料不足时紧张地工作。诚然,当生活资料略微较平常丰富时,有一部分劳动者确实会偷闲。可是,这并不代表大多数劳动者都会因此而怠工。这么说,就好比是说人在吃得不好、意志消沉以及疾病时,会比吃得好、兴致勃勃以及健康时,更卖力地工作,这种说法似乎不太可靠。对普通民众来说,饥馑往往意味着疾病和死亡,他们的劳动产物势必会因此而减少。

当物资丰厚时,佣工往往不需要给人帮工就能够靠劳动过活。由于食品价格低廉,雇主也会增加维持佣工的资金,并雇用更多的佣工。农业家尤其如此。因为,这一时期的谷物价格相对低廉,农业家与其将谷物低价卖出,还不如用它来维持较多佣工的生活,从而得到较大的利润。于是,对佣工的需求就增加了,而能够满足这一需求的佣工却同时减少了。所以,当物价低廉时,劳动价格往往会上升。

当物资缺乏时,佣工的生活会困难而不安定,这就促使佣工迫切希望恢复以前的佣工工作。但是,由于食品的价格高昂,雇主往往不会增加雇工人数,而是减少维持劳动的资金。此外,贫穷的独立劳动者为了支付高昂的物价,往往会全部消费掉原本打算购置材料的小额资本,这样也就只能变成雇工了。当就业机会少于求职人数时,许多人为了得到一个职位,就只好接受低于平常的条件。所以,当物价昂贵时,佣工和帮工的工资往往很低廉。

因此,物价高昂的年头更有利于雇主。在物价高昂的年头,雇主在和劳动者订结契约时,往往会觉得劳动者比物价低廉时更恭顺、更愿意依靠他们。所

以,雇主们自然认为物价高昂有利于他们的事业。地主和农业家们喜欢物价高昂的另外一个原因,就是他们的地租和利润大部分都取决于粮食价格。

一个人在为别人工作时,不可能会比为自己工作更卖力。所以,独享自身劳动生产物的贫穷劳动者,一般都比按件计酬且与雇主分享劳动成果的帮工勤勉。一些大制造厂里的雇工,往往会因为恶友的诱惑而失去道德;而独立劳动者却不会受到此类影响。如果雇工的工资是以年或月计算的,那么无论其工作量有多少,得到的工资和津贴都是一样的;而独立劳动者却由于独享劳动生产物,因而工作效率也比雇工大得多。当物价高昂时,独立劳动者对各种帮工和佣工的比例会有增加的倾向;而当物价低廉时,这一比例则会减少。

法国一位博学多才的作家麦桑斯,曾在圣•埃蒂安选举中担任税收官。他曾经把埃尔伯夫的粗毛织品、卢昂的麻织品和丝织品这三种制造品,在物价低廉以及高昂时期的产量及价值作了比较,证明了贫民在物价低廉时所做的工作更多。从他由官署登记簿上抄下的报告来看,在物价低廉时,这三种制造品的产量及价值一般都大于物价高昂时;当物价最低时,产量与价值往往是最大的;而当物价最高时,产量及价值往往最小。总的说来,这三种制造品似乎都处于停滞状态。如果逐年计算的话,其产量也略有出入,但总体上却是不增不减。

苏格兰的麻织品、约克郡西区的粗毛织品,它们的产量与价值虽然时有变动,但是大体上却正在增加。不过,从这些制造品的年产额公布记录来看,年产额的变动与物价的高低之间,似乎没有明显的关系。这两种制造品的产量,在物资非常不足的1740年的确是大幅度下降了。但在1756年,虽然物资仍然相当不足,但是苏格兰麻织品的产量却比正常年份还多,而约克郡西区粗毛织品的产量却下降了。直到1766年,也就是在美洲印花税法废止以后,约克郡西区粗毛织品的产量才恢复到1755年的数额,而且在随后的两年内增加到了前所未有的程度,从此就不断增加。

对于一切目的在于外销的大制造业来说,决定其产品销量的因素有很多,比如消费国影响商品需求的情况、时局是和平还是战争、竞争者的盛衰、主要顾客的购买欲望等。跟这些因素相比,产地的旺季价格高低就算是次要因素了。此外,也不排除另外一种可能,那就是物价低廉时的大部分额外制造品,都没有登记在制造业公开记录上。当物价低廉时,男佣工可能会成为独立劳动者,妇女则在家中给全家人织布制衣。这时,独立劳动者的制造品可能就不会

第一篇 论增进劳动生产力的因素及分配劳动生产物给各个阶层的自然顺序

向大众出售自己的家庭制造品,而只是被邻居请去制造家庭用品。因此,这一制造品也就没有算在售给大众的商品之内,所以也就没有登记在制造业的公开记录上。而我们的商人和制造业者,往往就根据这些不免夸张的记录来妄断最大帝国的盛衰。

劳动价格的变动与食物价格的变动,往往不一定一致,甚至还经常完全相反。但是,我们不能就此断定食品价格不影响劳动价格。支配劳动价格的因素有两种,一是劳动需求,二是生活必需品和便利品的价格。当人口增加、减少或不变时,劳动需求随之而变,并由此决定必须供应给劳动者的生活必需品和便利品的数量;而劳动价格则由购买这些数量所需的金额决定。所以,当食物价格低廉时,劳动价格有可能会非常高。当食物价格昂贵时,如果劳动需求保持不变,那么劳动价格就会更高。

如果突然遇上大丰年,劳动价格可能会上升;要是突然遇上大荒年,劳动价格则可能会下落。因为,劳动需求在大丰年时可能会增加,在大荒年时则可能减少。

在突然的大丰年里,很多雇主都有足够的资金来维持和雇用更多劳动者。这么一来,劳动者可能就会供不应求,于是,雇主们只好靠相互竞争来雇用更多的劳动者,从而抬高了一部分劳动的货币价格及真实价格。

在突然的大荒年里,情形则刚好相反。这时,雇主用来雇用劳动者的资金会比前一年还少,从而使得许多人都失业了。失业者为了获得职业,只好相互竞争。这样,有时难免会压低劳动的货币价格与真实价格。譬如在大饥荒的1740年,许多人都愿意做仅能糊口的工作;而在此后的几个丰年里,雇主要想雇用劳动者和雇工,就比较困难了。

当食品涨价时,劳动价格会随之提高,劳动需求也会因为物价昂贵而减少,从而使得劳动价格重新降低。相反的,当食品跌价时,劳动价格则会减小,劳动需求也会因为物价低廉而增加,于是劳动价格又会重新升高。而当食品价格的变动幅度不大时,这两种对立因素的作用似乎会相互抵消。所以,劳动工资一般都比食物价格要稳定、持久得多。

一旦劳动工资增加了,许多商品的价格必然也会按照工资中增加部分的比例而抬高,国内外这些商品的消费也会随之减少。但是,当资本增加时,劳动生产力也会增加。这样的话,即使劳动量减少了,也可能会生产出更多的产品。

如果一个资本家雇用了很多劳动者，那么他就会出于自身利益而妥当地给他们分配业务，并力图把他和工人们所能想到的最好机械供给他们，使他们能够尽可能地生产出更多产品。

发生于劳动者之间的事情，既可能发生在某一特殊工厂内，也会因为同一理由而发生在大社会的劳动者之间。随着劳动者人数的增加，劳动者之间的分工也会更加精密。当越来越多的人都去从事最适用机械的发明时，这种机械就容易被发明出来。这些改良机械出现之后，只需要用比以前少得多的劳动，就可以生产出更多物品。这么一来，减少的劳动量除了能抵偿劳动价格的增长之外，还会有一部分剩余。

第九章　资本与利润

社会财富的增减不仅决定了劳动工资的增减，也决定了资本利润的增减。但是，财富状态对二者产生的影响，却大不相同。

资本增加提高了劳动工资，同时也降低了雇主的利润。如果许多富商都在同一行业投入了资本，那么这一行业的利润势必会因为激烈的竞争而降低；这种资本增加如果扩大到社会各行业，那么所有行业的利润也都会因为竞争而降低。

我已经说过了，我们不容易确定某一特定地方在某一时间里的平均劳动工资，只能确定普通劳动工资。可现在，我们甚至连普通资本利润都很难确定。因为，资本利润的变动非常大，即使是让某一特定行业的一个经营者说出他每年的平均利润有多少，他也未必能够说得出来。影响利润的因素，不仅有商品价格的变动，还有竞争者的多寡、顾客的购买欲望、商品在运输或储存过程中遭遇意外事故的多少。所以，利润率是时时刻刻都在变动的，我们很难确定一个大国各行各业的平均利润，更不可能相当准确地确定以前或现今的资本平均利润。

我们虽然不可能相当准确地确定以前或现今的利润，却可以由货币利息而略知其梗概。当使用货币能够获得较多利润时，通常可以提高货币的利息率；当使用货币所获得的利润较少时，则可以降低货币的利息率。由此，我们可

第一篇 论增进劳动生产力的因素及分配劳动生产物给各个阶层的自然顺序

以确信一点：一国市场一般利息率的变动，必然会影响该国资本的一般利润，使得利润随着利息率的升降而同步地升降。所以，我们可以通过利息的变动情况略知利润的变动情况。

亨利八世在他在位的第三十七年，用法令将一切利息都规定在了百分之十以内。由此可见，以前的利息曾经达到过百分之十以上。其后的爱德华六世，由于热心宗教，所以禁止了一切利息。不过，据说这种禁令就像其他各种相同性质的禁令一样，不但没有减少高利贷的弊害，反而增加了高利贷的弊害。于是，在伊丽莎白女王第十三年的第八条法令中，又重新恢复了亨利八世的法令。

此后，法定利息率一般都是百分之十，直到詹姆士一世第二十一年才降到了百分之八，复辟后不久又减成了百分之六，安妮女王第十二年甚至减为百分之五。这些法律规定的市场利息率，都是在信用良好者借款之后而不是之前规定的，因而看来极其适当。自安妮女王时代以来，法定利息率是百分之五，似乎要高于市场利息率。在最近的战争发生之前，政府的借款利息率是百分之三，而首都及其他许多地方一些良好信用者的借款利息率，则达到了百分之三点五、百分之四、百分之四点五。

自亨利八世以来，英国的财富与收入似乎在一天天地逐渐增加，而且增加得越来越快。在这期间，不断增加的还有劳动工资。不过，大部分工商业的资本利润却逐渐减少了。

在大都市经营一种行业所需要的资本，往往比乡村更多。这么一来，投入大都市各行业中的资本就会比较庞大，于是都市资本利润率就会在众多富裕竞争者的相互竞争中，低于农村资本利润率。但在劳动工资方面，都市却高于农村。因为，在繁荣的大都市，劳动者往往供不应求。拥有大量生产资本的人为了雇到他们所需要的劳动者人数，只好抬高劳动工资来相互竞争，于是资本利润就降低了。而在那些偏僻的地方，由于雇主没有充足的资本来雇用全体劳动者，所以一般人民宁愿压低劳动工资也要获得职业，这样就增加了资本利润。

在苏格兰，法定利息率和英格兰一样高，而市场利息率却比英格兰高一些。在苏格兰，即使是良好信用者借款，其利息率也不能少于百分之五。比如，在爱丁堡，随时去私立银行兑现全部或部分期票，都可以享受百分之四的利息。而在伦敦，存入私立银行的资金则没有利息。在苏格兰，几乎所有行业的经营资本都比英格兰少。因此，苏格兰的普通利润率要高于英格兰。我们知道，苏

格兰的劳动工资是低于英格兰的。不仅如此,苏格兰还比英格兰穷得多;尽管它也在明显地前进,但它前进的速度却比英格兰要慢很多。

本世纪的法国,其法定利息率一般是不受市场利息率支配的。法国的法定利息率,在1720年从二十分之一落到了五十分之一(也就是从百分之五落到了百分之二),而1724年则提高到了三十分之一(即百分之三点三),1725年又恢复到了二十分之一。在拉弗笛执政的1766年,这一法定利息率又减到了二十五分之一(即百分之四)。再后来,掌握政权的神父特雷,又把这一法定利息率恢复到了原来的百分之五。

政府这么强行抑制法定利息率,一般目的在于减低公债利息率,而且有时也的确达到了这一目的。从目前的情况来看,法国或许不像英国那么富裕。一般情况下,法国的法定利息率低于英国,市场利息率却高于英国。究其原因,是法国和其他一些国家一样,有办法安全而又容易地回避法律。就像在英、法两国做买卖的英国商人说的那样,法国的商业利润要高于英国。正因为如此,许多英国人都不想在本国投资,而甘愿去轻商的法国投资。

同时,法国的劳动工资却低于英国。你如果到过苏格兰和英格兰,就可以从这两地普通人民的服装和面色的差异中,充分了解到这两地社会状况的差异;而假如你是从法国回到英国的,则会觉得这种对比更鲜明。明显地,法国的富裕是苏格兰所不及的,但法国进步的速度也似乎没有苏格兰快。跟苏格兰相比,法国一般甚或普遍被认为正在退步。但是,这种见解明显是没有根据的。如果一个人在时隔二三十年后的今天,又到苏格兰视察,那他绝对不会抱有这种见解。

反之,从领土面积及人口比例方面比较,荷兰的富裕程度要高于英格兰。在荷兰,政府的借款利息率是百分之二,良好信用者的借款利息率则是百分之三。据说,荷兰的劳动工资也高于英格兰。我们知道,荷兰人的商业利润在欧洲国家中是最低的。现在的荷兰商业,在有些人眼中是正在衰退的。这种情况,也许确实在某些商业部门中出现过。

但是,从上面所说的征候中,我们能看出该国的所谓"商业衰退"似乎又不同于一般的商业衰退。商人们之所以会埋怨商业衰退,是因为利润减少了。可是,利润减少恰恰是商业繁盛,也就是所投资本比以前更多的自然结果。荷兰人趁着近期的英法战争,获得了法国全部的运输业务,直到今日也没有完全退

第一篇　论增进劳动生产力的因素及分配劳动生产物给各个阶层的自然顺序

出。此外,荷兰人还拥有英法国债这一大宗财产。据说,单是英国的国债,就大约有四千万镑。不过,我认为这一数额可能没有这么大。而且,荷兰人还以高于本国的利息率,把巨额资金贷给外国的私人。

从这些事实来看,荷兰无疑是资本过剩。换言之,他们投在本国适当生产上的资本,已经超过了这些资本能够得到相当利润的限度。这种衰退,并不是商业衰退。当经营特定行业所能获得的私人资本,增加到再投入到这一行业也不会获得更多利润时,也仍然可能有更多资本继续投入。这种情况,在大国比较常见。

跟英格兰相比,英国北美及西印度的殖民地的劳动工资、货币利息及资本利润都更高。在各个殖民地,法定利息率和市场利息率大致都是百分之六到百分之八。在新殖民地,还同时存在着高劳动工资和高资本利润。不过,这种现象是在特殊情况下才会出现的,其他地方很少见。

在一定期间内,新殖民地资本对领土面积的比例、人口对资本的比例,必定会低于大多数国家。农业家所拥有的资本,必然不够用来耕作所有的土地。所以,他们只好把资本投在土壤肥沃、位置适宜的海滨,以及可航行河流的沿岸各地上。此外,这类土地,往往能够用低于其自然生产物价值的价格购买得到。所以,如果购买并改良这类土地,就可以获得极大的利润。这时,即使利息非常高,农业家们也能够支付得起。于是,农业家们就能靠投在这种有利用途上的资本,迅速地积累起更多的资本,并使新殖民地的雇工供不应求。这样,农业家们付给新殖民地劳动者的工资也就会很高。同时,资本利润则会随着殖民地的扩展而逐渐减少。

由于土壤肥沃、位置适宜的土地被全部占用,一部分农业家只好耕作较差的土地,所以其所能获得的利润也就少了。而用在土地上的资本利息,也自然较低。正因为如此,本世纪英国大部分殖民地的法定利息率和市场利息率都大大降低了。利息率在财富增加、工作改良及人口增长等的影响下,明显降低了。与此同时,劳动工资却没有跌落。劳动需求是随着资本增加而增加的,它丝毫不受资本利润的影响。尽管利润降低了,可是资本却比以前增加了,而且增加得更快。在这一点上,无论是勤劳的国家还是勤劳的个人,都是一样的。跟高利润的小资本相比,大资本的利润虽然更低,但利润的增加速度也更快。

俗话说,钱生钱。哪怕是用极少的钱,也能赚得更多的钱。最困难的是如何

得到最初那点儿极少的钱。资本增加和业务增加(即对有效劳动需求的增加)的关系,我在前面已经进行了部分说明,后面我还将在论述资本积累时对此进行详细说明。

哪怕是财富正迅速增加的国家,也会因为获得新领土或开发新的经营行业而提高资本利润、增加货币利息。由于该国的国家资本满足不了这些新领域的需要,所以它就只能选择那些利润最大的行业去投资。而能够满足这些新行业的资本,必须是以前投在其他行业、现在又被撤回来的一部分资本。这么一来,旧行业的竞争就不会像以前那样激烈,各种货物的市场供应量也会跟着减少。

货物的供应量减少,势必会或多或少地抬升货物的价格。于是,经营者的利润就会更大,其借入资金的利息率也会比以前更高。在战后不久的近期,良好信用者,甚至是伦敦一些大商号,借款的利息率一般都是百分之五。而他们在战前所付的利息,一般都没有超过百分之四或百分之四点五。这种现象,并不是我们英国资财减少的结果,而是因为英国在占领北美和西印度之后,英国的领土与商业都增加了。由于增加了很多新业务,而资本还是原来的那些旧资本,所以很多行业的资本量必然会因为增加的新业务而减少。结果,那些旧行业的竞争就会趋于缓和,所以其利润也必然会增加。所以,我相信大不列颠的资财并没有因为近期战争的巨大费用而减少。我为什么会这么确信的原因,我以后再说明。

用来维护产业的社会资财的减少,会降低劳动工资,增加资本利润以及货币利息。由于劳动工资降低了,剩余的资本所有者以货品形式向市场提供的资金就比以前少了,而且他们出售货物的价格也更高了。花费的工资较少,货物的售价反而更高,这两个方面就使得农业家的利润大幅增加了。于是,利息也就跟着升高了。

在孟加拉以及东印度的其他英属殖民地,就可以非常容易而快速地获得巨大资产。这一事实证明,贫苦地方有非常高的劳动工资、非常大的资本利润、非常高的货币利息。在孟加拉,农民借入资金的利息率往往达到百分之四十、百分之五十甚至百分之六十,此外,还要用下一期的收获物当抵押品。地主要想获得这种高利息的利润,必然要预先垫付几乎全部地租和大部分的利润。罗马共和国衰亡以前的各地方,由于总督竭泽而渔的暴政,利息似乎都一样高。

第一篇 论增进劳动生产力的因素及分配劳动生产物给各个阶层的自然顺序

我们从西塞罗的书简得知,即使是有道德的布鲁塔斯,也曾经在塞浦路斯岛借过款,而且利息率高达百分之四十八。

如果一国已经把它的土壤、气候和相对位置都充分利用了,那么它所获得的财富也就基本上不可能再增加了。如果它还处于尚未退步的状态,那么可能它的劳动工资及资本利润都会很低。如果一国的人口已经完全达到其领土或资本所能维持的限度,那么该国这时的职业竞争也必然相当激烈。这样,劳动工资就会降低到只够维持现有劳动者生计的水平,人口也会稠密得不可能再增加。如果一国的资本超过了国内各种必须经营的行业所需要的资本,那么各行业所使用的资本就达到了其行业性质和范围所允许的限度。这样的话,各地方的竞争就会大到不能再大的程度,而其普通利润则会降到最低水平。

不过,国民财富达到这种程度的国家,似乎一个也没有。似乎长期处于静止状态的中国,也许在许久以前就已经达到了该国法律制度所允许的富有程度。如果中国改变法制,或许它的国民财富还会超过现在的土壤、气候和位置所允许的限度。如果它不忽视或鄙视国外贸易,允许外国船舶驶入其港口,那么它就可以经营那些只有在不同于其现有法制的制度下才能经营的多种交易。

另外,如果一个国家的富者或大资本家享有很大程度的安全,而贫者或小资本家却不但不安全,还随时可能被下级官吏以执行法律的借口而强行掠夺,那么其国内投在各行业的资本,也都将难以满足其行业性质和范围所能容纳的限度。无论是在哪种行业,如果贫者被压迫,那么富者必然会垄断该行业,并由此获有极大的利润。所以,在中国,资本的普通利润必须足够担负据说是高达百分之十二的普通利息率。

如果一国的法律有缺陷,那么它的利息率,有时可能会因此而大大增高到超过其贫富状况所需的程度。如果契约没有法律约束力,那么所有借款人几乎都可以不讲信用,就像法制修明国度里的那些破产者或信用不好的人一样。当破产者向出借人借款,而出借人又不确定能不能收回借款时,出借人就会向破产者索取借款时通常需要支付的高利息。侵略罗马帝国西部各地的民族,一般都是一些未开化的民族。长期以来,这些民族的契约都是靠当事人的信誉来履行的,而很少有王朝的裁判过问。这种情况,可能是当时利息率会达到那么高的原因之一。

但是,如果法律完全禁止收受利息,那么同样也收不到理想的效果。这么一来，许多人就会借入资金；而出借人呢，则都会向借款人索取相当的报酬，还会为了回避违反法律的风险而向借款人要求相当的补偿。孟德斯鸠说，所有回教国家都收取高利息率的原因，一是法律禁止利息；二是借出的款项很难收回，与他们的贫穷没有关系。

投资时是很容易遇到意外损失的，这时的最低普通利润率，就需要在除去这个意外损失的基础上还有剩余。因为，只有这一剩余，才是投资者的纯利润或净利润。这一剩余，以及用以补偿意外损失的部分，就构成了普通的总利润。只有纯利润，才与借款人所能支付的利息成比例。

即使是非常谨慎地出借资金，也有可能会受到意外损失。因此，最低普通利息率和最低普通利润率一样，也需要在除去借贷容易遇到的意外损失的基础上还有剩余。当然了，如果借款者是出于慈善心或友情而出借资金的，那么他也可以不收取这笔利息。

如果一个国家的国民财富已经达到了极值，而且投入各行业的资本都达到了最大限度，那么该国的普通纯利润率，以及这种利润能够负担的普通市场利息率，就会很低。这么一来，能够靠货币利息而生活的人，就只有大富豪了；而小有产者和中等有产者，则都不得不亲自监督自己所拥有的资本的使用状况；几乎所有人，都有成为从事某种产业的实业家的必要。

类似的情况，也出现在今日的荷兰。在当今荷兰，只有实业家才算得上时髦人物。几乎所有人，都因为生活需要而习惯了经营某种行业。这一习俗，支配了当地的时尚。如果一个人穿的服装或是所从事的实业跟别人不一样，就会被人笑话。如果一个无所事事的游惰者置身于一群实业家当中，那么他一定会像一个置身于军队的文官一样尴尬，甚至还会被人轻视。

最高的普通利润率，也许是除去大部分商品价格中的地租部分之后，仅剩的足够支付商品生产及上市所需的最低劳动工资。地主要想让劳动者从事工作，总得设法养活他们。但是，劳动者维持生存所需的费用，未必都是地主给付的。在孟加拉，东印度公司职员经营商业所获得的利润率，恐怕达到了最高利润率。通常情况下，利润升落必定会影响到市场利息率对普通纯利润率的比例。在英国商人眼中，适中而合理的利润是两倍于利息的。这适中而合理的利润，我想就是普通利润吧。如果一国的普通纯利润率为百分之八或百分之十，那么借款经营者将其利润的一半作为利息返还给借款人，也许是合理的。担负资本风险的,是给出借人保险的借款人,而不是出借人。在大部分行业,补偿不辞辛苦运用资本且担负这种保险所冒风险的足够报酬,是百分之四或百分之五的普通纯利润率。但是,如果一国的普通利润率很低或很高,那么其利息和纯利润的比例就不可能像上述情况那样。如果利润率很低,利息可能就不足利润的一半;而如果利润率很高,其利息就可能会超过一半的利润。

如果一国财富迅速增加,那么其高劳动工资可以用许多商品的低利润来弥补。这样的话,它们的商品售价,就能够与繁荣程度和劳动工资都较低的邻国的商品一样低廉。

实际上,高利润比高工资更能抬高生产物的价格。比如,如果麻布制造厂的梳麻工、纺工、织工等的日工资都能提高二便士,那么一匹麻布在价格上必须增高的数额,就等于二便士与生产这匹麻布的工人数、工作日数的乘积。商品价格中的工资部分,会随着制造阶段的推进以算术级数增加。但是,如果所有雇主的利润都抬高了百分之五,那么商品价格中的利润部分,就会随着制造阶段的推进以几何级数增加。也就是说,梳麻工的雇主卖麻的价格,是雇主所垫付材料和工人工资的全部价值再增加百分之五之后的价格。同样的情况,也适用于纺工和织工的雇主。

所以,工资增高对商品价格抬高所起的作用,就像单利对债务积累所起的作用一样;而利润增高所起的作用,就像复利所起的作用一样。由于高工资提高了物价,从而减少了国内外商品的销路,所以英国商人和制造者都对高工资的"恶果"大发牢骚;但是,他们却只字不提高利润的"恶果",因为他们自己得利了。这些商人和制造者,只要看到他人得利,就会对由此产生的"恶果"大喊大叫。

第十章　劳动与资本对工资与利润的影响

总的来说,在同一地方之内,不同劳动和资本的用途必然趋于相等。因为,假如某一劳动和资本的用途明显比其他用途不利或有利,那么许多人就会抛弃其不利用途,而保留并增进其有利用途。于是,人们能够从有利用途中获得的利益,很快就会等于从其他用途中获得的利益。这种情况,至少会出现在各

事物都听任其自然发展的社会。因为,在这个一切都自由的社会里,每个人都可以自由地选择自认为适当的职业,还能随时自由地转业。这时,每个人必然都会出于自身利害的考虑,抛弃不利用途而寻求有利用途。

在欧洲各地,劳动和资本用途的不同,造成了货币工资及货币利润的大不相同。造成这种不同的原因有两个。

第一,各种用途本身的情况。事实上,在一般人看来,这些情况可以补偿某些职业的微薄货币得利,也可以抵消另一些职业的优厚货币得利。

第二,欧洲各国的政策。这些政策,都使得事物不能完全自由地发展。

以下两节,分别讨论了这两种原因。

第一节　由职业性质造成的不平衡

根据我所观察到的情况来看,一方面能补偿某些职业的微薄货币得利,另一方面又能抵消另一些职业的优厚货币得利的情况,总共有五种。一、职业本身是否令人愉快;二、学习该职业的难易程度、学费的多少;三、该职业有没有安定性;四、职业责任的轻重;五、取得职业资格的可能性大小。

一、业务的难易、污洁、尊卑不同,决定了劳动工资的不同

在大多数地方,缝工一年的工资都低于织工,就是因为跟织工的工作相比,缝工的工作更容易。织工的工资又低于铁匠,是因为跟打铁相比,织工的工作要清洁得多。铁匠虽然是个技工,但其工资却没有一个普通矿工高。铁匠工作十二小时所得的报酬,往往还没有普通矿工工作八小时所得的报酬高。究其原因,就是因为铁匠在地面上、日光下工作,而且其工作跟煤矿工的工作相比,没有那么污秽、危险。

尊贵职业的报酬,大部分都是荣誉。就像本节的后面所论述的那样,如果从金钱得利说上考虑,尊贵职业的工资一般都比较低。卑贱职业的情形却刚好相反。就拿屠夫来说,虽然这一职业既野蛮又令人厌恶,但很多地方的屠夫劳动所得,都比大部分普通职业所得的多。至于最令人嫌恶的刽子手,在工作量相同的情况下,其报酬比任何普通职业都要多。

渔猎,在未开化的社会中是最重要的,在进步社会却成了最愉快的娱乐方式。在古时,人们渔猎是因为必要;现在,人们渔猎则是为了消遣。所以,进步社

第一篇 论增进劳动生产力的因素
及分配劳动生产物给各个阶层的自然顺序

会里那些把别人的消遣当做职业的人,都生活得非常贫苦。英国自西奥克里塔斯时期之后,渔夫和私猎者的生活都非常贫困。在一些严禁私猎的国家里,特许狩猎者的生活状况也不宽裕。这类职业之所以现在还有许多人操持,是因为这些人对此等职业感兴趣,而不是因为此等职业能提供优裕的生活。这等职业的劳动生产物,售价总是明显低于其劳动量。因此,从事此等职业的人,只能得到极少的生活费。

工作中的不愉快和不名誉,对资本利润和劳动工资的影响是相同的。小旅馆或小酒店的老板,常常不是店铺的真正主人。"真正的主人",常常是那些蛮横无理的醉客。所以,小店铺的老板们所从事的职业,就是不愉快、不名誉的职业。但是,这种小店铺,却能够以小额资本得到普通行业难以得到的大额利润。

二、学习业务的难易、学费不同,决定了劳动工资的不同

设置高价机器的目的,自然是希望该机器不但能在损毁前完成足够收回资本的特殊作业,还能创造出普通利润。如果一种需要特殊技巧和相当熟练度的职业,需要花费许多工夫和时间才能学会,那么这种职业就相当于一台高价机器。从事这一职业的人,必然期望自己能在获得普通劳动工资之外,还能在适当时期内把全部学费都收回来,并取得普通利润。因为,人的寿命长短是非常不确定的,它不同于寿命比较确定的机器。寿命比较确定的机器都要考虑在适当时期内收回成本和取得利润,不确定寿命的人更得如此。就是基于这一原因,熟练劳动工资才和一般劳动工资有所不同。

在欧洲各国,机械师、技工和制造师的劳动都是熟练劳动,农村劳动者的劳动则是普通劳动。因为,前者的劳动比后者更细致、巧妙。这种解释,也许在许多场合都行得通,但是在大多数场合却不对。下面,我就对此进行说明。

在欧洲各国,法律习俗规定某人在从事前一种劳动之前,都得先从学徒做起。地方不同,这种规定的严格程度也不同。而农村劳动者的劳动,则是任何人都可以自由从事的。

学徒在学徒期内时,其全部劳动都归师傅,生活费则多数来自父母或亲戚,衣服也几乎全部由父母或亲戚提供。此外,学徒还要依照惯例给师傅若干学费;如果没有金钱来支付这笔学费,就得花费比一般学徒年限长的时间来抵偿。不过,这么一来,学徒往往会怠惰。所以,用时间来抵偿学费的情况,对师傅倒没有多大影响,对学徒却是不利的。

农村劳动者则不同,他们在被雇来从事简易工作时,往往早就学会了比较繁难的工作。因此,他们在受雇期间,任何时候都能靠自己的劳动维持生活。在欧洲各国,机械师、技工和制造师的工资,从理论和实际上都要稍微比普通劳动者的工资高。因而,他们也高人一等。不过,这种优越程度一般都非常有限。制造普通商品的工人,比如工作比较单一的单色亚麻布和呢绒制造工,他们一天或一星期的平均工资,也就比普通劳动者高一点儿,全年总计所得也许会多一些,但也明显不够补偿他们受教育所花的费用。

而学习精巧艺术和自由职业,需要花费的时间还更长,费用也更多。因此,画家、雕刻家、律师和医生的报酬,在理论和实际上都要大得多。

但是,某一行业学习的难易,对资本利润却没有多大影响。学习大都市里通常所用的各种投资方法的难易,似乎完全相等。就算是学习国际贸易业务,也不会比学习另外的业务繁难多少。

三、各种职业的安定性不同,决定了劳动工资的不同

有些职业的安定性,比其他职业要大得多。只要是能够劳动的制造业工匠,几乎每天都有工作可以做。而泥水匠或砖瓦匠,却可能因为酷寒或其他的险恶天气而失去工作。而且,即使天气好,泥水匠或砖瓦匠也不一定会有工作,还得看顾客有无临时需求。所以,泥水匠或砖瓦匠没有工作的可能性往往很大。他们要想在无工作时也能维持生计,并补偿自己在不安定的境遇中感到的焦虑和沮丧,就得在被雇用时得到足够的报酬。所以,大部分制造业工人的日工资,几乎等于普通劳动者的日工资;而泥水匠和砖瓦匠的日工资,却大约是普通劳动者日工资的一点五倍,甚至两倍。如果普通劳动者一星期的报酬是四五先令,那么泥水匠和砖瓦匠一星期的报酬,往往就是七八先令。当普通劳动者的报酬为六先令时,泥水匠和砖瓦匠的报酬则经常达到九至十先令;而当普通劳动者的报酬为九至十先令时,泥水匠和砖瓦匠的报酬又会涨到伦敦的工资水平,高达十五至十八先令。泥水匠和砖瓦匠那样的劳动,似乎是需要相当熟练程度的劳动中,最容易学习的一种劳动。在伦敦的夏天,据说有些轿夫会被雇去当砖瓦匠。所以,这类劳动所获得的高工资,确切地说是对这种不安定的补偿,而不仅仅是劳动熟练程度的报酬。

跟泥水匠的工作相比,建筑木匠的工作似乎更细致、更重技巧。但是,许多地方的建筑木匠的日工资,都稍微低于泥水匠。其原因是,虽然顾客的临时需

第一篇　论增进劳动生产力的因素及分配劳动生产物给各个阶层的自然顺序

求在很大程度上决定了建筑木匠的工作有无,却不能完全决定,这与泥水匠的工作有无完全取决于顾客的临时要求不同。而且,天气也一般不怎么影响建筑木匠的工作。

一般来说,如果某个地方不经常提供其他地方常有的工作,那么从事这一工作的工人工资,必定会升高。而且,其升高的比例,会大大超过从事这些职业的工人的平均工资或普通工资。在伦敦,每个星期甚至每一天,下层技工都可能会被雇主雇用或解雇,就像其他地方的日用工一样。所以,在伦敦,尽管普通劳动的日工资是十八便士,裁缝工这一最下层技工的日工资也能达到半克朗。而小市镇和乡村裁缝的日工资,却常常达不到普通劳动工资的水平。但是,伦敦的裁缝工,常常会好几个星期都没有工作,尤其是夏天的时候。

如果一种工作不但不安定,还艰苦、不愉快、不清洁,那么即使这种劳动再普通,其工资也可能会因为这些不好的情况而升高,甚至高得超过熟练技工的工资。

在纽卡斯尔,煤矿工的工资是按件计算的。一般情况下,煤矿工的工资大约是普通劳动工资的两倍。而在苏格兰的许多地方,同样是按件计资的煤矿工,其报酬往往是普通劳动工资的三倍。这些煤矿工的工资会这么高,就因为他们的工作跟普通工作相比,更加艰苦、不愉快、不清洁。他们可以凭自己的意愿决定工作时间的长短。

伦敦运煤工人的工作环境,几乎和煤矿工一样艰苦、不清洁和不愉快。但是,由于炭的到达时间难免会不固定,所以大部分运煤工的工作也必然很不固定。因此,如果煤矿工的工资是普通劳动工资的二三倍,那么运煤工的报酬就会是普通劳动工资的四五倍。在一般情况下,这种说法都应该是合理的。从多年前的调查资料可知,运煤工当时的日工资达到了六先令(大约是伦敦当时的普通劳动工资的四倍)至十先令。

某一行业绝大多数劳动者所得的报酬,往往都是这一行业的最低报酬。从表面上看,运煤工人这类劳动者的报酬是很高的。但是,如果这一高报酬不但能补偿职业上的所有不利情况,还能有一部分剩余,那么当这一职业没有垄断特权干涉时,就会出现许多竞争者。这么一来,这一职业的劳动工资就会快速下降。

无论任何行业,资本的普通利润都不受资本用途是否固定的影响。决定资

本是否固定使用的是经营者,而不是行业。

四、职业责任的大小不同,决定了劳动工资的不同

无论任何地方,其金匠和宝石匠的工资,都要高于其他许多掌握同样甚至更大技巧的劳动者的工资。因为,他们还要兼负贵重材料的保管责任。

有些东西,不能随便委托给微不足道的人。因为信任,我们才把身体健康委托给了医生,把财产甚至是生命和名誉委托给了律师。所以他们得到的报酬必须使他们能够保持这重大托付所需要有的社会地位。他们必须保持的社会地位,和他们必须接受的长期教育与必须花的巨额费用,势必会使他们的劳动价格更高。所以,这些受到重大托付的人,必须得到足够的报酬,这样才能保持其接受这些重大托付所需的社会地位。由于他们受到了长期教育,并为受教育花费了巨额费用,又保持着现有的社会地位,所以,他们的劳动价格也必然会更高。

如果一个人做生意用的资本是他自己的,就不存在委托问题。决定他能否取得别人的信任,从而借到款的因素,是他的财产、正直和智慧给别人的印象好坏,而不是他所经营的行业的性质。所以,经营者受委托程度的不同,不可能导致各行业利润率的不同。

五、取得职业资格的可能性大小不同,决定了劳动工资的不同

对于学习者来说,取得各个职业资格的可能性大小是不同的。人们几乎都能够成功地从事大部分的机械职业,却没多少把握能从事自由职业。比如,把小孩子送到鞋匠那里,他无疑能学会制鞋;但是,如果小孩子被送去学法律,那么他精通法律并靠这一行业养活自己的几率只有二十分之一。

以每个人都有机会中奖的彩票为例,中彩者所得到的,是未中者失去的全部。当学习一种职业的成功者只有一人,不成功者却有二十人时,这一成功者所得到的,就是不成功的二十人应得却得不到的全部。因此,对一个将近四十岁才从职业中取得收益的律师来说,他所获得的收益,不仅要能补偿他受教育所花的长时间和高费用,还要能补偿另外二十人的教育时间与费用。律师有时会收取高额费用,但其应得的报酬必然不止这些。

计算一下某地鞋匠或织工这类普通工人的可能年收入和年支出,就会发现他们的收入一般比支出要多。用同样的方法,再计算一下律师及各法学协会见习律师的年收入和年支出,就会发现他们的收入只占支出的一小部分。即使

第一篇 论增进劳动生产力的因素及分配劳动生产物给各个阶层的自然顺序

你尽量提高律师们的年收入,同时尽量减低其年支出,也还是这种结果。因此,法律这张彩票,其中奖机会并不是完全公平的,它和其他许多自由职业和荣誉职业一样,都得不到充足的金钱。

虽然这些职业的出路令人气短,可它们依然是豁达磊落者追逐的对象。鼓舞这些追逐者的原因有两个:一是名誉心,追逐者都希望做这些行业的状元;二是天生的自信心,一切追逐者都或多或少地对自己的才能甚至运气充满了信心。

在一种要做到平凡地步都不容易的职业,如果一个人能够崭露头角,就说明他是天才或具有卓越的才能。这卓越的才能所博得的赞赏,就是他劳动报酬的一部分。这种赞赏的程度越大,这部分报酬就越大。这种赞赏,在医生的报酬中占了大部分,在律师的报酬中占的部分更大,在诗人或哲学家的报酬中几乎占了全部。

如果谁能取得另外几种相当适宜而优美的才能,就一定能博得相应的赞赏。但是,如果拥有某种才能的人靠这种才能来谋取利益,就会被存有偏见的世人认为是公然出卖灵魂。所以,靠这种才能来谋利的人所获得的金钱,除了得足够补偿他学习这种技能所花的时间和费用之外,还得足够弥补他的声名损失。演员、歌唱者和舞蹈者的报酬之所以会那么高,有两个原因:一是这种才能罕见而美好,二是运用这种才能会蒙受声名损失。我们在鄙视某人人格的同时又因为其才能而给予其相当优厚的报酬,乍看起来似乎极不合理。其实,他们凭借才能所获得的优厚报酬,只是他们的人格被鄙视的一种补偿。

如果世人改变对这些职业的偏见,那么他们的金钱报酬也会减少。因为,这些职业偏见一旦消失,从事这些职业的人就会更多,因而其劳动价格势必会因为竞争而快速降低。这类才能,虽然不同于一般才能,但也绝对没有世人想象的那么稀罕。其实,很多人都完全具有这种才能,只是他们不屑于用这种才能来谋利而已。如果运用这种才能来谋生不至于使名誉受损,就会有更多的人能获得这种才能。因为,大多数人都是过于自负。这种自负由来已久,被历代哲学家和道德家称为"人类的通病"。

但是,有识者却没有关注世人对自身运气的不合理猜测。世人对自身运气妄加猜测的现象,比其对自身才能过于自负的现象更加普遍。一个身体健康、精力旺盛的人,难免会自信自己有好运气。每个人在评价自身得利时,都会或

多或少地向高处倾斜；而大多数人在评价自身损失时，则往往会向低处偏移；身体健康、精力旺盛的人在评价自身损失时，很少会向高处评价。

购买彩票的人，都会认为自己能中奖。从这一事实来看，人们会自然而然地高估得利的机会。以全部得利抵偿全部损失的公平彩票，以前没有，现在和将来也都不会有。不然的话，经营彩票的人就会一无所得。实际上，国营彩票的价值并不等于购买者给付的价格。国营彩票的售价，通常会超过其实际价值的百分之二十、百分之三十，甚至是百分之四十。就因为大家都痴心妄想地要中彩，所以才会出现彩票这种需求。

购买彩票的小额资金的实际价值，或许会比彩票的实际价值要高百分之二十或百分之三十。可是，一个非常稳重的人，哪怕他明知这一情况，又知道中奖的机会渺茫，他也不会认为用小额资金钓取一万镑甚至二万镑的做法是愚蠢的。而当彩票的奖金不超过二十镑时，就算它的中奖机会比国营彩票公平，其购买者也会少很多。人们为了增加中大奖的机会，有的同时购买了数张彩票，有的则买了更多的分条彩票。可是，你冒险购进的彩票张数越多，你是损失者的可能性就会越大。这种可能的损失，会随着你购进彩票张数的增加而逐渐变成肯定的损失。这是一种数学定则。如果你冒险把所有彩票都买回来，那么亏损的肯定是你。

保险业者的利润是轻微的。由此可见，人们一般都把损失机会估得低于其价值。火灾或海上保险业收取的普通保险费，除了要足够补偿普通损失、支付经营费用之外，还要包括相当于相同资本用于经营一般业务所得的利润。明显地，被保险者支付的这一保险费，只是危险的真实价值，也就是他有充分理由指望的最低价格。经营保险生意的，虽然有许多人都获利了，却很少有人发大财。因此，保险业不同于其他一些使许多人发财的行业，它不会因为得利与损失相差较大而得到多少利润。尽管保险费一般都非常低廉，许多极度轻视危险的人也不愿意为此掏腰包。

按房屋总数平均推算，英国的二十户人家中，有十九户都没有买过火灾保险。甚至可以说，有百分之九十九的房屋都不保火险。在许多人眼里，海上风险比火灾可怕。因此，保险船只对未保险船只的比例，要明显大于保险房屋对未保险房屋的比例。但是，无论什么时候，都有许多未保险的船只往来航行，即使是战争期间也不例外。虽然有那么多船只都没有买保险，但也不能因此就断定这么做是欠考虑的。比如对一个拥有二三十只船的大公司或大商人而言,即使其全部船只都没有买保险,它们同时航行时也可以相互保障。因为,这二三十只船的保险费是一笔数目可观的资金,而损失的可能性一般都很小。用节约下来的保险费来补偿损失,肯定足够而且有余。可是,大多数人都轻率、无远虑地轻视危险,所以没有进行过这种精密的计算,这才不为船只买水险、为房屋买火险。

一个人轻视危险和奢望成功的心理,在选择职业的青年时期最活跃。青年人对幸运的希望,要大于对不幸的恐惧。举个明显的例子,应征入伍或者出海航行,得到了大多数青年的支持;而所谓自由职业的追逐者,却只是上流社会的青年。

对于普通士兵来说,损失是非常明显的。尽管如此,青年志愿兵们还是不顾战争危险,踊跃地报名参军。虽然升迁的机会很渺茫,但是青年们也幻想着立大功、得荣誉,即使许多人事实上都不能得到这些机会。他们甘愿流血的全部代价,就是这些空虚的希望。他们的报酬,低于普通劳动者;他们实际工作的劳苦程度,也远远大于普通劳动者。

总的来说,航海比从军要有利。一个有声誉的工匠的儿子要航海,往往可以得到父亲的允许;可他如果是去应征入伍,却总得瞒着父亲。因为,航海在人们的眼中还是有几分成功机会的,而从军则普遍被认为是没有成功机会的。因此,民众对伟大的陆军上将的崇拜,要大于对伟大的海军上将的崇拜。在海上服务行业,即使得到了最大成功,所获得的名利也没有陆上同样的成功所获得的名利显赫。

这种差别,普遍存在于海陆两军上将等级以下的军官之间。比如说,海军上校与陆军上校,虽然在等级上属于同一阶位,但人们对二者的一般评价却不相等。同大彩少、小彩多的彩票类似,普通水兵得到名利的机会,一般要比普通陆军士兵得到名利的机会大。所以,一般人愿意去做水兵的主要原因,正是获得这种"中小彩"的希望。跟几乎全部的技工相比,普通水兵劳动的熟练与技巧要强得多。

但是,普通水兵一生都在不断地和困难、危险搏斗,而他们所得到的,除了在运用劳动熟练度与技巧工作,以及克服困难与危险时所感受的些许快感,几乎没有其他报酬。他们的工资,和决定他们所在港口海员工资率的普通劳动者

的工资没有多少差别。

由大不列颠各港口出航的海员，由于不断地来往于各个港口，所以其月工资也比各港口其他劳动者的工资更趋于一致。此外，由于伦敦港海员流量最大，所以伦敦海员工资率就成了其他港口制定海员工资率的标准。伦敦各级工人的工资，大约都是爱丁堡同级工人工资的两倍。而由伦敦出航的水手的月工资，却很少会比由利兹港出航的水手高，哪怕只高出三四先令。这种大差额是很少见的。

在和平年代，伦敦水手的月工资大约是二十一到二十七先令；而普通劳动者的周工资就达到了九先令或十先令，每月就是四十乃至四十五先令。当然，水手不仅有工资，还有粮食补贴。但是，即使加上粮食补贴，水手的全部所得也未必会超过普通劳动者的工资。即使水手的全部所得因为加上这些粮食而超过了普通劳动者的工资，这些粮食也不算是水手的纯利润。因为，这些粮食只是水手一个人的补贴，他的家庭则必须得用他的工资养活。

冒险生活和九死一生的职业，不但没有挫伤青年人的勇气，反而会促使他们选择这类职业。所以，下层阶级的母亲，往往不愿意送儿子去海港城市读书，以免儿子受海船、水手和冒险事迹的引诱而选择海洋生活。

我们并不会因为遥远的将来可能发生的危险而畏惧，因为这些危险有望凭借勇敢与机智来摆脱。因此，即使这类职业潜藏着危险，其劳动工资也不会提高。而在那些勇敢与机智不能发挥作用的行业，情形就完全不同了。比如特别不卫生的职业，其劳动工资总是非常丰厚。因为，不卫生的工作会令人不愉快，应该用丰厚的劳动工资来补偿。

收益的稳定性，会或多或少地影响各种资本用途的普通利润率。一般来说，国内商业贸易的收益要比国外贸易的收益稳定；即使同样是国外贸易业务，这一业务的收益稳定性也可能会大于另一业务。比如，对北美贸易的收益稳定性，就大于对牙买加贸易收益的稳定性。行业危险程度的增高，会使得普通利润率也跟着增高，但普通利润率的增高程度，似乎并不与行业危险程度成比例。也就是说，增高的利润不一定足够补偿同时增高的危险。因此，在危险行业，比如最危险的秘密输入，破产是极其常见的。

冒险成功时，固然会得到丰厚的报酬，可一旦冒险失败，必然会无可避免地破产。在这种危险的场合下，成功的奢望也起了作用，就像它在其他场合所起的作用一样,诱使许多冒险家争相投入其中,从而使得行业利润降低到了不够补偿危险的水平。冒险家只有在获得了资本的普通利润之外,又获得了可以弥补一切临时损失的收益,并享受到与保险家所获利润同性质的利润时,才能使危险完全得到补偿。不过,如果冒险家的普通收益确实足够补偿全部危险,那么这些行业的破产危险也会大于或等于其他行业。

因此,在影响劳动工资的五种情况中,只有工作是否愉快、安全这两种情况会影响到资本利润。工作是否愉快,对大多数不同资本几乎没什么差别,却对各种不同劳动产生了很大的差异。此外,资本的普通利润率虽然会随着危险的增高而增高,可是这两种增高程度似乎并不成比例。因此,在同一地区,资本的平均或普通利润率要比劳动工资更趋于一致。事实的确如此。

跟生意好的律师与医生所得的差异相比,各普通劳动者所得的差异要明显大得多。而且,由于我们没有区分哪部分应该算作工资,哪部分又算作利润,所以各行业的利润差异就只是表面上的差异,往往靠不住。

人们在提到药剂师的利润时,往往都会想到"过分得利"一词。事实上,这种大利润只是表面的,它往往只是合理的劳动工资。药剂师的技能,比其他技工的技能要精巧得多,所以他肩负的责任也要重得多。他不但是药剂师,还是贫民的医生,也是患病比较轻微的富人的医生。因此,他出售药品而获得的报酬,应当与他的技能和他受托付的地位相称。在大都市,即使是生意最兴隆的药剂师,每年投在全部药品上的资本也不过三四十镑,而他卖出药品的总价却高达三四百镑,也就是说,他的药品是以十倍的利润出售的。虽然如此,也不为过。一般来说,这么高的利润只是他的合理工资。因为,他要想凭自己的技能获得合理工资,只有提高药品价格。从表面上看,他的利润占了很大一部分,事实上,这部分利润只是他的真实工资。

在海滨小镇,小杂货商人虽然只有百镑资本,却能获利百分之四十或百分之五十;而大批发商人,虽然拥有万镑资本,其利润却很少能达到百分之八或百分之十。小杂货业对该地居民是必要的。而且,由于市场狭小,这种职业不需要更大的资本。可是,这种职业是小杂货商人赖以生存的手段,他要想以此过活,必然具备经营这一业务所必需的各种资格。比方说,他除了要具有购买商品的小额资本以外,还要能读、写、计算,并准确地判断出五六十种商品的售价与品质,再以最低价格把这些商品买回来,然后去小镇上卖。简单地说,就是他

所具备的知识,必须和大商人所需具备的所有知识一样。一旦他拥有充足的资本,他也可能会成为大商人。所以,像小杂货商人这类有才能的人,即使每年的劳动报酬达到了三四十镑,也是合理的。从表面上看,这一利润似乎非常大。可是,一旦除去他的技能报酬,其剩余部分也不会比普通利润多。因此,这一利润的一大部分,都是小杂货商人的真实工资。

跟小市镇及农村的各杂货商人所得表面利润的差异相比,都市零售商与批发商所得利润的表面差异要小得多。如果某地杂货行业的投资有一万镑,那么相比于这么大资本的真实利润,杂货商人的劳动工资就只能算是极小的附加值。所以,这一地方的富裕零售商们所获得的表面利润,跟批发商们所获得的表面利润相比,更趋于一致。就因为这样,都市里的小商品零售价都非常低廉,而且往往会比小市镇及农村的零售价低廉得多。比如说杂货的售价,城市一般都比村镇低廉得多;而面包与家畜肉的售价,城市和村镇往往同样低廉。

把杂货运往都市和运往村镇的费用,不会差太多。可是,如果把谷物和牲畜远远地运往都市,费用则要比运往村镇大得多。在都市和农村,杂货的原价都是一样的。所以,哪个地方的货物获得的附加利润最少,其货物的售价就会最低廉。面包和家畜肉的原价,在大城市要高一些。所以,在大城市,即使这些物品的利润较低,其售价往往也和农村一样低廉。这类商品表面利润减少的原因,和其原价增加的原因相同。市场的扩大,一方面使得投入市场的资本增加了,因而其表面利润也就随之减少了;另一方面,由于供应远地的货物要花费一定的资金,所以商品的原价就增加了。在许多场合下,表面利润的减少与原价的增大几乎是可以相互抵消的。因此,在全国各地,虽然谷物及牲畜的价格相差很大,但面包及家畜肉的价格却相差无几。

都市零售商及批发商的资本利润虽然一般都比村镇小,却有许多人因此而发了大财。村镇的资本利润虽然相对高,因此而发大财的人却几乎没有。

由于市场狭隘,村镇的营业未必全部都随着资本的增加而扩大。因此,虽然这些地方有个别商人获得了极高的利润率,但他们的利润总额却不大,因而他们的累年积蓄也是有限的。

相反的,大城市的营业额却能随着资本的增加而扩大。而且,勤俭商人信用的增加会比其资本增加快得多。这么一来,他的营业就会随着信用及资本的增大而快速扩张。所以,他的利润总额会增加,他的累年积蓄也自然会随着利

第一篇　论增进劳动生产力的因素及分配劳动生产物给各个阶层的自然顺序

润总额的增加而加大。在大城市,即便是从事一种正常、确定而又人所周知的行业,也很少有人能发大财。那些发大财的人之所以会发财,靠的主要是长期的勤勉、节约和小心经营。

当然,大城市中也往往会有一些人因为投机生意而暴富。但是,这种投机商人所经营的业务,并不是正常、确定而又人所周知的。这种投机商人,今年从事谷物专卖,明年可能就变成了酒商,后年则可能又转行去做砂糖、烟草或茶叶买卖。对他来说,只要哪种行业有获得超过普通利润的希望,他都会马上加入。一旦他预测到他所加入的那一行业的利润将会回落到普通水平,他又会立刻抽出资本。因此,他的盈亏不同于其他任何正常、确定而又人所周知行业的盈亏。投机成功和失败的机率是大致相等的。大胆的冒险者,有时也许会成功两三次,从而获得大笔的财产;可有时候,也许会失败两三次,所以难免会遭受极大的财产损失。这种生意,只有大城市才能进行。因为,只有大城市这类商务繁盛、交易频繁的地方,才能提供经营这种生意所需要的条件。

上述五种情况,虽然极大地影响了劳动工资与资本利润,使得二者在很大程度上都不平衡;但是,它们却影响不了由劳动或资本的不同用途造成的利害的平衡性。劳动或资本的不同用途所造成的利害,能够增加一些用途上小的金钱利得,或抵消另一些用途上大的金钱利得。

要使某地由劳动或资本的不同用途造成的利害平衡,除了要求该地的市场是自由的,还要求这些用途具备以下三个条件:第一,它们必须是该地人所周知且确立很久的;第二,它们必须处于自然状态;第三,它们必须是使用者唯一或主要的用途。

第一,这些用途只有在该地人所周知且确立很久,才会产生这样的平衡。

在其他条件都相同的情况下,新行业的工资一般都比旧行业高。新制造业的计划者在立业之初,必然要招募工人。只有当他所给的工资高于其他行业或本行业应有的工资时,其他行业的工人才会被诱惑过来。而且,就算他想把这一高工资降到一般水平,也得经过很长时间。

有些制造品的产生,完全是出于时尚和一时爱好,所以它们总是不断地变动。像这种很少能持久的商品,就不能看作老制造品。反之,另一些制造品的产生,则主要是因为其不容易变动的效用。像这类老制造品,即使其形式和构造数世纪不变,也会被人需要。所以,前一类制造业的工资可能会比后一类高很

多。在伯明翰，多半的制造品都属于前一类；在设菲尔德，多半的制造品都属于后一类。据说，这两地的劳动工资非常适合这两类不同性质的制造品。

新的行业，无论是制造业、商业还是农业，都是一种投机。新行业计划者的期望，就是由此获得高额利润。这种利润时大时小，但一般都不和当地及其周边地区其他旧行业的利润成比例。如果计划成功，最初的利润通常都非常高；但是，当这一行业确立时，其利润就会因为竞争而降得和其他行业相同。

第二，只有这些用途处于自然状态时，其利害才会有这样的平衡。

人们对各种劳动的需求时大时小。当临时劳动需求大于平常需求时，劳动收益会增高到普通水平以上；而当临时劳动需求小于平常需求时，劳动收益则会减低到普通水平之下。在锄草期和收获期，农村劳动需求是一年中最大的，因而其工资也会随着这一高需求而增高。在战争中，被迫为国王服务的商船海员就达四五万之多。这么一来，对商船海员的需求必然会因为人员的减少而增加。这时，海员的月工资就会增加，而且经常是从二十一至二十七先令增加到四十至六十先令。相反的，在日趋凋落的制造业，许多劳动者都不愿意舍弃原有的职业，反而满足于获得低于其工作性质应得报酬的工资。

商品价格一旦变动，就会使资本利润跟着变动。如果某一商品的价格高于其普通或平均价格，那么投入其中的资本，至少有一部分会获得超过原有水平的利润；而当商品价格下降时，资本利润也会跟着降到原有水平以下。不管是什么商品，其价格都会或多或少地发生变动。但是，有些商品的价格变动，比其他商品大很多。人类每年生产货物所用的劳动量，必然受制于当年的需求。这么一来，就可能使得当年的平均产量，能够尽可能地适应当年的平均消费量。

我们已经知道，劳动或资本的有些用途，可以使同量劳动生产几乎同量的商品。就拿麻布或呢绒制造业来说，在劳动者数量相同的情况下，麻布或呢绒的产量几乎每年都相同。所以，决定这类商品市价变动的因素，只有偶然的需求变动。在国丧期间，黑布的价格会因为市场需求的增加而增高；可是，麻布或呢绒的价格却几乎没有变动，因为其市场需求并没有因为国丧而变动。

但是，劳动或资本的另外一些用途，却不能让同量劳动生产出同量的商品。比如说谷物、葡萄酒、啤酒花、砂糖、烟草等，即使劳动量相同，其各年的生产量也可能极不相同。因此，影响这类商品价格变动的因素，就不仅仅是市场需求的变动了，还有更大、更频繁的生产数量的变动。所以，这类商品的价格变

第一篇　论增进劳动生产力的因素
及分配劳动生产物给各个阶层的自然顺序

动相当大，因而此类商品经营者的利润也必然会随之变动。此类商品，一般都会被投机商人用来进行投机活动。这些投机商人，一旦预测到其价格会上升，就会立即买入；而一旦看到这类商品的价格将要下跌，就会立刻将其卖出。

第三，劳动和资本的不同用途，必须是使用者唯一或主要的用途，才会有这样的平衡。

当一个人的谋生职业并不会占用他的大部分时间时，他往往会趁着闲暇去从事另一种职业，即使他由此所得的工资低于那份工作的应得工资。

即便是现在，苏格兰的许多地方也还存在着被称作"农场雇工"的人，只是数量少于数年前。这种农场雇工，是地主和农场主的外宿工。雇用他们的雇主，往往会为他们提供一间住房、一个蔬菜园、一块足够饲养一头母牛的草场，还有一二亩次等耕地。在他们为雇主劳动期间，每星期还能另外得到价值约为十五便士的两配克③燕麦片。一年中，雇主一般只需要少许或完全不需要他们的劳动，所以他们的大部分时间都是不受雇主支配的。至于他们自己耕种的土地，也不会花掉他能够随意支配的全部时间。所以，在以前，也就是农场雇工的数量比现在多的时候，据说他们都愿意趁着闲暇去为任何人工作，即使他们所得的报酬少得低于其他劳动者的工资。在古代欧洲，这种雇工遍地可见。

如果一国的土地种得很坏，而且人口稀少，那么在需要大量劳动者的季节里，大部分的地主和农场主就会雇用农场雇工。显然，这类按日或按星期计酬的劳动者的工资，并不是他们的全部劳动价格。在他们的全部劳动价格中，雇主为他们提供的小租用地收入占了非常可观的一部分。可是，有许多作家却认为他们的全部劳动价格，只包括他们偶得的日报酬或星期报酬。这些作家们凭着自己收集的劳动及食品价格的资料，把二者的价格说得都十分低贱。

像按日或按星期计酬的劳动生产物的售价，往往低于其应有的价格。在苏格兰的许多地方，编织袜子的价格要远远低于其他任何机织袜子的价格。原因是，编织袜子的劳动者获得主要生活资料的职业，是其他职业，而非制袜这一职业。每年，设得兰都会向利兹输入一千多双袜子，每双袜子的价格是五至七便士。听说，在设得兰群岛的小首都勒韦克，普通劳动者的日工资是十便士。而设得兰群岛所织的绒线袜，每双价值都在一几尼以上。

---

③ 译注：peck，英制容积单位，1 配克=9.092 升。

苏格兰亚麻线的纺织工作,也和编织袜子的工作一样,是由主要生活资料来源于其他职业的雇工来做的。这些农场雇工们去从事纺麻或织袜工作,原本是希望从中得到全部生活资料的,可是往往只能得到极其微薄的生活费。在苏格兰,如果有哪个纺工一星期能赚二十便士,那么她在纺工当中就算是非常有本事的了。

富裕国家的市场一般都非常广阔,以致任何行业都能够容纳本行业的全部劳动和资本。以一种职业谋生,同时又为获小利而从事另一职业的情况,多半出现在贫国。不过,类似的情况有时也会在一个富裕国家的首都出现。我相信,全欧洲没有哪一个都市的房租能高过伦敦。不过,余物附带家具且租金相对低廉的都市,也要首推伦敦。伦敦的余屋租赁价格,相比之下要远远低于巴黎。此外,在房屋质量一样好的条件下,伦敦余屋的租赁价格也远远低于爱丁堡。

造成单个房屋租金低廉的原因,竟然是全房租的高昂,这也许会让人惊奇。造成大都市房租高昂的原因主要有三种。一是劳动价格昂贵。一般来说,必须从远地供应的所有建筑材料,价格都相当昂贵。二是地租昂贵。由于土地被地主们垄断,所以就算是不良街市的一亩地皮的地租,也往往会比百亩最优良农田的地租更高。三是伦敦人民的风俗习惯比较特别。在伦敦,各家在租赁房屋时,都得租赁全屋。在法兰西和苏格兰以及欧洲其他地方,住宅常常指的是建筑物的一层;而在英格兰,住宅却意味着同一屋顶下的所有房屋。如果伦敦商人要租住房屋,以便跟顾客做生意,那么他就必须租下一整座房屋,最底层作为店铺,顶层用作一家人生活的地方,中间层分租出去,以收回一部分房租。他把中间层分租出去,并不是说明他希望用分租租金来养活一家人。他期望的,是靠经营业务来维持一家人的生活。而在巴黎和爱丁堡,人们往往会靠分租房屋来谋生,所以他们所得的分租租金,不但要足够支付全部的房租,还要足够维持他们一家人的生活。

第二节　由政策造成的不平衡

上述的三个条件中,无论缺少哪一个,劳动和资本不同用途的所有利害就会不平衡,即使是在完全自由的地方也不例外。然而,由于欧洲政策限制了事

第一篇 论增进劳动生产力的因素及分配劳动生产物给各个阶层的自然顺序

物向完全自由的方向发展,所以造成了劳动和资本不同用途所有利害的更加不平衡。

欧洲政策促成这种不平衡的方式,主要有以下三种。一、限制某些职业的竞争人数。这么一来,能够从事这些职业的人,就会少于原本愿意加入的人数。二、加大某些职业的竞争程度,直到超过这一职业的自然限度。三、不给劳动和资本自由活动的空间。这么一来,原本投在某地某职业的劳动和资本,就不能自由地转移到另一地方、另一职业。

一、由于欧洲政策的限制,某些职业的竞争人数比愿意加入的人数少了,给劳动和资本用途的所有利害造成了极大的不平衡

欧洲政策限制职业竞争人数的主要手段,是同业组合,因为它拥有排外的特权。

有排外特权的同业组合,一般都设立在城市。在排外特权的控制下,只有那些有自由经营此项业务的人才能互相竞争。通常情况下,得到这种自由的必要条件是在当地有适当资格的人门下做学徒。

受同业组合规则的限制,每个师傅所收学徒的人数、学徒的学习年限,通常都是确定的。这么做的目的,就是限制各行业的竞争人数。规定学徒的人数,可以直接限制竞争;而规定学徒学习年限的长短,则可能会增加学习的费用,从而间接、有效地限制了竞争。

设菲尔德同业组合的规则规定,制刀师傅不得同时有一个以上的徒弟。而在诺福克和洛韦加,织工师傅不得同时有两个以上的徒弟;如果谁敢违反,就得向国王缴纳每月五镑的罚金。在英格兰内地及英领各殖民地,制帽师傅也不能同时有两个以上的徒弟;如果谁敢违反,每月也要交五镑罚金,一半交给国王,一半交给向法庭控告这一事实的人。这两项由王国公法确认的规定,显然是按设菲尔德的同业组合精神制定的。在伦敦,丝织业的同业组合成立还不足一年,就规定了各个师傅不得同时有两个以上的徒弟。不过,这一规则后来又被议会法令给废止了。

在以前的欧洲,大部分有同业组合的行业,其学徒期限似乎都是七年。这些同业组合,以前的拉丁文原名都是"university",在古时的都市特许状中比较常见,比如 Blacksmith university(铁匠同业组合)、Tailor university(裁缝同业组合)等。现在,"university"这个词汇特指大学。在大学这个特殊团体设立的初

期,获得文艺硕士学位所必需的学习年限,明显是根据以往同业组合行业的学徒年限来规定的。在普通行业,一个人只有在具有适当资格的人门下做七年学徒,才能获得授徒的资格。在文艺上也是如此,一个人只有在具有适当资格的文艺硕士门下学习七年,才有可能成为有收受学生资格的硕士、教师或学者(这三个词的意思以前是相同的)。

伊丽莎白五年,颁布了一项通常被称为《学徒法》的法令。《学徒法》规定,此后,任何人要想从事英格兰当时的所有手艺、工艺或技艺,都至少得在这一行业学习七年。于是,以前的那些特殊同业组合的规则,都成了各市镇的行业公法。不过,该法令的用语很笼统,其适用范围,表面上好像是整个王国,但按照细则,它却仅适用于市镇。细则规定,一个农村劳动者可以从事几种不同的工艺,即便是他学习这几种职业的时间都没达到七年。这一人兼营几种工艺的规定,对便利农村居民是很必要的。因为在农村,往往没有足够的人数来单独操持一种工艺。

另外,如果严格地按照《学徒法》的细则来理解,那么其适用范围就只限于这一法令确立之前的英格兰各行业,而不适用于以后新建立的行业。这种政策的限制,造成了一些愚蠢的区别。例如,按照法令的规定,马车制造者要用车轮,只能向车轮制造者购买,而不得亲自或雇人来制造。因为车轮制造业在伊丽莎白五年以前就存在了,所以马车制造者完全得受法令的限制。可是,马车制造业却是《学徒法》颁布以后才出现的,不受这一法令的限制,所以车轮制造者即便是没有跟着马车制造者学习一定年限,也可以亲自或雇人来制造马车。根据这种理由,在曼彻斯特、伯明翰和伍尔弗汉普顿等地,许多在伊丽莎白五年以后新建的制造业,都不受《学徒法》的约束。

在法兰西,各地、各行业的学徒年限都不同。在巴黎的大多数行业,学徒的学习年限都是五年;而一个想做行业师傅的学徒,却至少还须多学习五年。这后一个五年,称为"伙伴期间",在这期间,他被称为师傅的伙伴。

在苏格兰,普遍都没有规定学徒年限的法律。不同的同业组合,其学徒年限也不相同。如果某个同业组合的学徒年限规定得过长,而学徒又想缩短这一期限,一般可以通过支付少额款项来解决。另外,在大多数城市中,任何同业组合的会员资格,都可以用支付少额款项的方法获得。

在苏格兰,像亚麻布、大麻布织工这类的主要制造者,以及纺车制造人等

第一篇 论增进劳动生产力的因素及分配劳动生产物给各个阶层的自然顺序

附属产业的各种技工,就算不支付款项,也可以在自治城市从业。在自治城市,一切市民都可以自由地在法定日贩卖家畜肉。在苏格兰,学徒年限一般为三年,即使是一些需要精湛技艺的行业也不例外。据我所知,在欧洲各国,没有哪个地方的同业组合的法律有苏格兰这么宽大。

劳动权是其他一切所有权的主要基础,它神圣而不可侵犯。穷人的全部世袭财产是体力与技巧。如果他不能在不侵害他人的条件下,正当地使用自己的体力与技巧,那么他的这笔神圣的财产就被侵犯了。明显地,如果一个人不能在适当用途上劳动,那么另一个人就不能雇用他,这么一来,劳动者和劳动雇用者的正当自由就都被侵犯了。

雇主出于利害关系的考虑,无疑有权自行决定要不要雇用某个劳动者。可是,立法当局却以担心雇主可能会雇到不适合的劳动者为名,假惺惺地加以干涉。明显地,这么做不仅是压制,还是僭越。

长期学徒制,并不能保证不良作品在市场上绝迹。一般来说,市场上经常出现不良作品的原因,不是无能,而是欺诈。这种欺诈,即使是在学徒年限最长时也避免不了,所以需要一种完全不同的法规来防止。比如,在金属器皿上刻上纯度记号、在麻布和呢绒上盖上检验标记。这种做法为购买者提供的保证,比《学徒法》所规定的保证要大得多。这时,购买者只要看记号或检验标记,就可以判别货物是否合格,而不需要查问货物的制造者有没有做过七年学徒。

长期学徒制,并不能使少年人更加勤劳。而按件计资的劳动者,则会越干越勤勉,原因是,他们做的工作越多,所得就会越丰厚。

从理论和事实上说,学徒再怎么勤勉,也很可能会因为利不干己而流于怠惰。下级职业就不同了,他们的劳动乐趣完全在于报酬,谁享受到劳动乐趣的时间最早,谁就会最早勤勉而又感兴趣地参加劳动。如果一个少年人长期劳动,却不能因此而享受到丝毫的利益,那么他当然就会对劳动产生厌恶。一般情况下,那些来自公共慈善团体的儿童,做学徒的年限会比普通年限长,所以他们多半都很怠惰且无用。

学徒制度,在古代是没有的。在近代,师傅和学徒间的各种相互义务,几乎都成了法典中的重要条文,只有罗马法令中只字未提。学徒,指的是在一定行业中,跟着主子学习行业技艺,并在一定年限内无偿为主子的利益而工作的仆人。但是,在希腊或拉丁语中,没有一个能够表达这一概念的字眼,因此,我敢

81

断定这两个国家根本就没有这种概念。

完全没必要把学徒年限规定得那么长。制造挂钟、手表的技艺,虽然比一般手艺要高超得多,但它也没有哪项神秘技术需要长期授受。最初,这些美妙的机器,以及用以制造这些机器的一些器具,都无疑是经过长期的思虑摸索才创造出来的,是人类发明才能的可喜成果。但是,当这些机器和器具被发明之后,那些理解他们的人,却只需要数天时间,就可以把它们详详细细地讲解给少年人听,并教他们怎样使用器具、怎样做机器。数天时间,足够用来讲授一般的机械工艺了。至于普通手艺,则必须得经过大量的实践和体验才能灵活操作。

如果一个少年人在做学徒之初,就能够以帮工的资格劳动,并依工作量而得到报酬,那么他为了避免赔偿由于自身技艺粗劣和无经验而损坏的材料,必然会勤勉而注意地学习他的业务。一般地,这样的教育方式,对学徒来说,不但可以少花些时间和费用,还更有效;对师傅来说,则是一种损失。现在,情况对师傅比较有利,因为他可以得到七年的学徒工资。而一旦采用了上述的教育方式,师傅就拿不到七年的学徒工资了,学徒最终也不免会有所损失。因为,如果一个职业能够容易地学成,那么竞争者将会更多,这样的话,一个全劳力所得到的工资就会比现在少很多。激烈的竞争,不但会使工人的工资减少,也会使师傅的利润降低。同样遭受损失的,还有从事手艺、工艺和技艺的人。但是,社会民众却会因此而得利,因为这么一来,市场上各种技工的制造品的售价,都会比现在低廉得多。

为了阻止价格这么下降下去,才设立了同业组合,并规定了许多组合规则,以期通过限制自由竞争的方式,最终阻止工资及利润的下降。在以往的欧洲多数地区,某一行业要想在某地设立同业组合,只要取得该地所在自治城市的许可就可以了。在英格兰,设立同业组合则须国王特许。不过,国王行使这一特权的目的,似乎不是防止垄断组织侵犯贸易自由,而是榨取臣民的钱财。臣民们要想取得国王的特许状,似乎只要缴纳若干款项就可以了。如果哪种行业的技工或商人们,不经国王特许就设立当时所谓的"不正当"的同业组合,那么这一组合未必会被取缔,却须补缴若干罚款,以"合法"行使被剥夺的权利。管理一切组合的规则,本来可以由组合内部自行制定的,却都由组合所在地的自治城市直接监管。因此,管理那些组合的,往往不是国王,而是比那些组合更大的团体。对更大的团体来说,那些附属的小团体只是它们的组成部分。

第一篇　论增进劳动生产力的因素及分配劳动生产物给各个阶层的自然顺序

当时,商人和技工完全掌握着自治城市的统治权。如果设立同业组合,就可以防止市场上有"过多"的存货,从而使得这些来自各个阶级的商人和技工们的产品,能经常在市场上保持存货不足的状态。这么做,明显对他们都有利。各个阶级为了达到这一目的,都急于制定适当的规则,并在得到允许的条件下,同意其他阶级也制定规则。这些规则制定之后,货物的价格都比以前略微升高。于是,各个阶级都得以比以前略高的价格,从其他阶级那里购买自己所需的货物;而他们自己的货物,售价也相当高。这么一来,买卖相抵,彼此不相上下。这类规则,不会让同一市内的任何阶级蒙受损失,却会让与之交易的农村商贩损失不小。正是这种交易,维持了各个都市的正常运行,并让各个都市逐渐富裕起来。

都市的生活资料与工业原料,全都来源于农村。都市购买这些资料与原料之后,主要有以下两种处理方法。第一,把部分原料加工,制成成品后再运回农村,以高于原价的价格出售。因为,成品中包含了劳动工资及资本利润。第二,把从外国或国内的遥远地方运来的粗制品,或是一部分精制品,送往农村,以高于原价的价格出售。因为,那些制品中不但包含了水陆运输的劳动者工资,还包括了商人的资本利润。这样,都市获得的商业利益就有两种,第一种是它从原料制品中获得的利益,第二种是劳动工资及资本利润。

所以,这些规则制定之后,任何一种能使工资和利润较以前增加的规则,都能使都市以低价从农村购买劳动量。都市商人和技工们从这些规则中所得到的利益,比农村的地主、农场主及农业劳动者更大。于是,都市与农村商业的自然平衡就被破坏了。在这些规则制定之前,都市居民和农村人民分配社会劳动的全部年产品的份额不会相差大太。自从制定了这些规则之后,都市居民就能享有比以前更大的份额,而农村人民所享有份额的比例却比以前少了许多。

每年,都市给付农村食品和原料的代价,实际上只是它输往农村的、不同数量的制造品及其他物品。都市输入农村的物品的售价越高,农村原料的售价就越低,这有利于都市产业,却有损于农村产业。

在欧洲各地,都市产业的地位都比农村产业有利。我们要想弄明白这一点,无须进行精密计算,只要进行一次极其简单而又明显的观察就可以了。我们可以看到,按照比例计算,同样都是以小资本起家的经营者,从事商业和制造业这类都市产业并最终发大财的,至少有一百人;而从事土地改良和耕种这

类农村产业并发大财的,却只有一人。由此可见,都市产业的报酬必然高于农村产业,都市的劳动工资和资本利润也明显高于农村。即使这样,资本与劳动还是会继续离开农村,向都市汇集,以发挥它最有利的用途。

由于都市居民比较集中,所以结合起来也比较容易。于是,在某些地方,即使是最微不足道的工艺也有同业组合。即使某个地方没有同业组合,该地的居民也一般都有组合意识,他们不但排斥外乡人,还不愿意把工艺秘密传授给学徒之类的"外人"。当他们遇到不能靠规则来禁止的自由竞争时,往往就会在这种组合意识的教导下,自愿结合或协约,以阻止这一竞争继续发挥作用。这类结合,最容易出现在劳动需求有限的行业。比如,也许只需要六个梳毛工,就能让一千个纺工和织工持续地工作的行业。这时,如果这些梳毛工结合起来,一致不收学徒,那么这种工艺就会被他们垄断。这么一来,他们就可以控制整个羊毛制造业梳毛工的劳动价格,获得大大超过这一作业应得报酬的高工资。

农村居民则是散居的,甚至相距非常远,所以结合起来也不容易。他们不但从未组合过,也缺乏组合意识。他们认为,并不是非得先做学徒,才能从事农业这一农村的主要职业。事实上,除了所谓的艺术及其他自由职业之外,恐怕就只有农业所需的知识和经验最复杂了。即使是最富有智慧、最有常识的国民,也不会认为最容易掌握的技能是农业劳动。要证明这一点,只需要看看用各国文字写成的不计其数的农业书籍就可以了。而且,尽管有些无聊的作家在提到一般农民时,会说些轻蔑的话,但就算是他们的所有书籍加在一起,也不能尽数记录一般农民都掌握的各种复杂操作。

相反的,普通机械工艺的所有操作,却可以记录在一个薄薄的小册子里,还可以用插图进行详尽明了的说明。现在,由法国科学院发行的工艺史,就是用这种方法来说明某些工艺的。另外,农业上的许多操作方法,都必须随天气变化及意外事故而变更。掌握这种操作所需要的能力和经验,要远远多于掌握几乎相同的机械工艺操作所需要的能力。

除了一般农业技术操作之外,农村中的许多低级劳动,也需要比大部分机械工艺所需多得多的能力和经验。加工铜铁的人所使用的工具与材料,几乎完全相同。而用牛马耕种土地的人,却得在不同的时间里,使用不同的工具、健康状态、体力和性情来工作。因此,他需要用很大的判断力和思辨力,来处理他所加工的那些容易变化的材料和器具。

第一篇 论增进劳动生产力的因素及分配劳动生产物给各个阶层的自然顺序

被认为是"愚蠢无智的典型"的普通庄稼汉,几乎都具有这种判断力与思辨力。这些庄稼汉虽然不习惯社会交际,声调和言语乍听起来也不免有些粗野而令人费解,但是他们却惯于思考。他们对各种事物的理解力,通常远远强过终日只进行一两种简单操作的人。不管是因为营业关系还是好奇心的驱使,只要你接触过农村和都市的下层人民,就会发现农村的下层人民更加优秀。据说,在中国和印度,农村劳动者的地位与工资都普遍高于技工和制造工。其他各个地方,如果没有受到同业组合法规及组合意识的影响,情况也许都会和中国、印度一样。

但是,欧洲各地的都市产业优于农村产业的原因,除了同业组合及组合法规之外,还有许多其他的规定,比如对外国制造品及外国商人输入的一切货物征收高额关税。由于同业组合法规的存在,国内不会出现商品因为自由竞争而降价的现象;再加上高关税的规定,都市居民完全可以无虑地抬高他们的商品价格。可是,由此带来的商品价格的增高部分,却都要由农村的地主、农场主和劳动者负担,任何一个地方都不能例外。而这些商品价格增高部分的负担者,却几乎从未反抗过这种垄断权。通常情况下,他们都不想也不适于组合起来,而且很容易被商人和制造者的叫喊与诡辩说服。就算商人和制造者告诉他们说,社会上那部分不重要的私利其实是全社会的利益,他们也会确信无疑。

现在,英国都市产业优于农村产业的程度,似乎没有过去明显。现在的农村劳动工资,比上世纪或本世纪初叶更接近工业的劳动工资;同样地,农业资本利润也更接近工商业的资本利润。就因为以前过分奖励都市产业,才产生了这种变化,而且直到最近才明显地呈现出来。究其原因,是都市的资本积累达到了它所需资本的最大限度,以至把它用在都市特有的产业上时,也不能得到更多的利润。都市特有的产业也和其他产业一样,有一定的限度,一旦资本增加超过这个限度,达到了竞争激烈的程度,必然会导致资本利润的降低。

都市利润降低之后,资本势必会向农村流动,从而使得农村劳动需求增加,劳动工资也就随之增高了。都市中积累的那么多资本,大部分都是以牺牲农村利益为代价的。现在,一部分资本又重新回到农村,并使用在农业方面,就相当于散布在地面上。在欧洲各国,就是由于都市积累的部分资本流回了农村,农村才有了最大的改良。在下文中,我将说明这一点,并论证这一做法是违反自然的。资本在都市中积累、饱和,然后流回农村的过程,实际上是极其缓慢

而又不确定的,很容易遭到不计其数的意外事故的阻挠,虽然有许多国家因此而变得相当富裕,但无论从哪一点来说,这么做都是缺乏理性的违反自然之举。在本书第三篇及第四篇,我将对在这一过程中产生的利害关系、偏见、法律及习俗作出详尽、明了的说明。

同业组合中的人,往往很少会聚集在一起,即使是因为娱乐或消遣而聚集,他们谈论的也是对付公众的阴谋,或者筹划如何抬高价格。这种同业者的集会,是无法靠不违反自由和正义的法律来阻止的。但是,法律至少不应该为这种集会的举行创造条件。比如说,在公共登记册上登记同市所有同业者的姓名、住所的规则,就会把原本也许无法结识的个别人联系起来,也会让每个人都知道其他所有同行的住址。这么一来,同业者要举行集会就很容易。而要求同业者捐款救济同业中的贫者、病者以及孤儿寡妇的规则,则牵扯到同业者的共同利害,会使这种同业集会非举行不可。

同业之间一旦组合起来,这种集会就必要起来,而且会以多数通过的方式制定一些约束全体成员的决议。自由行业要想组成有效的同业组合,必须经过全体同业者的同意才行。而且,这一组合继续存在的条件是,每个人的意见都继续保持一致。同业组合一旦建立,就能够依照多数人通过的决议来制定规则;如果有人违反这些规则,就要受到相应的惩罚。因此,这一规则比其他任何的自由结合,更能有效、持久地限制竞争。

有些人认为,同业组合可以更好的管理行业,所以很有存在的必要。这么说,其实完全没有根据。同业组合并不能有效地监督职工。职工的真正监督者,是顾客。职工对失业的恐惧,会让他不敢欺诈、懈怠。可是,自从排外的同业组合出现之后,工人无论好坏都被雇用,他们就不再惧怕失业了。于是,顾客的这种监督力量必然会被削弱。所以,在许多有同业组合的都市里,都很难找到几个差强人意的工人。这种情况,即使在那些最必要的行业中也很常见。可是,郊外的劳动者却能够制作出差强人意的作品,因为那里没有排外特权,凭的全是本领。不过,如果你想把他们运进都市,还得先把他们制成物品,再秘密运输。

所以,限制自由竞争人数的政策,使得欧洲市场中某些职业的竞争者少于愿意加入者,造成了劳动和资本各种用途的所有利害的极大不平衡。

二、由于欧洲政策的限制,某些职业的竞争超过了自然限度,使得劳动和资本各种用途的所有利害有了另一种不平衡

第一篇 论增进劳动生产力的因素及分配劳动生产物给各个阶层的自然顺序

当人们意识到为某些职业培养适当数目人才的重要性时,有些公共团体或热诚的私人捐助基金者,就为此目的设置了许多奖金,像助学金、奖学金、贫困补助等。这么一来,这些职业的人数就会大大超过自然限度。在所有的基督教国家,大部分牧师教育费的主要来源都是这种奖金,很少有人是完全自费受教育的。所以,许多人都愿意去做工资比他们应得报酬低得多的工作。也正因为如此,那些自费受教育的人,即使花费更长时间和高额费用、更加下苦功,也未必都能从贫者那里夺回他们应得的报酬。

说一句有失体统的话,教区牧师助理或教堂牧师的薪水,在性质上和一般行业的帮工相同。因为,这三种人要想获得报酬,都得按照他们和上司所订的契约工作。从全国宗教会议所公布的几次规定来看,直到十四世纪中叶,英格兰教区牧师助理的年工资还是五马克,相当于现在的十镑货币;而泥水师傅的日工资则是四便士(相当于现在的一先令),泥水帮工的日工资是三便士(相当于现在的九便士)。所以,如果后两种劳动者能经常得到工作,那么他们的工资就会多于教区牧师助理的工资;如果泥水师傅每年有三分之二的时间都被雇用,那么他的报酬就会等于教区牧师助理的薪俸。为此,安妮女王在她即位的第十二年,在当年的第十二号法令中作了如下规定:"由于教区牧师助理的给养与奖励不足,有些地方甚至达到了很不充足的地步,兹授权各地主教每年为他们发放二十到五十镑的奖金或津贴,以足够他们维持生活,签字盖章有效。"

尽管有了上述法令的限定,但现今教区牧师助理的年薪,大部分还是少于二十镑。所以,能够得到四十镑薪俸的教区牧师助理,其生活就算非常优裕了。然而,伦敦有些制鞋帮工的年酬劳,都可以达到四十镑。无论是任何劳动者,只要他勤勉,每年几乎都能得到二十镑以上的报酬。比如,这二十镑的酬劳,许多农村教区的普通劳动者都能够得到。

当法律企图把工资规定在某个水平时,总是会使工资更低而不是更高,无论什么时候都是如此。政府为了抬高教区牧师助理的工资,并考虑到保持教会的尊严,曾经多次努力地命令教区长给生活费极其微薄的教区牧师助理增加报酬,却都没有收到效果。教区牧师助理的工资,从来没有应法律的要求而提高;劳动者的工资,也没有被减低到被要求的程度。由于竞争者众多,教区牧师助理只好心甘情愿地接受比法定生活费少的给养,就连法律也不能阻止他们贫困地生活着。同样地,法律也不能阻止普通劳动者获得超过其法定生活费的

给养,因为他们自会被以取得利润或愉快为目的的人竞相雇用。

虽然教会的下级职员非常穷困,但教会的崇高地位并不会因此而受到损失,因为圣职人员和显要人物可以保持教会的尊严。这种职业金钱报酬的低微,可以用它们所受的尊敬来补偿。在英格兰和所有的罗马天主教国家里,人们可以从教会中得到比需要的还多得多的报酬。我们从苏格兰、日内瓦以及一些其他新教教会的实例中,可以确信一点:教会职业不仅声誉很大,也容易取得受教育的机会,所以许多有学问和品行端正的人,都会抱着获得一般俸禄的希望,选择从事圣职。

相反的,律师和医师这些职业却没有一般俸禄。如果这些职业也能提供公费教育,就会有许多人竞相加入,不久,这些职业的工资就会因为激烈的竞争而大大削减。这时,自费接受教育的子弟,就不值得再去从事这些职业了。如果这样的话,这些职业将会完全由公共慈善团体培养的人担任了。因为,他们不但人数众多,而且贫穷,甘愿接受极微薄的报酬。这么一来,律师和医师这些职业,也就不会再像现在这样受尊重了。

除了律师和医师,通常被称为"文人"的落魄者们,也可能会在上述假设成立时遭受同样的境况。培养这些文人的目的,原本是让他们供职于教会的,但由于种种原因,欧洲各地的大部分文人都不能担任圣职。因此,到处可见这些由公费教育出来的文人,而他们的劳动价格也因此而非常低廉。在印刷术发明以前,文人靠其才能所能从事的唯一职业就是教师。也就是说,他们是靠传授自己所学的奥妙而有用的知识养活自己的。跟印刷术发明后的为书商执笔卖文的职业相比,教师这种职业更有名誉和效用,甚至获利更大。一个人要想做一个出色的教师,得具备和著名律师或医师相同的学习时间、天资、知识和勤勉等条件。但是,即使是出色的教师,他的报酬也比不上律师和医师的工资。究其原因,就是教师职业都被那些靠公费受教育的穷苦人挤满了;而律师和医师行业则因为要自费学习,所以只有少数人能够担任。如果那些为面包而执笔卖文的人也加入教师这一行列,那么教师现在的报酬还会更微薄。在印刷术发明以前,"学者"和"乞丐"的意思似乎非常接近。当时,各个大学的校长,似乎都经常给学生们发放乞讨证。

在还没有设置这种奖学津贴时,贫困子弟是没有机会为从事神学、医学及法学这三种职业而受教育的,出色教师的报酬似乎也比上面所说的高很多。当

第一篇　论增进劳动生产力的因素及分配劳动生产物给各个阶层的自然顺序

时的教师工资有多低，可以从苏格拉底的所谓反诡辩学派的演说中略见一斑。

苏格拉底是这样谴责当时那些教师的："他们说是要把学生培养成为有智慧、幸福而又公正的人，但对这么大功劳的劳动却只要求四或五迈纳的微薄报酬，这种说法也未免太冠冕堂皇了。"他接着说："一个人只有拥有了足够的智慧，才能教人智慧。现在，竟然有人以这么低的价格卖出这么高的货色，不得不令人怀疑其智慧。"

苏格拉底的这些话，没有丝毫的夸张，当时教师的报酬，的确就是他说的那么多。当时的四迈纳，与现在的十三镑六先令八便士相等；五迈纳呢，相当于现在的十六镑十三先令四便士。当时的雅典，最优秀教师的普通报酬也至少有五迈纳。据说，苏格拉底在雅典讲学时，收了一百个学生，每人的学费是十迈纳，合三十三镑六先令八便士。由于雅典是个大都市，而且苏格拉底讲的又是当时流行的修辞学，所以一个时期内连续听他作系列讲演的人就算有一百个，也不算太多。照这么计算，每个系列讲演之后，苏格拉底都肯定能得到一千迈纳的报酬，也就是三千三百三十三镑六先令八便士的收入。

另一地方的普鲁塔克[④]说，他自己通常可以拿到一千迈纳的收入。当时，其他许多优秀教师的收入似乎都很可观。优秀教师乔治阿斯曾经用金子为自己制做了一座雕像，然后把它赠给了德尔菲寺。当然了，这座金像应该没有乔治阿斯的身体那么大。在柏拉图看来，乔治阿斯的生活非常华丽，甚至接近于豪奢的地步；跟乔治阿斯的生活水平接近的，还有同时期的皮阿斯及普罗特格拉斯这两位优秀教师。据说，柏拉图自己也生活得非常阔绰。至于给亚力山大王子做师傅的亚里士多德，更是从王子及国王腓力普那里得到了公认的丰厚报酬。即使是这样，亚里士多德还认为回雅典开学园更划算。

在当时，传授知识的教师也许比此后的几十年都多。也许是因为竞争，此后的几十年里，教师的劳动价格、世人对教师人格的尊敬都稍微降低了。但总的来说，当时的优秀教师得到的报酬和尊敬，似乎都远远大于今日优秀教师的所得。曾经代表雅典市民出使罗马的学园学派大师卡尼阿迪，以及斯多亚派大师提奥奇尼斯，曾经让许多人羡慕不已。当时的雅典，虽然没有以前那么壮观，

[④] 译注：Plutarch，约公元46~公元120。普鲁塔克生活在罗马帝国的鼎盛时期，是一个勤奋而多产的作家，因《传记集》而久负盛名。

却也仍然是个有名的独立共和国,市民们一向以嫉妒外人担任公职而著称,现在他们竟然派巴比伦人卡尼阿迪出使雅典,可见他们有多尊敬这位大师。

上述这些不平衡,对社会大众总体上是利多害少。虽然公职教师的地位因此而稍微降低了,学员却可以因此受益,用较低的费用接受教育。如果能够更合理地组织欧洲大部分地区的学校和学院,大众就能得到更大的利益。

三、由于欧洲政策的限制,劳动和资本失去了从某地某行业流动到另一地、另一行业的自由,使得其各种用途的所有利害有了令人极不愉快的不平衡

由于《学徒法》的限制,劳动不能自由地从同一个地方的某个职业流向另一职业;而由于同业组合的排外特权,劳动甚至不能自由地在同一行业间从此地流向彼地。

一种制造业的劳动工资高、另一种制造业的劳动工资仅够维持生活的现象,是很常见的。在前一种制造业中,可能是劳动需求因为其处于进步状态而不断增加;在后一种制造业中,可能是劳动需求因为其衰退状态而显得过剩。这两种制造业,有可能同时存在于同一都市或相邻的两地,可是它们却不能相互提供丝毫的协助,因为《学徒法》和同业组合的排外特权不允许它们这么做。

可是,假如没有这两类不合理的法规从中作梗,那么许多操作类似而种类不同的制造业之间,就可以相互调用劳动者了。比如说,在麻织、丝织和毛织这三种主要制造业中,织素麻与织素丝的技术几乎是完全相同的;织素羊毛的技术虽然和麻织或丝织技术略有差别,但是只要麻织工或丝织工学习数日,就可以成为差强人意的毛织工。在这种情况下,如果这三种主要制造业中的任何一种陷入衰退状态,那么该种制造业的劳动者就可以流向其他两种繁荣的制造业,从而保证了他们的工资不会随着制造业的盛衰而过高或过低。

由于颁布了特别法令,英格兰的麻布制造业开放了,现在人人都可以自由地从事这一行业。但是,由于这一特别法令没有推广到英格兰的大部分地区,所以其提供给其他衰退制造业劳动者的就业机会也非常有限。在实施《学徒法》的地方,当某种制造业衰退时,只好仰仗教区的救济,或者让工人们以普通劳动者的身份工作。一般情况下,这些习惯了做工的工人都更适合做类似制造业的工作,而不适合做普通劳动者的工作。所以,该制造业的经营者一般都宁愿仰仗教区的救济。

一旦劳动不能自由流动,资本的自由流动就会受到影响。因为,某种行业

第一篇　论增进劳动生产力的因素及分配劳动生产物给各个阶层的自然顺序

所能使用的劳动量，决定了该行业能够流动的资本量。不过，同业组合法规限制资本自由流动的程度，要小于它限制劳动从此地自由流动到彼地的程度。无论在任何自治城市，富裕商人都可以比较容易地获得经商的特权；而在自由城市，贫穷技工要想获得劳作的权利都不容易。

同业组合法规妨碍劳动自由流动的现象，是欧洲各地共有的。我可以确信这一点。可是，《济贫法》妨碍劳动自由流动的现象，则似乎是英格兰特有的。自从《济贫法》实施之后，贫民要想容易地取得居住权或找到工作，只有待在自己所属的教区内。这么一来，贫民要想在自己所属的教区之外获得居住权，就比较困难，这必然妨碍了一般劳动的自由移动。相比之下，同业组合法规只是妨碍了技工和制造工的自由移动。所以，《济贫法》，也许是英格兰乱政的最鲜明体现。现在，我将对《济贫法》实施的起源、发展及现状作一些说明，这或许会有助于读者的理解。

英国贫民一向都是靠修道院施舍过活的。修道院破毁之后，贫民们连这种施舍也得不到了。虽然后来采取了一些救济措施，可是都没有收到什么效果。伊丽莎白女王第三十四年的第二号法令，规定了各教区对该区贫民的救济义务，要求各教区每年任命一个救济任务管理人，会同教区委员按照教区税法征收足够救济贫民的资金。

按照第二号法令的规定，各教区都必须赡养其辖区内的贫民。可重要的是，怎样确定一个人是不是其辖区内的贫民呢？这个问题的答案，在很长一段时间内都略有不同，直到查理二世第十三和第十四年，才以法令的形式确定下来。根据该法令的规定，一个人只要在某一教区内连续住过四十天，就算是该教区的居民。在这四十天里，如果某教区有新居民加入，那么教区委员或贫民管理人就会把这一情况汇报给治安推事。每个教区都有两位治安推事，他们可能会将新居民遣回他最近的合法居住处所在的教区。如果新居民不想离开，他就得租用这里的土地，缴纳每年十镑的地租；或是在满足治安推事心意的基础上，缴纳一笔担保解除原属教区户籍的保证金。

这种法令颁布之后，据说产生了许多欺诈行为。有时，教区职员为了让区内贫民脱去自己教区的户籍，会贿赂这些贫民，让他们潜伏在其他教区，直到四十天后获得其他教区的户籍。詹姆士三世第一年，颁布了一条专门矫正这种弊病的法令。该法令规定，如果人们想取得新教区的户籍，那么他在新教区连

续居住的四十日，必须一律从他书面向当地教区报告他的新居地址及家族人数那天开始算起。

教区职员们对于这样闯进教区的人，有时以书面报告的形式默许地接受。因为，教区职员们在对待自己教区内的事务时，未必都像他们对待其他教区那么公正。而教区内的各个居民，则会出于自身利益的考虑，尽量阻止这些闯入者。所以，在威廉三世第三年，又颁布了一条法令：那四十天的居住期，不但要经过书面报告的批准，还得在星期日教堂做完礼拜之后公布于众，从公布之日开始算起。

伯恩博士说："书面报告公布之后，居住在新教区的贫民就会被迫遣返原教区，而很少有人能继续居住并获得户籍。这条法令的真正目的，是让人不能潜入新教区，而不是让移居者获得新教区的居住权。但是，对于一个有地位的人来说，他缴纳的报告书却不一定能令他被遣送回原教区，反而会迫使新教区在以下两种方法中作出一种选择。一是容许他继续居住四十天并给予户籍；二是用权力命令他退出。"

因此，根据这条法令，贫民要想按继续居住四十日的老办法获得新户籍，那几乎是不可能的。法律为了让教区的普通人民能在另一个教区安家立业，又对这条法令作了补充，使得普通人民无须上交或公布报告书，就能获得新教区的户籍。普通人民获得新户籍的方法有以下四种：一是向教区缴纳赋税；二是被推选为教区职员，并按规定任职一年；三是在教区做学徒；四是被教区雇用满一年，并在这一年内连续做着同一份工作。

对于普通人民来说，要取得户籍，显然不能靠上述四种方法中的前两种，除非能得到教区全体人民的一致同意。而教区人民都清楚地知道，按课税或选为教区职员的方法收容一个只有劳动力的人，结果会是什么。已婚者则不能按照后两种方法取得户籍，已婚用工更是被明令不得因受雇一年而取得户籍。很少有学徒是结过婚的。

通过服务取得户籍的办法，在很大程度上消除了以一年为雇用期的老习惯。把未经议定的雇用期定为一年的老习惯，从前在英格兰就很盛行，现在也一样。可是，雇主未必会因为雇用某个用工一年，就给他户籍；反过来，雇工也未必会因为自己被雇一年而愿意取得新户籍，因为这么一来，他所拥有的他父母和亲戚所有地的原户籍就会随着新户籍的获得而被取消。

第一篇　论增进劳动生产力的因素及分配劳动生产物给各个阶层的自然顺序

明显地,一个独立工人是不可能通过做学徒或被雇用的方式获得新户籍的,无论他是一个技工还是普通劳动者。因此,当一个拥有健康、勤勉和技能的独立工人进入新教区时,他要想不被教区委员或贫民管理人员赶出该教区,只有两个办法。第一,租种每年十镑租金的土地。可是,这对一个只有劳动力的人来说是不可能的。第二,按照两位治安推事的心意,缴纳保证能够消除原户籍的保证金。诚然,这笔保证金的数目完全由治安推事来定,而且不可能少于三十镑。按照法律的规定,只有在新教区购买价值大于三十镑世袭不动产的人,才能取得该教区的户籍。这三十镑的保证金,是那些靠劳动为生的人很少担负得起的,而且,这笔保证金的实际数额往往要比三十镑大得多。

在上述法令的限制下,劳动流动的自由几乎完全被剥夺了。当局为了解决这个问题,想出了发证书的办法。威廉三世在他即位的第八及第九年,颁布了如下法令:在由原户籍所在教区委员及贫民管理人署名、两名治安推事认可的证书上,注明任何教区都有义务收留持证者。这么一来,当持证者迁入某个教区时,该教区就不得借口他可能成为负担而赶走他。只有当他的确成了负担时,该教区才可以令他迁移,同时,发证教区有义务负担其生活费和迁移费。

该法令还规定,持证者要想取得新居住地的户籍,必须租有年租金为十镑的土地,或是免费为教区服务一年。这么做,持证者获得户籍的方式,就不再仅仅是上交报告书、被雇、做学徒或缴纳教区赋税了,于是持证者想在新教区居住就得到了最大程度的保障。另外,根据安妮女王第十二年第一号第十八条法令的规定,无论是持证者的雇工还是学徒,都不能因为持证者而获得户籍。

自从这个发证书的办法颁布之后,几乎已被完全剥夺的劳动移动自由,又恢复到了什么程度呢?伯恩博士的一些有见识的话,让我们大致看出了端倪。伯恩博士说:"教区要想让新来者交出证书,自然有种种理由。持证书居住的人取得户籍的方式,不能是做学徒、被雇、缴纳报告书或课教区税。而他们的学徒和雇工,也不能因为他们而取得户籍。如果他们成了负担,那么教区自然知道怎么迁移他们,并要求发证教区负担他们的迁移费及迁移期的生活费。如果他们病得不能迁移,那么他们的生活费也必须由发证教区负担。但是,这一切的前提是必须得有证书。正因为迁入教区以必须持有证书为由来拒绝新居民,才使得原教区一般不肯发放证书。何况,领证书的人极有可能被遣返,而且其境况也会比以前更差。"

伯恩博士这么说的意思,似乎是贫民要迁入的教区应该要求交证书,而贫民要迁出的教区则不应该轻易发证书。这个伯恩博士,真是一位极有才智的作家。此外,这位作家又在他的《济贫法史》中进行了这么一番论述:"实施证书的办法,实在是太残酷了,它赋予了教区职员软禁贫民终身的权力。尽管贫民不适合继续居住在户籍所在地,而他要移入的地方多么有利于他,他也不得不继续居住在原教区。"

这个证书,只能证明持证者属于哪个教区,而不能证明其操行好坏。但是,这个证书的发放和收回权,却完全掌握在教区职员的手里。据伯恩博士说,有人曾建议高等法院命令教区委员及贫民管理人签发证书,却被拒绝了,因为高等法院认为这个建议相当离奇。

在英格兰境内,不远两地的劳动价格都非常不平衡。究其原因,也许是英格兰的居住法不允许无证贫民转地劳作。有时候,健康而又勤勉的独身者即使没有证书,也会享受到居住在其他教区的宽待;可他一旦结了婚,就会被驱逐出去;至于有妻室子女的人,更是遭到了大多数教区的排斥。因此,在英格兰,即使是一个教区的劳动力不足,该教区也不可以从其他劳动力过剩的教区得到补救。(可是,在苏格兰这类无居住障碍的国家,大都市附近或对劳动力有异常需求的地区,劳动工资就会高一些;而距离都市越远的地方,劳动工资也越接近于该国工资的一般水平。)而且,英格兰邻近各地区的工资有时候会突然产生莫名其妙的差异,这也是别的地区所没有的。有时候,国与国之间的工资率会因为高山、大海这类天然屏障而截然不同。在英格兰,贫民跨越教区人为界限的难度,往往比跨越国家与国家之间的天然屏障还要大得多。

如果一个人没有犯过什么罪,却被强迫着迁出他愿意居住的教区,那么他的天赋自由显然是被侵害了。英格兰和其他大多数国家的普通人民,虽然都是那么地羡慕自由,却从来没有真正了解过自由的含义。一百多年来,他们一直甘愿忍受着失去自由的压迫,却从来没有想过怎么去补救。有时候,有些有思虑的人也会代表群众表达对居住法的不满。可是,这种不满却没能使居住法像搜查票那样成为大家反对的对象。毫无疑问,搜查票也是一种弊害,但它却没有像居住法那样产生普通的压迫。有一点我敢断定,那就是今日英格兰那些四十岁的贫民,几乎都被这种荒谬的居住法残酷地压迫过。

到这里,这一章已经显得冗长了。我将用下面的话来结束它。

第一篇 论增进劳动生产力的因素及分配劳动生产物给各个阶层的自然顺序

法律对规定工资所做的努力,最初只是采取全国性的普通法律,然后是按各州治安推事的特殊命令来实施。而这两种办法,现在都被废止了。伯恩博士说:"人们往往硬是精密厘定那些性质上不允许仔细限定的东西。四百余年的经验告诉我们,是时候废止这种做法了。如果所有同业工人的工资都相同,就不会出现竞争,也不会有技能或发明的用武之地。"

可时至今日,个别行业和个别地区的工资还是被个别法案限定了。根据乔治三世第八年的法令,伦敦及其附近五英里之内的裁缝业者及其雇工,每日工资不得超过二先令七便士,除非遇到了国丧。如果有人违反这一规定,就会受到重罚。在立法当局规定雇主和雇工的关系时,雇主总是充当顾问的角色。因此,法规如果有利于劳动者,那就是正当而公平的;如果有利于雇主,则往往是不正当、不公平的。例如,完全正当而公平的法律,是命令某些行业的雇主在支付工人工资时,要使用货币,而不得使用货物。如果这么要求雇主采用货币支付法来支付工人工资,他们也不会有什么实际困难,虽然货物支付法是他们一直想采用却不能经常采用的方法。这种法律,自然是有利于劳动者的。

但是,在乔治三世第八年,却颁布了一条有利于雇主的法令。当雇主企图降低劳动工资时,就会通过缔结一种秘密的同盟或协定而互相联合起来。根据协定的规定,任何同盟者都不得支付超过定额的工资;如果有人违反,就要受到惩处。相反的,如果劳动者为了反抗这种低工资而结合起来,就会被法律严厉地制裁。如果法律真的公平,那么它对待雇主的办法,就应该和对待劳动者的办法相同。但是,乔治三世第八年的法令,却把雇主们有时通过结合而规定的规章合法化了。这条法令遭到了劳动者的普遍抱怨,因为它没有把最有能力、最勤勉的劳动者和普通劳动者区别对待。可见,这种抱怨似乎完全有根据。

此外,以前商人的利润,常常是通过规定食品及其他物品的价格来确定的。这种旧习惯的唯一遗迹据说就是今日面包的法定价格。如果一个地方有排外的同业组合,那么规定生活第一必需品的价格也许是适当的;但如果一个地方没有同业组合,那么竞争跟法定价格相比,就会起到更好地调节物价的作用。乔治二世第三十一年,颁布了一项制定面包价格的法令,可是由于法律上的缺陷,这条法令无法在苏格兰实施。如果要执行它,就需要有市场职员,可当时的苏格兰还没有市场职员。这条法令的缺陷,直到乔治三世第三年才被矫正过来。但是,在实行法定价格之前,苏格兰市场也没有什么大不便;现在即使有

部分地区施行了法定价格,也没见获得什么大利益。在苏格兰大多数都市的面包行业,都有具有排外特权的同业组合,只是这一特权没有被严密保护起来。

从前面可知,投在不同用途上的劳动和资本,会产生不同的工资率和利润率的比例。这一比例,几乎不会受到社会的贫富、进步状况的影响。虽然公共福利变革会影响一般工资率和利润率,但它对所有资本的不同用途,归根到底会产生相同的影响。所以,在相当长的一段时期内,资本不同用途上的工资率和利润率的比例,必然不会因为公共福利的变革而变动,反而会继续相同。

第十一章　地租

地租是租地人按照土地的实际情况支付给地主的最高代价。地主在把土地租出去时,要为租地人提供种子,还要购置并维持耕畜与其他农具。所以,地主在制定租约时,都会设法使租地人所得土地生产物的数额,不但要能足够补偿他预先垫付的这些农业资本,还要能提供当地农业资本的普通利润。这一数额,显然是租地人所能接受的最小份额,因为他不会愿意亏本,而地主也绝对不会多留一点儿利润给他。就算生产物中分给租地人的那一部分会超过这个数额(或者说是超过这一数额能够获得的价格),其超过额也自然会被地主设法以地租的形式据为己有。所以说,地租是租地人按照土地情况支付给地主的最高代价。

当然,有时候,地主也可能会因为宽大或无知(很常见)而接受略低于这一数额的地租,还可能会同样地因为无知而接受略高于这一数额的地租(比较少见),即甘愿接受略低于当地农业资本普通利润的资本利润。这一数额的地租,仍然可以看做大部分出租土地应得的自然地租。

在有些人看来,地租也许就是地主的合理利润或利息,因为地主投入了改良土地的资本。这种情况,在一定程度上无疑是对的,但在很大程度上却并不如此。所谓改良土地的资本利息或利润,一般只是地租的附加额而已。因为,即使是地主未对土地进行改良,他也会收取地租;而且,地主未必都会出资改良土地,有时反而是租地人出资改良土地。但是,地主在与租地人续签租约时,却往往要求增加地租,好像他出资改良土地了似的;有时,他甚至还要求租地人

第一篇 论增进劳动生产力的因素及分配劳动生产物给各个阶层的自然顺序

为完全不能由人力改良的自然物缴纳地租。例如，在大不列颠，有几个地方（尤其是苏格兰）生长着一种名叫克尔普的海草，它一经燃烧就会变成碱盐，是制造玻璃和肥皂以及其他用品的好材料。它生长在每天被海潮的高潮淹没两次的岩石上。所以，即使它的产量增加了，也绝对不是人为努力的结果。但是，生长着这种海草的海岸线上的所有土地，也像田地一样，被地主要求缴纳地租。

设得兰群岛附近盛产鱼，当地居民的食物有一大部分都是鱼。居民们要想从水产物中获利，就必须住在近海地带。因此，他们缴纳给这些地带地主的地租，就和他们由这些地带所获得的利益成比例。这一比例，不同于农民从土地中获得的利益的比例。近海地带的地租，是以鱼来缴纳的。可是，鱼的价格中竟然也含有地租的成分，这种情况的确非常少见。在这里，我们才算看到了实例。

如此看来，这种因使用土地所付出的地租，其价格明显是被垄断的。在这里，地主几乎没有垫付改良土地的费用，可他却得到了与这一费用完全不成比例的地租。所以，近海地带的地租不与地主所能收取的数额成比例，而和租地人所能缴纳的数额成比例。

只有这样的土地生产物，才能经常在市场上以普通价格售卖，以足够补还为它上市所垫付的资本，并提供普通利润。如果这些生产物以普通价格售卖之后，所得不但能补还垫付资本和提供普通利润，还能有剩余，那么剩余部分自然要以地租的形式缴纳给地主；而如果没有剩余，那么货物即使能运到市场上售卖，也无法向地主提供地租。这些情况的决定因素，是市场需求。在市场需求的影响下，有些土地生产物的售价会超过其原费用，这时它就总能向地主提供地租；可有些土地生产物的售价，则会小于或等于其原费用，因而它并不能时时都向地主提供地租。

所以，在构成商品价格组成部分的方式上，地租是不同于工资和利润的。这一点我们应该注意。因为，工资和利润决定了价格的高低，而地租则由价格决定。商品上市时工资与利润的高低，决定了商品价格的高低；而地租的高低，却由这一商品价格的高低决定，也就是说，这一商品价格与支付工资及利润所需资本的差额，决定了地租的高低。

本章共分为三节。在这三节中，我将分别专门讨论以下三个问题。一是总能提供地租的土地生产物；二是时而能够提供地租的土地生产物；三是在不同的改良阶段，这两种土地生产物（或其制造品）自然产生的相对价值的变动。

第一节　总能提供地租的土地生产物

人类的增殖也和其他动物一样，是和其生活资料相称的，因而人们总是或多或少地需要食物。无论什么时候，食物都能购买或支配或多或少的劳动量，所以也总能找到愿意为获得食物而劳作的人。当然，如果劳动工资比较高，结果可能是食物能够购得的劳动量未必等于用最低工资所能购买的劳动量。但是，能够购买并维持一定劳动量的食物，总能满足邻近一带普通劳动者的生活。

几乎任何土地，其产物都能足够维持其上市所需的劳动，并有部分剩余。这一剩余部分，不但能足够补偿农业家雇用劳动所垫付的资本及利润，还能为地主提供地租。

有一种生长在挪威及苏格兰荒凉旷野的牧草，能够用来饲养牲畜，所得乳汁与繁殖的牲畜，不但足够维持牧畜所需的全部劳动量，还有一部分普通利润可以支付给牧畜者或畜群所有人，并有作为地租缴纳的小额剩余。当然，当牧场条件越来越优良时，牧场地租也会随之增加。

同面积的优良土地与劣等土地相比，前者能维持更多牲畜的生存，而且能使牲畜聚集于一个较小的地区，从而减少饲养和收获的劳动量。这么一来，不但维持费用减少了，生产物的数量也会增加，因而地主也就可以从这两个方面得到益处。

无论土地生产物的数量有多少，只要土地肥沃程度不同，其地租就会不同；此外，无论土地肥沃与否，其地租都会因为土地位置的不同而不同。肥沃程度相同的土地，在都市附近比在偏远地带能提供更多的地租。实际上，耕作土地所需的劳动量，后者与前者是相同的，但由于偏远地方的产物需要较大的劳动量才能运到市场上去卖，所以剩余部分的资本利润和地租势必会因此而减少。不过，我在前面已经说过了，偏远地方的利润率一般都高于都市附近。因此，在这一减少的剩余部分当中，只有极小的一部分是属于地主的。

随着良好的道路、运河或可通航河流的出现，运输费用也减少了。这么一来，偏远地方与都市附近的市场就会接近于同一水平。因此，交通改良在所有改良中是最有实效的。偏远地方必定在乡村中占有最为广大的范围，如果这

第一篇 论增进劳动生产力的因素及分配劳动生产物给各个阶层的自然顺序

一广大地区交通便利,就能促进当地的开发,还能同时破坏都市附近农村的独占性,所以有利于都市,甚至有利于都市附近的农村。因为,交通改善之后,不但能把若干的竞争商品运到旧市场,还能促进都市附近的农产物去开拓许多新市场。

良好的商业经营,最忌讳的就是独占,而只能靠自由和普遍竞争得以确立。在自由和普遍竞争的驱使下,每个人都会为求自卫而采用良好的经营方法。

大约在五十年前,伦敦近郊的一些州郡曾经向议会请愿,表示反对把征收通行税的道路向偏远的州郡扩建。理由是,这么一来,偏远州郡的那些由低廉劳动生产的牧草和谷物,就会被运到伦敦市场,并以低于附近州郡的价格出售,从而造成伦敦附近州郡地租的下降,并最终导致他们的耕作事业的衰退。可事实却正好相反。从那时起,他们的地租不但没有降低,反而增高了;他们的耕作事业也得到了改善。

跟上等的牧场相比,比面积中等肥沃程度的田地生产的食物要多得多。虽然耕作田地所需的劳动量要大得多,但扣除了种子和全部劳动的维持费用以后,其剩余的食物量也要大得多。因此,当人们认为同样重一磅的家畜肉和面包,前者的价值一向都小于或等于后者时,无论在任何地方,上述较大的剩余都具有较大的价值,而且能提供较大的资本利润及地租。这种情况,似乎在农业发展的初期非常普遍。

但是,在不同的农业发展时期,面包与家畜肉这两种食物的相对价值是大不相同的。在农业发展的初期,国内的绝大部分土地都没有被开辟,主要用来养畜,所以家畜肉要多于面包。于是,面包这种食物就会因为供不应求而成为竞争对象,因而其售价也较高。

据乌洛阿说,在四五十年前的阿根廷首都,一头牛的售价一般是四里尔(合二十一个半便士的英币),而且可以在有二三百头牛的牛群中任意挑选。乌洛阿还说,那一头牛的价格几乎等于捕获它所费的劳动量。可是,乌洛阿没有提到面包的价格,大概是因为面包价格没什么好叙述的吧。

事实上,栽种谷物所费的劳动量,无论在什么地方都是很大的。而且,阿根廷位于当时能够直通欧洲至波托西银矿的普拉塔河上,所以其劳动价格不可能低到哪里去。不过,如果该国大部分地区都被用作耕地,就完全是另外一番

情形了。这时,面包产量就会多于家畜肉,人们竞争的对象也会变成家畜肉,使得家畜肉的价格高于面包价格。

此外,随着耕地的扩大,未开辟的原野也越来越少,使得家畜肉供不应求。这么一来,许多耕地就必须用来饲养牲畜。所以,牲畜的价格除了要足够维持饲养所需的劳动之外,还要足够支付土地用作耕地时所能收得的地租和资本利润。可是,在荒野地和改良地上饲养的牲畜,在按照品质和重量分类之后,却得以同一价格出售同等牲畜。所以,荒野地的地主就乘机按照牲畜的价格增加地租。于是,不到一个世纪前,在苏格兰高地的许多地方,家畜肉的价格都等于甚至低于燕麦面包的价格。自从英格兰和苏格兰统一之后,苏格兰高地的牲畜市场才逐渐扩大到英格兰。跟本世纪初相比,苏格兰高地现在家畜肉的普通价格高出了三倍,地租则增加了三四倍。现在,在大不列颠的各个地区,一磅上等家畜肉,一般约值二磅以上的上等白面包,丰年时甚至约值三至四磅的上等白面包。

所以,未改良牧场的地租与利润,也随着改良的进展,在一定程度上受制于已改良牧场的地租与利润;而已改良牧场的地租与利润,又受制于田地的地租与利润。而且,谷物可以年年收获,可家畜却只能隔上四五年才能收获。所以,在同样的一亩土地上,家畜肉的出产额要远远少于谷物。因而家畜肉的较高价格,只是较低产量的一种补偿。如果这一价格优越得超过了这一限度,那么就会有更多的田地被改为牧场;而假若这一价格没有达到这一限度,那么一部分牧场就必然会被改为田地。不过,有一点我们必须要知道:只有在大部分土地已经改良的国家,才会出现牧草的地租和利润,与谷物的地租和利润相等的情况;也只有在这时,生产牲畜食物的土地的地租和利润,才会与生产人类食物的土地的地租和利润相等。

不过,某些地方的情形则完全不同,在那里,牧场与耕地相比,牧场的地租和利润要高得多。比如,大都市附近对牛乳及马料需求的增加,以及家畜肉的高价,导致牧草价格增加并超过了它对谷物价格的自然比例。而这种地方性的利益,显然不会扩及至偏远地区。

某些国家的人口,有时可能会因为某些特殊情况而变得非常稠密,以致该国所有土地所生产的牧草及谷物,都满足不了其居民的生活需要。这时,该国就会用其大部分土地去生产那些体积较大且不易运输的牧草,而从国外买进人民所食的谷物。现在的荷兰,就处于这种状态。

在古罗马的繁荣时代,古意大利就有大部分土地被用来生产牧草。据西西罗⑤说:"老伽图曾经说过,一个经营私有土地的人,如果他善于饲养,那么他所得的利润与利益就是最多的;如果他的饲养技术差强人意,那么他的所得就只能占第二位;而如若他不善于饲养,他的所得就只能占第三位;农耕所获得的利润与利益占第四位。"

在古罗马,谷物常常被无代价或以极低价分配给人民。这种做法影响了与其邻近的古意大利,使得古意大利的耕作受到了大大的阻碍。这种谷物大都来自被古罗马征服的省份。这些被征服的省份,即使不纳税,也须将其全部产物的十分之一,以六便士每配克的法定价格卖给罗马共和国。罗马共和国收受了这些谷物之后,再将它们以低价配售给人民,这么一来,罗马旧领土上的谷物就会跌价,并妨害了邻近的古意大利的谷物耕作。

另外,在主要种植谷物的开阔地方,圈围草地的地租往往要高于其附近的田地地租。圈围草地的地租之所以如此高,与其说是因为草地生产物的价值更高,倒不如说是因为圈围便于饲养和耕畜,从而能够生产出田地生产物的价值。如果邻近的土地都被圈围起来,那么这一高地租很快就会降低。现在,似乎就因为苏格兰的圈围地太少,所以其地租才会那么高昂。一旦圈围地增加,其地租大概也会跌落。用圈围土地牧畜,比用它来耕作更有利。因为,这样不但能减少看守牲畜所需的劳动量,还能使牲畜在免受守护人或守护狗的惊扰下吃得更好。

而在一个没有这种地方性利益的地方,适宜于耕种谷物或其他一般植物性食品的土地的地租和利润,自然决定了该地的一般地租和利润。

在同一面积的土地上,如果仅仅靠天然牧草来饲养牲畜,就只能饲养很少的牲畜;而如果使用大头菜、胡萝卜、包菜等人工牧草,或是其他的方法,就能饲养很多牲畜,从而稍微降低进步国家中高于面包价格的家畜肉价格。事实上,这种做法确实使家畜肉的价格降低了。和上世纪初叶相比,现在伦敦市场上家畜肉对面包的相对价格要低得多,我相信至少这一点是真的。

在伯奇博士所著的《亨利亲王传》的附录部分,详细记述了亲王日常购买

---

⑤ 译注:CICERO,罗马雄辩家。

家畜肉的价格。当时,一头重六百磅的牛,一般只需要花费九镑十先令(即每一百磅需要三十一先令八便士)就可以买到。(亨利亲王死于1612年11月6日,时年十九岁)。

1764年3月,食品价格昂贵。当时,议会对这一现象的原因进行了调查,并搜集了许多证据,其中包括一位弗吉尼亚商人的证言。这位商人说,他在1763年3月备办船上的食物时,曾以二十四至二十五先令每一百磅的普通价格购买了牛肉;而在高物价的1764年,他却花费了二十七先令才买到了同质同量的牛肉。可是跟亨利亲王所付的日常价格相比,1764年的这一高价还要低四先令八便士。此外,这位商人是为了远道航行才购买牛肉的,所以这些牛肉一定是最好的。亨利亲王日常购买牛肉,支付的平均价格是三又五分之四便士每磅。照此推算,当时上等肉的零售价至少是四个半便士或五便士每磅。

1764年议会调查的结果是,当时的上等牛肉,上等肉块的零售价是四到四又四分之一便士每磅;下等肉块的零售价是七法新到二个半便士或二又四分之三便士每磅。证人们说,这种价格一般比三月的普通市价约高半便士。可是,跟亨利亲王时代的普通零售价一比,即使是这么高的售价,也显得非常低廉。

在上世纪前十二年的温莎市场上,上等小麦的平均售价是一镑十八先令三又六分之一便士每一亨特,合九温彻斯特蒲式耳。然而,在1764年(含1764年)之前的十二年里,在同一市场上,上等小麦的平均售价却是二镑一先令九个半便士每一亨特。因此,在上世纪的前十二年里,小麦的售价要远远低于它在1764年(含1764年)之前的十二年里的售价;而家畜肉的售价,则要远远高于它在1764年(含1764年)之前的十二年里的售价。

无论是哪个大国,其大部分的耕地都会用来生产人或牲畜的粮食,其地租和利润,决定了其他耕地的地租和利润。某块土地被用来生产某种特殊生产物之后,如果它提供的地租和利润比上述利润少,那么这块土地马上就会被改成田地或是牧场;而如果它提供的地租和利润比上述利润还多,那么不久之后,就会有一部分田地或牧场被改成种植那种特殊生产物的土地。

为了使土地更适合那种特殊生产物的生长,需要对这些土地进行改良或耕作,所花费用最初也许要比花费在田地或牧场上的费用还大。可是,一般情况下,较大的改良费用能够提供较大的地租,较大的耕作费用则能提供较大的

第一篇 论增进劳动生产力的因素及分配劳动生产物给各个阶层的自然顺序

资本利润,从而合理补偿了较大费用的利息或报酬。在提供地租和资本利润方面,栽植啤酒花、果树及蔬菜的土地的能力一般要大于田地或草地。但是,要使土地适于栽植啤酒花这类作物,需要花费更大的改良费用,还需要更细心、更巧妙的培养,因此,应该向地主支付更大的地租,并付给农业家一笔更大的资本利润。

此外,由于这些作物(尤其是啤酒花和水果)的收成相当不稳定,所以其价格还必须提供类似保险利润这类能够补偿全部意外损失的部分。根据种植园者的境遇,我确信他们很少能通过自己的技能得到丰厚的报酬。如今,许多有钱人都把种植当成了一种自娱的消遣方式,种植了各种珍贵的花木,而他们原本应该是专业种植者的最好顾客。所以,靠种植谋生的人,是得不到很大利益的。

土地被改良之后,地主因此而得到的利益,似乎都仅够补偿其所花的费用。在古代,除了耕作葡萄园之外,农场中似乎只有便于浇水的菜园能够提供最有价值的产物。在两千年前,被古代人称为"农业技术之父"的德莫克里特斯就专门对此进行了论述。德莫克里特斯认为,用石墙围菜园的做法是不划算的,因为菜园的利润不足以补偿围石墙所花的费用;而如果用砖块——我想这种砖块只是被日光晒干了,却没有烧制,所以不宜经风雨——来围墙,又需要在砖块被风雨毁坏之后进行修补。

科伦麦勒不加反驳地引用了德莫克里特斯的话,并提倡使用荆棘和蒺藜来做篱笆。科伦麦勒说,这种荆棘篱笆,是被经验证明了的好栅栏,既持久又不易被侵入。然而,在德莫克里特斯时代,这种圈围方法似乎还不被普通人民所知。首先推荐科伦麦勒这个意见的人是瓦罗,然后,帕拉迪阿斯也采用了这个意见。

从古代这些农事改良者的意见可知,菜园生产物的价值似乎只是略微大于特殊栽培和浇水所花的费用。直到现在,那些距离太阳较近的国家还认为应该掌握水源,以保证园地里不缺水。在今日的欧洲,大部分地区的菜园采用的仍然还是围篱方法。在大不列颠及其他一些北方国家,要想获得优良的果实,就必须借助于围墙。所以,其围墙建筑费和维持费是必不可少的,这也就要求这些优良果实的价格必须足够偿付这些费用。如果用果树来圈围不能靠生产物来补偿围墙建筑费和维持费的菜园,也能使菜园得到圈围的好处。

农场中最有价值的部分，是种植适当而又栽培完善的葡萄园。这个农业上的道理，似乎得到了古代和现代所有葡萄酒产国的普遍承认。而根据科伦麦勒的说法，在古代意大利，各农业家对种植新葡萄园有无利益的问题争论不休。科伦麦勒极力赞同种植新葡萄园。还有一个爱种植新奇植物的人，也和科伦麦勒一样极力赞同种植新葡萄园。他们力图通过比较种植费用与所得利润，证明种植新葡萄园所得的利益是最大的。

不过，对于这种新产业，尤其是农业中的新产业来说，其利润与费用的比较通常是极不可靠的。如果这种种植能够取得像科伦麦勒所想象的那么大的利益，那么关于这个问题的争论就不会出现在这里。时至今日，它仍然还是葡萄酒产国中的一个被人们纷纷争论的问题。在这些国家，农事作家这类高级耕作的爱好者和鼓吹者，也和科伦麦勒一样极力赞同栽种新葡萄园。可是，法国那些旧葡萄园的所有者却急切地阻止人们种植新葡萄园。由此可见，那些作家的意见似乎是对的，因为连那些有经验的旧葡萄园所有者，都觉得现在种植葡萄比栽种其他植物更有利可图。

不过，从另一方面来看，如果没有那些限制葡萄自由培植的法律的庇护，葡萄园的优越利润似乎就无法持续下去了。1731年，国王向旧葡萄园的所有者颁布了一条敕令。这条敕令规定，所有旧葡萄园的所有者都不得种植新葡萄园，也不得续种至少已停种两年的葡萄园，除非他们得到了国王的特许。如果想要得到国王的这种特许，还得先请州长查验并证明这土地只适宜种植葡萄。

据说，当时的情况是谷物、牧草缺乏，而葡萄酒却过剩，所以才发布了这条敕令。可是，如果真的是葡萄酒过剩的话，那么种植葡萄的利润就会随之降到牧场和田地所得利润的自然比例之下，这么一来，即使没有颁布上述敕令，新葡萄园的种植也能被有效阻止。至于说谷物因葡萄园的增加而缺乏，更是没有根据的。因为，我们知道，在法国那些适宜于谷物生长的葡萄产地，像是博亘策、吉延和上朗哥多克，谷物的耕种都非常精细。

如果一种耕作事业需要很多劳动者，那么另一种耕作事业必然会因此而得到好市场并受到鼓励。减少购买葡萄酒的人数，无疑是奖励谷物耕作事业的有效方法。这简直是在用阻遏制造业的方法去促进农业。所以，对于有些需要花费较大的土地改良费才能种植的作物，或者是每年的耕作费用都很大的作物来说，即使它的地租和利润大大超过了谷物或牧草的地租和利润，而其超过

第一篇　论增进劳动生产力的因素及分配劳动生产物给各个阶层的自然顺序

额却仅够补偿它的高费用，那么它的地租和利润也仍然受制于普通作物的地租和利润。

当然，由于适合栽种某种特殊作物的土地过少，有时也会发生供不应求的情况。这时，谁要想得到那些生产物，就得以比一般价格略高的价格购买。这一略高的价格，会稍微超过那些生产物在从生产到上市的过程中必须支付的全部地租、工资和利润。这些地租、工资和利润，是按照地租、工资和利润的自然率，或其他大部分耕地的地租、工资和利润率来计算的。只有在这种高价格中，除去改良及耕作费用后的剩余部分，才可以不和谷物或牧草的同样剩余部分保有正常的比例，并能任意超过这一比例。自然地，这一超额的大部分都得归地主。

有一点我们必须知道，就是只有在生产普通葡萄酒的葡萄园里，才会有葡萄酒的地租和利润对谷物或牧草的地租和利润的普通比例和自然比例。这种葡萄园的土壤，不是松软，就是含有砂砾或是沙子，而其所产葡萄酒也只有浓度与卫生可以称道。法国的普通土地，一般都与这种普通葡萄园差不多，显然不能与那些品质特殊的葡萄园相提并论。

葡萄树是所有果树中最容易受土壤差异影响的。据说，一种来自特殊土壤的特殊美味，绝对不是靠人工就能在另一种土壤上培育出来的。有时候，只有仅有的几个葡萄园里才会产出这种美味；也有时候，几个葡萄园都能产出这种美味；还有时候，小区域中的大部分葡萄园都能产出这种美味。这种葡萄酒，即使全部出售，也不能满足市场的有效需求。换言之，即使有人愿意支付为生产和运输这种葡萄酒所必须支付的全部地租、工资和利润，这种需求也不能完全得到满足。因此，只有那些愿意出更高价格的人，才能买到这种葡萄酒。这么一来，这种葡萄酒的价格必然会被抬高得超过普通葡萄酒的售价。决定这两种价格差额的，是这种葡萄酒的流行性与稀少性所激起的购买者的竞争程度。但是，无论这一差额有多大，其大部分都要归地主所有。

在栽培上，这种葡葡园一般都比其他葡萄园更加细致、谨慎，目的是追求较高的价格。所以，较高的价格，其实是慎重栽培的原因，而不是慎重栽培的结果。在生产这种高价产物的过程中，一旦怠慢，就会产生极大的损失。所以，哪怕是最不小心的人，在生产时也必须注意。生产这种高价产物所必须支付的劳动工资和资本利润，只需要花费这一高价中的一小部分就足够了。

能够与这种高价的葡萄园相媲美的,是欧洲各国在西印度开辟的大量甘蔗田。即使把欧洲的全部甘蔗都供应给市场,也无法满足人们对它的有效需求。所以,如果人们要想购买它,就得支付超过生产和运输它所必需的地租、工资和利润率。

从熟悉交趾支那(位于今越南南部、柬埔寨的东南方,交趾是中国古代对越南的称呼)农事的波弗尔氏那里,我们得知了交趾支那最上等的精制白糖的价格。通常情况下,这种精制白糖的价格为三皮亚斯特(合十三先令六便士的英币)每一昆特尔。这里所说的"昆特尔",相当于巴黎的一百五十到二百磅,我们取平均值一百七十五磅。如果按英制衡量标准来计算,每一百磅的精制白糖约值八先令。这个价格,不及我们从殖民地输入的红糖或粗砂糖一般价格的四分之一,也不及最上等精制白糖价格的六分之一。

交趾支那的大部分农地都用来生产米麦,以供大多数国民食用。在那里,米麦和砂糖的价格,也许具有大部分农地各作物之间都自然而然形成的比例。这种自然比例,使得各个地主和农业家所得的报酬,都尽可能按通常的原始改良费用和每年的耕作费用来计算。但是,在英国殖民地的蔗糖价格与欧美稻麦田生产物的价格之间,却不会出现这种比例。据说,通常情况下,甘蔗栽培者都希望用糖酒及糖蜜来支付全部的栽培费用,用全部蔗糖作为纯利润。我不敢冒昧地确定这种说法是事实。因为,如果这样的话,就相当于在说"谷物耕作者希望以糠、蒿来支付其耕作费用,用全部谷粒作为纯利润",而这种情况一般是不可能的。

在伦敦及其他都市,商人们会为了获利,团体收买英国殖民地的荒地,托代办人或代理人去改良和耕作。这种现象相当普遍。虽然这些荒地都相距极远,而且当地又没有健全的司法行政来保障他们能获得确定的收入,可他们还是义无反顾。而苏格兰、爱尔兰或北美产谷区域的情形则相反,虽然那里有最肥沃的土地和完善的司法行政,能够保障他们得到比较稳定的收入,可还是没有人想用这种方法来改良和耕作。

由于北美的弗吉尼亚和玛丽兰更适合栽种烟草,所以当地人都情愿种烟草,而不愿意种谷物。在欧洲,大部分地区都能够从栽种烟草中获得利益,全欧洲的主要课税对象几乎都是烟草。可是,如果在国内栽种烟草,其赋税就会比

第一篇 论增进劳动生产力的因素及分配劳动生产物给各个阶层的自然顺序

输入烟草课的关税还高。于是,大多数地方就颁发了一条不合理的命令,禁止私人栽种烟草。这么一来,烟草行业就被允许栽种烟草的地方垄断。由于弗吉尼亚和玛丽兰出产的烟草最多,所以即使竞争激烈,它们也能享受到由垄断带来的大部分利益。不过,栽种烟草似乎没有栽种甘蔗有利。我从未听说过有哪个大不列颠商人会把资本投在改良和培植烟草上;在殖民地以种烟草发财的情况,也没有在蔗岛以生产蔗糖发财的情况常见。

殖民地的居民,都乐于栽种烟草,而不愿栽种谷物。从这一事实来看,欧洲对烟草的有效需求似乎没有全部得到满足。但是,跟蔗糖的供给状况相比,烟草的供给也许更接近于有效需求。

现在的烟草价格,也许超过了它生产和上市所必须支付的全部地租、工资与利润。但其超过额和现在的糖价超过额相比,必定更小。所以,英国殖民地的烟草种植者和法国那些旧葡萄园的所有者一样,也害怕生产过剩。于是,议会颁布了一条法令,限制年龄在十六到六十岁之间的黑奴,每人只得栽培六千株烟草。因为,他们认为六千株烟草可以长出一千磅烟草。除了栽培这六千株烟草之外,每个黑奴还能耕作四亩玉蜀黍耕地。道格拉斯博士说,在丰年时,议会有时会像荷兰人烧掉自己生产的香料一样,把黑奴生产的若干烟草烧掉,以防止烟草供过于求。我想,博士的这些话未必可信。如果需要采用这种过激的办法才能维持现今的烟草价格,那么栽种烟草优于栽种谷物的好处即使现在还存在,也会在不久的将来消失。

由上述情况可知,生产粮食的耕地地租决定了其他大部分耕地的地租。如果有哪块土地因为生产某种特殊产物,提供的地租低于大部分耕地的地租,那么这种低价也绝对不会持续很久,因为那块土地一定会马上改作他用。当一种特殊产物提供的地租高于大部分耕地地租时,一定是因为适合生产这种产物的土地少得供不应求。

五谷是欧洲可以直接作为人类粮食的土地生产物。因此,欧洲田地的地租决定了其他耕地的地租,只有一些占据特殊位置的生产物能例外。所以,无论是法国的葡萄还是意大利的橄榄,如果它们没有占据特殊的位置,其价值就都得由谷物的价值确定。由于英国有适合谷物生长的肥沃土地,所以也不必为葡萄和橄榄而羡慕这两国。

如果所有国家的国民普遍爱吃的植物性粮食都不是谷物,而是另外一种植物，而且这种植物能够在普通土地上来用和田地耕作几乎相同的耕作来生产，并且其产量远远多于最肥沃的田地所能生产的量，那么支付给地主的地租也必然要大得多。换言之，必然有更多的剩余食物能够补偿劳动工资及普通资本利润。无论该国的普通工资水平如何，这些剩余食物都能维持较大的劳动量。这么一来，地主就能购买或支配更多的劳动量，而地租的真实价值，即他支配由别人劳动提供的生活必需品和便利品的权利，也必然要大得多。

跟麦田相比，稻田能够产出更多的食物量。一般情况下，稻田一年可以收获两次，每亩每次收获三十到六十蒲式耳。耕种稻田，虽然一般都需要更多劳动力，但其产量在支付劳动工资之后，剩余的也更多。所以，在耕作者主要用米维持生活、人民的普通食物也是米的产米国家，地主就可以从中得到比产麦国地主所得还多的报酬。在卡洛林纳和其他英属殖民地，大多数耕作者都兼有农业家和地主双重身份，所以他们的地租与利润也会混淆。虽然当地的稻田是一年一收的，而且当地人也由于欧洲的普通习惯而不把米作为普通食物，但人们还是认为耕种稻田比耕种麦田有利。

一年四季都是沼泽地且有一季充满水的土地，才是良好的稻田。这种土地，既不适宜种麦和牧草，也不适宜种葡萄，仅适宜栽种的一种对人类有用的植物性食物就是水稻。反之，那些适宜栽种麦或牧草、葡萄的土地，也不适宜栽种水稻，即使把它们转为稻田也不合适。因此，在产米国中，稻田的地租不能规定其他耕地的地租。

马铃薯地的产量，跟稻田的产量差不多，而又远远大于麦田的产量。马铃薯的亩产即使达到了一万两千磅，也算不上优异；而小麦的亩产即便只有两千磅，也算是优异的了。当然，由于马铃薯含有大量水分，所以不能按照重量比例来计算从这两种植物中得到的固体滋养物的分量。但是，即使把马铃薯这一块根食物重量的一半作为水分扣除，一亩地的马铃薯所能得到的固体滋养物也仍然有六千磅，是一亩小麦所得的三倍。而且，一亩马铃薯地的耕作费用也要少于一亩麦田。单就耕种麦田来说，在播种前，通常需要用犁耙把土地理平整，光是这笔费用，就超过了栽种马铃薯的锄草费用和其他各种特殊费用。

所以，这种块根食物，如果将来能够像米成为产米国的普通食物一样，也成为欧洲某地人民的普通食物，那么同一面积的耕地必然能够养活更多人。因为，一旦马铃薯成为普通食物，那么在全部耕地中，马铃薯地的相对面积，就会

第一篇 论增进劳动生产力的因素及分配劳动生产物给各个阶层的自然顺序

等于现在栽种小麦及其他人类食用谷物的土地的相对面积。此外,如果大部分劳动者都靠马铃薯生活,那么其扣除耕作资本及维持劳动之后的剩余也会更多。诚然,这些剩余,大部分还是要归地主所有的。如果真是这样的话,人口就会增加,地租也会增至大大超过现在地租的程度。

所有适宜栽种马铃薯的土地,都可以用来栽种其他类似的有用植物。如果马铃薯地占全部耕地的比例等于现在的栽种谷物的土地所占的比例,那么马铃薯地的地租就会像现在的栽种谷物的土地地租一样,也能决定其他耕地的地租。

据说,在兰开夏的某些地方,有人认为劳动者吃燕麦面包,会比吃小麦面包更容易饱。同样的话,我在苏格兰也听到过。不过,我总觉得这种传闻有点儿可疑。比如说,苏格兰的普通人民吃的都是燕麦面包,英格兰的普通人民吃的则是小麦面包。跟苏格兰的普通人民相比,英格兰的普通人民更强壮、清秀、健康,工作也更起劲儿。不过,这种差异并没有出现在这两地的上等人中间。所以,由经验可知,苏格兰普通人民的食物,似乎并不像英格兰普通人民的食物那样适合人的体质。

可是,马铃薯的情形却完全不同。在伦敦,无论是轿夫、脚夫和煤炭挑夫,还是那些靠卖淫为生的不幸妇女,一般都只以马铃薯为食。这些人,大部分都来自爱尔兰的最下层,他们也许是英国最强壮的男子和最美丽的女子。根据最明确的证据证明,马铃薯含有的营养素特别适合人的体质需要。

不过,马铃薯不像谷物那样能贮藏两三年,它一般都很少能保存一年。因此,人们都害怕它在被卖出之前就腐烂,所以不敢大面积栽种。也许是因为同一个原因,才使马铃薯即使是在那些大国里,也不能像面包一样成为人们的主要植物性粮食。

第二节 有条件提供地租的土地生产物

在各种土地生产物中,好像只有人类食物才必须提供地租,其他生产物则是在一定条件下才提供地租。除了食物,人类最需要的东西就是衣服和住宅了。

在原始社会,土地可以向人们提供充足的衣服和住宅材料,却无法满足人们对食物的需要。相反,在进步社会,土地能够满足衣服和住宅材料的人数,要少于满足食物的人数。这种情况,至少会在人们需要衣服和住宅材料,

109

并愿意为它们支付代价时出现。因此,在原始社会,衣服和住宅材料由于过剩,所以其价值极小甚至完全没有;而在进步社会,它却会因为供不应求而具有极大的价值。

当衣服和住宅材料供过于求时,其中有大部分都会因为无用而被丢弃,所以其使用价值基本上只相当于加工这些材料所花的劳动和费用,因而也不能向地主提供地租。当这些材料供不应求时,即使把它们全部用上,也往往不够用,于是就会有人愿意以高价购买它的任何部分,哪怕要花费超过其产制和上市所需的费用。这时,这种材料就可以向地主提供许多地租。

在原始社会,衣服的材料一般都是较大动物的皮。当时,狩猎和牧畜民族是以那些大动物为生的,他们在获取食料时,可以一并获得他们自己穿不了的衣服。这些多余的动物皮,在没有对外贸易的情况下是根本没有价值的,只有被丢弃。这种情况,一般出现在北美狩猎民族中间,当时这个民族还未被欧洲人发现。

现在,北美的狩猎民族一旦有了过剩的毛皮,就会用它们去交换欧洲人的毛毡、火器和白兰地酒。这样,这些过剩的毛皮就有了许多价值。现在,在全球通商的状态下,我相信只要是确立了土地所有制的民族(不管它有多么不开化),都会有这种对外贸易。那些在国内生产却不能在国内加工或消费的衣服材料,都可以在较富裕的邻国中找到销路,这么一来,这些材料的售价就会被抬高得超过其运输费用的价格,从而足够为地主提供许多地租。

在苏格兰高地,当大部分牲畜都在内部的丘陵地带被消费时,其最主要的输出商品就是兽皮了。用这些兽皮来换其他物品,就能稍微增加高地的土地地租。当时,英格兰国内不能加工或消费的羊毛,也外销到了更富裕、更勤劳的弗兰德⑥,其售价足够补偿羊毛产地的许多地租。而在那些没有对外贸易的国家,即使其耕作技术和当时的英格兰和现在的苏格兰高地差不多,它们的衣服材料也会明显过剩。这些多余的材料,大部分都会因为无用而被丢弃,这样也就无法向地主缴纳地租了。

跟衣服材料相比,住宅材料更不容易被运输到遥远的地方。所以,即便在今日这种商业状况下,它也不能像衣服材料那样容易外销出去。当一国的住宅

---

⑥ 译注:弗兰德,即现在的比利时和荷兰。

第一篇 论增进劳动生产力的因素
及分配劳动生产物给各个阶层的自然顺序

材料过剩时,地主们就不能从这些材料中获得地租了。比如说,在伦敦附近,地主们从一些良好的石矿中得到了相当大的地租;而在苏格兰和威尔士的许多地方,大部分的石矿都无法向地主提供地租。在人口稠密、农耕进步的国家里,用于建筑的无果树木的价值都非常高,为其产地提供了非常大的地租;而在北美的许多树木产地,树木的所有者不但得不到地租,反而会为有那么多树木而发愁,并希望有人愿意无偿采伐并运走他的大部分大树。在苏格兰高地,有些地方由于缺少公路和水运,只好剥下树皮运往市场,而把木材随地丢弃。

当住宅材料相当过剩时,其使用价值也不过和加工它时所花的劳动和费用相等,所以无法向地主提供地租。不过,当邻近的富裕国民需要这种住宅材料时,情况就截然不同了。比如,铺设伦敦街道的需求,使得苏格兰海岸一向不提供地租的一部分岩石,也向地主提供了地租。再比如说,挪威及波罗的海沿岸的树木,都在大不列颠找到了市场,并为所有者提供了许多地租。

与一国人口成比例的,不是该国供应衣服和住宅材料的水平,而是该国供应食物的水平。在食物得到充足供应的情况下,必要的衣服和住宅也不难得到;但是,在有了衣服和住宅的情况下,食物却往往不易得到。在大不列颠的许多地方,一个人花费一天的劳动建成的简单建筑物,就算是住宅了;如果用兽皮来做衣服,只需要花费一天多的劳动,就能制出最简单的衣服。在野蛮或未开化的民族,人们花费在获得这种衣服及住宅上的劳动量,仅仅占全年总劳动量的百分之一;而花费在获取食物上的劳动,却占了全年劳动的百分之九十九。即使这样,还是不能获得充足的食物。

在土地改良之后,一家可以生产出供两家食用的食物。于是,只要一半人口,就可以生产出满足全社会需要的食物;剩下的一半人口(至少是其中的大部分劳动),就可以去生产满足人类其他欲望和嗜好的物品,比如衣服、住宅、家具,以及所谓的成套应用物品等。

富人和穷人消费的粮食几乎是一样的。富人消费的粮食,也许在质的方面与穷人消费的粮食大不相同。比如说,在选择和烹调富人的粮食时,可能要花费更大的劳动和技术。可是,富人所消费的粮食的量,却几乎和穷人所消费的量相同。我们再比较一下富人和穷人的衣服和住宅的情况。富人拥有巨大的衣橱、富丽堂皇的宅邸,而贫民却穿敝衣、住陋屋。二者无论在质和量上,都有极大的差异,根本没有可比性。

111

每个人的食欲,都会因为胃的狭小容量所限而有满足的时候;可是,人们对住宅、衣服、家具及应用物品的欲求,却似乎没有止境。这时,有权支配自己消费不了的剩余食物的人,也一定愿意拿出这些剩余食物,用它们去交换能够满足他的其他欲望的东西。这样,这些物品不但满足了他的有限欲望,其剩余部分还能换取到其他满足他无限欲望的东西。相反,穷人则要为了取得食物而拼命劳作,并满足富人的这些无限欲望。

穷人为了能够让自己的食物在市场上站稳脚跟,往往会以提高食物质量、降低食物价格的方式相互竞争。由于土地改良和耕作的进步,食物量增大,劳动者的人数就随着食物量的增大而增加了。不过,由于增加食物的工作可以实现细致的分工,所以食物的增加量比劳动者人数的增加量多得多。正因为如此,在建筑物、衣服、应用物品,或作为装饰品使用的各种原料,以及化石、矿产、贵金属和宝石的应用领域,才有了人类发明才能的用武之地。

由此可见,需要提供地租的,除了一向都要提供地租的食物之外,还有其他一些后来才要求提供地租的生产物。这些生产物的价值中的地租部分,也来自生产食物的劳动力的增进。这种劳动生产力的增进,起因于土地的改良和耕作的进步。不过,并不是所有后来才要求提供地租的生产物都能提供地租。即使是那些已经被改良而且耕作精细的土地,国内对其生产物的需求也未必都能达到这种程度,因而其价格也不可能在支付工资、偿还资本并提供普通的资本利润之后还有剩余。所以,这类生产物能否提供地租,要视具体情况而定。比如说煤矿,决定它能否提供地租的因素,一是它的产出力,二是它的位置。

如果使用一定数量的劳动从某一矿山取出的矿物量,多于使用等量劳动从其他大部分同类矿山中取出的矿物量,那么这一矿山的产出力就大;反之,这一矿山的产出力就小。有些位置一般的煤矿之所以不能开采,就是因为其产出力小得不能支付开采费用,更别说提供利润和地租了。

有些煤矿,其产出物只够支付劳动工资、开矿资本和普通利润,因而它只能给企业家带来获得若干利润的期望,却不能给地主提供地租。因此,像这类煤矿,只有地主自己投下资本来开采才能获得普通利润,其他任何人也别想从中获利。在苏格兰,就有许多由地主亲自经营的煤矿。这些煤矿,由于无法提供地租而不能由其他人经营,所以地主不允许其他人采掘。就算地主允许其他人采掘这些煤矿,这些人也不能向地主提供地租。

第一篇 论增进劳动生产力的因素及分配劳动生产物给各个阶层的自然顺序

在苏格兰,还有些产出力很大的煤矿,却因为位置不好而无法采掘。在一些人烟稀少的内地,就算有些矿山有时能用一般或少于一般的劳动量采掘出足够支付开矿费用的产量,这些矿产也会因为缺少公路或水运而无法卖出。

煤炭与木柴比较,煤炭是一种不适合且不卫生的燃料。在有些地方,消费煤炭的费用一般要少于消费木柴的费用。另外,木柴价格和牲畜价格几乎一样,也会随着农业状况的不同而变动。而且,其变动的原因也跟牲畜价格的变动原因完全相同。

在农业发展初期,各国的大部分地区都是树木。这些树木在当时的地主眼里,全都是毫无价值的障碍物。如果它们被人采伐,那就再好不过了。后来,随着农业的进步,一部分树木由于妨碍耕作被砍去,另一部分树木因为牲畜增加而被毁掉。

牲畜头数增加的比例,不同于由人类的勤劳而获得的谷物增加的比例。但是,由于有人类的保护,牲畜也逐渐繁殖起来。在物产丰饶的季节,人类会预先贮藏牲畜的食料,以备它们在缺少食料的季节食用。人类为牲畜提供的种种食物的量,都比大自然提供的要多。此外,人类还为牲畜们铲除了敌害。这么一来,牲畜们就能安然而又自由地享受自然所给予的一切了。许多畜群都被人们随意地放养在森林里,这些畜群虽然不会损害到老树,却摧残了幼树。结果,整个森林就在两个世纪左右的时间里被毁灭了。

这么一来,木柴就会供不应求,其售价也会因此抬高到足够为地主提供很好地租的程度。有时候,地主会觉得即使是用最好的土地来栽植无果树木也更有利,因为其利润大得往往足够补偿其收入的迟缓。这种情况,似乎在今日大不列颠的许多地方都很常见。在这些地方,树木的利润等于田地或牧场的利润。

但是,无论在任何地方,地主从树木中得到的利益都不能超过田地或牧场的地租。这种情况,至少会持续相当长的一段时间。而且,在耕作进步的内地,地主从树木中得到的利益,往往要远远少于他从田地或牧场中得到的地租。

在一些海岸,如果当地的进步状况非常好,而且容易得到煤炭,那么从耕作事业较为落后的外国输入建筑木材,往往要比本国自己生产这些木材更为划算。最近数年,爱丁堡用于建筑新城市的木材,也许没有一根是产自苏格兰的。

如果无论某地木柴的价格是多少,烧煤炭的费用都几乎等于烧木柴的费用,那么我们就可以由此确信煤炭价格在该地达到了最高水平。这种情况,在英格兰内地的某些地方(尤其是牛津郡)可见。在牛津郡,普通人民通常都混用木柴与煤炭。由此可见,这两种燃料的费用差异不可能太大。这种最高价格,比产煤国家任何地方的煤炭价格都要高得多。如果煤炭价格不够高,就不足以担负由陆路或水路送往远地的运输费用,也就不能卖出更多分量的煤炭。煤矿采掘者及所有者出于自身利益的考虑,都情愿以比最低价格略高的价格卖出更多煤炭,而不愿以最高价格卖出少量煤炭。

另外,一切煤矿的煤炭价格都受附近产出力最大的煤矿支配。那些产出力最大的煤矿只要以略低于附近煤矿的价格出售煤炭,就能从中得到更大的地租和利润。不久之后,附近的煤矿也会被迫以同样的价格出售煤炭,即使这样会削减甚至剥夺它们的地租与利润。结果,有一部分煤矿停止经营,另一部分煤矿因无法提供地租而由所有者收回并独自经营。

煤炭和其他商品一样,它能长时间持续的最低售价,就是仅够补偿它上市所需的资本及普通资本利润的价格。在一般情况下,那些因无法提供地租而只好由所有者自己经营的煤矿,其煤炭价格必然大致等于这一最低售价。

有些地方的煤矿能够提供地租。不过,这种地租跟其他大多数土地原生产物价格中的地租相比,一般较小。土地地面的地租通常占生产总额的三分之一。而且,这一份额一般不受收获上的意外事故的影响,因而比较确定。而煤矿地租则不同,占生产总额的五分之一的地租,就算是非常高的地租了;普通地租只要占生产总额的十分之一就够了。而且,煤矿地租很不确定,它会随生产额的变动而变动,有时甚至会变动得出人意料。例如,购买田产的普通价格可能会达到三十倍年租,而购买煤矿的高价才要十倍年租。

对煤矿所有者来说,决定煤矿价值的因素有两个,一是煤矿的产出力,二是煤矿的位置。金属矿山的价值则多数取决于产出力。那些从矿石中分离出来的金属(尤其是贵金属),其价值一般都足够提供长时间陆运和长距离水运的费用。这些金属的市场,从邻近国家一直扩展到全世界。例如,日本铜远销欧洲,西班牙铁被运往智利和秘鲁,秘鲁银被卖到欧洲和中国。

纽卡斯尔的煤炭价格,几乎不受西莫兰和什洛普郡的煤炭价格的影响,也丝毫不受利奥诺尔的煤炭价格的影响。所以,这些煤炭之间绝对不会产生相互竞争。相反的,那些相距极远的金属矿产却经常有可能产生相互竞争,而事实也

第一篇 论增进劳动生产力的因素及分配劳动生产物给各个阶层的自然顺序

的确如此。所以,世界各地矿山的金属价格,必然都会或多或少地受金属产量最多的地方的金属(尤其是贵金属)价格的影响。例如,日本铜的价格必然会影响欧洲铜的价格;而秘鲁银的价格(即秘鲁银在当地所能购买的劳动量或货物量),不但会影响欧洲银价,还会影响中国银价。欧洲的大部分银矿,都在秘鲁银矿发现之后被废弃。银价大幅下跌之后,那些银矿产物甚至不足以偿还开采费用;即使它们能够偿还开采时消耗的衣食住行用,也无法提供利润。自从波托西银矿被发现之后,古巴、圣多明各乃至秘鲁的旧矿山都出现了这种情况。

如此看来,由世界各个矿山产出的各种金属的价格,都在一定程度上受到了由当时产量最高的矿山出产的矿产价格的支配。所以,在世界范围内,大部分金属价格在支付完采掘费用后的剩余部分,基本上都无法提供很高的地租。在大多数矿山所产的金属中,贱金属的价格中似乎有一小部分地租,贵金属的价格中的地租部分还更小。贵、贱金属价格的大部分,都由劳动和利润构成。

康沃尔锡矿以产量丰富而闻名于世。据该矿区的副监督波勒斯说,该矿区的平均地租高达矿产总额的六分之一,有些矿山的地租可能会超过或低于这一比率。苏格兰有许多产量极其丰富的铝矿,其地租也占矿产总额的六分之一。

据弗勒奇和乌罗阿说,秘鲁银矿的所有者会设立一个方便经营者磨碎矿石的磨场,代价就是经营者给予他一部分碎矿石。在西班牙,直到1736年,国王对这类银矿征收的矿税都是标准银总产量的五分之一。当时,秘鲁银矿是世界上产银量最大的矿山。所以,这种地租似乎就是当时秘鲁大部分银矿的真实地租。如果这些矿山不用额外缴纳矿税,那么这五分之一的地租自然就归矿山所有者,这样也就不会有那么多矿山因负担不了矿税而未被开采了。

据说,康沃尔公爵向各锡矿征收的矿税,占矿产总值的百分之五(即二十分之一)以上。如果不用缴纳矿税,那么无论这笔矿税有多少,自然都属于矿山所有者。假如拿这百分之五去加上述的六分之一,那么康沃尔锡矿和秘鲁银矿平均地租的比例,才十三比十二。可现在,秘鲁银矿连这么低微的地租都负担不起,其银税也在1736年由五分之一减到了十分之一。

即使银税低微到这种地步,它也比二十分之一的锡税更能引诱人们走私。而走私贵重物品,必定比走私大容积的物品要容易得多。所以,西班牙国王没有收到多少赋税,可康沃尔公爵的税收收入却很高。因此,锡矿真实价格中的

115

地租,可能大于银矿真实价格中的地租。除去偿还开采这些矿物所需的资本及其普通利润之后,贱金属留给矿山所有者的剩余部分,似乎要大于贵金属所留的剩余部分。

秘鲁银矿开采者的利润一般都不怎么高。弗勒奇和乌罗阿这两位受人敬佩的作家,是最熟悉当地情形的人。听他们说,在秘鲁,如果有哪个人要着手开采新银矿,那么大家肯定就会避开他,因为人们都认为他会倾家荡产。由此可见,在秘鲁,采矿业也被看成了很难中奖的彩票。即使有几个大彩,也会诱使许多人冒着失去财产的危险去尝试。

不过,由于银税是秘鲁国王的大部分税收来源,所以秘鲁颁布了尽可能奖励发现及开采新矿的法律。这一法律规定,无论是谁发现了新矿,都可以得到一块按他看准的矿脉方向划出的矿区。矿区长二百四十六尺,宽一百二十三尺。新矿的发现者,可以在这块归他所有的矿区里自行开采,而不用向地主支付任何报酬。

康沃尔公爵出于自身利益的考虑,也在他们的古公国里制定了类似的法律。例如,只要有人在荒野或未被圈定的土地里发现了锡矿,他就可以在一定范围内为锡矿定界,并占有界限之内的土地。如果他想自行或与他人合作开采这一矿区,不需要经过原地主的允许,只需要向地主提供微薄的报酬就可以了。以上两种法律的颁布,维护了国库税收的想象权利,却侵犯了私有财产的神圣权利。

在秘鲁,新金矿的发现与开采也同样受奖励。而且,国王收取的金税,只占了标准金总产量的二十分之一。金税原本和银税一样,也是五分之一,后来又减成了十分之一。不过,根据开采的情况来分析,即使是十分之一的金税也非常重,所以又减到了二十分之一。据弗勒奇和乌罗阿说,很少有人能靠经营银矿发财的,靠金矿发财的就更少了。在智利和秘鲁,大部分金矿所支付的全部地租,似乎都是二十分之一。

走私金比走私银要容易得多。究其原因,一是金的价值高于同一体积的银,二是金有特殊的固有状态。银被发现时是和其他大多数金属一样的,很少是纯质的,一般都掺有其他矿物。把银从这些矿化物中分离出来的操作,是极其困难而烦琐的。此外,这种操作还得在特设的厂房里进行。这样的话,国王、官吏就容易参与监督了。相反的,金被发现时几乎都是纯质的。有时,还会发现

第一篇 论增进劳动生产力的因素及分配劳动生产物给各个阶层的自然顺序

一些相当大的纯金块。就算其中掺有几乎看不出来的砂土或其他外附物，也能用简单的操作把它们从这些杂物中分离出来。比如，只要有少量水银，任何人都可以在自己家里把它分离出来。因此，国王从金税中得到的收入，可能要远远少于他从银税中得到的收入；而且，金价中的地租部分，一定比银价中的地租部分小得多。

贵金属在市场上的最低售价（即贵金属所能交换的最小其他货物量），受制于决定其他货物价格的最低价格。这种最低价格，是由开采和运输这些贵金属到市场所需的普通资本（如衣食住行用的花费）决定的，它不但要能足够偿还所花费的资本，还要为这些资本提供普通利润。

不过，贵金属的最高售价，似乎只受制于它的实际供给量是否充足，而不受其他任何货物的影响。贵金属不像煤炭，它的最高售价不受其他任何货物的最高价格限制。煤炭就不同了，它的售价由木柴价格确定。一旦木柴缺乏，煤炭的价格就会上涨。在金非常稀缺的情况下，一块极小的金都可能比金刚钻还昂贵，更不用说用它来换取更多其他的货物了。

人们需求贵金属的原因，一是其效用，二是其美质。贵金属的效用，也许比除了铁之外的其他任何金属都高。比如说，贵金属不易生锈，也很容易保持清洁。所以，用金银制造的食桌等厨房用具，一定会大受欢迎。金制的煮器比银制的煮器清洁，而银制的煮器又比铝制、铜制或锡制的煮器清洁。

不过，美质才是贵金属的主要价值。这一美质，使得贵金属特别适宜用来装饰衣物和家具。镀金的光亮色彩，是任何颜料或染料都无法提供的。由于这些贵金属比较稀少，所以它们的这种美质也相对地大大增加了。大部分富人的愉悦，都是炫耀他们的富裕。对他们来说，最大的炫耀，就是拥有别人求之不得的、决定性的富裕标识。在富人们眼里，那些有几分用处或美质的物品的价值，会因为它们的量少而大大增加。换言之，因为相当数量的这种物品，需要花费很大的劳动量才能收集到，而能够支配这些劳动量的只有富人，所以这种物品的价值就大大增加了。即使这种物品没有普通物品那么美丽、实用，他们也情愿出比普通物品更高的价格来购买它们。贵金属能够到处以高价换得很大数量其他货物的根本原因，正是它的稀少和它美丽的特质。贵金属早在未用作货币以前，就已经具有高价值了。正因为高价值这一用途，它才被用作了货币。不过，由于金银的这一用途增加了新需求，同时又减少了其被用于其他用途的数

量,所以其价值后来就被保持或增加了。

人们需求宝石,全部的原因都是宝石的美质。宝石仅有的效用就是用作装饰。宝石由于采掘难度和费用都很浩大,所以非常稀缺,其美质也因此而大大增加。因此,在大多数情况下,宝石高价格的几乎全部组成部分都是工资和利润,只有极小的一部分是地租,而且往往没有地租。能够提供较大地租的,只有那些产出力较大的矿山。塔福尼埃是一位宝石商人,他曾到戈尔康达和维沙波尔这两地的金刚石矿山实地考察过。他说,当地开采矿山的目的只是为国王谋利。国王命令,只有那些能够出产高产、美质金刚石的矿山能够开采之外,其余矿山全部都要封闭。如此看来,其余矿山似乎都不值得开采。

由于世界上最丰富矿山的矿产价格决定了其他金属的价格,所以贵金属或宝石矿山能够提供的地租,只和它的相对产出力成比例,即和它优于其他同类矿山的程度成比例,而与它的绝对产出力关系不大。如果有优于波托西矿山的新矿山出现,那么波托西矿山就会像曾经的欧洲矿山一样没有多少经营价值,其银价也会比现在低得多。

在西班牙属西印度发现以前,欧洲最丰富矿山提供给矿山所有者的地租,也许就像秘鲁最丰富矿山提供的地租那么大。当时的银量虽然比现在少很多,但其换得的其他货物量却和现在相同;而矿山所有者用他们的所得份额,也能够换得和现在相等的劳动量或商品量。也就是说,今昔生产物和地租的价值,即今昔生产物提供给公众与矿主的实际收入,可能都是一样的。

富含贵金属或宝石的矿山,不会增加多少世界财富。因为,稀缺正是造成这类产品高价的原因之一。如果这类产品供给充足,它们的价值也必然会下跌。这时,世界人民从这些丰富的金银或宝石中得到的唯一利益,就是能够以比以前少的劳动量或商品量,购买到金银餐具及奢华装饰品。

可是,土地这一财产的情况却不是这样。土地生产物及地租的价值,与土地的绝对产出力成比例,与土地的相对产出力则没有多大关系。如果某块土地能提供一定分量的衣、食、住,它就一定能为一定数量的人提供衣、食、住。此外,无论地主从中得到多少收益,地主都能因此而支配相当的劳动量或商品量。而且,肥沃土地的价值不但不会减少附近贫瘠土地的价值,反而经常会增加那些贫瘠土地的价值。因为,肥沃的土地可以养活更多的人口,这就给贫瘠土地的许多生产物提供了更大的消费市场。而当两块土地都很贫瘠时,人口基

第一篇　论增进劳动生产力的因素
及分配劳动生产物给各个阶层的自然顺序

本不会增加,因为人们的生活都可以用自己的生产物来维持,因而贫瘠土地的许多生产物也就找不到市场了。

如果生产食物的土地的产出力增加,该土地的价值就会增加,同时也给其他土地的生产物开辟了新市场,从而使这些土地也跟着增值。随着土地的改良,人们自身消费不了的剩余食物越来越多,使得人们有能力追求衣服、住宅、家具和其他一切便利品,甚至是贵金属和宝石这类奢华装饰品。食物是世界财富的主要组成部分,正是丰富的食物,才使得其他许多物品有了价值。

在西班牙人发现古巴和圣多明各以前,当地穷苦人民通常都拿小金块当头饰和服饰。在这些穷苦人民眼里,这些金块和那些比一般鹅卵石稍微美丽的小鹅卵石差不多,它们值得拾取,也可以赠人,根本谈不上是什么珍贵的东西。所以,当有从西班牙来的新客请求他们把这些金块作为礼物送出时,他们无不立即把它们赠予客人,并对西班牙人想获得金块的热切心情感到惊讶。他们缺乏的,正是西班牙国内大量剩余的食物。所以,他们不明白西班牙人为什么愿意以大量食物来交换他们的小金块。要知道,这大量的食物足够维持全家好几年的生活,而那些小金块不过是个会发亮的玩意儿罢了。如果他们能够理解正是食物的剩余造成了这种现象,他们就不会对西班牙人的"黄金热"感到惊异了。

第三节　上述两种土地生产物相对价值的变动

土地改良和耕作进步的日益扩大,使得粮食产量日益增加。于是,对一切能供实用及装饰用的非食用土地生产物的需求,就随着粮食产量的增长而增加了。因此,可以预见这两种生产物的相对价值只会发生一种变动,即有条件提供地租的生产物的价值会不断增长,而总能提供地租的生产物的价值则变化不大。技术和产业的发展,使得人们对衣服、住宅材料、地下有用化石和矿物,甚至是贵金属和宝石的需求不断增加。于是,这些东西的价格就逐渐增高,它们能够换得的食物也越来越多。这些是大多数场合中大部分物品的情况。如果其中某些物品的量没有因特殊原因而增加到远远超过其需求的程度,那么这些情况就是这些物品在一切场合中的普遍情况。

例如,某地进步状况的增大和人口的增加,必然会使当地砂石矿的价值增

119

加。当邻近一带只有这一家砂石矿时,砂石矿的价值增加情况就更明显了。银矿就不同了,即使千里之内只有一家银矿,其价值也不一定会随该国的改良而增加。砂石矿的产物很少会被卖到周围数里之外,其需求一般都由该区域的改良与人口数量决定;而银矿的产物则可能遍布世界各地。因此,只有在全世界的土地都被改良、各地方的人口都增加的情况下,白银的需求才会增加。而且,即使这样,如果同时又发现了矿藏更丰富的新矿山,那么增加的白银需求也会从新矿山那里得到满足。这么一来,银的真实价格一样会逐渐降低,从而使得一定分量(比如一磅)的白银所能支配或购买的劳动量,即谷物这类劳动者的主要生活资料,逐渐减少。

白银的大市场,一般分布在商业发达且有文化氛围的地方。

假如一般的改良能够增大白银的市场需求,却无法让供给以同一比例增加,那么白银价值就会以谷物价值的增长幅度增高。换言之,用一定分量的白银,可以换得越来越多的谷物,亦即谷物的平均售价将逐渐下跌。

相反的,如果某种金属的供给因为某种意外而增加,且增加的比例在多年内都大于需求的增加,那么这种金属的价格就会越来越低廉。也就是说,尽管改良很大,谷物的平均售价也会逐渐升高。

从另一方面来看,假如这种金属的供给和需求的增加比例几乎相同,那么这种金属所能购买或交换的谷物数量,就会继续保持不变。换言之,尽管改良非常大,谷物的平均售价却几乎没有变化。

上述三种情况,几乎包括了改良过程中所有可能遇到的情况。就拿法国和英国的事实来说,在过去的四个世纪当中,这三种情况好像都按我现在所说的顺序在欧洲市场上发生过。在这里,我就顺便谈一谈银价在过去四个世纪中的变动情况。

银价变动的第一期

在1350年(含1350年)以前的数年间,英格兰每一夸脱小麦的平均售价好像都不低于陶衡四盎司银,约合二十先令的英币。后来,每夸脱小麦的平均售价逐渐降低到了二盎司,约合十先令的英币。在我们来看,每夸脱十先令的平均价格,是在十六世纪初叶商定并持续到1570年的小麦价格。

1305年(即爱德华三世第二十五年),劳动法规颁布。这一法规的前言,把要求雇主增加工资的用工狠狠地批判了一番,说他们横行霸道。而法规则对一

第一篇 论增进劳动生产力的因素及分配劳动生产物给各个阶层的自然顺序

切用工及劳动者的工资进行了如下规定：此后，一切佣工及劳动者的工资及配给（包括衣服和食料），都应该按照爱德华三世第二十年制定的通常工资及配给进行发放。因此，无论何地，他们都只能按十便士每薄式耳的价格来领取配给的小麦；而且，配给小麦是以实物还是货币形式支付，也须由雇主决定。在爱德华三世第二十五年，十便士每蒲式耳是极其普通的小麦价格。需要通过特殊的法令，才能迫使佣工接受这一代替通常配给口粮的小麦价格。因此，人们普遍认为这一价格低于爱德华三世第十六年的小麦价格。在爱德华三世第十六年，十便士大约含有陶衡半盎司银，约合半克朗英币。所以，当时每夸脱（即八蒲式耳）小麦的普通价格，必定会被认为是陶衡四盎司银，相当于当时的六先令八便士和今日的二十先令。

这一法令所记录的当时的普通谷价，无疑要比历史学家或其他著述者所记录的某些年度的谷价要好得多。因为，历史学家或其他著述者所记录的谷价，不是异常高昂就是异常低廉，所以实在不容易以此判断当时小麦的普通售价。而且，根据别的理由判断，在十四世纪初及以前的数年，小麦的普通售价不低于四盎司每夸脱，其他各种谷物的售价也以此为准。

拉弗·得·波恩是坎特布里的圣奥古斯丁修道院的副院长，他于1309年就任，当时曾大摆过筵席。这次筵席所用的谷物及许多食物的价格，在威廉·桑恩那里都有记录。根据当时的记录，小麦：五十三夸脱，共花了十九镑，每夸脱的售价是六先令二便士（相当于今日的二十一先令二便士）；麦芽：五十六夸脱，花费了十七镑十先令，每夸脱的售价是六先令（相当于现在的十八先令）；燕麦：二十夸脱，总价为四镑，即每夸脱的售价为四先令（相当于今币十二先令）。在这里，小麦的普通售价似乎低于它和麦芽、燕麦的一般比价。

这些价格的记载，只是如实记录了这一大规模筵席所消费的谷物的实际售价，既没有夸大也没有减少其实际价格。

1262年（即亨利三世第五十一年），重新颁布了古代《面包麦酒法定价格》的法令。亨利三世在这一法令的前言中说，这一法令是其祖先（即以往的英格兰国王）制定的。由此推断，这一法令至少是在亨利二世时期制定的，也说不定早在诺尔曼征服时代就已经颁布了。这一法令规定，面包的价格由当时的小麦价格决定。当时，小麦的售价为一先令至二十先令每夸脱。在这里，我们可以对这一法令作出如下假设：它必定会仔细考虑小麦的时价超过或不及普

通价格的情况。所以,在这一法令制定之初,每夸脱小麦的普通售价必定是含有陶衡六盎司银的十先令,相当于现在的三十先令。小麦的这一普通售价,一直持续到亨利三世第五十一年。由此,我们可以假定,小麦的这一普通价格不会少于面包最高法定售价的三分之一,即当时的六先令八便士(含有陶衡四盎司银)。

根据以上事实,我们有充分的理由得出如下结论:十四世纪中叶及以前相当长一段时间里的小麦平均价格,大概不低于陶衡四盎司银每夸脱。

而在十四世纪中叶至十六世纪初,小麦的普通或平均售价似乎已经减到了此前价格的一半,即陶衡二盎司银,大约相当于现在的十先令。直到1570年,小麦的这一普通售价还维持在这一水平。

在诺萨伯兰五世时期,时任伯爵的亨利在他1512年的家务记录中,记录了两种小麦价格。第一种,每夸脱仅五先令八便士;第二种,每夸脱六先令八便士,含陶衡二盎司银,大约相当于现在的十先令。

许多法令都表明,自爱德华三世第二十五年至伊丽莎白初期的这两百余年中,小麦的普通或平均售价都是六先令八便士。但是,由于这一时期还出现了银币变革,所以相同的名义货币中所含的银量也不断减少。不过,银价也同时增加了,因而减少的银量好像又得到了补偿。因此,名义货币含银量的减少,就被立法当局大而化之了。

1436年,立法当局对小麦价格作了如下规定:如果国内每夸脱小麦的售价低于六先令八便士,商人可以不经特许就将其输出;而要想输入小麦,则必须等到国内小麦的售价高于六先令八便士每夸脱。因为,当小麦售价极其低廉时,就算任意输出也没有什么大碍;但是,如果是国内小麦售价增高,则是输入比较划算。所以,当时小麦的普通价格就是六先令八便士,相当于现在的十三先令四便士。不过,这一普通价格的含银量,比爱德华三世时期同一名义货币的含银量减少了三分之一。

1554年的小麦输出条件,是按照腓力普王及玛丽女王在位前两年的法令实施的。1558年的小麦输出条件,是按照伊丽莎白女王第一年的法令实施的。它们都规定:当小麦的平均售价超过六先令八便士每夸脱时,禁止输出小麦。同样是六先令八便士,当时所含的银量并不会比现在所含的银量多二便士。可是,问题接着就出现了。如果要等小麦的时价低于法定输出价格时才能输出,

第一篇 论增进劳动生产力的因素及分配劳动生产物给各个阶层的自然顺序

那么小麦可能永远也无法输出。于是,1562年,伊丽莎白女王又重新颁布了一条法令:如果国内小麦的售价不超过十先令每夸脱,商人们就可以随时从指定港口输出小麦。当时的十先令所含的银量,和现在的十先令含有的银量几乎相等。所以,当时小麦的平均价格就是六先令八便士,和上述亨利伯爵家务记录中记录的小麦售价差不多。

法国也出现了类似的情形。该国在十五世纪末或十六世纪初,谷物的平均价格也远远低于过去的两个世纪。赞成这种说法的,不但有杜普雷•得•圣莫尔,还有一位写出《论谷物政策》这篇论文的文雅作家。由此可见,欧洲大部分国家的谷价都在同一时期下降了。

造成白银和谷物相对价值增高的原因,可能是供给不变,需求却随改良及耕作进步而增加;也可能是需求不变,供给却逐渐减少。当时,已发现的银矿大部分都被采掘殆尽,导致了采掘费用的大大增加。在十五世纪末或十六世纪初的欧洲,大多数国家的政局都比过去数个世纪安定,因而其产业发展和改良程度都得以增高,其财富自然也就随之增加了。财富的增加,自然会加大人们对贵金属及其他装饰品和奢侈品的需求。这么一来,年产物就会增加,用于流通这些年产物的铸币自然也会增多。富人的增多,给银制器皿和银制装饰品提供了更大的市场。而且,由于从古罗马时代就开始开采那些向欧洲市场供应银的银矿,所以当时的人们自然会认为其中的大部分银矿可能都被采掘殆尽,而采掘费用也因此增加了。

大部分论述以往商品价格的作家,都认为银价的减少自诺尔曼征服时代(甚至是朱利阿•凯撒侵略时代)起就开始了,直到美洲各矿山被发现时才停止。我想,他们会产生这种见解的原因,一部分是他们观察过谷物及其他土地生产物的价格,一部分是他们认同了一种通俗的说法。这种通俗的说法是,无论在任何国家,财富的增加都会造成银量的增加,最终使银价下跌。

这些作家在观察谷物价格时,往往都会被下面的三种情况引入迷途。

第一,由于古时的地租几乎都以实物支付,所以这些作家就认为所有地租都是以一定数量的谷物、家禽、牲畜等支付的。

事实上,佃户支付年租给地主,到底是用实物还是用代替实物的一定数额的货币,有时都由地主随意规定。在英格兰,以一定数额的货币代替实物缴纳年租的价格被称为"换算价格"。由于地主掌握着要实物和要代价的选择权,所

123

以法律需要在考虑佃户安全的基础上，把这一换算价格定在低于而不是高于平均市价的水平上，而且大都稍微高于平均市价的一半。直到今天，苏格兰大部分地方的家禽计算、某些地方的牲畜计算，采用的都是这种换算办法。不过，在实施公定谷价制度之后，计算谷物的换算办法就被废止了，不然的话，今日谷物计算采用的可能还是这种换算办法。

公定谷价是谷价公定委员会评定的谷物价格。每年，谷价公定委员会都会依照各州的实际谷价，对各种类不同品质的谷物进行评定，然后制定一个平均售价。这一制度规定，换算谷物地租时，都得以当年的公定谷价为换算标准。这一做法，充分保障了佃户的利益，也大大方便了地主。

不过，苏格兰这一所谓的"换算价格"，却被搜集以往谷价的作家们误作了实际市价。弗利伍德就犯过这种错误，不过，由于他从事著述的目的比较特殊，所以直到这种换算价格被他用了十五次之后，他才承认了这种错误。当时，小麦的换算价格为八先令每夸脱。弗利伍德从1423年开始进行他的研究，当时八先令的含银量和现在的十六先令的含银量相同。但是，当他在1562年结束他的研究时，当时八先令的含银量却又等于现在八先令的含银量了。

第二，古代的法定价格，有时可能会被怠惰的录事抄写得很潦草，有时也可能只是由立法当局潦草地制定出来的，因而给上述作家造成了一定的困惑。

以前，规定法定价格的法令在规定面包和麦酒的价格时，总是先参考小麦和大麦的最低价格，再参考小麦和大麦高于它们最低价格的价格。可是，抄写那些法令的人却往往以为，只要抄下头三四个最低价格就可以了，这么做不但省力，也足以显示所有更高价格应遵循什么比例。

比如，亨利三世第五十一年，规定面包和麦酒法定价格的法令，就规定了面包的售价要随小麦的售价不同而不同。当时，每夸脱小麦的售价是一到二十先令不等。可是，在拉福赫刻印法令汇编出版之前，在所有法令集所依据的抄本中，每夸脱小麦的售价都没有超过十二先令。这些不完全的抄本，自然误导了一些作家，使他们以为当时每夸脱小麦的普通或平均售价就是六先令，大约相当于现在的十八先令。

又比如，大概在制定《惩罚椅和颈手枷》法令时，也对麦酒的价格作了规定。这一法令规定，一夸脱大麦的售价只能在二到四先令之间浮动，它每升高六便士，麦酒的价格就进行一次调整。事实上，四先令每夸脱的售价，并不是

第一篇　论增进劳动生产力的因素
及分配劳动生产物给各个阶层的自然顺序

当时的大麦经常都能达到的最高价格。这里之所以这么说，只是想用它来做个例子，以说明较高或较低价格应按这样的比例升降。在这一法令的最后，有这么一句话："Et sic deinceps crescetur veldiminuetur per sex denarios." 这句话虽然不够精确，但其意思却很明了。它的大致意思是"这样，大麦的价格每升高或降低六便士，麦酒的价格就应随之变动"。由此就能看出当时麦酒价格的制定情况。立法当局在制定这一法令时的疏忽程度，似乎和上述那条法令的抄写者一样。

在苏格兰的古代法律书籍的古抄本中，记载了有关公定价格的法令。其中，面包价格从十便士到三先令每波尔不等，它们都是随小麦价格的变动随时规定的价格。在制定这一法令时，苏格兰的一波尔大约相当于英格兰的半夸脱，苏格兰的三便士约等于现在的九先令英币。鲁迪曼氏的推断似乎就是由此而来的。他断定，当时小麦的最高售价为三先令，普通售价为十便士或一二先令。但是，一旦参阅抄本，就会明白那些价格只是为了方便举例才列出的，它们只是小麦和面包应有的比价。在这一法令的最后，有这么一句："reliqua judicabis secundum prascripta habendorespectum ad Pretium bladi."大致意思是："其余的价格，都要依照上面提到的谷物价格来判断。"

第三，由于远古时代的小麦售价有时会极其低廉，所以上述作家就误以为当时小麦的普通售价比现在低得多。

在他们看来，既然当时小麦的最低售价，远远低于后来小麦的最低价格，那么当时小麦的普通售价，也必然会比后来小麦的普通售价低得多。但是，他们似乎又发现了另外一种情况，即远古时代的小麦售价，有时也比后来小麦的最高售价高得多。例如，弗利伍德就曾在1270年提到了当时有两种小麦价格。第一种是每夸脱售价四镑十六先令，相当于现在的十四镑八先令；第二种是每夸脱售价六镑八先令，相当于现在的十九镑四先令。在十五世纪末或十六世纪初，都不可能出现这么高的价格。

谷物的价格，在各个时期都容易发生变动，尤其是在动乱而无秩序的社会。因为，在动乱社会，商业和交通的中断，会使贫乏的乙地无法从富饶的甲地得到救助。从十二世纪中叶到十五世纪末叶，英国都处于普兰塔日尼王室的统治之下。当时，政局紊乱，相距不远的两地，也可能一个非常富饶，另一个则因为自然灾害或豪族入侵并毁坏庄稼而陷入饥荒。如果这两地中间是敌对贵族

的领地，那么富饶地区就无法向饥荒地区提供援助。到了十五世纪后半叶至十六世纪，在都铎王朝强力统治下的英国，没有哪个贵族可以强大到敢于扰乱社会秩序的地步。

我在本章末尾，列出了由弗利伍德搜集的从1202~1597年的小麦价格。这些价格，被弗利伍德换算为现在的货币之后，按年代顺序分组排列，每十二年的数据为一组，总共有七组，每组末尾都记载了该组十二年间的平均售价。弗利伍德所搜集的小麦价格，虽然时间跨度很长，却只有八十年的数据，最后一组缺少了四个年度的小麦价格。因此，我根据伊顿学院的记载，增补了1598~1601年这四年的小麦价格。

由这些数据可见，自十三世纪初至十六世纪中叶以后，小麦的平均售价每十二年下降一次，到了十六世纪末才逐渐上升。看上去，弗利伍德搜集的小麦价格，不是过高就是过低，似乎主要是为了引人注意。因此，从他这些价格中得出的结论是否正确，我不敢贸然断言。不过，如果这些价格真的能够证明什么，那么它所证明的就是我要阐述的观点。可是，弗利伍德像其他大多数作家一样，也相信当时的银价会因为银产量的日益增加而逐渐降低。不过，他所搜集的谷物价格，不但不能支持他的这种意见，反而和杜卜雷·圣·莫尔的见解完全一致。莫尔的见解，就是我要努力阐明的观点。弗利伍德和莫尔，似乎都对搜集以往各种物价的数据孜孜不倦。这两位作家态度都很诚恳，虽然他们的意见有着很大的不同，可是他们所搜集的物价数据却极其相近，谷物价格更是完全一致。这不免让人觉得有些奇怪。

可是，即使是最有见识的作家，他在推断远古时代银的巨大价值时，也会更多地依据除谷物之外的其他土地生产物的低廉价格，而不是单纯地依据谷物的低廉价格。据说，在未开化时期，谷物这种制造品比其他大部分商品都要贵很多。我想，这里所说的大部分商品，应该就是指家禽、牲畜和猎物吧。在贫困和野蛮时期，家禽这类非制造品的价格要明显低于谷物的价格。不过，造成这类非制造品价格低廉的原因，不是银价过高，而是它们本身的低廉价值。也就是说，不是当时的白银所能购买的劳动量，远远多于同一数额在富裕时期所能购买的劳动量，而是当时的家禽这类非制造品只能购到极少的劳动量。

西班牙属美洲的白银价格，必然要低于欧洲的白银价格。也就是说，产出国的白银价格必然低于输入国的白银价格。原因是，白银从输出国进入输入

第一篇 论增进劳动生产力的因素及分配劳动生产物给各个阶层的自然顺序

国,需要通过水陆长途运输,花费了大笔的运费和保险。但是,乌罗阿却说,在不久以前的阿根廷首都,人们只要出二十一个半便士的价钱,就可以从四百头牛中任意挑走一头牛。拜伦说,在智利首都圣地亚哥,一匹好马的售价只要十六先令英币。在那些土壤肥沃、大部分地区都未被开垦的国家,都可以用极少的劳动量换得家禽、牲畜和猎物这类非制造品。因此,这类非制造品也就只能购买到极其有限的劳动量。不过,这类非制造品售价低廉的事实,只能证明它本身的真实价值极低,却无法证明当地白银的真实价值极高。

我们应当时刻牢记一点:衡量白银及其他商品的价值的真正尺度,是劳动,而不是其他的任何一个或一类商品。

在那些土地荒芜、人口稀少的国家,居民可以从自然中得到的家禽、牲畜和猎物,往往要比他们需要消费的多很多。这时,通常供过于求。所以,这类非制造品所能代表的劳动量,会随着社会状态和社会所处的不同改良阶段而有所不同,甚至会有很大的不同。

无论社会状态和社会所处的改良阶段如何不同,谷物都是靠劳动得来的。不过,从大体上看,各种劳动的平均产量都适应于其平均消费量。也就是说,平均供给总是大体上和平均需求相适应。而且,无论社会处于哪一改良阶段,在土壤和气候相同的条件下,生产同一数量谷物所用劳动量几乎都相同。换言之,生产同量谷物所花的代价,几乎是等量的。因为,当劳动生产力随着耕作的改良而增大时,作为当时主要农具的牲畜的价格也会增加,这就或多或少地抵消了劳动生产力的增大部分。根据这一情况,我们确信:无论在任何社会的任何改良阶段,谷物都比等量的其他土地生产物更能交换到等量的劳动。因此,正像我们前面所说的那样,谷物在不同社会的不同改良阶段,都能够比其他任何一个或一类商品更正确地充当价值尺度。因此,我们要想更正确地判定银在上述不同阶段的真实价值,用谷物作类比,比用其他任何一个或一类商品作类比都更合适。

另外,在各个文明国家,劳动者生活资料的主要部分,都是受大众喜爱的谷物或其他植物性食物。农业的扩大,使得各国土地能够生产出比动物性食物多得多的植物性食物,而劳动者的主要生活资料,几乎都丰富、低廉而又卫生,家畜肉所占的比例都极小,家禽所占的比例就更小了,猎物根本就没有。只有在那些极其繁荣的国家,或是劳动报酬相当高昂的地区,家畜肉、家禽所占的

比例才会高一些。法国贫民,甚至是劳动报酬稍微比法国高的苏格兰的贫民,也只有在佳节或其他特殊场合才能尝到肉味,平时一般都很少能吃到肉。因此,劳动的货币价格,极小地由家畜肉或其他土地生产物的平均货币价格决定,极大地由谷物这类劳动者主要生活资料的平均货币价格决定。因此,金银的真实价值(或者金银所能支配的真实劳动量),极小一部分由金银所能支配的家畜肉或其他土地生产物的量决定,极大一部分由金银所能购入的谷物的量决定。

不过,就算上述那些聪明的作家对以上三种情况观察得不够仔细,他们也不一定会被引入迷途,只因为他们同时受到了下面这个俗见的影响,才最终陷入了迷途。这个俗见是:由于银量在任何国家都会自然地随财富的增加而增加,所以银的价值肯定会因此而减少。这是一种毫无根据的见解。

在任何一个国家,贵金属数量增加的原因都有两个:一是供给贵金属的矿山的产出量增加,它无疑会减少贵金属的价值;二是人民财富(即劳动年产物)增加,不过它与贵金属价值的减少没有关系。

贵金属的数量,会随着更富饶的矿山的发现而增多。如果数量更多的贵金属,只能换得和从前等量的生活必需品和便利品,那么等量一般金属所能换得的商品量也必定会比从前少。所以,如果是矿山产出量的增加引起了贵金属量的增加,那么贵金属的价值必然会因此而有所减少。

相反的,当一国财富随着劳动年产物的逐渐增大而增加时,就会有大量的商品,它们需要大量的通货才能流通。如果人民拥有的商品数量增多,并足够用来购买金银器皿,那么他们自然就会去购买金银器皿。这么一来,人民的通货量就会因必需而增加;而金银器皿,甚至精巧雕像、绘画及其他各种奢侈品和珍奇品的量,则会因追求虚荣和浮华而增加。在繁荣时期,由于雕刻家、画家们所得的报酬不低于贫乏时期,所以金银的价格也不可能比贫乏时期低。

如若金银价格并未因偶然发现的富饶新矿而下跌,而各国金银的价格又同时因该国财富的增加而上升,那么无论新矿的产出量如何,富国金银的价格都会比贫国高。金银和其他商品一样,也希望能够找到最好价格的市场;而通常能给金银支付最好价格的国家,就是能对所有货物都支付最好价格的国家。必须记住的一点是,支付给一切货物的代价,归根到底都是劳动。如果一国的所有劳动都能得到好的报酬,那么劳动价格就会与劳动者生活资料的货币价

第一篇　论增进劳动生产力的因素及分配劳动生产物给各个阶层的自然顺序

格成比例。

不过，富国的金银，能够交换的生活资料自然比贫国多。也就是说，跟生活资料贫乏的国家相比，金银在生活资料富饶的国家里能够换得更多的生活资料。这种差异的大小，取决于这两国距离的远近。因为，即使金银会自然而然地流入好市场，但如若两国相距非常远，要运输巨大数量的金银也很困难。这样，两国的金银价格就很难接近同一水平；而如果这两国很靠近，那么上述差异就会因为运输容易而变小，有时甚至看不出差异。

中国的富裕程度，比欧洲任何国家都大，两地生活资料的价格差异也很悬殊。中国的米价，远远低于欧洲各地的小麦价格。但是，虽然英格兰的富裕程度也远远超过苏格兰，可两地小麦的价格差额却要小得多，只是有些差别而已。如果从数量上比较，苏格兰小麦的价格一般要比英格兰小麦低廉得多；可是从品质上比较，苏格兰小麦的价格则要稍微高于英格兰小麦。几乎每一年，都有大量的商品从英格兰流入苏格兰。通常情况下，无论任何物品，在输入国的售价都会比输出国高一些。所以，英格兰小麦在苏格兰的售价，肯定会高于它在英格兰的售价。但是，如果从品质，即小麦制成面粉的质和量上比较，英格兰小麦在苏格兰的售价，一般不会高于苏格兰小麦。

中国和欧洲，不但在生活资料的价格方面存在很大的差异，还在劳动价格方面存在更大的差异。原因是，欧洲的大部分国家都处于进步状态，可中国却似乎停滞不前。这么一来，欧洲劳动的真实报酬就会高于中国劳动。而英格兰的劳动价格会高于苏格兰，则是因为后者的进步速度没有前者那么快，所以其劳动的真实报酬也就比前者低得多。有很多苏格兰人向国外迁移，却极少有英格兰人向国外迁移，可见这两地劳动需求的差别很大。还有一点我们也必须记住：支配一国劳动的真实报酬的，不是该国的实际贫富程度，而是该国的进步程度。

在最富裕的地区，金银的价值自然最大；在最贫乏的地区，金银的价值自然最小；在贫乏的未开化地区，金银的价值则几乎为零。

大都市谷物的售价，总是比僻远地区高昂。不过，造成这种高昂价格的因素，不是实际银价的低廉，而是实际谷价的高昂。把银运往大都市所需的劳动量，要多于把银运往偏远地区所需的劳动量；可是，把谷物运往大都市所需的劳动量，却比把银运往大都市所需的劳动量多得多。

在荷兰及热那亚这类富裕的商业国,谷物的价格很高。造成谷物这种高价的原因,与造成大都市谷价高昂的原因相同。这些国家所能生产的谷物,不足以维持其居民的生活。虽然它们拥有大量勤勉而又熟练的技术工人和制造工人,还有各种能够简化和节省劳动的机器,并有运输船舶及其他一切运输工具,但它们却缺乏谷物。它们所需的谷物,必须得从遥远的国家输入,而运输所需的费用,自然要加在谷物价格上。把白银运往阿姆斯特丹或格但斯克,前者所需的劳动量并不比后者少;但是,把谷物运往阿姆斯特丹,所需的劳动量却多得多。总之,两地白银的真实成本必定大致相同,两地谷物的真实成本却可能非常悬殊。现在,如果荷兰或热那亚的居民数目不变,其从遥远国家输入谷物的能力也因富裕度降低而削弱,那么它们的银量必然会因为这种衰退而减少。银量的减少,可能是衰退造成的,也可能是衰退的原因,它不但不会使谷物价格下降,反而会使谷物价格升高到饥荒时的水平。

当我们缺少必需品时,就会放弃所有的非必需品。非必需品的价值,在穷困时期会下降,一如它在繁荣时期会上升一样。但是,必需品的价值,即必需品所能支配的劳动量,就完全不同了,它在穷困时期会上升,在繁荣时期会下降。谷物是生活必需品,白银却只是非必需品。

因而,在十四世纪中叶到十六世纪中叶这段时期,虽然贵金属的数量随着财富增进和改良发展而增加,但是无论其增大幅度如何,它都不可能使大不列颠或欧洲其他国家的贵金属价值减少。所以,如果那些搜集以往谷物价格的作家,无法根据他们对谷物或其他物品的价格观察来推断当时的白银价值,那么他们根据想象中的财富增进和改良发展所推断出的白银价值,就更没有依据了。

银价变动的第二期

虽然各学者对第一期银价变动的意见有很大不同,但是他们对第二期银价变动的意见却是相同的。

大约在 1570~1640 年这七十年里,白银和谷物价值变动的方向都是完全相反的。在这一时期,银的真实价值,即它能够换得的劳动量,比以前少了;同时,每夸脱谷物的售价却上升了,从以前的二盎司银(大约相当于现在的十先令),涨到了六或八盎司银。

这一时期银对谷物的比价降低,似乎就因为美洲富饶矿山的发现。大家对

第一篇　论增进劳动生产力的因素及分配劳动生产物给各个阶层的自然顺序

这种变动所引发的事实的看法都是一致的。在这一时期,欧洲大部分地区的产业都有了改良和进展,所以银的需求也必然会增加。但是,由于供给的增加远远大于需求的增加,所以银价也就严重下跌了。应当注意的是,美洲银矿的发现,似乎并未对英格兰的物价产生显著的影响,这种现象一直持续到1570年才结束。同样地,尽管波托西银矿被发现已经有二十多年了,但它还是不能影响英格兰的物价。

伊顿学院的记录显示,1595~1620年,温莎市场上最优小麦的平均价格,是二镑一先令六又十三分之九便士每夸脱(合九蒲式耳)。要是把这一金额的零头略去,再减去原金额的九分之一,即四先令七又三分之一便士,那么每夸脱(合八蒲式耳)最优小麦的售价,就是一镑十六先令十又三分之二便士了。要是同样把这一金额略去零头,再减去余额的九分之一(即四先令一又九分之一便士),即最优小麦与中等小麦的差价,那么每夸脱中等小麦的售价,大约是一镑十二先令八又九分之三便士,约合六又三分之一盎司的白银。而在1621~1636年,温莎市场上最优小麦的平均价格则是二镑十先令。按上述方法从这一金额中扣除一部分金额,得到中等小麦的平均售价为每夸脱(合八蒲式耳)一镑十九先令六便士,大约含有七又三分之一盎司的白银。

银价变动的第三期

在1630~1640年,或者是在1636年左右,因美洲矿山的发现而引起的银价低落似乎就停止了。当时,银的低落似乎比谷价的低落有过之而无不及。到了本世纪,银价开始渐渐上升。也许,银价上升的趋势从上世纪以前就开始出现了。

根据伊顿学院的记录,在上世纪的最后六十四年里,即在1637~1700年,温莎市场上的最优小麦,每夸脱(合九蒲式耳)的平均售价是二镑十一先令三分之一便士,只比1637年以前的十六年内的平均售价高出一先令三分之一便士。但是,由于这六十四年里发生了下面的两个事件,所以当时谷物的缺乏,比谷物的收成情况所造成的缺乏高得多,使得其价格稍微抬升了一点儿。单单是这两个事件,就造成了谷价的升高,那么银价的下跌也就不必多说了。

第一件事是内乱。由于内乱,农业耕作受阻,商业被妨碍,使得谷物价格腾贵,人们对谷物的缺乏量,远远超过了当时的收成情况所造成的缺乏。内乱的影响波及了大不列颠的所有市场,受影响最严重的是须仰仗偏远地方供应谷

物的伦敦。由上述记录可见,温莎市场上每夸脱(合九蒲式耳)最优小麦的价格,在1648年为四镑五先令,在1649年为四镑。在这两年内,每夸脱(合八蒲式耳)谷物的平均价格达到了三镑五先令,超过了1637年以前的十六年内的二镑十先令。如果把这一差额分摊到上世纪的最后六十四年里,就能够说明当时谷价稍高的原因了。虽然这两年的谷物已经很高了,但是由内乱引起的高价无疑要比这还高。

第二件事是1688年的《谷物输出奖励法》的颁布。一般人的设想是,这种奖励金可以促进耕作,所以,谷物的产量会在较长一段时间之后增加,从而使国内市场的谷价降低。可是,这种效果并没有在1688~1700年出现。奖励金在增加谷物生产和降低谷物价格方面起作用的程度,我会在后面讨论。我现在要说的,只是奖励金在短期内的唯一效果。由于奖励金奖励输出每年的剩余量,所以丰收年份的产出就无法弥补后一年的歉收,使得国内谷价反而因此抬高。在1693~1699年,由于英格兰的天气不好,所以英格兰普遍缺乏谷物。虽然这种现象是英格兰和欧洲其他大部分地区共有的,但我们也应当知道,奖励法的确曾使英格兰缺乏谷物的程度加深了。因此,1699年才会有九个月的时间禁止输出谷物。

在发生上述两个事件的同时,还发生了第三件事,那就是始于查理二世时期的银币削剪和磨损。虽然它没有造成谷物的缺乏,也没有增加谷物的真实价值,却使银币的价值大幅下跌,从而大大增加了谷物的市场价格。这种恶劣行为从开始起就不断发展,直到1695年才停止。根据朗迪斯的记述,当时通用银币的价值大约比其标准价值低了四分之一。但是,真正支配一切商品市场价格的名义金额,是银币的实际含银量,而不是标准银币应该含有的银量。因此,当银币的价值因为削剪和磨损而降低时,这一名义金额一定比银币在接近标准价值时所含的银量更大。

在本世纪,银币的价值降到了标准重量以下,而且其降幅是以前从未有过的。不过,虽然银币磨损很严重,但其价值却因为它能与金币兑换而得到了维持。在近期的金币改铸之前,银币的磨损量比金币的磨损量还要大得多。而在1695年,银币的价值却没能再靠金币维持住,当时的一几尼金币,通常可以换得三十先令削损的银币。在近期的金币改铸之前,每盎司银块的售价一般都在五先令七便士以下,只比造币厂的价格高出了五便士。可是到了1695年,银块

第一篇　论增进劳动生产力的因素及分配劳动生产物给各个阶层的自然顺序

的普通价格却上升到了六先令五便士每盎司，比造币厂的价格高出了十五便士。因此，在近期的金币改铸之前，和银块比较，金银两种铸币的价值最多比其标准价值低了百分之八。而在1695年，铸币的价值据说比其标准价值低了百分之二十五。

不过，在本世纪初，由于威廉王进行了一次大规模的铸币改革，所以大部分的通用银币的价值都比现在更接近其标准重量。而且，本世纪也没有再发生妨碍耕作和商业的内乱。谷物输出奖励制度实施了将近几十年，虽然谷物价格必然会因此而超过实际耕作水平本来该有的价格，但由于本世纪已经有了充分的准备时间，所以农耕得到了促进，国内市场的谷物量也得到了增加，而这正是大部分人所期待的好结果。所以，谷物输出奖励制度虽然在表面上稍微抬高了物价，但是实际上却是稍微降低了物价。这种降低物价的幅度，在许多人眼中甚至比抬高物价的效果更明显。这一点，我将在后面加以说明。

因而，从伊顿学院的记录上看，在本世纪前六十四年间的温莎市场上，每夸脱（合九蒲式耳）最优小麦的平均售价是二镑六又三十二分之十九便士，比上世纪最后六十四年间的均价大约降低了十先令八便士（降幅达到了百分之二十五以上），比1636年以前的十六年间的均价大约降低了九先令六便士，比1620年以前的二十六年间的均价约低一先令。所以，根据上述情况，在本世纪的前六十四年间，中等小麦的平均售价大约是三十二先令每夸脱（合八蒲式耳）。

由此可知，和谷价相比，本世纪的银价似乎稍微上升了。不过，也许这一上升趋势早在上世纪后期就已经开始了。

1687年，温莎市场最优小麦的售价是一镑五先令二便士每夸脱（合九蒲式耳），是自1595年以来的最低价格。

有一位通晓这类情况的有名学者格里戈里·金，在1688年做出了这一推算：在一般丰年，小麦的平均生产者价格是三先令六便士每蒲式耳，即二十八先令每夸脱。

所谓生产者价格，据说有时又被称为"契约价格"，就是农民在与商人签订契约时，约定在一定年限内向商人提供一定数量的谷物所定的价格。这种价格可以省去农民上市议价的费用和麻烦，因而通常都低于平均市价。

格里戈里·金判定，在当时的一般丰年，小麦的普通契约价格为二十八先令每夸脱。据我所知，这一价格在连年天时不佳、谷物缺乏的近期之前，的确是

133

一般年岁的小麦普通契约价格。

1688年,议会设置了奖励谷物输出的奖励金。在当时的立法机关中,乡绅所占的席位比今天多,他们都感觉到了谷物价格的逐步下跌。奖励金制度是以人为力量的权宜之计,目的是使这一价格抬升到查理一世及查理二世时期的水平,直到每夸脱谷物的价格上涨到四十八先令才停止实施。这一价格,比格里戈里·金在同年推定的一般年岁的契约价格大约高出二十先令,增幅高达七分之五。当时,格里戈里·金的这一判定博得了普遍的赞扬。如若格里戈里·金的计算确实值得人们这么赞扬的话,那么除了极度歉收的年份,要想实现每夸脱小麦的售价是四十八先令的目的,只有借助于奖励金制度这种人为的手段。但是,由于当时威廉王的实力尚未稳固,所以只好恳求乡绅们制定土地年税,因而也就只好采纳乡绅们的建议了。

由此可见,银价大抵早在上世纪后期就已经开始大幅抬升了。到了本世纪,由于实施奖励金的必然作用,银价不能按照当时的耕作情形显著增加,但从大体上讲,银价仍然在继续抬升。

在丰年,由于奖励金奖励谷物输出,所以谷价自然会昂贵到超过它本来该有的数目。但是,奖励金制度最明显的目的,却是靠设法提高丰年谷价的方法来奖励耕作。

诚然,当谷物极度匮乏时,大抵会停止发放奖励金。不过,谷价在这种年头中的许多年里,仍然受到了奖励金制度的影响。可是在丰年,谷物大多会因奖励金的诱惑而被异常输出,所以丰年谷物补救歉岁不足的调剂作用,也就没有施展的空间了。

总而言之,无论是丰年还是歉岁,奖励金都能使谷价抬高到超过按实际耕作情况所应有的价格。由此可见,如果本世纪前六十四年的平均谷价低于上世纪后六十四年,那么在耕作状态不变且没有奖励金的情况下,这一低价的差额还会更大。

也许有人会说,如果没有奖励金的促进,也许耕作状态会有所不同。奖励金制度对一国农业的影响,在后面的章节中会重点讨论。现在,我只打算谈论一个事实,即银价升涨得比谷价更多的现象,并不是英格兰特有的。在同一时期的法国,银价升涨的比例几乎与英格兰相同。这一事实,得到了三位相当诚实、勤勉而辛苦的谷价研究者的承认,他们就是杜普雷·德·圣莫尔先生、麦桑

第一篇 论增进劳动生产力的因素及分配劳动生产物给各个阶层的自然顺序

斯先生和《谷物政策论》的作者。但是,在1764年以前,法国曾经禁止输出谷物。人们很难设想到,谷物价格下降的原因,在一国是禁止谷物输出,而在另一国却是奖励谷物输出。

造成谷物的平均货币价格如此变动的原因,其实是欧洲市场上银的真实价值逐渐升高,而不是谷物真实价值的下落。我们已经知道,无论在任何时期,谷物都比银或其他任何商品更适合充当价值尺度。自从发现了美洲富矿之后,谷物的货币价格一下子就比以前升高了三到四倍,原因是银的真实价值下跌,而不是谷物真实价值的升高。所以,如果说本世纪前六十四年的谷物均价低于上世纪,那么我们同样可以说,引起这种价格变动的原因,也是银的真实价值的上升。

在最近的十至十二年间,由于谷价高昂,所以不禁有人猜测,欧洲市场上白银真实价值的下跌还会持续下去。但是,引起谷价高昂的原因,分明只是暂时异常的天气,这种天气不会永久地持续下去。最近这十至十二年间,欧洲大部分地区的天气都很异常,再加上波兰的扰乱,所以许多需要从波兰进口谷物的国家,都陷入了缺乏谷物的困境。如此长时期的天气异常,虽然不是很寻常的现象,却也没有什么稀奇古怪的。类似的实例,只要是研究过以往谷价的人都能列举出很多来。而且,异常的十年荒歉比十年丰收更为常见。这里有一个鲜明的对照,就是谷价在1741~1750年异常低廉,在最近八至十年却异常高昂。从伊顿学院的记录可知,在1741~1750年的温莎市场上,最优小麦的平均售价是一镑十三先令九又五分之四便士每夸脱(合九蒲式耳),比本世纪前六十四年的均价大约低了六先令三便士。由此推断,这十年间的中等小麦售价,才一镑六先令八便士每夸脱(合八蒲式耳)。

1741~1750年的谷价之所以没有按自然趋势下跌,一定是因为实施了奖励金制度。由海关的统计数据可知,在这十年间,各种谷物输出的总数量,竟然高达八百零二万九千一百五十六夸脱一蒲式耳,总共花费了一百五十一万四千九百六十二镑十七先令四个半便士的奖励金。1749年,首相佩兰陈述,在此前的三年,谷物输出奖励金的支出占了相当巨大的数额。他的这种说法具有非常正当的理由。如果他是在次年这么说的,那么理由就更充分了,因为该年的奖励金支出额高达三十二万四千一百七十六镑十六先令六便士。在这种强制输出的影响下,国内市场的谷价,必然会升高到超过未采取奖励金制度时应有

的价格,其超过额自是无须说明。

这十年的统计,以及此前十年的统计,都放在本章所附统计表的末尾,不过,它与其他各年的统计是分开的。跟本世纪前六十四年的总平均数相比,这十年的平均数要低一些,但也没有低多少。

1740年的确是异常歉收的一年。形成鲜明对比的,是1750年的前后二十年。在1750年以前的二十年里,虽然有一两年的谷价非常高,不过也显然远远低于本世纪的总平均谷价;在1750年以后的二十年里,虽然1759年的谷价相当低廉,也显然远远高于总平均数。如果前者低于总平均数的程度,没有后者超过总平均数的程度大,那么造成这一现象的原因,自然就是奖励金制度了。何况,缓慢升高的银价也无法引起这么急剧的变动。造成这一变动的原因,只能是天气的意外变化。

在本世纪,大不列颠的劳动价格的确上升了。不过,造成这种上升的原因,不是欧洲市场上的银价降低,而是由国内繁荣带来的劳动需求的增加。法国没有英国那么繁荣,自上世纪中叶开始,其劳动价格就随着谷物的平均售价日益下跌;普通劳动的日工资,在上世纪甚至是本世纪,几乎都没有变动,始终是一塞蒂埃(约合四温切斯特衡蒲式耳)小麦均价的百分之五。前面已经说过,在本世纪中,大不列颠的劳动报酬,即劳动能够提供给劳动者的生活必需品和便利品的量,已大幅上涨。造成这一现象的原因,是大不列颠的特殊景况。造成货物价格上升的,也似乎正是这一原因,而不是欧洲一般市场的银价下跌。

自从发现了美洲之后,在欧洲市场上,白银价格曾在一段时期里几乎保持不变。所以,这期间的矿业利润也大大超过了自然水平,数目相当可观。但是,此后不久,输入欧洲的银就不能全部以这一高价卖出了,其所能交换的货物量也越来越少,银价也慢慢地回落到了自然水平。也就是说,银价所能支付的,又仅仅是其上市所必需的工资、利润和地租了。我们已经说过,秘鲁大部分银矿交给西班牙国王的赋税,都等于总产出量的十分之一,根本没有可以用来交地租的剩余。最初,这种赋税高达总产出量的一半,不久又减至总产出量的三分之一、五分之一,直至现在的十分之一。这十分之一,似乎就是秘鲁大部分银矿在补偿开矿资本及普通利润之后的全部剩余了。在此前的很长一段时间内,开矿者的利润都相当高;可是现在,这种利润却跌到了仅够继续开采的水平。这是被普遍承认的事实。

第一篇 论增进劳动生产力的因素及分配劳动生产物给各个阶层的自然顺序

1504年，秘鲁银矿缴纳给西班牙国王的矿税，降到了标准银的五分之一。在四十一年之后的1545年，波托西银矿被发现。在1636年以前的九十年里，美洲最富饶的矿山都要向西班牙国王纳税，所以有充足的时间把欧洲市场的银价降到最低水平。九十年的时间，长得足够让任何非独占商品的售价都降至其自然水平，即在保证缴纳特种赋税的场合下，商品仍能继续长期出售的最低价格。

欧洲银价本来有进一步下跌的可能，并使税率不但要减至十分之一（1736年），也要像金税一样减至二十分之一，甚至还有必要使美洲现在仍在开采的大部分矿山停开。但是，这些情况并没有发生，原因是银的需求也逐渐增加，逐渐扩大了美洲银矿出产物的市场。这么一来，欧洲市场的银价就维持住了，甚至还抬高到了稍稍超过上世纪中叶的水平。自发现美洲至今，美洲银矿矿产的市场都在逐渐扩大。

第一，欧洲市场逐渐扩大。

欧洲的大部分地区，都在发现了美洲之后有了非常大的进步。在农业和制造业上大有发展的国家，不但包括英格兰、荷兰、法国、德国、瑞典、丹麦，甚至还包括俄罗斯。意大利似乎也没有倒退的迹象。意大利在征服秘鲁之前是没落的，之后却渐渐发展起来。西班牙和葡萄牙好像倒退了。不过，葡萄牙只是欧洲极小的一部分，西班牙的情况也不像一般人所想的那样衰退。十六世纪初的西班牙与法国相比，的确相当贫穷。只是从那时起，法国就开始有了长足的改进。经常巡游于这两国之间的查理五世，因此下了这么一个著名评语：法国的所有物资都非常丰富，西班牙的所有物资都非常贫乏。既然欧洲农业和制造业的生产总额增加了，那么其流通所需的银币量自然会逐渐增加；既然富翁增加了，那么银制器皿和饰物的数量自然也必须逐渐增加。

第二，美洲是本地银矿矿产的新市场。

跟欧洲最繁荣的国家相比，美洲在农业、工业及人口方面的进步速度要快得多，所以美洲对银的需求的增加速度也自然更快。美洲银的新市场，完全可以由英属殖民地充当。以前的英属殖民地，一向对银没有需求，现在却因为铸币和打制器皿而增大了对银的需求。除了英属殖民地之外，大部分的西班牙属和葡萄牙属殖民地也是美洲银的新市场。在欧洲人未发现新格伦纳达、尤卡登、巴拉圭、巴西等地之前，这些地方都还是野蛮民族，当地居民根本不知道什么叫工艺

制作业和农业;现在,当地的大部分居民都从事着工艺制作业与农业了。

在美洲银的旧市场当中,市场范围比过去扩大的有墨西哥和秘鲁两国。无论记述这两国古代壮丽画卷的奇异故事如何掩饰与夸张,但是那些具有沉着眼光并读过它们的发现史及征服史的人,都可以看出当地居民在农工商业上的无知。这种无知,比现在乌克兰鞑靼人的无知更有过之而无不及。虽然秘鲁比墨西哥更进步一些,但是当地居民也只知道用金银作装饰品,却不知道用金银作铸币,而是完全以物物交换的方式进行商业活动。因此,该国也几乎没有分工这码事,耕作者不但要自己建筑住宅,还必须得自己制造家具、衣物、鞋及农具等。在这些耕作者当中,虽然也有许多工匠,但是能够担负他们生活的,据说也只有君王、贵族或僧侣。事实上,他们恐怕就是这些上等人的仆役或奴隶。古代的欧洲市场上,从未发现过墨西哥和秘鲁的工艺制造品。

西班牙的军队虽然不到五百人,甚至经常不到二百五十人,却几乎陷于食物匮乏的境地。据说,在这些军人到过的地方当中,就是人口相当稠密、耕作极其发达的地方也经常会出现饥荒。由此可见,记述该国人口如何稠密、耕作如何发达的故事大部分都是虚构的。在英国殖民地的统治方式中,有许多有利于农业发展、技术改良及人口增长的方法。西班牙殖民地虽然没有使用这些方法,但其在这几方面的进步速度却比欧洲所有国家都快,因为它拥有肥沃的土壤、宜人的气候和广大而低廉的土地。西班牙殖民地所具有的这三个优点,是所有新殖民地所共有的,它们能弥补当地政治的许多缺点和不足。

1713年,弗雷奇埃在参观了秘鲁之后,说利马市大约有二万五千至二万八千的人口;但是,从1740~1746年居住在该地的乌洛阿对此却有不同意见。乌洛阿说,该市当时的人口至少也有五万。在智利及秘鲁其他许多大都市人口计算的差异方面,这两位作者的意见大致与此相同。他们二人的报告,无疑是正确的。从这些计算的差异来看,当地人口的增长速度并不比英属殖民地慢。

总之,这一切都表明了美洲是本地银矿矿产的新市场。跟欧洲最繁荣国家的白银需求的增长速度相比,美洲本地对于白银需求的增加必定要快得多。

第三,东印度也是美洲银矿矿产的市场。

随着美洲银矿的开采,东印度市场上的银量也日益增加。当时,美洲和东印度之间的直接贸易量,也依赖于亚卡普科船舶继续增大;而同时经由欧洲的间接交易,增大幅度是最明显的。在十六世纪的欧洲国家中,只有葡萄牙一国

第一篇 论增进劳动生产力的因素及分配劳动生产物给各个阶层的自然顺序

与东印度进行着正规贸易；但是，到了十六世纪末，荷兰人成了葡萄牙人的竞争对手，并在数年之内就赶走了葡萄牙人，使葡萄牙人失去了在印度主要殖民地上立足的权利。在上世纪的大部分时间里，这两国都分占着东印度贸易的最大部分。不过，葡萄牙的贸易是日益衰退的，荷兰的贸易却是不断增长的，而且其增长速度超过了葡萄牙贸易的衰退速度。在上世纪中，与印度进行交易的国家还有英国和法国；到了这一世纪，它们之间的贸易范围就更大了。瑞典和丹麦是在本世纪才开始与东印度进行贸易往来的。最近，俄罗斯也组织了所谓的"商队"，准备经由西伯利亚和鞑靼到达北京，与中国开始正规的贸易往来。

总之，在与东方进行贸易往来的国家当中，只有法国的贸易因为近期的国内战争而被毁灭，其他各国的贸易几乎都扩大了。欧洲对东印度消费品的需求增多，甚至曾使印度各种业务都逐渐增大。就拿茶叶来说吧，在十六世纪中叶之前的欧洲，茶叶是极其有限的，一般都被用作药品。可现在，每年被英国东印度公司输入本国用作饮料的茶叶，甚至达到了一百五十万磅。即使是如此多的茶叶，也无法满足英国人民对茶叶的有效需求，所以不断有更多的茶叶被秘密地输入英国。这些茶叶所经过的地方，不但有荷兰各港和瑞典的哥登堡，还有法国东印度公司繁荣时期的法国海岸。此外，欧洲对中国瓷器、马鲁古群岛香料、孟加拉布匹及其他无数货物的需求量，也几乎以同样的比例增加。所以说，与现在相比，欧洲在上世纪任何时候所用的船舶都非常少，即使是当时的英国东印度公司也不例外。

但是，自欧洲与亚洲开始进行贸易往来的初期至今，亚洲各国（尤其是中国与印度）金钱的价值都远远高于欧洲。原因是，亚洲各国大多是产米国，几乎每年都能收获两至三次稻米，而且每次的收获量都普遍比小麦多。因此，在面积相同的情况下，产米国所产的粮食，必然比产麦国更加丰富，也必然能养活多得多的人口。另外，在这些国家里，富人有大量自身消费不了的剩余食物可以出卖，因而他们所能购买的劳动量自然也多得多。从所有的记载来看，中国和印度的高官、富豪，不但都比欧洲最富裕的人拥有更多奴隶，还可以用大量过剩食物来交换金银、宝石这类产额甚少的珍奇物品。因此，供给印度市场的银矿和供给欧洲市场的银矿相比，即使二者的矿产总额相同，前者的产物也能从印度换得更多的粮食。

然而，同样是出产贵金属的矿山，供应印度市场的矿山，似乎远远比供给

139

欧洲市场的矿山贫瘠；而同样是出产宝石的矿山，供应印度市场的矿山产出量，却远远比供应欧洲市场的矿山产出量丰富。所以，跟欧洲的贵金属相比，印度的贵金属不但能换得多得多的宝石，还能换得多得多的粮食。在印度，金刚石这类非必需品的售价比欧洲低一些，粮食这一最重要必需品的售价更是比欧洲低得多。但是，正如前面所说，中国和印度这两大市场的劳动的真实价格，即劳动者所能支配的生活必需品的量，却比欧洲低。因此，这两大市场的劳动工资所能购买的食物量就较少。由于这些劳动只能购买到少量且便宜的食物，所以即使印度食物比欧洲食物低廉，印度的劳动价格也会加倍低于欧洲的劳动价格。

当各国的技术和勤劳程度都相同时，各国大部分制造品的售价，必然会与该国的劳动价格成比例。中国和印度制造业的技术和勤劳水平似乎相差不远，只是不及欧洲各地。既然这两国的劳动价格这么低廉，那么这两国制造品的售价自然也会比欧洲各地低。此外，由于欧洲大部分地区都从陆路将原料从产地运往制造所制成成品，再将成品运往市场，所以制造品的真实价格和名义价格，就会因为运输所消费的劳动而增大；而在中国和印度，货物却通常由纵横交错的内地河港水运，运费自然比欧洲少，所以这两国大部分制造品的真实价格与名义价格也自然更低。

综上所述，从过去到现在，把贵金属从欧洲运往印度都非常有利。在印度，没有哪一件物品能够像贵金属那样获得好的价格。换言之，花费一定劳动的商品，在欧洲所能换得的劳动和商品量，没有哪一个能比得上印度的贵金属。同样是把贵金属运往印度，运银比运金更加有利。因为，纯银与纯金的比率，在中国及其他大部分的印度市场上通常是十对一，最多也不过十二对一；而在欧洲市场上则是十四或十五对一。在前一场合，一盎司金的代价是十至十二盎司银；在后一场合，一盎司金的代价却是十四至十五盎司银。

因此，对于航行于印度的欧洲船舶来说，银一般是最有价值的运输品。这一情况，也适用于向马尼拉航行的亚卡普科船舶。就是这种种关系，才使得新大陆的银成了旧大陆两端流通的主要商品之一。从大体上讲，世界各个相距遥远的地区相互联系的媒介，就是银的买卖。

由于人们对银币和银器皿的需求不断增加，使得银的市场如此广大，所以各矿山每年采掘的银量，除了要足够供应所有富国不断增加的银的需求之外，

第一篇 论增进劳动生产力的因素及分配劳动生产物给各个阶层的自然顺序

还必须足够支付所有用银国银的削减及磨损。

贵金属在使用过程中，其磨损量是极其可观的。当它用作铸币时，会由于辗转流通而不断磨损；当它用作器皿时，会因为打磨与擦洗而不断损耗；当它用作使用范围非常广泛的各种商品时，更会不断磨损。每年单是补偿这些磨损的银量就极大。从总体上看，这些金属在某些制造业上的磨损量，也许并没有上述的磨损量大，但是，由于这时的金属磨损速度要快得多，所以这种磨损就特别明显。

据说，单单是伯明翰，每年花费在某些制造品的镀金、包金上的金银量，就达到了五万镑英币。用作这种用途的五万镑金银，是绝对不可能再恢复原状的。根据这一事实推断，在世界各地的类似制造品行业，每年花费在镶边、彩饰、镀金及其他装饰用途的银量，不知道会有多少！而且，金银在海陆运输途中也一定会失去不少分量。另外，亚洲各国几乎都有掘地埋藏宝物的习俗，在埋藏者死亡之后，往往有许多宝物会因为无人知道而一直埋藏在地下，这必然也增加了金银的损失量。

由最权威的记载可知，每年由卡迪斯及里斯本登记在册和暗地输入的总金银量，大约价值六百万镑英币。梅格斯先生说，西班牙在1748~1753年输入的年平均金银量，加上葡萄牙在1747~1753年输入的年平均金银量，总共有一百一十万零一千一百零七磅的银、四万九千九百四十磅的金。按金衡每磅值六十二先令来计算，银的价值是三百四十一万三千四百三十一镑十先令；按金衡每磅值四十四个半几尼来计算，金的价值是二百三十三万三千四百四十六镑十四先令。把二者的价值加起来，总共是五百七十四万六千八百七十八镑四先令。在梅格斯先生看来，这些权威的进口数字的登记都是正确的。此外，他还根据登记簿，详细揭示了金银的输出地、输入地和数额，并估计了他认为可能秘密输入的金银量。由于这位商人慎重而富有经验，所以他的这一看法也显得十分可信。

《欧洲人殖民东西印度的哲学史与政治史》的作者，是一位见闻广博的能辩之士。他说，西班牙1754~1764年的金银输入量，登记在册的总共有一千三百九十八万四千一百八十五又五分之三皮亚斯特。其中，一皮亚斯特等于十里尔银币。如果加上秘密的输入量，那么西班牙每年的金银总输入量，恐怕会超过一千七百万皮亚斯特。如果按照一皮亚斯特等于四先令六便士来计算的话，

141

西班牙每年的金银输入总额就是三百八十二万五千镑英币。此外,他还参考登记簿,详细列举了各个金银输出地及输出数量。

根据他的报告,如果按照葡萄牙的税额(税率好像是标准金属的五分之一)来判断的话,里斯本每年从巴西输入的金的价值,应该有葡币一千八百万格鲁查多。将这一金额折合成法币,就是四千五百万利佛;折合成英币,就是二百万镑。如果把金银秘密输入部分记为公开输入部分的八分之一,那么输入金银的价值会再增加二十五万镑,总共是二百二十五万镑。照此计算,每年输入西班牙、葡萄牙的贵金属,价值总额高达六百零七万五千镑。

我还查阅了其他许多可靠的手抄记录,其中所记载的年平均金银总输入量,估计都在六百万镑左右。

美洲各个矿山全年生产的贵金属,并没有全部输入卡迪斯和里斯本,其中往往有一部分会经由亚卡普科船舶运送到马尼拉,还有一部分会秘密地流通于西班牙属殖民地和其他欧洲各国的殖民地之间,另一部分自然是在出产地买卖。而且,世界上并非只有美洲这一座金银矿山。不过,美洲矿山是世界上最富饶的矿山。和美洲矿山的出产量相比,现已发现的其他所有矿山的出产量都是微不足道的。美洲矿山出产的矿产,每年都有大部分输入了卡迪斯和里斯本两地,这已是被人们公认的事实。但是,在每年六百万镑的总输入当中,单是伯明翰的年消费就达到了五万镑,是总输入额的一百二十分之一。如此看来,世界各地每年的金银消费总额与出产总额也许是相等的;即便有剩余,也只是刚好满足,甚至满足不了所有繁荣国家对银的继续增加的需求。这么一来,欧洲市场的金银价格自然就会大幅抬高。

每一年,矿山提供给市场的铜铁量都远远大于金银量。但是,我们绝对不能凭此就想象这些供给增大的贱金属会超过其有效需求,也不能说这些贱金属的价格会因供给的增大而趋于低廉;而对于贵金属,我们却可以这么想象。原因是,贱金属比较坚固,即使是用在比较容易磨损的场合中,其损失的价值也比较轻,所以人们在保存它们时,也不像保存贵金属那样留心;但是,贵金属就不同了,即使有人们留心的保护,它的保存期限也并不一定会比贱金属长久,而且它还经常有各种形式的磨损和耗费。

虽然所有金属的价格都会有微小的波动,但是与其他土地生产物价格的逐年波动一比,这种逐年波动就很小。同样地,与贱金属价格的波动相比,贵金属价格突然变动的可能性更小。因为,正是金属的耐久性,才使得金属的价格不易波动。例如,去年上市的谷物,可能到了今年年终就差不多会被全部消费干净。但是,两三百年前采掘的铁,现在可能还有一部分正在使用;而两三千年前采掘的金,现在也可能还有一部分正在使用。各年度生产与消费的谷物量,往往会保持一定的比例。但是,甲年与乙年铁矿产出额的波动,并不会影响这两年用铁量的比例;而金矿出产额的变动影响,更不会影响这两年用金量的比例。所以,虽然大部分金属矿山逐年生产额的波动大于多数田地,但它们对生产物价格的影响却比较小。

金银价值比例的变动

欧洲各造币厂纯金对纯银的价值比例,在发现美洲矿山以前是一比十到一比十二,换言之,一盎司纯金的价值等于十至十二盎司纯银的价值。到了上世纪中叶,欧洲纯金对纯银的价值比例又变成了一比十四至一比十五,也就是说,用一盎司纯金可以换到十四至十五盎司的纯银。这样,金所能交换的银量就增加了,即金的名义价值升高了。虽然金银的真实价值(即它们所能支配的劳动量)同步减少,但银价减少得更多一些。美洲矿山的金银矿藏,比以前发现的任何矿山都丰富,而且银矿似乎比金矿更富饶。

每一年,欧洲都会向印度输出大量的银,使得英国部分殖民地的银价跟金价相比,降低幅度更大。加尔各答造币厂规定一盎司纯金的价值等于十五盎司纯银,与欧洲的金银比例大致相同。不过,这一价值似乎大大高于孟加拉市场上的金价。中国的金银比例仍是一比十或一比十二,日本的金银比例据说是一比八。

按照梅格斯先生的计算,欧洲每年输入的金银量之比接近一比二十二,换言之,如果把欧洲每年输入的金算作一份的话,那么银就有二十二份。只是,输入欧洲的银中有一部分会再转运到东印度,从而使流通于欧洲的金银量之比大约是一比十四或一比十五,约等于金银的价值比例。在梅格斯先生看来,这两种金属的价值比必然等于其数量比。所以,如果银的输出量没有这么多的话,那么金银的价值比就应该是一比二十二。

但是,两种商品的普通价值比,却没有必要等于它们在市场上流通的数量比。比如,一头牛的价格约是十几尼,而一只羊的价格只有三先令六便士,前者是后者的六十倍。如果我们依此推想:当市场上有一头牛时,就等于说市场上有六十只羊,那么这种推想明显是可笑的。同样地,仅仅凭借一盎司金能够换得十四至十五盎司银的事实,就推断当市场上有一盎司金时就有十四至十五盎司银,也是荒唐的。

通常情况下,市场上银量对金量的比例,大抵都远远大于一定数量的金价对同一数量的银价的比例。在市场上,廉价商品的总量和总价值往往都比高价商品大。例如面包,其每年的上市量和总价值,都比家畜肉大。家禽的总量和总价值次之,野禽的总量和总价值最小。

购买廉价商品的顾客,通常远远多于购买高价商品的顾客,因而廉价商品的销售量和销售总值,都比高价商品更大。所以,在一般情况下,廉价商品总量与高价商品总量的比例,必然比一定数量高价商品对同量廉价商品的价值比例大。银和金虽然都是贵金属,但是银和金相比,就是廉价商品。由此我们可以推断,市场上流通的银量和银的总价值都比金大。事实上,人们只要把自己拥有的银器和金器比较一下,就会发现银器在数量和价值上都比金器大。另外,还有许多人持有大量银器,却没有一件金器;即便这些器具中有金,也仅使用在表壳、鼻烟盒这类小玩意儿的装饰上,总价值相当有限。

当然了,在英国,金币的价值都大于银币。但是,其他各国的情况却并不是这样。在有些国家,银币的价值差不多都等于金币的价值。据造币厂的统计数据显示,苏格兰在没有与英格兰合并之前,其市场上流通的金币只比银币稍微多了一点儿。而在其他许多国家,都是银币占多数,金币占少数。在法国,通常都用银币来支付所有的巨大款项;至于金币,只能是随身携带的小额款项。但是,无论任何国家,其银器的总价值必然总是大于金器的总价值。所以,当少数国家的金币占铸币的大部分时,就可以用前一种优势来抵消后一种劣势。

银在过去就比金低廉得多,将来恐怕也会如此。但从另一方面来看,现在西班牙市场上的金价却低于银价。某种商品,不但能够以它的普通价格为标准来说它是昂贵或低廉的,还能以它高出最低价格的时价为标准来说它是昂贵或低廉的。所谓的"最低价格",是指足够补偿该商品上市必需的资本和资本普通利润的价格。这种价格,全部由工资和利润构成,不包括任何向地主提供的报酬。在现在的西班牙市场上,金接近其最低价格的程度,比银接近其最低价格的程度还大。在当地,金税是百分之五的标准金,而银税则高达百分之十的标准银。

第一篇 论增进劳动生产力的因素及分配劳动生产物给各个阶层的自然顺序

我们已经说过,美洲西班牙属殖民地大部分金银矿山的地租,都全部以赋税的方式交给了国王。在国王的收入当中,银所占的比例比金大。此外,经营银矿一般比经营金矿更容易发财。由此可见,金矿的利润一定比银矿的利润低。这么一来,西班牙市场的金价中所包含的地租和利润就少了,因而也就多少比银价更接近于最低水平了。如果包括所有费用的话,西班牙所有黄金的市场行情,似乎都没有白银的市场行情好。不过,葡萄牙在巴西收受的金税是五分之一标准金,与西班牙以往在墨西哥和秘鲁所收的银税税率相同。这么一来,要确定美洲供应欧洲一般市场的金银,是不是所有黄金都比白银更接近其最低价格,就很难说了。金刚钻和其他宝石的价格,恐怕比金的价格更接近其最低水平。

银税和奢侈品税一样,不仅是最适合的税目,还是当时财政收入的重要来源。因此,在有条件征收这些税目的情况下,政府一般是不会放弃收税的。不过,由于几乎不可能完税,所以在1736年,银税由原来的百分之二十降到了百分之十。将来,也许银税还会因为不可能完税的原因而被再次削减,就像金税不得不削减到百分之五一样。美洲西班牙属殖民地的银矿和其他矿山一样,也因为采掘比以前深入而产生了大量的深处积水。由于以新鲜空气替代这些深处积水的费用较大,所以采掘费用也逐渐增大。这种情形,得到了调查过这些矿山状况的人的确证。

这等于增大了银的稀少性(因为一种商品的获得,如果困难加重,费用增加了,就可说它稀少)。这种费用的增加,必定会引起以下三种现象之一:第一,一定会由于银价按正比例增加而取得补偿;第二,一定会由于银税按正比例减少而取得补偿;第三,一定会一部分通过这种方法,另一部分通过另一种方法而取得补偿。三者必居其一,但以第三种现象最为可能。正如金税尽管大减,但和银相比,金价仍然上升一样,银税尽管大减,但和劳动及其他商品相比的银价,也仍然可能上升。

递减的银税,即使不能完全防止欧洲市场的银价上升,至少也会推迟银价的上升。以前那些因不堪重税而中止采掘的矿山,现在也许会因为减税而能够再度开采。这么一来,银的上市量一定会增加很多,并使一定数量的银的价格大大下跌。1736年,西班牙国王降低了银税,使得欧洲市场的银价虽然并未比以前降低,却比银税不减时的价格至少降低了十分之一。

从上述事实和议论来揣测,本世纪的银税虽然降低了,但欧洲市场的银价却升高了很多。我之所以把这种想法叫做"揣测",是因为我虽然尽力想把这一问题阐述明了,但我仍然不确信它是对的。说实在的,即使银价上升了,其上升程度也是极其有限的。所以,即使我说了上面这些话,恐怕还会有许多人犹疑不决。因为,他们对以往实际银价是否上升过、今日欧洲市场的银价是否仍在下跌这两种相反的情况,都拿不准。

但是,我们必须要注意以下事件。无论金银的年输入量有多少,它终归有一个时期会与其年消费量保持一致。金银总量愈多,金银的消费就越大。有时候,金银消费的增加甚至要远远大于金银总量的增加。金银的价值,必然会因金银总量的增加而减少。

当金银广泛用于各种用途时,使用者就不会那么慎重地爱护它们了,这样就必定会使金银消费量的增长幅度,大于金银总量的增长幅度。因此,当金银的输入不再增加时,金银的年消费量就一定会与其年输入量趋予一致。不过,今日的金银输入仍然还在继续增加。

金银的年输入量,如果在年消费量与年输入量相等之后逐渐减少,那么在一段时间内,金银的年消费量也许会超出其年输入量。这样,金银总量就可能在不知不觉中渐渐减少,从而使金银的价值也在不知不觉中逐渐升高。当金银的年输入量不增不减时,金银的年消费量就会在不知不觉中逐渐与年输入量相适应。

怀疑银价持续下跌的依据

欧洲有一个俗见,就是由于贵金属的数量会随着财富的日益增加而增加,所以贵金属的价值就会随着贵金属的增加而减少。可能就是这个俗见,使得许多人都相信欧洲市场的金银价值现在仍在下跌。再加上许多土地生产物的价格至今仍在上涨,所以人们就更加相信这种俗见是正确的了。

前面我已经说过,当一国的贵金属量随着财富的增加而增加时,其价值并不会因此而降低。富国是所有奢侈品和珍奇品的聚集地,自然也是金银的聚集地。这些物品之所以在富国聚集,并不是因为它们在富国的售价低于贫国,相反的,它们在富国的售价比贫国高得多。正是由于这些物品在富国可以卖到更多的价钱,所以它们才被吸引到了富国。一旦富国的这种优越性被削减,这些物品就不会再受它的吸引了。

第一篇 论增进劳动生产力的因素及分配劳动生产物给各个阶层的自然顺序

前面我已经努力说明过,除了谷物这类全靠人类劳动生产的植物之外,包括家畜、家禽、各种猎物,以及化石和矿物在内的一切原生产物,其价格都会随着一国财富的增长和技术的改进而增加。所以,即使它们所能换得的白银比以前多,我们也不能因此就说实际银价下跌了,也不能说银所能支配的劳动量比以前少了。从这一现象中只能得出一个结论,那就是,这些商品的价格上涨。也就是说,跟以前相比,这些商品所能换得的劳动量更多。由于财富的增长和技术的改进,这些商品的名义价格和真实价格都上升了。所以,造成商品名义价格上升的原因,不是银价下跌,而是该商品自身真实价值的上升。

社会进步对三种土地原生物造成的不同影响

土地生产物一共可以分成三种。第一种土地生产物,几乎完全不能依靠人类劳动来增加;其真实价格,可以随财富的增长和技术的改进无限上涨。第二种土地生产物,可以根据需要,通过人类劳动来增加;其真实价格,虽然有时候会大大上涨,但也绝对不会长久地超过一定的限度。第三种土地生产物,虽然能够通过人类劳动来增加,但往往收效甚微;其真实价格,在改良程度相同的情况下,一般会随改良的进步而上升,但也可能会下跌或保持不变,这要看人类劳动在遇到偶发事故时增加这类产物的成效如何。

第一种土地原生物

第一种原生物,其价格只能随着社会进步而上涨,而其数量却几乎完全不能靠人类劳动来增加。这类原生物,不但很容易腐败,其生产量也不能超过自然生产的一定分量,所以根本不可能把各个季节的这种原生物都蓄积起来。这种原生物包括:许多稀少而奇特的鸟类和鱼类、各种野禽野兽等。

随着财富的增加,以及随财富增加而增加的奢侈,人们对这种生产物的需求多半都会增加。但是,这种大量增加的需求却不是人力所能满足的,所以它们的价格就可以随着不断扩大的竞争无限上涨。比如山鹬,即使它成为价格上涨到二十几尼一只的时尚品,它的数量也不可能靠人类劳动而得到大大的增长。正是因为这个原因,繁盛时期的古罗马人,才会支付极高的价格去购买那些珍贵的鱼类和鸟类。造成这种高价的原因,并不是当时银价的下跌,而是这些稀有珍品本身价值的升高,因为它们的数量不能靠人力随意增加。在罗马共和国没落前后的许多年里,银的真实价值普遍高于欧洲。

罗马共和国在对西西里征收什一税⑦时，以每一莫迪斯或一配克小麦值三塞斯特斯(约合六便士英币)来换算。虽然这一价格大概低于其平均售价，但由于西西里农民认为这是一种赋税，所以他们都觉得有义务以这一价格交售他们的小麦。所以，如果罗马人需要从西西里输入不需缴纳什一税的谷物，就须依照契约，为每一配克超过定量的物品加付四塞斯特斯(约合八便士英币)。我想，这七塞斯特斯每一配克(约合二十一先令每夸脱)的价格，应该就是当时的合理价格，也就是当时的平均或普通契约价格。

英国小麦的品质比西西里小麦低劣，其在欧洲市场的售价一般也比西西里小麦低廉。但是，在最近的荒歉年度之前，英国小麦的普通契约价格却达到了二十八先令每夸脱。由此可以推断，以往银价与现在银价的比例一定是三比四，换言之，以往的三盎司银所能换得的劳动或商品的量，和现在的四盎司银所能换得的量相同。

根据历史学家普林尼的记载可知，塞伊阿斯献给女王阿格丽波娜的一只白夜莺，花费了他六千塞斯特斯(合五十镑英币)；阿西尼阿斯·塞纳为了购得一尾红鱼，不惜花费八千塞斯特斯(合六十六镑十三先令四便士英币)。光是这种记载，就足够让我们为这些奇贵的价格而感到惊绝。不过，在我们看来，这些价格似乎比它的实价还要少三分之一，即它们所能支配的劳动和食物量，大约比它们现在的名义价格多了三分之一。换言之，塞伊阿斯为了一只白夜莺所付出的劳动和食品量，需要花费现在的六十六镑十三先令四便士才能购买；而塞纳为了一尾红鱼所付出的劳动和食品量，需要花费现在的八十八镑十七先令九又三分之一便士才能购买。这种过高价格，并不是随银量增加而降低的银价引起变动的，而是由竞争者过多引起的。由于罗马的劳动和食品都有丰富的剩余量，所以争购珍奇物品的人也更多。在当时的罗马，可以用比现在少得多的银量，换得和现在相同的劳动和食品量的支配权。

第二种土地原生物

第二种土地原生物，其价格会随着社会的进步而上升，其数量也能根据人类的需要而增加。这种原生物就是那些有实用价值的自然生产物。在土地未大规模开辟时期，许多自然生产物都会因为量多而几乎没有什么价值；而在耕作

---

⑦ 什一税(tithe)，欧洲基督教会向居民征收的一种宗教捐税。

第一篇 论增进劳动生产力的因素及分配劳动生产物给各个阶层的自然顺序

进步时期，更为有利的其他产物便取代了大部分的自然生产物；到了社会日益进步时期，这种自然生产物的数量就会随着长期的进步过程而日益减少，而其需求则同时不断增加。这么一来，其真实价值，即其所能支配的真实劳动量，就会逐渐增加，甚至增加到与别的物品价值不相上下的水平。这些别的物品，可以是任何靠人力在土壤最肥沃、耕作最完善的土地上产出的物品。

但是，一旦这种原生物的价值上升到一定限度，它就不会再继续上升了。因为，当其价值超过这一限度时，马上就会有更多的土地和劳动投入这一行列中，这时，其价值就会因为竞争而降低。比如说牲畜，当其价格昂贵到使人觉得用最好的土地来生产牧草和人类食物，可以获得相同的利益时，牲畜的价格就不会再进一步上涨了。因为，如果这一价格再上涨，马上就会多出许多由田地转化成的牧场。

耕地的扩大带来了两个结果。一是减少了野生牧草数量，同时还减少了靠野生牧草生长的家畜肉；二是使更多的人拥有了交换家畜肉的谷物，使得人们对家畜肉的需求增加，从而提高了家畜肉的价格。于是，牲畜的价格就会随之逐渐上涨，直到使人觉得用最好的土地来生产牧草和人类食物，可以获得相同的利益为止。但是，只有到了耕作事业获得如此扩大的进步社会后期，牲畜的价格才能上涨到这种程度。只要是社会还在向前发展，牲畜价格就一定会继续上涨下去，直到上涨到这一程度为止。

现在，欧洲恐怕还有一部分地区的牲畜价格没有增加到这个限度。这种情况，也曾在合并之前的苏格兰某地出现过。苏格兰的大部分地区都适宜畜牧，只有极小的地区适宜用作其他用途。因此，当时牲畜如果只在内场销售，其价格恐怕就达不到这一极限，当地牧场自然也就不会再增加了。我们已经知道，伦敦附近的牲畜价格，好像在上世纪初期达到过这一极限，但是那些比较僻远的地区，却是在很久之后才达到这一极限的，或许还有少数地区至今也没有达到这一极限。在第二种原生物当中，牲畜的价格恐怕是最先随社会的进步而升至极限的。

在牲畜价格尚未达到其极限之前，大部分适于精耕细作的土地都不能完全耕作。在幅员辽阔的国家里，大部分农田都分布在偏远的地区，即使它们能够产出大量的肥料，也不容易向都市供应。所以，耕作优良的土地的数量，一定和农田能够产出的肥料量成比例；而农田所能产出的肥料量，又和农田所能饲养的牲畜量成比例。因为,土地产出肥料的途径,不外乎以下两种。一是靠放养牲畜获得牲畜粪便,二是靠圈养牲畜出粪肥田。

但是,如果牲畜价格不足以补偿地租和利润,就会遏制农民用土地放养牲畜的积极性,更别说是圈养牲畜。圈养牲畜所需的牧草势必由已开垦的肥沃土地提供。因为,如果这些牧草是从未开垦的荒芜土地中刈取来的,那么农民们就得为此花费非常高的劳动和费用。此外,如果连放养于已开垦土地的牲畜的价格都不够支付产草费,那么圈养牲畜的价格,也必定不够支付产草费。因为,圈养牲畜需要额外支付相当的劳动和费用来刈取、搬运牧草。在这种状况之下,如果只是圈养必需的耕作牲畜也就罢了,而多养是绝对不可能获利的。不过,如果只是圈养耕作所必需的牲畜,那么所得肥料就无法满足全部耕地的需求,这些土地自然也无法继续保持良好的状态。

既然肥料不够供应全部耕地,那么农民自然会把肥料施在最有利、最便当,即最肥沃且位于农舍附近的土地里。于是,在全部耕地中,只有一部分土地会经常保持良好的耕作状态,而其余大部分土地则会因无力顾及而荒芜,最多也就生长一些贫弱的小草。所养牲畜的数量,虽然远远少于土地完全加入耕作时所需的数额,却往往多于土地实际产出的牧草。像这样继续放牧六七年之后,荒芜的那部分土地可能会被开垦,甚至可能产出一两季燕麦之类的粗劣谷物。如此下去,微薄的土壤肥力就会被消耗殆尽,不得不再次回到以前的休耕放牧状态。进而,其他土地也会被开垦,并产出一两季粗劣谷物,然后再因土壤肥力耗竭而回到休耕状态。

在未与英格兰合并以前的苏格兰,低地一带的土地大都是以这种方式经营的。当时的全部耕地中,只有四分之一至三分之一甚至不足六分之一的土地,能够靠肥料维持良好的状态。其余的土地,根本没有肥料可施。不过,在这些无肥可施的土地中,有许多土地都按照上述方式轮换着开垦和耕作。这种土地经营方式,使苏格兰许多本可进行良好耕作的土地的生产额,都远远低于土地所能生产的数量,因而不利于土地的耕作。不过,由于当时苏格兰的耕作技术较落后,所以不得不采取这种不利的土地经营方式。

到了牲畜价格大大上涨以后,该国的大部分地区还依然沿用这一旧法。原因是,许多地方的人民都很愚昧、拘泥于古习,而多数地区都是因为没有立即实施优良方法的条件。他们遇到的障碍大致有两种。第一,贫困的租地人,没有

第一篇 论增进劳动生产力的因素及分配劳动生产物给各个阶层的自然顺序

足够的时间获得足够耕作完所有土地的牲畜。虽然饲养更多牲畜有利于这些租地人,但他们却没有足够的资本来购买大量的昂贵牲畜。第二,即使租地人有能力购买昂贵牲畜,他们也不可能快速开垦出牧草地。

总之,牲畜增加和土地改良这两者,势必要齐头并进。如果牲畜未增加,就无法改进土地。只有当土地大大改进,并足以维持大大增加的牲畜时,牲畜才会显著增加。要想铲除革故图新过程中的这类自然障碍,只有靠长期的勤勉和节约。现在,这种旧法已经在逐渐衰落了,不过,要想让它从国内各地全盘消失,恐怕要等到半个世纪或一个世纪以后。自从苏格兰与英格兰合并之后,苏格兰在其所有商业中,从昂贵的牲畜价格中得到的利益最大。自从牲畜价格上涨之后,高地一带的地产价值就提高了,低地一带也同时得到了改进。

所有新殖民地的荒芜土地,都得到了大规模的开垦。这种荒芜土地,只适合用来饲养牲畜。所以,不久之后,牲畜就得到了极度的繁殖。不过,一旦某一物品的数量繁多,其价格也必定相当便宜。最初,美洲殖民地的牲畜都是欧洲人从故乡运过来的;现在,牲畜在极短的时间内就增殖了这么多。于是,牲畜的价值就大大降低了。比如说,马即使跑到了森林、野地里,马主人也会视而不见。这时,辟地饲养牲畜必定无利可图。只有在这些殖民地建立并维持漫长的岁月之后,辟地饲养牲畜才可能有利。

美洲殖民地不但缺乏肥料,而且耕作资本的投入也与耕作土地不相称,所以其农业经营方式类似于苏格兰地区实施的旧法。1749年,瑞典旅行家卡尔姆来到了北美的某些英国殖民地,目的是了解那里的农业状况。他说,在当地,很少有哪个民族是有特性的,因为他们都是农业各个方面的熟手。另外,当地人民很少往自己的田地里施肥,当他们开垦的土地肥力耗尽时,他们会再开辟一片新土地;当这片新土地的肥力也因连续收获而耗尽时,他们会跟着开辟第三片新土地。他们的牲畜,就随意地放养在森林、田野,或是未开辟的荒地里。这么一来,春生的牧草就可能会被过早地啃食,往往等不到开花结果就被毁灭殆尽。这一恶性循环,导致了牲畜经常处于半饥饿状态。春生牧草是北美地区的天然牧草,可以长到三四英尺长。当欧洲人刚开始在该地定居时,它们都极其繁盛。

卡尔姆明确地指出,在他写游记的时候,一块以往可以养活四头母牛的土地,竟然不能养活一头母牛。此外,以前一头母牛的产乳量,是现在一头母牛产乳量的四倍。卡尔姆以为,正因为缺乏牧草,所以该地牲畜才一代代地渐趋退化。这种牲畜跟三四十年前苏格兰各地常见的矮小牲畜相比,恐怕没有多大差别。现在,苏格兰低地一带的此类矮小牲畜,借助于丰富的饲料而得到了很大的改良。当然,有些地方的牲畜改良,也可能得益于畜种的选择。

所以,在垦殖改良的后期,当牲畜的价格上涨到辟地饲养牲畜有利的程度时,最先达到这一有利价格的,恐怕还是牲畜。因为,只有当牲畜的价格达到这种程度时,垦殖改良的程度才可能接近现在欧洲许多地区已达到的水平。

在第二种原生物中,牛价最先达到这种水平,鹿肉价最后达到这种水平。在大不列颠,虽然鹿肉的价格看起来过高,但它实际上还不足以偿还建园养鹿的费用。只要是有养鹿经验的人,都非常清楚这一事实。如果不是这样,鹿不久就会成为普通农家的饲养物,像古罗马人饲养的小社鸥鸟一样平常。据瓦罗和科济迈拿说,当时,饲养社鸥所获得的利益是最大的。据说,在法国的某些地方,可以靠养肥飞入本国的莴鸟获得极大的利益。总而言之,如果鹿肉能够继续成为流行食品,而大不列颠的财富与奢侈也同时能以过去某时期的增进速度增进,那么鹿肉的价格将会更加昂贵。

从必需品牛的价格涨到极点,到奢侈品鹿肉的价格涨到极点,需要经历很长一段时间的改进过程。在这段长久的改进过程当中,其他许多种类的原生物的价格,也会各依不同情形而逐渐达到极点。

这么一来,所有农场中的谷仓和圈舍废物都能养活大量家禽。由于家禽只需要利用废物就可以饲养,无须花费农业家的特别开支,所以家禽的售价一般都极其低廉。农业家从中获得的几乎全是纯利,所以即使价格再低,他们也愿意饲养。当一国耕作粗放、人口稀少时,这种无须费用就能饲养的家禽,通常能够满足全部的需求。因此,这种家禽的售价,经常和家畜肉及其他肉食一样低廉。不过,靠这种方法来饲养家禽,所得家禽的总数必然会大大少于农场饲养的家畜肉总数。

富裕、奢华时期,在效用相同而数量不同的两种产物中,数量较少的产物更能博得人们的喜爱。由耕作改进而带来的财富和奢侈程度的增加,会使家禽的价格逐渐超过家畜肉的价格,直到家禽的价格上涨到使辟地饲养家禽可以获利的水平。一旦家禽的价格达到这种水平,它就不会再继续上涨了,因为马上就会有用于其他用途的土地被改成家禽饲养地。

第一篇 论增进劳动生产力的因素及分配劳动生产物给各个阶层的自然顺序

在法国,许多地区农村经济的最重要产业都是家禽饲养。由于饲养家禽有利,使得农民都愿意广种玉米和荞麦,以供养家禽。有时候,一些中等农家竟然能在住宅里养四百多只鸡。英格兰似乎没有法国那么重视饲养家禽,而且每年都要从法国输入大量家禽,因而其家禽的售价一定高于法国。

在垦殖改进的过程中,只有在辟地生产某种动物食料的做法成为普遍现象的前夕,这种动物肉的售价才会达到最高水平。因为,在这种做法成为普遍现象之前,这种动物肉的价格必然会因稀缺而高昂;而在这种做法成为普遍现象以后,通常都会出现新的栽培方法。农民们利用这些新的栽培方法,可以使同一面积的土地生产的饲料量大大增加。既然动物肉的数量增加了,那么它们的售价也必然会降低,而且也能够降低。如果动物肉的售价不能降低,那么多产就必然不能长久地持续下去。现在,伦敦市场上的家畜肉售价比上世纪初期低廉,也许就起因于苜蓿、大头菜、胡萝卜、卷心菜等植物的引种。

猪是一种贪食的动物,可以以粪和其他有用动物所嫌忌的污秽物为食。所以,最初饲养猪的目的,和饲养家禽一样,也是为了废物利用。如此看来,只要靠废物饲养的猪的数量可以满足需求,那么猪肉的市价就一定会远远低于其他家畜肉的市价。但是,当饲养猪也和饲养其他家畜一样,需要另外准备饲料时,猪的售价必然也会因此而上涨。当自然状态和农业状态不变时,跟喂养其他家畜相比,如果养猪的费用更高,那么猪肉的价格就会比其他家畜肉高;如果养猪的费用较少,那么猪肉的价格就会比其他家畜肉低。布丰说,法国的猪肉和牛肉几乎同价。在现在的大不列颠,许多地方的猪肉都稍微比牛肉贵一点儿。

造成大不列颠的猪肉和家禽的价格上涨的原因,经常有人说是佃农和小农人数的减少。当时,欧洲各地还没有开始进行技术改良,耕作水平也未取得进步。佃农和小农人数的减少,造成了猪肉这类物品的售价,高于之前这类物品的售价。即使是最贫穷的家庭,也往往不需要花多少费用就能养活一只猫或一条狗,或是几只家禽、一头母猪和数头小猪。这些动物的食料,一部分来自食桌上的残物、乳浆、乳渣,另一部分则是这些动物自己在田野里觅得的。所以,当小农人数减少时,这种不需要什么费用就能生产的动物,数量必然会大大减少,价格也必然会比之前上涨得更快。但是,在改良过程中,这种动物的售价迟早都能达到其最高水平,从而使它不但能提供为种植这类动物食料所花的劳动和费用,还能得到和耕作其他大部分土地所得的相同的报酬。

153

牛乳制造业也和养猪及家禽一样，最初也是为了废物利用。农场耕牛所产的牛乳，通常都足够哺育小牛和满足农家所需，而且其在某一季节的产量也特别多。但是，牛乳也是所有土地原生物中最容易腐败的。在牛乳产量最高的热天，牛乳的保质期一般都不会超过一天。于是，一部分牛乳就被制成了能够保存一周的奶酪，另一部分牛乳则被制成能够保存一年的咸奶酪，而大部分则被制成了能够保存数年的干奶酪。农民先把这些奶酪留下一部分作为家用，再把剩下的全部运到市场上，期望以最好的价格出售。即使奶酪的市价再低，也不会低到使农民不愿意卖出这些剩余物品的程度。当奶酪市价过低时，农家就会把奶酪做得不干不净，甚至不准备专门的房屋，只是因陋就简地在污秽不洁的烟熏厨房里进行这一作业。事实上，在三四十年以前的苏格兰，农家制酪业的情况就普遍如此；即便是现在，还有许多农家制酪业仍然维持着这种状态。

随着农业的改良，人们对家畜肉的需求增加了，利用废物饲养的家畜数量也减少了，所以家畜肉的价格就逐渐上涨了。正是同一原因，使得牛奶酪的价格也上涨了。牛奶酪的价格自然与家畜肉的价格及家畜饲养费相关。牛奶酪价格上涨时，不但能补偿更多的劳动，还能促使农民注意制酪的清洁和卫生。在农民的注意下，制酪这一副业就能产出优质的产品来，最终将其价格抬升到值得把最好的耕地用于饲养产奶家畜的水平。同样地，当牛奶酪价格达到这一最高水平时，它就不会再进一步上涨了；否则，马上就会有更多的土地转变成牲畜饲养地。在英格兰，大部分地区的牛奶酪价格好像都已经达到了最高水平，所以有许多良好土地都转变成了产奶家畜饲养地。在苏格兰，牛奶酪价格超过这一最高价格的，似乎只有大都市附近的一些地区，其余各地的牛奶酪价格都在这一最高价格之下。所以，普通农家很少会用良好土地来专门饲养产奶家畜。

最近数年，牛奶酪的价格的确越来越高昂，即使如此，也不宜为此而使用良好的土地。苏格兰牛奶酪的品质一般都比不上英格兰牛奶酪，所以其价格也相对低贱。品质低劣不是价格低贱的原因，而是价格低贱的结果。虽然当时苏格兰牛奶酪的品质比现在要优良得多，但在苏格兰当时的状况之下，大部分牛奶酪的市价是不会比现在的售价高出多少的。品质优良的牛乳，所花费土地和劳动费用也必然较多。而现在的牛奶酪价格，恐怕支付不了这笔费用。虽然英格兰许多地区牛奶酪都价格昂贵，但是和生产谷物、饲养家畜这两种主要的农业作业相比，制酪并不是一种有利的土地利用途径。所以，在苏格兰制酪，并不

第一篇　论增进劳动生产力的因素及分配劳动生产物给各个阶层的自然顺序

能得到多少利润。

如果一国必须靠人力生产的所有土地生产物的价格，都不足以偿还改良和耕作土地所花的费用，那么该国的土地就绝对不会得到完全的改良和耕作。如果想让全国的土地都完全得到改良和耕作，那么各种生产物的价格都要满足以下两个条件。第一，足够支付良好田地的地租。因为，田地的地租决定了其他大部分耕地的地租。第二，能够对农民的劳动和费用，支付和良好田地所提供的相同的好报酬。也就是说，这一价格不但要足够农民取回资本，还要让农民获得资本的普通利润。显然，只有在各种生产物的价格上涨之后，土地才会改良。因为，一切改良的目的都是得利。如果改良招致了损失的结果，那么这种改良就不叫改良。而且，如果由改良而生产的物品价格不足以补偿改良费用，那么改良必然会以造成损失而告终。因此，如果从全国土地的改良与耕作中所得到的利益，在所有公共利益中占有最大的部分，那么随之而来的，必然是这类土地原生物价格的上涨。这种价格上涨，不是一种公共灾祸，而是获得最大公共利益所必须的先驱和伴随物。

由上述情况可知，造成所有土地原生物价格上涨的，不是银价的下跌，而是这些产物自身真实价格的上涨。当这些产物的真实价格上涨时，它们的价值中就包含了更多的银，它们所能支配的劳动量和食品量也比以前多。既然让它们上市需要花费更多的劳动量和食品量，那么它们在市场上就代表了更多的劳动量和食品量。

第三种土地原生物

第三种土地原生物的价格，是随着改良的增进自然而然地上涨的。这时，人类勤劳所起的作用是有限或不确定的。所以，当社会改良和进步时，这类原生物的真实价格可能会按照自然趋势上涨，也可能会下跌，还可能会在不同时期保持同一状态，甚至会在同一时期里小幅上涨。决定这种原生物真实价格高低的，是不同偶发事件作用在人类劳动上所产生的该产物的增产多少。

有些原生物的产量是由他种产物决定的。因此，前一类产物的量必然受制于后一类产物的量。比如说，一国生产的羊毛或皮革的量必然由该国牛羊总数决定，而该国牛羊总数又受制于该国的改良状况和农业性质。

也许有人会说，牛羊肉价格随改良而逐渐上涨时，毛革的价格也会因为同一原因，按照几乎相同的比例上涨。如果改良初期的毛革和家畜肉的市场，都

局限于一个狭窄的范围内,那么上面所说的也许会变成现实。而事实上,这两者的市场范围通常都极不相同。

所有的家畜肉市场,几乎都局限在国内。爱尔兰和美洲某一英属殖民地,有大规模的腌肉制造业。据我所知,现在还在经营此业的,就只有这两个地方了。也就是说,在今日世界,只有这两个地方能够输出本国的大部分家畜肉。

相反的,即使是在进行改良之初,毛革市场也很少局限于国内。只要简单地修整一下羊毛,略微调制一下生皮,就可以把它们极容易地送往其他国家。因为,它们是多种制造品的原料,可以满足许多国家的生产需求。

在那些因耕作粗放而人口稀少的国家里,一头牲畜的毛皮价格占全部价格的比例,远远大于它在家畜肉需求较大的富国中所占的比例。由休谟先生的观察可知,羊毛在萨克逊时代的价格,大约占整只羊价格的五分之二。在休谟先生看来,当时的这一比例比现在的同一比例大得多。根据确切的记载,我知道在西班牙的某些地方,人们杀羊的目的往往只是采取羊脂、羊毛,却不要羊肉。无论那些羊肉是在地上腐烂,还是被肉食鸟兽吃掉,他们都听之任之。

如果说这种现象在西班牙是时有发生的,那么它在智利、布宜诺斯艾利斯,以及除西班牙之外的其他许多西属美洲殖民地,几乎是习以为常的。这些地方的人们不断地扑杀有角动物,目的往往只是获得兽皮、兽脂。此外,当地海岛也经常被海盗侵扰。现在,虽然法国人的种植园已经延伸到了该岛的整个西部海岸,但由于该国的安定、改良和人口情况尚未改善到满足需求的状态,不足以提高岛上西班牙人的家畜价值,所以那里也经常出现扑杀牲畜并只取兽皮、兽脂的情况。西班牙人一直占据着该岛的东部海岸,现在又占据了该岛的所有土地和山岭。

整头牲畜的价格,必定会随着社会改良和人口增殖而上涨。不过,跟兽毛和兽皮相比,兽肉价格受整头牲畜价格上涨的影响要大得多。在原始社会状态下,兽肉的市场总是局限于国内。所以,当社会进步、人口增殖时,其范围也会按照一定的比例扩大。但是,兽毛和兽皮即使是出产于野蛮国家,也往往可以销往全世界,而且其市场基本不会随社会状况的变化而按比例扩大。由于一国的改良,并不能使世界商业状态产生显著的变化,所以即使是在一些经历了社会改进、人口增加的国家,商品的市场也可能会保持着以前的范围不变。

按事物发展的自然趋势来看,如果社会改进了,那么商品的市场就一定会

第一篇 论增进劳动生产力的因素及分配劳动生产物给各个阶层的自然顺序

有一些扩展。比如,如果一国以某种商品为原料的制造业日益繁盛,那么这种商品的市场即使不能因此而大幅扩大,它也必定会向更接近于产地的地方转移。于是,这种原料的价格,就会根据运费的高低而有不同程度的上涨。这时,兽毛和兽皮的价格,即使不能与兽肉价格按同一比例上涨,也必然会上升很多,而且绝对不会下跌。

虽然英格兰的毛织物制造业非常繁盛,但是羊毛的价格,却从爱德华三世以来就开始大幅下跌。若干的可靠记录显示,在爱德华三世时期(十四世纪中叶),英格兰每托德(合二十八磅)羊毛的普通价格至少是十先令(含陶衡六盎司银)。如果按每盎司等于二十便士来计算的话,当时的十先令大约相当于现在的三十先令。可现在,哪怕是英国最优质的羊毛,如果能卖到二十一先令每托德,就算是卖到好价钱了。照此推算,爱德华三世时期的羊毛价格对现在羊毛价格的比例,是十比七;而且,前者的真实价格更大。如果当时的小麦售价是六先令八便士每夸脱,那么当时的十先令,就可以购买到十二蒲式耳小麦;而如果现在的小麦售价是二十八先令每夸脱,那么现在的二十一先令,就只能购得六蒲式耳小麦。照此推算,以往羊毛真实价格和现在羊毛真实价格的比例,应该是二比一。换言之,当时每托德羊毛所能购买的食品量,是现在同量羊毛所能购买的食品量的两倍。在劳动的真实报酬相等的情况下,当时每托德羊毛所能购买的劳动量,也两倍于现在同量羊毛所能购买的劳动量。

羊毛真实价格和名义价格的跌落并不是自然产生的,而是由以下三种暴力和人为原因引起的。一是禁止输出英格兰羊毛,二是准许免税输入西班牙羊毛,三是限定爱尔兰羊毛只能输往英格兰。自从有了这些规定之后,英格兰的羊毛市场就只能局限在国内,而不能随着社会的进步而逐步扩张了。在当地,他国羊毛主动与本国羊毛竞争市场,爱尔兰羊毛则被迫与英格兰羊毛竞争市场。由于一些不公平、不正当待遇的阻碍,爱尔兰境内的自产羊毛,大部分都被运往了英格兰这个唯一的市场,只留下一小部分供本地的毛织物制造业使用。

我没有找到记载古时生皮价格的可靠记录。当时的羊毛,通常是进贡给国王的物品,其价格至少与当时的普通价格相等。生皮的情况好像与此不同。不过,我们从弗里伍德口中得知了一些情况:五张公牛皮的售价是十二先令,五张母牛皮的售价是七先令三便士,三十六张二龄羊皮的售价是九先令,十六张小牛皮的售价是二先令。这是1425年记载的一份账单,上面记述的是牛津伯塞斯特修道院副院长与该院某牧师之间的交易情况。当时的十二先令含有的银量，大约等于现在的二十四先令。按照这份账单计算，每张公牛皮的价格折合成银之后，所含的银量等于现在的四又五分之四先令英币所含的银量。

当时每张公牛皮的名义价格比现在要低一些。但是，如果按照每夸脱小麦的售价是六先令八便士来计算的话，当时的十二先令就可以换得十八又五分之四蒲式耳小麦。现在的小麦价格是三先令六便士每蒲式耳，如果现在要购买等量小麦的话，就得花费三十一先令四便士。换言之，当时价值一张公牛皮的小麦量，现在需要花费十先令三便士才能购买到，即其真实价值等于现在的十先令三便士。

当时，家畜一入冬令就难免要陷入半饥饿状态，所以，设想它们拥有肥大的躯体是不现实的。当时，重四石，即常衡十六磅的一张公牛皮，恐怕就算是上等牛皮了；现在，等重的牛皮只能算是中等牛皮。据我所知，现在（1773年2月）牛皮的普通价格是半克朗每石。按照这个价格计算，当时一张四石重的牛皮的价值，只相当于现在的十先令。所以，当时公牛皮的名义价格比现在高，而公牛皮的真实价格却比现在低，其所能支配的食品量比现在少。

上述账单还显示，公牛皮的价格与母牛皮的价格大概保持着一个普通比例。由于羊皮也许会和羊毛一起卖掉，所以公、母羊皮的价格比例大大超过了这一普通比例。不过，小牛皮的价格比例却比这一普通比例要低得多。在家畜价格极其低廉的地方，人们一般都会捕杀那些不是为着延续畜种而饲养的小牛。这种现象，在二三十年前的苏格兰普遍可见。因为，小牛的价格往往比它消费的牛乳价格还要低，捕杀小牛可以节省牛乳。也正因为如此，小牛皮的价格才非常低廉。

现在的生皮价格比几年前低多了。这种情况，大概是1769年撤销海豹皮关税的结果。当时，允许爱尔兰及其他殖民地在一定年限里无税输入生皮。然而，本世纪生皮的平均真实价格，大概稍微高于当时生皮的真实价格。生皮和羊毛相比，不适宜远距离输送，为保存它而蒙受的损害也更大。可是，如果用盐腌渍的话，又会让它失去新鲜生皮所具有的品质，其售价自然也会降低。在这种情况之下，在国内精制的生皮价格，必然高于未经精加工而运往国外的生皮的价格。进步工业国的生皮售价相对高于野蛮国家，今日的生皮售价相对高于古代。另外，英国的制革业，并不能像毛织业那样深受国人的爱护。因为，人们

第一篇 论增进劳动生产力的因素及分配劳动生产物给各个阶层的自然顺序

相信毛织业的繁荣关系到国家安全，却没理由相信制革业的繁荣也能收到同样的效果。

虽然生皮输出被禁止，并被宣称为有害行为，但是由海外输入的生皮却是缴纳过赋税的。虽然曾经(仅五年)废除由爱尔兰及各殖民地输入生皮的关税，但也不表明爱尔兰生皮一定要在大不列颠销售，它还可以不经精加工就运往其他国家。而各殖民地的普通家畜生皮，也仅仅是在数年以前才被允许只能在母国贩卖的。爱尔兰在输出生皮方面所受的压迫，并没有像它在输出羊毛方面所受的压迫么大。

在进步的文明国家里，无论是任何规定，只要它的目的在于降低兽毛或兽皮的价格，那么兽肉价格就很可能会因此而上涨。要想让农民在良田上饲养牲畜，就得保证牲畜的价格不但要足够支付良田所应缴纳的地租，还要足够支付良田所应产出的普通资本利润。所以，如果牲畜的皮毛价格降低，那么牲畜肉的价格就必然会上涨，这样才能鼓励农民继续饲养牲畜。在整个牲畜的价格当中，皮毛的价格越低，肉的价格就会越高；皮毛的价格越高，肉的价格就会越低。

地主只想获取地租，农业家只想获取利润，他们根本无暇顾及毛、皮、肉的价格在整头牲畜价格中所占的比例。由此可见，耕作发达国家的地主和农业家的收益，不会受到上述规定的影响。由于上述规定使得肉价上涨，造成了消费者利益的损失，不过他们受上述规定的影响也仅此而已。但是，在田地荒芜的落后国家里，就完全是另外一番情形了。在这类国家里，由于大部分土地都仅仅用来畜牧，而牲畜价格的主要组成部分又是毛、皮，所以上述规定将会大大影响地主和农业家的收益，极有限地影响消费者的利益。因为，既然该国的大部分土地都只能用来饲养牲畜，就算毛、皮价格下跌，也只得继续饲养同数的牲畜，所以肉价并不会因毛、皮价格的下跌而上涨。由于市场上家畜肉的数量不变，家畜肉的需求也没有增加，所以家畜肉的售价也基本保持不变。

当肉价保持不变，而皮毛价格却下跌时，整个牲畜的价格就下跌了。这么一来，就造成了以牲畜为主要产物的全部土地，即该国大部分土地的地租和利润下跌。因此，永久禁止羊毛输出的规定，其实是当时最有害的规定。一般人都说，这一规定是爱德华三世制定的，但事实并非如此。这一规定的实施，不但降低了该国大部分土地的真实价值，还降低了最重要的小牲畜的价格，大大阻碍了土地的改进。

自从苏格兰与英格兰合并之后,苏格兰的羊毛价格就显著下跌了。因为,自合并之日起,苏格兰羊毛就脱离了欧洲大市场,只能在大不列颠的小市场里出售。由于家畜肉的价格同时上涨,从而充分补偿了下跌的羊毛价格,所以这次合并,并没有对苏格兰南部各郡大部分养羊土地的价格产生很大影响。

人们依靠本国牲畜产量来增加羊毛和生皮产量的努力,功效是有限的;而依靠他国牲畜产量来增加羊毛和生皮产量的努力,功效则是不确定的。在他国的牲畜当中,人们能够利用的只是那些未经精加工就输入本国的羊毛和生皮。上述努力的实效,还同时受到这类原生物输出本国时受限程度的影响。从外国输入毛皮,不像从本国操业者那里得到毛皮那么自主。所以,人类在进行这一方面的努力时,所取得的实效是有限或不确定的。

人类在努力增加鱼这种极其重要的原生物的上市量时,也收到了相同的效果。鱼的上市量,同时受到地理位置远近、内地江河湖泊数量和海洋江河湖泊产量的限制。当一国人口随着该国土地和劳动年产物的增多而增加时,购买鱼的人必然也会增加。这些购买者,会以他们拥有的大量其他各种货物作为代价来购买鱼。当市场扩大时,投入市场的劳动量也要以超过市场扩大的比例增加,这样才能满足市场的全部需求。比如说,如果鱼的市场需求以前是一千吨,现在却扩大到一万吨,那么投入市场的新劳动量,必然要超过以前的十倍,这样才能满足新增的需求。因为,鱼类大部分都是用较贵的捕鱼工具和较大的渔船捕获,再运到远地的,所以其价格自然较高。当社会改良增进时,它的真实价格自然会随之上涨。我相信,现在各国的鱼价多少都比以前上涨了。

一天的捕鱼量虽然很难确定,但是一年或数年的捕鱼量,却可以一般地确定。我们认为,人类努力捕鱼的功效一般是确定的,事实也的确如此。不过,这一功效大部分取决于地理位置,极小一部分取决于社会财富及勤劳状态。所以,即使两国的改良和进步程度有着极大的不同,两国人民在渔业上努力的功效也很可能相同;同样地,即使两国改良和进步的程度相同,两国人民努力捕鱼的功效也可能截然不同。由此可见,改良状态对捕鱼功效的影响是相当不确定的。下面我们就来讨论这种不确定。

人类努力增加各种矿物(特别是昂贵金石)产出量的功效虽然没有什么限制,但也是完全无法确定的。

一国的地理情况,如矿山的肥瘠等情况,并不能决定所有贵金属的总量。

第一篇 论增进劳动生产力的因素及分配劳动生产物给各个阶层的自然顺序

没有矿山却拥有大量贵金属的国家，往往有很多。一国贵金属的总量，主要由以下两种情况决定。一是该国的购买力，即其总体产业状态，其中包括其土地和劳动的年出产量。因为，该国能够投在开采本国金银，或是购买他国金银这类非必需品上的劳动与食品的量，是由以上因素决定的。二是金银矿的肥瘠程度。这会决定该国在一定期间内，可以向世界商场提供多少金银。金银比较容易运输，它体积小、价值大，运输成本是很低的。某个国家即使距离矿山很远，其金银储备也不会受距离的影响，而是直接受其矿山肥瘠的影响。美洲各个富饶的矿山，就曾经多次影响了中国和印度的金银量。

由于一国的金银量受该国购买力的支配，所以，当一国财富及改良增进时，该国金银的真实价格多半会上涨；当该国贫困不振时，该国金银的真实价格多半会下跌。其他奢侈品、非必需品的真实价格也一样。因为，当一国持有大量剩余劳动和食品时，其购买一定数量的金银所能支付的劳动和食品，就会比持有少量剩余劳动和食品的国家多。

而当一国的金银量受制于金银矿的肥瘠程度时，金银的真实价格，即金银所能支配的劳动和食品的量，必然会随着矿山的富饶或贫瘠情况上下波动。明显地，在一定时期内，世界金银矿究竟是富饶还是贫瘠，似乎与一国的产业状态，甚至是世界的产业状态，都没有什么关系。随着技术与贸易在世界范围内的不断扩展，以及探矿地域的不断扩大，诚然有更多机会发现新矿山。但是，无论是任何人类技巧和勤劳，都没有把握能在旧矿山几乎要被挖掘殆尽时发现新矿山，一切迹象，都不能可靠地确定新矿山的存在；只有在实际发现并成功采掘到矿物时，人们才能确定新矿山的价值。这一看法是世人所公认的。人类在探索新矿山时，成功和不成功的可能性似乎都是无限大的。比以前富饶的新矿山，也许会在今后的一两个世纪里被发现。到那时，就连现在最多产的矿山，也有可能会比美洲各矿山被发现以前的那些矿山贫瘠。无论探索新矿山成功与否，都不会对世界的真实财富和繁荣产生什么影响，即对土地和劳动的年产物的真实价值无关重要。

诚然，年产金银量的名义价值会存在极大的差异；但是，其真实价值却完全相等，即其所能支配的劳动量是完全一样的。在成功探索到新矿山时，一先令所能代表的劳动量，可能只相当于现在的一便士所能代表的劳动量。所以，当时一先令的持有者，不一定比现在一便士的持有者富有。这时，人们从中得

到的唯一好处,就是享有更多廉价的金银器皿。在没有探索到新矿山时,一便士所能购买的劳动量,可能与现在的一先令所能购买的劳动量相同。因此,当时一便士的持有者,也并不见得会比现在一先令的持有者贫穷。这时,人们因此蒙受的唯一损失,就是减少这类昂贵的非必需品的使用。

银价变动的结论

搜集以往物价的作家,在证明金属缺乏,以及当时一般国家的贫乏和野蛮时,大都以谷物及一般物品货币价格的低廉,或是金银价值的昂贵作依据。这种概念是和某种经济学体系分不开的。这种经济学体系是:一国的富裕或贫乏,与该国的金银富饶或贫乏相关。我将在第四篇中对这种经济学体系进行充分的说明。现在,我们仅讨论以下这一事实:金银价值的高昂,只能证明世界金银矿的贫瘠,绝对说明不了该国的贫乏与野蛮。跟富国相比,贫国在购买金银时,购买的量更少,支付的价格也更低。因此,贫国金银的价值,绝对不会高于富国。例如中国,它的富有程度远远高于欧洲各国,其贵金属的价值也远远高于欧洲各国。

自发现美洲矿山以来,欧洲财富大大增加,金银价值也同时逐渐下跌。不过,金银价值下跌的原因,并不是欧洲的真实财富,或其土地和劳动年产物的增加,而是迄今最富饶的新矿的偶然发现。在欧洲金银量增加时,欧洲的制造业和农业也几乎同时发达起来。但是,产生这两种现象的原因却是截然不同,甚至根本没有任何自然关系。金银量的增加只是一种偶然现象,它跟任何的深虑和政策都没有关系。事实上,这些深虑和政策对此也根本无能为力。而制造业及农业的发达,则是封建制度崩溃和新政府成立的结果。新政府的成立,保证了各人能够享受各自的劳动果实。这种政策,是产业所需求的唯一奖励。

由于波兰至今仍有封建残余,所以其状况几乎和发现美洲以前一样贫乏。然而,这并没有影响波兰谷物价格的上涨,也没有阻止金银真实价值的下跌,波兰的物价波动还是和欧洲其他各国一样。由此可知,波兰的贵金属数量也像他国一样增加了。这一增加的数量与该国土地和劳动年产物的比例,也和他国差不多。但是,这种贵金属的增加,似乎并没有使波兰的年产物增加,也没有增进制造业及农业的发达,更别说改善居民的境遇了。

再比如西班牙和葡萄牙,这两国虽然在美洲拥有许多矿山,但它们却是欧洲各国除波兰之外最贫穷的国家。西班牙和葡萄牙的贵金属的价值,一定低于

第一篇　论增进劳动生产力的因素及分配劳动生产物给各个阶层的自然顺序

欧洲其他地区。因为，欧洲各地的贵金属都是从这两国运来的，其价格不但包括附加的运费和保险费，还包括走私费。这两国的金银输出，不是被禁止，就是需要课以重税，使得很多商人宁愿走私。因而，这两国的贵金属量与其土地和劳动年产物的比例，一定高于欧洲其他国家。尽管如此，它们在欧洲其他各国中也是最贫穷的。因为，这两国的制度，并不比已经被废除的封建制度更好。

同样地，金银价值的低落并不能证明一国有多富裕和繁荣；而金银价值的高昂，或者是谷物及一般物品价格的低廉，也不是一国贫乏与野蛮的证明。

一国的贫乏和野蛮，虽然不能由谷物的低贱来证明，却几乎可以由该国家畜、家禽和一切野生鸟兽的低贱来证明。当一国贫乏而又野蛮时，这类产物的货币价格就会低于谷物的货币价格。从这类产物低贱的货币价格中，可以明显地看到以下两个事实：一、由于这类产物比谷物繁多，所以畜牧用荒地的面积远远大于谷物耕地；二、由畜牧荒地的地价低于谷物耕地的情况，可以推知该国的大部分土地都还处于荒芜状态。由以上两个事实可知，这种国家的资财和人口与其土地面积的比例，不同于普通的文明国家。所以，这种国家尚处于幼稚的社会阶段。

总之，我们由一般货物的货币价格高低，尤其是谷物货币价格的高低，只能推断出当时世界金银矿的肥瘠，而不能推断出一国的贫富。几乎可以完全准确地推断一国贫富的，是某些货物的售价与其他货物的售价相比时的高低。运用这个判断条件，还可以推断出该国大部分土地是否经过改良，或者是该国的社会状态是野蛮还是文明。

如果银价的下跌是物价上涨的原因，那么所有货物所受的影响一定是相同的。换言之，如果银价降低三分之一，那么所有物价必然都会上涨三分之一；同样地，如果银价降低四分之一、五分之一，那么所有物价也必然都会相应地上涨四分之一、五分之一。各种食品价格的升高，是人们议论纷纷的问题，因为其上涨程度是参差不齐的。照本世纪的平均情况来看，包括那些以银价升高来说明谷价升高的人，也承认谷价的上升率远远小于其他食品。由此可见，谷价的升高，绝对不可能仅仅是由银价下跌引起的。上述原因，也许可以充分证明一点：这些食品的价格涨得比谷物多，同样不是由银价下跌引起的。

在本世纪前六十四年间，以及最近的异常季节以前，谷价稍微低于上世纪的后六十四年。这一事实，不但被英国温莎市场上记载着苏格兰各郡公定谷价

的价格表证实了,也被许多市场账簿证实了。这些账簿,是法国的麦桑斯和杜普雷·得·圣莫尔精心搜集的。搜集这类实证是极其烦琐而困难的,我们现在所掌握的实证,也算是比人们期望的还完备了。至于最近十至十二年的高谷价,也是天气异常的结果,跟银价下跌没有关系。可见,对谷价和其他食品价格的观察,都无法确凿地证明银价在不断下跌。

也许有人会说,照上述所说,用同量银来购买某种食品,现在所能购得的量,要远远少于上世纪所能购得的量。另外,引起该食品这一变化的,无论是其价值的上涨还是银价的下跌,都只是一种徒然无益的区别而已。因为,这种区别对携带一定白银去做买卖,或是只有一定货币收入的人来说,并没有什么帮助。

诚然,并不是知道了这个区别,就能以较低的价格买到货物,但也不能因此就说这种区别是毫无用处的。这种区别,能够很容易地证明一国的繁荣程度,因而它对大众并不是没有益处的。如果某种食品的价格是因为银价下跌而上涨的,那么人们就可以从这一情况中推断出美洲矿山的富饶程度。在这种情况之下,社会真实财富,即土地和劳动的年产物,可能会像葡萄牙、波兰那样日渐衰微,也可能会像欧洲其他大部分地区那样日渐增加。

但是,如果某种食品的价格是因为土地的真实价值增大而上涨的,即随着土地产出力的增长或土地耕作的改良而上涨的,那么我们就可以肯定该国正处于繁荣进步的状态。对任何大国来说,其国家财富中最大、最重要、最持久的部分都是土地。这种区别,既然能为土地的价值是否增加提供决定性的证据,那它无疑也能够为公众提供一点儿满足,因而也就不能说它对公众毫无益处。

此外,在制定某些下级雇员的报酬时,如果参考这种区别,就会作出许多对公众有益的决定。如果某种食品的价格是因为银价下跌而升高的,那么这类雇员的报酬就会按照银价的下跌比例增加到适当(不会太高)的水平;反之,雇员的真实报酬就会以同一比例减少。但是,如果食物的价格是因为土地产出力的增强而增加的,那么是否要抬高他们的报酬、按什么比例来抬高,都是极其微妙的。

我相信,改良及耕作的扩张,一定会或多或少地提高所有动物性食物与谷物的对比价格,压低所有植物性食物与谷物的对比价格。动物性食物的价格上涨的原因是,既然生产此食物的大部分土地得到了改良,那么它们就很适合生产谷物,自然也能够提供资本利润。植物性食物的价格下跌的原因是,既然土地的产出力增加了,那它产出的这类食物也必定很丰富。此外,农业改良也能够降低植物性食物的价格。农业改良时,生产某些植物性食物所需的土地与劳动,就会比生产谷物所需的土地与劳动少。这类食物有:马铃薯、玉米(即印度的玉蜀黍)。这两大改良,是欧洲农业,甚至是整个欧洲通商及航海大发展的结果。另外,在农业发展的幼稚时期,许多植物性食物都是靠锄在菜园中栽种而得来的。到了农业改进时期,人们就开始在一般农场中用犁耙栽种另外一些可食用植物,比如大头菜、胡萝卜、卷心菜等。

由此可见,如果某种食品的真实价格因为社会改良而上涨,那么另一种食品的真实价格,也必然会因为同一原因而下跌。这时,涨价和跌价的抵偿幅度是很微妙的。在英格兰的大部分地区,除了猪肉之外的其他家畜肉的价格,似乎都已经在一个世纪之前达到了极限价格。当家畜肉的价格涨到极限时,无论其他动物性食物的价格如何升高,都不会对下层人民的境遇产生多大影响。比如英格兰,即使其家禽、鱼类、野禽或鹿肉的价格升高了,其国内的大部分贫民也不会因此陷入困苦的境地,因为马铃薯也同时跌价了,抵消了升高的一部分。

如果现在缺乏食物,那么高昂的谷价必定会给贫民带来苦难。但是,如果是普通的丰年,即使谷物以普通价格出售,其他原生物的价格上涨,贫民也不会因此而感到痛苦。能够引起他们更大痛苦的物品,也许是那些价格是因人为课税才上涨的物品,比如食盐、肥皂、皮革、麦芽、麦酒等制造品。

改良对制造品的价值造成的影响

随着改良自然而然产生的一个结果是,所有制造品的真实价格都逐渐降低。改良不但降低了所有制造业的费用,还使机械设备改善、劳动技巧提高、作业分工更加妥当,并大大减少了全部作业所需的劳动量。诚然,当社会处于日益繁荣的状态时,劳动的真实价格必然会大大升高,必要劳动量也会大大减少。不过,减少的劳动量,一般都足够补偿劳动价格的增高,并有部分剩余。

当然,改良给有些制造品带来的利益,还不足以补偿其原料真实价格的升高。例如木器制作,即使人们利用最好的机器、最大的技巧和最完善的分工,所得利益恐怕也不足以补偿由土地改良引起的木材真实价格的上涨。

但是,当原料的真实价格保持不变或小幅上涨时,制造品的真实价格就一定会大大下跌。最近两个世纪以来,那些以贱金属为原料的制造品的价格,下跌得最显著。例如,上世纪中叶价值二十余镑的手表,现在可能只值二十先令。其他一些物品,比如由刀工或铁匠制成的物品、各种钢铁玩具,以及著名的伯明翰出品、设菲尔德出品,其价格都有不同程度的下跌;虽然下跌的幅度没有表价那么大,但也足以惊倒欧洲其他地区的工人。有些工人承认,即使花费两至三倍的代价,他们也无法生产出同样优良的产品。跟其他制造业相比,也许以贱金属为原料的制造业更适宜进行分工和机械改良。所以,即使这类制造品的价格相当低廉,也没什么好奇怪的。

在最近两个世纪里,毛织业制造品的价格没有显著下跌。但是,在这二十五至三十年内,那些上等毛织物的价格却略微上涨了。究其原因,据说是西班牙羊毛价格的大幅上涨。还有一种说法是,从品质上比较,本世纪那些完全由英格兰羊毛制成的约克郡毛织物,价格大幅下跌了。不过,由于人们对品质的好坏大有争议,所以我认为这种说法未必真实。现在的毛织业分工状况和一百年前大致相同,机械的使用也没有什么大变化。毛织物价格大幅下跌的原因,可能是分工状况和机械使用这两方面的小小改良。和更远的十五世纪末期相比,现在的毛织物价格下跌得尤其明显,可能就是因为那时的分工程度不够精细,使用的机器也不够完备。

亨利七世第四年(1487年),颁布了一项新法令:"最上等赤呢或花呢的零售价,每码不得超过十六先令。如果违者,按每码四十先令的价格判处罚金"。据推断,当时的十六先令所含的银量,大约等于现在的二十四先令所含的银量;十六先令每码的价格,应该是当时上等呢料的普通价格。

此法令颁布的目的是取缔当时的奢侈,由此可见,当时每码呢绒的售价必定高于十六先令。这类织物现在的最高售价,是每码一几尼。如此说来,自十五世纪末期以来,即使是一般品质的上等呢绒,其货币价格也有明显的下跌,更何况现在是更优质的上等呢绒呢!至于上等呢绒的真实价格,其下跌的幅度就更大了。当时及此后的长时期内,每夸脱小麦的平均售价都是六先令八便士。所以,当时的十六先令可以买到稍微比二夸脱三蒲式耳还多一点儿的小麦。如果把现在的小麦售价假定为二十八先令每夸脱,那么现在要购买当时的最上等呢绒,至少要出三镑六先令六便士每码的价格。换言之,当时一码的这种呢绒所能支配的劳动量与食品量,与现在的三镑六先令六便士所能支配的劳动量与食品量相等。同时,粗呢绒的真实价格也明显地下跌了,不过,其下跌的幅

第一篇 论增进劳动生产力的因素
及分配劳动生产物给各个阶层的自然顺序

度并不像上等呢绒那么大。

爱德华四世第三年(1463年),颁布了如下法令:"限定以下人员不得穿用超过两先令每码的呢绒:农业雇工、普通工人,以及居住于市外或郊外的所有工匠所雇用的雇工。"当时的两先令所含的银,大约和现在的四先令所含的银相等。当时的最苦雇工所穿用的呢绒,恐怕比现在四先令每码的约克呢绒要差得多。就算是同等品质的呢绒,当时的售价也一定比现在高昂,其真实价格更是如此。

当时小麦的普通价格是十便士每蒲式耳,所以,两蒲式耳两配克的小麦售价两先令,就是当时小麦的合理价格了。如果现在的小麦售价是三先令六便士每蒲式耳的话,那么两蒲式耳两配克小麦的价格就是八先令九便士了。照此计算,当时的贫困雇工要购买一码的这种呢绒,就要舍弃支配现在八先令九便士所能购得的食品量的权力。不过,颁布这一法令的目的,也是取缔贫民的奢侈与浪费,可见当时贫民的日常衣着要比现在昂贵得多。

这一法令还对这类雇工的长袜价格作出了规定:"这一阶级的人民所穿用的长袜,每双价格不得超过十四便士。"当时的十四便士,大约相当于现在的二十便士,可以购买到一蒲式耳两配克的小麦。假定现今小麦的售价是三先令六便士每蒲式耳,那么现在一蒲式耳两配克小麦的价格,就是五先令三便士。现在看来,对当时最穷、最贱的雇工来说,一双长袜价值五先令三便士,就是贵到极点了。即便如此,当时的下级雇工也必须支付这一价格。

在这一时期,欧洲各地几乎没有人知晓织袜技术,人们所穿的长袜都是用普通布匹制成的布袜。这一因素,可能是长袜价格昂贵的原因之一。据说,伊丽莎白女王是英格兰最先穿织袜的人,她穿的第一双织袜还是西班牙大使奉赠的。

以往的毛织业,无论是粗毛织业还是精毛织业,所用的机械都远远没有现在这么完备。近几百年来,这些机械经过了三次大改良和多次小改良。这类改良的次数和重要性,现在都已经很难确定了。其中的三次大改良是:第一,用纺条和纺锤取代纺轮。因为这一改良,同量劳动的工作量提高了两倍以上。第二,发明了许多便于卷绕绒线和毛线的机器。在这种机器发明以前,把经纬线装入织机的工作是极其麻烦而困难的。第三,使用漂布机来浆洗布匹。在此之前,人们都是把脱机后的布匹放入水中,用践踏的方法使其致密。在十六世纪初期

的英格兰,以及阿尔卑斯山以北的欧洲各国,人们都还不知道水车、风车这类器械。在十六世纪初期以前采用这类机械的欧洲国家,只有意大利。这种情况,也许能够说明当时的精、粗毛织品何以比现在昂贵的原因。当时,生产并上市这类货物所花费的劳动更多,所以其上市后必须以更大的劳动量出售。

以往的英格兰粗毛织品制造业,以及现在某些处于工业发展幼稚阶段的国家的织品制造业,大概都是一种家庭制造业。这类作业中的各个部分,几乎都是靠家庭中每个成员的偶尔参与来完成的。不过,这种工作并不是他们生活资料的主要来源。只有在没有其他工作可做的情况下,他们才会做这种工作。我们已经说过,这类副业制成品的价格,要远远低于主业制成品的价格。主业制成品,是人们全部或大部分生活费的来源。

当时的英格兰,还没有精毛织品制造业。市场上的精毛织品,都是从贸易繁盛的弗兰德输入的。在当时的弗兰德,这种精毛织品制造业,大概是从事这一行业者的主要生活来源。这种情况,现在还是如此。另外,由于当时的弗兰德制品是外货,所以还要缴纳许多赋税。其中,吨税和磅税是必不可少的。不过,这些税好像不是太高。因为,当时的欧洲各国,并没有限制外国制品输入的政策,因而其关税自然不太高。相反的,政策还鼓励商人们输入一些本国不能自制的便利品和奢侈品,以满足那些豪绅显贵的需求。

这种情况也许能够说明,为什么以往粗制品真实价格比现在低的程度会大于以往精制品真实价格比现在低的程度。

本章总结

这里,我将用以下观点来结束这冗长的一章。

社会状况的改良,可以直接或间接地抬高土地的真实地租,使地主的财富增加到可以支配更多他人的劳动或劳动生产物的水平。

社会改良和耕作的扩大,可以增加生产物的总量,直接使土地的真实地租上涨,使地主得到的生产物增加。

有一部分土地原生物的真实价格上涨,最初是由土地改良和耕作扩大造成的,后来又反过来促进了土地的改良和耕作的扩大。比如说,牲畜价格的上涨,

第一篇 论增进劳动生产力的因素及分配劳动生产物给各个阶层的自然顺序

会直接以更大的比例提高地租。因为，当土地生产物的真实价值提高时，地上所得的部分，不但其真实价值（即其所能支配的他人的劳动量）会增大，其在全部生产物中所占的比例也会增大。当这种生产物的真实价值增大时，不需要花费比以前多的劳动量就可以得到它。所以，只须花费全部土地生产物的一小部分，就足够支付劳动工资和资本的普通利润；而剩下的较大部分，自然属于地主。

如果劳动生产力的增进能直接降低制造品的真实价格，那么它也必定能够间接提高土地的真实地租。通常情况下，地主那些自身消费不了的土地生产物，都会被用来交换制造品。只要是能够使制造品的真实价格降低的事物，都可以提高土地原生物的真实价格。因为这时，同量的土地生产物换得的制造品更多。这么一来，地主购买他所需便利品、装饰品和奢侈品的能力就增强了。

社会真实财富以及有用劳动量的增加，都可以间接地提高土地的真实地租。因为，有一部分劳动量，一定会自然而然地流向土地方面，从而使土地上有更多从事耕作的人和牲畜。当所投资本增加时，土地生产物也将增加；而土地生产物的增加，又会使地税增加。

相反的，如果忽视耕作和改良、不注意改进制造技术，就会使某种土地原生物的真实价格下跌、制造品的真实价格上涨。这么一来，社会的真实财富就会减少，使得土地的真实地租降低。这时，地主的真实财富就会减少，其所能支配他人劳动或劳动产物的能力自然也就跟着降低了。

前面已经说过，一国土地和劳动的全部年产物，其全部价格都由土地地租、劳动工资和资本利润这三部分构成。这三个部分，代表了分别以地租、工资和利润为生的这三个阶级的人民的收入。这三个阶级，是文明社会的基本阶级；他们的收入，是其他所有阶级收入的总源头。

由此可见，在上述三大阶级中，第一阶级的利益，即地主阶级的利益，和社会一般利益有着密不可分的关系。只要是社会一般利益增加了，地主的利益也会相应增加；只要是社会一般利益受到了妨害，地主的利益必然也会受到同样的妨害。在商讨商业及政治问题的公众集议上，地主阶级一定会从本阶级的利益出发，作出绝对不会贻误国家的决定。特别是当他们对本阶级的利益相当了解时，情况更是如此。但事实上，这种了解往往正是他们所缺乏的。在上述三个阶级中，地主阶级算是特殊阶级，他们既不用劳动心力，又不用作任何的计划和打算，却能理所当然地获得收入。正是因为他们处在安乐而又稳定的位置

上，所以他们就自然而然地变得懒惰起来。这么一来，他们就会无知到无法用脑筋去预测国家规章的地步。

第二阶级的利益，即靠工资过活者的利益，也跟社会利益息息相关。前面已经说过，当劳动工资上涨到最高水平时，劳动需求和所雇劳动量也会显著增加，那么劳动工资就会因此而上涨；当国民财富保持不变时，劳动工资马上就会降低到只够劳动者赡养家庭、维持种类的地步；而当社会衰退时，劳动工资甚至会降到能够维持劳动者生活的水平之下。在繁荣社会，劳动者不能和地主阶级一样享受那么大的利益；在衰退社会，劳动者却要遭受其他任何阶级都体会不到的痛苦。不过，即使劳动者的利益与社会一般利益也有着密切的关系，但他们却没有能力去了解社会一般利益，更没法理解这一利益与他们有什么关系。他们所处的状况，让他们没有时间接受各方的必要消息；即便是他们有时间，他们的教育和习惯也会阻碍他们对这些消息作出适当的判断。因此，劳动者只有在特殊的场合才会发表意见。这种特殊场合是，在特殊的公众集议上，雇主出于自身特殊目的考虑，鼓动并支持劳动者发言。除了这种特殊场合之外，劳动者是很少发言的，更别说是他们的议论能够受人尊敬了。

第三阶级，由靠利润为生的雇主们构成。正是因为各个行业都投入了追求利润的资本，社会上大部分有用劳动才有了被广泛利用的机会。劳动者的全部重要活动，都由资本使用者的规划和设计支配和指导着。这些规划和设计，都是为着利润这一目标做出的。利润率跟地租、工资不同，它不会因为社会繁荣而上升，也不会因为社会衰退而下降。相反的，它在富国最低，在贫国高一些，在迅速没落的国家里最高。因此，这一阶级的利益跟社会一般利益的关系，不同于其他两个阶级。

在这一阶级中投入最大资本的是商人和制造业者。由于他们比一般人富裕得多，所以受到了最高的尊敬。他们跟大部分的乡绅不同，因为他们终日从事着规划与设计的活动，理解力极其敏锐。不过，他们在进行规划与设计时，考虑的往往都是他们自身的特殊利益，而很少考虑社会一般利益。所以，即便是在少有的公平场合，他们的判断也大都取决于他们对自身利益的考虑。跟乡绅相比，他们更精明，因为他们比乡绅更能理解他们自身的特殊利益，而不是更理解公众利益。

这种优越的理解，往往被他们用来利用乡绅。在他们的欺骗之下，宽宏的

第一篇 论增进劳动生产力的因素及分配劳动生产物给各个阶层的自然顺序

乡绅只有老老实实地相信其自身的利益不是公众利益，只有让商人和制造业者得到了利益，公众才会得到利益。于是，乡绅们仅仅凭着胸中怀有的这一单纯而又诚笃的信念，就舍弃了自身利益和公众利益，以成就他们的利益。事实上，无论是哪一种商业或制造业的商人，往往都有很多与公众不同甚至相反的利益。一般商人的利益，无疑就是扩大市场、缩小竞争。扩大市场，往往有利于公众；但缩小竞争就不同了，它总是有悖于公众利益。因为，缩小竞争只会提高商人的利润，甚至使这一利润超过自然水平，给其余市民带来不合理的负担。

由此可见，任何由商人和制造业者提出的新商业法规，都应该先经过非常小心的考察，再决定要不要采用。即便这些法规经过了长期的仔细检查，但检查态度却不十分小心，甚至还有些疑问，那就绝对不能随便采用。因为，他们这类人，从未与公众保持过完全一致的利益，反而经常欺骗甚至压迫公众。公众也确实经常会受到他们的欺骗和压迫。

第二篇　论资本的流通、累积和作用

序　论

　　在无分工、少交换的原始社会，人们生活所需的全部物品都自给自足，人人都力图通过劳动来满足自己的即时需求。人们饿了，就去森林里打猎；没有穿的，就剥兽皮来穿；房屋破了，就就近伐树或割草皮，尽力修葺；即便是经营事业，也无须预先储备资金。

　　在分工完全确立之后，人们的即时需求，就不是靠其自身的劳动产物就能完全满足的了。其中，有一大部分的需求都来自于他人的劳动产物。这种产物，必须要用他自己的产物或是这一产物的价格，才能购买得到。不过，其自身的劳动产物，不但要在购买之前就已经是成品，还要能够卖掉。所以，他在办到这两件事情之前，还必须在某个地方备有足以维持生计的各种货物，以及生产所需的材料和工具。比如织匠吧，他在织品尚未做成并卖出以前，就需要足够维持生计的积蓄，以及工作的材料和工具，不然他也无法织出东西来。明显地，无论这种积蓄、材料和工具的提供者是他自己还是别人，这些东西的储蓄，都需要在他开始从事这项职业之前的很长一段时间里开始进行并完成。

　　从事物的本性上讲，必须在分工之前就完成资财的蓄积。预先储备的资财越充足，就越能按比例地进行细密的分工。当工人数量相同时，分工越细密，工人所能加工的材料就越能按更大的比例增加；每个工人的操作也会越来越简单。这么一来，工人们就有更多的时间来发明各种新机械，从而使操作更加简便、迅速。所以，当分工进步时，如果工人的数目不变，那么预先为这些工人储备的食物的量，就可以和分工进步以前一样；而工人工作所需的材料和工具的储备量，则要比分工进步以前所需要的多得多。而且，某一行业所需的工人人数，也往往会随着行业分工的细密化而逐渐增加。确切来说，正是工人人数的增加，才导致了行业分工的细密化。

劳动生产力要想得到大大的改进，就必须预先储备资财。一旦预先储备的资财增加，劳动生产力自然会得到改进。任何一个投资者，都希望其投资方法能够让劳动者生产出尽可能多的产品。所以，他在给工人分配职务时，必然会努力地使工人和工作相适应；他在置备机械时，也必然会考虑当时的发明创造条件和其自身的购买力，以尽量使机械设备精良、好用。他在这两方面的能力如何，往往跟他的资财和他所能雇用的工人数量有关。所以，无论任何国家，其资财的增加，都会促进产业数量的增加，并使同量产业能够生产出比以前多得多的产品。

在本篇中，我要说明的问题是：资财的性质、资财蓄积对各种资本有什么影响、资本用途不同时带来的影响又是什么。本篇包括五章。在第一章中，我要说明的是在按部门划分的情况下，个人或社会的资财被划分成了哪几个部分。第二章讨论的，是货币作为社会总资财的特殊部分时所具有的性质和作用。在第三、四章中，我将对资财作为资本时，由所有者自己使用，以及贷予他人使用的情况，分别进行讨论。第五章中讨论的，是不同用途的资本对国民产业量、土地和劳动年产物量所造成的不同影响。

第一章　资财的划分

如果一个人只有仅够维持数日或数周生活的资财，那么他就很少会想到要用这笔资财来取得收入，而是高度谨慎地消费它，并希望自己能够在用完它之前，依靠自身劳动取得一些东西作为补充。这时，他的全部收入就是他的劳动。各国贫穷劳动者，普遍都过着这种生活。

而如果一个人拥有足够维持数月或数年生活的资财，那么他自然会想到要借由这笔资财的大部分来取得收入，而将其中适当的一部分用来维持自己未取得收入之前的生活。于是,他的资财就被分成了两个部分。他希望从中取得收入的部分,叫做资本;他用以消费的部分,叫做生活资料。

生活资料总共包括了以下三类。第一,为生活消费而保留的资财;第二,通过各种方法逐渐取得的收入;第三,用上述两类资财购进,且现在尚能使用的物品,比如被服、家具等。为消费而保留的资财,可能会包含上述三项或三项中的一部分。

资本能够为投资者提供收入或利润,它有两种使用方法:第一,生产、制造或购买物品。投资者依靠售卖这些物品来取得利润。当这类资本留在所有者手中不动时,它不能为投资者提供任何收入或利润;而如果商人的货物未卖出,那么投资者也不能得到收入或利润;即使货物卖出并获得货币报酬,但如果货币没能重新换到货物,那么投资者也一样没有得到收入或利润。投资者的资本是不断流动的,它以一个形式被花费,又以另一个形式被收回。正是这种持续不断的交换和流通,才使得投资者有利可图。这类资本,叫做流动资本。第二,改良土地、购买有用机器和工具。这类资本叫做固定资本,它们一般无须易主或进一步流通就可提供利润。

固定资本与流动资本的比例,在不同的职业中可能会有极大的不同。

就拿商人来说吧,他们的资本几乎全是流动资本。如果商店或货栈也可以称为机器或工具的话,那么它们就是他们的唯一机器或工具了。

而手工业和制造业者就不同了,他们需要在工具上花费一部分资本。不过,这一部分的大小,在各行各业可能差异很大。比如裁缝行业,劳动者的劳动工具只有一包针而已。跟裁缝行业相比,制鞋行业的工具要值钱一些,但其数量也是有限的。织布行业的工具比制鞋行业的工具还要昂贵。这类资本大部分都是流动的。它们可能以工人工资的形式流出,也可能被用来购买原材料;其流入的形式,则是含有利润的产品价格。

跟手工业和制造业相比,有些事业所需的固定资本要大得多。比如,要经营一个大钢铁厂,必须花费极大的经费来置办熔铁炉、锻冶场、截铁场。如果是开采煤矿,还需要花费更大的费用来置备吸水机和其他各种机械。

对农业家而言,用来购买家具的资本是固定资本,由他保管在手上;用来维持工人生计和支付工人工资的资本是流动资本,由他支付出去。这两种资本,都能够为他提供利润。耕畜和农具一样有价格或价值,也是一种固定资本;

而饲养牲畜和维持工人生计一样,也需要一笔费用,这笔费用就归在流动资本中。所以,农业家获取利润的方法,就是保有并饲养牲畜。

如果农业家购买和饲养牲畜的目的只是出售,而不是代耕,那么这笔费用就应该算在流动资本里,因为他是靠出售牲畜而取得利润的。在那些生产牲畜的国家里,如果人们购买牛羊只是为了通过剪毛、挤乳、繁种和代耕来获得利润,而不是以贩卖为目的,那么这时的牲畜就应该归入固定资本这一类,从中获利的方法是保有它们。而维持它们的费用则是流动的,要靠付出维持费才能生利。维持费及全部价格的利润,全都会由羊毛价格、产乳价格、繁种价格和代耕价格来提供。种子也算得上固定资本。因为,它只是在土地与谷仓之间流动,它的主人并没有变,所以它的流动并不是真正意义上的流动。因此,农业家获取利润的方式并不是出售种子,而是出售种子的孳生产品。

一国或一个社会的总资财,即其全体居民的资财,自然也就被分成了以下三个各有特殊作用的部分。

第一部分是留作消费的。这一部分资本不能提供收入或利润,它包括已由消费者购买但尚未被完全消费的食品、衣服、家具和仅供居住的房屋等。

以仅供居住的房屋为例,如果投资者投入资财建造的房屋只是供他自己居住的,那么此时,这笔资财就失去了资本的作用,无法给投资者提供任何收入或利润。这类房屋和衣服、家具一样,虽然对他非常有用,却无法给他提供收入,而只能作为费用的一部分;即使屋主可能通过租赁而取得租金,但房屋本身还是无法生产任何东西。对租户来说,其支付给屋主的租金,还得从劳动、资本或土地中取得。所以,房屋只有在租赁的情况下,才可能作为能够给屋主提供收入的资本,但它对社会大众不提供任何收入,因而也就不能归入资本当中。

衣服和家具也一样,它们有时也能够提供收入,因而对某些人来说也算是资本。比如衣服,在盛行化装舞会的地方,就有人以一夜为租期出租化装衣服。再比如家具,家具商人就经常按月或按年出租家具。而在葬仪商店里,葬仪品也往往可以按天或按星期出租。此外,备有家具的房屋也有人出租,这样,屋主就可以收取房租和家具使用费。总而言之,这种租借事件到处可见。

但是,由出租这种物品而得到的收入,最终还是来自其他的收入。另外还有一件事情要注意,即在个人和整个社会留作消费的各种资财中,投在房屋上的那一部分资本的消费是最慢的。如果一处房屋不但建筑坚固,而且保护周

全，那么它就可以使用好几百年。而衣服就不同了，它一般只能穿用数年；家具也只能使用五十到一百年。即便如此，房屋也还是跟衣服、家具一样，仍然是仅供人们消费的资财。

第二部分是用作固定资本的。这部分资本就算不经流通或更换主人，也能提供收入或利润。它主要包含以下四类：一是所有有助于节省劳动的便利机器和工具。二是所有能够提供利润的建筑物。这类建筑物，一般包括商店、货栈、工厂、农屋、厩舍和谷仓等，它们不但能直接为屋主提供收入，还是租户获取收入的手段。因为，它们是专门用来营业的，和仅仅用来居住的房屋大不相同。三是土地。土地在经过开垦、排水、围墙和施肥等有利可图的方法的改良之后，能够变得像有用的机器一样，不但便于耕作，还能节省劳动，从而回报给投资者以比其投入大得多的流动资本。改良土地和机器一样有用，只是改良土地可以使用很久，而机器则磨损得比较快。农业家要想改良土地，只需要按照有利方法投入耕作所需的资本就可以了，因为土地基本上用不着另外修缮。四是全部国民所掌握的有用才能。要掌握这种才能，须进学校受教育，或是去做学徒，这需要花费一笔不小的费用。但是，这笔费用一旦投入，就似乎固定在了学习者身上。这些才能，不但是他个人财产的一部分，也是社会公众财产的一部分。工人增进的劳动熟练度，也和能够节省劳动的便利机器与工具一样，是社会固定资本的一部分。人们要获得这种才能，固然要花费一定的费用，但是，这种才能一经掌握，不但能偿还这笔费用，还能提供利润。

第三部分是用作流动资本的。这部分资本提供收入的方式，是流通并更换主人。它也包含了四类。一是货币。只有通过货币的流通，才能实现其他三类资本的周转并最终将它们分配到真正的消费者那里。二是食品。这类食品主要包括屠夫、牧畜家、农业家、谷商和酿酒商等人提供的食品，能够给他们提供利润。三是用来制作衣服、家具和房屋的材料。它们可能掌握在耕作者、制造者的手里，也可能掌握在布商、木材商、木匠、瓦匠等人的手里。这类资本，包括所有未被制成成品的纯粹原料和半加工材料。四是已经制成成品但尚未分配给真正消费者的物品。这类物品，可能仍然掌握在制造者或商人手中，它们主要包括陈列在锻冶店、木器店、金店、宝石店、瓷器店以及其他各种店铺里的物品。所以，货币，以及各种商家手里的食品、材料和制成品，就构成了全部的流动资本。其中，货币决定了食品、材料和制成品流转和分配的情况。如果没有货币，它们就无法顺利地到达消费者手中。

在这四类流动资本中,食品、材料、制成品这三类,通常都会在一年左右的时间内转变为固定资本,或是变成供人消费的资财。

固定资本都是从流动资本转变而来的,并需要流动资本的不断补充。比如,全部有用机器或工具,都是由流动资本购得的。在机器制成以前,制作机器的材料,以及维持制作工人生活的费用,都是由流动资本提供的;在机器制成之后,修理机器的费用也须由流动资本提供。此外,工作材料以及维持工人生计的食物,也都是由流动资本提供的。一旦缺少了流动资本,就算有固定资本,也无法创收。因为,一旦缺少流动资本,即使是最有用的机器或工具,也无法运转,自然生产不出任何东西;同理,如果缺少了流动资本,土地再怎么改良也无法提供收入。另外,一定要有流动资本,才能维持耕作者和收获者的生计。

无论是固定资本还是流动资本,都有且仅有一个目的:使留作消费的资财,在不致匮乏的基础上有所增加。人民的衣食住都是由这种资财提供的;人民的贫富,也是由这两种资本所能提供的这种资财的多少来决定的。

社会固定资本和留作消费的资财,随时都可能需要补充。这时,就需要抽出大部分的流动资本来满足这种需求。这么一来,流动资本也需要不断地得到补充,否则它不久就会干竭。流动资本的来源主要有土地产物、矿山产物和渔业产物这三种,它们可以源源不断地提供食物和材料,或是食物和材料的半成品。这种供给,补充了流动资本中那些被抽出的食物、材料和制成品。另外,还必须从矿山采掘金属,以维持和补充所需要的货币量。虽然货币一般都无须从流动资本中抽出来以用作固定资本,也无须留作消费资财,但是它也和其他东西一样容易磨损,或是被输往国外,因此也须不断地加以补充。不过,与食物和材料相比,货币的补充量要小得多。

经营土地、矿山和渔业,也需要固定资本和流动资本。这些产业的产物,不但要偿付投资者投入的资本和利润,还要偿付社会上的其他资本和利润。

比如,制造者每年所需的食物和材料都是由农民提供的,而农民每年所需的工业品则是由制造者提供的。这两个阶级之间,虽然很少直接拿制成品和农产品相互交换,但是实际上,他们之间的交换情况的确年年如此。我们都知道,农民拥有谷物、牲畜、亚麻和羊毛等,却缺少衣服、家具和工具等。而在实际生活中,买谷物、牲畜、亚麻和羊毛的人,不见得拥有可以与农民进行交换的衣服、家具和工具。所以，农民要想拥有他所需要的制造品，就得先把自己的土地生产物换成货币才行。

经营渔业和矿业也一样，也都至少需要一部分由土地补充的资本。因为，无论是从水里捕鱼，还是从地下挖掘矿物，都需要消耗土地生产物。

当自然生产力的大小相等时，投入资本的多少与资金用法的好坏，决定了土地、矿山和渔场的出产量；而当资本数量相等，且投资方法都较得当时，决定土地、矿山和渔场出产量的因素，又变成了自然生产力。

如果一国国民的生活比较安定，那么国民一般都愿意花费一些可供自己使用的资财，以享受现在的生活或是追求未来的利润。如果想享受生活，那些资财就会被留作消费；如果想用那些资财来追求未来的利润，就可以把那些资财暂时保留在手里，或是直接用于投资。当资财被留作消费时，它就是固定资本；当资财被暂时保留或是直接用于投资时，它就是流动资本。当一个人的生命财产安全非常有保障时，如果他不把自己所能支配的一切资财用于这些用途上，那他无疑很疯狂。

如果一国的君主专制又暴虐，使得人民财产随时都有可能受到侵害，那么人民往往会藏匿起自己的大部分资财。这么一来，当他们时刻提防的灾难降临时，他们就可以随时带着这些资财去往安全的地方。这种事情，据说在土耳其和印度很常见，我相信在亚洲其他各国也很常见。好像在英国的封建暴虐时代，也有过这种情形。当时，各大国君主的一大收入就来源于发掘宝物。只要是当时埋藏在地下的无主物品，都归国王所有，除非经过国王特许，才属于发现者或是地主。当时的金银矿，也像这种地下宝藏一样受到了极大的重视。一般情况下，金银矿山都不属于普通土地，须经过明令特许才能开采。相比之下，铅、铜、锡、煤等矿山就不那么重要了，人们可以随意开采。

第二章　维持国民资本的货币

我曾在第一篇中指出，由于商品的生产和上市需要使用劳动、资本和土地，所以大部分商品的价格，都由劳动工资、资本利润和土地地租这三部分构成。在实际当中，有些商品的价格仅由劳动工资和资本利润构成，还有极少数商品的价格仅由劳动工资构成。但是,商品的价格,归根到底都是由上述三部分的全部或部分组成的。如果某商品价格中的一部分既不能归为地租也不能归为工资,那么它一定是利润所得。

上述情况,既适用于各种特殊商品,也适用于构成全国土地和劳动年产物的全部商品。在第一篇里,我曾经说过:一国土地和劳动年产物的总价格,或是其总交换价值,也必然由这三部分构成;分配到国民手里的部分,不是劳动工资,就是资本利润或是土地地租。

一国土地和劳动年产物的全部价值,就是这样分配给各个居民的。不过,国民收入也分为总收入和纯收入这两种收入,就像私有土地的地租是由总地租和纯地租这两种地租组成的一样。

农业家付出的一切,都包含在私有土地的总地租当中。从总地租中减去管理和修缮等各种必要的费用之后,剩余的部分就是支付给地主的纯地租,即农业家提供给地主的、不伤害地主财产的消费资财。地主可以用这笔资财购置衣食、修饰住宅,或是进行其他的私人享乐活动。决定地主实际财富的因素,不是总地租的多少,而是纯地租的多少。

一个大国的总国民收入,由该国土地和劳动的全部年产物构成。从总收入中减去所花费的固定资本和流动资本,剩余的部分就是纯收入,可由居民留着自由使用。也就是说,纯收入就是在不蚀本的情况下,可由居民留着享用的资财。这种资财,既可以单纯地用于消费中,也可以用来购买生活必需品、便利品或娱乐品等。决定国民真实财富的因素,不是其总收入有多少,而是其纯收入的大小。

补充固定资本的费用,显然不能算在纯收入中。有些有用的机器或是工具,须经过修补才能使用;有些有利可图的房屋,也须经过修缮才能出租并获得利润。在此过程中,需要使用一部分材料,并需要一定的劳动把这些材料都制成成品,所以要花费一笔费用。这笔费用,也不能算在纯收入中。至于这种劳动的价格,也许会转变成社会纯收入的组成部分,因为这种劳动的工资很可能全都会被劳动者留作消费资财。但是,如果是另外的劳动,则其劳动价格和劳动产品都须归入纯收入中。其中,劳动价格用于工人消费,劳动产品则留供别人消费。工人劳动的增加,会使别人的生活必需品、便利品和娱乐品也增加。

固定资本的目标就是增加劳动生产力,使得当前工人所能完成的工作量,比以前的等量工人完成的工作量多得多。如果一个农场有必要的建筑物、围墙、水沟、道路等完备的设施，那么在土壤面积、肥瘠、劳动人数和牧畜数目都相等的情况下，它所能收获的产物，必然会比没有这些设施的农场所收获的要多得多。同样地，如果一个工厂备有精良的机器设备，那么当工人数目相同时，它所能生产的物品量，也一定比不具备这些设备的工厂大得多。

花费在固定资本上的费用，只要适当，就一定能够很快地得到高利润。同时，年产物的价值也会因此而增加到远远大于必要的改良费用。不过，这笔改良费用属于年产物的一部分。这么一来，一部分原本可以直接用来增加食品、衣服、住所，以及其他各种必需品和便利品的材料和人工，就得改作他用。显然，这种新用途是非常有利的。所以说，机械的改良，可以使相同数量的工人借助于价格低廉且操作简便的机器生产出同量的物品。这种改良，无疑是社会的一大进步。因为，在以前，一旦一些比较昂贵的复杂机器坏掉了，就需要由一定数量的材料和人工来修理，这笔费用是较大的；而现在，由于机器改良了，就可以省下这笔修理费，把它花在其他机器上，从而增加产品数量。比如，以前的大制造厂主，每年花费的机器修理费至少也有一千镑；而现在，如果这笔修理费减少到了二百镑，他就可以将节省下来的那笔费用用于增购材料、雇用更多工人。这么一来，产品的数量自然会增加。一旦产品的数量增加了，由这种产品带来的社会福利自然也会增加。

大国花费在维持固定资本方面的费用，与私有土地的改良费用差不多。为了使土地产物能够为地主提供总地租和纯地租，农业家常常须花费一定的资金来改良土地。如果措施得当的话，就可以减少这笔改良费，并保持产物的数量不变。这时，总地租至少会保持不变，纯地租一定会增多。

流动资本的维持费跟固定资本的维持费不同，它可以归入社会纯收入之内。我在前面已经说过，流动资本包括货币、食物、材料和制成品这四类。其中，后面三类经常会转变成固定资本，或是留作消费资财，从而成为社会纯收入的一部分。所以，维持这三类资本的流动资本，还是社会纯收入的一部分，它们并没有造成社会年产物的减少；只有在维持固定资本时，才会造成社会纯收入中的一部分年产物的减少。

从这一点上比较，社会流动资本不同于个人流动资本。因为，个人流动资本与个人的纯收入完全是两个概念，个人的纯收入指的就是个人所获得的纯利润；而社会流动资本就不同了，它虽然是由个人流动资本组成的，但它可能是社会纯收入的一部分。就拿商店里的存货来说吧，它虽然不是商人的消费资财，却是别人的消费资财。购买者的收入一般来源于其他行业，购买者可以用其收入来偿付商人的货物价值和利润。这样的话，商人和购买者的资本都不会减损。

所以，在社会流动资本当中，只有维持货币会使社会纯收入减少。货币虽然是流动资本的组成部分，但在对社会收入造成的影响方面，它的作用却与固定资本的作用极其相似。

第一，营业所需的机器和工具，需要花费一定的费用来购置并维持。这笔费用需要从社会纯收入中扣除。与此类似的还有货币。无论是收集货币还是弥补货币的磨损，都需要一笔费用，这笔费用也是从社会纯收入中扣除的。货币作为商业上的大工具，能够使社会上的生活必需品、便利品和娱乐品，以适当的比例分配到真正的消费者手里。但是，由于这种工具非常昂贵，所以要想使留作消费的资财不因此而增加，就必须花费一定数量的极有价值的金银和精细劳动。只有这样，人民的生活必需品、便利品和娱乐品才不会增加。

第二，个人或整个社会营业所使用的机器和工具，以及货币，都不能归入总收入或纯收入之内。虽然货币能够使社会的全部收入按需分配到社会各成员那里，但它也不能算作社会收入的一部分。货币只是货物流通的工具，它大大不同于借它之力来流通的货物。真正能够归在社会收入之列的，是货物而不是货物借以流通的工具。只有减掉货币全部价值后剩下的货币和货物，才能归入社会总收入或纯收入之内。

人们听到这个言论时，也许会产生疑问，认为它有些诡辩。产生这种结果的原因，就是我表述得不够清晰明了。如果我能够将其解释清楚，那么人们无疑能够正确无误地理解它。

一定数额的货币，有时仅仅是指含等量金块的货币，有时又暗指这一数额的货币能够换得的货物量，即购买力。

比如，当我们说英国的通货量是一千八百万镑时，仅仅指的是根据某个作家计算或设想而得来的英国商品流通所需的金块量。但是，当我们说某人的年收入是五十或一百镑时，通常指的是他每年可以收入的纯金块量，以及他每年可购货物的价值。这句话，通常可以表示这个人的生活状况，也就是说，他所能

享受的生活必需品和便利品在数量和质量上应该是怎样的。

一定数额的货币，有时还暗指这一数额的货币能够换得的货物量。这时，这一数额的货币所表示的，就只能是财富或收入，即货币所值，而不再是货币本身所含的金块量。假设某人的养老金是每星期一几尼，那么他每星期所需的一定数量的生活必需品、便利品和娱乐品，都可以用这一几尼购买。这时，他每星期的真实收入，就和这一几尼所能购买的物品的多少成比例关系，即等于一几尼所能购买的货物，或是等于一几尼。实际上，说他每星期的真实收入等于一几尼所值，比说他每星期的收入等于一几尼更加恰当。

如果这个人每星期的养老金不是以金支付的，而是用面值一几尼的票据支付的，那么他的收入明显就是这张票据所能换得的物品。这时，一几尼也可以看做是一张票据。这个人有了这张票据，就可以从邻近的商人那里购买到一定数量的生活必需品和便利品。他的收入，就是他用这一几尼换得的货物，而不是一几尼的金块。如果这一几尼不能换得什么物品，那么它就会像破产者开出的票据一样没有价值。

一国居民每星期或每年的收入，虽然都可以用货币支付，而且实际上也是用货币支付的，但是他们每星期或每年的真实收入的多少，却总是跟他们用货币所能购买的消费品量有关。这么一来，他们的全部收入，显然也不能既等于货币又等于消费品，一般都只等于消费品的价值。

一个人每年能够领取的金额，通常表示他每年的收入。因为，这一金额足以支配他的购买力，即这一金额决定了他每年所能取得的消费品量。尽管如此，我们仍然认为他的收入是由这种购买力或消费力构成的，而不是由具有这种购买力或消费力的金块构成的。

这种情形，用在个人身上是非常明白的，用在社会范围内更加明白。一个人每年的收入，往往恰好等于他所能领取的金额。所以，他的个人收入，可以用他所能领取的金额简洁明了地表示。但是，社会全体人员的收入，却绝对不等于社会上的货币流通量。同样是一几尼的养老金，今天可以付给甲，明天可以付给乙，后天又可以付给丙。所以，无论是任何国家，其每年的货币流通量，都要远远小于该年支付的养老金。但是，流通货币的购买力，即这笔陆续支付的养老金所购买到的全部货物，却总是和这笔养老金的总金额具有同样的价值。同样，所有靠领取养老金生活的人，都必定能够取得与单笔养老金具有相同价值的收入。由于社会上流通的金块量远远小于它在流通中的价值,所以它绝对不能归入社会收入之内。构成社会收入的真正元素,是那些辗转流通于人们之间的金块陆续购得的货物,即那些少量金块的实际购买力。

货币和其他一切行业的工具一样,也是资本的一部分,而且是商业流通的大工具、资本中极有价值的一部分。但尽管如此,也不能把它归入社会收入之列。虽然是靠着金币的流通,才使得收入被分配到了应得收入的人手上,但那金币依然不能归入社会收入之内。

构成固定资本的机器和工具,有一点与一部分流动资本类似。节省购置和维持机器的费用之后,如果劳动生产力不会因此而被减损,那么社会纯收入就会增加。同样地,节省收集和维持货币这一流动资本的费用的举措,也可以增加社会纯收入。

为什么节省固定资本维持费的举措可以增加社会纯收入呢?这个问题浅显易懂,我们也曾经作过一些解释。企业家的全部资本,必然由固定资本和流动资本这两部分构成。当资本总额不变时,二者势必此消彼长,即当这部分减少时,那部分就增多。由于流动资本可以用来提供材料、支付工资、推动产业发展。如果在节省了固定资本的维持费之后,劳动生产力没有减损,那么推动产业发展的流动资金就一定会增加。这么一来,社会的真实收入,即土地和劳动的全部年产物,就会相应增加。

纸币是比金银币低廉得多的一种商业工具,但它的便利性,有时却几乎等于昂贵的金银币的便利性。纸币是商业流通的新工具,而且其花费的制造费和维持费都比金银币少得多。但是,它在流通中又是如何发挥工具作用的,又是如何来增加社会总收入或纯收入的呢?人们还不太明白,所以我将在下面作进一步的说明。

纸币有好几种,而且各不相同。银行的流通券是最普通、最合用的纸币。在某一国家内,如果人们信任某个资产雄厚的银行家行为诚实、处事谨慎,有能力随时兑换现金,那么他所发行的纸币就可以像金银币一样在社会上流通。

假设这个银行家借给顾客十万镑与同额货币等值的期票,那么债务人自然应当偿还这笔期票的利息,就像借入货币必须偿付利息一样。这时,这张期票的利息就是银行家的利益来源。这笔期票发出去之后,肯定会有一部分流回来,还有一部分会持续地在社会上流通。所以,往往只需要花费这笔总值十万

183

镑的期票中的两万镑,就足以应付不时之需。所以,这种期票能使二万镑金银币和十万镑金银币的效用相等。这么一来,十万镑的期票就等同于十万镑的金银了,也能像十万镑的金银一样用来交换、周转和分配一定数量的消费品。所以,国内用作流通的金银,就可以节省八万镑。假设该国众多银行都用这个办法来经营业务,那么这时国内货物流通所需的金银,至多等于没有这种期票时的五分之一。

假设在某一时期内,某国的通货总共是一百万镑,足够用来流通国内的全部年产物,后来,由于银行众多,就发行了一百万镑期票用于兑现,并为了应不时之需而在金柜里保留了二十万镑。这样,在市场流通的货币,就有八十万镑金银币和一百万镑期票了。但是,市场上原本只需要一百万镑,就可以完成国内土地和劳动年产物的流通、周转和分配了,何况银行也不能立刻就增加国内年产物的数量。所以,即使有那么多银行,流通国内全部年产物所需的货币量也仍然是一百万镑。无论是用以买卖的货物量还是货币量,基本上都没有变化;流通的渠道自然也保持不变。如果这时国内流通的货币量超过了一百万镑,势必会满溢而旁流。现在国内的货币流通量是一百八十万镑,所以会有八十万镑的资金溢出来。

但是,如果将国内不能容纳的数目置之不用的话,损失也未免太大了。所以,溢出来的这八十万镑,一定会被送到外国去,以寻求在本国寻求不到的有利用途。不过,送到外国去的这八十万镑,不能是纸币。因为,发行纸币的银行离外国太远,本国的法律也无力强迫外国硬性兑现,所以纸币在外国是不能通用的。所以,送到外国去的这八十万镑,一定全部都是金银。这时,国内流通所需的一百万镑金银,只需要一百万镑的纸币就可以取代了。

这笔送往外国的巨额金银,绝对不会就这么无所作为地送给外国当礼物的,而是换进一些外国货供本国人消费,或是把那些外国货转卖给别国人消费。打个比方,如果是甲国人民把本国的巨额金银运到了国外,并用它来购买乙国的货物供人们消费,那么他们所经营的就是"贩运贸易"。由这种贸易增加的利润,自然会增加甲国的纯收入。所以,这笔巨额金银,能够像新筹措的资金一样开办新事业;而国内原本需要由金银来经营的事业,就转由纸币来经营了。

人们用这笔巨额金银从外国购得并供本国消费的货物,不是葡萄酒或是绸缎之类供游惰阶级使用的消费品,就是材料、工具和食物等。

当这笔资金用于前一用途时,无疑只会鼓励奢侈、增加消费,而无法增加生产和维持这项消费的固定基金,这必然对社会有百害而无一利。

当这笔资金用于后一用途时,可以维持和雇用更多的勤劳人民,使他们能够生产出更多的年产物和利润,这样就达到了鼓励勤劳的目的。这么做,虽然增加了社会消费,却也同时提供了维持这项消费的固定资金。因为这时,劳动者不但会将每年消费的价值全都再生产出来,还能为社会创造更多的利润;社会的总收入,即全社会土地和劳动年产物的数量,也势必会增加到等于材料经工人加工后所增加的全部价值;社会的纯收入,也必然会增加到等于总收入减去维持费后剩下的价值。

由于银行众多而溢出并被迫流往外国的金银,如果从外国购进的货物是供本国消费的,那么这些货物,一定大部分都是用于后一用途的货物。这几乎是必然的。当然,没有增加收入却忽然大肆挥霍的人,也不是没有。但是,我相信这一阶级的人,肯定不会全都这么做。我们固然不能期望这一阶级中的每个人都能谨慎从事,但是其中至少会有大部分人是不侈靡、不乱花钱的,他们总能奉行谨慎的原则。至于游惰阶级的收入,却不会因为银行众多的影响而增加一分一毫。所以,即使银行众多,游惰阶级的费用也基本上不会增加,他们对外国货物的需求也几乎照旧。他们所需要的外国货物所耗费的货币,只占由于银行众多而流往国外的货币的极小一部分。剩下的大部分货币,自然是用来振兴实业了。

社会流动资本能够增加劳动量。我们常须记住一件事,即在四类社会流动资本中,只有食物、材料和制成品这三类所增加的劳动量是可以计算的。在实现这三类流通时所使用的货币,必须减去。要想推动产业的发展,需要具有材料、工具和工资这三样东西。其中,材料是工作对象,工具是工作手段,工资是工人做工的动力。货币不同于工作材料和工作工具,它虽然被普通用于支付工人工资,但它其实并不是工人的真实收入。工人的真实收入,由货币的价值,即金块所能换得的货物构成。

一定数量的资本,能够提供的材料、工具以及所能维持的工人数量,都是一定的。所以,一个人所能雇用的劳动量,由他所拥有的资本量决定。虽然货币可以购买材料、工具,并能维持工人的生计,但它所能支配的全部劳动量,无疑不等于它本身加上它所能购买的材料、工具及食物的总和,而是往往只

等于它能够购得的物品。

自从出现了纸币之后,全部流动资本所能提供的材料、食物和工具,都必然会随着纸币所代替的等量金银的增加而增加。现在,货币的全部价值,都被加在了原本要靠它才能流通的货物身上。这种情形,与一个大工厂主的处境非常类似:随着机器的改良,他用新机器代替了旧机器,并把新旧机器的价差算在了流动资本里,用来购置材料、支付工人工资。

一国流通的货币与其所流通的年产物价值保持着什么比例呢?也许没有人能够确定。有人说是一比五,也有人说是一比十、一比二十,还有人说是一比三十。但是,无论货币与年产物总价值的比例有多微小,年产物中也有一小部分是指定用来维持产业的,而且货币与它的比例还不小。如果用纸币代替金银币,并且流通所需的金银量减少为原来的五分之一,那么当节省出来的那五分之四有一大部分都用在了维持产业上时,产业数量、土地和劳动年产物的价值,自然都会大大增加。

最近二三十年以来,苏格兰的各大都市,甚至是穷乡僻壤,几乎都设立了很多银行。由于银行众多,就出现了上述结果,使得国内的事业几乎全都要靠纸币来周转,纸币被用于一切购买和支付的活动当中。只有在兑现二十先令以上的纸币时,才可能见到银币,见到金币的机会就更小了。到处都设立了银行,其中难免会出现良莠不齐的现象,甚至使得议院有必要立法对一部分银行进行制裁。但是,国家无疑也从银行的设立中得到了莫大的好处。据说,格拉斯哥自从创立了银行之后,其商业竟然在十五年里就得到了加倍的发展。此外,自从苏格兰在爱丁堡设立了两个公立银行之后,苏格兰的商业就比以前增加了四倍还多。这两个公立银行,一个是在1693年经英格兰国会决议通过而设立的苏格兰银行,一个是在1727年经国王敕令而设立的皇家银行。

不过,在这段短短的时期里,格拉斯哥以及苏格兰的一般商业有没有取得上述进展,我不敢自作聪明地妄加判断。如果上述情况属实,那么带来这种巨大进展的因素,一定不止设立银行这一条。不过,说银行的设立是苏格兰这一时期的工商业大为增进的原因,无疑是正确的。

1707年,英格兰和苏格兰合并。在此前还流通于苏格兰境内的银币,在合并后不久被全部拿到苏格兰银行去再铸,所含的银量为四十一万一千一百一十七镑十先令九便士。金币的再铸量无从考究。不过,从苏格兰造币厂的旧账簿上看，金的再铸量好像比银稍微多一些。当时，有许多人都唯恐一旦把银缴给苏格兰银行，那些银就不再是他们的了，所以当时有很多银币都没有上缴给苏格兰银行。另外，还有许多英格兰铸币也在苏格兰市场上流通，它们也没有被上缴给银行。因此，苏格兰在未与英格兰合并之前，其通用金银币的价值合计不下于一百万镑，好像等于当时苏格兰的全部通货量。因为，虽然当时的苏格兰银行没有竞争者，它所发行的纸币也不少，但这些纸币在全部通货中所占的部分却极小。现在，苏格兰的全部通货，可能至少也有二百万镑，其中大概只有五十万镑金银币。不过，即使苏格兰的金银币大大减少了，但它的真实财富和繁荣程度却没有受到丝毫的影响，反而在农工商各个行业明显地发展起来，就连土地和劳动年产物的总量也明显增加了。

银行发行钞券的主要方法是贴现汇票，即用货币来购买未到期的汇票。这时，人们可以拿着没有到期的汇票提前去银行借贷现金，银行则会从贷款总额中扣除到期应收的利息。汇票到期后再兑付时，不但足够偿还银行提前借贷出去的现金，还能带来利息。这笔利息，就是汇票持有者获得的纯利润。银行在支付贴现汇票时，用的是本银行发行的钞券，而不是金银。银行家可以根据经验，尽可能地垫付钞券，因而当他所能贴现的汇票金额增加时，他能获得的纯利润自然也会增加。

苏格兰的商业，现在也不怎么繁荣，更别说是设立两个公立银行的那段时期了。如果这两个公立银行经营的项目只是贴现汇票而已，那么它们的营业额必然会很少。因此，它们又发行了用现金结算的信用券。现金结算法，指的是无论任何人，都可以向银行借款二千或三千镑，条件是借款人能找到两个有信用和地产的人作担保，并能够按照银行的要求，在规定期限内如数还清他所借的金额及其法定利息。我相信世界各地的银行，都普遍采用过这种放贷方法。据我所知，苏格兰各个银行的还款条件是非常宽松的。也许正因为如此，苏格兰银行的营业额才会这么高，从而为国家创下了丰厚的收入。

在苏格兰，只要是具有上述信用条件的人，都可以按照现金结算法向银行借到现金。比如说，一个人借了一千镑，他可以随时分期还款，哪怕一次只偿还二三十镑也行。而银行方面，则会从他每次还款的日期开始至他全数偿清的日期为止，计算他每次偿还的数额及他应付的利息，并将相应数目的利息从总利息中扣除。

在各个行业的商人和实业家看来，这种方法非常便利。所以，他们都支持银行的这一经营项目，不但自己接受了用纸币与别人进行交易，还劝导别人也一起接受。银行借给商人的借款，大都是本银行发行的纸币。这种纸币，通过商人购买货物的活动流通到制造者那里，再由购买食物和材料的活动流通到农业家手里，农业家再向地主支付一部分地租，让地主用这种纸币从商人那里购买到各种便利品或奢侈品。最后，商人再把纸币还给银行以抵消之前的借款。在这种情况下，全国的金银流通几乎都被纸币流通代替了，所以银行业自然也就兴旺了。

商人们可以依赖现金结算法，没有危险地扩大自己的经营范围。假设爱丁堡有个商人，他的经营项目、所投资本都跟伦敦某个商人相同。由于他可以用现金结算法来取得贷款，所以他可以没有危险地逐渐扩大他的经营规模，雇用更多的雇工。相比之下，伦敦商人则因为不能进行现金结算法，所以经常会为了应付索讨赊购贷款的要求，而把巨额货币留在身边或是存在银行的金柜里，这么做自然是没有利息的。假设伦敦商人常须保留的不动资金是五百镑，那么他的货栈里所存货物的价值，就会比爱丁堡商人货栈里的货物价值少五百镑。如果伦敦商人的存货平均每年脱销一次，那么这时，他每年所卖货物的价值就会比爱丁堡商人少五百镑；他每年所得的利润，以及他雇用来处理销售事务的工人，也一定都比爱丁堡商人少。

相反的，即使爱丁堡商人也会遇到这种不时之需，但他却无须保留这五百镑的滞财，因为他可以随时用现金结算法去向银行借钱，等以后再用售卖所得的铸币或纸币逐步还清借款。在他与伦敦商人拥有相同资本的情况下，他可以没有危险地囤积较多的货物，因而赚取的利润也更大，并使劳动人民有了更多的就业机会，给国家带来了不小的利益。

英格兰银行的贴现汇票带给英格兰商人的便利，与现金结算法带给苏格兰商人的便利相同。不过，苏格兰商人在用现金结算法向银行贷款的同时，也可以像英格兰商人一样容易向银行贴现汇票，比英格兰商人获得了更大的便利。

在商业状况不变的情况下，一国无障碍流通的纸币总金额，绝对不能多于该国没有纸币时所必需的流通金银量。就拿苏格兰的通用纸币来说吧，如果苏格兰流通某种货物所需的金银至少是二十先令，那么这种货物每年在国内的通货总额,绝对不可能超过价值在二十先令以上的交易所需的金银量。如果通货总额超过了二十先令,那么多余的部分马上就会流入到银行,并被兑换成金银。于是,纸币持有者马上就可以感觉到自己的纸币超过了国内交易所需,因而会立即持纸币去银行兑现。因为,纸币被送到国外根本没有用;而一旦纸币被兑换成金银输往国外,就能用在多种用途上。总之,过剩的纸币将会全数流回银行,再被兑换成金银。如果银行不能快速进行兑现,就会有更多的纸币流回银行,并引起人们的惊疑和紧张,使人们加大兑现要求。

经营任何事业都需要经费,比如房租和办事员、会计员等人的工资,都是不可缺少的开销。除了这些开销以外,还要在银行存有两类特别费用。一是在银行金柜里保留巨额货币。这笔巨额货币无利息可得,只是为了应付有人持票兑现的不时之需。二是及时补充金柜。当金柜里保留的巨额货币因应付不时之需而接近枯竭时,需要及时补充至常需保留的数额。当银行发行的纸币多得超过国内流通所需时,多余的纸币就会不断地流回银行去兑现。这时,银行就要按照超过多余纸币的量来增加金柜的金银储备量,因为纸币的流回速度比发行速度快得多。因此,银行第一类特别费用,得按照超过必须兑现的比例而增加。而且,对这种发行过多纸币的银行来说,即使它的金柜储备很充足,其枯竭的速度也一定比一般银行快得多,因而常需加紧对金柜进行补充。但是,由于铸币从金柜里流出的目的,只是兑换超过流通所需的纸币,所以这么多铸币并不是流通所需的,因而它也不能在国内流通。

铸币一般是不会被废置不用的,即使它在国内没有用处,也会被人以不同方式运送到国外去,在国外寻找到有利的用途。但是,如果金银总是这样不断地输出,那么当银行需要金银补充金柜时,银行要觅取金银就会更加困难,觅取费用也自然会增加。所以,当兑现要求比较紧张时,那些发行过多纸币的银行在增加第二类特别费用上的花销,一定比第一类特别费用多。

假定某个银行发行了四万镑的纸币,刚好等于国内流通所需的数目。该银行还准备了一万镑金银,以应付不时之需。假如该银行企图发行四万四千镑纸币,那么多出来的那四千镑,就超过了社会容易吸收和使用的限度,必将在发行之后又立即流回银行。于是,银行为应付不时之需而储备的金银就不再是一万镑,而是一万四千镑了。这多余的四千镑纸币,不但不能提供丝毫利润,反而还会带来损失。因为,银行为了兑现这四千镑纸币,需要花费一笔费用来收集四千镑金银,而且这笔金银刚收上来,马上又会被兑现走。金银就这样不断被收集和散出,花掉了一笔不小的费用。

如果所有银行都能够考虑到其自身利益,那么市场上流通的纸币就不至于过剩了。不过,未必所有银行都能考虑到这一点,所以纸币过剩的现象自然也就很常见了。

由于纸币发行量过大会导致多余纸币流回银行兑换金银,所以多年以来,英格兰银行每年都得铸造八十万到一百万镑的金币,平均每年铸了八十五万镑的金币。在数年以前,由于金块被磨损得粗劣不堪,银行采取了大量铸造金币的措施。当时,银行购买金块的价格,高达四镑每盎司;等到金币铸成时,每盎司金币的价值却只有三镑十七先令十个半便士,损失率达到了百分之二点五到百分之三。由于铸造的数额非常大,所以金银的总损失自然也不小。即使是在免付铸币税,并由政府负担全部造币费用的情况下,银行的损失也是避免不了的。

苏格兰银行也发生过同样的情况。由于它发行的纸币过多,所以经常不得不以百分之一点五或百分之二的费用,委托伦敦代理人替他们收集金银,然后再以百分之零点七五的保险费雇马车送来。即使如此,这些货币也往往不能使本银行的金柜得到及时的补充,因为金柜枯竭的速度太快了。这时,苏格兰银行为了筹够所需的金银数目,就不得不向伦敦其他的银行开汇票。等到汇票到期时,这些银行就会向苏格兰银行索取借款、利息和佣钱,而很多苏格兰银行都因为发行了过多的纸币而困难重重,常常无力支付,因此不得不开出第二批汇票给原债权人或是伦敦其他的银行。有时候,同一数额的汇票,往往会在伦敦和爱丁堡之间往返两三次,甚至是三次以上。这么一来,利息和佣钱就会大大增加,并全数由借债银行支付。这无疑是一种自取灭亡的方法,但即使是苏格兰一些一直都不怎么冒险逐利的银行,有时也不得不采用这种方法救急。

英格兰银行或苏格兰银行为了兑换发行过多的纸币,付出了比流通所需多得多的金币。于是,这种金币就只好直接或是被熔成金块之后被运往外国,然后再由英格兰银行以四镑每盎司的高价买回来。那些直接输往外国,或是被熔成金块之后再运往外国的金币,不但是最新的,也是最重、最好的。因为,国内流通的铸币,只要能够保持铸币的形态,它的价值就和足值铸币的价值相等,而其本身的重量并不重要。但那些在国外流通的金银就不同了,无论它们是在国内还是在国外被熔成金块的,它们的重量越重,价值就越大。尽管英格兰银行每年都铸造一大批新币,其缺乏铸币的程度还是会和往年一样。而且,尽管英格兰银行每年都发行了很多好的新铸币,但铸币的形状仍不见好转,反而一天比一天坏下去。即使今年已经铸造了很多新币,明年还是有必要重新铸造同样多的新币,再加上铸币经常会被磨损、剪铰,所以金块的价格也不断提高,使得造币的费用一年比一年高。

根据观察,英格兰银行发行的铸币,不但要直接补充本银行的金柜,还会以各种形式不断流向全国各地,间接供应国内市场。英格兰银行不但要供应原本用来支持英格兰、苏格兰过剩纸币的铸币,还要供应国内所有流通所需的纸币。苏格兰的各个银行,无疑因为自己的不小心和没有成算而吃了大亏;但是,英格兰银行吃的亏还更大。因为,它吃的亏,不但包括由它自己的不小心造成的损失,还包括苏格兰各个银行由于更大的不小心而造成的损失。

英国有些计划家,往往不度量自己的资力就大胆地过分经营某项事业。正因为如此,才造成了英国纸币的大量剩余。

商人或企业家经营事业所需的资本,也不适宜全部或大部分都从银行借贷。他们向银行借贷的那部分资本,只适宜用来应付不时之需,以免造成滞财无法被利用的浪费。所以,企业家应该在为了应付不时之需时才向银行借钱。如果银行借出的纸币不超过这一限度,那么纸币的发行量就绝对不会超过流通所需的金银量,也绝对不会造成一部分金银不能在国内流通的后果。

如果债权人给债务人开具汇票,而债务人能在汇票到期时立即兑付,那么银行在给商人贴现汇票时,所垫付的就只有商人用来应付不时之需的滞财。这时,汇票一到期就会兑付,所以银行也一定能够收回自己垫付出去的价值及其利息。如果银行只和这类顾客有业务往来,那么银行的金柜就会像一个蓄水池,即使不断有水从其中流入或流出,它也总能保持流出和流入的水量相等,而不用时刻留神蓄水池是不是充满的。所以,这类银行的金柜,根本不需要多少费用来补充,甚至完全不用补充。

在没有期票要求银行贴现的场合,即使是一个中规中矩的生意人,也经常会需要现金。如果在他需要资本的时候,银行不但可以给他供应贴现汇票,还允许他按照现金结算法这种简单的条件借贷,那么他就可以靠陆续售出的存货收益来零星地偿还贷款。这种方法,给他提供了极大的便利,使他不必为了

应付不时之需而经常储备专款，只需凭现金结算法来应付不时之需就可以了。

不过，银行在经营这类业务时，应该特别注意顾客的偿贷情况。比如说，看顾客能否在四到八个月的短时间内全数偿还贷给他们的款项。如果银行在这段时间里的收入大都等于贷出，那么银行就可以放心地继续和这种顾客保持业务往来。这类业务往来，会使金银大量流出，但同时也能使金银大量流入。在这种情况下，无须留心，金柜都始终会处于接近充满的状态；即使要补充它，费用也不会太大。相反的，如果顾客无法按期偿还贷款，那么银行就不能再继续大胆地与他保持业务往来；即使要与他保持贸易往来，也不能继续采用这种方式。因为这时，金银的流出必定会大于流入，银行只有在不断进行重大努力以得到巨额费用的情况下，才能不断补充金柜的储备以避免金柜快速枯竭。

因此，在很长一段时间内，苏格兰各个银行在向顾客借款时，都极其谨慎地要求所有顾客定期归还贷款；如果顾客没有照办，那么无论他的财产再多、信用再高，他也别想跟银行借到一文钱。银行自从采取了这种谨慎的措施之后，不但几乎不必花费资金来补充金柜，还获得了其他两种大收益。

第一，这种谨慎的措施，使得银行只需要查看自己的账簿，就能够十分准确地判断出债务人的业务盛衰，从而得知债务人能否正常偿债。因为，债务人的业务盛衰，基本上决定了他能否按时偿还债务。如果是私人放债，其债务人一般只有几个，最多也就几十个。所以，最多只需要一个经理人，就可以掌握债务人的行为和经济情况。而银行放债就不同了，它的债务人动不动就有数百个，所以它除了要把债务人的行为和经济情况记载在账簿中以外，还要不断留心其他一些事情，比如关于大部分债务人的其他经常性报道。苏格兰的各个银行，也许正因为意识到了这一点，才要求所有债务人必须按时偿还借款。

第二，这种谨慎的措施，使得银行发行的纸币，不至于超过流通所需的纸币。如果债务人偿还的贷款，在很长一段时期里都等于贷出的数额，那么银行贷出的纸币，就没有超过债务人在无法借贷时必须保留的金银量。所以，银行发行的纸币量，也就没有超过流通所需的金银量。如果债务人频繁地定期偿还贷款，而且偿还的数额足以证明银行贷出的纸币，没有超过债务人在无法借贷时所必须保留来应付不时之需的金银量，即其所保留的金银量并不会妨碍剩余资本的正常使用时，那么只有这类债务人的资本，能够在相当长的时期里不断地以铸币或纸币的形式时进时出。要是银行的借贷超过了这一资本额，那么债务人偿还的贷款,就会长时间地不等于贷出的数额,使得银行金柜的流入量小于流出量。发行过多的纸币,也会因为超过了无纸币时债务人必须保留来应急的金银量,从而立即超过国内流通所需的金银量,并使多出来的纸币立刻流回银行去兑换现金。这种收益和第一种收益一样实在,只是英格兰的各个银行似乎对它并不太了解。

银行能够为商人们做的,大概就只有贴现汇票和现金结算了。有了这两种借贷方法之后,国内有信用的商人,就无须专门为了应付不时之需而储备滞财,所以也就不可以再指望银行做进一步的付出了。考虑到银行本身的利益和安全,它也只能做到这一步为止。出于银行自身利益的考虑,商人营业所需的流动资本,根本不能大部分都从银行借贷,更别说全部从银行借贷了。因为,商人的流动资本虽然能够以货币的形式不断出入,但流动资本流出以后,往往需要很长时间才能全部收回,根本不可能使银行资本在短期内保持收回和贷出的平衡。

固定资本就更不应该大部分都从银行借贷了。比方说冶铁行业,无论是建立铁厂、铁炉、工作间、仓库,还是工人住宅的资本,大部分都不能靠银行借贷;再比如说开矿行业,不管是挖坑掘井、排除积水,还是建筑路轨,都不能主要依靠银行来提供贷款;还有土地改良,农业家垫付在开荒、排水、筑墙,以及建造厩舍和谷仓等必要建筑物上的资本,大部分都不宜来自银行贷款。固定资本的流回速度比流动资本慢多了,它一旦投入业务运营中,即使方法十分恰当,也需要很多年之后才能收回,这当然对银行不利了。当然了,如果企业家想依靠借贷资本来实施自己的大部分计划,那么他本身就应该持有能够保证债权人不吃亏的充足资本。也就是说,即使他的计划失败了,他也能够保证债权人不会蒙受损失。只有这样,对债权人才算公道。不过,要是这笔贷款不能在数年之内全数偿还,也最好别向银行借贷,而是用抵押品向那些专靠利息生存的私人放贷者借贷。因为,这些私人放贷者宁愿把钱借给有信用的人也不想自己投资,所以即使是长期借贷也不要紧。如果既不需交印花税、律师费,又不需准备抵押品,就可以取得贷款,而且还款条件又和苏格兰银行能够接受的条件一样简单,那么这样的债权人,自然能为商人和企业家提供最便利的服务。不过,如果真有这类债权人存在的话,那么这些商人和企业家就会给债权人带来最大的不便利。

苏格兰各个银行近二十五年来所发行的纸币量,都大致等于国内流通所

需的金银量。银行在考虑自身利益的基础上,已经尽全力来资助苏格兰的各种事业了。事实上,它们的资助甚至有点儿过了头,所以它们才吃亏,使得自身利润减少了。这种业务的经营规模只要稍微有点儿过头,就难免会产生这种结果。

不幸的是,得陇望蜀的商人和企业家们,竟然不知道满足,只是一味地追逐利润,并认为只要添加少数的纸张费,就可以随意地推广银行的信用事业。在他们看来,银行的理事们不但目光狭小,而且畏惧不前。他们认为,银行信用事业的扩充度,应该和国内各种事业的扩充保持一致才行。他们所说的事业扩充,明显指的是扩大事业的经营范围。不过,这种事业扩大所需的资本,是他们用抵押品从私人那里借来的,他们自己并没有那么多资本。在他们看来,银行有设法为他们供应资本的义务,并希望银行能够提供他们所需的全部资本。但是,银行对此却持有不同意见。于是,当银行拒绝推广信用时,有些企业家就想出了一个应对的方法,即大家所知的循环借款法。

循环借款法虽然费用很高,却对他们非常适用,其效用无疑于银行推广了信用事业所产生的效果,而且其有效性还持续了很长一段时间,往往被濒于破产的不幸商人采用。在英格兰,用这种方法取得资金的做法行之已久。据说,伴随着上次战争而来的极大营业利润,曾使很多商人根本没有度量自己的资本就过分推广自己的事业,从而促使循环划汇大为流行,并传入苏格兰。由于苏格兰的商业和资本都比较有限,所以这种方法就更加盛行了。

一般的实业家,都清楚地知道这种循环划汇的方法,所以没有必要再对他们作详细的说明。但本书的读者未必都是实业家,加之并非所有实业家都明白这种方法对银行产生的影响,所以我将尽可能简洁明了地说明这个问题。

在欧洲实施野蛮法律的时期,商人之间的契约并不受法律的约束,当时的商人们就赋予汇票一种其他任何证据都没有的特权,即使用汇票,尤其是那些不过两三个月定期的短期汇票,可以很容易地借到款。如果承兑人在汇票到期时不能立即照付,就可以宣布承兑人破产。这时,持票人可以拿着拒付证书去找出票人索款。如果出票人也无法立即照付,那么同样可以宣布出票人破产的消息。还有一种情况,是在汇票未到期之前就被用来购货或是被借出,在很多人之间辗转流通,而且经手之人都在汇票背面签名作保。这时,经手之人就要对该汇票担负全责。如果汇票到了其中一人手上,而他又不能在汇票到期时立即照付，那么也可以马上宣布他破产。

近两百年来，欧洲各国普遍采纳了这种惯例，并把它当成了法律。由于汇票的期限非常短，所以即使出票人、承兑人或背书人的信用度不够，也基本不用太担心持票人的权益会受到大的影响。即使他们都有可能破产，但他们也不至于在这么短的时间内全都破产。汇票持有人的心理，与一个疲倦行人的心理类似：房子已经倾斜，当然不可能持久，但还不至于今天晚上就倒塌吧，我就姑且冒一次险，先住一晚再说。

假设爱丁堡商人甲给伦敦商人乙开了一张汇票，要求乙在两个月之后支付若干银两。实际上，乙并没有欠甲任何东西，乙之所以愿意承兑甲的汇票，是因为双方达成了一致，即在付款期限未到之前，乙也可以给甲开一张数额和期限都相等的汇票，并外加利息和佣钱。即乙在两个月的限期之内给甲开了一张汇票，甲又在这张汇票到期之前给乙开了第二张汇票，乙再在第二张汇票到期前给甲开第三张相同的汇票……如此循环下去，可连续循环数月甚至数年。乙开给甲的所有汇票的利息和佣钱，年利息是百分之五，每次的佣钱不少于百分之零点五，这些全部都要累积计算。如果汇票每年往返六次，就要收取六倍的佣钱。所以，如果甲要靠这种办法来筹款，那么他每年付出的利息和佣钱，至少在百分之八以上。如果佣钱上涨，或是乙要对上次汇票的利息和佣钱收取复利，也就是利滚利，那么甲的花费就会更大。这种方法，就是所谓的循环借款法。

国内大部分商业的普通利润，据说都在百分之六到百分之十之间。用这种方法借款营业，只有靠投机的手段，才能在偿还大笔借款之后获得很好的利润。但是，近年来，有许多规模巨大、需要若干年才能完成的计划，都没有资本来实施，所以计划家们只有靠这种需要巨额费用才能筹到资金的办法来筹集资本。这些计划家们，无疑在他们的发财梦里看到了大利润的鲜明幻象。但我相信，没有几个人能运气好得把梦想变成现实，当他们因无力继续营业而不得不停止营业时，他们终究会从梦境中醒来。

由爱丁堡商人甲开给伦敦商人乙的汇票，一般都由甲在到期前拿到爱丁堡银行去贴现；乙随后开给甲的汇票，一般由乙拿到英格兰银行，或是伦敦其他的银行去贴现。这时，银行支付的一般都是纸币。爱丁堡的银行在贴现时，支付的是苏格兰银行发行的纸币。伦敦的银行在贴现时，支付的是英格兰银行发行的纸币。虽然贴现汇票到期时都照兑了，但贴现银行却永远无法收到为贴现第一张汇票而付出的价值。因为，在第一张汇票到期之前，又开出了数额更大的第二张汇票，这样才实现了第一张汇票的兑付。所以，第一张汇票的兑付实际上只是名义上的兑付而已。自从出现了这种循环汇票之后，银行的金银就长期处于流转状态，而没有流入的金银来补还金柜。

银行为了贴现这些循环汇票，发行的纸币往往要足够支付进行大规模的农工商计划所需的全部资本，而不仅仅是以往企业家留作不时之需的一部分资金。由于这些纸币超过了无纸币时流通所需的金银量，所以其中的大部分都不被社会容纳，而且那些过剩的纸币一经发行出去就马上流回到银行。这时，银行必定要竭力找到金银，才能把那些过剩的纸币兑换成金银。这种方法被这些计划家们利用了。银行在毫不知情的情况下就给他们提供了贷款，根本没有机会慎重地考虑，甚至在很长时间里，银行都没有发觉自己给他们提供过贷款。

如果有两个人完全没有一点儿资本，却狼狈为奸，靠互开循环汇票的方法向同一家银行贴现来骗取贷款，那么银行很快就会有所察觉，并明白他们的目的。但是，如果他们时而在这家银行贴现，时而又在那家银行贴现，并让汇票在其他许多计划家那里兜圈子，而这些计划家又出于自身利益考虑而互相帮忙，最后由其中一人给他们开了汇票，那么人们就不易辨认这种汇票的真假了。有些循环汇票，只是计划家用来猎取货币的工具，它们的债权人只有贴现银行，债务人只有那些计划家，根本没有真实的债权人和债务人。可是，银行在面对这样一张汇票时，根本无法将它与真实汇票区别开来。即便银行最终觉察出它是假汇票，也可能为时已晚，因为它已经贴现不少了，如果这时拒绝贴现，必定会迫使他们全都破产，最终导致银行也随之破产。

在这种危险的境况之下，银行只好出于自身利益和安全的考虑，或是继续冒险贴现，以求逐步收回贷款；或是加重贴现条件，迫使他们改用别的筹资办法，最终使自己尽快跳出这个筹资圈套。过深地陷入这个筹资圈套的银行，不但有英格兰银行和伦敦的各主要银行，还有比较慎重的苏格兰各个银行。当这些银行开始加重贴现条件时，自然引起了这帮计划家的惊慌和愤怒，因为这种慎重的必要措施无疑不利于他们筹措资本的计划。但是，他们竟然夸大了自己的苦恼，说它是全国人民的苦恼。他们说，就因为银行的卑陋见识和失当举措，才造成了这种全国性的苦恼；尽管他们想努力促进国家的繁荣和富强，但银行却不肯助他们一臂之力。在他们看来,银行似乎有义务按照他们所希望的期限和利息借出款项。而事实上,银行唯有拒绝继续按照这种方法贷款给更多的人,才能挽救它自己和国家的信用。

在这种喧扰和窘困的境况之下,即使苏格兰新设一家以救国难为职责的银行,但它却不明白它企图救济的困难有什么性质,也不明白造成这种困难的原因是什么,并且措施不当,那么无论它使用的是现金结算法还是贴现汇票法,它的放贷额都会比其他银行大。当它使用贴现汇票法向公众放贷时,可能会几乎不分汇票的真假都一律予以贴现。

我们再假设这个新银行的宗旨是:即使是改良土地这类需长期投资才能偿还资本的行业,只要借款人有足够的担保条件,也可以从银行借取全部的经营资本;另外,这个新银行的目标是:促进土地改良这类事业的发展。由于银行放宽了用现金结算法和期票贴现法来筹集资本的政策,所以人们再筹措资本就容易多了。银行为了满足人们的这一需求,必然会大量发行纸币。这么一来,就会造成纸币的发行量多于社会流通所需的量,那么这时,多余的纸币自然会立即流回银行,要求兑换成金银。

银行的金柜原本就不够充实,因为它虽然声称拥有十六万镑的资本,但这笔资本却是它两次才募集到的,即使是分期缴纳,实收也只有百分之八十。原来,大部分股东在第一次入股之后,就开始用现金结算法从银行贷款。在银行的理事们看来,股东们应该享受同样宽大的借款待遇,于是,大部分股东的入股款项,除了第一期是自己的资本之外,其余各期几乎都是用现金结算法从银行借来的。换言之,大部分股东后来的入股行为,只是把原本存在银行这一金柜里的款项,挪到了银行的另一金柜里。因此,即使银行的金柜原本是满满的,也会因为过度发行纸币而快速耗竭。要想及时补充耗竭的金柜,只有给伦敦银行开汇票,等到汇票到期时再开第二张汇票,外加利息和佣钱,以兑付第一张汇票。据说,这种原本就不够充实的金柜,在营业数月之内就得依赖这个办法来维持经营。

所幸各个股东几乎都拥有至少数百万镑的田产,他们在认购股份时,就是拿他们的田产来担保银行所有借条的。所以,银行信用就有了充实的后盾,即使在借贷政策宽大如此的情况之下,它也能持续营业两年以上。等到它不得不停业时,纸币已经发行了快二十万镑了,而且是一边发行一边流回银行,并且屡次要求伦敦各个银行开出汇票，以支持它们的流通。这样不断地累积下去，银行早晚都会倒闭。等到银行不得不倒闭时，汇票的价值已经超过了六十万镑。照此计算的话，这个新银行在两年多内借出去的资本，至少也有八十万镑。那二十万镑以纸币的形式借出的贷款，可以使银行收回百分之五的年利息；由于管理年利息的费用极少，所以这笔年利息也可以看做是纯利润。但是，通过伦敦各个银行开具汇票借来的那六十万镑的利息和佣钱等费用，却至少达到了百分之八。因此，相比之下，银行的借出金额比它所获得的利息，至少少了百分之三。

这种经营结果，似乎刚好和银行创办人的本意相反。他们的目的，似乎只是支持国内那些在他们眼中勇敢进取的企业，同时排挤掉苏格兰其他的各个银行，尤其是爱丁堡那些被指责为在贴现方面过于畏缩的银行，从而统一整个银行业。这个新银行，确实暂时救济了那些走投无路的计划家，使他们停止经营的时间推迟了两年左右。但是到头来，这些计划家仍然免不了要陷入更深的债务之中，而且越陷越深，直到损失惨重地失败，并给债权人带来更重大的损失。由此可见，这个新银行不但没能救济这些计划家，反而加重了他们加在他们自身和国家身上的困难。如果这些计划家的大部分营业能早两年停止，反而对他们自己、债权人和国家都有利。

不过，这个新银行给予各个计划家的暂时性救济，虽然没能成功地救济这些计划家，却变成了苏格兰其他银行的永久性救济。当苏格兰其他银行拒绝贴现循环汇票时，这个新银行却拱手欢迎那些开出循环汇票的人，从而使其他银行轻易地摆脱了厄运。如果不是这个新银行，其他银行是绝对不可能从这一厄运中逃脱的，反而会遭受巨大的经济损失，甚至还可能遭受一定程度的名誉损失。所以，虽然这个新银行加重了国家灾难，却帮助了那些它原本想取而代之的各个竞争银行，使它们逃过了一场大灾难。

在这个新银行成立之初，有些人认为，虽然这个银行的金柜很容易枯竭，但也不难得到补充，因为借贷者都有担保品作担保。但过不了多久，经验就可以证明这种筹款方法根本不可行，因为远水解不了近渴。像这类不充实而且容易枯竭的金柜，唯有一种方法可以补充，即向其他银行开汇票，等到汇票到期时再开第二张汇票，如此循环下去，直到累积的利息和佣钱多得使这个新银行走上末路为止。这种办法，尽管能够使这个新银行在需要款项时立即获得借款,但并不能给它带来任何利益,反而会逐渐加大它的损失。虽然这样可以减缓它的灭亡进程,但它作为一个营利性机构,最终仍然免不了要一败涂地。原因是,纸币的发行量超过了国内流通所需。尽管纸币也有利息,但它并不能从中得到利润。因为,发行的多余纸币必然会马上流回新银行,它为了满足纸币兑换金银的要求,必然会不断借债,并为此负担包括探听谁有钱、跟有钱人磋商、写债券、立契约等在内的全部费用。计算一下,新银行显然无利可图。银行金柜就相当于一个只有出水没有进水的蓄水池,而这种方法又无疑于远地汲水,所以注定是要失败的。

这种办法虽然能被新银行这类营利性机构采用,却给国家造成了极大的损害,因为它丝毫没有增加国内的出贷货币量,反而使这个新银行成了全国的借贷中心。这时,借贷者将不会再向私人放贷者借贷,而是向这个新银行借贷。向私人放贷者借贷的人,一般只有数人,最多也就数十人,而且债务人的行为是否谨慎、为人是否诚实,通常都是债权人熟知的,因而债权人对债务人有选择和甄别的机会。

和银行有业务往来的人就不同了,他们的人数至少也有几百,而且大多数都不为银行理事们熟悉,所以银行理事们自然无法对他们进行选择和甄别了。相比之下,银行放贷没有私人放贷审慎。事实上,和这类银行有业务往来的人,大部分都是一再开出循环汇票的计划家。他们充满幻想地往那些奢侈、浪费的事业上投入资金,希望从中得利。不过,即使这些事业得到了这些资金的帮助,它们也难以取得成功;即使它们取得了成功,也无法全数偿还所花的费用,自然也没有足够的资金能支付给其所雇用的那么多劳动力。

如果是向私人放贷者借贷,就不会出现这种现象了。因为,私人放贷的债务人一般都诚实而又俭朴,他们用借入资本经营的事业,通常都与他们原本拥有的资本额相称。他们所经营的事业,也许不够宏大、惊人,却更加稳妥而有利可图,所以必定能够偿还贷款,并赚得更多利润,甚至有能力雇用更多的雇工。

总之,即使新银行的计划成功了,也不会使国内资本有丝毫的增加,反而会使大部分资本都不谨慎地流向那些无利益的事业上。

在有名的劳氏看来,苏格兰之所以产业不振,就是因为缺少货币。他认为,如果某银行发行的纸币量,能够等于全国土地的总价值,就可以解决这个缺少货币的问题。所以,他建议设立这样一个特别银行。劳氏的这个计划,起初并没

有被苏格兰议会采纳。后来，掌管法兰西政治的奥林斯公爵，只是稍微修改了这个计划，就将它付诸实施了。所谓的"密西西比计划"，就来源于这种纸币数额可随意增加的观念。这个计划无论是被用在银行业上，还是用在股票买卖当中，都是世界上空前的狂妄举措。这个计划的内容，在杜弗纳的《评林托〈对商业和财政的政治观察〉》一书中有详细说明，此处不再赘述。这个计划的原理，也可以在劳氏的一篇有关货币与贸易的论文中查阅。这个计划刚刚提出时，这篇论文就在苏格兰发表了，其中所提出的那些宏伟而空范的理论，以及其他根据同一原理所作的论述，至今还使很多人印象深刻。苏格兰银行及其他银行，恐怕就因为受到了这个理论的影响而毫无节制，所以才受到了人们的攻击。

英格兰银行是1694年7月27日设立的，它由国会决议敕令设立，是欧洲最大的银行。它当时借给政府的资金总共有一百二十万镑。按照年利息是百分之八来计算，可得利息九万六千镑，另外再加上四千镑的管理费，它每年总共可以从政府那里支取十万镑。利息竟然这么高，可见当时那个由革命建立起来的新政府的信用度一定很差。

银行的资本，在1697年又增加了一百万零一千一百七十一镑十先令，总资本达到了二百二十万零一千一百七十一镑十先令。据说，这次增资的目的是维持国家信用。在1696年，国库券打的折扣是四成、五成或六成，银行纸币打的折扣是二成，由于大量改铸银币的措施也正同步进行，所以银行认为有必要暂时停止兑现纸币。于是，银行信用就受到了影响。

安妮女王第七年，颁布了第七号法令，要求银行为国库提供四十万镑的贷款。再加上原来的一百二十万镑，银行借给政府的资金总共是一百六十万镑。所以，在1708年，政府的信用和私人信用是一样的，因为政府借款的利息是百分之六，正好等于当时市场上的普通利息率。银行按照同一法令，又从财政部购买了利息率为六厘的证券，价值一百七十七万五千零二十七镑十七先令十个半便士。于是，在1708年，银行资本又增加了一倍，总共达到了四百四十万零二千三百四十三镑，其中有三百三十七万五千零二十七镑十七先令十个半便士都贷给了政府。

接着，英格兰银行开始催收股款，1709年以百分之十五的比例，催收了总计六十五万六千二百零四镑一先令九便士的股款；1710年又以百分之十的比例，催收了五十万零一千四百四十八镑十二先令十一便士。经过这两次催收股款之后,银行资本总计达到了五百五十五万九千九百九十五镑十四先令八便士。

乔治一世第三年,英格兰银行根据当年的第八号法令,再次吃进一笔财政部证券,价值二百万镑。到此为止,银行总共借了五百三十七万五千零二十七镑十七先令十便士给政府。乔治一世第八年,银行又根据当年的第二十一号法令,从南海公司购买了四百万镑股票。银行为了购买这项股票,不得不增募三百四十万镑的资本,所以这时,银行借给政府的资金,总共达到了九百三十七万五千零二十七镑十七先令十个半便士。事实上,银行本身拥有的资本,总共才八百九十五万九千九百九十五镑十四先令八便士。所以,银行贷给政府的有息贷款,比它要用以对股东分派红利的母本还多。也就是说,银行已经开始有了多于能够分派红利的资本,而多出来的这部分资本,是无法分派红利的。直至今日,这种情况还依然存在。1746年,银行又陆续向政府贷了几笔款项,当年合计是一千一百六十八万六千八百镑;此外,银行还陆续募集了总计一千零七十八万镑的分红资本。这两笔款项的数目,至今也没有改变。乔治三世第四年,银行为了能够保住营业执照,同意遵照第二十五号法令,无息向政府缴纳十一万镑,而且不要偿还。所以,这笔资金就不算是银行的贷出,自然也就没有增加银行的资本。

由于各个时期银行对政府贷款利息的高低不同,再加上其他一些情况,所以银行红利时高时低,贷款利息率也由原来的百分之八,逐渐下降到了百分之三。前几年的银行红利,一般都是百分之五点五。

英国稳定的政局,使得英格兰银行也开始稳定。这么一来,银行再贷给政府资金就不会有所损失,所以银行的债权人自然也没有损失。英格兰银行是唯一一家由国会决议敕令设立的银行,其股东至少有六人,是一个非普通银行可比的国家机关。它不但负责收付每年的大部分公债利息,还负责财政部的证券流通,甚至还经常垫付土地税和麦芽税。像土地税和麦芽税这类税款的纳税人,往往不能按期向国库缴纳税款,甚至许多人都会逾期好几年也不去缴纳。这时,主事者即使明察了这种情况,也会出于对国家职责的考虑而发行过多的纸币,并给商人贴现汇票。向英格兰借贷的,不但有英格兰商人,还有汉堡、荷兰等地的巨商。据说,1763年,英格兰银行在一个星期之内就借出了将近一百六十万镑的贷款,而且大部分都是金块。英格兰银行是否真在这么短的时间里贷出这么大一笔款项,我不敢妄自断言。但是,英格兰银行有时在遇到各种支

201

出时,的确曾迫不得已地用六便士的银币来救过急。

一国的产业,会因为慎重的银行活动而增加。但是,增加一国产业的方法,与其说是增加国内资本,不如说是使原本无用的大部分资本,都变得有用;并使原本不生利的大部分资本,都变得能够生利。比如,商人不得不储存仅供应付急需的资财就是死资财,对商人自己和国家都没有益处。不过,这种死资财,可以经由慎重的银行活动变成活资财,即变成工作所需的材料、工具和食物,这对商人自己和国家都有利。那些年年在国内流通的金银币,虽然能够把国内的土地和劳动年产物分配到真正的消费者手上,而且在国内资本中极有价值,但它却和商人手里的死资财一样,不能增加国家的生产物数量。这项死资财的大部分,都可以被银行慎重发行的纸币代替,从而变成有利于国家的活资财。打个比方,如果把国内流通的金银币比作通衢的话,那么纸币就有点儿像架空为轨。通衢可以方便地把稻麦转运至国内的各个市场,但其自身却无法出产稻麦;而经过慎重的银行活动才发行的纸币就不同了,它不但能转运"稻麦",还可以使以往的那些"通衢",多数都变成良好的牧场和田地,从而大大增加土地和劳动年产物的数量。

虽然纸币增进了国内工商业的发展,但这种增进可能会随之而来的危险相比,显然要小得多。这一点我们必须得承认。即使是熟练的纸币管理者,恐怕也无法制止纸币可能带来的灾祸,更别说是不甚熟练的管理者了。打个比方,如果一个全靠纸币来维持国内流通的国家战争失败了,并且到了敌军占领首都、把持维持纸币信用的库藏的地步,那么它这时所遇到的困难,就会比大部分靠金银流通的国家在相同情况下所遇到的困难多得多。因为,平常的通商手段,除了物物交换和赊欠以外,几乎没有其他的交换形式,而且它们又都完全没有什么价值。如果所有赋税都是用纸币缴纳的,那么君主就无法支付军饷、充实军备了。也就是说,全用纸币流通的国家恢复政局的困难程度,会大于那些大部分用金银流通的国家。所以,君主不但要防止纸币发行过剩,以免发行纸币的银行破产;还要设法将国内纸币的流通量控制在一定范围之内,这样才可能使领土随时保持在易于防守的状态之下。

商人与商人、商人与消费者的流通,是国内货物流通的两种方式。无论是一张纸币还是一枚硬币,都可能被用于这两种流通方式当中。但是,由于这两种流通是同时进行的,所以都需要一定数量的货币。流通于商人之间的货物的价值,绝对低于流通于商人和消费者之间的货物。因为,商人所购买的一切货物,最终都是要卖给消费者的。商人之间进行的交易往往都是批发,每次流通的货币量也非常大;而商人和消费者进行的交易一般都是零售,每次所需的货币,大致一先令甚至半便士就足够了。不过,少量货币的流通速度,要远远大于大量货币。比如,半便士比一先令流转得快,而一先令又比一几尼流转得快。所以,虽然所有消费者全年所购买货物的价值,至少应该与商人购买的全部货物的价值相等,但消费者每年花费在购买这些货物上的货币量却小得多。因为,货币在商人与消费者之间的流通次数,要比它在商人与商人之间的流通次数多得多。

可以限制纸币的流通范围,使它仅能在商人之间流通,或是靠它来完成商人与消费者之间的大部分交易。伦敦的纸币面额,没有少于十镑的。如果所有的纸币面额都是如此,那么纸币势必只能在商人之间进行流通。因为,如果一张十镑的纸币流转到了某个消费者手上,那么哪怕他只购买五先令的东西,也得先兑换这张纸币才行。于是,还没有等他用去这张纸币的四十分之一,这张纸币就又回到了商人那里。

针对这种情况,苏格兰各个银行都发行了面额小至二十先令的纸币。这么一来,自然就扩大了纸币的流通范围,使得商人与消费者之间也大多使用纸币进行交易。此后,消费者就经常使用小额纸币来购买货物,直到国会决议禁止流通十先令和五先令的纸币为止。北美洲发行的纸币,有的竟然只有一先令的面值,使得当地消费者几乎都用纸币来购物。约克郡甚至还发行了面值六便士的纸币,其结果就更不用说了。

如果准许发行这些小额纸币,而且这种措施被普遍实施,就相当于鼓励人们都去开银行,最终使许多普通人都成为银行家。普通人开出的汇票,如果面值五镑,甚至是一镑,也可能会被大家拒绝;但是,如果面值六便士,那么大家应该都不会拒绝。这类"银行家"就像乞丐一样,很容易就会破产,最终给那些接受他们汇票的穷人带来很大的困难,甚至是带来极大的灾难。

解决这个问题的较好办法,就是把国内纸币的最低面额都设为五镑。这样的话,各地银行所发行的纸币,大概就会像伦敦的情况一样,只在商人之间流通。虽然这五镑所能购买的货物,只是伦敦最低面值的纸币,即十镑纸币所能购买货物的一半,但在除伦敦以外的英国其他地区的人们看来,这五镑就像伦

敦的十镑一样贵重,要一次花掉它,就像伦敦人一次花掉十镑一样稀罕。

如果纸币的流通,都像它在伦敦流通时一样,即主要在商人之间流通,那么市面上就不会匮乏金银了。反之,如果纸币的流通,都像它在苏格兰甚至是北美洲时那样流通,那么商人与消费者的大部分交易,都将会由纸币的流通来完成,甚至使金银全都被驱逐出国内流通领域。为了解决市面上金银缺乏的困难,苏格兰禁止发行面值十先令和五先令的纸币,稍微减轻了金银的缺乏。如果苏格兰再禁止发行面值二十先令以下的纸币,那么功效应该会更大。据说,美洲自从取消了许多纸币的发行权之后,其金银量就开始增加。不过,其金银量还是没有纸币发行以前那么丰饶。

在纸币的流通范围只局限于商人之间的场合,银行能够为国内工商业提供的帮助,仍然可以像纸币几乎占领整个流通市场时一样。因为,商人不得不为应付急需而储备的滞财,原本就只流通于商人之间。商人与消费者进行交易时,根本没必要储备滞财,因为在这种情况下,商人只需要收钱就行了,根本不需要出钱。所以,即使银行发行的纸币面额大得只能在商人之间流通,银行也依然可以通过贴现真实汇票,以及现金结算法,使大部分商人不必专为应付不时之需而储备大量滞财,从而最大限度地为各种商人提供服务。

也许有人会说,无论纸币的面值是大是小,只要私人愿意接受,政府都应该允许其流通,而不是从法律上禁止私人接受并取缔其发行,这么做无疑侵犯了天然的自由;法律不应该这么做,而是应该对这种天然的自由予以扶持。法律的这种限制,确实对这种天然的自由造成了一些影响;但是,如果这种天然的自由只是危害全社会安全的少数人的自由,那么法律就应该对其进行限制。法律限制银行活动的举措,就类似于政府为了预防火灾的蔓延而强迫人民建筑隔墙一样。在遇到这种情况时,无论是最民主还是最专制的政府,都会这么做。

如果纸币是由信用良好的人发行的,而且随时都能无条件地兑换成金银,那么它的价值就都等于金银币的价值,用它来买卖任何货物,也一定会像用金银币买卖一样方便而且价格适宜。

在有些人看来,通货总量会随着纸币的增加而增加,最终导致所有通货价值的降低,从而提高了商品的货币价格。这种说法其实并没有可靠的根据,因为,当纸币增加时,会有等量的金银同时改作他用,因而通货总量不一定就会增加。苏格兰近一个世纪以来的粮食价格,以1759年的最为低廉。由于当时并未禁止发行十先令、五先令的纸币,所以当时的纸币远比现在多。现在的苏格兰,银行业的增进还算可以,但粮价和英格兰粮价相比,还仍然保持在先前的水平。虽然英格兰的纸币很多,法兰西的纸币很少,但两国谷物的价格却相差无几。

1751年,休谟发表了《政治论文集》。苏格兰粮价在这一年到1752年之间,以及在纸币的发行量增加时,明显地上涨了。但是,粮价上涨的真正原因,并不是纸币的发行量增加,而是天时不正。

如果纸币能否立即兑现,取决于纸币发行人的诚意,或是取决于一个纸币持有人未必都有能力履行的条件,甚至是要等到许多年以后才能不计利息地兑现,就会出现另一种截然不同的情形。这类纸币,由于立即兑现有困难,可靠性也有大有小,再加上兑现期限长短各异,所以其价值自然会或多或少地低于金银的价值。

数年前,苏格兰各个银行在发行纸币时,一般都会在纸币上面加印选择权条款。只要是持有这类纸币要求兑现者,都可以根据纸币上印着的条款要求承兑人立即兑现;或是在加付六个月法定利息的基础上,于六个月之后再兑现。至于选择哪种兑现方式,取决于银行理事。不过,这一条款有时会被一些银行理事利用。这些银行理事们,有时会威胁那些持有大量这类纸币的人,要求他们只兑现全部纸币的一部分,不然就要利用这一条款来对付他们。当时的苏格兰通货,大部分都是这类纸币。由于它们不能顺利兑现,所以它们的价值自然比金银价值低。这种纸币制度造成的弊病,在1762年到1764年之间影响尤其巨大。当时,卡莱尔对伦敦的汇兑是平价的,而距卡莱尔不到三十英里的达弗里斯对伦敦的汇兑,却经常贴水百分之四。究其原因,明显是兑付汇票时,卡莱尔使用的是金银,而达弗里斯使用的却是苏格兰银行发行的纸币。由于这类纸币不一定能兑换成金银,所以它的价值就比铸币的价值低了百分之四。直到国会禁止发行面值五先令和十先令的纸币,并规定纸币上不得加印选择权条款时,英格兰对苏格兰的汇兑,才恢复到顺应于贸易和汇兑情况的自然汇率。

约克郡纸币的面值,最小的甚至才六便士,持有纸币的人要想兑现,必须按规定存满一几尼才行。对持有这种小面额纸币的人来说,这个条件往往很难办到,所以这类纸币的价值也比金银价值低。后来,国会认为这种规定不合法,就废止了它,并像苏格兰一样禁止发行面值低于二十先令的纸币。

在北美洲，如果不是银行发行的票据，也不能随时兑现；如果是政府发行的，就得经过数年才能兑现。殖民地政府虽然丝毫不向持票人支付利息，却将纸币规定成可以按票面价值支付债务的法定货币。但是，当一般利息是六厘时，需要十五年才能支付的一百镑纸币的价值，也只是和四十镑现金相差无几；即使殖民地政府再怎么稳固，情况也是如此。因此，当债权人所借的一百镑是以现金支付的，而政府却允许债务人以一百镑的纸币来偿付时，未免对债权人不够公平。这种做法，可能是任何标榜自由的政府都没有试行过的。按照诚实坦率的道格拉斯博士的说法，这种做法只是不诚实的债务人用来欺骗债权人的。

宾夕法尼亚政府于1772年第一次发行纸币，并伴言纸币的价值等于金银的价值，命令售货商在收到纸币时，不得索取比等量金银价值更高的价格。这个法令不但专横，而且毫无成效。因为，虽然法律规定了一先令等于一几尼，从而指导法庭要求债务人用一先令偿还一几尼的债务；但卖不卖货的自由却掌握在售货商手上。法律不能强迫卖者把一先令当成一几尼。所以，英国对不同殖民地的汇兑，有的是一百镑等于一百三十镑，有的却是一百镑等于一千一百镑。即便是上述法令，对此也无可奈何。仔细分析一下，就知道造成价值相差如此悬殊的原因，是各殖民地发行的纸币数额相差太多。再加上纸币的兑现期限不同，所以兑现的可能性也大小不一。

由此可见，解决上述问题的最适当方法，就是国会以后不再将殖民地发行的纸币定为法定货币。但是，各个殖民地都不赞成这种方法，其中的原因是什么呢？

宾夕法尼亚对发行纸币的态度，比英国其他殖民地都要谨慎。据说，当地的纸币价值，从未低于纸币未发行之前的金银价值。但是，宾夕法尼亚在首次发行纸币之前，就已经提高了当地铸币的单位价值。比如，按照议会的决议，英国的五先令铸币，在殖民地可以当六先令三便士使用，后来甚至还能当六先令八便士使用。因此，即使是在通货还全是金银币的时期，一镑殖民地货币和一英镑相比，前者的价值起码比后者少了百分之三十。等到通货中包括一部分纸币时，一镑殖民地货币的价值，却很少比一英镑的价值少百分之三十。主事者认为，只要提高了铸币的单位价值，就能使金银在殖民地发挥的效用，比等量金银在母国发挥的效用大，从而防止了母国金银的输出；但是，当殖民地铸币的单位价值提高时,从母国运来的货物价格,也必然会同时按比例提高,所以这么做丝毫不能减缓母国金银的输出速度。这一点,是主事者始料未及的。

由于殖民地人民能按纸币面额完纳本州的各种赋税,所以纸币即使需要很久以后才能兑现,其价值也一定能够或多或少地增加一些。增加的幅度,取决于本州发行的纸币和缴纳赋税所能使用的纸币的差额。我们的考察结果是,各州发行的纸币额,都比本州缴纳赋税所能使用的纸币额多得多。

如果一国规定一定要用纸币来缴纳一部分赋税,那么就算纸币的兑现时间是由国王意志决定的,纸币的价格也多少会有所提高。如果银行在发行纸币时,揣测纳税所需的纸币额,并使纸币的发行量满足不了纳税所需的数额,那么纸币的价值就会比它的面值高,即可以买到多过它的票面价值的金银币。但是这一点,竟然被有些人用来说明阿姆斯特丹银行纸币的升水情况。他们说,这种纸币的持有者,不能凭意志随便将它们拿到行外去。他们还说,大部分的外国汇票都须用纸币兑付,即通过银行账簿转账;该银行的理事们,常常故意促使银行发行不够应付这类用途的纸币。正因为如此,这类纸币的价值,才会比金银币的价值高出百分之四,甚至是高出百分之五。但是,这种说明其实并不符合实际。这个问题,我们将会在后面看到。

虽然纸币的价值可能会低于金银币的价值,但这并不会使金银币的价值下跌,金银照样可以购买到和以前等量的其他货物。无论在任何场合,决定金银和其他货物价值比例的因素,都不是国内通用纸币的性质与数量,而是当时金银矿藏的肥瘠程度,亦即金银上市所需劳动量与等量其他货物上市所需劳动量的比例。

如果限制银行的纸币发行量,并保证纸币能够随时兑现,那么社会安全就不会因为纸币而受到妨碍,银行的其他经营项目也可以自由发展。近年来,英格兰和苏格兰到处林立的银行,让很多人都开始隐忧起来。但事实却是,银行的林立不但没有造成社会危害,反而增进了社会安全。原因是,各个银行为了提防众多的同业竞争者恶意挤兑自己,必然格外慎重地发行纸币,并保持适当的现金数额。这种自由竞争,能够把各个银行的纸币的流通范围,限制在一个相对狭小的空间里,最终减少各个银行的纸币流通量。既然纸币的整个流通领域扩大,而各种纸币又在其特定的领域内流通,那么就算其中有银行不可避免地失败了,也不会对公众产生很大的影响。此外,银行为了避免被同业排挤,必

然会放宽营业条件。总之,如果一种事业有益于社会,就应当任其自由竞争。竞争越自由、普遍,越有利于社会。

第三章 资本积累与生产和非生产性劳动的关系

加在物品上可以增加物品价值的劳动,称为生产性劳动;加在物品上但不能增加物品价值的劳动,称为非生产性劳动。

比如,制造业工人的劳动加在原材料上的价值,通常需要维持工人的生活所需,还要为雇主提供利润;而仆人的劳动,却不能生产价值。虽然制造业的雇主须垫付工人工资,但他事实上根本没有耗费什么资本,因为工人们投在物品上的价值,足以使物品的价值增加到可以补还工资并提供利润的水平。但雇主垫付在仆人身上的维持费就不同了,雇主根本就无法收回。雇用大量工人可以致富,而维持大量仆人却能够使人变得贫穷。但是,家仆的劳动本身是有价值的,所以它应该像工人的劳动一样得到报酬。制造业工人劳动的价值可以体现在物品上,而且会保持一段时间不会消失,似乎相当于储存了一部分劳动,并可以在必要时再将这部分劳动提出来使用,其附加在商品上的价格,日后还可以在必要时用来雇用与生产它时所消费的劳动量相等的劳动;而家仆的劳动价值却无法由物品体现出来,它的形式也无法固定,会随生随灭,很难把它的价值保存起来供日后雇用等量劳动使用。

除了仆人的劳动不生产价值以外,有些上等阶级人士的劳动也不生产任何价值,它们的形式不能固定,它们的价值也无法体现在物品上,所以根本不能保存起来以供日后雇用等量劳动之用。例如,君主以及官吏和海陆军的劳动,都不生产价值。这类不生产的劳动者,是人民的公仆,靠他们劳动年产物的一部分来维持生计。无论他们的职务多么高贵而又有用、必要,都会随生随灭,无法保存起来供日后取得同等职务之用。虽然他们治理国事、捍卫国家的功劳很大,但他们治理国家的活动却年年都需持续不断地进行,今年的治理业绩和安全,并不能买来明年的治理业绩和安全。这类劳动包含在各种职业中,有些包含在牧师、律师、医师、文人这类尊贵而重要的职业中;有些包含在演员、歌手、舞蹈家这类低贱而不重要的职业中。这类劳动即使包含在最低级的职业中，也具有若干价值，支配其价值的原则与支配其他所有劳动价值的原则相同。与此同时，这类劳动即使包含在最尊贵的职业当中，也不能保存起来供日后购买等量劳动使用，只会随生随灭。比如，演员的对白、雄辩家的演说、音乐家的歌唱，都属于这类劳动。

无论是生产性劳动者、非生产性劳动者，还是不劳动者，都要靠土地和劳动年产物过活。不过，就算这些生产物的数量再大，也绝对是有限的。所以，当它们较多地用于维持非生产性劳动者的生活时，生产性劳动者所消费的部分必然会减少，从而造成次年生产物数量的减少。相反的，如果它们只有小部分用于维持非生产性劳动者的生活时，生产性劳动者所消费的部分必然较多，所以次年的生产物也会较多。不包括土地天然产物在内的土地年产物，都是生产性劳动的结果。

一国的土地和劳动年产物，都是为国内居民提供收入，并供国内居民消费的。不过，无论这些年产物是土地的天然产物，还是生产性劳动的结果，都会在刚生产出来时就被分成两个部分。一部分用来补偿以食物、材料和制成品形式体现的资本，它往往是最大的一部分。另一部分则是收入，其中，资本所有者的收入是利润，地主的收入是地租。土地生产物一部分用于支付农业家的资本，另一部分用于支付资本所有者的利润和地主的地租。大工厂生产物一部分用于支付厂商的资本，另一部分则用于支付资本所有者的利润，其中，前者所占的部分往往最大。

用于支付资本的那部分年产物，从未立即被非生产性劳动者消费掉，反而是生产性劳动者给消费掉的。而消费用于支付利润和地租的那部分年产物的人，可能有生产性劳动者，也可能有非生产性劳动者。

有一部分资财的人，莫不希望其投资既能收回资本又能赚得利润，所以他只会雇用能够生产价值的生产性劳动者。这部分资财是用于维持生产性劳动者的，它不但要起到资本的作用，还要在后续过程中为生产性劳动者创收。而他拥有的另外一部分资财，则是用来维持非生产性劳动的，它会从他的资本中撤出，供他直接消费。

非生产性劳动者和不劳动者都要靠收入生存。这类收入包括以下两类：一是一开始即被指定为利润和地租的年产物；二是用于支付资本和工资的年产物。不过，第一类年产物往往会在分配到应得之人手里之后，被分解成两部分，

不但用于维持劳动者自身,还用于维持其他生产性劳动者和非生产性劳动者。例如,就连工资丰厚的普通工人都经常会雇用一两个仆人,或是看一回木偶戏,更别说是大地主和富商了。这时,一部分土地和劳动年产物,就被用于维持非生产性劳动者了。此外,他们可能还得缴纳一些税款,用以维持那些虽然尊贵得多但同样不生产的人。不过,如果原本打算用于补偿资本和工资的那部分年产物,没有雇用到足够的生产性劳动者,或是不能顺利地推动工作,那么按照常理,它是绝对不会被移作维持非生产性劳动者之用的。要想在劳动者未进行工作之前就花费一部分工资去维持非生产性劳动者,那是绝对不可能的,更何况这部分工资只是资本所有者从其收入中节省下来的,往往并不多。生产性劳动者无论怎么节省,也节省不了多少资金,不过,他们终究还是有一些节省资金的。由于他们这一阶级人数众多,所以即使每人所缴纳的赋税都非常有限,但整个阶级所缴纳的赋税总额却相当可观。无论在什么地方,地租和利润都是非生产性劳动者生活资料的主要来源,而它们也是最容易节省的。它们既可以被所有者用来雇用生产者,也可以被用来雇用不生产者。从总体上讲,所有者似乎特别喜欢用它们来雇用不生产者。那些大领主,通常都将他们的费用花在游惰者身上,却很少供养勤劳的人民;即使富商们会雇用勤劳人民,但他们同时也会像大领主一样将他们的大部分资本都用来豢养那些不生产的人。

我们在前面提到过,无论是土地的天然产物还是土地的劳动产物,都会在刚生产出来时就被分成两部分,一部分用来补偿资本,另一部分则是以地租或利润形式出现的收入。现在,我们还要知道,这两个部分的比例,在很大程度上决定了一国生产者和不生产者的比例,并会随着国家的贫富程度而产生差异。

现在,欧洲各个富国的土地生产物,极大部分都被用在了补偿独立富农的资本上,其余的小部分才被用来支付利润和地租。但是,在以往的封建社会,只要极小一部分的年产物,就可以补偿耕作所需的资本。因为,那时候所需的耕作资本就只有几头老牛老马而已。而且,这些牛马都是以荒地上的天然产物为食的,所以它们也算是天然产物的一部分,只不过归地主所有,再由地主借给土地耕作者。除了维持耕作者生存的土地生产物之外,其他土地生产物都以地租或利润的形式归地主所有。土地的耕作者,大部分都是地主的奴仆,所以他们的身家财产其实也都归地主所有;还有一部分是可以随意退租的佃户,虽然他们所缴纳的地租经常是所谓的免役租，但它实际上仍然相当于全部的土地生产物。而且，他们在和平年代可能随时会被地主雇用，在战争年代又须服兵役。虽然他们的住处离地主较远，但他们也和地主家里的奴仆一样，隶属于地主。既然连他们的劳役都由地主支配了，那么他们的劳动产物也自然得完全归地主所有。现在的情况就大不相同了。就说现在的地租吧，它在全部土地生产物中所占的比例，一般都不会超过三分之一，有时甚至不足四分之一；按改良土地的地租数量来计算，现在的地租几乎是以前的三倍或四倍；现在的土地年产物更是比以前多得多，好像光是三分之一或四分之一的年产物，就是以前年产物总量的三到四倍。在农业日益进步时期，地租虽然在数量上日渐增大，但其与土地生产物的比例却日益减小。

在今日欧洲，各个富国都在商业和制造业上投入了极大的资本。而在古代，由于贸易极少，所以制造业也非常简陋，只需要极少的资本就足够营业，并能获得极大的利润。当时的利息率，基本上都在百分之十以上。这么高的利息他们都能支付，可见他们的利润有多丰厚。现在的利息率则很少会超过百分之六；而且，即使是最进步国家的利息率，有时也会低至百分之四，甚至是百分之三或百分之二。由于富国的资本远远多于贫国，所以富国居民所得的资本利润也远远大于贫国。不过，现在的利润和资本的比例，往往比以前小很多。

富国的土地和劳动年产物中，用于补偿资本的部分比贫国大得多，而且这部分在年产物中所占的比例，也比直接归作地租和利润的部分大得多。此外，富国花费在雇用生产性劳动上的资本，也比贫国大得多。不过，这种情况并不是绝对的。我们在前面提过，一国的年产物，一部分会固定用来雇用生产性劳动，另一部分则既可能用于雇用生产性劳动，也可能用于雇用非生产性劳动，而且雇主往往特别喜欢将其用于后一用途。富国雇用生产性劳动的资本占全部年产物的比例，也往往比贫国大得多。

这两种资本的比例，决定了一国人民是勤劳还是游惰。我们之所以比祖先勤劳，就因为我们用于维持勤劳人民和游惰人民的资金的比例，比二三百年前大得多。我们的祖先之所以会变得游惰，就是因为没有因勤劳而受到充分的奖励。有一句俗语说得好："劳而无功，尚不如戏而无益。"如果一个工商业城市的资本可以维持下等居民，那么该城市的居民，大多数都是勤劳、认真而又兴旺的，像英国和荷兰的大城市，就属于这类城市。如果某地主要依靠君主的不定期驻节⑧来维持人民生计的话,那么当地人民大部分都会是贫穷而又堕落的游惰者,像罗马、凡尔赛、贡比涅、枫丹白露等,都属于这类城市。

至于法国的工商业,只有卢昂和波尔多两市的工商业发展还值得一提;其他各个议会城市的下等人民,大都要依靠法院人员以及打官司者的费用来维持生计,因而大部分都是贫穷的游惰者。相比之下,占地理优势的卢昂和波尔多两市,其商业就发达多了。巴黎所需的物品,无论是由外国输入还是由沿海各地运来的,都须在卢昂集散;加龙流域所产的闻名于世的丰富葡萄酒,则需要在波尔多集散。由于这些葡萄酒很受外国人的喜爱,所以输出量相当大。这么好的地势,自然会吸引更多的资本都来投资,这么一来,这两市的工商业自然会蒸蒸日上。

相反的,其他各个议会城市的投资,则大多只为了维持本市的消费,即根本没有超过本市的使用限度。比如巴黎、马德里和维也纳,就出现了这样的情况。巴黎是这三城市中最勤劳的一个,但其制造品的主要销售市场,就是它自己;其全部营业活动的主要对象,也是本市人。在欧洲,只有伦敦、里斯本和哥本哈根这三个城市,不但是王公驻节之所,又是工商辐辏之地,而且有本市人、外地人和外国人作营业对象。它们所处的优越地理位置,使它们成了大部分远销物品的集散中心。

一个花费大于收入的城市,并不能像那些连下等人民都可以靠资本维持的工商业城市一样,它除了把资本用来供应本地消费之外,根本没有其他有利使用资本的方法。于是,大部分人都只能靠微薄的收入过活,自然也就慢慢地习惯了游惰,甚至还会同化一些原本应该勤勉做事的人。因此,即使是在这些地区投资,也是不利的。爱丁堡的工商业,在英格兰和苏格兰合并以前是非常不发达的;等到苏格兰议会迁移出去,当地的王公贵族人数大大减少,它才逐渐振兴起来。但是,由于大理院、税务机关等还未迁出,它们花费了很多收入,所以爱丁堡的工商业还是远远比不上格拉斯哥的工商业。格拉斯哥的居民,大都靠资本来维持生计。而且,即使是一些制造业比较发达的大乡村,要是其间也住有公侯贵族,那么当地居民往往也都懒惰而又贫困。

所以,一国勤劳者与游惰者的比例,似乎都是由资本与收入的比例决定

---

⑧ 译注:指高级官员驻守外地执行公务。

的。如果某地的资本占优势，那么当地人民一般比较勤劳；如果某地的收入占优势，那么当地的游惰人民就会占多数。资本的增减，会使真实的劳动量随之增减，从而引起一国土地和劳动年产物的交换价值的增减；此外，资本的增减还会使生产性劳动者的人数也随之增减，所以国民财富与收入自然也会跟着增减。

节俭可以增加资本；而奢侈和妄为，则会减少资本。一个人的收入节省了多少，他的资本就会增加多少。增加的这部分资本，既可以用来雇用更多的生产性劳动者，也可以借给别人。如果他把这部分资本借给别人，别人就可以雇用更多的生产性劳动者，他自己也可以收受利息。既然增加个人资本的方式只有节省每年的收入或利得，那么要增加社会资本，也只能用同样的方式，因为社会资本就是由个人资本构成的。

不过，造成资本增加的直接原因并不是勤劳，而是节俭。当然了，由节俭积蓄下来的任何物品，都是靠勤劳挣得的，因而是先有勤劳后有节俭。如果只是勤劳却不知节俭，那么就算有再多劳动成果，也储存不下来，所以资本也不可能增加。节俭能够使维持生产性劳动的资本增加，从而吸引更多的劳动者投入生产性劳动当中，最终增加工作对象的价值，即增加一国土地和劳动年产物的交换价值。因此，节俭可以使更大的劳动量投入生产，最终增加年产物的价值。

每年节省下来的资金，往往会和每年的花费同时被消费掉，只是消费的人不同而已。富人每年花费的收入，大部分都花费在了游惰的客人和家仆身上，没有得到一点儿报酬。即使是为了图利而节省并直接转为资本的收入，几乎也会同时被劳动者、制造者和技工消费掉。这些劳动者虽然消费了一部分价值，但他们会把自己消费的部分再生产出来，并提供利润。现在，我们假定某人的收入都是货币，如果他把它们全都用在购买食物、衣服和住所上，那么这笔资本的消费者就是游惰的客人和家仆；如果他为了图利而将其中的一部分节省下来，并直接转作自用或借给别人的资本，那么他用来购买食物、衣服和住所的这部分收入，就被劳动者消费了。这笔收入，最终都被消费，只是消费者不同而已。

节俭者每年省下的收入，不但可以维持更多生产性劳动者今明两年的生活，还能使节俭者像工厂的创始人一样拥有一笔取之不竭的基金，随时都可以维持相应数量的生产性劳动者的生活。虽然这笔基金的分派得不到法律的保

障,也没有契约或营业证书对它进行规定,但是所有者自身的利害关系,就足以保护其安全。如果有人将这部分基金的任何一部分滥用于维持非生产性劳动者,那他一定会吃亏。

奢侈者根本不量入为出,反而把父兄节省下来以备经营事业的资本,滥用于豢养大量的游手好闲者,从而蚕食了资本,这无疑于把原本用来敬神的收入移作了渎神之用。这么一来,雇用生产性劳动者的资本、增加物品价值的劳动量、全国土地和劳动年产物的价值、国民财富和收入,就会相继减少;勤劳者的面包,则被奢侈者夺去豢养了游惰者。如果勤劳者的节俭不足以抵消奢侈者的奢侈,那么奢侈者的所作所为,就会使他自己和全国都陷入资源匮乏的境地。

即使奢侈者消费的物品全部都是国产的,社会生产基金也会因此而受影响。因为,每年生产的食物和衣服,总有一部分原本应该由生产性劳动者消费的,现在却被非生产性劳动者消费了,这难免会使该年年生产物的总价值低于它原本应有的价值。

有些人认为,由于这类费用并没有花在购买外国货物上,没有使金银流入外国,所以并没有减少国内的货币量。但是,如果这些被不生产者消费的食物和衣服能够分配给生产者,那么生产者就会把他们消费的全部价值再生产出来,并提供一部分利润。虽然这些货币留在国内,但它们却能再次生产出一个等值消费品,从而将原有的价值提高一倍。如果一国拥有与以前同量的货币,但它的年生产物的价值却日渐减少,那么它的货币量也一定会日渐减少。

货币只有一个用途,那就是周转消费品。只有有了货币,才能进行食物、材料和制成品的买卖,最终将这些物品分配到真正的消费者手上。一国每年的货币流通量,由国内流通的消费品的价值决定。国内流通的消费品一般分两种,一是本国土地和劳动的直接生产物,二是用本国生产物购买的物品。它的价值,会随着国内生产物价值的减少而减少,最终导致国内货币流通量的减少。那些由于生产物的减少而流出国内领域,在国外流通的货币,肯定不会被弃之不用的。因为,货币的所有者,肯定会出于自身利害的考虑,想尽办法让自己的货币发挥作用;如果他的货币不能在国内流通,那么他就会不顾法律的禁止将它们运到外国去,用它来购买各种有用的消费品,再将这些消费品运回本国。

在一定时期内,货币的年输出是持续的,从而使得居民的消费额超过了本国年产物的价值。在繁荣时代,可以用积累下来的年产物来购买金银。这么一来,当他们遇到逆境时,就可以用这笔金银来支撑一段时间。这时,是民生凋敝造成了金银输出,而不是金银输出造成了民生凋敝。事实上,这类金银输出甚至可以暂时减轻民生凋敝带给国民的痛苦。

反之,如果一国土地和劳动年产物的价值增加了,那么其货币总量也必然会增加。因为,当国内消费品的价值增加时,货币的流通量也自然会跟着增加。于是,增加的一部分生产物自然就会四散出去,并购买一些必要的金银。这时,是社会繁荣增加了国内的金银量,而不是国内金银量的增加促进了社会繁荣。各地购买金银的条件都是一样的,即需要花费一定数量的劳动或资本从矿山里采掘出金银,再运到市场上去。这一事业,需要投资者有足够的资本和收入来支付食物、衣服和住所,这些资本和收入构成了金银的价格。无论是在英格兰还是秘鲁,购买金银的情况都是这样的。任何一个需要金银的国家,只要出得起这个价格,都不用担心金银会长久地缺乏;那些无法在国内流通的金银,也不会长久地留在国内。

有一种明白而又合理的说法是,一国的真实财富与收入是由该国的土地和劳动年产物构成的;还有一种通俗的偏见认为,构成一国的真实财富与收入的,是该国国内流通的贵金属量。无论是哪一种观点,都赞成节俭,反对奢侈和妄为。妄为的结果和奢侈相同。无论是在农业、矿业、渔业、商业上投资,还是在工业上投资,都需要有谨慎而又有成功希望的计划,否则就会减少用于雇用生产性劳动的资金。消费这笔资金的人,虽然是生产性劳动者,但是如果这笔资金使用不当,他们就可能无法再生产出他们消费的价值,这样自然会减少社会上的生产资金。

幸运的是,在一个大国,个人的奢侈妄为并不会产生多么严重的后果,因为那些由他们的奢侈妄为带来的不良后果,总会被那些俭朴慎重的人给弥补回来。

造成一个人浪费的原因,自然是他的享乐欲望。这种欲望,虽然一般都只是暂时而且是偶然发生的,但有时也会热烈得难以抑制。至于一个人节俭的原因,当然是他希望自己的状况能够通过节俭而得以改善。人们在想着这种发送状况的愿望时,虽然一般都比较冷静而沉着,却自始至终都没有放弃对它的追求。人这一辈子,都不会完全满意自己的地位,所以总想改善自己的处境。可是,用什么方法来改善呢?在一般人看来,最通俗、最明显的方法就是增加财

产，即自己节省开支，将一部分正常或特殊的收入储蓄起来。因此，虽然人们有时会有浪费的欲望，甚至有些人时时都有浪费的欲望，但从总体上讲，节俭的心理在人类生命过程中还是占有优势的，而且是大占优势。

无论任何地方，由慎重取得的成功事业，都远远多于因为不慎重而失败的事业。破产的失意者是比较常见的，但由于经营商业的人无数，所以这些失败者的人数相对来说还是极小的，也许只占千分之一的比例吧。对一个安分守己的商人来说，破产无疑是极大而且极难堪的灾祸。所以，极大部分人都会小心地避免破产，只有极小一部分人不知道要避免破产，就像有些不知道要躲避绞架的人一样。

个人的奢侈妄为，固然不会把一个地大物博的国家变得贫穷，但政府的奢侈妄为却可以。有很多国家，都将几乎全部的公众收入，用在了不生产的王公大臣、牧师神父，以及平时不生产、战时无所获的海陆军身上。由于他们不从事生产，所以他们的生活需要别人的劳动产物来维持。如果他们的人数大幅度增加，从而消费了大量的劳动产物，以致剩余的劳动产物不足以维持第二年进行再生产的劳动者，那么第二年的再生产物就一定会比上一年少；如果这种混乱情形继续下去，就会使第三年的再生产物比第二年还少。这些靠人民的一部分收入维持的不生产者，可能把国民总收入的大部分都消费掉了，以致人民不得不侵蚀自己用以维持生产性劳动的资金，甚至是再怎么慎重地节俭也无法把这么大的浪费弥补回来。

不过，由经验可知，个人的慎重节俭，好像经常可以弥补个人的奢侈妄为，甚至是弥补政府的奢侈妄为。如果每个人都不断地努力改善自己的境况，那么国民财富和私人财富必然会大大增加。人们的努力一般都非常强大，足以弥补由政府的奢侈妄为造成的浪费，甚至能通过挽救行政大错而改进一些事情。比如，即使庸医无法治愈一些疾病，病人身上也似乎总有一股莫明其妙的力量能帮助他恢复健康。

增加一国土地和劳动年产物价值的方法有两种：一是增加生产性劳动者的数量，二是增强劳动者的生产力。要增加生产性劳动者的数量，必然要先增加维持生产性劳动者的资金；而要增强劳动者的生产力，就需要增加一些能够缩减劳动的便利机械和工具，或者改良原有机械和工具，要不就是使工作的分配更加适当。但是，无论如何都有必要增加资本。因为，改良机器少不了资本；

重新分配工作也需要资本；把原本由一个人兼任的工作分给多个人专做，更需要大量资本。因此，当我们在比较一国国民前后两个时期的情况时，发现后期的土地和劳动年产物更多、土地的耕作状况更进步、工商业更加繁盛而且规模扩大，那么我们就可以断定该国资本在这两个时期里增加了很多。由此可以断定，由一部分人通过慎重地节俭所增加的资本，一定比政府和另外一部分人所侵蚀的资本多。我在此声明一句，即使一国政府不慎重地节俭，只要国泰民安，国家也一样能取得这样的进步。不过，由于进步是一个逐渐积累的过程，所以如果两个时代相距太近，我们就不能判定这种进步有没有产生。有时候，即使一国有了一些改良，我们也往往会因为它的某些产业的凋零或某些地区的衰落而怀疑它在退步。

英格兰现在的土地和劳动年产物，远远多于一百年前的查理二世复辟时期。所以，很少有人会对今日英国年产物的增加产生怀疑。但是，在此之前的一百年内，几乎每隔五年就会出几本书或是小册子，里面动听地说英格兰的国民财富和人口都在减少，农工商业也在走向衰落。这类书籍，并不仅仅是党派的宣传品，也不仅仅是见利忘义的欺诈品，还有很多都是由一些诚实而又聪明的作家写成的，其内容都是这些作家们确信无疑的。

另外，英格兰在查理二世复辟时代的土地和劳动年产物，必定远远多于二百年前的伊丽莎白时代；而伊丽莎白时代的年产物，也必定远远多于三百年前的约克与兰克斯特争胜时代。再向前追溯就是诺尔曼征服时代，当时的年产物虽然更少，却也多于撒克逊七王国统治时代。撒克逊七王国统治时代的英国虽然算不上进步，但却比朱利阿·凯撒侵略时代进步得多。在朱利阿·凯撒侵略时代，英格兰居民的生活和北美野蛮人的生活差不多。

在各个时期，都出现了许多私人和政府的浪费，并爆发了多次不必要的战争，耗费了大量的费用，使得许多原本打算用来维持生产者的年产物，都被用在了不生产者身上。内讧激烈时期，耗费了大量的资本，造成了极大的破坏，使人们都觉得这种行为阻碍了财富的自然蓄积，并使国家变得更加贫困。事实上，财富的自然蓄积的确受到了阻碍。英国人民的生活，在查理二世复辟以后最幸福、最富裕。但是，此后却发生了很多动乱和不幸，如果我们生活在那个时代，那么我们一定会为英格兰的前途而担心，担心它会陷入贫困的境地，甚至担心它会走向破灭。回想一下当时的情况：自从伦敦大火之后，又相继发生了

大疫病、英荷战后的两次革命骚扰、与爱尔兰抗战，以及分别爆发于1688年、1702年、1742年和1756年的四次耗资巨大的对法大战，还有先后爆发于1715年和1745年的两次叛乱。单是四次英法大战，就让英国欠下了一亿四千五百万镑以上的债务，再加上其他各种特殊的战争支出，英国所耗费的总资金应该不少于二亿镑。自从革命爆发以后，英国的年产物，就经常有很大一部分都被花在了许多不进行生产的人身上。如果这些战争没有发生，那么当时所耗费的巨资，肯定有一大部分都会被用来雇用生产性劳动者。这么一来，由于生产性劳动者不但能将他们消费的价值再次生产出来，还能提供利润，所以英国土地和劳动年产物的价值，必然会逐年增加。所以，如果这些战争没有发生，人们就可以建造更多的房屋、改良更多的土地、改善更多良田的耕作状况、增加更多种类的制造业，并推广已有的制造业，最终使国民真实财富和收入的增加超出我们的想象。

英格兰财富和改良的自然进程，虽然曾被政府的浪费阻碍过，却并没有停止发展。英格兰现在的土地和劳动年产物，远远多于复辟时代和革命时代；每年用以维持农业耕作的资本，也比过去多得多。在政府耗费资金的同时，还有无数人在不断地努力改善自己的境况，他们依靠慎重的节省，不动声色地积累着资本。如果这种努力能在受法律保护的情况下自由发展，那么英格兰以往的任何时代，几乎都会因此而日趋富裕，甚至可能一直富裕下去。不过，由于英格兰的历届政府都不是很节俭，所以居民自然也不节俭。由此可见，英格兰王公大臣的行为实在是太放肆、太专横了。因为，他们不但不思节俭，而且不禁止输入外国奢侈品，更没有监督私人经济、节制铺张浪费。他们是社会上最浪费的阶级，可他们却不知道这一点。他们只要能节省自己的开支就行了，根本无须操心人民的资金，因为人民的资金完全可以任由人民自己管理。如果连他们的浪费都不能导致国家的灭亡，那么人民的浪费就更不可能使国家灭亡了。

社会资本会因节俭而增加，因奢侈而减少。如果一个人的花费等于收入，那么他的资本额就会维持不变。但我们要知道，有些花费方法，能够比其他花费方法更能促进国民财富的增长。

个人的收入，有一部分会被用来购买立时享有的物品，这类物品一旦被消费就不能再次使用；还有一部分会被用来购买耐久的物品，这类物品可以储存起来供以后使用，或者是增进以后消费的效用。比如，同样是富翁，有的把资金大肆地花费在雇用奴婢和购买犬马上；有的又宁愿节衣缩食、尽量减少奴婢数量，用大笔资金整饬庄园或别墅、大兴建筑、广置实用家具或装饰字画等；有的则一屋子都闪烁着明珰璎珞的光芒；另外一些则像数年前逝世的某个宠臣一样衣服满箱、锦绣满床。现在，假设有两个财产相等的富人，如果甲将自己的大部分收入都用在了购买耐久商品上，而乙则将自己的大部分收入都用来购买米这类立时享用的物品上了，那么甲的境况必然会日渐改进，而乙的境况则会越来越坏，最终是甲比乙富裕。因为，甲所拥有的耐久商品的价值虽然会日渐减少，却多少能够增进以后消费的效用；而乙所拥有的立时享用商品，却没有留下任何痕迹，更别说是增进以后的消费效用了。

　　如果一种消费方法有益于积累个人财富，那么它也有益于积累国民财富。无论是富人的房屋、家具还是衣服，都可以在转瞬之间变成有益于中下阶层人民的用品，特别是当上等阶层玩厌了这些物品时，中下阶层人民就可以把它们买回去，从而改善一下生活。如果这种情况经常出现，就代表着国民的总体生活水平有了改善。如果一国长期繁荣，那么该国的下层人民，即使无力自己建造大厦，也往往能拥有大厦里的一套房子；即使不自己制作上等家具，也经常能使用上等家具。例如，巴斯道上有一间客寓，就是往日的西穆尔宅邸；而早在几年以前，敦福林的酒店就已经买下了詹姆士一世的婚床。这张婚床，原本是皇后从丹麦带来的嫁奁。有时候，我们在一些几乎没什么变化，或是稍微有些没落的古城里见到的房屋，几乎没有一间是当前的占有者能够盖得起的；里面陈设的，也都是一些适用且相当讲究的老式家具，也绝非当前的使用者花钱订制的。无论是对富人还是对国家而言，别墅、书籍、图画，以及各种珍奇物品，经常都是光荣的装饰品。法兰西的光荣装饰品是凡尔赛宫；英格兰的光荣装饰品是斯洛威和威尔登；意大利的光荣装饰品是名胜古迹。虽然创造这些名胜古迹的财富逐渐减少，创造它们的大天才也大概因为无用武之地而湮没了，但它们至今却仍被世人赞赏着。

　　在耐久物品上花费收入，对储蓄和养成俭朴的生活风尚都非常有利。如果一个人原本就把他的大部分收入都花在了这方面，那么就算他突然开始节省，人们也不会讥评他；相反的，如果一个人原本婢仆成群、居室陈设华丽、经常广设盛筵，那么当他突然节省开支时，邻居就会觉得他好像是在承认自己以往的错误。所以，这些大花大用的人，一般都很少有勇气去改变他们的生活习惯，除

非他们破产了。而那些原本就习惯把钱用于添置房屋、家具、书籍或图画等方面的人,则不会有被人怀疑的顾虑,只要他们自觉财力不足,就可以突然节省开支。因为,既然他已经购置了这类物品,就不用再源源不断地购置了,所以当他突然改变习性时,人们也会认为是因为他意兴阑珊,而不是财力不济。

另外,如果把收入花在耐用物品上,所养也会非常多;可如果把收入花在款待宾客上,所养就会很少。一个耗费了二三百斤粮食的筵席,浪费的粮食就达到了一半。如果把这笔费用花在雇用泥木工、技匠等方面,所养的人数就会更多,因为工人们在用这笔费用来购买这些粮食时,会节省每一便士每一镑。所以,如果把这笔费用花在生产者身上,就可以增加一国土地和劳动年产物的交换价值;而如果把这笔花销用来维持不生产者,一国土地和劳动年产物的交换价值则丝毫也不会增加。

不过,读者不要受上述理论的误导,误以为在耐久物品上费财就是善行,而在款待宾客上费财则是恶行。如果富人用于款待宾客的资金占了他收入的大部分,那他的亲友就分享了他的大部分收入;而如果他把自己的收入用于购买耐久物品了,那么这些耐久物品就是他独享的,别人要想和他分享,就得付出代价。所以,当他把自己的收入用于购买耐久物品,特别是购买大量的珠宝、衣饰等琐细物品时,就表示他轻浮而且自私自利。我说这些话的意思是,在耐久物品上花费资财,有利于积蓄有价商品,从而有助于私人养成节俭的习惯,最终可以增进社会资本和国民财富。

第四章　贷出取息的资财

在出借者看来,贷出取息的资财就是他的资本,他不但希望这笔资财能在借贷期满后复归于己,还希望借款者能因为使用了这笔资财而付他若干年租;而在借款者看来,这笔资财既可以作为他的资本,也可以供他消费。如果借款者把这笔资财用于维持生产性劳动者,那么这笔资财不但能再生产价值,还能提供利润,从而使借款者能在不割让或侵蚀其他任何收入的情况下偿付这笔资财的本金和利息;而如果这笔资财被借款者消费了,那么借款者就成了浪费者,他使得原本可以用于维持勤劳阶级的资金,被转用在了游惰阶级身上,这时,借款者如果不依靠侵蚀地产或地租这类资源,就无法偿付借款的本金和利息。

贷出取息的资财有时会兼用于以上两种用途,而且大多数情况下都用于前一用途。因为,借钱挥霍的人必然难以靠借钱久立,还会使借钱给他的人为自己的愚不可及而后悔。这类借贷,对出借者和借款者都没有丝毫的利益,只有那些重利盘剥的借款者,才能得到一些利益。这样的借贷事件难免会发生,但由于一般人都比较自利,所以这类借贷事件的发生频率并没有我们想象的那样高。如果你问一个比较谨慎的富人,问他愿不愿意将自己的大部分资财贷给谋利或浪费的人,恐怕他听完你的话,一定会发笑。在他看来,你提的这个问题简直不叫问题。在一些不以节俭出名的人中,也必然是节俭者多于奢侈者,勤劳者多于游惰者。

只有乡绅会仅仅为了挥霍而借款,他们常常为了一些不利的用途,将财产作为借款抵押品。但是,乡绅借钱并不是全供浪费的,他们经常会为了偿还赊款而借贷。比如,他们的日用品多数都是从商店赊来的,一旦赊款多得不能再赊欠时,他们就得另外借款来还账。所以,当乡绅们所收的地租不足以偿还他们的赊欠时,他们就要另外向别人借款来偿还商店老板的资本。这时,他借钱就不是为了花费,而是为了偿还先前就已花掉的资本。

取息的贷款,大都是以纸币或金银这两种货币形式借出的,但借款人想要从出借人那里得到的,其实并不是货币,而是货币的价值,即货币能够购买的货物。如果借款人需要的是立时享用的物品,那么他所借贷的就是能够立时享用的货物;如果借款人需要的是振兴产业的资本,那么他所借贷的就是工具、材料与食物之类的、劳动者工作所必需的物品。借贷其实就是出借人向借款人出让自己的一部分土地和劳动年产物的使用权,任由借款人在支付本金和利息的前提下随意使用。

无论纸币还是铸币,都是国内的借贷手段。一国的资财,或者是一般人所说的货币,有多少能在收取利息的方式下借出,并不取决于货币的价值,反而取决于特定年产物的价值。这类年产物,或是从土地里出产出来的,或是由工人制造出来的,当它们成为某些人的资本,而这些人又无意亲自使用它们时,它们就会被借给别人。由于这种资本的出借与偿还都是由货币完成的,所以借贷双方的关系就是金钱上的利害关系。

借贷双方的这种利害关系,与农业、工业和商业上的利害关系都不相同。

工业和商业的资本所有者所使用的资本，都是自己的。不过，即使是在这种金钱上的利害关系之下，货币也不过是能把甲无意亲自使用的资本转让给乙使用而已，它在这个过程中所起的作用与一张出让物品使用权的契约一样。这一点我们也应该知道。这样转让的资本量，不知要比作为转让手段的货币量多多少倍！无论是铸币还是纸币，都可以进行多次购买活动，也可以连续多次用作借贷资本。例如，现在有一千镑，这一千镑既可以从甲手上借给乙，也可以立即由乙通过购物行为而流通到丙那里。当丙不需要使用这笔货币时，丙就可以把它借贷给丁，让丁能够立即从戊那里购买到价值一千镑的货物。如果戊也不需要使用这笔货币，戊就可以将它借给己，让己能够立即从庚那里再购买到价值一千镑的货物。所以，虽然使用的同样都是那几枚铸币或几张纸币，却能使借贷和购买在几天里就进行了三次，而且每一次的交换价值都与这笔货币的总额相等。在这一过程中，有钱出借的人是甲、丙、戊，需要借钱的人是乙、丁、己。他们所借贷的，其实只是一千镑货币的购买货物的能力，这种能力就是借贷的价值与效用所在。这笔货币所能购买的货物的价值，就是三个借钱者贷出的资财，而他们借贷出去的总资财，其实是购买货物所需货币的三倍。如果债务人能够适当地使用那些他用贷款购买的货物，并且还能在规定期限内偿还这笔贷款的本金和利息，那么这种借贷就比较可靠。既然这笔货币能够用作三倍于原价值的借贷手段，那么它也可以基于同一理由而用作三十倍于原价值的借贷手段，当然也可以被连续用来偿还债务。

由此可见，由借贷资本取息的行为，其实就是出借人把自己的部分年产物出让给了借用人，条件是借用人在规定期限内出让自己的一小部分年生产物，即给出借人付息；并在借款期满之后，偿还相等的年产物，即向出借人偿还本金。货币在这一过程中虽然充当了转让产物的媒介，但它还是跟它所转让的产物完全不同。

刚由农民或工人生产出来就被指定为补偿资本的年产物的增加，会自然而然地导致所谓金钱上的利害关系的增加。如果资本增加了，那么所有者自然会将其无意亲自使用的资本借出去，从而获得收入，即借贷资本增加。也就是说，资财的增加必然会导致贷出生息资财的增加。贷出生息资财的增加，必然会导致使用这种资财所必须支付的价格，即利息的降低。利息降低的原因，既包括那些会使物价随物品数量的增加而降低的一般原因，也包括另外两个特殊原因。一是一国资本的增加使得投资利润减少了。这时，新资本要想在国内找到有利的投资方法，将会越来越困难，于是就发生了资本竞争，使得新资本的所有者努力通过互相倾轧的方式去排挤原来的那些投资者。但是，他们要想把原来的那些投资者挤出去，就得放宽自己的条件，即贱卖那些必须贵买的货物。二是维持生产性劳动资金的增加，使得市场对生产性劳动的需求量也逐渐增加。这时，劳动者就不会为无人雇用自己而发愁，发愁的反而变成了资本家，因为这时他们会觉得无人可雇。资本家为了雇用到所需的劳动力，就会提高劳动工资，最终导致资本利润的降低，所以，为使用资本而支付的利息率，自然会随之降低。

包括洛克、劳氏和孟德斯鸠在内的许多作家，都以为西属西印度的发现使得金银量增加了，从而导致了欧洲大部分利息率的降低。他们认为，由于金银本身的价值降低了，所以当它们在特定情况下使用时，也只有较小的价值，从而使得它们的售价也较低。乍看起来，这种观点好像非常有道理，但它实际上却是错误的。这种观点的错误，已经被休谟充分揭露了，所以我们也没有必要再详细说明。下面，我就用一些非常简明的议论，把迷惑上述许多作家的谬论进一步说明一下。

在西属西印度尚未发现之前，欧洲大部分地区的普通利息率好像都是百分之十。自从发现了西属西印度之后，各国的普通利息率就相继从百分之十降到了百分之六、百分之五、百分之四，甚至是百分之三。现在我们假设，一国银价的低落比例刚好等于利息率的低落比例，比如利息率由百分之十减至百分之五，那么跟以前相比，现在等量的银就只能购买到一半的货物。可是，这种假设符合事实吗？我相信事实绝对不是这样的。不过，这种假设却非常有助于论证我将要说明的理论。此外，我们也绝对不能仅仅根据这个假设，就断言金银的利息率会随之降低。因为，如果现在的一百镑和以往的五十镑价值相等，那么现在的十镑就会只相当于以往的五镑。无论降低本金价值的原因是什么，都会使利息以同一比例降低，所以本金和利息的价值比例并没有改变，所以利息率当然也不会改变。如果利息率改变，本金和利息的比例也必然会改变。如果现在的一百镑只等于以往的五十镑，那么现在的五镑也必然会等于以往的二镑半。所以，如果利息率随着本金价值折半也折半的话，那么现在的资本利息，就会只等于以往资本利息的四分之一。

当一国的商品靠白银流通,而且商品的数量未增加时,银的增加就只会使银价降低。这时,虽然各种货品的名义价值都会增加,但它们的真实价值却没有变化。虽然这些货品能够换到更多银,但它们能够支配的劳动量、维持的劳动者人数却没有变化。虽然可能需要更多的银量才能把等量资本从甲地移转到乙地,但是资本额却没有变化。虽然货币这一转让物品的媒介,增多得像冗长的委托书一样累赘,但它所转让的物品却没有变化,转让效果也是相同的。既然维持生产性劳动的资金没有变化,那么市场对生产性劳动的需求量,自然也不会变化。因此,虽然生产性劳动的价格增大了,但劳动的实际价值却是不变的,即工资按照所付的银量来计算是增大了,但其所能购买的货物量却没有增多。至于资本利润,则无论是从名义上还是实际上说,都没有变化。由于劳动工资经常是用所付的银量来计算的,所以当所付的银量增加但工资实际上并没有增加时,工资也好像增加了;而资本利润却不是这样,它并不是用所得的银量多少来计算的,而是用所得银量与所投资本的比例大小来计算的。比如,我们在说到一国的劳动工资时,往往使用五先令每星期来衡量;而说到一国的利润时,却经常称其为百分之十。不过,既然国内的总资本没有变化,那么国内各个资本占有者的资本竞争必然不会变化,他们在交易时遇到的便利和困难也必然和从前一样。所以,资本对利润的普通比例和货币的普通利息,也都不会变化。此外,使用货币的一般利息,也必须受制于使用货币所能取得的一般利润。

当国内货币的流通量不变时,如果国内每年流通的商品量增加,那么货币的价值就会提高,还会产生其他一些重要结果。这时,虽然一国资本名义上没有变化,但其实际价值却增加了,虽然表示它的可能仍然是同量货币,但其所能支配的劳动量却增加了,所以市场对劳动的需求自然也就随之增加了。于是,工资自然也会提高,只是可能有时从表面上看反而下跌了。这时,虽然劳动者的工资可能比以前少了,但其所能购买的货物量,却可能多于以前需要用更多的货币才能购买的货物量。不过,资本利润仍然还是从名义和实际上都没有减少。既然国内的总资本增加了,那么资本竞争必然会随之增加。这时,各个资本家的投资所得,即使在各自资本所雇的劳动生产物中只占有比以前小的比例,他们也只好自认倒霉。既然货币利息和资本利润是同时变化的,那么即使货币价值大增,即一定量的货币所能购买的货物量增加了,货币利息也仍然有可能大大减少。

有些国家原本是禁止收取货币利息的，但由于收取资本利润的情况在任何地方都有出现，所以后来它们也规定：使用资本时，无论任何地方都得给付利息。由经验可知，那些禁止放债取利的法律非但没能阻止重利盘剥的发生，反而加重了商人的罪恶。因为，债务人除了要为使用货币支付一定的报酬之外，还要额外支付另一笔费用，以保障出借人不致因为接受这种报酬而有所损失，即保障出借人不致遭受法律对重利盘剥所处的刑罚。

有些国家不禁止放债取利，法律往往会规定合法的最高利息率来防止重利盘剥。这一法定最高利息率，一般都比市场最低利息率稍微高一点儿，它通常是那些有能力提供可靠抵押品的借款人所付的价格。如果这一法定最高利息率比市场最低利息率还低，那么其实质无异于全面禁止放债取利。因为，当放贷的报酬比使用货币的价值还低时，债权人就不会再愿意将钱借给别人，于是，债务人就得被迫额外支付一笔费用，以防止债权人因为冒险出借货币而遭受损失。如果法定利息率刚好与市场最低利息率相等，那么遵守国法的诚实人，就不会借钱给那些无力提供可靠抵押品的人。这么一来，那些借款者为了借到所需资金，就只有任重利盘剥者盘剥了。现在，英国各个银行贷给政府的资本，收取百分之三的年息；贷给那些有可靠抵押品的私人，收取百分之四或百分之四点五的年息。所以，英国这类国家的法定利息率，最适合规定为百分之五。

虽然法定利息率应该比市场最低利息率高，但是也不能高出太多，这一点必须要注意。比如，如果英国的法定利息率是百分之八或百分之十，那么大部分货币就会被浪费者和投机家借去。因为，这么高的利息，只有他们这种人才愿意出；而诚实人使用货币时所能给付的报酬，就只能是由借款所得利润的一部分，自然不敢跟他们竞争。于是，一国资本的一大部分，就会从诚实人那里转到浪费者手上，它们没有被用于有利的用途上，而是被用在了浪费和破坏上。相反的，当法定利息率只比市场最低利息率稍微高一些时，有钱人都只愿意将钱借给诚实人，而不是浪费者和投机家。因为这时，无论是把钱借给诚实人还是浪费者，所得的利息几乎都是相同的，而相比之下，把钱借给诚实人要稳当得多。这么一来，一国资本的大部分，就会掌握在诚实人那里，从而得到有利的运用。

一国的法律，不能将国内某一时期的利息率，降到一般市场利息率之下。

比如，法国曾于1766年将其利息率由原本的百分之五降到了百分之四，却迫使人们为了逃避它，想尽了种种办法，最终使得民间的借贷利息率一直都保持在百分之五的水平。

有一点需要指出，即市场的普通利息率决定了土地的普通市场价格。那些资本所有者，他们不需要使用资本，而宁愿用它来取得一笔收入，所以他们一般都会再三盘算到底该怎么使用它，最后往往会在是把它用于购买土地还是借出取息之间举棋不定。土地财产除了具有极其稳当可靠的特点之外，还有其他几种利益。所以，借款者一般都宁愿出于稳妥的考虑而购买土地，虽然由此得到的收入比借贷所能收取的利息要小。不过，这些利益也只能抵补收入上的一部分差额。如果地租比货币利息少得多，那么土地的普通价格就会因为供过于求而下跌。反之，如果从土地中所得的利益不但比货币利息多，而且还有很多剩余，那么人们自然会愿意购买土地，从而使得土地的普通价格因此而提高。

土地的售价，在利息率为百分之十时，通常是年租的十至十二倍；在利息率为百分之六时，就上升到了年租的二十倍；在利息率相继降至百分之五、百分之四时，则分别高达年租的二十五倍、三十倍。法国和英国相比，前者的市场利息率更高、土地的普通价格更低。通常情况下，土地售价在英国为年租的三十倍，在法国则为年租的二十倍。

第五章 资本的用途

一切资本都可以用来维持生产性劳动，只是当资本用途不同时，等量资本所能推动的生产性劳动量会有极大的不同，最终在增加土地和劳动年产物价值方面产生的影响也极不相同。

资本的用途总共有四种：一是获取社会每年要使用和消费的原生产物；二是制造适于使用和消费的原生产物；三是将多余的原生产物或制成品运至缺乏它们的地方；四是为适应临时需求而将一部分原生产物或制成品分成更小的部分。第一种用途适合农矿渔业者采用，第二种用途适合制造者采用，第三种用途往往会被批发商采用，第四种用途则适用于零售商。在我看来，这四种用途涵盖了所有的投资方法，它们之间的关系非常密切，少了其中任何一种用途,其他三种用途都不能独自存在,更别说是各自发展了。

所以,它们都是为社会创福利的不可或缺的部分。第一,如果没有能够提供丰饶原生产物的资本,恐怕制造业和商业就不会存在了。第二,有一部分原生产物,往往需要经加工才能使用和消费。如果制造业中缺少资本,那么这些原生产物就会因为没有资本而永远不会被生产出来;而假如这些原生产物是天然生长的,那么它们就会因为没有交换价值而无法增加社会财富。第三,如果没有资本,某地的多余原生产物或制成品,就无法被运往缺乏它们的地方去,所以它们的生产量就不能超过本地消费所需。可是,如果批发商有了可通有无的资本,那么他就可以将某地的剩余生产物运到别的地方去,并以之交换当地的剩余生产物,这样既能奖励产业,又能扩大这两地的物品享用范围。第四,假如没有资本将一部分原生产物或制成品分成更小的部分,以适用人们的临时需求,那么所有人都得大批买进超过其需求的货物。假如没有屠户,那么人们在需要牛羊肉时,就得一次性购买整头牛或整只羊。这种做法对富人和贫民都是不方便的,尤其不便于贫民。因为,如果贫民勉强一次性购买一个月或半年的粮食,那么他的大部分资本就得留作消费资财,从而使得一部分原本能够提供收入的资本变得不能再提供收入,并使得职业工具和店铺用具都相应减少。对贫民来说,最便利的生活方式是根据需要随时购买生活用品,这样他就可以将自己的大部分资财都用于投资,从而增加他所能提供的工作价值,最终将他以此所获的利润增加到足以抵消包括零售商利润在内的货物价格,并有一部分剩余。

有些政论家对商店老板有些成见,其实这是完全没有根据的。虽然林立的小商贾之间会相互产生一些妨害,但这丝毫不会妨害到社会,因而根本没有课税或是限制他们人数的必要。例如,某市所能售出的杂货量,取决于本市及其邻近地区对杂货的需求量,所以商人在杂货业所投的资本,绝对不能超过购买这些杂货所需的数额。这部分资本本来就是有限的,如果再由两个杂货商人分占,那么杂货的价格就会因为竞争而降低到比一个人独自经营时更便宜的水平;而如果是由二十个杂货商人分占的,那么竞争就会激烈到使他们几乎不可能结合起来抬高价格的程度,甚至会使其中一些人破产。这种事情,即使我们不过问,当事人自己也会小心。他们的竞争,不会对生产者产生丝毫的影响,只会使零售商贵买而贱卖。

也许随着零售商人数的增多，会出现一些诱骗软弱顾客购买其不需要货品的有害分子。不过，这种小弊害根本不值得国家去留意甚至干涉；而且，即使限制他们的人数，这种小弊害也不一定能灭迹。一个明显的例子是，不是因为市场上酒店较多，才产生了饮酒的风尚；而是由于其他原因使得饮酒成为一种风尚，市场上才出现了那么多酒店。

只有生产性劳动者，才会把资本都投在这四种用途上。如果他们的劳动使用得当，那么他们的劳动，至少是能够维持他们自身及他们消费掉的价值的那部分劳动，就可以固定在劳动对象或可卖物品上。农场主、制造者、批发商和零售商的利润，都来自这四种用途。当投在这四种用途上的资本相等而用途不同时，这些资本直接推动的生产性劳动量就不同，所以它们对土地和劳动年产物所增加的价值比例也不同。

零售商用以从批发商处购买货物的资本，不但要补偿批发商的资本，还要为批发商提供资本利润，这样才能使批发商得以继续营业。零售商的资本，仅仅用于雇用他自己这个唯一的生产性劳动者，所以这些资本对土地和劳动年产物增加的价值，就全部是他自己的利润。

批发商需要从农业家那里购买原生产物，或是从制造者那里购买制成品，他为此所花费的资本，也要能够补偿足以使农业家和制造者继续营业的资本及其利润。这种方法，就是批发商间接用以维持生产性劳动、增加社会年产物价值的主要方法。由于他利用资本雇用了水手、脚夫来帮他运输货物，所以这种货物的价格就随之增加了，并须增加到足够支付批发商自己的利润和水手、脚夫的工资。虽然批发商所雇用的生产性劳动，以及他对年产物直接增加的价值都不过如此而已，但他的资本在这两方面所起的作用，要远远大于零售商的资本所起的作用。

制造者会将其一部分资本用作固定资本，投在生产所用的工具上，以补偿出卖这些工具者的资本及其利润。其余的资本就是流动资本，其中有一小部分用来购买材料，以补偿提供这些材料的农业家和矿商的资本及其利润；一大部分则会在一年甚至更短的时间内分配给雇佣工人。因此，制造者的资本加在材料上的价值，不但要包括雇工工资，还要包括雇主支付工资和购买材料、工具的资本及其利润。所以，制造者的资本直接推动的生产性劳动量，比批发商的等量资本所起的作用大得多，它加诸在土地和劳动年产物上的价值也要大得多。

农业家的资本对生产性劳动量的推动作用最大。因为,他的工人和牲畜都是生产性劳动者,而且和他一起劳动的还有无偿的大自然。大自然的劳动虽然是无偿的,但它的生产物却和昂贵的工人生产物一样有价值。虽然农业增加了自然的产出力,但它最重要的任务,并不是增加自然的产出力,而是指引自然生产出最有利于人类的植物。无论是长满蓬蒿、荆棘的田地,还是耕作最好的葡萄园或田地,都可能生产出等量的植物。说耕耘增加了自然的产出力,不如说它支配了自然的产出力合适。有大部分工作都是人工不能完成的,只有依赖大自然。所以,农业上所雇用的工人与牲畜,既可以像制造业的工人一样再生产出他们消费掉的价值,即再生产雇用他们的资本,还能在向资本家提供利润的同时生产出更大的价值,并再生产出地主的地租。这种地租实际上是自然力的产物,通过地主转移到了农业家手上,它的大小取决于想象中的自然力的大小,即想象中的土地自然产出力或改进产出力的大小。把人的劳作完全减掉以后,剩下的就是自然劳作了,它所提供的价值在全生产物中所占的比例,一般不低于四分之一,而且经常都占三分之一以上。这么大的再生产量,是制造业上任何同量的生产性劳动都无法生产出来的。制造业的一切,都是人做出来的,自然什么也没做,其再生产量总是和导致再生产的力量大小成比例。所以,投在农业上的资本,比投在制造业上的等量资本更能推动生产性劳动量的增加。此外,农业资本对一国土地和劳动年产物,以及国民财富与收入所增加的价值,相对于它所能雇用的生产性劳动量而言都要大得多。农业投资,是各种资本用途中最有利于社会的一种投资。

农业资本和零售业资本,总是在本国流通,它们的使用地点也很固定。农业资本一般在农场中使用,零售业资本则在商店里使用。这些资本的所有者既有国内居民也有其他居民,但国内居民居多。

批发商的资本却不固定地在某地流通。事实上,它也没有固定地在某个特定的地方流通的必要,一般只会为了贱买贵卖而周游各地。

制造者的资本则截然不同,它自然要停留在制造场所,只是这一制造场所并没有必要确定,而且可能距离材料出产地和制成品销售地都很远。比如里昂,不仅其制造业的材料要从很远的地方运输过去,其出品也要运到远处才有人消费;再说西西里吧,当地时髦人的丝绸衣料是从别国进口的,而丝绸的原材料却又产自西西里本土;还有西班牙,它有一部分羊毛在英国制造,同时英

国又将其一部分毛织物送还给了西班牙。

无论是本国人还是外国人,都可以投资于国内的剩余生产物输出事业。如果是外国人投资,就很少会雇用国内的生产性劳动者,所以国内劳动者的人数自然就会少一些;但英国年产物的价值,也只会减少这一小部分的利润而已。至于水手、脚夫,无论他们是本国人还是外国人,都可以雇用。输出人是有国籍差别的,但输出资本就不同了。在输出国内剩余生产物,用以交换国内需要物品的场合,外国资本和本国资本给予这一剩余生产物的价值都是一样的。无论批发商是本国人还是外国人,他的资本都能有效地偿还生产这一剩余生产物所必须的资本,并使生产者能够继续营业。所以,批发商的资本不但有助于维持本国的生产性劳动,还有助于增加本国年产物的价值。

制造者的资本应该留在国内,这一点比较重要。因为,如果国内有这种资本,那么它必然能在较大程度上推动本国的生产性劳动量、增加本国土地和劳动年产物的价值。但是,这并不代表境外制造者的资本就对本国没有效用了。比如,英国的亚麻制品制造者,年年都会出资从波罗的海沿岸各地输入亚麻来加工。这种资本虽然非产麻国所有,但它也明显有利于产麻国。这种亚麻只是产麻国的剩余生产物,如果不以年年输出的方式交换本地所需物品,那么它的生产就会因为没有价值而被立即停止。现在既然可以输出亚麻,那么输出亚麻的资本就能够偿还生产亚麻的费用,从而鼓励亚麻生产者继续生产;而英国的制造者,又可偿还输入亚麻的资本,从而使亚麻的运输能够继续下去。

改良和耕种所有土地、把全部原生产物加工成适于直接消费和使用的成品,以及用剩余原生产物及制成品换取远方的物品供国内所需,需要足够的资本,而这笔资本往往是一国无力支付的。在大不列颠,许多居民都没有足够的资本来改良和耕种他们的所有土地。苏格兰南部的大部分羊毛,都因为缺乏资本而不得不经过崎岖的道路运往约克郡加工。英国许多小工业城市的产品,都因为没有足够的资本而无力被运到需要它们的远方去销售。即使当地有个别商人,他们也只是大富商的经理人而已,而那些大富商往往都住在较大的商业城市里。

如果一国资本不足以同时兼营农业、制造业和零售业,那么我们就可以断定,农业投资越大,越能增加国内的生产性劳动量,并能更多地增加土地和劳动年产物的价值。其次就是制造业,效果最小的是投在出口贸易上的零售业资本。

事实上,如果一国的资本不足以兼营这三种事业,那么其富裕程度就没有达到自然允许的极限。如果在时机未成熟时兼营这三种事业,那么无论是个人还是社会,都不能最快地取得充足的资本。国内全体人民的资本,即一国的总资本,也和个人的资本一样有限度,往往只够用于某几个方面。增加个人资本和国民资本的方法,都是节省收入,不断积蓄。所以,如果资本能为国内居民提供最大的收入,从而使全体居民都最大限度地进行积蓄,那么国民资本自然会迅速增加。不过,决定国内全体居民收入大小的,却是土地和劳动年产物的大小。

英属美洲殖民地几乎都在农业上投资,也正因为如此,那里才会迅速地富强起来。那里几乎没有纯粹的制造业,只有那种随着农业进步而发展起来的家庭制造业和粗糙制造业,这种工作是每个家庭的妇女和儿童都能做的。在输出业和航运业投资的,大部分都是住在英国本土的商人;尤其是维瓦尼亚和马里兰等省份的零售店铺和栈房,大部分都是由居住在母国的英国商人经营的,这是为数不多的零售业不由本地商人经营的事例之一。如果美洲人采取联合竞争或其他激烈的手段来阻止欧洲制造品的流入,从而保持本地商品的独占地位,使本地的大部分资本都转投到制造业中,那么他们就达不到预期目的,反而还会阻碍他们的年产物价值的增进,甚至是妨害国家的日趋富强。同理,如果他们设法将全部输出业都垄断了,也许结果会更糟。

人类的繁荣,似乎从未延续到能够使所有大国都能获得足够兼营这三种事业的资本。如果说这种情况曾经发生过,那就得证明那些关于中国、古埃及、古印度的富裕和农业情况的奇异记载是可信的。即使这三个国家都被一切记载推崇为最富有的国家,但他们最擅长的也只是工农业而已,而其国外贸易并不繁盛。因为,古埃及人和印度人,都对海洋有一种迷信的畏惧心理,中国的对外贸易也一向都是不发达的。他们的剩余生产物,好像大部分都是被外国人运往国外的,代价就是他们所需的金银等物品。

由此可见,一国在农业、工业和批发业上的投资比例,决定了该国同一资本在国内所推动的劳动量的多寡,以及对土地和劳动年产物价值增加的大小。而且,即使都是批发业,如果所经营的种类不同,那么投资结果也会有极大的不同。

批发贸易是一种大批买进,再大批卖出的贸易,它可以分为国内贸易、消费品的国外贸易、运输贸易这三种贸易。国内贸易是买进和卖出货物的地方都

在国内,只是地域不同罢了,其中包括内陆贸易和沿海贸易。消费品的国外贸易,则是购进外国消费品供本国人使用。运输贸易主要在国与国之间进行,即将一国的剩余产物运往另一国。

将资本用于购买甲地产物,再运至乙地售卖,一般可以偿还所投农业或工业资本,从而不至于中断本国的农业或制造业。用资本从商人那里运出一定价值的商品,一般至少可以换得一个等值的其他商品。所以,如果交易双方所交换的都是本国产物,那么不但能够偿还维持这两种生产性劳动的资本,还能继续维持生产性劳动。比如,把苏格兰的制造品运送到伦敦去,再把英格兰的谷物或制造品运送到爱丁堡来,往返一次的资本无疑可以偿还其投资。

如果用本国产物来购买外国货物供国内消费,那么往返一次的资本,也能偿还两部分的资本,只是其中一部分是用来维持外国产业的。例如,在英国和葡萄牙之间进行货物交易,往返一次所能偿还的资本,一部分归英国,另一部分归葡萄牙。所以,即使这种贸易赚回本钱的速度和国内贸易一样快,投在这种贸易上的资本也只能一半用于鼓励本国产业,另一半用于鼓励本国的生产性劳动。事实上,这种贸易赚回本钱的速度,很少能像国内贸易那么快。国内贸易的本钱,每年一般也就赚回一次,最多也只有三四次。这种贸易的本钱一年难得赚回一次;就算是两三年赚回一次,也没有什么好稀奇的。一般情况下,投在国内贸易中的资本往往都已经往返十二次了,投在这种贸易上的资本也仅能往返一次。因此,如果投在国内贸易和国外贸易上的资本相同,那么前者能够对本国产业提供的鼓励与扶持,往往是后者的二十四倍。

国内消费的外国货物,并非都是用本国产物换购来的,还有用第三国的货物换购来的。这第三国的货物,一定是直接或间接由本国产品换购来的。换言之,用本国产物购买第三国的货物,再用第三国的货物购买第二国的货物,即供国内消费的外国货物。因为,除了战争和征服时期之外,要想取得外国货物,只有用本国产物直接与外国进行交换;或者是用本国产品进行两三次不同的交易,间接与外国进行交换。所以,无论是把资本迂回还是直接投在国外贸易上,效果都是相同的。只是,如果迂回地投资,那么资本的收回就必须依靠两三次不同的对外贸易资本的收回,因而收回资本所需的时间也较长。假设某商人先用英国制造品换购弗吉尼亚烟草,再用这些烟草去换里加的麻枲,那么商人在其中投入的资本,就得经过两次对外贸易才能回到他手里,从而供他购买等值的英国制造品。另外一种假设是,如果先用英国制造品换购牙买加的砂糖,再用这些砂糖换购弗吉尼亚烟草,那么商人的资本就得经过三次对外贸易才能收回,即经过这三次之后,他才能使用这些资本来购买等值的英国制造品。再假设第三种情况,即这两次或三次对外贸易是由不同的商人经营的:第一个商人输入货物,卖给第二个商人;第二个商人再把货物输出,并输入其他货物;第三个商人买进第二个商人输入的其他货物,并将这些货物卖出。这时,各个商人的资本收回速度,相对来说确实很快。但是,全部资本的收回速度,还是和原来一样迟缓。

投在这种迂回贸易上的资本究竟归谁所有,可能对个别商人有些影响,可是对国家却没有丝毫的影响。无论资本是归一个人还是三个人所有,间接用英国制造品来交换麻枲所需的资本,都比直接交换所需的资本多三倍。所以,即使直接和迂回地投在消费品国外贸易上的资本是相等的,迂回投资提供给本国生产性劳动的鼓励与扶持往往也较少。

无论用以购买国内消费品的外国货物是什么,也不能改变上述贸易的性质,即它提供给本国生产性劳动的鼓励与扶持是一定的。无论是购买巴西的金还是秘鲁的银,都得像购买弗吉尼亚烟草一样,必须使用本国产物或由本国产物换购的某种物品。所以,无论是以金银为手段的消费品的国外贸易,还是其他任何迂回的消费品的国外贸易,都会对本国的生产性劳动产生相同的利害关系,就连它们偿还直接用来维持该生产性劳动资本的速度也是一样的。相比之下,以金银为手段的消费品的国外贸易好像还有一个优点,即小体积的金银可以包含大价值,所以它所消费的运输费比等值的其他货物要小得多,保险费相对也不太高。而且,金银比较不容易因运输而破损。跟用其他外国货物做媒介相比,用金银做媒介往往可以用较少的本国货物购得等量的外国货物。所以,相比之下,用金银做媒介比用其他外国货物做媒介更合适,因为可以用较少的费用充分地供应国内需求。不断用金银购买外国货物来满足本国需要的行为,会不会使国家陷入贫困的境地呢?这个问题我们以后再讨论。

投在运输贸易上的资本都是从本国抽调出来的,它们原本是可以用来维持本国的生产性劳动的,现在却被用在了维持外国的生产性劳动上。经营一次这种贸易,也可以偿还两部分资本。不过,这两部分资本都不归本国。比如,某个荷兰商人先把波兰的谷物运到葡萄牙,再把葡萄牙的水果和葡萄酒运到波

兰，他的所得虽然偿还了两部分资本，即分别为波兰和葡萄牙的生产性劳动提供了支持，却没有为荷兰的生产性劳动提供支持，只有他所得的利润归属了荷兰，所以并没有对荷兰的土地和劳动年产物的增加产生较大的影响。

当然，如果运输贸易用的都是本国的船舶和水手，那么投在支付运费上的那部分资本，就用在了本国的生产性劳动者身上，即用在了推动本国的生产性劳动方面。大多数运输贸易发达的国家，都是这么做的。运输贸易这个名词也许就是由此得来的。因为，这种人对外国人来说就是运送者。不过，运输所需的船舶和水手不一定就是本国人。例如，在波兰和葡萄牙之间进行运输贸易的荷兰商人，不一定非得用荷兰的船舶才能营业，就算是用英国船舶也未尝不可。事实上，有时候他的确是这么做的。此外，英国的国防与安全都是由船舶和水手的数目决定的。正因为如此，人们才认为运输贸易特别有利于英国这类国家。

如果必需的运输是由近海航行来完成的，而且资本量相同，那么无论是消费品的国外贸易还是国内贸易，都可以雇用同样多的船舶和水手。决定一定数量的资本能够雇用的船舶和水手数量，不是贸易的性质，而是货物的体积和价值的比例，以及运输海港之间的距离，且前者尤其重要。比如，虽然纽卡斯尔与伦敦距离很近，但两海港之间的煤炭贸易所雇用的船舶和水手，却比英格兰的全部运输贸易所需的船舶和水手还多。所以，用异常的奖励来强迫一国的大部分资本都投在运输贸易上的举措，不一定能增进一国的航运业。

跟投在消费品国外贸易上的资本相比，投在国内贸易上的等量资本，不但能够维持和鼓励更多的本国生产性劳动量，也更能增加年生产物的价值。但是，跟投在运输贸易上的资本相比呢，投在消费品国外贸易上的等量资本，却能在这两个方面提供更大的利益。在财富决定势力的今天，一国的富强一定和其年产物的总价值，即总税金相称。既然增进本国富强是政治经济学的大目标，那么最值得奖励的是国内贸易，然后是消费品的国外贸易，最后才是运输贸易。所以，出于本国利益的考虑，不应该强制或诱使大部分资本流进消费品的国外贸易或运输贸易方面去。

但是，如果这三种贸易是不受拘束地顺应事物发展的趋势自然发展起来的，那么无论是哪一种贸易，都是有利而且必需的。

如果一国特定工业部门的产品超过了本国的需求，那么剩余的产品就必然会被运往国外，用以交换其他物品供国内消费。这时，如果没有这种输出，就一定会使国内的一部分生产性劳动停顿下来,从而使得国内年产物的价值也跟着减少。英国的谷物、呢绒和金属制品会生产过剩,所以剩余部分必须运往国外去交换国内所需的物品。如果这时少了这种输出,那么剩余的这一部分,就不能获得足够补偿生产它们所需资本的价格。这类产业一般在沿海、沿江一带经营,因为剩余产物易于输出,更方便人们换得其他地区的物品供本地消费。

用本国剩余产物购得的外国货品,不宜多于国内所需,否则,这些剩余物品也必须运到国外去换取其他物品供国内所需。英国每年靠输出其一部分剩余产物,大约可以从弗吉尼亚和马里兰购买九万六千桶的烟草,而英国的实际需要也不过一万四千桶。所以,如果剩余的烟草不能及时运到国外去交换成国内所需的其他物品,那么这些烟草的输入就会立刻停止。因为,每年为购买剩余烟草而制造的货品原本就超过了本国所需,现在既然连输出也被阻断了,那么生产自然会停止,最终使生产这种货品的一部分英国人失去工作。所以,最迂回的消费品的国外贸易,有时也能扶持本国的生产性劳动和本国年产物的价值,就像最直接的消费品的国外贸易所起的作用一样。

一国的累积资本,如果没有全部用于供给本国消费和维持本国的生产性劳动,那么剩余的资本,自然会通过运输贸易的渠道流入外国,供他国消费、维持他国的生产性劳动。运输贸易代表着国民财富,它是国民财富增加的自然结果,而不是国民财富增加的原因。这种贸易,不但得到了有些政治家的赞成,还得到了他们的特别奖励。不过,这些政治家似乎是把它当成国民财富增加的原因了。

从土地面积和居民数目上比较,荷兰是欧洲最富有的国家,所以它占有了欧洲运输贸易的最大部分。英格兰的富有程度仅次于荷兰,它是欧洲第二富国,运输贸易也很繁盛。不过,英格兰的运输贸易一般比不上间接的消费品的国外贸易。我们把东方、西印度以及亚美利加的货物运送到欧洲的贸易,大多数都属于这种性质的贸易。获得这种货物的代价,不是英国产物,就是用英国产物换购的物品。此外,这类贸易带回的物品,最后大多数都是在英国消费和使用的。英国真正的运输贸易,只有由英国轮船装运并在地中海各个港口之间进行的运输,以及在印度沿海各港之间进行的由英国商人经营的运输。

由于国内各地有必要相互交换剩余生产物,所以产生了国内贸易。由此可见,国内贸易的范围以及投资量,必然受制于国内各地剩余生产物的价值;而

消费品的国外贸易的范围,不但要受制于本国剩余生产物的价值,还要受制于这些生产物所能购得的物品的价值。运输贸易,是在世界范围内交换剩余生产物的贸易,所以其贸易范围,必然受制于世界剩余生产物的价值。与前面两种贸易相比,它的贸易范围简直是没有止境的,它能够吸引的资本也是最大的。

决定资本用途的唯一动机是私人利润。决定资本投入农业、工业或是批发业的因素,是哪个行业能够取得最大利润。商人们在投资时,从未想过什么用途能最大限度地推动生产性劳动量,什么用途又能最多地增加土地和劳动年产物的价值。所以,在耕作最易致富、农业利润最大的国家里,个人自然会在对社会最有利的用途上投资。

不过,欧洲的情况就不同了,由农业投资所获得的利润,不一定多于其他事业的利润所得。虽然近几年欧洲有许多计划家都盛赞农耕的利润,但是只须稍微观察一下他们的估算,就能知道他们的结论是完全错误的。用小小的资本白手起家,甚至没有资本的人,只要从事数十年的制造业或商业经营活动就成为富翁的情况,我们经常能够见到。然而,用少量资本经营农业而发财的事例,在近一个世纪的欧洲,简直一个也没有出现过。现在,欧洲各个大国仍有许多优良的土地无人耕作;即使是一些有人耕作的土地,也没有进行过充分的改良。所以,欧洲各地的农业现在都还可以容纳许多资本。由于欧洲各国政策的影响,在都市经营产业比在农村经营产业获得的利益多得多。因此,个人往往宁愿在亚洲、美洲等远地进行运输贸易,也不愿在靠近自己的肥沃土地上投资。关于这个问题的详细论述,见下篇。

第三篇　论不同国家资本发展的不同

第一章　财富的自然积蓄

都市与农村之间进行的通商,是文明社会的重要商业。进行这种商业交换的媒介,既有原生产物与制造品,也有货币。农村供给都市的,是生活资料及制造材料;而都市供给农村的,则是一部分制造品。如果一个都市既不从事生活资料的生产,也不进行其他生产,那么它所需的全部财富和生活资料,几乎都得由农村提供。

但是光凭这一点,还不能说明都市的利得就是农村的损失,这两者之间的关系是相互的。分工在这里所起的作用,和它在其他方面所起的作用一样,即有利于从事各种职业的居民。农村居民与其亲自制造他们所需的制造品,不如与都市居民进行交换,因为这样能让他们用较小量的劳动生产物换到较大量的制造品。农村剩余的生产物,都可以拿到都市去,以交换他们所需的物品。农村剩余产物的市场范围,取决于都市居民的人数及其收入。都市居民人数及其收入越多,市场范围就越广阔,越有利于广大人民。产地距离都市一英里和二十英里的谷物,在市场上的售价是相同的。但是,后者的售价除了要补偿其生产和上市所需的费用之外,一般还要提供农业资本的普通利润。因此,都市附近的农业家和耕作者从谷物中所得的,既包括农业资本的普通利润,也包括运费;另外,他们在购买这些东西时,还节省了远途运输的费用。

如果把都市附近各农村的耕作事业,跟远离都市各农村的耕作事业进行一

番比较，你就会知道都市商业对农村是有利的。城乡通商不但有利于农村，还有利于城市，这种有利作用，恐怕就连宣传贸易差额的各种谬说都不敢否认。

从事物的本性上比较，生活资料必然会比便利品和奢侈品优先生产。所以，生活资料生产业，也必然比便利品和奢侈品产业具有优先权。也就是说，对农村的耕作和改良，必然比增加奢侈品和便利品优先进行。乡村居民只有在维持自己生活的情况下，才能生产出能够供都市居民消费的剩余产物。所以，只有农村剩余产物增加了，才能考虑增设都市设施。不过，由于供应都市生活资料的，不一定非得是附近甚至是国内的农村，也可以是其他地方，所以这种例外虽然不具有普遍性，却也能使各时代、各个国家的繁荣进步进程产生差异。

农村发展比都市优先的情况，虽然在大多数国家都是根据需要产生的，但所有国家本身也都有促进其实现的天然因素。只要人类的天性不被人为制度压抑，那么在土地尚未完全开垦、改良之前，都市的进程是不会超过农村的耕作和改良所能支持的限度的。在利润几乎相等的情况下，必然有大多数人宁愿在开垦和改良土地方面进行投资，而不愿意在工业和国外贸易中投资。如果把资本投在土地上，那么投资人就可以更加直接地对其进行监察，因而他的财产安全比商人的资本更有保障。商人的资本，不但经常处于商业的狂风巨浪中，而且还经常要为其他一些人为的不可靠因素而担风险。原因是，商人经常须贷款给一些不熟悉的远郊的人，所以难免会做出一些愚蠢甚至不正当的行为，从而遭受危险。相反的，地主的资本却可以固定在土地的改良产物上，能够得到最大的人为安全保障。此外，乡村具有美丽的风景，在乡村生活会非常愉快而又恬静；再者，如果乡村所提供的独立性没有遭到人为的迫害，那么每个人都很可能会被乡村的这一巨大魅力所吸引。既然耕作土地是人的原始目标，那么只要有人类存在，这个原始的职业就会受到人们的欢迎。

如果农耕中缺少了工匠，那么在进行农耕的过程中，必然会遇到许多不便，甚至会使农耕时作时辍。无论是锻工、木工、轮工、犁工、泥水工、砖瓦工、制革工的服务，还是鞋匠和缝工的服务，都可能会被农民需要。这类工匠出于互相帮助的需要，再加上不必像农民一样固定地生活在某地，所以一般会自然而然地聚居在同一个地方，最终形成一个小市镇或小村落。后来，不但出现了屠夫、酿酒家和面包师，还出现了有必要提供一些临时需要的其他工匠和零售商。自从他们加入之后，市镇就日益扩大起来。乡民和市民之间可以互相提供服务。比如，乡民所生产的原生产物，可以拿到市镇上去交换制造品。而市民就是依着这种交换，才有了工作和生活的资料，这些资料的数量取决于市民售给乡民的制成品的数量。所以，市民只能按照乡民对制成品的需要增加的比例来增加材料和食物。而乡民对制成品的需求程度，又是随着耕作和改良事业发展的比例而发展的。所以，只要是在人为制度不扰乱事物自然发展趋势的社会里，乡村耕作和改良事业发展的结果，都是都市财富和规模随着乡村耕作和改良事业的发展比例而增长。

在英国的北美殖民地有些未曾垦殖的土地，虽然它们很容易就能购买得到，但是还没有哪个市镇存在为了远销而兴办的制造业。北美洲的工匠，当他拥有的资本比他为供应邻近乡村而经营的职业所需的数额多时，他想不到要办一家远销工厂，而宁愿将多余的资财用在购买或改良未开垦的土地上，由技工变成农业家。当技工的工资高昂得即使能够让他舒畅地生活，也不足以诱使他为别人工作时，他一般都会给自己干。因为，在他看来，技工只是靠雇主生活的仆役，而耕作自己土地的农业家，却可以从自己家庭的劳动中取得衣食之资，是独立于世界的真正主人。

相反的，当一国土地都已被开垦，或是不容易购买时，如果技工的资本不能完全投入邻近地区那些随时需要的事业上，那么他就会把其余部分的资本用来扩张远销事业。比如，锻工将自办铁厂，织工将会开创麻织厂或毛织厂。各种制造业，会随着时间的推进慢慢地进行精密的分工，用大家容易想到的各种方法对生产加以改进。

在利润大致相等的情况下，人们宁愿从制造业和国外贸易业这两种投资途径中选择前者，就像人们在农业和制造业中宁愿选择农业一样。地主或农业家的资本比制造商的资本更加安全。同样地，制造商的资本也因为随时都能监察到而比国外贸易的资本更加安全。诚然，无论是哪个时代的社会剩余原生产物和制造品，即超过国内需要的原生产物及制造品，都必须被送往外国去交换其他物品供国内消费。输送剩余产物去外国的资本无论是本国的还是外国的，都无关紧要。当本国的资本不足以耕作所有土地、制造所有原生产时，用外国资本将本国剩余原生产物运输到外国的做法，就是极其有利于本国的做法。因为，有了这种资本之后，就可以将本国的全都资本都投资于更加有利的用途上。即使一国的输出业大部分都是由外国人经营的，该国国民的富裕程度仍然

可以非常高,这一点,可以由中国、印度和古埃及的富裕程度充分证明。假如北美和西印度的殖民地只能靠本地资本输出剩余产物,那么它们的进步应该会慢得多。

从事物发展的自然趋势来看,进步社会都是先在农业上投入大部分资本,然后在工业上投资,最后才考虑投资于国外贸易的。我相信,所有独立社会的资本,总是会在某种程度上按照这种极其自然的顺序使用。因为,只有先开垦了一些土地之后,才能逐渐建立更多的城市,然后才可能出现粗糙的城市制造业,并逐渐出现一些愿意投身于国外贸易的人。

在所有的进步社会里,这个自然顺序都已经不同程度地发生过。但是,今天欧洲各国的许多情况,却似乎与这个自然的顺序完全相反。当地的大多数精制造业或者适于远销的制造业,都是由国外贸易引出的,并使得农业得到了大的改良。这种顺序是由当时的统治阶级的风俗习惯强迫实现的,它是一种反自然的退化顺序。虽然这种统治后来大大改变了,但这种风俗习惯却没有发生什么改变。

第二章 欧洲农业在罗马帝国崩溃后曾受到抑制

欧洲在日耳曼和塞西亚民族入侵罗马帝国西部之后,发生了一次大变革,随后欧洲就扰攘了好几百年。城乡贸易随着野蛮民族掠夺和迫害原有居民而被中断,城市都变成了荒墟,乡村也荒芜了,使得处于罗马帝国统治时期的富裕西欧,变成了极其贫乏的野蛮之地,大部分土地都被野蛮民族的头子占有或篡夺了。为数不多的耕作土地中,几乎每一块土地都是有地主的。因为,所有土地都被吞并了,而且大部分都是被少数大地主给吞并的。

吞并荒地,最初虽然有很大的危害,但这种危害有可能只是暂时的。这些土地,本来可以通过继承或分割的方法被拆小的,但长男继承法的存在阻止了大土地因继承而被拆小,限子嗣继承法又限制了大土地不能因分割而被拆小。

如果我们把土地看成和动产一样的谋生手段,那么按照自然承继法,土地就得像动产一样被分配给所有的儿女,因为父亲关心每一个儿女的生计。这种自然承继法被罗马人普遍采用。在罗马,只要是父母养的儿女,无论大小,都可以继承父母的土地。他们分配土地的方法和我们现在分配动产的方法一样。不过,当土地不再只是谋生手段,还是权力强弱的象征时,比较适当的分配方法就是不分割,使其专属于一个人。不安定时期的大地主同时也是小贵族,他的佃户是他的附属物,而他不但是他们在和平时期的立法者和裁判者,还是他们在战争时期的领导人,他可以任意地对邻邦甚至是对国王作战。土地的大小,决定了地产是否安全、居民有无保障。所以,分拆地产的行为无疑是对地产的破坏,即把它的各个部分都暴露在强邻的侵蚀和吞并之下。

长男继承法,就是顺应当时这种需要慢慢盛行起来的,君主之位也通常由长男一人继承。但是,最初的情况并不是这样的。君主出于安全和权力的考虑,宁愿不分裂国土,而是在诸儿女中选择一个人来单独继承国土。但重要的是,选择谁呢?自然要有一个郑重的普通法规,使得选择有一个明白而无可争论的标准,从而避免出现按不大可靠的个人资质好坏来进行筛选的现象。同一家庭的各个儿女,只有性别和年龄的区别。不过,男性一般比女性好,而年长的又比年幼的好,所以长男继承权就这样出现了,跟着还出现了所谓的直系继承。

一种法律在成立之初,一般都需要周围环境的支持,以使其合理化。事实上,这一法律仍然能在环境发生变化之后继续有效。在现在的欧洲,拥有一亩地的小地主,也可以像拥有千万亩地的大地主一样安全稳妥地生活。虽然产生长男继承法的环境已经改变,但是长男继承法却没有随之消失,反而成了各种制度中最宜于保持贵族尊严的法律,说不定还会再存在几百年。不过,长男继承法也就只有这一个优点而已,它的其他特点无一不违反大家庭的真实利益。因为,这种权利要使一个儿子富裕,必然要使其他儿子变得贫困。

长男继承法实施的自然结果,就是限子嗣继承法。实施限子嗣继承法的目的,在于维护由长男继承法导引出来的直系继承,并防止一部分遗产在赠与或割让时因子孙不肖或是遭遇不幸而落在别人名下。罗马人对这种法律一无所知。虽然现在有几个法国法律家喜欢附和罗马古制,但无论是罗马人所谓的继承人预定法,还是嘱托遗赠法,其实都与限子嗣继承法截然不同。

限子嗣继承法在大土地财产仍为诸侯领地的时期,或许不是不合理的办法,它可以像一些君主国的根本法律一样,能使许多人不致因一个人的轻举妄动而遭殃。但是,由于今日欧洲各国的大地产和小地产都同样受保护,所以这种法律的实施也变成了荒唐之举。制定这种法律的根据,是一种错误的假定,

即人类后裔对所有土地及其他所有物没有同等的权利，反而是五百年前的祖宗心意决定了当代人的所有权。在今日欧洲，还有很多地方在实施限子嗣继承法，尤其是那些享受民事或军事荣誉的必要条件仍是贵族血统的地方。在贵族们看来，限子嗣继承法是保持大官爵的排外特权的必要手段。因为，贵族们虽然获得了多于其同胞的不正当利益，但还是担心别人会讥笑自己的贫乏，所以就想再获得另一种不正当利益。据说，世业世禄的制度在英国非常不受欢迎，所以当地对这种制度的限制比欧洲其他各个君主国都要大。尽管如此，英格兰也没有废除这种制度。而苏格兰仍有五分之一以上，甚至是三分之一以上的土地，正在受限子嗣继承法的严格支配。

在这种情况下，少数豪族兼并了大面积的荒地，并使它们没有再次分散的可能。而大地主往往并不是大改良家，他们的精力，几乎全都用来保护自己已有的领土不至于在混乱时节受到侵害，并向邻邦扩张自己的管辖权和支配权，所以他们根本没有时间去开垦和改良土地。等到和平时期，虽然法制和秩序的安定保证了他们有足够的余暇，但是他们往往又没有必要的才能和心思去耕垦土地。如果他的费用大于或等于他的收入，那么他就没有用于耕垦土地的资本了。

如果是一个经济家，则会觉得用一年的节省来购买新地产，比改良已有土地更合算。要想从改良土地中获得利润，就要像各种商业计划一样斤斤计较，并注意节省。但是这一点，是大多数生在豪富之家的人都无法做到的，即使他们天生俭朴，也会自然而然地注意那些能够悦己的装饰，而不会留意那些小利润。因为，在富豪眼里，那些小利润并不能满足什么需要；嗜好豪华衣饰、繁盛车马、宽广居室、华丽陈设，是他自幼就养成的习惯；即使他想改良土地，他的心理也会受到这种习惯的支配。假设他的住宅附近有四五百亩土地，如果他对这些土地进行改良，他可能会得到一些利润；但是，他一般不会对土地进行改良，反而会以十倍于土地改良利润的资金将这些土地大大装饰起来。因为，如果他把全部地产都照这样改良的话，他早晚会发现，即使他没有其他的嗜好，他的财产恐怕也会在完成十分之一的土地改良之前耗尽。英格兰和苏格兰自从处于封建的无政府状态至今，仍有一些大地产还继续掌握在少数人手里。所以，大地产是不利于改良的，要证明这一点，只须比较一下它们和邻近小地产的不同点就可以了。

既然土地的改良不能寄希望于大地主,就更不用寄希望于那些占有较少土地的人们了。在处于旧社会状态下的欧洲,耕作者都是佃农,他们可以任意退租。虽然他们几乎都是奴隶,但他们所受的奴役程度,并没有古希腊、古罗马,甚至是西印度殖民地那么严重。从严格意义上说,他们不是隶属于主人,而是隶属于土地。所以,他们可以和土地一起被卖出,并能在得到主人同意的情况下结婚,他们的婚姻也不会被主人拆散。因为,主人没有权利把一对夫妇卖给不同的人。另外,如果主人虐待或杀害了奴隶,就会受到一些小惩罚。

不过,奴隶不得积蓄财产,他们所获得的一切都得随时无条件地被主人取走。因为,奴隶对土地进行开垦和改良的费用,都是由主人负担的。无论是种子、牲畜、农具,还是改良的利益,都是主人的。这种奴隶所能获得的,只有维持日常生活的东西。所以,土地在这种场合下,仍然是由地主占有、由农奴耕作的。这种奴隶制度,现在还存在于俄罗斯、波兰、匈牙利、波希米亚、摩拉维亚及德意志的其他部分,只有欧洲西部和西南部彻底将其废除了。

希望大地主进行土地大改良已经很难了,要他们用奴隶进行改良就更难了。因为,虽然奴隶的劳动表面上只需维持他们的生活,但它的全部价值却是所有劳动中最高的。这一点,已经被所有时代的国民经验证明了。如果一个劳动者连一点儿财产都得不到,那么他所关心的,就只会是大量的食物和最少的劳动量,所以他的工作只要足够维持他的生活就行。如果有人想从他身上多榨取一些价值出来,就只有强迫他工作了。据普林尼和科拉麦拉的著作记载,在奴隶制度下的古意大利谷物耕作事业,衰败得对主人非常不利;在亚里斯多德时代的古希腊,耕种事业也没有多大进步。柏拉图曾在他的《理想国》中说过,要想养活五千个护卫理想国的战士及其妻仆,至少需要一片像巴比伦平原那样肥沃而又宽广的土地。

人类的好胜心理,使得大多数人都认为统治下等人是光荣的,而俯就下等人则是一种耻辱。所以,如果法律和工作性质都允许的话,人们一定愿意用奴隶来给自己干活儿,而不愿意雇用自由人。使用奴隶耕作的费用,栽种蔗糖和烟草的收益就能够提供,而耕种谷物却办不到。英国殖民地的主要产物是谷物,其耕作大部分都是由自由人进行的。最近,宾夕法尼亚作出了释放黑奴的决议,由此我们相信,那里的黑奴总数一定不多。因为,如果人们的大部分财产都是奴隶的话,那么释放黑奴的决议是绝对不可能通过的。在英国的所有殖民

地中，以蔗糖为主要产物的工作都是由奴隶担任的，以烟草为主要产物的工作才大部分由奴隶担任。在西印度殖民地，栽种甘蔗得到的利润，简直比欧、美两洲的所有耕种事业所得的利润都大。栽种烟草的利润，比栽种甘蔗的利润小，又比栽种谷物的利润大。无论是栽种甘蔗还是栽种烟草，都能提供奴隶耕作的费用，但前者提供这笔费用的能力更大。所以，与白种人的数目相比，甘蔗区域的黑奴数目要远远大于烟草区域。

在古代奴隶耕作者之后，又逐渐出现了一种农民，他们被今日的法兰西称作对分佃农，被拉丁文称为 Coloni Partarii（分益隶农）。由于这一制度早已被英格兰废止了，所以我现在不知道怎么用英文来称呼他们。在这种制度之下，种子、牲畜、农具等耕作所需的全部资本都是地主的，农民一旦离去或是被逐，就得把这些资本都归还给地主。至于土地出产物，则是在扣除足够保持原有资本所需的一部分之后，由地主和农民平分。

在对分佃农耕作制度下，耕作土地的费用严格来说也是由地主出的。不过，其中有一个根本的不同点，即对分佃农耕作制度下的佃农，是能够自己占有财产的自由人，他可以享有一定比例的土地生产物。而且，土地生产物的总量越大，他能占有的部分也越大。所以，他们自然会出于自身利益的考虑，尽量生产，能生产多少就生产多少。一个没希望占有财产的奴隶则刚好相反，由于他只能维持自己的生活，所以他自然会出于自身舒服的考虑而比量着生产，以便使自己生产的土地生产物不至超过其自身所需。

也许是因为对分佃农耕作制度有利于农民，以及君主因妒恨大地主而鼓励农民反抗地主，所以大家才会觉得奴隶耕作制不利于发展，因而欧洲大部分地区就逐渐废止了奴隶耕作制。至于这样的大变革发生于何时，又是怎样发生的，都是近代历史中最难稽考的事件之一。罗马教会经常将其废除奴隶制的功绩拿出来夸耀。我们知道，罗马教皇的确早在十二世纪亚历山大三世时期，就发出了释放奴隶的训谕。但是，这个训谕好像仅仅是个谆谆的劝谕而已，因为它并没有处罚那些不遵守训谕的人。罗马的奴隶制度，保持了数百年，直到在上述的地主利害和君主利害的共同作用下，它才逐渐被废止。贱奴虽被释放，并可以继续保有土地，但他们却没有自己的资本，只有向地主借用资本才能耕作土地，所以他们自然也就演变成了今日法兰西人所说的"对分佃农"。

然而，即便是实施了对分佃农耕作制度，土地改良仍然不能大范围地进行,地主照样可以不费分文地享受一半的土地生产物。这么一来,对分佃农所占有的部分自然很少,他们所能节省的也就更加有限了,所以,让他们用这有限的节余去改良土地,是绝对不可能的事情。抽去生产物十分之一价值的"什一税",已经极大地阻碍了土地的改良;而在对分佃农耕作制度下,抽去的竟是半数的生产物,这无疑于彻底阻断土地的改良。对分佃农所希望的,是用地主的资本尽量地从土地上取得生产物,而不是将自己的资本与地主的资本混合起来使用。据说,对分佃农耕作了法兰西六分之五的土地。他们常常被地主指摘,理由是他们不用主人的牲畜来耕田,而是用牲畜来拖车。事实是,拖车的利润全部归农民所有,而耕田的利润却得由农民和地主均分。在苏格兰的某些地区,还残留有这种被叫做"由地主借给种子、农具的佃户"的佃农。在大贵族吉尔伯特和布赖克司登博士看来,把英格兰古代的佃农叫做地主的仆役,比叫农户更恰当。这种佃农,大概也可以算做地主的仆役。

继对分佃农之后,才慢慢地出现了真正意义上的农民。他们拥有自己的耕田资本,只是要缴纳一定数额的地租给地主。由于他们所耕作的田地都有一定的租期,所以他们有时会认为,只要在租期未满之前能够收回投资,并获得很大的利润,他们就会出于自身利益的考虑,在土地上投下改良资本。不过,即使是这种借地权,也是极不可靠的,而且是长时期的不可靠。这种情况,在今日欧洲的许多地方都很普通。比如,土地的新主人在租期未满的情况下赶走农民,并不算非法。英格兰的地主,甚至用虚构的退租法取回租地。当农民遭到地主违法的暴力驱逐时,往往找不到完善的诉讼章程来获取赔偿;即使他们得到了赔偿,也只是少于其损失的赔偿,他们不一定能重新占有原来的土地。

英格兰在所有欧洲国家中,还是比较尊重农民的。但是,即使是英格兰,也迟至亨利七世十四年才确立了《改佃诉讼法》。该法律规定,佃农可以在改佃时要求赔偿损失、恢复借地权。佃农的要求并不会只通过一次审问就被终结,所以这个诉讼法的施行效果也极其明显。所以,近年来出现了一种状况:如果地主想为占有土地而起诉,他经常会以佃农的名义按退佃状起诉,而不是以自己的名义按权利状起诉。所以,英格兰的佃户与地主享有同样的安全保障。英格兰的另外一条法律规定,只要每年纳租四十先令以上,就可以获得终身租地权等可以终身保有的不动产,并有权选举国会议员。大部分耕农,都因为拥有终身不动产而有了不小的政治权力,所以也就不会轻易地被地主轻视了。英格兰

的佃农,可以在未立租地契约时就出资建筑仓库,因为地主并不敢抢夺。但我相信,除英格兰佃农之外,欧洲其他任何地方的佃农都不敢这么做。这种法律风俗,对农民非常有利,它在促进英格兰的伟大光荣方面所起的作用,也许远远大于各种夸大的商业条例所起的作用。

据我所知,一项英国特有的法律,规定了最长租期,以确保各种土地继承人都遵守契约的规定。这项法律,早在1449年就由詹姆士二世传到了苏格兰。但是,由于当时限嗣继承的财产承继人一般不得以多于一年的期限出租田地,所以这项法律在当地并没能广施恩泽。即使近期进行了立法补救,但其中的束缚力仍然非常强大。另外,由于苏格兰的租地人没有选举议员的权利,所以他们也不能像英格兰农民一样大受地主的重视。

保障佃农权利不受土地继承人和购买人损害的法律,在欧洲其他地方也有出现,但其期限却非常短。例如,法兰西的土地租期,最初定的是九年,直到近年来才延长为二十七年。但是,二十七年的期限也仍然太短,根本不足以鼓励佃农投资于各种重要的土地改良。我们也知道,在古代欧洲,地主们原本都是立法家,所以土地法都是根据他们所设想的地主利益制定的。他们出于地主利益的考虑,认为要想充分地享受土地的价值,不应该长期出租土地。贪而不公使得他们目光短浅,根本没有想到这种规定会妨害改良,并最终损害了他们自身的真实利益。

古代农民,不但要向地主缴纳地租,还要为地主提供各种劳役。而且,这些劳役既没有明明白白地写在租约上,也不是任何约定俗成的规定,只是单纯地由庄主、诸侯的意愿决定的。只要庄主、诸侯们需要这种劳役,农民就得随叫随到。这种无规定的劳役给佃农们带来的痛苦,不知道有多少!近期,苏格兰废止了一切无规定的劳役,使得国内农民的境况在几年之内就得到了很大的改善。

农民的私役是非常横暴的,公役也同样如此。比如,建筑和修补公路的劳役,也只是一个例子而已。我相信,这种劳役至今还没有被各地废除,只是横暴的程度不同罢了。当国王的军官经过时,当地农民有义务为他们提供车马、粮食;即使得到这些物品需要代价,但那代价的大小也是由征集食物的官员决定的。在欧洲各个君主国当中,我相信只有英国消除了食物征集的压迫,法国和德国都没有。

农民不但要负担上述劳役,还要承担横暴程度与劳役不相上下的、不规则的纳税义务。在古代,贵族们不愿意为君主提供金钱帮助,只会果断地听任君主向佃农征税,而没有看出这种苛税终将严重影响自己的收入。法国古代君王苛税的一个例子,就是至今仍然存在的贡税。贡税是一种利润税,它是根据农民投在土地上的资本,以及农民可能获得的利润来估定的。因此,农民出于自身利益的考虑,都会尽量地装穷。这么一来,他投在耕作上的资本,必然会减少到不能再减少的水平;而他投在改良土地上的资本,最合适的就是减少到零。所以,即使法国农民有一些资本,他们也不愿意在土地上投资。事实上,贡税几乎是一项禁令,禁止了农民把积蓄投资在土地上。

另外,这种赋税似乎会将纳税人的身份降至乡绅和市民之下。由于纳税人是租借土地者,所以无论是绅士还是有产市民,都不愿意投资于土地,以免遭受这种身份被降低的耻辱。所以,这种赋税的实施,实际上禁止了一切能够用于改良土地的资本。英格兰以前曾有过的"什一税"和"十五分之一税",对土地的影响似乎和贡税相同。

由于存在害农政策,所以耕作者很少会在改良土地上进行投资。这一阶级的人民,虽然能够在自由和安全上得到法律的保障,但在土地改良中的处境却非常不利。在这里,可以把农民比作借钱经商者,而把地主比作有资本并能亲自经商的人。诚然,无论是借资经商还是用自己的资本亲自经商,只要慎重经营,都可以增进资财。相比之下,借钱经商者资财的增进速度要迟缓得多,因为其利润的一大部分都要用来偿还借款利息。同理,即使佃农与地主一样慎重,佃农耕地的改良速度也要比地主迟缓得多,因为佃农的大部分生产物都要交租,而地主的大部分生产物却可以用来进行更深入的土地改良。而且,农民的地位也低于地主。在欧洲的大部分地区,农民都被看做不如小商人和技师这类有些地位的下等人。在欧洲各地,农民的地位普遍低于大商人和大制造商。在这个世界上,愿意舍弃高位而与下等人为伍的大财主没有几个。所以,即使在今天,欧洲资本仍然很少会从其他行业转到农业中去,所以土地改良的程度自然也不大。

英国用来改良土地的资本,也许比其他欧洲国家要多一些。事实上,英国许多地区投在农业的大资本,原本大部分也是从农业中获得的,只是农业资财的积蓄速度是所有资财中最为迟缓的。不过,我们应该知道,一国最能改良土地的阶级就是小地主,其次是富农和大可农。这种情形在欧洲各个君主国中出

现的情况,以英格兰最为明显。据说,荷兰共和政府和瑞士伯尔尼共和政府的农民,拥有和英格兰农民一样高的地位。

欧洲古代不利于土地改良和耕作的政策,并不止上述这些。当时,进行土地的改良和耕作的无论是地主还是农民,都要受以下两条法令的限制:第一,未经特许,各地谷物一律不得输出;第二,通过限制谷物甚至其他农产物的内地贸易来确立市场集权。为了达到这一目的,政府实行了禁止垄断、零售、囤积的错误做法。我在前面提过,虽然古意大利拥有肥沃的土地,又是世界上最大帝国的中心,但其农耕的进展却受到了许多阻碍,就因为当地禁止谷物输出、奖励谷物输入。至于那些土地不够肥沃、位置不够有利的国家,其耕作事业受限制谷物的内地贸易和禁止谷物输出的阻碍程度,就更加难以想象了。

第三章　罗马帝国崩溃后都市的发展

罗马帝国崩溃之后,都市居民的境况和农村居民差不多,而且和古希腊共和国、古意大利共和国的居民大不相同。在古希腊和古意大利共和国内,居民大多数都是地主,他们分别占有着公地,通过有围墙的毗邻房屋来进行共同防御。但是,自从罗马帝国崩溃之后,罗马的地主大都散居于各自的领地之内,与佃农和属民住在一起;市镇居民则多数都是处境与奴役类似的商人和技工。

欧洲各重要都市居民以宪章形式体现的权利,可以充分体现出他们在未取得这些权利之前的生活情况。这些宪章赋予了都市人民以下三种权利:一是可以不经领主同意自由嫁女;二是某人死后,他的财物可以由儿孙而不是领主继承;三是可以通过遗嘱来处理自己的遗产。由此可见,在未颁布这些规定以前,都市居民几乎和农村耕作者一样处于贱奴的地位。

这些都市居民,明显贫困而且下贱,他们肩挑货物过市赴墟,与今日拉车负担地从这里跑到那里的小贩类似。那时的欧洲各国和现在亚洲北方的游牧民族差不多,经常把赋税加在经过某些封地、桥梁,或过市赴墟、摆摊售货的旅行者身上或其货物上。这些税在英格兰,叫做过界税、过桥税、落地说、摊税。有时,某些商人,特别是那些住在王国以及在某些场合下拥有君王权力的大领主的领地内的商人,可以免交这些赋税。虽然这些商人在其他各点上与奴役极其类似,但他们仍然是自由商人,只需每年以缴纳若干人头税的形式报答保护者的保护。由于当时要想比较容易地获得保护,只有付出丰厚的报酬,所以我们可以把人头税看成是对保护者舍弃其他税收的补偿。这种交换条件在实行之初,只限于个人,其期限可以由市民或保护者的好恶来决定。在英国土地清账册中,有一些关于几个都市的不完全记载,其中经常会提及某市民向国王或大领主缴纳若干人头税,以报答这种保护人;还有就是这些人的纳税总和。

无论都市居民当初怎样卑贱,他们取得自由与独立的时间也比乡村耕作者早得多。都市居民的人头税是国王收入的一部分,其数额通常都是由国王制定的,通常由在一定年限内任职的市级长官或其他人征收。不过,这种税收往往也可以由取得信用的市民自己征收,而且市民还可以要求联合负责全部的税额。这种包税方法,相当适宜于欧洲各国的一般经济。因为,他们原本就习惯于将庄园的全部税收都交给佃农来包办,使他们对全部税收负连带责任;而且,这种办法也有利于佃农,可以让佃农们用自己喜欢的方法稽征税务,并将税款经由佃农自己聘用的人员之手直接缴纳给国库,避免了遭受国王的吏役的横暴,是当时极其重大的一件事情。

由市民包办的租税,最初是和由农民包办的租税一样有年限的,后来就跟着时代的推进而变成了永久的,而且税额一经确定就不能再加。于是,以纳此税为条件的其他各种赋税,也就被豁免了,而且豁免对象不限于作为个人的某一人,而是包括特殊城市内的所有市民。所以,这个城市就成了所谓的自由市,市民也因为同一理由而成为所谓的自由市民或自由商人。

随着这种权利一起赐给特殊市内的一般市民的,还有我们前面提过的种种重要特权,即嫁女自由权、儿女承继权与遗嘱权。至于这些重要特权是否经常和贸易自由权一起赐给市民,我不得而知;也许这种情况的确属实,只是我没有证据能够直接证实它。不管怎样,从这个时候起,市民就解除了贱仆和奴隶的主要属性,拥有了我们现在所说的自由。

此外,市民还设立了一种自治机关,并有推举市长的权利,可以设立市议会、市政府,颁布市级法规,以及建筑自卫的城堡、帮助居民习战事任守备,还有权要求所有居民在遇有敌攻或意外事情时不分昼夜地担负防卫责任。英格兰的市民,一般还可以免受郡裁判所、州裁判所的管辖;除公诉外的所有诉讼都可以由市长判决。在欧洲其他各国,市长所得的裁判权比英格兰的市长权

力还要大。

在那些市税由市民征收的都市,市民得拥有能够强迫纳税人纳税的某种裁判权。但是,如果这时遇到了国家纷乱,那么他们要到别的法庭请求这种判决就必然非常困难。奇怪的是,为什么欧洲各国的君主要用这部分税收去交换那种固定的租税呢?我们也知道,在所有税收中,这种税收是最不必劳神费财的,所以它自然会增加。

另外还有一点也很令人奇怪,即君主们为什么会自动地在他们的领土中心上建立一种独立的民主国。要解释其中原因,必须联系当时的纷乱情形。在当时的情形之下,欧洲各国也许没有一个君主能够保护国内的弱小人民免受大领主的压迫。这一部分不受国法保护又无力自卫的弱小人民,只有两条路可以走,一是投身于某个大领主,靠做奴隶来乞求奴隶主的保护;二是各个弱小人民联合起来,彼此相互保护。单个市民是没有自卫能力的,但是,一旦他们结成了攻守同盟,就会具有不可轻视的抵抗力。领主对市民经常充满了鄙视,认为他们是跟自己身份不同的、被释放的奴隶。所以,领主们经常嫉妒、愤怒富裕的市民们,有机会就毫不宽恕地对市民们进行欺压和凌辱。这么一来,市民们当然对领主充满了嫉恨和畏惧。与此同时,国王也对领主充满了嫉恨和畏惧。国王虽然鄙视市民们,却没理由嫉恨和畏惧他们。因此,国王和市民出于相互利益的考虑,就结成了抗击领主的同盟。

由于国王与市民拥有共同的敌人,所以国王出于自身利益的考虑,必然会尽力将市民的地位稳固得不依靠他们共同的敌人。因此,国王才给了市民推举市长的权利,并允许他们制定市级法规、建筑自卫城堡、进行军事训练等。就这样,国王在他的权力范围内,赋予了市民一切独立安全的手段,使他们脱离了对领主的依靠。但是,只有具有正常的政府组织,以及强制居民服从的权威,这种同盟才能为居民提供永久的安定、为国王提供极大的援助。至于国王将市税永久地包给市民的行为,则表明国王希望这些可以和自己结为朋友、同盟的市民不怀疑他的诚意。这么一来,市民们就不会疑惧国王会再次压迫他们,也不必担心国王会把税额提高或者是包税给其他人。

国王虽然对领主的感情最坏,但对市民的敕赐却最大,其中首推英格兰国王约翰。而在腓力普一世时期的法兰西,政府则完全失去了统率领主的权力。据神父丹尼尔说,至腓力普一世末年,其子"肥路易"找来国内的各个主教,与他们筹商取缔领主暴行的适当方法。以下是主教们的两条提议：一是在国王的领土范围内创设新的管辖体系，设立市长和市议会；二是把城市居民组织成一支听从市长调遣的新军，以备必要时援助国王。按照法兰西各个考古学家的说法，法兰西的市长制度和市议会制度就是在这时创立的；而德意志的大部分自由市的种种特权，也是在苏阿比亚王统治时期才得到的。与此同时，有名的汉萨同盟也开始初露锋芒。

此时，都市民兵和乡村民兵的力量几乎相等，而且能在有事时紧急集合，所以他们在与当地领主争议时经常占有优势。而意大利、瑞士等地的情况则不同，君主对那些离首府较远、本身具有天然力量，以及其他一些有特点的都市，已经完全失去了权力。但是当地的市民，大都逐渐发展起来，最终成为征服当地贵族的独立的民主社会，从而有权力迫令贵族们拆毁乡间城堡，让他们跟其他和平居民一样在都市里居住。伯尔尼民主国，以及瑞士的许多都市，都有着类似的发展历程。十二世纪末至十六世纪初，意大利除了威尼斯之外的其他无数历经浮沉的大都市，也有类似的发展历程。

英、法两国的王权，虽然时有强弱，却从来没有消亡，这才使都市找不到完全独立的机会。不过，由于市民的势力日益强大，所以国王只有在征收上游的市税时，才可以不经市民同意，不然国王就不可能顺利地征收税款。如果国王有急需，就向全国各地下通知，命令各地市派代表出席国会，让他们与牧师和贵族一起商讨相关议题，再提供特别的经济援助给国王。由于市民代表一般都与国王一气，所以他们有时就会和国王组织起来，以抗击议会内的大领主。由此可知，市民代表出席欧洲各大君主国国会的历史，可以追溯至此。

在这种情况下，都市相继确立，而且各个都市都处于有序的状态，同时又有一个能够保障个人的自由和安全的好政府。但是，乡村耕作者却依然处于贵族的各种迫害之下，他们根本没有自卫的能力，所以只能满足于仅够维持生计的待遇。而且，即使他们有更多的财富，也会被压迫者以更苛虐的要求剥夺。如果乡村耕作者有把握亲自享受自己的劳动成果，那么他们自然会努力改善自身境遇，按需获取生活必需品、便利品和娱乐品。所以，那些生产非生活必需品的产业，一般都先在都市建立，而且很久之后才会在农村出现。在有贱奴存在的地方，贫穷农民哪怕稍有积蓄，也必然会小心地藏起来，以免被领主看见之后据为己有；如果农民们有机会，他们就会逃到都市去生活。由于当时的法律

宽待市民,而且迫切地希望削减领主的权力,所以逃往都市的农民,只要在一年之内没有被领主抓获,就可以获得终生的自由。因此,在乡村的勤劳居民眼里,都市就是他们唯一的庇护所。他们一旦有积蓄,就会逃到都市里去。

城市所需的食物、材料和产业,最终都是由农村提供的,只是范围从邻近农村扩大到了更远的地方而已。比如,在近海、沿河城市,居民获得这些物品的地方,都不仅仅限于邻近农村,甚至可能会离邻近农村非常远。他们或者经营制造业,用自己的制造品交换其他物品;或者是从事运输业,奔波于相距遥远的国家之间,互换不同国家的产物,以取得他们自身需要的各种物品。

一个城市,即使其邻近各个农村,以及与它通商的各个农村,都处于资源匮乏甚至是衰落的状态,它也仍然可以逐步发展起来并日益富强。因为,虽然各个农村能提供的食物与劳动力是有限的,但这些农村所提供的食物和劳动力的总量,却是相当可观的。事实上,即使在商业范围还非常狭窄时,也有一些国家得到了极大的发展,甚至达到了发达、富裕的程度。这类国家或地区,包括处于繁盛时期的古希腊、古埃及、巴伯里沿海某地,以及亚巴西德统治时期的撒拉逊帝国,还有处于摩尔人统治时期的西班牙。

欧洲最早靠商业致富的,好像是意大利的各个城市。当时的意大利,是世界文明中心,代表着当时最高的进步水平。当时发生的十字军运动,虽然造成了极大的财产损失和居民伤亡,阻碍了欧洲大部分地区的发展,但是对意大利许多城市的发展却极其有利。因为,为了争夺圣地,各地都派出了大量军队,而这些军队的转移,极大地支持了威尼斯、热那亚和比萨等城市的航运业。就连十字军,有时也会需要这些地区的船只运送粮食。这些地区的航运业,简直就是军队的辎重队。使欧洲其他各国损失惨重的十字军,同时也使这些民主国变得更加富裕。

由于大富翁一般都有虚荣心,所以商人往往会把制造品和奢侈品运到富国,以满足他们的需求,从而从大富翁那里换取大量的富国土地生产物。所以,欧洲当时的大部分商业,经营的都是本国土产物和较文明国制造品的交换业务。英格兰的羊毛,不但经常用来交换法兰西的葡萄酒,还经常用来交换弗兰德的精制呢绒;波兰的谷物,更是被广泛地用来交换法兰西的葡萄酒和白兰地酒,有时也用于交换法兰西和意大利的丝绒。

由于国外贸易的带动,精制造业逐渐在一些尚未建立精制造业的国家普及。一旦对于精制造品的嗜好在国内普及,人们对精制造品的需求就会极大地增加。这时,商人为了减免运输费用,一定会有在本国建立这种制造业的想法。自从罗马帝国崩溃后,西欧各地就这样为了减免远途运输费而建立了制造业。

在这个世界上,只要是大国,就一定有自己的制造业,这一点我们必须注意。不过,我所说的大国的制造业,是指产品适于远销的精制造业。在各个大国,大部分居民的衣服和日用品都是国内生产的。这种情形,常见于所谓的无制造业的贫国,而不经常见于那些制造业发达的富国。富国下等人的衣服和日用品,相比于贫国,有很大一部分都是外国产物。

当出现以下两种情况时,适于远销的制造业就会产生。

第一种,国内商人和企业家,有时会像上面所说的那样,义无反顾地把资本投在仿效外国某种制造业上。

这类制造业,是国际通商的必然结果。比如,十三世纪时期,卢卡地区盛行的制绸业、制绒业和制缎业,都属于这类制造业。后来,这种制造业被残暴的卡斯特鲁乔废止了。1310年,卢卡政府驱逐了九百个家族,其中有三十一家迁到了威尼斯,并经威尼斯多种特权的允许,在威尼斯开办了制绸业。它们在开业之初,就雇用了三百名工人。像这样发展起来的制造业,还有伊丽莎白时代才传入英格兰的呢绒业,以及今日里昂和斯波塔斐尔的制绸业。其实,呢绒业最早是在古代的弗兰德出现的,然后才慢慢扩展到了英格兰。

由于这类制造业是仿效国外建立的,所以它所用的材料,大部分也都来自外国。威尼斯制造业建立的初期,所需的材料也都是从西西里等地输入的。在此以前的卢卡,也是用外国的材料来完成其制造业的初期建设的。

在十六世纪以前的意大利北部,人们似乎还不知道种植桑树、饲养蚕。直到查理九世时期,种桑养蚕的技术才传入了法国。当时的弗兰德,主要是靠输入西班牙和英格兰的羊毛来满足其制造业所需。西班牙羊毛,虽然没有应用在最初的英格兰毛织物生产过程中,却被初期的远销毛织业广泛采用。现在,里昂的制造业所用的丝,大部分也都是从外国输入的。事实上,里昂制造业发展初期所用的丝,差不多都是从外国输入的。斯波塔斐尔的制造业,用的大概向来都不是英国的材料。由于创办这类制造业的人比较少,而且他们的目的大多数都是获取自身利益,所以他们往往会先出于利害关系和临时主意的考虑,再来决定是把地址选在海滨城市还是内陆城市。

第二种,家用品制造业或粗制造业得到了逐步改良,最终发展成为远销的制造业。

前面说过,哪怕是最贫穷的国家,也拥有家用品制造业或粗制造业这两类制造业。这两类制造业,可以逐步改良成真正的制造业。改良所用的材料,大部分都是由本国生产的,它们一般产自距离海岸很远的地方,有的甚至产自距离航运线路也非常遥远的内地。由于内地土壤肥沃、容易耕作,所以其产物不但能维持耕作者的生活,还能剩余很多。但是,由于内地航运不便,而陆路运费又太贵,所以那些剩余产物根本不容易运到外地去。

由于土地出产的丰饶降低了粮食价格,所以一部分工人就决定住在那里。在他们看来,在那里劳动所能获得的生活必需品和便利品,要多于其他地区。再者,他们可以用本地出产的材料作生产原料,等他们把材料制成成品之后,就可以换得更多的材料和粮食。由于他们不用担负从内地到沿河、沿海或其他遥远市场的运费,所以就节省了更多的剩余生产物。这么一来,耕作者要从工人那里取得他们所需的物品时,所需的条件就会比以前简易;另外,他们还能以更高的价格卖出剩余生产物,并能以较低的价格购买他们所需的其他便利品。在这种情况之下,农民就会受到鼓励,并有能力进一步对土地进行耕作和改良,最终增加更多的剩余生产物。制造业诞生于肥沃的土地,而其发展反过来又增强了土地的产出力。最初,制造业仅能供应本地的需求,经过改良之后,它们就可以远销外地市场了。因为,远销原生产物或粗制造品时,需要花费这些物品本身担负不起的陆路运费,可是精制造品却能在小容积中包含大量价格,所以不存在承担不起运费的问题。

打个比方,一匹重量只有八十磅的精制呢绒,所含的价格就远远超过八十磅羊毛的价格,有时甚至能购买到几千磅能维持各种工人及其雇主生活的谷物。如果把这种谷物直接运到国外去,一定非常困难;可是,要是把它们转变成精制品的形态,那么即使要把它们运到天涯海角,也不是什么大不了的问题。按这种方式自然发展起来的制造业,在利兹、哈利法克斯、设菲尔德、伯明翰、伍尔弗汉普顿等地都比较常见。这种制造业,是农业发展的结果。

欧洲现代制造业的推广与改良进程,一般比那些由对外贸易发展而来的制造业缓慢。现在,制造业在上述各地都非常繁荣。在这些制造业发展为外销制造业之前的一百多年,英格兰的精制呢绒就已经举世闻名了,而其原料就是西班牙羊毛。

前一种制造业的推广和改良,是与农业的发展同步进行的;而农业发展,又是国外贸易和制造业这一国外贸易的直接产物共同作用的结果。下面,我将详细说明这一点。

第四章　城市工商业会促进农村的发展

工商业城市的增加与发展,可以通过以下三种途径促进农村的开发与发展。

第一,为农村生产物提供市场。工商业城市越发展,其所能提供的市场越巨大,就越方便交易活动的进行。这么一来,农村生产物的市场自然也就广阔多了,自然会促进农村的开发与发展。工商业城市对农村的促进作用,不仅会惠及当地农村,还或多或少地惠及了与其有通商往来的农村。这些工商业城市,为与其相关的农村提供了交易原生产物或制造品的市场,因而促进这些农村的产业发展。相比之下,都市附近的农村自然会得到最大的实惠。因为,当生产物距离工商业城市较近时,其消耗的运费也较少,所以,在其他条件相同的情况下,城市对其剩余生产物的需求量就会比距离城市较远的农村多;如果商人以高价买进这些生产物,又以低廉的价格卖出,那么这些生产物给较近农村提供的实惠,自然也就最大了。

第二,都市居民经常购买那些未被开垦的土地。商人们渴望自己能成为乡绅。事实上,一旦他们成为乡绅,土地往往会因此而得到最大限度的改良。商人不同于那些惯于奢侈的乡绅。乡绅们只知道花钱,至于赚钱的事情,他们从未想过。商人们就不同了,他们经常投资于一些有利的事业,希望通过投资,不但能收回本金,还能赚得一些利润。

由于商人和乡绅的思维习惯不同,所以他们在面对事业时的表现,自然也就不同了。同样是经营事业,商人往往表现得很勇敢,乡绅却比较胆小。比如,投入大量资本改良土地的商业活动,对商人来说,只要有希望将这笔资本的价值按照所花费用的比例增大,那么他就会立刻着手去做;而乡绅就不同了,即使他有足够的资本,他一般也不敢这么做。就算乡绅真的对土地进行了改良,他所用

的改良资本也只是每年的剩余收入,而不会是他积蓄的资本。如果一个都市的四周有很多土地未经开垦的农村,那么当地商人在开垦土地方面的活动,必定会比乡绅活跃得多。这一点,住在当地的人,都能有幸看到。此外,商人在经商的过程中,还养成了有序、节约、谨慎的好习惯。这些好习惯,都有利于他在改良土地上的投资,所以他自然能够很容易地取得成功,并由此获得利润。

第三,自从工商业发达之后,农村居民就减少了与邻居的战争,也逐渐脱离了对政府的依附。在发达工商业的影响下,政局逐渐好转,农村居民逐渐过上了有序、安全、自由的生活。这一效果是工商业发展所产生的最重要结果,只是世人没有注意罢了。据我所知,至今只有休谟先生注意到了这一点。

如果一个农村既没有国外贸易,也没有精制造业,那么当地的大地主从耕作者那里获得的大部分土地生产物,就会因为没有交换市场而被无所谓地花在待客上。这部分土地生产物,如果可以养活一百人,他就会把它们的全部花在这一百个人身上;如果足够一千人吃喝,他无疑也会将它们全部花在供养这一千人吃喝上,而不会用于其他用途。光是依据他身边经常婢女、家仆和门客成群,就可以看出这一点。他无偿地提供他们的生活所需,所以他们自然会像士兵服从国王一样服从他。在欧洲工商业尚未大规模发展之前,上自王公之类的大人物,下至小领主之类的大富翁,都以超出我们想象力的阔绰来待客。例如,威廉·鲁弗斯的威斯敏斯特餐厅里,就经常人满为患,以致托马斯·波克经常要用干净的草铺地,以免没有座位的武士和文人坐地就食时弄脏衣服。瓦维克大公的待客人数更多,据说他每天都在各个庄园款待宾客,宾客人数有三万之多。这种说法虽然有点儿夸张,但是,既然传言如此夸张,那么其实际数目必然也不会太小。这种大规模的待客现象,在几年前的苏格兰高地一带还比较盛行。这一点,是大家都知道的事实。这种风气在其他一些工商业极不发达的民族,好像也普遍可见。伯柯克博士曾经说过:"我在阿拉伯见过一个酋长,他在他售卖牲畜的集市上当街宴请包括乞丐在内的所有行人。"

佃农是可以随意退租的农民,不同于贱奴,但是,他们却和婢女、家仆一样依赖大领主。他们缴纳的地租,怎么算都不等于土地所能提供的生活资料。在数年前的苏格兰高地一带,足以维持一家人生活的土地地租,只有一克朗或是一只羊,甚至是半克朗或一只小羊。在现在的一些地方,也经常能够看见这种情况,而且,当地一定数量的货币所能购得的商品,也并不比其他地方多。

在有些农村,大庄园的剩余生产物只能在本地消费。这时,地主便会出于便利的考虑,认为与其在自己家里消费掉全部的剩余生产物,还不如拿出其中的一部分剩余生产物,去离家不远的地方消费,以便消费这些剩余生产物的人们,能够像门客、家仆一样对自己百依百顺。这么一来,他的许多麻烦事儿就被省去,从而过上家庭人数相对较少的一般生活。

可随意退租的佃农,只需要偿付稍微多于免役租的一小部分地租,就可以拥有一块足以维持全家人生活的土地。但是,他还是和婢女、家仆一样依附于领主,得无条件服从领主的一切命令。对这类领主而言,养佃农和养婢女、家仆根本没有区别。所以,佃农和婢女、家仆维持生活所需的粮食,都是领主"施舍"的。一旦领主不高兴了,他可以随时决定要不要再继续进行这种"施舍"。这时,大领主必然有驾驭其佃农和家奴的权威。正是这种权威,构成了古代一切贵族权力的基础。贵族们平时裁决居民的生活矛盾,战时则担任居民的统帅,以抗击不法者。所以,他们是境内居民的唯一的治安维持人、法律执行者,这一权力,即使是国王也享受不到。古代的国王,只是领土内的最大领主,他只有在和其他领主共同防御敌人时,才能得到其他领主的一些尊敬。如果国王胆敢越权,以自己的权力强制某个大领主属地内的人民偿还一笔小债,那么一旦那些居民联合起来,国王为此付出的代价恐怕要等于平息一场内战所花的气力。所以,他不得不让农村执法者掌握大部分的农村司法权,也不得不让统辖民兵的人掌握统帅民兵的权力。

有人认为,这种地方性裁判权的起源是封建法律。这种说法其实是错误的。早在所谓封建法律之前的数百年,欧洲就出现了掌握最高民事和刑事裁判权的大领主,他们同时还掌握着包括招兵、铸币、制定地方行政法规在内的一切权力。比如,在英格兰被征服后,诺尔曼各个领主掌握了强大的统治权和裁判权;而实际上,在英格兰被征服以前,撒克逊各个领主就已经掌握了相同的统治权和裁判权。所以说,英格兰的地方性裁判权,并不是在它被封建法律征服以后才出现的。

法兰西的统治权和裁判权,无疑更是先于封建法律出现的。事实上,这些权力是伴随着各种财产制度和风俗习惯而产生的。在这里,我们就不说古代的

英、法两个王国了，就算是在近代，我们也能找到一些证据来证明是制度和风俗等原因造成了这些结果的。在二十多前年的苏格兰罗赫巴，有个名叫卡迈伦的绅士，甚至拥有对其民众执行最高刑事裁决的权力，而他其实不过是雅格尔公爵的一个家臣罢了，既没有获得正式的委任状，也不是治安推事。据说，虽然他没有按照一定的司法仪式来进行审判和裁决，但其判决结果却非常公正。他每年所得的租金，就只有五百镑，我想他当时之所以会承担这种权力，也许只是受当地的治安实情所迫。1745年，他带领着八百个人，参加了斯托亚起义。

推行封建法律的目的，绝对不是增强封建领主的权力，而是削弱封建领主的权力。封建法律把上等人分成了上自国王、下至领主的不同等级，每个等级都各有各的权利和义务；未成年领主的全部地租和土地管理权，都由其直接上司支配。最终，国王掌握了各大未成年领主的地租和土地管理权。国王对这些未成年的领主，既有保护和教育的责任，又有监护的义务，还得为他们选择身份相称的结婚对象。这种法律的本意，是加强国王权力、削弱大领主。不过，由于它本身的财产制度和风俗习惯是造成社会纷乱的原因，所以它根本不可能为乡村居民带来良好的社会秩序和政府统治。当时，政府的权力还是非常小，贵族的权力也仍然像以前一样大。正因为贵族拥有的权力过于强大，政府的权力才被严重削弱了。所以，即使建立了封建等级制度，国王的权力也仍然不足以制服大领主，只有任大领主像以前一样横暴。各个贵族之间，仍然会不断地发生战争，有时甚至连国王也经常参战，使得大片乡野都陷入了强取豪夺的骚乱景象之中。

封建法律用尽一切强制手段都不能削弱的大领主权力，却被国外商业和制造业逐步地分解了。自从出现了国外商业和制造业之后，大领主所得的土地剩余生产物，就有了与其他物品进行交换的市场。而且，大领主由此换得的其他物品，也无须与佃农和农奴分享，完全可以由他独享。于是，就出现了"专门利己，毫不利人"的信条。这一信条，几乎得到了所有主子的认同和遵守。所以，一旦独享全部地租价值的方法被他们发现，他们就不愿意再和别人分享这些价值了，而宁愿用足以维持一千人一年生活的粮食，去换取金刚石钮扣这类毫无实用价值的物品。他们舍弃的东西，除了这些粮食之外，还有这些粮食给他们带来的权威。金刚石钮扣是由他独享的，而粮食却要与一千人共享，其中的区别极其明显，但也需要有明智的判断才能做出取舍。最终，他们为了满足那一点幼稚而又鄙薄的虚荣心，舍弃了封建法律用尽一切手段都没能分解的权威。

在一个没有国外贸易和精制造业的国家，如果一个人每年的收入是一万镑，那么他消费这一万镑的方法，也许只有养活一千个因为依附于他而对他俯首帖耳的人。但是，在现在的欧洲，则完全是另外一种情况，这一万镑的收入，即使不被用于养活二十个人或使唤十个仆役，也能直接全部消费掉。事实上，这一万镑的收入经常直接被全部消费掉。这种消费，可以间接地维持一些人的生活，可能其维持的人数还跟以前一样多，说不定比以前还要多。可能那些粮食只能换到少量宝物，但采集、制造这些宝物所花的费用，显然更多，不仅包括工人工资，还包括直接雇主的利润。正因为如此，这种宝物的价格才非常昂贵。他直接支付的，是宝物的价格；间接支付的，是维持工人生计的劳动工资，以及提供给雇主的利润。他所支付的这部分间接价值，只占了他们全年生活费的极小一部分，甚至极少占他们全部生活费的十分之一，一般也就占百分之一，有时甚至不足千分之一、万分之一。他维持了他们的一部分生活，却没有维持他们的长年生活，所以他们在他面前，一般都是独立自主的。

在存在佃农和门客的时代，大地主用自己的地租来维持这些佃农和门客的生活。等到出现了商人和工匠，总地租所能养活的人数也和以往差不多。不过，由于乡村式的待客方法往往存在很大的浪费，所以现在同量地租所能养活的人数，也许比以前还要多很多。可是，一旦分别计算这些地租为这些人提供的生活费用，这些地租的贡献就极其微小了。这时，每个商人和工匠的生活费，几乎都是由成百上千个不同的顾客提供的，而不再像以前一样只由一个人提供。大地主的消费，也在一定程度上由这些商人和工匠来提供。

在这种情况下，大地主的个人消费开始逐渐增大，以至于他的门客也越来越少，直到没有。同理，一些佃农，也因为没有存在的必要而逐渐被打发走了。在大力开垦和改良农田的同时，地主不顾裁减佃农引起的怨言，径直把佃农人数减少到了当时所需的最低水平。这么一来，不必要的寄生者就没有了，地主从佃农那里收取的剩余生产物也逐渐增多了。另外，由于制造业为他提供了直接消费这些剩余生产物的方法，所以他就独享了这些剩余生产物。于是，他的个人消费就增加了。而个人消费的增加，又加强了他们对现在所得地租能够超

过现有土地产出力的期望。但是,要实现这一期望,就要对土地进行进一步的改良。这么一来,佃农就要加大改良费用的投入力度。不过,要是佃农没法在土地租期届满之前收回增加的这部分资本及其利润,他就绝对不会同意地主加租,要不就是要求延长土地租期。由于地主们爱慕虚荣,习惯了铺张浪费,所以最终还是答应了佃农的条件。正因为如此,才出现了长期租地权。

佃农只要给付足够的代价,就可以随意耕作土地或退租,他并不是地主的所有物。他和地主之间,是相互平等的金钱利益关系。由于佃农可以随意退租,所以他绝对不会为了给地主提供服务而牺牲自己的生命和财产,即使是在土地租期延长之后,他也是独立自主的,不用为地主做租约或习惯之外的任何一件事。

既然大领主与佃农和门客相互独立了,那么大领主执行或干涉法律的权力也就跟着消失了,自然无法再扰乱社会治安。这样,就等于他们已经卖掉了他们那由来已久的权利,但他们卖出这种权利的原因,并不是饥饿或是追求成人所应追求的宝石或钻戒,而仅仅是满足儿童式的娱乐。渐渐地,他们就变得跟城市中的殷实市民或平凡商人一样了。于是,无论是城市还是乡村,都设立了政府。此后,都市和乡村的政治都开始处于安定有序的状态。

下面的这件事好像与上述主题无关,不过有必要在此提一下:在商业国,很少能看到大宗地产能够世世代代相传的现象。不过,这种现象在威尔斯、苏格兰高地这些商业不发达的国家,倒是普遍可见。阿拉伯是一个到处都是贵族的国家,当地有一位鞑靼可汗还写了一本历史书,其中记载的全是有关贵族世系的事迹,这本书还被翻译成了好几种欧洲文字。由此可见,在古代的这些国家,世系家族是普遍可见的。

如果一国富人的收入只能用于养活尽量多的人,那么富人往往不会独享其收入,反而会仁爱而又热切地希望自己能够养活更多人,甚至企图养活超过他能力限度的人数。但是,当一国富人的大部分收入可以由个人独享时,他往往会没有限制地消费这些收入,以满足他个人那永远也不可能得到满足的虚荣心。所以,即使是在严厉禁止挥霍、浪费的商业大国,也很少有能够长期维持富裕的家庭。而商业不发达国家的情况就不同了,即使没有禁止挥霍、浪费的法律,当地也有很多能够长久地维持富裕的家庭。至于鞑靼和阿拉伯这类游牧民族，由于其剩余财产不容易消费，所以根本没必要颁布取缔浪费的法规。

给予公众幸福，是一项极其重要的使命。这项使命，竟然是由大领主和商人这两个全然不顾公众幸福的阶级完成的。大领主的唯一动机，就是其幼稚的虚荣心能得到满足；而商人和工匠，也同样是出于一己之私才行事的。他们的终极目标都是赚钱，只要哪个地方能够赚到钱，他们就会去那里。最后，这项使命，就在愚蠢的大领主和勤劳商人的共同努力下逐渐得以完成。即便如此，他们也全然不了解这项使命，也没有预见这项使命在客观上是由他们完成的。

所以，事实上，是城市工商业促进了欧洲大部分农村的开发与发展，而不是农村的开发与发展导致了城市工商业的出现。

不过，由于这种发展违背了自然趋势，所以其发展速度也是缓慢的，而且充满了不确定性。比如，欧洲各国就是以工商业为富国基础的，所以其进步速度比较慢，在将近五百年的时间内，大部分地区的人口也没有增加一倍；而我们在北美的殖民地则是以农业为富国基础的，所以进步速度比较快，有些地区在二十或二十五年的时间内就增加了一倍的人口。

由于欧洲存在长子继承法和各种永久占有权，因而不能分割当地的大地产，所以小地主数目也无法增加。我们也知道，拥有有限土地的小地主，非常熟悉而又爱护自己的土地，并喜欢开发和改良它们。在各种耕作者当中，小地主是最勤劳、聪明，因而也是最容易取得成功的人。但是，由于长子继承法和各种永久占有权限制了土地的出卖自由，使得购买土地的资本比可以出售的土地多得多，所以土地的售价经常会高得离谱。不过，这些土地的地租经常连支付买价的利息都不够，更别说是支付土地修整费及其他各种费用了。所以，以小额资本在欧洲购买土地，所能获得的利润是最少的。不过，有些原本从事工商业活动的人，会出于资本稳妥的考虑而花费小额资本去购买土地。此外，还有一些专门从事个别职业的商业家，也会出于资本安全的考虑而购买土地。

如果一个人不愿意从事工商业，而甘愿花两三千镑去购买并开发一小块土地，那么他诚然可以凭借自己的力量过上愉快的生活，却绝对不可能成为大富翁或是大名人。可是，如果他在别的领域投资，那么他就有希望和其他一些人一样，最终成为大富翁或是大名人。另外，这类人并不希望变成地主或是农民。再加上可以购买的土地比较少，而且土地的售价又非常高昂，所以许多原

来可能投入土地开发和改良的资本,就流入了其他行业。

北美洲的情况则相反,在当地,只需要花费五六十镑就可以开办一个农场;而且,无论是用大量资本还是用小额资本来购买和开发土地,都能获得最大的利润。要想在这些地区致富或是成名,最直接的方法就是购买和开发土地,因为要得到当地的土地,几乎不用花什么代价,而且所得自然生产物的价值也相对较大。

北美洲发生的这类事情,绝对不可能发生在欧洲这类土地早已成为私有财产的国家。可是,如果一个过世大家主的地产被平均分配给了他的子女,那么这些地产就有可能会出售。这么一来,就会有更多的待售土地,从而降低了土地的离谱高价,逐渐使自由地租能够支付买地的利息。这时,用小额资本购买土地,也会和购买其他东西一样有利。

英格兰不但拥有天然肥沃的土地,还拥有相对较长的海岸线、纵横交错的通航河流,所以其内陆水运比较方便,它比欧洲其他任何大国都适宜经营国外通商、远销制造业,也适宜于进行上述情况引起的种种改良。而且,自从伊丽莎白即位之后,特别维护工商业利益的法律相继建立。这些法律对工商业的有利影响,是欧洲其他任何国家,哪怕是荷兰,都望尘莫及的。于是,自伊丽莎白即位之后,英国工商业就开始不断向前发展;此外,英国农村也得到了不断的开发与发展,只是其进步速度没有工商业那么快而已。在伊丽莎白时期之前,大部分土地就开始耕种了,不过仍有相当大的一部分土地尚未开发,而已耕作土地则大部分都不尽如人意。

英格兰法律对农业的鼓励,不但有借助保护商业间接鼓励的方式,还有直接奖励的方式。例如,只要不是歉收的年份,谷物就可以自由输出,而且有奖金鼓励;而在收成一般的年份,则对输入征收相当于禁止输入的高额关税;至于只允许从爱尔兰输入活牲畜的法律,也是不久以前才颁布的。所以,土地耕作者实际上可以独享面包和家畜肉这两种最重要的土地生产物。这种奖励最终都只是幻想而已,关于这一点,我将在后文进行详细阐述。不过,我们至少可以由此推断,英国立法当局确实有意要赞助农业。而且,英格兰法律曾经为保障人民的安定和独立付出了最大的努力,所以受到了人们的普遍尊敬,这一点才是最重要的。所以,即使英格兰仍然存在着长子继承法,也继续征收什一税,并且有时还会实施违背法律的永久占有权,但其对农业的鼓励作用,却是欧洲其他国家都没法儿比的。

不过,即便如此,英格兰农业的状况也仍然不好。显然,如果英格兰农业只是从商业进步中得到间接鼓励,而没有得到政府的直接鼓励,只是顺其自然地停留在与欧洲其他各国相同的处境之中,那么农业状况将会更加不堪。自从伊丽莎白即位至今,已经有两百多年了,这通常是人类繁荣所能持续的最长时间。

大约在英格兰成为商业大国之前的一百年,法兰西就拥有了非常可观的对外贸易。根据当时人们的设想,法国航海业早在查理八世远征那不勒斯以前,就已经非常可观了。但法兰西土地的耕作和改良情况,总体上还是不如英格兰。法国农业,从未得到过法国法律的直接奖励。

西班牙与葡萄牙在和欧洲其他各国进行国外贸易时,使用的船舶大多数都是国外的。尽管如此,它们的对外航运也非常可观;至于这两国与它们富饶而广大的殖民地进行的贸易,用的则多是本国船舶,其规模更为巨大。不过,即便是如此大规模的国外贸易,也没能带动这两国产生大规模的远销制造业;此外,这两国境内,至今仍有大部分土地尚未开发过。除了意大利之外,葡萄牙是欧洲最早进行国外贸易的国家。

在所有的欧洲国家中,似乎只有意大利一国的土地,是通过国外贸易和远销制造业而得到完全开发和改良的。根据古西亚迪尼的记载,意大利早在查理八世入侵之前,就已经开始耕作国内土地了。无论是平坦、肥沃的土地,还是荒芜的丘陵地带,都被耕种了。究其原因,一是该国的地理环境相当有利于农业的发展,二是其境内的大量小领主都对土地的全面开发做出了贡献。不过,即便意大利当时的土地耕作情况,真的像这位贤明的近代历史学家所说的那样,它也仍然有可能比不上英格兰现在的土地改良水平。

不过,通过工商业所获得的资本,一般都是没有保障性的财产,只有将其转化为对土地进行开发和改良的资本,其安全性才能得到保障。有一种说法是,商人并不属于某个特定的国家,这话说得的确没错。因为,对于商人来说,营业场所在什么地方并不重要。如果他们对某个国家有一些小意见,那么他们可以直接从这个国家抽出他们的资本,带着这些资本去其他国家投资。既然资本迁移了,那么资本所维持的产业必然也要跟着迁移。只有在资本以建筑物或

土地永久改良物的形式在某国固定下来时,它才属于该国。汉萨同盟所拥有的大量财富,只有在十三、十四世纪留下了一些模糊的痕迹,现在都已经不知去向了。而且,其中某些城市都只有拉丁文名称,至于其属于欧洲的哪一部分,以及其具体方位,确定起来都不容易。

十五世纪末至十六世纪初期,意大利遭受了一场大灾祸,大大削弱了伦巴迪亚和托斯卡纳的工商业。但是现在,这些地方仍然人口稠密,其土地的改良状况也非常好。弗兰德也发生了类似的情况。弗兰德在内战之后,由西班牙人统治,以致安特卫普和布鲁赛斯的大商业进程都受到了一定的阻碍。但是,现在的弗兰德,仍然是欧洲最富有的地方,它的人口密度是欧洲最大的,其耕作水平在欧洲也是最先进的。

以商业为唯一来源的财富,受战争与政治上的一般变革的影响比较大,很容易耗竭。相比之下,由农业改良聚集起来的财富就可靠得多;只有像罗马帝国崩溃这类由外敌入侵引起的、持续近两百年之久的激烈变动,才有可能破坏它的稳定性。

第四篇　论政治经济学体系

序　论

有一门叫做政治经济学的学科，被认为是政治家或立法者的学问，它提出了以下两个目标。一是直接为人民提供维持生计的充足收入；或是给人民创造条件，让人民自给自足。二是给国家提供能够使公务顺利进行的充足收入。总之，强国富民是其主要目的。

不同时代的不同国民，其富裕程度也不一样，所以就产生了重商和重农这两种关于强国富民的政治经济学论述。我将竭力对这两种论述进行详细、明了的说明。下面，我就从重商主义这个近世常说的理论开始阐述，以方便英国今日民众的理解。

第一章　重商主义的内在机制

由于货币具有双重作用，所以人们就普遍认为财富是由货币构成的。货币不但是价值尺度，还是进行交易活动的媒介。它在作交易媒介时，人们可以通过它很容易地取得自身所需的物品，这种便利性是其他任何商品都无可比拟的。所以，人们总认为赚取货币是一件非常重要的事情。在人们看来，只要有货币，就可以没有障碍地购买任何物品。当货币作为价值尺度时，可以用来估算

各种商品的价值。如果一个人拥有很多货币,那他就是人们眼中的富人;而要是一个人只占有极少的货币,那他就是穷人;至于那些俭朴或是想发财的人,则会被人们看成财迷;而那些花钱不谨慎的奢侈者,则是人们眼中的淡泊金钱者。发财的另一种说法,就是拥有大量货币。总之,通俗地说,财富与货币几乎是同义词。

人们在看富足国家时,也往往和看富人一样,认为富足国家一定拥有大量货币。积蓄金银的做法,在任何国家都是致富的捷径。在发现美洲之后的一段时期内,西班牙人每到一个陌生海岸,所侦察的第一个情报都是问附近有没有发现金银,从而判断该地有无殖民乃至征服的价值。法兰西有一位国王,曾经特派了一位大使去拜见成吉思汗的一位王子。这位大使是个僧人,叫普勒诺·卡布奇诺,据他回忆说,鞑靼人经常问法兰西的牛羊多不多。鞑靼人问话的目的,和西班牙人的问话目的相同,是想知道对方是否富足到值得他们去征服。鞑靼是个牧畜民族,和其他牧畜民族一样,大多数人都不知道货币有什么用途。他们进行交易的媒介和价值尺度,只有牲畜。所以,在他们眼里,牲畜就是财富,就像西班牙人认为金银就是财富一样。不过,在这两种看法中,接近真理的看法也许是鞑靼人的看法。

货币与其他各种流动资产的区别,洛克先生曾经论述过。洛克先生认为,其他各种流动资产很容易被消耗,所以固定在它们身上的财富是不太可靠的。就拿一个国家来说,即使它今年拥有大量的流动资产,并且没有资产输出,只是大肆挥霍,也可能会造成明年的流动资产的短缺。货币则相反,它就像朋友一样可靠。虽然货币会在不同的人之间流转,但只要它没有流到国外,那它就不容易被消费掉。因此,洛克先生认为,货币的坚固性和可靠性,比其他流动资产都强;也正因为如此,一国增加其政治、经济的大目标,就应该是增加货币的数量。

还有一些人认为,只要一国脱离了全世界,那么无论其国内有多少货币在流通,都是无关紧要的。他们认为,用货币购买的消费品,可以再拿去换货币,只是换得的货币量多少会与之前花费的货币量不同而已;至于该国的实际富裕程度,则完全由消费品的多少来决定。但是,那些与外国有联系的国家,特别是一些有时不得不因对外战争而在远地维持海陆军的国家,对此却有不同的看法。这些国家认为,只有送出货币,才能维持远地的海陆军。但是,要想送出货币,那么其国内先得有大量货币才行。所以,这类国家在和平时期,都尽力积蓄金银,以便在万一发生对外战争的情况下应急。

由于人们普遍认为金银是财富的同义词,所以欧洲各国都想尽了一切办法,以研究出能够积蓄国内金银的方法。不过,这些努力都没有取得多大的成效。出产金银这类金属的主要矿山,是西班牙和葡萄牙。这两国的金银市场,主要在欧洲。有一段时间,这两国为了禁止金银的输出,曾经制定了严厉的刑罚,甚至大幅提高了关税。这类禁止金银输出的方法,也曾被其他大多数欧洲国家采用过。我们曾在苏格兰古代的一些议会法案里,意外地发现了用重刑禁止金银外输的法律条文。古代的法兰西和英格兰,也曾经实施过同类政策。

如果这种禁令出现在商业国,就会给许多商人带来不便。因为,金银是他们从外国购买货物最方便的媒介,它们比其他任何商品都更适合用在对外贸易中。另外,用货币把这些货物输入本国或其他国家,也是最便利的。进行对外贸易的商人们,认为这种禁令妨害了他们,所以对这种禁令持反对态度。

第一,在商人们看来,虽然购买外国货物需要输出金银,但国内的金银量未必会因此而减少,反而有可能增加。因为,国内根本消费不了那么多剩余生产物,如果把它们运输到国外进行销售,反而可以得到高额利润。这么一来,商人就可以带回更多的金银。托马斯·孟曾经比较过这种国外贸易与农业耕作的区别,他是这么说的:"如果我们只看到农夫在播种时节播撒了许多优质谷物,那么我们一定会认为他是个狂徒;但是,等到收获时节,我们就会认为他这么做不但有价值,而且能够得到很大的收获。农夫播撒种子并努力耕作的目的,就是收获。"

第二,商人们认为,这种禁令根本阻止不了金银的输出。原因是,金银不但价值大,而且体积非常小,走私起来相当容易。在商人们看来,防止金银输出的唯一方法,就是适当地控制贸易差额。当一国的输出大于输入时,差额部分就由外国以金银偿还,这么一来,国内的金银量就会增加。而当一国的输出小于输入时,差额部分就由本国以金银支付,这样,国内的金银量就减少了。所以,如果随意禁止输出金银,那么不但不能有效地防止金银的输出,反而有可能遭受增加金银输出的危险,或是加大金银输出的费用。因此,这种禁令不但会使汇兑不利于存在贸易逆差的国家,还会增大外汇购买者的风险。因为,售卖外汇的银行不仅要承担运送货币必须承担的风险和运费,还要承担由违反禁

金银输出的法律所带来的意外风险,而所有费用的总和,最终都要由外汇购买者来承担。当汇兑给一国造成不便时,贸易差额也会不利于该国。

当一国处于贸易逆差的困境时,该国的货币价值也必定会远远低于贸易顺差国。例如,如果英、荷两国的汇兑有百分之五都对英国不利,那么两国在进行汇兑时,一百零五盎司英币,就只能换得价值荷币一百盎司的汇票,而换不到相等数量的汇票。既然一百零五盎司的英币只能换到一百盎司荷币,那么它所能购买的荷兰货物,自然也只等于一百盎司荷币所购买的量。反过来也一样,即一百盎司荷币所能购买的英国货物,只等于一百零五盎司英币所购买的量。总之,由于出现了这种汇兑差额,所以即便是同样的货物,在由英国售给荷兰时,价格就相对低廉,换回的荷兰货币也相对较少;而由荷兰售给英国时,价格则相对较高,换回的英国货币也相对较多。因此,贸易差额极不利于英国,英国要弥补这些差额,必须向荷兰输出更大数量的金银。

上述商人们的理论,一部分有道理,另外一部分纯属强词夺理。其中,认为贸易上的金银输出对国家有利,以及认为禁令不能阻止金银的有利输出,都是对的;而认为保持或增加本国的金银量,比保持或增加其他有用商品更需要政府关心,则是强词夺理的。在这些商人看来,除金银之外的其他商品的供应量,可以通过自由贸易得到适当的调节,无须政府投入与关心金银等同的注意力。这些商人还说,高价汇兑必然会给贸易差额造成更加不利的影响,甚至使金银大量输出。这种说法,明显也是强辩。这种高价汇兑,的确给欠外国债务的商人带来了极大的不便,因为他们在购买外汇时,付给银行的价格也要随着这一高汇兑而抬高。但是,即使银行会因为要承担违背禁令的风险而索取额外费用,国内货币也未必会因此而流入他国。这类费用一般只有在走私时才须支付的,而且它会留在国内,而不会在所需汇出的数目之外再增加任何费用。高价汇兑,同时还会使商人为了努力平衡输出和输入,尽量缩小自己的支付额;并通过提高进口货物价格的手段,产生类似课税的作用,从而减少进口货物的消费量。因此,高价汇兑并不会增大贸易逆差,反而会减小贸易逆差,最终减少金银的输出量。

不过,听取了商人们的上述理论的人,却相信它们是对的。陈述那些议论的人,是商人这类被认为是了解贸易的人,他们向国会、王公、贵族和乡绅们陈述他们的心得,因为听者认为自己完全不知道这些问题。无论是贵族还是乡绅,都从经验中知道了国外贸易可以增加国民财富,但他们却不知道国外贸易是如何增加国民财富的。

商人则刚好相反,他们清楚地知道自己是怎么从国外贸易中得到财富的。他们有义务清楚地知道这个问题。至于了解国外贸易是如何增加国民财富的,并不是他们的义务。他们只有在请求政府改订国外贸易法案时,才会考虑这个问题,因为这时,他们必须陈述现行法律对国外贸易的不利影响,并描述改订法律后国外贸易能够带来的有利结果。他们对有权决定要不要改订法律的裁判官说,即使存在这种法律,国外贸易也照样可以从外国带回货币;但是,如果废止或改订这种法律,国外贸易从外国带回的货币就会更多。这个说法,令裁判官十分满意,于是,这种议论的预期目的最终就达成了。

法兰西和英格兰,只限制本国铸币的输出,不限制外国铸币和金银块的输出。而荷兰和其他一些地区,甚至连本国铸币的自由流动也不加以限制。政府不再将其注意力都放在禁止金银输出上,而是更加注重对贸易差额的监控,并视贸易差额为引起国内金银量增减的唯一因素。如果说禁止金银输出是一种毫无结果的监督,那么监控贸易差额,也同样是一种毫无结果的监督,而且后者的复杂度和困难度都超过了前者。托马斯·孟所写的《英国从对外贸易中获得的财富》,如今成了所有商业国政治、经济的根本准则。

而国内贸易,尤其是那些能够以同量资本提供最大收入,并为本国人提供最大就业机会的国内贸易,却被人们看做了国外贸易的辅助贸易。原因是,人们认为国内贸易只能使货币在国内流通,因此,国内贸易只有在能够对国外贸易造成间接影响的情况下,才能增减一国的财富。

当一国没有葡萄园却又需要葡萄酒时,就得从外国输入葡萄酒;同样地,没有矿山的国家如果需要金银,无疑也要从外国输入金银。政府好像没有必要在某一物品上集中注意力,同时又偏离另一物品。只要一国需要葡萄酒,而它又有购买这些葡萄酒的资财,那么它的需求最终会得到满足;同样地,只要一国有购买金银的资本,它就可以购买到金银。金银和其他所有商品,都须花费一定的费用才能购买到。由于金银是其他所有商品的价值尺度,所以其他商品的价格也就是金银的价格。无须政府的额外关心,自由贸易就会按照人们的需要,给人们提供葡萄酒,这一点我们完全可以相信;此外,自由贸易还会按照人们的购买力和使用程度,提供相应数量的金银,从而使商品流通或其他用途可

以顺利地实现。这一点，我们同样有把握相信。

生产某种物品并使其上市，需要支付地租、劳动工资及资本利润。一国由人类劳动购入或生产的商品量，自然会按照其有效需求得到自行调节。也就是说，人们对商品的需要总量，会根据该商品生产并上市所需的地租、劳动工资及资本利润，进行自我调节。这种根据有效需求来进行的自我调节，最容易对金银起作用，而且所起的作用也是最准确的。原因是，金银不但价值大，而且体积小，最容易从价廉或有效需求过多的甲地，运输到价高或有效需求得不到满足的乙地。比如，如果英格兰对黄金的有效需求不能完全得到满足，那么这一需求就需要通过输入金银来得到满足。这时，可以用一艘客货两用的定期邮轮，从里斯本或其他黄金销售地购买五十吨黄金，再把它们运回国内，铸成五百多万几尼的货币。但是，如果是运输同等价值的谷物，那么即使按照五几尼能换一吨谷物来计算，也需要一艘载重为一百万吨的船舶才能运完这些谷物；即使是用载重一千吨的船舶来运输，也需要一千艘船舶才能运完；就算用上英格兰全部的海军船，也运不完这么多谷物。

当一国输入的金银量超过其有效需求时，金银自然就会输出，就算政府再怎么保持警惕也无法阻止。就拿西班牙和葡萄牙来说吧，它们的金银输出并没有因为政府的干预而减少。再说秘鲁和巴西的金银量，由于金银的输入源源不断，使得这两国金银的量超过了其有效需求，所以这两国的金银价格自然就比邻国低了。相反，如果一国的金银量不足以满足其有效需求，那么该国的金银价格，自然会比邻国高，这么一来，政府根本就无须操心输入金银的事；就算政府竭力阻止金银的输入活动，也不会达到预期的目的。莱克加斯为了阻止斯巴达的金银输入活动，曾经制定了一些限制金银输入的法律。但是，这些限制，最终都被斯巴达人充沛的购买力给冲破了。同样地，英国为了阻止商人输入荷兰和戈登堡东印度公司的茶叶，也制定了严峻的关税法，但也没有收到成效。原因是，英国东印度公司的茶叶，比荷兰和戈登堡东印度公司的茶叶昂贵。通常情况下，茶叶的价格都是用银来计算的，一磅茶叶的最高售价是银币十六先令，而一磅茶叶的体积，却比十六先令大一百倍；如果用金币来计算茶叶的价格，那么一磅茶叶的体积，就是等值金币体积的两千倍以上。所以，走私的茶叶越多，走私的困难就越大。尽管如此，也没能阻止茶叶的走私。

有些货物即使存货充足，也会因为体积的影响而不能被随意转移到存货不足的市场。但是，金银就不同了，它可以非常容易地从金银丰足之地转移到金银缺乏地。金银价格和其他大部分货物的价格相比，前者一般不易变化，而后者则会随存货量的变化而不断变化。究其原因，有一部分就是金银容易运输。当然，金银的价格并不是没有一点儿变化的，它只是变化得比较缓慢而已，而且一般都是渐进式的统一变化。比如，即使一个人没有多少证据，他也可以说：由于欧洲在本世纪和上世纪不断从西属西印度输入金银，所以欧洲金银的价值渐渐下跌了。只有像发现美洲这类能够带来商业革命的巨变，才能突然改变金银的价格，并使其他货物的售价立即发生显著的变化。

即便如此，一个缺乏金银的国家，也可以方便地补足其缺乏的金银量，只要它拥有足以购买金银的资财。如果制造业缺乏原料，那么它必然会陷于停产的境地；如果国内缺乏粮食，人民就要忍饥挨饿。但是，如果缺乏货币，那么以货币为媒介的交易活动，就可以用物物交换来代替；或者以赊账的方式来进行买卖，只要按月或按年清算就可以了；还可以通过发行纸币来代替货币。不过，物物交换非常不方便；赊账则方便多了；而用纸币来代替货币，则方便且能带来一些利益。因此，无论从哪一点来分析，一国都没必要为如何保持或增加国内的货币量而操心。

不过，当货币稀少时，人们普遍都会抱怨。打个比方，那些既没有资财购买葡萄酒，又没有借贷信用的人，经常会有缺乏葡萄酒的感觉。而对缺乏货币的人来说，缺乏货币的感觉就像缺乏葡萄酒一样。相比之下，那些既有资财又有信用的人，则很少会觉得自己缺乏货币或葡萄酒。不过，那些抱怨货币缺乏的人，并不一定就是浪子，他们也有自己的打算。有时候，有缺乏货币感觉的，并不止个人，甚至连整个商业城市及其邻近地区，都普遍有这种感觉。

造成货币缺乏的原因，就是过度营业。如果经营者不是按照其资本制定经营计划的，那么即使他再稳重，其经营结果也会和浪费者一样，不但缺乏资财来购买货币，也失去了借贷货币的信用。因为，在实现计划之前，他就耗尽了资财、用完了信用。就算他四处去借钱，也借不到。

不过，即使人们普遍抱怨缺乏货币，也不能就此推断国内的金银流通失常了，这只能说明许多人都渴望得到金银，却又无力支付获得金银的代价罢了。贸易利润的偶然增大，对大小商人都是一种诱惑，最终使得他们极容易犯过度营业的错误。由于他们并没有足够的资本，所以他们就通过赊账的方式，从国

内外输入数量超常的货物,再运到遥远的市场上去卖,以求收回赊购货物的代价。只有收回了这些代价,他们才能有购买货币的资财和借贷货币的担保品。人们普遍抱怨缺乏货币,并不是因为真的缺少金银,而是因为债权人担心收不回借款,所以不肯向借款人放贷。

财富无疑是由货币或金银构成的,如果有人对此产生怀疑,于是力图证明财富是由货币所购得的货物构成的,并认真地说明货币只有在购买货物时才有价值,那么他的看法未免过于可笑。货币无疑是国民资本的一部分,但它通常只占了一小部分,而且它往往不能创造什么利润。这一点,我们在前面已经阐述过了。

在实际的商业活动中,商人往往会觉得用货币来购买货物,比用货物来购买货币更容易。究其原因,并不是货币是构成财富的主要成分,而是货币是通用的交易媒介,可以容易地换得其他所有物品。不过,要取得货币,并不是那么容易的。另外,大部分货物的磨损都比货币的磨损大,保存它们往往会蒙受很大的损失。当商人把货物而不是货物的价格存在手上时,他更容易产生对货币的需求,而且这一需求往往是他用货物所不能应付的。另外,由于他的利润大多来自卖货所得,所以在一般情况下,他都会先急着用货物换取货币,然后才会考虑用货币来购买货物。所以,货物有时会大量积压在仓库里无法售出,从而使得个别商人破了产。

不过,一些商人的库存积压,是绝对不会使一国或一个地方遭受破财之灾的。因为,商人的资本,往往是由那些要用来购买货币的易损货物构成的。但是,一国的土地和劳动年产物就不同了,它有极大一部分都用在了国内流通和消费上,只有极小一部分是用于从邻国购买金银的;即使是运往外国的剩余生产物,大部分也都用在了从外国购买其他货物上。所以,即使预定用于购买金银的货物卖不出去,一国也不会因此而破产。当然,该国难免会因此而遭受一些损失和不便,甚至不得不采取一些必要措施来替补货币,但其土地和劳动年产物却几乎不会受到什么影响。因为,即使货币因货物库存积压而减少了,一国用于维持自己消费的资本也仍然能够保持和以前差不多的量。

虽然用货物交换货币的交易,并不会总比用货币交换货物容易,但前者从长远来看,却比后者更必要。货物除了可以购买货币之外,还有许多其他的用途;但是,货币就不同了,它只有购买货物这一种用途。于是,货币必然会以货物为中心,而货物却不一定要以货币为中心。一个人用货币购买货物,往往只是为了满足自己的消费或使用,而不是倒卖这些货物;而出售货物的人就不同了,他们总是大量购买货物,然后再把这些货物全都卖出去。对前者而言,购买到货物即算完成了他的货物流通任务;而对后者来说,售卖货物顶多也只能算是完成了他所承担的一半任务。人们会需求货币,并不是因为货币本身有价值,而是因为货币能换得他们所需的物品。

可消费的物品,很容易就会被破坏;但金银就不同了,它具有极大的耐久性,可以长时期地保存,还可以在无输出的情况下慢慢积累起来,从而大大增加国民财富。这样看来,用耐久商品去交换易损商品的贸易,好像是最不利于国家的贸易。不过,极耐久的物品并不只有金银,还有铁器这类物品。就拿英国的铁器来说吧,如果保证不输出铁器,那么经过长期的大量积累之后,国内的铁器量就会远远超过其有效需求。但是,如果我们用它来交换法国葡萄酒,那么这种贸易反而是有利的。因为,我们都知道,铁锅只是一种烹调食物的工具,其用量是受实际用途限制的,没必要大量增加其产量;即使食物的数量增加了,因而需要增加铁锅的数量,那也是非常容易的。只要从增加的食物中拿出一部分,用以购买铁锅,或是用来维持制造铁锅的工人工资,就可以增加铁锅的数量。

明显地,一国的金银量也是受其实际用途限制的,不是以铸币的形式流通,就是被制成器具。决定一国有多少铸币的因素,是国内借铸币流通的商品的价值。当商品价值增加时,商品流通所需的货币量也会相应增加,这时,一部分商品就会被运到外国去,以换取当地的金银铸币。大家都知道,金银器的数量,取决于国内的富人数目和国民财富。当富人数目与国民财富增加时,增加的一部分财富就有可能会流入其他地方,以换取当地的金银器。我们不可能要求富人购置超过他们需求的厨具,因为这么做并不能增加富人的快乐,也不会增进家庭食品的数量和质量,反而会起到相反的作用;同样地,如果我们要求一国通过输入或保留超过其需求的金银来增加其国民财富,也是幼稚可笑的,因为这么做必然会减少全体国民的衣、食、住开销。

有一点我们必须记住,即无论金银是以铸币还是器具形式存在的,它都是一种用具,其作用与厨具类似。如果金银的用途增加了,而且靠金银流通、支配和制造的消费品也增加了,那么金银量就一定会随之增加。至于其他的非常手

段,根本不能增加金银的数量。因为,金银的数量,取决于它的用途。因此,如果有人非要用非常手段来增加金银的数量,那么金银的用途一定会减少,甚至连金银的数量也会减少。当累积的金银量超过其有效需求时,金银就会立即流入国外,任何法律也阻止不了它的流动。因为,金银体积小且价值大、容易运输,如果闲置不用的话,损失就非常大。

进行对外战争的国家,不一定非要靠积累金银来维持派往远地的海陆军。事实上,只有可消费物品,才真正能够维持海陆军的生活。而在远地购买这些可消费物品供海陆军消费的手段,就是国内的土地和劳动年产物,即本国每年土地、劳动和可消费资本的总收入。一国有了它,就能维持对遥远国家的战争。

进行对外战争的国家,可能通过以下三种途径为派往远地的军队提供粮饷。一是运送一部分累积金银去国外;二是运送一部分制造品去国外;三是运送一部分土地原产物去国外。

至于一国积累或贮藏的金银,我们不妨将其分为三种。一是用于流通的货币;二是供私人使用的金银器;三是由多年节俭而积累起来的国库货币。很少能从流通的货币中节省出金银,因为用于流通的货币,一般很少会有较大的剩余。一国每年买卖的货物的价值所要求的货币量是一定的,一般不会超过将货物流通和分配到真正的消费者手上所需的量。货币流通的渠道有很多,必然能够吸引到足够的货币量。但是,货币量一旦够用,市场的货币容量就会饱和,不可能再容纳更多的货币。当一国进行对外战争时,通常会从多种货币流通渠道中抽出一部分货币。

由于许多人都被派到了国外,所以国内的人数就大大减少了,于是维持国内人民生活的货物量也就减少了。既然国内流通的货物量减少了,那么货物流通所需的货币量,也必然会跟着减少。这时,各国政府通常会大量地发行纸币。例如,英格兰就曾在这种情况下发行了一部分债券,如财政债券、海军债券和银行债券。自从这些纸币代替金银在国内流通之后,一国运往外国的金银量,就大量增加了。不过,对外战争的耗费是巨大的,如果战争再持续几年,就不能再用上述办法来维持军队了。至于熔解供私人使用的金银器,更是杯水车薪。法兰西在进行上次战争时,曾经用过熔解金银器的方法来补贴军饷,却没有得到希望得到的利益,反而损失了部分铸造费用。

以往还有君王大量累积财宝,从而使该国有了一个耐久的丰富资源;可到了今天，全欧洲只有普鲁斯国王以累积财宝为政策。

本世纪发生了许多次对外战争，耗用的财力和物力等资源，也许是历史上最大的。这些战争的维持资金，好像很少是从流通货币、私用金银器或国库货币这三种货币形式中取得的。就拿上次的对法战争来说吧，英国在战争中花费了九千多万镑，其中大部分都是新募的国债，有七千五百万镑之多；还有就是土地附加税，即在土地的原有税额上再增加二先令；再有就是每年从还债基金中借用一部分款项。这笔款项的三分之二以上，都用在了德意志、葡萄牙、美利坚、地中海各口岸，以及印度群岛等国家或地区。

当时的英格兰国内，既没有金银储备，也没有多少金银器。国内流通的金银量，估计最多也只有一千八百万镑。但是，自从最近进行了金币改铸之后，金银流通量就增加了。根据我们所知的最夸大统计可知，英国所拥有的金银量合计有三千万镑之多。如果战争所用的货币，都是英国的货币，那么我们甚至可以根据这个统计数据推断：在六七年内，这个数目的金银量，在国内至少流通了两次。如果这个假设成立的话，那就说明政府根本没必要把注意力放在保存货币上。因为，既然国内的全部货币能在这么短的时间内至少流通两次，那么累积资金就会比较容易。在这段时间内，货币的流通量并没有比平时少，对于那些有资力的人，在换取货币的过程中，很少会有缺乏货币的感觉。对外贸易的利润，在战争时期要比平时大，且在战争即将结束时尤其巨大。这种情况，使得英国各口岸普遍出现了过度营业的现象，因而导致了人们开始抱怨货币的不足。所以，抱怨货币不足的现象，常常是伴随着过度营业发生的。许多借款人都因为既无资力又无信用，而普遍觉得缺乏货币，从而使得债权人也认为款项一旦借出就再难收回了。不过，那些有资财换取金银的人就不同了，他们一般都能以自身拥有的资财换到金银。

由此可见，上次战争所消耗的巨大费用，大部分都来自商品输出，而不是金银输出。在商人和政府订立契约，要求政府汇款至外国时，商人还会另外要求国外的汇兑处给自己开一张期票。商人为了支付这张期票，会尽力把商品运到某国去出售；如果这些商品不能满足该国的需要，他就会设法把它们再运到第三个国家去出售，以偿还自己欠政府的债务。运输商品去国外市场销售，一般都能得到可观的利润；而运输金银去国外销售，却很难获利。在商人把金银运去国外，然后用它购买外国商品的过程中，能够给商人带来利润的，并不是购买外国商品,而是出售外国商品。但是,如果商人运出金银只是为了还债,那么他就得不到外国商品,自然也就谈不上从外国商品中得到利润了。所以,他自然会为了偿还外债而绞尽脑汁,最终决定输出商品。著有《英国现状》一书的人说过,英国在上次战争中输出了大量货物,却没有运回任何商品。

商业大国输入输出的金银除了上述三种之外,还有大量用于经营国外贸易的金银块。这种金银块与货币差不多,货币可以在国内流通,金银块则可以在各商业大国之间流通,它是各个商业大国通用的货币。货币的流通量和流动方向,取决于本国境内流通的商品量;同样地,金银块的流通量和流动方向,取决于各商业大国之间流通的商品量。货币和金银块的作用是一样的,都是为交换提供便利,只是货币是在同一国家的不同个人之间流通的,而金银块则是在不同国家的不同个人之间流通的。

在上一次的战争中,也许就曾动用过一部分原本用于商业大国的物品流通的金银块。当战争全面爆发时,人们自然会认为金银块的流通量和流动方向不同于和平时期。大量的金银块,都是在战场周围流通的。因为,交战国军队不可能到远处去购买粮饷,战场周围或是邻近国家就是他们的购物市场。英国每年都会花费大量的金银块。但是,英国无论花费多少金银块,其每年的金银块输入量还是非常大。这些金银块,不是用本国物品换来的,就是用本国商品换取的其他物品换来的。所以,英国进行战争的基本资源,归根到底还是来自商品,或者说是来自一国的土地和劳动年产物。人们自然也会认为这么大的费用都来自巨额的年产物。就拿1761年的费用来说吧,这笔费用高达一千九百万镑以上。这么大一笔费用,是任何金银的累积都支付不了的,金银块也同样支付不了。从最可靠的统计数据可知,每年从西班牙和葡萄牙输入的金银,一般都在六百万镑左右;即使多于六百万镑,也不会多出太多。其中有几年的金银输入量,要是用在上次战争中,甚至不够维持四个月的军队开支。

驻守远地的军队给养,要在当地购买。为了购买这些给养或金银块,需要输出大量国内商品。最适用于这类输出的商品,一般是精巧的工业制品。这类工业制品不仅体积小,而且含有很大的价值,一般不用额外花多大的费用就可以运到遥远的地方去。如果一国每年都能生产大量的这类剩余工业制品,那么即使其国内没有足够的金银可供输出,该国也可以长期进行大规模的对外战争。事实上,每年剩余的制造品,有极大一部分都必须在这种情况下输出。这种输出,只给商人带来了利润,而几乎没有给国家带来利润。因为,政府为了维持战争,需要支出一部分资金给商人,从商人那里购买外国期票来维持驻守在外国的军队。

不过,并不是所有工业制品的输出都不能为国家创收。政府在战争时期,会成倍地加大对制造业的限制。第一,政府要求制造业制造商品向国外输出,以偿还债务。政府为了给驻外军队提供给养,向外国开了期票,这就需要输出大量工业制品到国外,以偿清期票。第二,政府要求制造业制造商品,以交换国外的其他物品。国内有些消费品是从外国输入的,等到这些外国货物被消费完之后,国内需求就得不到满足了,所以需要用国内的工业制品去换回这种货物。所以,在通常情况下,对外战争的破坏性越大,制造业越繁荣;等到战争结束,逐渐恢复和平时,制造业就会慢慢衰落。这样,就出现了制造业随着国家的衰落而繁荣、随着国家的恢复而衰落的现象。在上次战争期间以及战后的一段时间内,英国制造业就出现了两种截然不同的状况。这种情况,就是上述理论的最好例证。

国家为了进行旷日持久的对外战争,借输出土地原产物来支付巨额的战争费用,是非常不合适的。因为,为了供应驻外军队的给养,需要输出大量的土地原产物,所花的费用太大。事实上,一国的生产物,一般只够维持本国居民的生活所需。在扣除了居民生活所需之后,没有几个国家还能有大量的剩余生产物。所以说,输出大量生产物的做法,实际上是把人民的一部分必要的生活资料给夺走了。而制造品的输出情况就不同了,它并不会减少制造业工人的生活资料,因为它所输出的只是剩余产品。

休谟曾经不止一次地提到过,以往的英国国王,往往都不能不断地进行长期的对外战争。究其原因,就是因为英国当时根本没有真正的制造业,能够为驻外军队提供给养的,只有一些土地原产物,再有就是粗陋的制造品。而且,即使是节省国内消费,也节省不出大量的土地原产物;另外,把粗制造品和土地原产物运往外地的费用,也是非常巨大的。所以,导致他们不能进行长期的对外战争的原因,是缺乏精巧的工业品,而不是缺乏货币。当时的英格兰贸易,都是以货币为媒介的,货币流通量与买卖次数,以及货币流通量与买卖价值的比例,都比现在大。原因是,当时在市场上流通的只有铸币,而现在大部分铸币都被纸币代替了。

如果一国的商业和制造业不够发达，那么在发生非常事件时，君主从国民那里得到的援助往往非常有限。至于其中的原因，我将在下面进行说明。正因为如此，这类国家的君主往往都努力积累财宝，以便国内发生不测时使用。而且，在这种国情下，即使没必要防范不测事件，君王也会倾向于节俭，以积累大量的财宝，甚至连消费观念也不受虚荣心的制约，而是把物品赏赐给佃农，或是招待臣民。虚荣心所带来的后果，往往都是浪费；而赏赐和待客就不同了，这类消费很少有浪费。因此，每一个鞑靼酋长，都拥有大量财宝。乌克兰酋长马杰帕尔，是查理十二世的一位盟友，他相当有名，据说他就拥有大量的财宝。梅洛文加王朝时期的法兰西国王，也拥有大量财宝。他们在分封儿子时，会给儿子一些财宝。累积财宝的君王，还有撒克逊君王，以及撒克逊被征服初期的几位君王。任何一个新朝代，在执政之初所做的第一件事，往往都是夺取旧主的财宝，因为这是获取和稳固继承权的重要手段。

商业大国的君主，却没必要累积财宝。因为，当国内发生非常事件时，君主往往可以从国民那里得到援助。因此，商业大国的君主，一般不怎么倾向于累积财宝，而且必然会自然而然地效仿当时的流行方法，像其他受虚荣心支配的领主一样大肆消费。此外，他们还会把宫廷装饰得日渐华丽。这种毫无意义的装饰，花费了大量钱财，不但阻止了金银的积累，甚至还可能减少原本打算用于更重要用途的资金。德西勒达斯在谈及波斯宫廷时，曾经说过这么一句话："在那里，我只能看到许多富丽堂皇的东西，还有许多婢女和仆人，却看不到宫廷所应该赋予人的威慑力量，也看不到多少军人。"这种情况，在欧洲一些君主的宫廷里普遍可见。

一国金银的输入增加，并不是其从国外贸易中得到的主要利益，更不是唯一利益。只要一个地方有国外贸易活动，它就可以从中得到两种利益。一是当地剩余的土地和劳动年产物有了市场，二是当地所需的其他外国物品得到了供应。这种用剩余物品换取其他物品的贸易，不但可以满足商人的一部分需要，还能供商人享受，使剩余物品有了价值。这种贸易出现之后，工艺或制造业的分工和发展，就不用再受国内市场的限制，可以达到非常完善的发展水平。因为，这种贸易开辟了一个广阔的市场，足以容纳国内消费不了的那一部分劳动成果，这大大鼓励了生产者，促使他们大力改进生产力，以竭力生产出更多的年产物。这么一来，国民财富自然也会跟着增加。这项工作是伟大而且重要的。所有经营对外贸易的国家,都在从事这项工作。

诚然,商人在经营国外贸易时,关注的焦点一般都是满足国内需求、输出本国的剩余物品。至于别国的需求,以及别国的剩余物品如何处理,他们往往很少留意。所以,商人所在的国家,是国外贸易的最大受益者。不过,通商各国所得的利益,也都非常大。如果一国没有金银矿山,但又需要金银,它就可以从国外输入金银。这时,金银输入无疑是对外贸易的一部分,但它却是最不重要的一部分。无论任何国家,都不能只为积累金银而进行对外贸易,不然,就算它花费一个世纪的时间,也不一定能赚到一船的金银。

欧洲在美洲被发现之后,变得非常富裕。但其原因,却不是金银量的增加。因为,美洲拥有的富饶的金银矿山,导致了金银价格的跌落,使得当时购买金银器所需的谷物或劳动,大约只有十五世纪的三分之一。也就是说,欧洲花费一定劳动和商品所能购买的金银器,大约是十五世纪同量劳动和商品所能购买的金银器的三倍。如果一种商品的售价跌到了从前的三分之一,那么能够购买这种商品的人数就会大大增加。那些原来就有能力购买这种商品的人,现在用一定资财购买的货物量,就是以前用同量资财所能购买的数量的三倍;购买者人数,或许比以前多十倍甚至二十倍以上。而那些原本没有能力购买这种商品的人,现在也能较轻易地购买这种商品。所以,欧洲现有的金银器和没有发现美洲金银矿时相比,可能会多出三倍、二十倍,乃至三十倍以上。

欧洲到目前为止,无疑从这种金银交易中获得了一些便利。不过,这些便利都是微乎其微的,根本不值一提。因为,自从金银价格因美洲发现了金银矿山而降低之后,金银充当货币的便利性也降低了。人们购物时需要携带的金银量,会多于以前购买等量货物所需的金银量,还要额外携带一个先令;而在美洲发现金银矿山之前,人们只须携带一个面值四便士的银币就可以了。在金银带来的便利与不便利中,我们很难说哪一个更重要,因为二者都没有对欧洲的情况产生任何影响。

不过,美洲的发现,的确对欧洲的情况产生了极大的影响。自从发现了美洲之后,欧洲的各种商品就有了一个广阔的新市场,欧洲的社会分工也得到了调整,还多了一些新技术。这些现象,在以前从未出现过。在此之前,欧洲的市场范围狭窄,大部分产品都没有销路。自从发现了美洲之后,欧洲改进了劳动生产力,增加了大量的劳动产品,提高了居民的实际收入和财富。对美洲来说,

欧洲的商品几乎都很新奇；而对欧洲来说，美洲的许多商品也非常新奇。于是，两地之间进行了一系列前所未有的交易，而且双方都从中得到了大量的利润。

在发现美洲的同时，人们还发现了经由好望角至东印度的航道，从而为各国开辟了一个比美洲更大、距离也更远的国际市场。因为，当时的美洲并不发达，各个民族都比较野蛮，其中只有两个民族比其他民族优越，所以它们才刚被发现不久，就被消灭了。而中国、印度、日本等帝国就不同了，它们虽然没有丰富的金银矿，但它们却比墨西哥或秘鲁富裕，而且拥有耕作情况良好的土地、进步的工艺和制造业。前面我们已经提到过，西班牙的许多作家在记述这些帝国以往的富裕情况时，显然夸大了事实。不过，这些帝国的实力，的确是相当雄厚的，这一点我们不得不承认。

进行交易的两国，如果都是文明且富裕的国家，那么这种交易的价值，一般都远远大于文明且富裕的国家与未开化人之间的交易价值。不过，欧洲在与美洲交易的过程中，却得到了巨大的利益。这一利益，远远多于它与东印度通商所得的利益。

在几乎长达一百年的时间里，东印度都处于葡萄牙人的统治之下，其对外贸易也自然由葡萄牙人掌控。欧洲的其他国家只有通过葡萄牙人，才能与东印度进行对外贸易。上世纪初叶，荷兰人入侵东印度，然后控制了东印度的商业，把它们全都交给一家公司来经营。此后，英国、法国、瑞典和丹麦，就以荷兰人的做法为先例，分别占据了东印度的其他行业。所以，无论是哪一个欧洲大国，都不能自由地与东印度展开贸易往来，所以自然也无法从中得到利益。美洲贸易比上述贸易有利的原因只有一个，即美洲贸易是自由竞争的贸易。在美洲，几乎所有的欧洲殖民地居民，都可以自由地经营各种行业。

由于东印度公司拥有专营特权，而且财力雄厚，并因此而受到了本国政府的特惠和保护，所以招来了很多嫉妒。人们在这种嫉妒心理的作用下，往往认为这种贸易只有害处而没有益处，理由是，国家为了进行这种贸易，每年都输出大量白银。有关方面对此作出了回应，认为不断地输出白银，的确可能会使欧洲逐渐贫困；但是，这种情况却与从事这种贸易的国家的实情不符，因为其他欧洲国家可以从东印度输入一些货物，而这些货物带回的白银量，比输出的白银量要多得多。上述想法，是当时的流行想法，也是反对者和支持者思考这一问题的出发点。所以，我们也就不必对他们中的任何一方多作论述了。

每一年,都有大量白银被输入东印度,从而抬高了欧洲银器的价格,银币所能购买的劳动和商品的量也比以前多了。不过,这种结果既不会带来很大的损失,也不会带来极大的利润,所以政府没必要为此分心。欧洲与东印度进行贸易之后,欧洲商品的市场就拓宽了,也就是说,欧洲金银的市场拓宽了。这么一来,欧洲商品的年产量必然会增加,最终使得欧洲的国民财富也得以增加。不过,直至今日,这种增加也非常有限,其原因,也许就是上述所说的贸易自由受限吧。

前面已经说过,财富与货币或金银几乎是同义词。这种说法现在非常流行,我觉得有必要对此进行详细的论述,即使这是一件枯燥的事情。我说过,货币从通俗意义上讲,往往象征着财富。不过,这种见解非常含糊,并让我们听着就觉得耳熟,甚至往往会迷惑一些确信这种见解是谬论的人,使他们忘记自己原本的立场,甚至使他们在推理时误认为这种见解是真理。英国有几位优秀的研究商业的作家,他们认为,构成一国财富的元素,既包括金银,也包括土地、房屋,以及各种各样的可消费品。但是,那些原本确信"金银就是财富"这一见解是谬论的人,在进行推理时,却好像完全忘记了土地、房屋和可消费品的存在,并认为金银是一切财富的源泉,所有的商业大国都会以增加金银数量为最大目标。

不过,"金银就是财富"的见解已经得到了大家的认可。此外,认为无金银矿的国家只有通过贸易顺差才能输入金银的说法,也已经确立。因此,政治经济学的一大目的就发生了改变,即从原本尽量输入少量的外国货物,变成了尽量输出更多的国内产品。因此,国家创收的重要手段就变成了控制输入和奖励输出。

国家限制输入的情况有两种。一、凡是本国也能生产的外国货物,一律限制其输入。二、如果在与某国进行对外贸易时,出现了不利于本国的贸易逆差,那么无论从该国再输入任何货物,都要加以限制。政府在执行这些限制时,所采用的方法也不同,主要有征收高额关税和绝对禁止这两种方法。

国家奖励输出的方法较多,有退税、发放奖励金,以及同主权国家签订通商条约,还有在远地建立殖民地。退税的情况有两种。第一,在国内制造品输出时,退还其以前缴纳的全部或部分关税或国产税;第二,输出已经纳税的外国商品时,退还其输入时缴纳的全部或部分税款。发放奖励金的目的,是奖励某

些新兴的制造业,或是其他一些应受特殊照顾的工业。而同主权国家签订通商条约,则有利于本国商业的发展。因为,本国货物或商人可以在通商条约的保护下,在该国享受一些特权。至于在远地建立殖民地,则不但能使本国货物和商人在殖民地享有某些特权,甚至还能享有独占权。

上述的两种限制输入和四种奖励输出的方法,是重商主义所倡导的扭转贸易逆差的重要手段。在下面的章节中,我将分别对它们进行讨论。我将不再留意这六种手段有没有增加国内金银量的趋势,而是考察这些手段可能会对国家的年产物产生什么影响。这些手段既然能够增减一国的年产物的价值,也一定能增减一国的国民财富。

第二章 限制进口本国也能生产的外国货物

对于一些本国也能生产的外国货物,政府采取了提高关税或绝对禁止的措施来限制其输入。这么一来,国内市场就多少可以由本国生产这些货物的产业独占。比如,如果英国禁止输入外国的活牲畜和腌制食品,那么国内的牧畜业者就可以独占国内的肉类市场。如果英国对输入的谷物征收高额关税,那么谷物生产者几乎也能独占国内的谷物市场。在一般年头对输入的谷物征收高额关税,实际上就等于禁止谷物输入。禁止输入外国毛织品也一样,这对国内的毛织品制造业非常有利。英国的丝绸制造业,以前所用的材料都是国外生产的,近年来也开始使用本国材料,所以也取得了相同的效益。麻布制造业也正在朝着这一目标大踏步前进着。英国许多其他种类的制造业,也同样取得了国内市场的独占权。有很多外国货物,都是英国绝对禁止输入,或是在某些条件下禁止输入的。如果一个人不熟悉关税法,他根本不可能轻易猜出哪些种类的货物是受英国的输入限制的。

这种限制输入的政策有利于享有独占权的各种产业,从而极大地鼓励了他们。这么一来,无疑会有较大一部分的劳动和资财会从其他用途上转移到这类产业上来。至于这种政策对全部产业的影响,却不那么明显。它对全部产业的作用,是不是促进并引导其向最有利的方向发展呢?我们不得而知。

社会的全部产业,绝对是和社会资本所能维持的限度保持一致的。任何一个踏实的生意人,都只能根据他的资本数量来决定要雇用多少工人;同理,社会一切成员所能雇用的工人数目,也一定由社会的全部资本所决定。无论采用何种商业条例,都不能使社会的产业量超过社会总资本所能维持的限度。商业条例的作用,只是使一部分产业从这一方向转到另一方向,它无法确定这种转变是不是更有利于社会。

每一个拥有资本的人,都在不断地为资本寻找最有利的用途。他的初衷,当然是获得自身利益,而不是为社会创造利益。但是,随着他对获得自身利益的深入研究,他必然会在主观和客观上都选择对社会最有利的用途。

第一,如果一个人把资本投在尽可能接近家乡的地方,可以取得大致等于普通利润的收益,他就会尽可能地投资。这样,他的资本就会尽可能地用在维持国内产业上。因此,如果利润差额不大,那么商人们自然首选从事国内贸易,然后才会选择从事消费品的国外贸易,最后才会选择从事运输贸易。

从事消费品的国外贸易的商人,往往不能亲自监视自己的资本。而从事国内贸易的商人就不同了,他不但可以亲自监视自己的资本动向,还能详细了解其代理人的品性和身份;即使他偶尔被骗,他也能轻易地取得赔偿,因为他清楚本国的相关法律。至于运输贸易的资本,则几乎都分散在外国,根本没有必要带回本国,商人也根本无法亲自监视和支配。以一个阿姆斯特丹商人为例,他先把哥尼斯堡的谷物运到里斯本,再把里斯本的水果和葡萄酒运到哥尼斯堡,这时,他的资本就分成了两部分,一部分投在哥尼斯堡,另一部分投在里斯本,而不必在阿姆斯特丹投下一分钱。至于他的住处,自然也应该在哥尼斯堡或是里斯本,非到发生某种特殊情况,他一般不会长期居住在阿姆斯特丹。不过,由于他长期不能亲自监视自己的资本,所以他往往会因为不放心,而把一些原本要在里斯本和哥尼斯堡两地流通的货物运到阿姆斯特丹去。即使他要为此花费装货、卸货的双重费用,还要支付税金和关税,他也会为了能够亲自监视和支配这些资本而在所不惜。正因为如此,那些大规模经营运输贸易的国家,才逐渐发展成了外国货物的中心市场,甚至是总市场。

第二次装货卸货,也需要花费一笔费用。商人为了减免这笔费用,总会设法将各国货物在本国直接出售,从而尽量将运输贸易转为消费品的国外贸易。从事消费品的国外贸易的商人也一样,只要他的利润不会受到多大影响,他也往往会在运送货物去国外出售之前,将其中一部分货物直接在国内卖掉,这

样，他就可以避免承担消费品的国外贸易可能带来的风险和麻烦。如果可以的话，我甚至能这么说：一国个人资本的流通中心，往往都是本国，即使这些资本有时也会因为一些特殊原因而远离其流通中心。前面我已经说过，跟投在消费品的国外贸易上的资本相比，投在国内贸易上的等量资本更能推动国内产业的发展，也更有能力为居民提供更多的就业机会，从而帮助居民增加收入；而同投在运输贸易上的资本相比，投在消费品的国外贸易上的等量资本也有上述优点。因此，当利润差额不大时，人人都更愿意将其资本投在国内产业上，以便为国内产业提供最大的援助，并尽量为本国居民提供更多的就业机会，帮助居民增加收入。

第二，商人一旦把资本投在国内产业上，他一定会尽最大努力来经营那种产业，以便能够从中获得最大利润。劳动可以增加劳动对象或劳动原材料的价值，劳动者从中得到的利润大小，由生产物的价值决定。不过，既然商人的目的只是牟取利润，那么他自然会努力使生产物的价值最大化。也就是说，他会使生产物所能交换的货币或其他货物的量，尽量达到最大。

社会的年收入，总是等于全部年产物的交换价值，甚至可以说，它们其实是同一个东西。所以，当商人们都尽力将其资本投在国内产业上，并通过细心管理来使生产物达到最高的交换价值时，社会的年收入自然会随之增加。商人们的初衷，的确不是增加公共利益。所以，就连他自己在客观上增加了公共利益，他也不知道。他所考虑的，只是自己的安全，所以他宁愿将资本投在国内产业上，也不支持国外产业。还是出于自身利益的考虑，他采取了可能使其生产物达到最高交换价值的管理方式。他在自身利益这只看不见的手的指导之下，不分场合地为达到一个并非他本意想要达到的目的而努力着。不过，虽然商人的行为不是出于本意，但也不能因此就说这一行为对社会有害。虽然商人的本意是追求自身利益，但他在追求自身利益的过程中，却为社会带来了更多的利益。有些人虽说是为公众幸福才从事商业的，但我从未听说他们做了什么好事。幸好这种装腔作势的商人并不多见，所以我们也用不着理会他们。

在什么种类的国内产业上投资，才能使生产物的价值最大化呢？对于这个问题，每一个投资者都能作出很好的判断。这一点，甚至连政治家或立法者都做不到。这些资本的流向，也不是政策指导所能控制的，所以政府也根本不必为此而分散注意力。如果有哪个政治家企图控制资本的流向，那他无疑是自找苦吃。而且,他这么做是越权,这说明他不放心任何人,哪怕是委员会或是参议院,而只会荒唐地认为自己有能力限制资本的流向。这种人其实是最危险的。

一国通过限制输入外国货物的方式,使得本国工艺或制造业的生产物独占了国内市场。这种做法,其实是对私人如何运用自身资本的一种限制。不过,这种限制基本上不起什么作用,还可能带来一些危害。因为,当国内市场的本国生产物和外国生产物同样低廉时,这种限制是起不到什么作用的;而当本国生产物比外国生产物价格高昂时,这种限制一般是有害的。

每一个精明的家长都清楚,如果购买一件物品的代价小于他自己生产的代价,那么他是不会自己生产这件物品的。再打个比方,裁缝一般是不会想到要自己制作鞋子的,他宁愿从鞋匠那里购买。反过来也一样,鞋匠宁愿雇裁缝来做衣服,也不愿意自己做。至于农民,他可以雇用裁缝为其缝衣,雇用鞋匠为其制鞋。他们都会在出于自身利益考虑的基础上,觉得应当把全部精力都集中在自己的职业上,这样他就能在这一职业上比邻人处于更加有利的地位,并用自己的劳动生产物来购买自己需要的任何其他物品。

这种事情既然对私人有好处,对一国自然也不会有什么坏处。如果某种外国商品比本国的同种商品便宜,我们就可以用我们的一部分优势商品去跟他们交换。既然一国的总劳动和维持它的产业资本,总是保持一定的比例,那么当产业资本用于商品流通时,总劳动绝对不会减少。这就跟工匠的劳动一样,虽然工匠没有为自己做工,但他的劳动并没有因此而减少,而是花在了更加有利的用途上。如果别人制造的某种商品,比自己生产的便宜,那么人们就没有必要再自己生产了,反而是向别人购买更加有利。如果劳动者一定要亲自生产自己所需的物品,而不去生产更有价值的商品,那么他的年产物的价值,必然会有所减少。现在,假设从外国购买这种商品的费用,比国内制造更加低廉,这时,如果政府不对输入加以限制,而是任由国内产业自由发展,那么商人们就会拿出一部分国内商品,去交换这种商品。而当政府对输入加以限制时,就会使一部分国内劳动用在不利的用途上,还会减少其年产物的交换价值,而这恰恰违背了立法者的意志。

当然,在限制输入的情况下,有些特定制造业确立的速度会比没有这种限制时更加迅猛,并能在一段时间之后,在国内以极其低廉的费用制造出特定商品。而社会劳动在这种限制的作用下,虽然可以更快速地流入较有利的用途,

却不会增加劳动和收入的总额。决定社会劳动增加的因素,只有社会资本的增加;而社会资本的增加量,又是由逐渐节省的社会收入的量决定的。但是,限制输入会直接导致社会收入的减少,所以社会资本必定不可能迅速地增加。相反地,如果听任资本和劳动自由地流向最有利的用途,那么社会资本自然会迅速地增加。

如果没有限制输入,那么有些特定制造业就不能快速地确立。但是,这并不会造成社会资源的贫乏。无论社会处于任何一个发展阶段,其全部的资本和劳动也仍然可能流向当时最有利的用途,只是各个发展阶段所使用的对象不同罢了,其收入可能是资本所能提供的最大收入;并且资本与收入的增长速度,也是当时可能有的最大速度。

有时候,某国在生产某些特定商品时,占有了非常大的自然优势,以致其他国家都认为违背这种自然优势来行事是徒劳的。比如,虽然苏格兰通过装玻璃和设温室的办法来栽种葡萄,也能种出极好的葡萄,最终酿出极好的葡萄酒,但其为此而花费的费用,却至少是其直接从国外购买同等品质葡萄酒的三十倍。诚然,苏格兰是有能力酿造出与波尔多的红葡萄酒有相同品质的红葡萄酒,但是,如果单纯地为了鼓励苏格兰这样酿造红葡萄酒,就禁止输入所有的外国葡萄酒,显然是极不合理的。即使苏格兰为亲自酿酒只增加三十分之一,甚至是三百分之一的资本和劳动,也同样是不合理的。一国比另一国所拥有的优越地位,到底是其先天固有的还是后天获得的,并不重要。在这一方面,只要甲国比乙国有优势,乙国就值得从甲国购买,而不必花费大量资本亲自制造。再比如,工匠的技艺都是后天获得的,但如果他们都用自己的产品来交换彼此的产品,就会比他们亲自制造更加有利。

如果一国限制输入,从而使得国内市场由国内工商业者独占,那么从中取得最大好处的就是商人和制造业者。比如,限制或禁止输入外国牲畜和腌制食品对本国畜牧者有利,对输入的谷物征收高额关税对本国农民有利。但是,这种利益跟商人和制造业者从同类限制中所得的利益相比,却很小。跟谷物和牲畜相比,制造品更适合进行消费品的国外贸易,尤其是精制造品。因此,贩卖制造品通常是国外贸易的主要业务。制造品只要能获得一点儿利益,就能使国内市场的外国商品的售价,低于国内产品的售价。但是,土地原产物要想走到这一步,就非得有极大的好处才行。如果政府允许自由输入外国制造品,就可能导致几种国内制造业受损甚至毁灭,使其大部分资本和劳动被迫转移,继续寻找其他更为有利的用途。

但是,即使政府允许自由输入土地原产物,本国农业也不会出现类似的大变化。比如牲畜,即使允许自由输入牲畜,英国的牧畜业也不会受到多大影响。因为,牲畜的供应量很稀少,所以其输入量自然较少,更何况,活牲畜的海运费用比陆运费用还要高。活牲畜是唯一一种海运费用高于陆运费用的商品。因为,陆运时,牲畜可以自己行走;但海运时,牲畜不但要被运输,还要消耗食料和饮料,不但麻烦而且要花费很多钱。相比之下,从爱尔兰运输牲畜到不列颠比较容易,因为两地的海运距离非常短。最近,不列颠对爱尔兰的牲畜输入采取了输入时期的限制,但是,即使政府永远不采取限制措施,不列颠牧畜者也不会遭受多大损失。爱尔兰有一部分牲畜位于不列颠与爱尔兰海的交界处。从爱尔兰输入牲畜,不但路途遥远、费用可观,而且会遇到很多麻烦。因为,肥的牲畜不便远行,只有输入瘦的。由于需要一笔运费,所以瘦牲畜的价值就降低了,这对输入国畜牧者的影响,不但不是有害的,反而是有利的。倒是那些畜牧业繁荣的地方,会为此而遭受损失。自政府允许输入爱尔兰牲畜以来,不列颠并没有输入多少爱尔兰牲畜,而且瘦牲畜的售价仍旧很高。由此可见,即使是自由输入爱尔兰牲畜,不列颠那些畜牧业繁荣的地方似乎也不会遭受多大损失。据说,爱尔兰民众曾经强烈反对牲畜的输出。但是,如果牲畜输出者觉得输出牲畜的利益非常大,而且法律也支持他们,那么他们自然能够很容易地分解爱尔兰民众的反对。

那些饲养牲畜的地方,必定经过了大规模的土地改良;而那些畜牧业繁荣的地方,则一定是土地未经开垦的落后地区。由于提高瘦牲畜的价格会增加未开垦土地的价值,所以这么做无疑于反对牲畜输出国的土地改良,而只鼓励他们继续用未开垦的土地来饲养牲畜。那些已经经过大规模土地改良的地区,输入瘦牲畜所得的便利,比亲自繁育瘦牲畜更大。据说,现在的荷兰就信奉这种说法。不能进行大规模土地改良的地区有很多,像苏格兰、威尔士,以及诺森伯兰的山地,它们好像注定要做不列颠的饲畜场。政府允许自由输入外国牲畜,只有一个结果,就是使苏格兰这类畜牧业繁荣的地区,无法像联合王国的其他地区一样日益增加其人口,扩大其土地改良规模。换言之,由于政府不能大幅抬高牲畜的价格,也不会在实际意义上对国内那些土地经过改良的地区征收

税款,所以使得这类畜牧业繁荣的地区在竞争中处于不利地位。

腌制食品和活牲畜一样,即使对其输入给予最大自由,也不会严重影响到不列颠牧畜者的利益。因为,腌制食品不但笨重,而且没有鲜肉那样的好品质,所需劳动和费用也较多。因此,即使这种腌制食品在国内销售状况良好,它也绝对无力和国内的鲜肉竞争。它的主要消费场所是远洋轮船这类鲜肉不易储存的地方,它在一般民众的食料中所占的部分并不大。虽然政府允许商人自由输入爱尔兰的腌制食品,但其输入量仍然不多。由此可见,这种自由输入,根本不会对英国的畜牧业者产生丝毫的影响。而且,家畜的价格好像也没有因此而遭受多大损失。

同样地,即使允许外国谷物自由输入,也不会严重影响到不列颠农业家的利益。因为,谷物远远比家畜肉笨重。一磅小麦的售价是一便士,相比之下,一磅家畜肉的售价高达四便士。即使是在大荒年,外国谷物的输入量也是有限的。由此可见,英国农民根本不用担心外国谷物的自由输入会对本国产生不利影响。在谷物贸易研究者中,有许多博闻强志的人。从他们的论文中可知,各类谷物的平均年输入总量是二万三千七百二十八夸脱,占国内年消费总额的五百七十一分之一。但是,政府实施的奖励金政策,鼓励了大量谷物的输出,甚至使丰年时的谷物输出超出了实收量,所以一旦遇到歉收年,输入的谷物量必然会超过实际耕作状态所能容许的量。最终结果是,丰年的粮食不能用以补偿来年的歉收。由此可见,奖励金制度的实施,必然会使平均输出量和平均输入量都大于实际所能容许的水平。如果政府没有实施奖励金政策,那么谷物的输出将会比现在少,平均输入量也可能会比现在少。这么一来,在英国和其他国家之间贩卖谷物的商人就会失去很多生意,并因此而遭受很大损失。但是,乡绅和农业家就不同了,他们即使吃亏,也是非常有限的亏。因此,在谷物商人、乡绅和农业家当中,谷物商人最希望继续实施奖励金政策。

乡绅和农业家,是所有人民中最少具有卑鄙的独占精神的人。对他们来说,不独占的精神非常崇高。而大制造厂的企业家就不同了,如果距其不足二十英里处出现了一个新的同类工厂,他可能马上就会慌乱起来。另外,荷兰人在阿比维尔经营毛织品制造业时,甚至不准许其他人在其周围六十英里内新建同类工厂。相反的,乡绅和农业家对邻近土地的开垦和改良,却不会有如此反应,他们不需要像大部分的制造业那样保守什么秘密;即使他们有一些耕作方法上的新发现,他们一般也都愿意跟邻人一起分享,并尽可能地推广这一新发现。在伽图的眼里,农业是最受人尊敬的一种职业,因为从业者可以过着最稳定的生活,也不会遭受别人的妒忌,而从业者自身也非常满足于这种生活。乡绅和农业家大都在各地散居,结合起来相当不容易;而商人和制造业者则大都聚居在城市里,并且大都加入了盛行于城市的同业组合,所以结合起来比较容易。而且,商人和制造业者并不满足于仅仅取得违反城市居民利益的特权,他们还希望取得违反所有居民利益的特权。他们为了达到这一目的,竭力独占国内市场。限制输入外国货物的政策,好像就是他们提出来的。这时,乡绅和农业家本来应该具有宽大之心的,但他们也受到了商人和制造业者的影响,开始要求独占谷物和家畜肉市场。而且,乡绅和农业家们还不满足于自己目前的地位,想跟商人和制造业处于同等地位,根本无暇考虑自由贸易并不会给他们带来多少利益这个根本问题。

法律永远禁止输入谷物和牲畜,实际上是规定一国的人口和产业,不得超过本国的土地原产物所能维持的人口和产业。

为了奖励国内产业而加在外国产业上的负担,一般会在以下两种情况下产生有利用途。

第一种情况,这种外国产业是国防所必需的特定产业。例如,不列颠的国防,在很大程度上是由海员和船舶的数量决定的。因此,不列颠为了保护本国的利益,自然会对外国船舶征收高额关税,或是禁止外国船舶在本国通航,从而保障本国海员和船舶能够独占国内的航运业。以下是不列颠航海法的大致条例。

第一条 任何与不列颠及其殖民地通商,或是在不列颠沿岸经商的船舶,其船主、船长和四分之三的船员都必须是英国人。如有违者,政府有权将该船舶和其所载货物全部没收。

第二条 在输入体积非常大的外国商品时,只能使用第一条规定的那种船舶,或是商品出产国的船舶。此外,商品出产国的船舶的船主、船长和四分之三的船员,也都必须是此商品出产国的国民。而且,用商品出产国的船舶运输时,必须加倍增收税款。如果其他船舶胆敢违反这一条例,政府就有权将该船舶及其所载货物全部没收。在这一条例颁布时,荷兰人还是欧洲的大运输业者;即使这一条例公布之后,他们也仍然是欧洲的大运输业者;但是,他们将在这一条例

公布之后,退出英国的运输业,再也不能自由地向英国运输其他欧洲国家的货物了。

第三条　许多体积非常大的外国商品,只能用该商品出产国的船舶输入。对于违反此规定的船舶,政府有权将该船舶及其所载货物全部没收。看上去,这一条例好像是专门为荷兰人制定的。荷兰当时是欧洲各种货物的大型交易市场,现在也一样。如果严格执行这一条例的话,那么英国船舶就不能从荷兰境内运出其他欧洲国家的货物了。

第四条　输入不是由英国船只捕获和调制的腌鱼和鲸制品时,须加倍缴纳关税。在当时的欧洲,只有荷兰人是靠输出鱼制品为生的。在现在以捕鱼为生的人当中,荷兰人仍然占有多数。这一条例颁布之后,荷兰人就得先缴纳高额关税,然后才能向英国输入鱼类。

在英国制定这一航海法时,英、荷两国并没有开战,但两国之间的仇恨却达到了白热化的程度。这一航海法,是由长期统治英国的议会制定的。而这一仇恨,早在这一统治开始时期就开始了。等到克伦威尔王朝和查理二世王朝时期,英荷战争爆发,这一仇恨也就跟着爆发了。所以,几乎可以这么说,这个有名的航海法中的几个条目,其实是根据民族仇恨制定的。但是,这些条例却是明智的,它带来的利益,不亚于经过深谋远虑才制定出的条例所能带来的利益。当时,荷兰海军是唯一可能威胁到英格兰安全的力量。当时的民族仇恨,就是以消灭荷兰海军为目的的,正好与经过深思熟虑想出来的国防政策相吻合。

航海法不利于增加由国外贸易得来的财富。一国在与外国通商时,就像个别商人之间进行交易一样,都得靠贱买贵卖来获得利润。在贸易自由不受限制时,贱买和贵卖的机会都是最大的。因为,当贸易自由不受限制时,就会鼓励一国以低价从国外输入其所需的物品,这时,还有可能出现买者都聚集在同一市场的情况,从而将大家都争相购买的货物的售价哄抬上去。

对于从英国输出英国产物的外国船舶,英国没有对其征收关税。以往,外国船舶在输出和输入货物时,通常还要缴纳外人税,后来颁布了许多法令,免除了大部分输出品的外人税。但是,航海法对国外贸易的危害,并不是免征部分关税就能够减轻的。由于我们以绝对禁止或以征收高额关税的形式阻止了自由贸易,所以外国商人就不能来英国售卖和购买了。如果这时刚好有个外国商人用空船来英国装货,那么他所花费的船费,就得由他自己负担。所以说,在售卖者人数减少的同时,购买者人数也会减少。这么一来,我们就要出高价购买外国货物,同时贱卖本国货物。但是,跟国富相比,国防要重要得多,所以,航海法也许是英国最明智的通商条例。

以上就是政府加在外国产业上的负担所产生的第一种有利用途。第二种有利用途产生在对国内生产物征税的时候。

对外国的同一产物征收同额税款也是合理的。这种措施,不会使国内产业独占国内市场,也不会使资财和劳动的流动方向发生改变。即使有了这种措施,流入某种特殊用途的资财和劳动,也不会比自然流入这种特殊用途的资财和劳动多太多。这种结果,反而会使资财和劳动尽力地自然流动;并使本国产业和外国产业能在纳税前后,有一个大致相同的竞争条件。在大不列颠,如果对国内生产物征收这种税,就会同时对国内的同类外国商品征收远远高于国内货物的税款。只有这样,国内商人和制造业者才不会担心要贱卖这种商品,自然也就不会不停地抱怨了。

有些人认为,对自由贸易的第二种限制,有时不应只局限于那些与本国的征税品相竞争的外国商品,还应该包括其他许多商品。这些人认为,如果对国内的生活必需品征税,那么就应该同时对由国外输入的同种物品及其他所有外国商品征税,这样必然会抬高生活必需品的价格,从而使劳动价格随之上涨。这么一来,虽然本国其他商品并没有直接纳税,但由于生产各种商品的劳动价格上涨了,所以其价格也会因为这种赋税而上涨。所以,他们认为,虽然只有生活必需品缴纳了这种赋税,但事实上就相当于国内的所有商品都纳了税;要使国内外产业地位相等,就要对输入本国的所有外国商品都征税,税额与本国商品价格增高的数目相等。

对碱、盐、皮革、蜡烛等生活必需品征税,是否会提高英国的劳动价格,最终使其他所有商品的价格都随之上涨呢?这个问题,我将在后文考察赋税时进行论述。现在,我们无疑可以假定上述结果有可能出现。由劳动价格上涨而导致商品价格的普遍上涨,是一种正常情况。不过,在下面这两种情况之下,特定商品因纳特种赋税而涨价的情况,就与普通商品价格上涨的情况有所不同。

第一,对于特种赋税能在多大程度上抬高特定商品的价格,人们总是可以作出准确的判断;但是,当劳动价格按照一般水平上涨时,各种劳动生产物的价格会受到多大影响,人们却无法准确判断。因此,即使国内商品的价格上涨

了,人们也不能准确地按比例对同种外国商品征收相当的赋税。

第二,对生活必需品征税,和土壤贫瘠与气候不良一样,也会对人民的境况产生不良影响。无论是贫瘠的土壤,还是不良的气候,都必然会增加生产粮食的劳动和费用。对生活必需品征税也一样,它必然会抬高粮食的价格。即使人民因不良的土壤和气候而处于不好的状态,政府也不宜对人民的资本和劳动流向进行指导;同样地,当生活必需品因课税而缺乏时,政府也不宜指导人民如何使用其资本和劳动。在这两种情况之下,对人民最有利的事情,自然是让他们自己尽可能地适应环境,为其资本和劳动寻找更有利的用途,从而使他们能在情况不利时也能在市场上处于稍微有利的地位。人民的赋税本来就很重,如果再对他们征收新税,要他们对除生活必需品之外的其他大部分物品也给付高价,那么他们肯定会承受不住的。如果这种赋税高到一定程度,就会像土壤贫瘠和天时险恶一样,给国民带来极大的祸患。这类赋税,只有那些富裕而又勤俭节约的国家有能力征收,其他国家都经不起这样的折腾。打个比方,当饮食不卫生时,只有身体强健的人才能继续健康地生存下去。所以,只有一国的各种产业都具有最大优点时,这种赋税才不会影响它的繁荣发展。这种赋税最多的欧洲国家是荷兰。荷兰之所以能够继续繁荣,并不是因为这种赋税的存在,而是因为其他一些特殊原因。这些特殊原因,可以克服这种赋税的弊病,使它不能阻止荷兰的继续繁荣。

在上述两种情况下,为奖励本国产业而给外国产业施加负担,一般是有利的。但是,在下述两种情况下,给外国产业施加负担是否有利于本国产业,则要视情况而定。一是把继续准许一定外国货物的自由输入控制在什么程度上是合适的;二是在自由输入已经中断了很长时间之后,用什么方法将其恢复、恢复到什么程度比较合适。

当英国的某些制造品输入外国,却被该国以高额关税或绝对禁止的方式限制时,会考虑到上述的第一种情况。在这种情况下,我们会受到复仇心的驱使而想着报复,对他们输入英国的某些制造品,甚至是所有制造品,也同样征收高额关税或是绝对禁止其输入。这种报复手段,通常是各国普遍采用的,法国人尤其喜欢。法国人为了保护其国内产业,经常用它来对待所有能和其国内商品进行竞争的外国商品。这种限制输入的方法,好像占了科尔波特政策的很大一部分。科尔波特虽然很有才能,但也不免会被诡辩的商人和制造业者蒙骗。这些商人和制造业者,老是要求拥有对国内市场的独占权,即使这种独占权会危害到国内同胞的利益。现在,连法国最有才智的人,也认为科尔波特的政策根本不利于法国的发展。1667年,科尔波特公布了关税法,宣布对大部分外国制造品征收高额关税。荷兰人针对这一关税法,提出了减轻关税的请求,却没有得到满意的答复。于是,1671年,荷兰对法国的葡萄酒、白兰地和制造品采取了输入限制的措施。1672年,法、荷两国交战,其中有一部分原因,就是这次商业争论未达成一致。1678年,法、荷两国签订《尼迈哥合约》,规定法国按照荷兰的要求减轻各种关税,荷兰人废止限制输入的禁令。英、法两国为了压迫对方的产业,也相互采取了征收高额关税和禁止输入的政策,而且好像是法国首先采取行动的。从那时起,两国就相互敌视,双方都不肯降低关税。1697年,英国对弗兰德的呢绒采取了禁止输入的措施。当时的弗兰德还是西班牙的殖民地。弗兰德政府为了报复英国,采取了禁止输入英国毛织品的措施予以回击。1700年,英国废止了对输入弗兰德呢绒的限制,条件就是弗兰德同时废止对英国毛织品的输入限制。

高额关税或禁止输入,受到了普遍的斥责。而采取报复政策的目的,就是废止高额关税和禁止输入。如果它能达到目的,就可以说它是好政策。有时候,某些物品暂时的价格抬升,可能会给多方面带来一些暂时的困难。这时,如果大的外国市场恢复了,这种困难一般都可以解除。这种报复能否解除上述困难呢?这需要一定的条件。相比之下,政治家或所谓政客的技巧,比立法者的知识更能满足这一条件。因为,影响立法者思路的,一般是一些不变的理论;而政治家或政客,则像狡猾的动物一样,他们的想法一般只由事情的暂时变动所左右。即使输入限制不可能撤销,我们也不能不顾自身利益地去赔偿国内某些阶级的损失。因为,这样不仅不能挽回那些阶级的损失,反而可能伤害到其他阶级的利益。

当邻国禁止输入英国的某种制造品时,通常情况下,我们都会禁止输入他们的同种制造品和其他几种制造品。因为,只有禁止输入他们的多种制造品,才能对他们产生明显的影响。这种做法,无疑鼓励了英国某些部门的工人,缓和了他们的竞争,抬高了他们的产品在国内市场的售价。反过来,那些因邻国禁令而蒙受损失的英国工人,却不能从英国的报复政策中得到丝毫利益,他们和英国其他阶级的人民一样,都不得不以比从前高昂的价格来购买某些货物。所以，从对全国都实际征税的法律中受益的，并不是受邻国禁令之害的那一阶级。

当所有能和本国的某些制造业竞争的外国商品，都被高额关税或禁止输入拒之国门之外，从而使得本国的某些制造业扩大到能雇用大量工人时，会考虑到上述的第二种情况，即在自由输入已经中断了很长时间之后，用什么方法将其恢复、恢复到什么程度比较合适。

在这种情况之下，如果按照人道主义的要求来恢复自由贸易，也许只能小心翼翼地一步一步进行恢复。因为，如果高额关税和禁止输入突然被废止，那么外国一些低廉的同类商品就会迅速流入国内，夺走英国人民的大量生活资料，并使国内很多人失业，引起极大的社会混乱。不过，由突然废止禁令带来的这种混乱，或许并没有我们想象的那么严重，其中的理由有两个。

第一，有些制造品，即使没有奖励金的鼓励，也可以向欧洲其他各国输出，它们受外国商品自由输入的影响非常小。这种制造品在外国的售价，必定会和外国同品质、同种类的商品一样低廉。而其在国内的售价，必定更加低廉，足以控制国内市场。当然，有时难免会遇到一些特别爱好外国货的时髦人，在他们眼里，外国货比本国制造的同类价廉物美的商品重要，所以他们会选择购买外国货。不过，这种愚蠢的行为并不多见，因而不会显著地影响到一般行业。英国有很大一部分的毛织品、皮制品、铁器，每年都可以在不依赖奖励金的情况下向欧洲其他国家输出。也正是这几种制造品所在的行业，雇用的工人数目最多。在从自由贸易中受到损害的行业中，好像丝制造业的损失最大，麻布制造业次之。不过，后者所受的损失，远远少于前者。

第二，虽然快速恢复贸易自由，会使许多人突然失掉他们以往赖以生存的职业，却不会使他们失业或生计无着。例如，上次战争结束后裁减的海陆军官兵有十万多人，而大制造业刚好需要雇用这么多的工人。虽然他们平素赖以生存的职业不存在了，困难随之而来，但他们并没有因此而失业，更没有生计无着。而很大一部分水兵，也都逐渐流向了商船。所有被遣散的海陆军官兵，都找到了工作，成了广大民众的一员。这十万多的官兵，都是使惯了武器的人，其中有许多人还惯于劫掠；但是，当他们的社会地位发生那么大的变化时，社会却没有因此而发生大动乱，甚至没有发生显著的混乱，各地的流氓人数也没有明显增加。此外，据说只有商船海员的劳动工资因此而减少了。

官兵和所有制造业工人相比，后者转业的可能性更大。因为，官兵一向都以军饷为生，因而往往流于怠惰、游荡；而制造业工人就不同了，他们得靠自身劳动谋生，往往非常勤劳、刻苦。如果是官兵转业到一个靠劳动谋生的行业，他就得一改往日怠惰与游荡的生活方式，变成勤劳的劳动者。这对他来说，自然比较困难。而制造业工人要转到另一种靠辛勤劳动谋生的行业就容易多了。我在前面说过，大部分制造业都有与其性质相似的旁系制造业，所以工人要从这种制造业转到另一种制造业，无疑非常容易。此外，这类工人有一大部分有时还会去从事农村劳动。这类工人原来从事的制造业的资财，也继续留在国内，只是被用来以另外一种方式雇用相同数量的工人了。这时，无论是国家资本，还是劳动需求，都基本和从前相同，只是使用地区和使用的职业发生了变化。当然，被遣散的海陆军官兵，都有选择职业的自由，他们可以在不列颠或爱尔兰的任何地方选择任何职业。

海陆军官兵所享受的那种自由，就是天赋自由。而无论是同业组合的专营特权，还是学徒法令，都侵害了这种自由。还有居住法，它使在此地失业的贫穷工人，无法在彼地彼业顺利地就业；即使贫穷工人在某地居住、就业了，他们也会担心被迫迁移。如果人们的天赋自由被恢复，即同业组合被摧毁、学徒法令被废止，那么当某种特定制造业的工人偶然被遣散时，他们就能像海陆军官兵一样顺利转业，也不会蒙受太大损失；社会也不会蒙受什么损失。制造业工人对国家的贡献无疑非常大，但却远远比不上以血肉之躯保家卫国的那些人。所以，好像用不着让他们享受更好的待遇。

理想国或乌托邦，是不可能在不列颠设立的；不列颠的自由贸易也一样，完全没有恢复的期望。因为，完全恢复自由贸易有一些不可抗拒的阻力，比如公众的偏见，以及许多更难克服的个人私利等。增加国内市场竞争人数的法律，引起了制造业者的激烈反对，他们鼓动工人以暴力攻击这种法律的提出者。如果军队的将校和制造业者一样，不但激烈地反对缩小兵力，还鼓动士兵以暴力攻击缩减兵力的提出者，那么精简军队就非常危险，其危险程度，与想在任何方面削弱国内制造业者既得独占权的危险程度一样。这种危害同胞的独占权，已经大规模地增加了某些制造业的人数。这些制造业者联合起来时，就像一支过于庞大的常备军，可以胁迫政府甚至是立法机关。这时，如果哪个国会议员赞成加强这种独占权，那他不但会因为"理解"国内贸易而获得赞誉，

还能受到那个以人数众多和财富庞大而占重要地位的阶级的欢迎和拥戴。反之，如果他反对加强独占权，或是有权力阻止这类提案，那么无论他为人多么正直、社会地位多么高、功绩多么大，恐怕也难免会受到极度的侮辱与诽谤，甚至遭到人身攻击并可能遇上实际危险。因为，他的行为使独占者陷入了愤怒和失望的境地，只好用暴行来伤害他。

如果国内市场上突然多了外国竞争者，以致大制造业的经营者不得不放弃原业，那么大制造业者的损失肯定是巨大的。这时，他的一部分用来购买材料和支付工资的资本，也许可以轻易地另觅它途；但是，工厂和生产用具等固定资本，处置起来却非常困难，往往会造成极大的损失。他们出于自身利益的考虑，自然会要求立法机关不要急于进行这种变革，而是要在发出警告很久之后再逐渐地实行。这时，如果立法机关不为这种只为追求片面利益的吵嚷所左右，而是考虑到多数民众的幸福，并在这种追求普遍幸福的见地的指导下开始立法，那么它在立法时，就会小心地避免新法律再产生其他的独占权。

并不是所有对外国商品征税的行为，都是以限制输入为目的的，有些征税行为的目的是筹集政府资金。至于以什么程度对外国商品征税才能有效地筹集资金，是我在考察赋税时所要论述的问题，详见后文。那些为防止或减少输入而征收的税，显然把贸易自由和关税收入都给破坏了。

第三章　限制进口那些使本国陷入贸易逆差的外国货物

第一节　此种限制不符合重商主义

重商主义提倡了两种增加金银量的方法，第二种方法，就是对那些使本国处于贸易逆差的国家的所有货物，几乎都加以异常的输入限制。例如，只要缴纳一定的税款，就可以将西利西亚的细竹布输入英国消费市场；但法国的细葛布和细竹布所受的待遇就不同了，英国只允许它们以伦敦港为中转站，根本不允许其在英国境内出售。另外，跟葡萄牙或其他任何国家相比，英国对法国葡萄酒征收的进口税也较多。比如，1692年，英国颁布了所谓的输入税，规定法国的所有商品在输入英国时，都须缴纳高达货物价值百分之二十五的进口税。

但是，英国对其他各国货物征收的进口税，却很少会超过货物价值的百分之五。法国的葡萄酒、白兰地、食盐、醋，当然也不在此列，而是得依照其他法律或这项输入法的特殊条款缴纳更加繁重的进口税。1696年，英国为了加大对法国商品输入的阻止力度，又对法国除白兰地之外的其他货物加收了百分之二十五的进口税，并对法国葡萄酒和法国醋，分别征收了每大桶二十五镑、每大桶十五镑的税款。至于税则上列举的那些大部分货物必须缴纳的一般补助税，或是百分之五的税款，英国从未对法国货物减免过，反而征收了高额的进口税。如果把三分之一补助税和三分之二补助税都算在补助税之内，那么法国所要缴纳的全部补助税，就有五种之多。所以，在这次英法战争之前，法国大部分农产品和制造品输入英国时所纳的税，至少高达货物总价值的百分之七十五。而在实际交易过程中，大部分的货物都承担不起这样的重税。所以，这种重税其实与禁止输入无异。虽然我不知道法国加在英国货物上的进口税有多重，但我相信，这笔税款一定也非常巨大。两国就这样相互限制着，几乎把两国之间的所有公平贸易都给断绝了，以致两国商人不得不主要靠走私来进行相互交易。在上一章中，我考察了起因于私人利害的独占原则；在这一章中，我所要考察的，则是起因于偏见和敌意的独占原则，它比上一章所考察的原则更加不合理，即使是从重商主义的角度来考虑也一样。其理由有如下三条：

第一，即使英、法两国自由通商的结果对法国有利，我们也不能因此就断定英国的利益会因此而遭受损失，更不能说由此引起的英国贸易总差额会给英国带来损失。如果法国葡萄酒比葡萄牙葡萄酒价格低廉、品质优良，而且法国麻布又比德国麻布价格低廉、品质优良，那么英国从法国购买葡萄酒和麻布，当然会比分别从葡、德两国购买这两种货物更加有利。这么一来，英国每年从法国输入的货物价值必然会大增。但是，由于法国货物比葡、德两国同种类、同品质的货物低廉，所以其全部输入品的价值，必然都会根据其低廉程度相应地减少。

第二，从法国输入英国的货物，可能有大部分会再从英国输出，到其他国家去进行更有利的交易，并可能带回与法国全部输入品的原始费用价值相等的第三国货物。人们评价东印度贸易的一些话，同样也适用于法国贸易。换言之，虽然东印度的货物有大部分都是用金银购买的，但其中一部分再输出的货

物,却能带回比全部货物的原始费用还多的金银。现在,把法国货物运输到其他欧洲国家,是荷兰最重要的贸易之一;就连英国人喝的法国葡萄酒,也有一部分是从荷兰和西兰走私过来的。如果英、法两国之间无输入限制,或者英国对法国货物征收与其他欧洲国家相同的进口税,那么英国可能就会像荷兰一样享受贸易自由带来的好处。

第三,对于两国之间的贸易差额到底有利于哪个国家,我们没有一个明确的判断标准。我们判断这一问题的根据,往往是受个别商人的私利所左右的国民的偏见和敌意,使用的标准是关税账簿和汇兑情况。不过,由于关税账簿和汇兑情况对大部分商品的评价都不太准确,所以大家都觉得这两种标准根本不太可靠。

当伦敦和巴黎两地的汇率相等时,就表示两地互欠的债务相互抵消了。反之,如果伦敦须给付汇水才能购买到巴黎的汇票,则说明伦敦还欠巴黎一部分债务,伦敦必须向巴黎支付差额部分。汇水是为了避免直接输出货币的弊端才出现的。代汇人要求汇兑人支付汇水,汇兑人须遵照代汇人的要求进行支付,这样就可以免除直接输出货币可能带来的危险和麻烦。

这两个都市债权与债务的普通状态,据说必然受制于两市的商务往来情况。如果两市相互输入、输出的数额都相等,那么两市相互的债务和债权就可以互相抵消。但是,如果甲市从乙市输入的价值比其向乙市输出的价值大,那么甲市必然处于贸易逆差状态。这时,债权和债务就不能抵消,债务国必须支付差额货币给债权国。既然汇兑情况反映了两市之间的债务和债权情况,那它也必然反映了两市的输出和输入情况。因为,两市债权和债务的情况,必然受制于两市的输出和输入情况。

即便汇兑情况可以充分反映两市债务和债权情况,也不能由此就断定贸易差额一定对某一方有利。两地的债务和债权情况,未必完全由两地的商务往来情况支配,反而经常受制于两地中的任何一地与其他各地的商务往来情况。例如,如果英国用荷兰汇票来购买汉堡、但泽、里加等处的货物,那么支配英、荷两国的债务和债权情况的因素,就不是英荷两国的商务往来情况,而是英国与其他地区的商务往来情况。这时,即便是英格兰每年向荷兰的输出比它从荷兰输入的价值大得多,贸易差额对它非常有利,它每年也必须向荷兰输出一部分货币。

第四篇 论政治经济学体系

就算按照一向计算平价汇兑的方法来分析,汇兑情况也不能充分表示一国可以在汇兑、债务和债权情况中同时处于有利地位。也就是说,汇兑的真实情况可能会与估计情况有着极大的不同,而且事实往往就是如此。所以,我们往往不能仅仅根据汇兑情况就断言债务和债权的情况。

假定你在英国支付了一笔包含若干盎司标准银的货币,而你所得的汇票在法国可以兑付含相等纯银的法国标准货币。这时,英、法两国的汇兑,就是人们所说的平价汇兑。如果你所支付的货币比你兑付的货币多,就等于说你支付了汇水,汇兑情况不利于英国。相反的,如果你所支付的货币比你兑付的货币少,你就得到了汇水,汇兑情况对法国不利。但是,这种说法的合理性有待推敲,原因有三。

第一,各国造币厂的标准,并不能经常用作判断各国通货价值的依据。因为,各国的通货往往会有所磨损和削减,因而会或多或少地低于标准价值。决定一国通用铸币和他国通用铸币相对价值的因素,并不是各自应该含有的纯银量,而是实际含有的纯银量。威廉王时期,进行了银币改铸。在此之前,如果按照各自造币厂的标准,用普通计算法来计算英、荷两国的汇兑,那么英国要贴水百分之二十五。但是,根据朗迪斯的调查可知,英国当时的通用铸币的价值却比其标准价值低了百分之二十五。所以,如果按照通常的计算法来计算两国当时的汇兑,那么从表面上看,情况大大不利于英国,但实际上却是有利于英国的。在实际交易活动中,在英国支付较少的纯银所购得的汇票,可以在荷兰兑付较多的纯银,即表面上应该支付汇水的人其实得到了汇水。法国铸币在英国改铸金币之前,磨损程度比英国铸币小得多。跟英国铸币相比,法国铸币接近其标准的程度更高,大约高出百分之二至百分之三的幅度。计算英、法两国的汇兑,如果其不利于英国的程度没有超过百分之二或百分之三,那么真实的汇兑就有利于英国。事实上,汇兑情况自从金币改铸以来,就一直对英国有利。

第二,造币费用并不都是由政府支付的,有些国家的造币费用由私人支付。造币费用由私人支付的国家,银块拥有者得向造币厂支付铸造费,有时还得向政府支付若干费用。英国的造币费用由国家支付,一磅重的标准银可以换到六十二先令。法国须扣除足够支付造币费用和政府收入的高达百分之八的铸币税。英国不收铸币费用,所以其铸币的真实价值绝对不可能大大超过同量银块的价值。法国实施了工价政策,无论是铸币还是精制金银器的价值,都会因此而增加。因此，包含一定纯银的法国铸币，一定比包含等量纯银的英国货币有更大的价值，它能换得的银块或商品自然也更多。所以，虽然这两国的铸币都接近各自造币厂的标准，但是包含一定纯银的英国货币，未必能够兑换到包含等量纯银的等量法国货币，所以也未必能购买需在法国兑付的等额汇票。如果英国支付超额货币来购买一张恰好能补偿法国铸币的汇票，那么两国之间的汇兑就是平兑。这时，两国的债务和债权就可以相互抵消。不过，按照实际情况计算，这两国间的汇兑对法国非常有利。反之，如果英国支付少于上述数额的货币来购买这张期票，那么两国之间的汇兑就对英国有利。

第三，在兑付外国汇票时，有些地方使用的是他们所谓的银行货币，而有些地方使用的却是当地的通用货币。以前一种方式兑付外汇的地方，有阿姆斯特丹、汉堡、威尼斯等地；以后一种方式兑付外汇的地方，有伦敦、里斯本、安特卫普、里哥亨等地。所谓的银行货币，其价值总是比名义上与其等金额的通用货币更大。就拿阿姆斯特丹来说吧，当地的一千盾银行货币的价值，就比一千盾通用货币的价值更大，其差额称为银行的扣头。阿姆斯特丹的银行扣头，大约是百分之五。

在兑付同一外国汇票时，如果一国使用的是当地通用货币，另一国使用的是银行货币，那么，即使两国的通用货币都接近各自造币厂的标准，两国之间的汇兑事实上有利于使用通用货币来兑付的国家。不过，从表面计算上看，反而是以银行货币兑付的国家受益。换言之，在兑付外国汇票时，一国使用的是品质低劣的货币，而另一国使用的却是品质优良的货币，这时，两国之间的汇兑虽然事实上对前一国家有利，但表面计算却对后一国家有利。在最近的金币改铸之前，伦敦对阿姆斯特丹、汉堡、威尼斯的汇兑，从表面计算上看都是不利于伦敦的。但是，我们不能由此就断定伦敦在汇兑中遭受了损失。自金币改铸以来，伦敦即使是与这些地方通汇，也能获利。伦敦对里斯本、安特卫普、里哥亨，以及除法国之外的欧洲其他多数以通用货币兑付汇票的地区的汇兑，从表面计算上看大都是有利于伦敦的，而且事实好像的确如此。

在这里，我顺便谈一谈储金银行，就以阿姆斯特丹的储金银行为特例。

像法国和英国这类大国所用的通货，几乎都是本国的铸币；即使这种通货的价值因磨损、削剪等原因而降到了标准价值之下，国家也可以采取改铸的方法将其重新恢复。但是，一些小国的情况就不同了，其使用的通货基本上都不是本国的铸币。比如，热那亚、汉堡这些小国，其使用的通货大部分都是其居民从其邻国带过来的；即使使用改铸的方法能够改良铸币，也未必能够改良其通货。因为，这种通货的性质非常不稳定，人们很难确定其价值，所以其在外国的评价自然也就低于其实际价值，用它来兑付外国汇票当然就会遭受不利的影响。

商人们也必然会因为这种不利汇兑而遭受损失。小国在留意了贸易的利益之后，为了使商人们不吃亏，就规定不得以通用货币来兑付外汇；兑付外汇的方式，只有支付一定银行的银票，或是通过一定银行的账簿进行转账。这些银行都得是靠国家的信用和保护建立起来的，所以其势必是完全按照国家的标准，以标准货币来兑付汇票的。为这种目的而设立的银行有很多，比如威尼斯、热那亚、阿姆斯特丹、汉堡、纽伦堡等地的银行，都属于这类银行，只是后来有些银行被迫改变了目的。

这种靠国家的信用和保护建立起来的银行，其货币品质自然比当地的通用货币优良，所以必然会产生贴水，贴水大小取决于通货低于国家标准的程度。汉堡银行的贴水，据说一般是百分之十四，这正是国家标准币与由邻国流入的削剪磨损币的差额。

1609 年以前的阿姆斯特丹，拥有大量通过广大贸易从欧洲各地带回来的削剪磨损的外币，这些外币的价值比该国标准币的价值大约低了百分之九，使得标准币一经铸造出来，就被重新熔解或直接输出。这么一来，拥有大量通货的商人，就会经常找不到足够兑付汇票的标准币。这时，这种汇票的价值就会变得极其不确定，即使是若干法规也很难防止这种不确定。

阿姆斯特丹为了解决这一问题，于 1609 年设立了一家银行，接受外国铸币和本国有轻微磨损的铸币。至于这些铸币的内在价值，则按照扣除必要的铸造费和管理费之后的标准币的价值来计算，然后将其作为信用记入银行账簿。这种信用叫做银行货币。原因是，其所代表的货币恰好是按照造币厂的标准铸造的，其真实价值往往与其名义价值相同，并比通用货币的内在价值大。同时，政府还作出如下规定：在阿姆斯特丹兑付或卖出的汇票，一旦数额超过六百盾，就只能使用银行货币来兑付。这一规定一经颁布实施，就立刻消除了一切汇票价值的不确定性。因为，商人为了要兑付自己的外国汇票，都不得不与银行有业务往来，汇票的价值自然也就确定了。

银行货币不但比通用货币优越，还能根据需要增加其价值，并有以下几种

其他的优点。例如，它基本上不可能遇到火灾、劫掠或其他的意外情况，它由阿姆斯特丹市全权负责；兑付人只需要通过单纯的转账就可以完成兑付活动，既不用计算，也不用冒险运输。它的这些优点，使得它好像从一开始就产生了贴水。因为这时，大家都愿意让那些原本就存在银行里的货币继续留在银行，即使这种存款在市场流通时也能得到贴水。大家认为，如果银行信用的所有者从银行取出存款，他就会失去这笔贴水。

既然新铸的先令购得的货物量和有磨损的先令一样多，那么流出银行的银行货币，就会和通用货币混淆，最终会使银行货币的价值不再高于通用货币。所以，如果把它存在银行里，它的优越性就是公认的；当它流入私人手里时，它的优越性就较难确定了，需要花费大于这两种货币差额的代价。而且，银行货币一旦流出银行，它的其他一些优点，比如安全性、方便性、移让性、支付外汇的功能，就全部消失了。而且，只有预先支付了保管费，才能把货币从银行里取出来。

最初的银行，一般是用铸币来付现的。所以，这些铸币存款就是银行的最初资本，它代表了当时银行货币所代表的所有东西的总价值。现在，它在银行资本中只占了极小的一部分。多年以来，银行为了方便用金银条块进行的贸易，采取了支付信贷给金银条块持有者的办法。这种信贷的价格，大约比标准金银条块的价格低了百分之五。此外，银行还会给金银条块持有者一张具有收据性质的受领证书。持有此证书的人，得在六个月之内取回其金银，同时偿还其先前所借的、与那笔信贷等值的银行货币，并支付一定的金银条块保管费。保管费是按金银条块的价值比例收取的。如果存的是白银，保管费就是千分之二十五；如果存的是黄金，保管费就是千分之五十。但是，如果期满之后，证书持有者没有支付上述费用，那么银行就会将这些金银条块按照收受时的价格折合成货币，抵偿上述费用。

以这种方式支付的储金保管费，就相当于仓库租金，而且金的仓库租金要大大高于银。金的仓库租金大大高于银的理由有好几条。理由之一，判定金纯度的难度比银更大。因为，贵重金属更容易造假，而且造假所带来的损失也较大。理由之二，银是标准金属，所以国家才以低租金的形式鼓励以银储存。

当金银条块的价格低于其普通价格时，人们一般都会将其储存起来；而当金银条块的价格高于其一般价格时，其流通量则会增加。荷兰金银条块的市价一般要高于其造币厂价格。类似的情况,在金币改铸之前的英格兰也有发生。据说,荷兰的这两种价格,一般是每马克相差六至十六司特福,合八盎司银,共包含十一份银和一份金。用这类银铸造成的货币,其成色是大家公认的。比如,墨西哥银圆就是这类银铸造成的。每马克的这类银,银行所给的价格(即信贷)是二十二盾,造币厂的价格是二十三盾左右,市价是二十三盾六司特福至二十三盾十六司特福。这三种价格,几乎保持着相同的比例。一般情况下,证书持有者可以通过出售其证书来获得金银条块的造币厂价格与市场价格之间的差额,因为该证书的价格也很大。因此,在实际当中,很少会出现证书持有者逾期不按银行的要求支付相关费用的情况。不过,这种情况虽然不经常发生,但还是有的,而且常见于金,很少会发生在银身上。原因是,金比银贵重得多,其仓库租金非常高。

金银条块持有者,可以从银行换得信贷和受领证书,等到汇票到期时再用银行信用来兑付。在此期间,至于他是出卖还是保留受领证书,得由他对金银条块价格的涨跌作出的判断决定。不过,人们一般不会长久地保留这种银行信用和受领证书,事实上也没有这个必要。在受领证书持有者提取金银条块时,银行信用或银行货币的价格往往都是普通价格。同样地,在银行货币持有者提取金银条块时,受领证书的价格也往往是普通价格。

持有银行信用和受领证书的人,都是银行的债权人。受领证书持有者,只有向银行支付数额等于被领金银条块价格的银行货币,才能领取受领证书上所记载的金银条块;如果他没有足够的银行货币,他就得想办法从有银行货币的人那里购买。反过来,银行货币持有者只有出示自己的受领证书,才能得到他所需的金银条块;如果他没有受领证书,他也要设法从有受领证书的人那里购买。

受领证书持有者,可以用其证书来购买银行货币。银行货币具有提取一定数量金银条块的能力。这时,金银条块的造币厂价格比其银行价格高出百分之五。所以,受领证书持有者在购买银行货币时,通常要实实在在地支付百分之五的贴水。

受领证书也具有提取一定数量金银条块的能力。银行货币持有者购买受领证书时,购买的也正是这种能力。这时,金银条块的市价比其造币厂价格高,大致高出百分之二至百分之三。因此,他要想购买受领证书,也需要实实

在在地支付一笔费用。金银条块的价值,是由受领证书和银行货币的总价格构成的。

银行在接收国内流通的铸币时,要支付银行信用,并发放受领证书。不过,这种受领证书一般没有价值,自然也没有人会购买。例如,价值三盾三司特福的迪可通,往往只能换得三盾的信贷。跟其流通价值相比,还降低了百分之五。另外,银行还向迪可通持有者发放几乎毫无价值的受领证书,并规定其在六个月之内支付千分之二十五的保管费。三盾银行货币的一般市价是三盾三司特福,如果将其提出,就可以得到迪可通的全部价值。但是,由于之前还要缴纳千分之二十五的保管费,所以得失刚好相互抵消了。如果银行的贴水下调为百分之三,那么这种受领证书就有了百分之一点七五的价值,自然也就可以在市场上出售了。但是,如果银行的贴水大都是百分之五,那么人们往往会听任这种受领证书到期而不顾,即让金银条块归银行所有。至于储存仓库租金高达千分之五十的金迪克,人们更会任其受领证书期满而不顾。这时,银行就可以拥有较多的铸币或金银条块,往往可以拥有百分之五的利润。

在受领证书过期的情况下,银行货币的数额非常大,其中包含了银行的全部初期资本。我们可以这样假设:人们在将资本存入银行之后,就没有换过受领证书或是取出资本。其中的原因,就是我们在上面列举的种种理由,这时,无论是换受领证书还是取出资本,都会带来损失。但是,无论这种银行货币的数额有多大,其在银行货币总额中所占的比例也非常小。在过去几年中,阿姆斯特丹银行都是欧洲最大的金银条块仓库,但其受领证书也很少有过期的。与这种银行货币相比,银行货币或银行账簿上的信用就大多了,它们都是金银条块商人在过去几年里通过不断的储存和提取而积累下来的。

如果没有受领证书,银行是不会受理任何要求的。受领证书过期的银行货币只占了银行货币总额的很小一部分,受领证书有效的银行货币则占了很大一部分,而且数额巨大。当这两种银行货币混在一起时,即使没有受领证书的银行货币的绝对数量相当可观,它也绝对会受到银行的限制。因为,银行对于同一项债务,不会同时对两个人担负债务人的义务。所以,如果银行货币持有者没有受领证书,他就不能在购得受领证书之前要求银行付款。在一般情况下,他可以轻易地按照合理的市价购得一张受领证书。

但是,一旦遇到了国难,情况就截然不同了。例如1672年的英法之战,就给银行货币持有者造成了恐慌，使得他们都想提出银行里的存款来自己保管。这时，由于大家都需要受领证书，所以导致了受领证书价格的大幅提升。那些有受领证书的人，甚至要求购买者花费高达百分之五十的费用。而事实上，受领证书上所标明的费用，只有银行货币的百分之二或百分之三。有些了解银行组织的人，甚至会买断所有受领证书，以防止人们从银行取出存款。在这种非常时期，银行一般会打破常规，也会给没有受领证书的人办理相关业务。

持有受领证书却无银行货币的人所能领取的资金，一直都只有受领证书上所标明的储金价值的百分之二或百分之三。在这种情况下，银行最多会向他支付百分之二或百分之三的货币或金银条块。而对于那些在银行账簿上记有银行货币，却没有受领证书的人，银行一定会立即按照他们的提款要求，用货币或金银条块向他支付他所要求的价值。

在和平时期，银行降低贴水，可以降低银行货币的价格，从而使受领证书持有者能够低价买进银行货币，或高价将受领证书卖给有银行货币且准备提取金银条块的人。这么一来，受领证书持有者就可以从中得到利益。银行货币的市场价格，一般是不等于铸币或金银条块的市场价格的，其差额一般就是受领证书的价格。相反的，当银行提高贴水时，银行货币所有者就可以从中得到利益。因为，这时他们就能高价出售其银行货币，或低价购买受领证书，从而获取利润。

由此可见，受领证书持有者和银行货币所有者的利害是相反的。这时，人们会为了各自的利益，进行投机买卖。近年来，银行为了防止这种欺诈行为的发生，规定：卖出银行货币以换取通货者，一律要贴水百分之五；如要再度买进银行货币，得再付百分之四的贴水。这么一来，贴水就被限制到了百分之四与百分之五之间。在这种规定之下，银行货币与流通货币的市价比例，总是和它们的固有价值之间的比例非常接近。但是，银行货币的市价在没有这种规定之前，却是起伏不定的。贴水在两种相反的利害关系的影响之下，时而上升到百分之九，时而又下跌到了通用货币的水平。

阿姆斯特丹银行在借贷时，坚决不贷出任何储金，金库内的货币或金银条块的数量，总是和储金账簿上的借贷数量保持一致。在受领证书到期之前，证书持有者可随时提取其储金。事实上，虽然有一部分货币和金银条块是不断地流出和流入的，但其最终无疑还是保存在了金库里。

在和平时期,过期的受领证书是不能要求提取的。这时,是不是只要联邦国家还存在,该证书所对应的资本就只能永远留在银行里呢?这一点好像有疑问。不过,在奉行"坚决不贷出任何储金"这一信条的阿姆斯特丹,却一直全力奉行这一信条。这一信条还有保证人,即阿姆斯特丹市。监督银行业务的,是四个任期都是一年的现任市长。这四个新任市长,全权负责银行对账、调查金库、宣誓接管等银行业务。等到他们卸任时,再以同样庄严的仪式把金库交给继任市长。这种宣誓制度,至今仍然存在于这个虔诚的宗教国家中。

这种市长任期为一年的制度,似乎可以阻止所有的不正当行为。在阿姆斯特丹的政治史上,党争曾经引起了很多次革命。但是,所有占优势的党派,都没有对其前任进行银行管理方面的攻击。而在对失势党派的名誉和信用的攻击中,影响最深刻的却正是对其银行管理方面的攻击。如果这种攻击是有根据的,那么发动攻击的人,一定会将其提出来的。阿姆斯特丹银行的付款速度,快得让人无法怀疑它履行契约的忠诚,甚至法王也曾跟它有业务往来。当时是1672年,法王还远在乌德勒支。此外,当时阿姆斯特丹银行从金库中提出的货币,有些还被市政厅的大火损毁了。这些货币,一定早早地就保存在金库里了。

很久以前,一些好事者就开始猜测阿姆斯特丹银行的金银总额到底有多少,但最终也只能是推测而已。一般认为,大约有两千人与该银行有账目往来。假设他们每个人平均存有一千五百镑,那么银行的货币或金银条块总额就大约有三百万镑,按每镑十一盾将其折合成盾,大约是三千三百万盾,这笔大额资金足以满足非常广泛的货币流通。不过,这一数额远远小于有些夸大事实者所做出的臆测数额。

阿姆斯特丹银行给本市提供了非常大的收入。第一次与银行有往来账目的人,不但要缴纳所谓的仓库租金,还要另外缴纳十盾的费用。开一个新账户的费用是三盾三司特福。至于转一次账的费用,转账数目在三百盾以上的收取二司特福,转账数目不到三百盾的收取六司特福,以防止小额转账。如果转账数目大于储金数目,须按超过额的百分之三缴纳超额转账费,并暂时搁置其请求单。此外,开户人每年至少要对账目进行两次清算,否则罚款二十五盾。

一般人设想,如果银行在有利时出售那些归为己有的外国铸币与金银条块,银行就能从中获得很多利润。另外,银行从以百分之五的贴水卖出、百分之四的贴水买入的银行货币中,也能获得差额利润。这些不同利得的总额,不但足以支付职员薪俸和管理费用,还能有剩余。据说,在银行的年纯收入中,仅仅是保管费一项,就有十五至二十万盾之多。不过,国家设立银行的目的,原本并不是获得收入,而是为了公众利益,即避免商人因不利的汇兑而蒙受损失。政府在设立银行时,并没有预料到它会带来这么大的收入。所以说,这些收入简直就是一个意外的惊喜。

我原本是要说明为什么用银行货币兑付外汇比用通用货币更有利于一国的,却不自觉地扯出了这么多题外话,现在该言归正传了。银币货币具有固定不变的价值,而且符合本国造币厂的标准,适于兑付外汇;通用货币则具有不断变化的价值,而且一般不符合本国造币厂的标准,不适合进行外汇的兑付业务。

第二节 此种限制也不符合其他原则

我在上一节中,竭力说明了这一问题:即使从重商主义出发,也不必对使本国处于贸易逆差的那些国家的货物全部采取异常的输入限制。

无论是这种输入限制,还是许多其他的商业条例,都是以贸易差额学说为根据的。事实上,这个贸易差额学说才是最不合理的。这种学说认为,如果两地的贸易额平衡,那么两地就都既没有得也没有失;如果贸易额稍微有一点儿偏倚,那么两方就会一得一失,得失大小取决于偏倚程度。我认为这种看法是错误的。虽然政府是出于本国利益的考虑才设立奖励金和独占权的,但是由它们所促成的贸易,却在理论和事实上都不利于本国。相反的,两地间不受限制地进行的自然贸易,却不同程度地给两地带来了利益。

在我看来,真正的得利,并不是金银量的增加,而是一国土地和劳动年产物的交换价值的增加,即一国居民的年收入的增加。

当两地进行的全是国产商品的交换贸易,而且贸易额平衡,那么两地一般都会得利,而且所得利益也必然近于相等。在这种情况下,两地互为对方的一部分剩余生产物的消费市场。这时,甲方投在生产和制造这部分供居民消费的剩余生产物上的资本,可以从乙方那里得到补偿;乙方投入的同类资本,也可以从甲方那里得到补偿。所以,两国居民的收入和生活资料,都有一部分是间接从对方那里取得的。如果两国所交换的商品具有相等的价值,那么两国在这种贸易

上的投资，一般也近乎相等。由于这些资本都是用来生产本国商品的，所以它们为两国居民提供的收入和生活资料也必然近乎相等。这种从对方那里取得的收入和生活资料，其量的多少由商务往来的大小决定。如果两国每年投入的资本都是十万镑，那么他们为对方居民提供的年收入就是十万镑；如果两国每年投入的资本都是一百万镑，那么对方居民得到的年收入就是一百万镑。

如果甲国输入乙国的货物都是其国产商品，而乙国输往甲国的回程货物却不是乙国的国产商品，那么仍然可以假设两国的贸易额是平衡的。两国的偿付手段，都是商品。这种贸易，一样可以为两国提供利益，只是两国的利得有些不同而已，获利较大的是输出国产商品的那一国。例如，英国从法国输入的货物，都是法国的国产商品；而法国所需的商品，英国却没有，所以英国不得不用大量的烟草或东印度的货物来偿付法国货物的价格。这种贸易，就在不同程度上给两国居民提供了收入，并且给法国居民提供的收入更多。法国每年投入贸易中的资本，全部分配给了法国人民。而英国每年投入的资本，却只有用在生产外贸商品上的那一部分，才是分配给英国人民的。另外的较大一部分资本，都偿还给了弗吉尼亚、印度和中国，成了这些遥远国家的居民的收入和生活资料。即使英、法两国所投的资本几近相等，法国资本为本国人增加的收入，也远远大于英国资本为本国人增加的收入。因为，法国经营的是直接的消费品的国外贸易，而英国经营的却是迂回的消费品的国外贸易。前面我们已经充分说明过这两种国外贸易的不同结果，这里不再赘述。

两国贸易，除了双方交换的都是国产商品，以及一方全以国产商品交换、另一方全以外国商品交换的这两种方式之外，还有另外的方式。实际上，各国之间交换的商品，都各自包括了国产商品和外国商品。而且，当一国的外贸商品大部分都是国产商品时，其所得的利益，比交换品大部分都是外国货物的国家所得的利益大。

英国偿付法国输入品的物品，一般都是烟草和东印度货物。如果英国改用金银来偿付，那么贸易额就不平衡了。因为，偿付法国商品的，就不再是烟草之类的商品，而是金银了。其实，即使是用金银来偿还商品的贸易，也同样可以同时为两国人民带来若干收入，只是为法国人民带来的收入更多而已。英国投资生产国产商品，目的是换取金银。这笔资本被分配在一部分英国人手上，并给他们提供收入，所以其本金必然可以收回，然后继续被用在其他用途上。即使输出一定价值的金银,其结果也和输出等价值的其他任何货物一样,不会减少英国的资本总量,反而经常会增加英国的资本总量。

当某种物品的国外需求量比国内需求量还大,而且该物品的回程货在国内的价值比该物品在国内的价值大时,该物品才会被输出。以英国烟草为例,如果其国内售价仅为十万镑,但是其从法国换回的葡萄酒在英国市场上却值十一万镑,那么英国资本就在这种交换中增加了一万镑。再以英国金为例,如果十万镑的英国金所购得的法国葡萄酒,在英国市场上也可以换取十一万镑的价格,那么英国资本也同样会因此而增加一万镑。

拥有十一万镑葡萄酒的商人,比拥有十万镑烟草,或是十万镑金银的商人都更加富有。十一万镑所能推动的劳动量,以及能为人民提供的收入、生产资料和就业机会,都比十万镑要大。一国的资本是由全体人民的个人资本组成的,它决定了一国每年所能维持的劳动量。所以,当上述交换增加了一国的资本时,一国每年所能维持的劳动量也会相应增加。如果只是出于本国利益的考虑,那么英国在购买法国葡萄酒时,用国产的铁器或宽厚呢绒,比用弗吉尼亚的烟草或巴西、秘鲁的金银更合适。因为,跟迂回的消费品的国外贸易相比,直接的消费品的国外贸易对一国更有利。在进行迂回的消费品的国外贸易时,无论是用金银,还是其他货物,其结果都是一样的。即使无矿产的国家每年都输出金银,我们也不能由此就推断其金银储备更容易枯竭。因为,只要它有资财购买金银,它就绝对不会长时间地缺乏金银。同样地,即使一国不生产烟草,它也可以每年都有大量烟草输出,只要它拥有从国外购买烟草的资财。

在有些人看来,工人和麦酒商人进行交易时会吃亏;而制造业国在和葡萄酒产国进行交易时,也会吃亏。在我看来,工人和麦酒商人进行交易时,并不一定会吃亏。因为,这种贸易的性质和其他任何贸易的性质是相同的,所以二者的利益也一样,只是这种贸易往往会被人滥用而已。酿酒行业和贩酒行业,和其他行业一样,也是由分工带来的必要社会部门。工人与其亲自酿造自己所需的麦酒,还不如从酿酒人那里购买。而且,如果他比较贫穷,那么他就只适合从小酒贩手上购买少量麦酒,而无须从酿酒人那里大量购买。如果他比较贪食,那么他购买的麦酒可能会超过一般人的需求。如果他比较注意衣着打扮,那么他可能会大量购买呢绒。这些可能的结果,就是贸易自由被滥用带来的结果。而且,的确有几种自由贸易容易产生这种结果。但是,自由贸易总的来说还是

会给工人带来利益。有时候,的确会出现一些人因嗜酒过度而倾家荡产的情况,但一国国民却不可能完全都是嗜酒过度的人,所以似乎不用担心一国因嗜酒过度而消亡。诚然,的确有许多嗜酒过度的人,他们在酒上所花费的资财,比他实际占有的资财还多。但是,更多人在酒上的花费,都小于其实际资财所允许的限度。

由经验可知,葡萄酒的低廉有利于人们节酒,而不会导致沉醉。欧洲对酒最为节制的人民,是盛产葡萄酒的国家的人民,这类人有西班牙人、葡萄牙人、法国南部各省人民,他们一般都节酒。因为,人们很少过度食用普通饮食。在当地,温和啤酒非常廉价,即使主人大肆用它们来招待宾客,也不能说明他是好客的。相反的,沉醉的恶习却普遍见于那些葡萄酒售价异常昂贵的国家。在过于寒冷的北方,以及过于炎热的热带地区,葡萄酒的售价会因为当地不能栽种葡萄树而异常昂贵,这时人们反而会养成沉醉的恶习,几内亚湾的黑人就是一个特例。法国军队当初是驻扎在葡萄酒昂贵的法国北部各省的,后来又迁到了葡萄酒低廉的南部各省。据说,迁移之初,军队首长还担心廉价的优质葡萄酒会导致官兵们酗酒呢,但是数月之后,大部分官兵反而像当地居民一样节酒了。

同样地,如果取消外国的葡萄酒税、麦酒税、啤酒税等一切酒税,可能会引起英国中下层阶级人民暂时的沉醉。但是,这种沉醉只是暂时的,人们不久就会普遍养成节酒的习俗。就拿现在的上流社会来说吧,虽然他们有消费最贵饮料的能力,但他们却没有沉醉的恶习,因喝麦酒而沉醉的绅士是非常少见的。此外,英国限制葡萄酒贸易的目的,实际上并不是防止人民进入酒店消费,而是防止人民购买价廉物美的饮料。这对葡萄牙的葡萄酒贸易有利,对法国的葡萄酒贸易却不利。据说,在与英国进行制造品贸易的顾客当中,葡萄牙人比较好,法国人则比较不好。因此,我们应该优待葡萄牙人,对其进行奖励,并相互照顾。

这种"相互照顾"的策略,原本是小商人的卑鄙策略,后来居然被大帝国采用,成了其政治手段。其实,这种策略,只有在小商人眼里才是对待顾客的规则。而大商人就不同了,他们认为这些都是无须过问的小节;他们在购买货物时,总是会去那些最价廉物美的地方。各国在这种仇视邻居的原则的影响之下,都认为只有使所有邻国都变得贫穷,他们才能得到利益。各国对于与其通商的国家的繁荣,都抱着一种妒嫉心理,并认为自己的利益会因为这些国家的利得而有所损失。国际通商，原本应该和个人通商一样团结互助的，现在却导致了通商各国的不和与仇恨。在本世纪和上世纪，欧洲和平都因商人和制造业者的嫉妒心而遭受了极大的危害，其程度不亚于由王公贵族们反复无常的野心所带来的危害。自古以来，统治者的暴政都是一种祸害，而且这种祸害从人事的性质上来说是无法消除的。至于商人和制造业者，他们既不是也不应该是统治者，虽然改变不了他们的卑鄙贪欲和独占精神，却很容易阻止他们扰乱别人的安宁。

这种仇视邻居的原则，无疑是由独占精神发明并传播开来的。不过，最先倡导它的人，比后来信奉它的人要精明一些。一国民众的利益，必然在于以最低的价格购买他们所需的各种物品。这个说法明显是有道理的，无需费心去证明它的正确性。如果人们没有被自私自利的商人和制造业者的诡辩混淆视听，他们也会明白地知道这个事实。商人和制造业者的利益，与民众是刚好相反的。同业组合内的自由人，是通过阻止其他人受雇而得到工作机会并获得利益的。商人和制造业者与同业组合内的自由人一样，通过保有自己在国内市场的独占权来获得利益。因此，大多数的欧洲国家，都对输入本国的一切外国商品征收异常高昂的税款，或是绝对禁止输入。特别是那些使本国处于贸易逆差地位的国家，或者说是与本国有异常激烈的民族仇恨的国家，其输入本国的一切货物，几乎都会受到异常的输入限制。

邻国的富有，从战争或政治角度上的确有可能给英国造成危险；但是，从贸易角度上讲，则有利于英国。因为，在战争时期，邻国可以用其财富来维持比英国强大的海陆军；而在和平时期，邻国的财富则会带动其与英国进行更大价值的商品交换，从而为英国的生产物提供一个更大的市场。勤劳的富人邻居，比穷邻居更适合做顾客。这种情况也适用于一国，即富裕的邻国是较好的顾客。经营制造业的富人，虽然会危及附近同行的利益，但他的花费却可以为邻近的其他人提供利益，他是绝大多数邻人的好邻居。此外，较贫的同业经营者，也会因为要与他竞争而降低售价，这对其他人也是有利的。制造业发达的富国也一样，它虽然是经营同种制造业的邻国的危险竞争者，但其竞争却会给民众带来利益。而且，富国的花费必能为民众提供其他方面的良好市场，最终给民众带来利益。

一个人在穷乡僻壤里是很难发财的，只有大城市才是他实现目标的好地方。因为,当财富的流通量非常少时,一个人能够从中取得的财富量也很少。这个道理,任何一个想发财的人都明白。只有在财富很多时,他才可能得到其中一些财富。这种常识,不但可以指导一个、十个、二十个人的商业行为,也应该能够帮助一百万、一千万、两千万的庞大群体作出商业判断。邻国的富有,为本国提供了一个获得财富的机会。这一点,全民都应该有所认识。

如果一国四周都是富裕勤勉的商业大国,那么该国就能很容易地通过国外贸易来致富。相反的,如果一国周围都是未开化的游牧民族,或是贫困的野蛮人,该国就绝对不能指望通过国外贸易来致富。当然,它无疑可以通过耕作本国土地、进行国内贸易来致富,这类国家有古代的埃及和近代的中国等。据说,国外贸易在古代埃及是非常不受重视的。至于近代的中国,则极其轻视国外贸易,所以没有以法律的形式给国外贸易以正当的保护。这一事实,大家也都知道。如果近代国外贸易的原则和目的,是以使一切邻国陷入贫困的境地,而且这一目的也达到了,那么国外贸易就一定不会被人注意,更不用说被人重视了。

正是这一仇视邻居的原则,才使法、英两国的贸易受到那么多的阻碍和限制。如果两国在考虑其实际利害时,能够抛弃商业嫉妒和国民仇恨,那么法国的贸易给英国带来的利益将是欧洲最大的,反过来也一样。法国是英国的近邻,其北部及西北沿海各地,可以方便地和英国南部沿海各地进行贸易,每年可以往返四至六次,就像进行国内贸易一样。跟投在其他国外贸易上的资本相比,投在这两国的这种贸易上的等量资本,能够推动四至六倍的劳动量,维持四至六倍的工人。即使是两国相距最远的两地,每年也可以进行至少一次的往返贸易,并提供超过英国对欧洲其他大部分地方的国外贸易所能带来的利益。这一利益,至少是英国与北美殖民地的贸易所能带来的利益的三倍。英国与北美殖民地的贸易,往返一次一般要三年时间,有时甚至会超过五年;而且,北美殖民地只有三百万居民,和法国的两千三百万居民根本没有可比性。另外,虽然法国的贫民、乞丐因为财富分配不均而在绝对数量上远远多于北美,但是法国的财富却比北美洲多得多。所以,法国能够提供的市场,至少是英国北美殖民地的八倍。再加上英、法之间的贸易往来非常频繁,法国所能提供的利益,将是英国北美殖民地所能提供的利益的二十四倍。反过来,英法贸易也同样对法国有利。按照两国的财富、人口与邻近程度来比较,英法贸易比法国与其殖民地的贸易,更能为法国带来利益。

然而,英、法两国的这么有利的环境,却没有使两国之间进行开放的自由贸易,反而阻碍了这种自由贸易的产生。因为,他们都把邻国看成了敌国。这么一来,一国的富强就会使另一国恐慌。富裕这一原本可以增进国民友谊的有利因素,现在却助长了民族仇恨。这两国都是勤勉的富裕国家,每一国的商人和制造者,都担心对方会给自己带来技术和商业活动上的不利竞争。这么一来,由激烈的民族仇恨激起的商业嫉妒,现在又反过来强化民族仇恨,二者相互助长彼此的气焰。

两国贸易者都出于自身利益的考虑,确信并宣称自由的国外贸易会给本国带来贸易逆差,最终导致国家的灭亡。这种观点,被商人们自命为一种学说。在欧洲各商业国内,有些支持这种学说的学者,也经常预言贸易逆差将导致国家灭亡。这时,各个商业国不免为此而忧虑起来,几乎都试图扭转贸易逆差,使贸易差额对邻国不利。但是,这一切的忧虑和扭转贸易逆差的尝试,并没有达到预期的目的,另外,好像也没有哪个国家变得像上述学说所说的那样贫困。那些进行自由贸易的地方,并没有变得像重商主义者所预料的那样贫穷甚至灭亡,反而因为自由贸易变得更加富裕。今日的欧洲,有几个可以称为自由港的城市,却没有一个配称为自由港的国家。荷兰的自由度虽然距离标准还很远,但它也许是所有欧洲国家中,最接近于自由港的国家了。荷兰的全部国民财富,以及大部分生活必需品,都来自对外贸易。这一点,是大家不得不承认的事实。

我已经说过,有另一种与贸易差额极不相同的差额,即年生产与年消费的差额,它决定了一国的盛衰。如果年生产超过了年消费,那么社会资本就会按照超过额成比例地增加。这时,个人在维持生存的基础上节省下来的一部分收入,自然会加到社会资本上,从而继续增加社会年产物的量。相反的,如果年生产小于年消费,即社会支出超过了社会收入,那么社会资本必然会受到侵蚀,社会年产物也必然会因此而减少。

生产与消费的差额,完全不同于所谓的贸易差额,它在没有对外贸易的国家,甚至是财富、人口和改良都在逐渐变化的整个地球,都普遍存在。即使一国处于贸易逆差,它也可以从生产与消费的差额中获利。此外,即使一国半个世纪以来,都存在输入大于输出、流入的金银立即全部输出、各种纸币逐渐代替铸币的情况,甚至它的外债也在逐渐增加,但是它的土地和劳动年产物的交换

价值,也仍然可以同时大幅增加。这种现象,并不仅仅是一个假设。英国北美殖民地在近期的扰乱事件发生前后的状况,就是它的实例。

第四章 退税

在国内市场拥有垄断地位,并不能使商人和制造业者得到满足,他们还想为自己的货物谋求最广阔的国外贸易市场。由于他们的国家没有管辖外国事务的权力,因此,对他们来讲,垄断外国市场不是一件容易的事情。在一般情况下,他们只好申请出口奖励来促进自己的出口贸易。

退税,在各种奖励中,可以说是最合理的了。所谓退税,是指因货物出口而退还给商人的全部或一部分本国产业税或国内税。与无税时的出口量相比,货物的出口量并不会因为出口退税而增大。退税的合理性表现在以下几个方面:首先,它不会造成大量资本违反自然趋向转入某一特定贸易;其次,它不会打破社会上各种贸易本来的平衡;再次,它不会影响社会劳动的自然分工,而是会保持(在大部分情况下)这种有利的分配。有了这种奖励,即使征税也不会导致大量资本中的任何部分转到其他贸易,而且不会破坏社会上各种贸易的自然平衡。

进口的外国货物再出口时,可以获得退税。在英国,这种退税的数额相当于大部分外国货物进口时缴纳的税额。旧补助税则的第二项规定:"不论国籍,每个商人在出口时可以获得旧补助税一半的退税。但是,英国商人必须在十二个月内出口,而外国商人必须在九个月内出口。并且,已享有其他更好的津贴补助的葡萄酒、小葡萄干和丝质精品,不适用本规定。"该法令中的旧补助税,就是当时唯一的外国商品进口税。此后,各种退税的请求期延长到了三年(乔治一世七年第二十一号法令第十条)。

实施旧补助税后所纳的税,大部分在出口时全部退还了。但上述规定也有例外,例如,退税的原则并不像当初制定的那么简单。

我们可以预料到,某些外国商品的进口量会大大超过国内必要的消费量,因此在其出口时,将全部退还其纳税额,不会保留一半的旧补助税。例如,在美洲殖民地独立以前,英国在马里兰和弗吉尼亚的烟草市场拥有垄断地位,将其烟草进口到国内的数量约为九万六千大桶,大大超过国内所需的消费量(一万四千大桶)。此时,为了促使这巨大超额的出口,政策规定有所有三年内出口的贸易,退还其缴纳的全部关税。

不过,大部分货物出口时,还是会保留旧补助税的半数。英国基本上垄断了西印度群岛的砂糖市场。因此,如果进口的砂糖是在一年内出口的,那么退还其缴纳的全部关税;在三年内出口的,则保留旧补助税的一半,退还其他的。这是因为,和烟草的巨大超额量相比,砂糖的进口量超过国内消费量的数额还是微不足道的。

有的货物与英国制造业者的货物是相互竞争的,因此国家禁止这类货物进口。但这也不是绝对的。它们通过缴纳一定的税也可以进口,并且可以再出口,如丝质精品、法国亚麻布和上等细麻布、印花染色棉布等。只是这些货物的出口是完全没有退税的。因为我们的制造业者,似乎并不愿意奖励这些货物的出口,他们担心这些货物出口之后会与自己的货物竞争。

法国被认为是英国的敌人,因此我们不愿意出售法国商品。我们宁愿放弃自己的利益,也不愿意看到他们在英国获得利益。因此所有的法国货物出口,不但不退还旧补助税的一半,而且连附加的百分之二十五的税也不予退还。例如 1745 年、1763 年和 1778 年进口法国葡萄酒时,每大桶须缴纳二十五镑关税,但在出口时均不予退还。

按照旧补助税附则的第四条规定,所有葡萄酒在出口时的退税额,要大于其进口税的一半。从这一规定,似乎可以看出立法者的意图,是要对葡萄酒出口进行特殊的奖励。但实际上,葡萄酒关税在出口时只被退还了一部分。虽然与旧补助税同一时期或稍后征收的税种,诸如附加税、新补助税、三分之一补助税、三分之二补助税、1692 年关税以及葡萄酒检验税等都规定在葡萄酒出口时全部退还所缴税额,但是,我们知道,除了附加税和 1692 年的关税外,其他税种在葡萄酒进口时都需要缴纳现金。这中间巨大的利息损失我们可想而知,所以说葡萄酒出口贸易其实也并不是一种非常有利可图的贸易。再如,1779 年和 1781 年,对所有货物进口时所附加的百分之五的关税,在其出口时允许全部退还的政策,同样适用于葡萄酒;1780 年针对葡萄酒特别征收的关税,也允许其出口时全部退还。然而,由于保留的关税税种不仅多而且繁重,因此即使有以上优惠也不能促进葡萄酒的出口。值得一提的是,除了北美殖民地

以外,以上的规定对其他所有允许出口的地区都适用。

查理二世十五年第七号法令(贸易奖励法),确定了英国拥有向殖民地提供欧洲所有产物或制造品(包括葡萄酒)的垄断权。我们知道,北美殖民地和西印度殖民地的海岸线非常长,而英国在那里的统治权又较为薄弱,以至于上述垄断权并没有受到大家的重视。最开始,殖民地居民被允许用自己的船,向欧洲各地运送未在政府禁止输入之列的商品;后来,他们还被允许将货物运到菲尼斯特雷角以南的欧洲地区。当然,无论何时他们都能从那些欧洲国家运回一些欧洲商品。至于葡萄酒,从出产葡萄酒的地方运回欧洲葡萄酒却不是一件容易的事;而从英国运回欧洲葡萄酒,似乎更难,因为其对葡萄酒征税繁重且大部分没有出口退税。于是,北美殖民地和西印度殖民地只好从马地拉岛进口葡萄酒(他们与马地拉岛可以针对各种未在政府禁止输入之列的商品进行自由贸易,而马地拉岛的葡萄酒不是欧洲产品)。1755年战争开始以后,英国军官发现,殖民地居民普遍喜爱马地拉葡萄酒。后来,一些军官把这种喜好带回了英国,而在那时以前,英国并不流行喝这种葡萄酒。1763年战争结束后,根据乔治三世四年第十五号法令第十二条规定,除了法国葡萄酒(国民的偏见,不同意奖励法国葡萄酒贸易和消费),其他任何葡萄酒出口到殖民地,在保留三镑十先令之后,可以退还其他的税款。然而,这项优惠政策发布之后不久,北美殖民地就独立了,因此,这项政策并没有改变殖民地的那些习惯。

对殖民地来说,上述法令的规定,仅就葡萄酒(法国葡萄酒除外)的退税上,其所得到的优惠大于其他国家,但在其他大部分商品的退税中,他们所得到的优惠比其他国家要小得多。例如大部分货物出口到其他国家时,可以获得旧补助税一半的退税,而上述法令规定,除葡萄酒、白棉布和细棉布之外,其他任何欧洲或东印度生产制造的商品出口到殖民地时,均不能得到旧补助税的退还。

退税制度建立的目的,是为了奖励出口贸易。虽然出口贸易中运送船舶的费用由外国支付,并且出口贸易可以给本国带回金银,表面上看其似乎不需要获得特殊的奖励,但是这种奖励本身是合理的。这是因为,退税制度只是为了防止进口税排斥某种贸易,它并不会使流入出口贸易的资本大于在无进口税时流入该贸易的资本;并且,对于那些既不能投入本国农业和制造业,又不能投入国内贸易和国外消费品贸易的资本,出口贸易解决了它的出路。因此,即使出口贸易不应该得到特别奖励,但也不应该受到妨碍,它应当和其他各行业一样,获得自由发展。同时,关税的收入,与其说会因为退税而减少,还不如说因为退税而增多。因为在退税时,仍然要保留一部分关税。例如,假设全部的关税都被保留,已纳进口税的外国货物由于缺乏市场,而又无法出口,则以后这种货物也就不会被进口了。那么,本来可以保留的那一部分关税,也就没有了。

上述这些理由似乎可以证明,即使本国产品或外国产品的关税在出口时全部退回也是合理的。虽然,国内产业税收和关税会遭受一些损失,然而被征税所扰乱的产业平衡(劳动的自然分工和分配)却会得到恢复。不过,上述理由并不能证明将货物出口到英国已具有垄断地位的国家,其退税是合理的;它仅仅能证明的是将货物出口到完全独立的国家时,退税是合理的。以欧洲货物出口到美洲殖民地为例,退税并没有使出口额大于无税时的出口额。原因在于英国在殖民地享有垄断地位,就算退还了全部税额,也不会因此增加对殖民地的出口量。在这种情形下,退税既不能改变贸易状况,也不能扩大贸易,只会给国家产业税和关税造成损失。

那么,怎样的退税会对殖民地的产业有利,或在什么情况下,对殖民地人民免除一些本国其他人不能免除的税额能对本国有利?这个问题我准备在论述殖民地时详细说明。大家都知道,有些烟草的退税常常被滥用,产生了既不利于收入也不利于贸易公正的欺诈行为。因此,这里必须指出,只有在商品真正地出口到国外,而没有再秘密流回本国时,退税制度才会带来好处。

第五章　奖励金

在英国,经常有人针对某些商品申请出口奖励金,而政府有时也会同意发放这种奖励金。由于在外国的市场上,我们不能够像在国内一样,完全垄断工人的劳动;对待外国人,不能像对本国人一样,强迫他们购买本国生产的商品,所以有人想出了一个办法,那就是我们来为外国人的消费埋单(也就是给这些商品发放奖励金)。有人认为,这种奖励金,对于本国商人和制造业者来说,可以使他们在国外市场上以低廉的价格与竞争者竞争销售商品;对于国家来说,可以使出口量增大,从而使贸易差额更加有利于国家。这个被重商主义所提倡

的、以贸易差额强国富民的办法,被认为是最好的办法。

有一种说法认为,只能对那些依靠奖励金才能维持经营的商业部门发放奖励金。但是,我们都知道,任何商业部门销售货物,其所得利益如果能够补偿货物生产和销售的成本并且获得利润,那么这些商业部门就和其他没有奖励金的部门一样,即便没有奖励金也能正常经营。如果某些商业部门销售货物所得的利益,不能补偿成本或不能提高利润,那么发放奖励金支持这些商业部门的继续经营,实际上就是在鼓励一种收益小于成本的经营方式,即每一次经营都只会亏本而不会赢利。试想,如果所有的商业部门都这样的话,国家的资本很快就会被消耗殆尽。

我们应当明确的是,可以发给奖励金的商业部门,应当是那些长期经营两国之间的贸易并且经常亏损的部门。但实际上,就算没有奖励金来补偿损失,出于自身利益考虑,这些部门也会改变自身的资本用途,转入其他可以获利的行业。因此,可以看出,奖励金制度,和重商主义提出的其他措施一样,只不过是使本国产业的发展违背了正常规律,并且使其发展状态更加不利而已。

有一个学识渊博的作者,在关于谷物贸易的论文中写道:"谷物出口奖励金制度建立以来,从谷物的一般价格来考察,其出口价高于进口价;从谷物的高价格来考察,这个差额将会极大地超过这期间的奖励金总额。重商主义者会说,出口额超过进口额的差额,不仅弥补了国家奖励金的支出,还有很大的剩余额,这样的谷物贸易不正对国家有利吗?但实际上,奖励金的支出只是社会为谷物出口贸易所付出的一小部分而已,他们并没有考虑农民为种植谷物所付出的成本。因此,如果谷物在外国市场上的收益,不能收回奖励金的支出和农民的成本并获得利润——这正是奖励金制度建立的原因,那么中间的损失便是整个社会或者说是国民资产的损失。"

有人说,谷物平均价格的显著下降是由奖励金制度带来的结果。我曾经说过,在上世纪末到本世纪前六十四年之间,谷物的平均价格会持续跌落。如果真如我所说的,那么即使没有奖励金制度也会发生这样的结果。例如,法国没有奖励金制度,1764年前,法国还禁止谷物出口,但是法国的谷物平均价格和英国一样也下降了。归根到底,谷物平均价格的下降,是由于银的实际价值逐渐上升所导致的,而并不是由哪种制度所造成的。我在本书第一篇中就已经说明,本世纪欧洲市场上银的实际价值在逐渐上涨。由此可见,谷物价格的降低并不是奖励金造成的。

前面已经谈到,在大丰收年里,奖励金会促使谷物的大量出口,以致国内市场的价格高于正常状态(无奖励金制度时)下的价格——当然这是倡导奖励金制度者所鼓吹的状态;但在歉收的年岁,虽然奖励金制度停止实施,但由于丰年的大量出口,致使丰年没有多少剩余来补偿这一年的不足,于是谷物价格还是会提高到正常价格以上。可见,无论是否丰收,奖励金制度都会提高谷物的国内市场价格,使其高于正常状态下的价格。我相信,稍有理性的人都会赞同我以上的观点的。

但有人用以下两点理由,来支持它们关于奖励金制度有助于鼓励耕作的观点:第一,奖励金为农民提供了广阔的国外市场,增加了谷物的需求,有助于促进谷物的生产;第二,农民在奖励金制度下卖出的价格,比他们在正常耕作情况(无奖励金制度)下的价格要高,因而会鼓励耕作。并且,在长时期内,这样的双重效果将大大促进谷物的生产;并且在这个时期末,奖励金制度提高谷物价格的程度将远远小于正常耕作情况下国内谷物价格的下降程度。

我对上述第一点理由的回应如下:奖励金开辟了国外市场,必然会损失国内市场。依靠奖励金才能出口的谷物,在不能出口时便留在了国内市场,虽然增加了消费,却使谷物价格下降了。与其他出口奖励金一样,谷物奖励金也从老百姓身上征收了两种不同的税:一是为奖励金的负担而向人们征的税;二是国内市场产品价格的提高而产生的税,这是人们在购买谷物时无形支付的。就谷物来说,第二种税要比第一种繁重得多。我们按年平均价格假定,每出口一夸脱小麦要支付五先令奖励金,并且,较之无奖励金时,国内市场上谷物的价格每蒲式耳高出六便士(每夸脱高出四先令)。那么,人们不仅要负担出口奖励金中的每夸脱五先令,而且在每消费一夸脱小麦时要多支付四先令。按照前述那位作家的理论——谷物的出口量与国内消费量的比例是一比三十一,那么,当人们对第一种税的纳税是五先令时,对第二种税的纳税便是六镑四先令了。将这样沉重的赋税加在生活必需品上,导致的结果是不仅减少了贫苦人民的生活必需品,而且还会使工资按照生活必需品价格的提高而提高。在第一种情况下,人民生活必需品不断减少,他们养育子女的能力必然会降低,从而阻碍国内人口的增长;在第二种情况下,工资的提高使雇主无力雇用更多的员工,必然会影响国内产业的发展。这样一来,奖励金制度,一方面使国外市场和国

内市场的比例不断扩大；另一方面，由于它阻碍了国内人口和产业的发展，从而阻碍了国内谷物市场的发展，最后也将影响国外谷物市场的扩大。这样来看，实质上，奖励金制度并没有扩大谷物的市场和消费量，反而是减少了谷物的市场和消费量。

上述第二种观点认为：谷物价格的提高有利于农民，因此会促进谷物的生产。

我对这种观点的回应如下：如果发放奖励金的结果是谷物的真实价值提高了，农民能够按照当时的生活方式，以等量的谷物维持更多人的生活——无论是富裕的、适中的还是节俭的，那么结果也许会像上述观点所描述的那样。但实际上，任何人为的制度包括奖励金制度都不会有这样的结果。奖励金对谷物价格的影响只是名义上的，它并不能真正影响谷物的真实价值，只是降低了银的真实价值。

由于谷物的货币价格决定着其他产品的价格，因此可以说，等量的银，交换的谷物数量与交换的其他产品数量一样。奖励金制度对人们征收的沉重赋税，对纳税人来讲是重大的负担，但对受益人来讲所得利益却很少。

谷物的货币价格也决定着劳动的价格。社会的进步、退步或停滞，会使劳动者的雇主按照富裕的、适中的或节俭的方式生活。劳动的价格，是指劳动者按照富裕的、适中的或节俭的方式生活而购买一定的谷物的购买力。

谷物的货币价格决定着其他所有土地生产物的价格。在改良的过程中，所有土地生产物的价格都会与谷物价格保持一定的比例。当然，这个比例会因时期的不同而不同。以牧草、干草、家畜肉以及马和马粮为例，它们的价格会随着内陆运输以及国内贸易对谷物价格的影响而变动。

由于谷物的货币价格决定着其他所有土地生产物的价格，因而也决定了所有制造业原料的价格；又由于谷物的货币价格决定着劳动的价格，从而就决定着制造者技能熟练程度的价格。以上二者结合，可以得出，谷物的货币价格决定着制造品的价格。总之，劳动的价格、所有土地生产物和制造品的价格，都随着谷物价格的变动而变动。

发放奖励金的结果，使得谷物的价格由三先令六便士提高到四先令，对农民来说，他们还必须向地主缴纳与谷物价格提高相应的货币地租。但是谷物价格的提高，并没有使现在四先令的购买力高于以前的三先令六便士；也没有使农民和地主的生活状况得到多大的改善。当然,在人们购买外国商品时,谷物价格提高可以使他们得到些许好处;但他们在购买本国产品时,则根本无利可图。并且,重要的一点是,农民和地主的资本基本上都是用来购买本国产品的。

矿山富饶使银价下跌,对大部分商业部门造成的影响基本上都是一样的。因此,银价下降导致商品价格的上涨,并不能使商品所有者更富裕或更贫穷。虽然金银的价格实际上较之以前更低廉,然而其他任何物品的真实价格却没有变化。但是,如果银价的下跌是个别国家或政治因素的结果,那么这是一件极其重要的事情。它虽不会使人们更富裕,但却会使人们更贫穷。原因在于,所有商品价格的上涨,会抑制国内产业,使在外国出售产品时需要的银比本国产品少,因而无论是在国际市场还是在国内市场,外国的售价都比本国的售价低。

例如,西班牙和葡萄牙金银矿山丰富,因而可以向欧洲其他国家出售金银。金银价格,在西班牙和葡萄牙稍微低廉,在欧洲其他国家则较为昂贵。从上述可知,西班牙和葡萄牙在贸易时就会遭受一种先天的劣势。但其金银价格与欧洲其他国家的差额,不能大于运输金银的费用及其保险费。由于金银体积小且价值高昂,因此运输费用不是什么大问题;而保险费,也是和其他等值货物的保险费相同的。如果西班牙和葡萄牙没有因为政治制度加剧自己的不利情况,那么他们实际上由这种特殊情况遭受的损失是很小的。

然而,西班牙对金银出口采取的政策是征收赋税,葡萄牙则禁止金银出口,结果金银的走私行为不断,因为金银的价值在其他国家高于西、葡两国的价值,可以和走私的费用相抵。我们以一条有堤坝的河流为例来说明这一情况,如果坝内水满则水会像没有堤坝一样溢出。同样的道理,禁止金银出口也会导致这样的结果。一国并不能保留供使用以外的多余金银量。因为一国在铸币、金银器具、镀金以及金银饰品上使用的金银量的多少,是由该国的土地和劳动的年产量所决定的。若多于所使用的数量,多余的部分就会像坝内水一样向外溢出。西、葡两国限制金银的出口,使得其金银每年的出口量与进口量差不多是一致的。这样,同他们土地和劳动的年产量相比,西、葡两国国内的金银量是大于其他国家的。因此,限制越多——如征税越重、禁令规定的刑罚越严重、法律执行越严密,这种差额就越大,就像堤坝越高,坝内外的水位差越大一样。人们常常可以看到西、葡两国的国民家中有许多金银器具,但却看不到与这种富贵象征相适应的其他东西。而金银大量剩余,必然导致金银价值下降,

从而使所有商品价格上涨,最后则会抑制两国的农业和制造业的发展。于是,外国可以使用较少(比他们在国内花费的少)的金银量,向西、葡两国提供几乎所有的制造品和大部分的土地生产物。

在以下两个不同的方面,征税和禁止起着一定的作用。一方面,征税降低了西、葡两国金银的价值;另一方面,由于国内金银过剩,导致外国金银价值略微上涨。如果外国与西、葡通商,那么双方其实都可以享有利益。我们知道,如果将水闸打开,坝内的水流向坝外,不久,坝内外水位就会相等。因此,若取消这种赋税或禁令,西、葡的金银量会减少,外国的金银量会增加,不久,金银量在所有国家间会达到相等或近似相等。而表面上,虽然西、葡的商品、土地以及劳动的年产物价格会下降,金银出口会带来损失,但实际上,商品和年产物的真实价值还是和以前一样,其所能维持、支配和雇用的劳动数量也和以前一样,只是较之以前,现在是以较少的金银量来代表的。金银价值的上涨,使现在用较少的金银量进行商业流通,与以前用大量的金银相比,所产生的效果是一样的。而流入外国的金银,也并不是单纯地流入,而是换回等价的货物。这些货物并不是全部供懒惰的富人消费;那些富人的真实财富和消费,也不会因为金银的出口而有所增加。在交换回来的货物中,大部分是材料、工具和食料,劳动人民利用它们可以生产出他们所消费的全部价值并获得利润,从而又能雇用和维持更多的劳动人民。这么一来,以前社会上的死资本就变成了活资本,并促进了产业的发展;土地和劳动的年产量也会逐渐增加;最后,目前产业上所遭受的不利情况也会彻底改变。

谷物出口奖励金制度所产生的结果,就如西、葡两国对金银出口采取的不合理政策所导致的结果一样。无论目前的耕作状态如何,谷物出口奖励金都会使国内市场的谷物价格高于无奖励金时的价格;使国外市场的谷物价格低于无奖励金时的价格。如前所述,谷物的平均货币价格,在一定程度上影响着其他所有商品的平均货币价格,这么一来,奖励金便会使国内银价下降,而使国外的银价上涨。于是,外国人特别是荷兰人,便可以以更低廉的价格获得英国的谷物——这个价格不仅低于无奖励金时的价格,而且低于有奖励金时的价格。杰出作家马特·德柯尔曾经说过:"奖励金制度,未能使英国的工人像无奖励金时那样,花费少量的白银生产商品,却使荷兰人只需花费少量的白银就能生产商品。"这样的结果是,无论在哪里,英国的制造品价格都比无奖励金时贵,而荷兰的制造品价格都比无奖励金时便宜。最后,荷兰的产业享受到了双重利益(低成本和高利润)。这是因为,奖励金使英国谷物的国内价格上涨只是表面现象,其真实价格并没有上涨;奖励金使一定谷物所雇用和维持的劳动数量上涨也是表面现象,其实质上是使一定谷物所代表的白银数量上涨了。这种结果,对英国制造业、农民和乡绅都造成了不利的影响。虽然农民和乡绅的收入增加了,但他们所能购买的劳动量、食物以及其他商品的数量都减少了,因此,他们所得的利益只不过是表面上的利益而已。

我看整个国家中,就只有一种人能够从奖励金制度中获得实际利益,那就是谷物商人(出口商或进口商)。在丰收年,奖励金使得谷物出口量大于无奖励金时的数量;在歉收年,奖励金使得谷物的进口量大于无奖励金时的数量。于是,无论丰收还是歉收,谷物商人都能从中获益,尤其是在歉收年,他们进口的谷物可以以更高的价格出售,从而获得更大的利润。因此,谷物商人应该是最赞成奖励金制度的人了。

至于乡绅,他们效仿制造业者,认为应当对外国谷物的进口征以重税(丰收年则是禁止),对本国谷物的出口给予奖励。他们认为,这样既可以取得国内市场的垄断地位,又不致使国内市场过剩。这样的做法,和制造业者是一样的。然而谷物和制造品是有着根本差别的。垄断国内市场或奖励出口的办法,与不采取这些办法时相比,毛织品可以以更高的价格出售,因为这些办法,不但提高了货品的表面价格,也提高了货物的真实价值。于是,制造业者不仅表面上增加了财富,其真实财富也增加了,他们可以过上更富裕的生活,雇用更多的劳动力——比无奖励金时所能雇用的多,消费更多的生活品。然而,将奖励金制度运用到谷物上,其提高的并不是谷物的真实价值,而仅仅是表面价格。因此,这样的结果,并不能增加农民或乡绅的真实财富,也不能使谷物维持和雇用更多的劳动者,自然也不能促进谷物的耕作。

我们知道,万事万物都有其本质,谷物所凝结的真实价值并不能随着货币价格的浮动而改变。无论是出口奖励金制度,还是在国内市场占据垄断地位,都无法提高谷物的真实价值;即便是最自由的竞争,也不能降低该真实价值。就全世界范围而言,谷物的真实价值,取决于它所能维持的劳动量;就某个地区而言,谷物的真实价值,则是由谷物按照当地维持劳动者生活的一般方式所决定的,即富裕的、适中的或节俭的生活所能维持的劳动量。我们知道,毛织物

和麻织物并非支配性的生活品,它们并不能衡量、决定其他所有商品的真实价值。谷物则不然。谷物的平均货币价格与其他商品平均货币价格的比例,衡量、决定着其他商品的真实价值。虽然在不同的世纪里,谷物的平均货币价格会有所不同,但其真实价值却不会随意变动,变动的仅仅只是白银的真实价值。

实际上,任何商品的出口奖励金制度,都必然会遭到人们的反对。原因在于:第一,重商主义的所有政策,都违反了正常的规律,导致国内的部分产业转入了利润较少的行业,因而一般都会遭到反对;第二,出口奖励金制度,不仅使部分产业转入利润较少的行业,甚至还会使这些产业转入无利可图的行业,所以特别遭人反对。而谷物出口奖励金制度遭人反对,还有其他的理由:首先,它根本就不能促进它想要促进的那种商品的生产。乡绅们完全是在模仿制造业者的基础上,要求建立这种奖励金的,但乡绅们并不能像制造业者那样完全清楚自己的利益所在。他们不仅耗费了国家的巨大收入,而且对人民大众征收了沉重的赋税,但他们商品的真实价值却并没有因此而得到明显提高。此外,由于银的真实价值因此有所减低,奖励金制度反而抑制了国家一般产业的发展。而国家一般产业的发展又决定着土地的改良程度,所以说,他们要求的奖励金不但不会促进土地的改良,反而在一定程度上阻碍了土地的改良。

有一种观点认为,在促进商品生产方面,生产奖励金制度比出口奖励金制度更为有效。此时,人民只须缴纳一种税以支付该奖励金。生产奖励金,会降低国内市场商品的价格,因此人们不必缴纳上述提到的第二种税(货物价格提高而引起的),并且,在某种程度上,人们缴纳的第一种税,似乎也得到了一部分的补偿。重商主义的偏见认为,国民财富来源于出口的比较多,来源于生产的比较少;在赚取货币方面,出口比生产更受欢迎。因此,生产奖励金并不会经常发放。另有观点认为,生产奖励金比出口奖励金更容易衍生欺诈。我不知道这种说法是否正确,但众所周知的是,出口奖励金在现实中的确引发了许多欺诈行为。然而,商人和制造业者都支持出口奖励金这一政策的原因在于,他们的货物不会在国内市场大量过剩——生产奖励金有时会导致过剩,而出口奖励金却使过剩部分运送至国外,从而使国内的剩余货物能够以高价出售。于是,在重商主义的各种政策中,出口奖励金制度是他们最青睐的一种了。某些行业的经营者,甚至愿意自己掏钱来奖励部分货物的出口。这种政策实施得很顺利,主要表现在以下两个方面:一是增加了国产商品的数量;二是使自己的货物在国内市场上保持一倍以上的高价出售。然而，如果谷物奖励金真能降低谷物的货币价格，其结果则是迥然不同的。

某些类似于生产奖励金的奖励金，在特定的场合也曾被发放。例如，鳕白渔业及鲸渔业按渔船吨数计算的奖励金，正是这种性质。据说，这种奖励金使得该商品在国内市场的价格比无奖励金时更低。但从其他角度来看，我们必须承认，其结果和出口奖励金是一样的。这种奖励金使国内部分资本花费在货物上市的环节上，但其价格无法补偿成本并提供利润。虽然这种奖励金无益于国民财富的增长，但是可以增加船舶和水手的数量，有利于国防建设。可以说，用这种奖励金来维持一个庞大的常备海军所需的费用，比维持常备陆军所花费的费用要小得多。

虽然上述奖励金有这些优点，但我依然相信议会在批准这些奖励金时是受到了蒙蔽的，理由如下：

首先，鳕白渔业奖励金的数额似乎太大了。自1771年冬季渔汛开始到1781年冬季渔汛结束，鳕白渔船的吨数奖励金，为每吨三十先令。在海上捕获后立即腌制的鳕白鱼，被称为海条；用盐加以包装运到市场去出售的，被称为商用鳕白鱼，一般三桶海条可改装为两桶商用鳕白鱼。在这十一年里，苏格兰鳕白鱼渔船捕捞的鳕白鱼总数为三十七万八千三百四十七桶；商用鳕白鱼，共有二十五万两千二百三十一又三分之一桶；政府支出的吨数奖励金，总计为十五万五千四百六十三镑十一先令，即每桶海条是八先令二又四分之一便士，每桶商用鳕白鱼是十二先令二又四分之一便士。

腌制鳕白鱼的盐，无论是来自苏格兰还是来自外国，在交给腌鱼业时都可以免纳所有的国产税。目前，每蒲式耳苏格兰盐，需要缴纳国产税一先令六便士，每蒲式耳外国盐需要缴纳十先令。听人说，每桶鳕白鱼大约需要外国盐四分之五蒲式耳；苏格兰盐，则平均需要两蒲式耳。如果鳕白鱼是用于出口的，那么可以免缴所有盐税；如果是供国内消费的，那么无论是用外国盐还是苏格兰盐，每桶需要缴纳一先令（这是以前苏格兰对一蒲式耳盐所征的税额）。我们知道，在苏格兰，外国盐通常只用来腌制鳕白鱼。就算最保守地估计，腌制一桶鳕白鱼也需要一蒲式耳盐。从1771年4月5日到1782年4月5日，外国盐的进口量共计九十三万六千九百七十四蒲式耳（每蒲式耳重八十四磅）；但交给腌鱼业的苏格兰盐却只有十六万八千二百二十六蒲式耳，每蒲式耳只有五十六

磅。从这些数据可以看出,渔业用盐主要用的还是外国盐。

另外,如果鳕白鱼是出口的,那么每桶可以获得两先令八便士的奖励金。而渔船捕获的三分之二以上的鳕白鱼又都是出口的。因此,总的算一下,大家就会知道,在这十一年间,渔船捕获的鳕白鱼,若以苏格兰盐腌制,则在出口时,每桶花费了政府总共十七先令十一又四分之三便士;在供国内消费时,每桶花费了政府总共十四先令三又四分之三便士。若以外国盐腌制,则在出口时,每桶花费政府的共一镑七先令五又四分之三便士;在供国内消费时,每桶花费政府的,共一镑三先令九又四分之三便士。好的商用鳕白鱼一桶的价格,最低是十七或十八先令,最高是二十四或二十五先令,平均约为一几尼。

其次,鳕白鱼业的奖励金不按捕鱼量的多少发放,而是按渔船的吨数发放的。因此,我担心很多渔船出海都是以获得奖励金为目的,而并不是以捕鱼为目的的。1759 年,鳕白渔业的奖励金是每吨五十先令,然而,在苏格兰,所有的渔船捕到的鱼一共只有四桶海条。但是,政府这一年为每桶海条所花费的的奖励金就达一百一十三镑十五先令,就每桶商用鳕白鱼来说,政府需要花费的奖励金数额为一百五十九镑七先令六便士。

再次,鳕白渔业经常使用的船只,一般都是载重二十吨到八十吨的大渔船或甲板船。这种做法或许是向荷兰人学习的,但实际上却不太适合苏格兰的情况。在荷兰,鳕白鱼大量生存的海域距离陆地很远,因此从事渔业需要远海航行,只能使用能够携带充足食物的甲板船。而在苏格兰,从事鳕白渔业的主要地区距离陆地很近(赫布里迪兹群岛、西部群岛、设得兰群岛以及北部海岸与西北部海岸,到处都是海湾,鳕白鱼就聚集在这些被称为海湖的海湾中);并且,鳕白鱼回游期不稳定,因此,对于苏格兰来说,小船渔业其实是最适合的了,且渔夫捕完鱼后就可立即腌制或食用。只不过,在苏格兰,小船渔业是没有奖励金的,而大船渔业却可以得到每吨三十先令的奖励金。在同样的情况下,与大船渔业相比,小船的腌鱼很难获得市场。因此,曾经较为繁荣的小船渔业(听说有不少海员),如今全都衰落了。由于小船渔业没有得到什么奖励金,所以关税吏和盐税官都没有留下有关记录。因此,以前的小船渔业究竟达到了怎样的规模,我现在并不能确定。

最后,在苏格兰,很多地方的普通人民在一定季节里都将鳕白鱼作为主要的食品。若奖励金可以使国内市场鳕白鱼价格下降,那么对于英国大多数并不富裕的人民来说,也是一种救济。然而,鳕白鱼大船渔业奖励金并不能产生这样好的结果,它所导致的是刚好相反的结果,例如:(1)破坏了适合国内市场的小船渔业的发展;(2)每桶两先令八便士的附加出口奖励金,使大渔船捕获的三分之二的鳕白鱼出口到了外国。在三四十年之前,即大渔船奖励金还未设立时,每桶鳕白鱼的普通价格为十六先令;在十到十五年之前,小船渔业还没有衰落殆尽的时候,每桶鳕白鱼的普通价格为十七先令到二十先令;而在最近五年里,每桶鳕白鱼的平均价格为二十五先令。这种高价的出现,一方面是由于苏格兰沿海各地缺少鳕白鱼;另一方面是自从美洲战争开始以来,装鳕白鱼的桶(桶价计算在鱼价内)的价格涨了近一倍,由原来的约三先令涨到了近六先令。不过,我手中关于过去价格的记载并不是完全一致的。有一位经验丰富的老人曾经告诉我,五十多年以前,一桶好的商用鳕白鱼的价格一般是一几尼。我觉得,现在还是可以把它看做是当时的平均价格。但所有的这些记载都表明,大渔船奖励金并没有使国内市场上鳕白鱼的价格降低。

有些人也许觉得,如果享受奖励金支持的这些渔业家以平常价格或高一些的价格出售他们的商品,那他们应该会得到很大的利润。但是,我却认为,仅仅就小部分人来说,情况可能是这样,但大部分的情况并不是这样的。这种奖励金的意义,其实只是奖励那些冒风险从事自己并不了解的行业的企业家,并且这些巨额奖励金并不能补偿他们因无知而引起的损失。1750年,根据乔治二世二十三年第二十四号法令,第一次规定每吨鳕白鱼奖励三十先令,并同意建立一个合股公司(公司经理和理事都住在伦敦),资本为五十万镑。在十四年内,投资人每投资一百镑,每年可收回三镑,由关税征收官每半年支付一半(除了其他各种奖励,如上述的吨数奖励金、每桶两先令六便士的出口奖励金,盐税等一律免纳)。之后,政府又在国内各海港公布,设立资本总额一万镑以上的渔业公司是合法的。这些小的渔业公司,都是由经营者自行负责、自负盈亏的,但同样可以获得年金以及各种奖励。不久,大公司的资本就满额了,国内各海港也设立了好几家渔业公司。但是,即使有这些奖励,这些大大小小的公司还是失去了他们全部或大部分的资本,最后销声匿迹了。而如今鳕白鱼渔业几乎全部由私人资本家经营。

当然,若某制造业确是国防所必需的,那么依靠他国来供给这种制造品就是非常愚蠢的;如果这种制造业无奖励便不能在国内维持,那么就算对其他所

有产业进行征税来维持它的发展，也是合理的。英国就是根据这个原理对帆布和火药的制造发放出口奖励金的。然而，如果对人民大众征税只是以维持个别制造业的发展，那么，一般来说，这就是不合理的。在经济繁荣时期，当人们有很多的收入，甚至不知道如何使用时，对于个别制造业发放这样的奖励金，也许对民众来说是无所谓的。然而，在经济普遍困难的时期，若还是继续这样浪费，那就是非常错误的。

我们应当重视事物的本质，不用在乎名称的具体叫法。例如，奖励金有时被称为补贴金，退税有时被称为奖励金。作为退税的奖励金，不能够与真正的奖励金一概而论。精砂糖的出口奖励金，其实是对赤砂糖、黑砂糖的出口退税；精丝制品的出口奖励金，也可以说是对进口税的退还；火药的出口奖励金，可以说是对硫黄、硝石进口税的退还。根据关税术语，那些出口时形态和进口时一样的货物所得的补贴，被称作退税。如果进口以后，货物形态被某制造业加以改变，名称也随之改变，并且归入了新的项目之中，则其所得的补贴叫做奖励金。

社会对有专业技能的技术人员和制造业者所发放的奖金，也不能被称为奖励金。因为这种奖金的性质与上述所讲的奖励金完全不一样：一、它不会使一国资本违反正常规律，大量地流入某一个特定行业，它只是奖励了人们的技能，从而增进了各行业工人的上进心；二、这种奖金不会破坏各行业的平衡，它反而完善了各行业的发展。此外，奖励金的花费比奖金的花费要大得多。以谷物奖励金为例，社会每年的花费有时达三十万镑以上。

下面，我来谈一谈谷物贸易和谷物条例。人们对谷物出口奖励金制度的法律和相关规则，一般都予以普遍称赞。我将用奖励金这一章的论述来指出这种称赞和表扬是不当的。对于谷物贸易的性质及英国与谷物贸易有关的主要法律的专门研究，可以充分证明我的观点的正确性。

谷物贸易，包括四个不同的部门。这四个部门，有时虽然由一个人经营，但按其性质的不同，可以分为四种独立的贸易：一是内地商人的贸易；二是国内消费品进口商的贸易；三是供国外消费的国内生产物出口商的贸易；四是运输商的贸易，即进口谷物再出口的贸易。

第一，内地商人的贸易。实际上，尤其在大荒年，内地商人的利益是和人们的利益一致的，虽然其表面上看起来似乎和人们的利益相反。对内地商人来说,他通过谷物实际歉收的情况而提高谷物价格来获利,当然,如果该价格提高的程度超过了一定的限度的话,那么他也将遭受不利。因为谷物价格的提高必然影响谷物的消费量。在这种情况下,所有人(尤其是底层人民)都不得不依靠节省粮食来生活。当谷物价格提得太高时,谷物的消费将会受到很大程度上的阻碍,最终使得市场上的供给超过消费。直到下次谷物上市,内地商人将会遭受两种损失:一是因为收成不好的自然原因而遭受很大的损失;二是上一次的剩余量只能以比之前更低的价格出售,从而遭受一定的损失。与此相反,当谷物的价格提得不够高时,谷物的消费虽然不会因此受到阻碍,市场上的谷物供给量很有可能小于消费量;但是,内地商人却会因此而损失一部分的利润,而且还将使人民在这一季节结束前面临饥饿的威胁。内地商人无论是出于对人民利益的考虑,还是出于其自身利益的考虑,都必须保证每一季节的谷物供给都与人们每天、每星期、每月的消费保持相应的比例。而内地商人又是非常了解谷物的收获情况以及谷物每日、每星期和每月的销售情况的。他凭借这些知识,基本上能够正确判断人们的实际需求量。因此,他一定会尽自己最大的判断能力,按上述比例向人民提供谷物,使他的谷物能够达到最好的价格,从而获得最大的利润。就算他忽视民众的利益,只为自己打算,但是在谷物歉收的年份,他也应当按照谨慎船长对待船员的态度来对待人民大众——他在预见到粮食缺乏时,就应当叫他们节省粮食。不可否认,有的船长可能考虑的太多,在没有必要的时候也叫船员们节省粮食,从而使他们感到困难。然而,上述这点困难和船长冒失的行为使大家遭受灾难相比,可以说是微不足道的。与此相同,贪婪的内地谷物商人也许会把谷物价格提高到超过歉收年应有的程度,那时,人们虽然可以避免季节末的饥荒,但还是会感到困难。然而,与商人在季节初廉价出售谷物而造成人们季节末的饥荒相比,这种困难也是微不足道的。并且,谷物商人自己也会因这种贪婪而受到损害:人们都会憎恨他。另外,在季节末,他手上仍有一定的谷物剩余量,如果下一季节是丰收的,那么他就只能以比之前低得多的价格出售这些剩余量了。

假若一大群商人占据着一个国家的所有收获物,他们出于自身利益的考虑,也许会像荷兰人处置马鲁古群岛的香料那样,为了提高一部分存货的价格,把大部分的存货毁坏或抛弃。然而,就谷物来说,就算有法律的强制力,要对谷物进行大范围的垄断也是非常困难的。在法律允许自由贸易的地方,谷物可以算是最不容易被少数大资本家所垄断的商品了。这是因为,一个国家收获的全部谷物是巨大的,少数私人的资本是不可能全部购买的;即使他们能够全部购买,谷物的生产方法也会阻碍他们达到购买目的。对于任何国家来说,谷物都是年消费量最大的商品。因此,相对于生产其他物品,一国的劳动每年用在生产谷物的部分必然要大得多。自从谷物第一次从土地上收获,它便开始在众多人之间进行分配。这些所有者散居在国内各处,并不像许多的独立制造者一样聚居在一个地方。对于最初的所有者来说,他要么是直接将谷物出售给邻近的消费者,要么是通过出售给其他内地商人而间接出售给消费者。相对于经营其他商品的商人,内地谷物商人的人数也更多,他们散居在各地,从而不可能组成什么团体。在歉收年份,当某一个商人发现他的谷物不能按现价在季节末售完时,为了不使他的竞争者得利而自己受损,他就会立即降低谷物价格,在下一个季节的新收获物到来之前将谷物出售。影响这个商人行为的因素,也将影响其他的商人,于是他们都会根据自己的判断,按照季节的丰歉以最合适的价格出售谷物。

如果认真研究本世纪及上两个世纪欧洲各地粮食不足和饥荒的情况(有些记录是很可靠的),我们就可以发现一个事实,即当时的粮食不足,并不是由内地谷物商人的联合垄断所引起的,而是因为真正的不足。特殊情况下,粮食不足可能是因为战争,而大多数情况下,是因为收成不好。并且,政府解决粮食不足的不适当手段也带来了一些困难。

然而,在通商和交通完全自由的广大产麦国,最不好的收成年也不会出现由大量的粮食不足所引起的饥荒。即使在最歉收的年份,如果能稍微节省使用,也能养活一样多的人数。干旱和暴雨最能影响粮食的收成。而我们都知道,麦子既可以生长在高地,也可以生长在低地;既可以生长在潮湿的土地里,也可以生长在干燥的土地中。因此,当遇到暴雨季节时,高地收成好,低地不好;当遇到干旱季节时,湿地收成好,干地收成不好。于是,无论是暴雨还是干旱,麦子在一个地方的损失可以在另一地方得到弥补,虽然总的收成比气候好的季节要少一些。对于产米国,干旱的影响要严重得多。因为作物不仅需要润湿的土壤,而且在其生长期的一段时间内,它还必须浸泡在水中。但是,在这样的国家里,并不是经常发生干旱,从而也不至于引起饥荒。其实只要政府允许自由贸易,就可以避免发生饥荒。例如,数年前,孟加拉的干旱,本来只会引起大量的粮食不足,然而,后来可能是因为东印度公司人员对大米贸易进行了不适当的限制,以致这次粮食不足演变成了饥荒。

为解决粮食不足所造成的问题,政府下令所有的商人以他们认为合理的价格出售谷物。但造成的结果却只有两种:一是商人并不提供谷物,导致人们在季节初期就要遭受饥荒;二是商人们提供谷物,并鼓励人们快速地消费,结果人们在季节末仍然面临着饥荒。我们知道,真正的粮食不足问题,是不能避免而只能减轻的。而完全自由的谷物贸易,既是防止饥荒的唯一有效办法,也是减轻粮食不足问题的最好办法。因此,谷物贸易比任何一种贸易更值得受到法律的充分保护,也更需要这种保护。正因为这样,谷物贸易比任何一种贸易更容易遭到人们的不满。

在歉收的年月里,底层人民会憎恨谷物商人,因为他们常常会认为是谷物商人的贪婪造成了他们的贫苦。这时候大家也许会认为,谷物商人不但赚不到钱,还会有破产的危险,因为人们可能会用暴力掠夺他的仓库。但实际上,谷物价格昂贵的歉收年,却正是谷物商人获得大利益的时候。一般来说,他会和一些农民订立合同,要求他们在一定期间按照一定的价格提供一定的谷物。这里的合同价格一般是根据适中合理的价格如平均价格来制定的。例如,上次歉收年份以前,每夸脱小麦的平均价格是二十八先令;其他各种谷物的合同价格也以这个为准。因此,在歉收年份里,谷物商人以平均价格购进谷物,再以高得多的价格售出大部分的谷物。从中,谷物商人就获得了一种超额利润。然而,由于商品的易腐性和价格的随意变动,这种超额利润只是补偿了他在其他方面遭受的损失而已,从而使他的行业与其他行业处在平等的地位。这一点,从人们由谷物贸易转向那些其他发财机会多的贸易这一事实,就可以看得出来。由于谷物商人在歉收年份里获取超额利润,因而更容易遭到人们的反感。因此,一般来说,有一点品格和财产的人,都不愿从事这一行业。由于只有一些下等商人经营这种行业,所以国内市场上生产者和消费者之间的中介,差不多只有磨坊主、面包房主、制粉商、面粉经销商,以及一些贫困的小贩。

虽然谷物贸易行业有利于整个社会,但欧洲以前的政策,并没有致力于消除人们对它的偏见,反而还刺激了人们的这种偏见。例如,爱德华六世五年及六年第十四号法令规定,所有那些购买谷物后想再拿出来出售的人,都被认为是违法垄断者。如果是第一次触犯规定,则判处两个月的监禁,并处相当于谷

物价值的罚款；如果第二次触犯规定，则判处六个月的监禁，并处相当于谷物价值两倍的罚款；如果第三次触犯规定，则判处手指枷刑，由国王决定监禁期限的长短，并没收全部动产。那时，欧洲其他大部分地方的政策也几乎和英国是一样的。

也许我们的先辈认为，人们从谷物商人那里购买谷物肯定比从农民那里购买要贵；因为他们觉得，谷物商人除了要支付给农民谷物成本外，还会获得超额利润。因此，他们想要完全抑制这种行业的发展，甚至想要尽可能消除生产者与消费者之间的任何中介。于是，对谷物商或谷物运送者所经营的行业，他们总是多加限制。比如，那时的规定有：如果没有特许状证明某人诚实公正，那么他便不得经营这种行业。而根据爱德华六世的法令，只有经过三个治安推事的同意，才能取得这种特许状。后来，伊丽莎白的一个法令又加大了这种限制，该法令规定，这种特许状只能由一年开四次的法庭来颁发。

以前，欧洲企图靠上述政策来管理农业——农村中最大的行业。然而，农业的管理原则，与城市中最大的行业——制造业的管理原则是完全不同的。在以前的政策下，农民只能接触到消费者或谷物商人及谷物运送者，因而，他们不但要从事农民的工作，还要从事一些谷物批发商和零售商的工作。相反，在制造业方面，以前的欧洲在许多情况下都禁止制造者自己开店，不允许他们零售自己的商品。上述农业政策的目的，是为了使谷物价格低廉而促进国家的利益，但多数人都不了解这应当如何进行。商业政策的目的，是要促进特定人如店老板的利益。人们都知道，店老板会受制造业者的影响而以低价出卖自己的商品，因此，如果允许制造业者从事零售，那么就会损害这些店老板的利益。

在当时，虽然允许制造业者开店零售商品，但是他们的货物价格绝对不能比一般店铺便宜。其实，无论投入店铺里的资本是多少，它都是从制造业中分离出来的。而且，为了使制造业者与他人处在同等地位上经营业务，像店老板投入的资本赚取了制造业者的利润那样，制造业者投入的这部分资本，也必须能够赚取店老板的利润。在制造业者居住的城市里，假设制造业资本及店铺资本的普通利润都是百分之十，那么，在制造者自己开店零售的情况下，他每出售一件商品将获得百分之二十的利润；当他不是自己开店零售，而是将货物从工厂运到店铺时，他对货物的估价一般是零售店老板支付给他的批发价格。在第一种情况下，如果出售价格比其他店铺老板低，那么他店铺资本的利润便会减少一部分；在第二种情况下，如果他的估价低于批发价，那么他的制造业资本的利润也会减少一部分。表面上，对于同一件商品，他好像是获得了加倍的利润。但由于这种货物曾先后作为两种不同资本的一部分，因此，相对于他投入的资本，他获得的其实只是一种利润而已。如果他所得的利润比这一种利润还少，那么他就亏损了，也就是说，他所投入的全部资本，并没有像其他人那样获得相当的利润。

若是允许农民像谷物商人一样自己出售谷物，那么他的资本将分为农业资本和商业资本两种。其中，商业资本投入谷仓和干草场，以备市场不时之需，农业资本则投入土地的耕作。并且他投入后者所得的利润，不能少于农业资本的普通利润；他投入前者所得的利润，不能少于商业资本的普通利润。对于农民或谷物商人来说，实际上用来经营谷物生意的资本，都要有相同的利润来收回资本的投入，使他们能够和其他同行处于同等地位上。这样一来，被迫兼营谷物商业的农民，绝对不会使他的谷物价格低于自由竞争情况下其他任何谷物商人的谷物价格。

就如以全部劳动投入一项操作对劳动者有利一样，以全部资本投入在一个行业对商人是有利的。从一项反复操作中，劳动者可以学会一种技能，从而能用两只手完成比别人更多的任务；与之相同，商人也可以学会一种简单的货物贸易方法，从而能够以等量的资本经营比别人更多的业务。这么一来，劳动者可以以更低廉的价格提供他们的产品。与将资本和精力投在多种货物上的劳动者相比，商人也可以以更低廉的价格提供他们的商品。与那些精明活跃的小买卖商人不同，大部分制造业者的工作仅仅是整批地购进商品，然后再以低廉的价格零售商品；同样，与那些精明活跃的谷物商人不同，大部分农民的工作仅仅是整批地购进谷物贮存于谷仓内，再以低廉的价格零星地出售给邻近的都市居民。

我认为，为了社会利益所做的一类事情，既不应该受到强制，也不应当受到妨碍。例如，禁止制造者兼营店铺的政策，企图强行加速资本用途的划分；而强迫农民兼营谷物贸易的政策，直接阻碍了资本用途的划分。可以说，这两种政策都侵犯了自由，因此都是不正当的。有一句谚语说，兼营一切事业的人不富。以劳动或资本兼营没有必要经营的行业的人，不会因为他的商品比竞争者的售价低而使其竞争者受损，大部分情况下，他只会使自己受损。人们是自己

行为的当事人，因而更了解自己的利益，因此，法律应该让人们按照各自的利益来做。

在上述两种不当政策中，强迫农民兼营谷物贸易的政策相对来说更加有害。因为这项政策不仅阻碍了对社会有利的资本用途的划分，而且不利于土地的改良与耕作。强迫农民兼营两业的政策，其实就是强迫他把资本分为两部分。实际上，当他将自己的所有资本都投入耕作时，他可以一收获农作物就立即卖给谷物商人，这样他的资本就可以立刻回到土地上。于是，他又可以购买更多的耕牛、雇用更多的劳动，从而更好地改良和耕作土地。如果强迫他兼营谷物零售业，那么他便不得不把一大部分资本保留在谷仓和干草场中。因此，这种政策不仅不能降低谷物价格，反而因减少了谷物生产而提高了谷物价格，最后必然不利于土地的改良。

除了农民之外，享有适当保护和奖励的谷物商人，是最有利于谷物种植事业发展的。谷物商人的业务对农民的业务的促进，就如批发商人促进制造业者的业务一样。这主要表现在两个方面：一是批发商人为制造业者提供了市场。当商品制造完成时，批发商人就立即将商品购买走了，甚至在商品未制成之前，他们就已预付了定金，这么一来，制造业者就可以将自己的所有资本，甚至更大的资本投入制造业中。与将货物直接卖给消费者和零售商人相比，将货物卖给批发商人对制造业者更有利。二是批发商人的资本能够补偿制造业者投入的资本。在大小资本所有者之间的交往中，大的资本所有者出于自身利益的考虑，总是愿意扶持小的资本所有者，甚至在他们有破产危险的情形下援助他们。

同上，如果农民和谷物商人之间的关系也能普遍地建立起来，那么其结果也是有利于农民的。农民可以将所有资本或者更多资本，不断地投到土地耕作上。虽然农业相对于其他行业，更容易遭受灾害，但是，当农民和谷物商人建立了这种来往后，无论发生哪种灾害，富裕的谷物商人都愿意帮助他们并且有能力帮助他们。于是，他们也就不用像现在这样寄希望于地主的大发慈悲了。如果这种来往被普遍地建立起来——虽然那几乎是不可能的事情；如果农民能够把所有农业资本从其他不适当的用途转移到土地耕作上来；如果在必要时有一个更大的资本来扶助农业资本，那么全国的土地将发生多么巨大、多么广泛的改良，都是我们难以想象的。

可以说，爱德华六世尽可能防止生产者和消费者之间存在中介的做法，实际上是在抵制一种对人们有益的贸易。事实上,如果这种贸易是自由进行的,那么它不仅可以最好地解决粮食不足问题,甚至还可以预防这种灾祸。因此,除了农民外,谷物商人的业务是最有利于谷物生产的了。不过,后来的几个法规对这方面的规定缓和了一些。例如,这些法规先后规定,当每夸脱小麦价格不超过二十先令、二十四先令、三十二先令或四十先令时,人们可以囤积谷物。最后,查理二世十五年第七号法令规定,在每夸脱小麦价格不超过四十八先令时,只要不是垄断者(购买谷物后在三个月内在同一市场售卖的人)囤积谷物或购买谷物以待出售,出售小麦都被认为是合法的。这项法令总算给予了内地谷物商人应有的贸易自由。乔治三世十二年的法令,将先前其他取缔囤积和垄断的法令都予以废止了,但并没有解除查理二世第十五年法令所设的限制。

在一定程度上,查理二世十五年的法令,实际上保留了两种非常不合理的偏见。

第一,该法令认为,当每夸脱小麦价格涨到四十八先令——其他各种谷物也相应涨价时,这时候囤积谷物很可能对人民不利。但是,根据以上明显的论述,内地谷物商人的囤积,实际上并不会影响谷物价格,所以也不会对人民有害。而且,四十八先令虽然说很高,但在歉收的年份里,却是谷物刚刚收获时常有的价格。那时候,新的收获物一点也没有卖出,所以任何人都不会认为,囤积新收获物会对人民不利。

第二,该法令认为,谷物最容易在某一价格时被人垄断(或囤积),之后又在同一市场内出售,这样将会对人民不利。但实际上,商人会根据自己的判断作出决定。比如,某个市场整个季节可能不会有充足的供给,不久谷物便会涨价,这时他就会决定在该市场大量收购谷物,以备将来出售。如果他的判断是错的,即谷物价格并没有上涨,那么他不仅会损失投入资本的所有利润,还会损失储藏谷物的费用,也即损失他投入的一部分资本。与个别人可能遭受的损失相比,他自己所遭受的损失要大得多。虽然说,在某一时期,个别人因为他的囤积可能购买不到谷物,但在此后的任何时期,他们都能以和以前同样低的价格购买到谷物。相反,如果他的判断是对的,则他的行为不但不会对人民大众有害,反而对他们有益的,即使他们早点儿知道粮食不足的问题,不至于后来强烈地感到粮食不足。如果他们忽视季节的实际不足情况,在目前价格低时大量消费,那么后来他们就一定会强烈地感受到粮食不足所带来的痛苦。此外,

如果粮食不足是真正的不足,谷物商人出于对人们利益的考虑,也应当把这种痛苦尽可能平均分散到一年的每个月、每个星期或每一天中。从以上可以看出,和其他没有利害关系的人相比,谷物商人出于自己利益的考虑,需要研究并尽可能地作出准确的判断。因此,这一重要的商业活动,理所当然应当完全由他负责。也就是说,谷物贸易在国内市场的供给上,应当完全自由。

人们对囤积和垄断的畏惧,就如同他们对妖术的畏惧一样。一般来说,那些因妖术而被判罪的人是无辜的,同样地,因囤积垄断被判罪的人,也是无辜的。禁止告发妖术的法律,可以使人们不能出于自己的恶意,而控告他们的邻人犯有这种想象中的罪,这似乎可以有效地消除人们对妖术的畏惧。同样,恢复内地谷物贸易完全自由的法律,也许能有效地消除世人对囤积和垄断的畏惧。

虽然说查理二世十五年第七号法令有各种缺点,但是和其他法律相比,它在满足国内市场需求和促进耕作方面,作用很大。这项法令,也曾经使内地谷物贸易享受到了自由的保护。并且,内地贸易在满足国内市场需求和促进耕作两方面,比进出口贸易要有效得多。据上述那位学识渊博的作者的统计,英国每年平均进口和平均消费的各种谷物量之间的比例是一比五百七十。因此,在国内市场供给方面,内地贸易的重要性,是进口贸易的五百七十倍。同样,根据他的计算,英国每年平均出口的各种谷物量,只占年产量的一比三十。因此,在给本国产物提供市场以奖励耕作方面,内地贸易的重要性是出口贸易的三十倍。

我先要说明的是,我不太相信这种政治性的统计,因此不想证明上述两种计算是否正确。之所以在这里引述,只是为了说明,在一个理性并且有经验的人来看,谷物的国内贸易比国外贸易似乎要重要得多。奖励金制度设立前那几年谷价的极大下降,也许在一定程度上是查理二世那项法令造成的结果(大约在二十五年前,这项法令就已颁布,因此也有足够长的时间产生这样的结果)。

对于其他三种谷物贸易部门,我就简单地描述一下。

第二种贸易是进口外国谷物供国内消费的贸易。这种贸易明显有助于国内市场的直接供给,因此也是有利于人民大众的。虽然它会略微降低谷物的平均货币价格,但是不会降低谷物的真实价值,也就是说,不会减少谷物所能维持的劳动量。假若进口随时都是自由的,那么我国农民和乡绅每年出售谷物所得的货币,应该会比目前要少(目前大部分时间里是禁止进口的)。但他们所得的货币,比现在的等额货币有更高的价值,可以购买更多的其他物品,雇用更多的劳动。他们的真实财富虽表现为较少的银量,但价值却不会比现在少;他们所能耕种的谷物,也不会比现在少。因此,如果谷物的货币价格跌落、银的真实价值上升,其他商品价格略微降低,那么国内产业将在所有外国市场上获得一定的利益,从而促进国内产业的发展。但在国内谷物市场范围内,谷物的货币价格仍然会与种植谷物国的一般产业保持一定的比例,或是和与谷物交换的他物的价格或生产人数保持一定的比例。对所有国家来说,国内市场都是谷物最近、最方便、最大和最重要的市场。并且,这个市场会因为谷物货币价格下降导致银的真实价值上升而不断扩大,因此,与其说谷物货币价格下降会阻碍谷物生产,不如说它会促进谷物生产。

查理二世二十二年第十三号法令规定:"在国内市场上,当每夸脱小麦价格低于五十三先令四便士时,每夸脱进口小麦须纳税十六先令;当每夸脱小麦价格低于四镑时,每夸脱进口小麦须纳税八先令。"前一价格,上个世纪以前小麦非常不足的时候出现过;而后一价格,据我所知从没有出现过。其实,根据这个法令的规定,当小麦价格未涨到前一价格之前,缴纳的重税实际上就相当于禁止其进口;而在小麦价格未涨到后一价格之前,也要缴纳这么重的税。

其他各种限制谷物进口的税率和关税,差不多也是一样的繁重。并且,后来的法令还不断地加重了这种税。在歉收年份里,由于法律的严苛,人们遭受的痛苦可能是很大的。不过在歉收年份,这些法律被停止施行,实施的是一些暂时条例,一般都允许在一定时期内进口外国谷物。其实,这种暂行条例的实施,就已完全说明那些法律的不适当性了。

虽然限制进口的制度先于奖励金制度,但其精神和原则与后者几乎没有什么差别。只不过奖励金制度建立以后,无论这些限制进口的政策本身是否有害,这时实施这些政策都是必要的。例如,假设每夸脱小麦价格在四十八先令左右,若能够自由进口外国谷物,或进口只须缴纳小额的税,那么有人可能会为了获得奖励金而再把谷物出口,这样不仅会减少国家收入,也会完全偏离扩大本国产物的市场的目的,而是在扩大外国产物的市场了。

第三种贸易是出口谷物供外国消费的贸易。虽然它对满足国内市场需求没有直接作用,但是有间接作用。通常,当国内生产或进口的谷物,多于消费需要的谷物时,无论出口的谷物是来自本国生产还是从外国进口的,国内市场的

需求仍然是可以得到满足的。在一般情况下，如果剩余量不能出口，那么生产者将会仅按国内市场消费需要而生产，而进口者也将只按国内市场消费需求进口。与此相同，提供商品的商人们每天都在担心货物不能全部卖完，导致的结果是市场总是出现存货不足的情况。禁止出口，就会抑制国内的土地改良与耕作，致使谷物的供给不超过本国国民的需要；而出口自由，不但可以促进国内耕作事业，而且可以向外国提供谷物。

于是，查理二世十二年第四号法令规定，在每夸脱小麦价格不超过四十先令，其他各种谷物的价格以此为标准时，不禁止谷物出口；查理二世十五年的法令，又将这种自由扩大，规定在每夸脱小麦价格不超过四十八先令时，允许自由出口；查理二世二十二年的法令规定，不论价格怎样，都允许谷物自由出口。当然，谷物在出口时必须要向国王纳税。不过，在关税表中，所有谷物的税额都很低。例如，每夸脱小麦仅须缴纳一先令；每夸脱燕麦仅须缴纳四便士；其他谷物仅须缴纳六便士。威廉和玛丽第一年关于设置奖励金的法令公布以后，每夸脱小麦价格在不超过四十八先令时，就已经不再征收这种小额税了。威廉三世十二年第二十号法令，甚至公然取缔了这种小额税。

这么一来，出口商人的贸易，不仅获得了奖励金的鼓励，而且比内地商人贸易更自由。上述法令的最后一条规定是，当每夸脱价格超过四十八先令时，不允许囤积谷物在国内出售；其他情形则无论价格如何都可以囤积谷物以待出口。前面已经讲到，内地商人的利益不能违背广大人民群众的利益；但是，出口商人的利益，事实上有时会违背广大人民群众的利益。例如，当本国和邻国都遭受着粮食不足的困难时，若出口商人将大量谷物出口至邻国，就会大大加重本国粮食不足的危险。可以说，这些法律的直接目的，不在于保证国内市场需求的满足，而是在鼓励农业的借口下，使谷物的货币价格尽可能地提高，从而导致国内市场上的谷物不足情况继续下去。在阻碍进口时，国内市场在谷物极为不足的情况下只能寄希望于本国的生产；在每夸脱价格高至四十八先令时，法令还奖励出口，那么国内市场极为不足的情况将更加严重。于是，英国便常常采用暂行法律，在有限期间内禁止谷物出口或者免除谷物的进口税，这种事实充分说明了上述法律的不适当性。

假设所有国家都允许自由进出口，那么大陆上的各个国家就可以像一个国家的各个省一样。一般来说，大国内各省间的自由贸易，是缓和粮食不足和防止饥荒的最好方法。那么,大陆内各国间的进出口自由贸易,便也是缓和与防止粮食不足的最好方法。也就是说,大陆的范围越大、各部分之间的水陆交通越便利,任何部分遭受粮食不足的可能性就越小。因为,充足的另一国,很快就能救济一国的不足。然而,令人失望的是,完全采取自由制度的国家是极少的。似乎在所有地方,谷物贸易的自由都受到了一定程度的限制;甚至在很多国家,不适当的法律不仅加重了粮食不足的问题,还导致了可怕的饥荒。而这种国家对谷物的需要经常是非常巨大和急迫的,以致邻近小国会担心救济他们之后,自己也可能会遭受同样的灾难。但无论如何,出口自由对于大国来说,都不会带来粮食不足的危险,因为大国的生产量大,谷物出口多少都不会影响其国内供给。例如,在瑞士一州或意大利一个小国内,也许有时还需要限制谷物出口。但对于英国和法国这样的大国,似乎没有这样的必要。可以说,限制农民将谷物出售到最好的市场,明显是为了某种功利的理由而违背了正义的原则。除非是在迫不得已的情况下,例如谷物价格非常高时,否则,立法者禁止谷物出口的行为是不能得到原谅的。

无论在哪里,关于谷物的法律都可以和关于宗教的法律相联系。人民总是非常关心现世生活的维持和来世生活的幸福,因此为了保证公共秩序,政府必须听从民意,建立人民大众都同意的制度。也许正是因为这样,在关于现世生活的维持和来世生活的幸福这两件大事上,反而很少看到合理的制度建立起来。

第四种贸易是进口外国谷物再出口的运输商的贸易。它也有利于满足国内市场上的需求。运输商人一般非常愿意做这样的贸易,即使它的直接目的并不是在国内出售谷物;即使这样所得的货币比外国市场上的要少。原因在于,运输贸易可以省去装卸货、运送和保险等费用。因运输贸易而成为他国仓库的国家,其居民从不会觉得供给缺乏。然而,虽然运输贸易可以使国内市场上谷物的平均价格下降,但并不会使其真实价值下降,仅仅是使银的真实价值略微提高而已。

以英国的谷物运输贸易为例,那里外国谷物进口税繁重,且大部分进口税在出口时不予退还。因此,一般来说,英国实际上是禁止谷物运输贸易的;即使在发生粮食不足的特殊情况时,国家会通过临时法令停止征收进口税,但其实质仍然是禁止谷物出口的。所以说,在任何情况下,英国实际上都是禁止谷物运输贸易的。

虽然有关奖励金制度的法律被人称颂，人们常说英国的繁荣和进步是这些法律的结果；但实际上它是根本不值得称颂的，因为是其他的原因促进了英国的繁荣和进步。我们都知道，英国法律保证了所有人都能享有自己劳动的果实。尽管存在上述法律，以及二十条其他不合理的商业条例，但只要有这种法律的保障，英国就能繁荣起来。并且，革命产生的这种保证，与奖励金的设置基本上是同时的。每个人可以自由且安全地为改善自己的处境作出努力，这就是一个非常强大的力量，就算没有其他的帮助，单是这种力量就可以克服许多的障碍，从而使社会繁荣富裕。而那些妨害人们行为的不当法律，正是这种障碍之一，因为这些法律多少会妨碍这种努力的自由，或降低这种努力的保障。与欧洲各国相比，英国的产业是很安全的，并且更加自由。虽然在有关奖励金的法律实施以后，英国步入了最繁荣进步的时期，但我们绝对不能因此而认定英国的繁荣与进步是由于奖励金制度的实施。就像英国最繁荣进步的时期，也是其举借国债之后出现的，但举借国债绝对不是英国繁荣与进步的原因一样。

西班牙、葡萄牙的政策与英国的奖励金制度一样，都企图略微降低本国贵金属的价值。但产生的结果却不同，英国成为了欧洲最富有的国家，而西班牙和葡萄牙却可能是最贫穷的国家。这种结果的差异，可以由以下两个原因来说明：一、在西班牙出口金银要纳税，葡萄牙则禁止金银出口，这些政策的施行是受到严格监视的；而且，西班牙和葡萄牙每年都有六百万镑以上的金银进口，因此这两国所产生的降低金银价值的作用，比英国实施的谷物条例所产生的作用更直接有效。二、在西班牙和葡萄牙，产业既不自由也不安全，也没有较好的民政制度，人民没有一般的自由和安全来抵消那些不良政策的影响。因此就算有非常得当的通商条例，这些条例也会像其他大部分荒谬的条例一样，使它们目前的贫穷状态持续下去。

乔治三世十三年第四十三号法令似乎建立起了谷物条例的一种新体系，虽然它在某一两点上，可能没有旧的体系那么好，但它在很多方面还是比旧体系好的。例如，法令规定，当中等小麦每夸脱价格涨到四十八先令，中等黑麦、豌豆或蚕豆的价格涨到三十二先令，大麦的价格涨到二十四先令，燕麦的价格涨到十六先令时，所有供国内消费的进口，只须缴小额关税，如每夸脱小麦纳税六便士，其他谷物以此为准。于是，外国进口的各种谷物（尤其是小麦），就能以比从前较低的价格供国内市场。

该法令又规定:"当每夸脱小麦价格涨到四十先令时,停止发放小麦出口的全部奖励金(五先令);当每夸脱大麦价格涨到二十二先令时,停止发放大麦出口的全部奖励金(二先令六便士);当每夸脱燕麦粉价格涨到十四先令时,停止发放燕麦粉出口的全部奖励金(二先令六便士);每夸脱黑麦价格涨到二十八先令时,停止发放黑麦出口的全部奖励金(黑麦的奖励金由以前的三先令六便士降低到了三先令)。"试想,如果奖励金像我上面所述那样是如此不适当的话,那么越早停发越好、减少的数目越多越好。

该法令又规定:"在谷物价格最低的情况下,如果把进口的谷物存放在货栈,并用国王和进口商人两个人的锁锁住,那么就可以对进口又再出口的谷物免税。"不过,享有这种自由的,只有英国二十五个主要海港。其他大部分海港,可能连这样的货栈都没有。

就以上几点来说,这项法令明显比旧法令好。然而,就以下两点来说,这项法令又没有旧法令好。例如,该法令又规定,当每夸脱燕麦价格不超过十四先令时,每出口一夸脱燕麦便可获得两先令奖励金。但以前,燕麦和豌豆或蚕豆的出口一样,是不发放奖励金的。该法令又规定:当每夸脱小麦价格涨到四十四先令时,禁止出口小麦;当每夸脱黑麦价格涨到二十八先令时,禁止出口黑麦;当每夸脱大麦价格涨到二十二先令时,禁止出口大麦;当每夸脱燕麦价格涨到十四先令时,禁止出口燕麦。另外,以促进出口为目的而发放的奖励金,其允许出口的价格上限似乎有点低,而且停止发放的价格也有点不恰当。因此,该法令的规定是要么在低得多的价格上停止发放奖励金,要么在高得多的价格上允许谷物出口。

我们可以借用前人批评索伦法律的话,来批评这项法律,那就是:"虽然它不是最完善的,但在当时的利害关系和不允许有更好的法律出现的情形下,它已经是最好的了,也许还会给以后更好的法制作好准备。"

附　录

为了解释和证明本章关于鳕白鱼渔业奖励金的内容,我将以下两个报表附在这里。当然,读者可以相信它们的正确性。

第一个表记录的，是苏格兰在十一年内拥有的大渔船数目、所用空桶数目，以及所捕得的鳕白鱼桶数和国家付给大渔船的奖励金。

年　份	大渔船数目	所用空桶数目	捕得的鳕白鱼数目（桶）	付给各大渔船的奖励金		
				镑	先令	便士
1771	29	5,948	5,948	2,085	0	0
1772	168	41,316	41,316	11,055	7	6
1773	190	42,333	42,333	12,510	8	6
1774	248	59,303	59,303	16,952	2	6
1775	275	69,144	69,144	19,3154	15	0
1776	294	76,329	76,329	21,290	7	6
1777	240	62,679	62,679	17,592	2	6
1778	220	56,390	56,390	16,316	2	6
1779	206	55,194	55,194	15,287	0	0
1780	181	48,315	48,315	13,445	12	6
1781	135	33,992	33,992	9,613	12	6
合　计	2,186	550,943	550,943	155,463	11	0

第二个表记录的，是从1771年4月5日到1782年4月5日，进口到苏格兰的外国盐数量和制盐厂在无税时为渔业提供的苏格兰盐量，以及这两者每年的平均数。

	进口盐的数量	制盐厂为渔业提供的苏格兰盐数量
1771.4.5-1782.4.5	936,974 蒲式耳	168,226 蒲式耳
每年的平均数量	85,179 5/11	15,293 3/11

这里应当明确的是，每蒲式耳外国盐重八十四磅，每蒲式耳英国盐重五十六磅。

第六章　通商条约

如果甲国与乙国签订条约，禁止或以征收重税的方式限制其他外国的某种商品的进口，只允许乙国这种商品的进口，并且对其免税，那么乙国的商人和制造业者，就一定可以从这种条约中获得较大的利益。因为，乙国商人和制造业者，在甲国便享受了一种垄断权；甲国也就成为他们商品的一个更广阔而又更有利的市场。更广阔，是指在其他国家货物进口要缴纳重税的情形下，乙国货物进入甲国市场的数量要比没有条约时多得多；更有利，是指乙国商人在甲国享受了一种垄断权，因而常常能够以比自由竞争场合更高的价格出售他们的商品。

虽然说对于乙国的商人和制造业者，这种条约有利，但对于甲国的商人和制造业者来说，这种条约则是不利的。因为授予外国某种商品在本国的垄断权，就意味着本国人民往往需要花费比自由竞争场合更昂贵的价格来购买所需的外国商品。由于在两个物品相互交换时，一种商品的高价会影响另一种商品的低价，或者说两者之间是此起彼伏的关系；因此，如果外国商品价格高，那么用以交换外国商品的本国产物，其价格必然很低。也就是说，这种条约减少了其本国年产物的交换价值。不过，这种减少并不是绝对的损失，而只是可得利益的减少。本国出售货物的价格，虽然与没有通商条约时相比要低一些，但售价总是会大于成本。因此，绝对不会像有些货物那样，没有奖励金就不能够补偿运送货物上市所投入的资本并提供利润。否则，这种贸易便不能持续下去。所以，在有条约的情况下，经营贸易也是有利于施惠国的，只是有利的程度没有自由竞争场合那么大。

不过，有些通商条约是根据与此不同的原理订立的，但也对施惠国有利。例如，某一国给予另一国某种商品在本国的垄断权，其实是希望在两国之间的全部贸易中，本国每年所出售的比每年所购进的要多，使得每年金银的差额对自己有利。1703年的英葡通商条约，就是根据这一原理而订立的，并且获得了人们的高度评价。以下是该条约的三条译文：

第一条　葡萄牙国王，以自己及其承继人的名义约定，依照下条规定的

条件,永远允许英国呢绒及其他毛制品出口到葡萄牙,法律禁止的除外。

第二条　英国国王以自己及其继承人的名义,永远允许葡萄牙产的葡萄酒在任何时候都可以进口到英国,不论英法两国是否在交战,也不论进口葡萄酒时所用的桶是一百零五加仑桶、五十二点五加仑桶还是其他,都不得以关税或其他名义,直接或间接地对葡萄牙葡萄酒征收多于同量法国葡萄酒的关税,并且还应当减免葡萄牙葡萄酒三分之一的关税。如果上述这种关税减轻政策在将来受到了任何形式的损害,那么葡萄牙国王便可以禁止英国呢绒及其他毛制品的进口。

第三条　针对该条约,两国全权大使负责获得各自国王的批准,并在两个月内相互交换批准文件。

该条约规定:"按照与以前禁止英国毛织物进口时相同的条件(不提高以前的税额),允许英国毛织物进口是葡萄牙国王的义务。"但是,葡萄牙国王并不负责使英国毛织物享受比其他国家(法国或荷兰)的毛织物更好的进口条件。对英国国王来说,他却有义务使葡萄牙的葡萄酒,享受比法国葡萄酒(最能与葡萄牙葡萄酒竞争)更好的条件进口,即与法国葡萄酒相比,少纳三分之一的关税。从这里可以看出,该条约的内容明显有利于葡萄牙,而不利于英国。

然而,该条约被认为是英国商业政策上的一项杰出之作。葡萄牙每年从巴西所得的黄金,就算以铸币的形式在国内市场上流通,或是用来制作器皿,也还是有很多剩余量。在葡萄牙国内,这些剩余量不能找到有利的市场,因此即使在禁止出口时,也有人将其运出,去交换国内市场更需要的商品。其中,葡萄牙每年都有大部分黄金出口到英国,来直接交换英国货物,或通过英国间接换得其他欧洲各国的货物。巴勒特说,从里斯本来的周期邮船,每周给英国带来的黄金,大概平均在五万镑以上。若真是这样,那么每年运到英国来的黄金总量将在二百六十万镑以上,几乎比巴西每年提供的数额还要大。

几年前,由于有些没有条约保障,只是由葡萄牙国王通过特权给予的优惠被侵犯或被撤回,因此英国商人失去了对葡萄牙国王的好感。当然,这些优惠也许是通过请求得来的,但葡萄牙人也相应地获得了英国国王的重大恩惠和保护。从这一点上看,即使是那些对葡萄牙贸易最赞赏的人,也会认为这种贸易的有利程度并没有想象中那么大。他们认为,其实每年进口的大部分或者全部黄金,是为了欧洲其他各国的利益,而非为了英国的利益;每年葡萄牙出口到英国的水果和葡萄酒,基本上与英国出口到葡萄牙的货物价值相等。就算进口的黄金(总额比巴勒特想象的还要大)全部是为了英国的利益,但仍然不能证明这样的事实,那就是与其他出口品价值等于进口品价值的贸易相比,进口黄金更加有利。

这些进口的黄金,只有极少的一部分是用来制造器皿或铸币的,其余的必然要出口到外国,以交换某些消费品。虽然我们可以由英国向葡萄牙购买黄金,再以黄金购得这些消费品,然而,直接交换国外的这种消费品显然要有利得多。因此可以说,与间接的消费品国外贸易相比,直接的消费品国外贸易更为有利;并且,从外国运一定价值的货物到本国市场,直接贸易所需的成本要小得多。倘若英国的国内产业,只生产小部分满足葡萄牙市场的货物,而生产大部分满足其他市场的货物,那么英国就能得到它所需要的较多的消费品,那显然是对英国有利的。于是,英国获得它需用的黄金和消费品,所花费的成本与现在相比要小得多。这样一来,英国节省下来的资本,便可以用在其他的方面,以生产更多的产物,并推动更多产业的发展。

当然,就算英国不与葡萄牙通商,其要获得在器皿、铸币或国外贸易上每年所需的全部黄金,也是一件很容易的事情。黄金与任何商品一样,人们在一些地方总能够通过支付价值获得黄金。而且,葡萄牙每年的黄金剩余量仍然需要出口,就算英国不买,其他国家也会买,而这些国家也会像现在的英国那样,以一定的价格再把部分黄金卖出去。虽然我们一直都直接购买葡萄牙的黄金,而间接购买其他各国(除西班牙外)的黄金,但这之间的差额是非常小的,以至于政府从来没有注意过。

有人说,英国的黄金基本上都是从葡萄牙进口的,而英国与其他国家的贸易,要么对英国不利,要么对英国没什么太大的利益。这里需要提醒大家注意的是,从一个国家进口的黄金越多,那么从其他国家进口的黄金自然就越少。任何一个国家对于黄金的有效需求,都如同对其他商品的有效需求一样是定量的。如果英国从某一个国家进口了这一定量的十分之九,那么从其他国家进口的就只剩下十分之一了。况且,如果英国每年从某些国家进口的黄金,超过英国在器皿、铸币方面所需的数量越多,则英国向其他各国出口的黄金,也必然会增多。可以说,目前最没有意义的贸易政策就是实现贸易顺差。这是因为,如果在与某一个国家的贸易中,这种顺差是对英国有利的,那么,在与其他很多国家的贸易中,它就肯定是对英国不利的。

那些认为没有葡萄牙贸易,英国的贸易就不能存在的想法是非常可笑的。

在上次法国和西班牙的战争快结束时,法国和西班牙在没有任何借口(受到侮辱或挑衅)的情况下,要求葡萄牙国王驱逐其港口内的所有英国船只,迎接法国或西班牙的军队入港以防御英国人。如果葡萄牙国王接受了其姻兄西班牙国王提出的条件,那么对英国来说,其实是摆脱了一个大包袱,因为与丧失葡萄牙贸易相比,支持一个国防极弱的盟国其实是一个更大的包袱。因为在战争中,即使英国倾尽全力,可能也不能有效地保卫这个弱小的盟国。当然,英国对葡萄牙贸易的丧失,会给当时经营这种贸易的商人带来一定的困难,导致他们在一至两年内,找不到其他同样有利的投资方法。恐怕这也是英国从这一商业政策中可能遭受的不利。

国家每年进口大量金银的目的,与其说是为了制造器皿或铸币,还不如说是为了进行国外贸易。与用其他货物作媒介相比,金银作媒介对于间接的消费品国外贸易更为有利。与其他商品相比,金银在商业中更具有普遍性,因而更容易被人用来交换商品;由于它们体积小、价值高,所以运输的花费几乎比其他任何商品都少,在运输中的减损也比较小。其他任何媒介,都无法像金银那样方便地以购买、脱销等方式在国外交换商品。对英国来说,葡萄牙贸易的主要利益——虽说不是最大利益,但也是相当大的利益,致使各种间接的消费品的国外贸易更加便利。

通过合理的推断,我们就能明确地知道,一个国家每年只需要进口少量的金银,就可以满足制造器皿和铸币上的需求。英国即使不与葡萄牙直接通商,要获得这少量的金银也不是什么难事。

在英国,虽然金匠行业很可观,但其每年出售的新器皿,大部分都是通过旧器皿熔解制成的。因此,每年只需要进口极小额的金银,就可以满足制造器皿上的需要。铸币也是一样。在金币改铸以前的十年里,每年八十万镑以上的货币铸造,大部分是用来增加国内的流通货币的。在由政府支付铸币费用的国家,铸币里所含金银的标准价值,不能大于等量金属的价值。这是因为,如果铸币里所含金属的价值大于等量金属价值的话,人民群众就会全都跑到铸币厂去要求铸币。当然,任何国家流通的铸币,多少会因为磨损或其他原因而低于其标准重量。在英国金币改铸以前,这种情况比较普遍,一般来说,金币低于标准重量的程度经常在百分之二以上;银币低于标准重量的程度经常在百分之八以上。所以,四十四个半几尼(若是标准重量,则为一磅金)不能交换多于一磅重的金,而不够标准重量的四十四个半几尼货币,只有再补足一些才能交换一磅重的金。因此,金块的市场流通价格和造币厂相同重量铸币的价格是不一致的。比如,四十六镑十四先令六便士,有时大约是四十七镑十四先令,有时又大约是四十八镑。在铸币低于标准重量的时候,即使是从造币厂新造出来的四十四个半几尼,当它流入商人的金柜和其他的货币混在一起之后,它在市场上能购买的商品,其实就和其他普通货币能购买的商品差不多。它的价值就像其他货币一样,也会小于四十六镑十四先令六便士。

然而,将新铸币倒入熔炉的效果是,基本上没有明显的损失就能与未熔解前的重量相等。也就是说可以产出标准金一磅,即可以交换四十七镑十四先令甚至四十八镑的金币或银币。很显然,熔化新铸币是有利可图的,并且由于其速度之快,政府也不能加以预防。于是,造币厂的工作,就如同潘纳罗普织物,白天织晚上拆。可以说,造币厂的工作只是补充那些被熔化的铸币量,而并没有增加铸币量。

假若私人拿着金银到造币厂自己付费铸币,那么加工成本既可以增加铸币的价值,也可以增加该金属的价值。于是,与未拿去铸币的金属相比,已铸币的金属要有价值一些。我们知道,所有地方都是政府享有铸币的特权。如果铸币税太高,税的价值就会被加到金银条块之中。当征税额比铸造所需劳动与费用高很多时,国内外私自铸币者就会将大量假币注入市场,以弥补金银条块与金银铸币之间巨大的价值差额,最后导致官营货币的价值降低。

但在法国,铸币税虽然是百分之八,却从来没有发生过大的骚乱。我们知道,私自铸币是要冒很大风险的。法国的私自铸币者和他们国外的代理人,就是认为没有必要为了百分之六或百分之七的利润而冒这么大的风险。在法国,铸币税使铸币的价值比按纯金含量比例所应有的程度还高。例如,1726年1月,法国的法令规定,二十四克拉纯金的铸币价格为七百四十利弗九十一又十一分之一迪尼厄,约为巴黎的一马克(八盎司)。将铸币时的误差扣除,则法国金币里只含有二十一点七五克拉纯金和二点二五克拉合金,其价值相当于一马克标准金价值,约为六百七十一利弗十迪尼厄。而施行铸币税之后,法国一马克标准金可以铸币三十个金路易(每个是二十四利弗),一共是七百二十利弗。从以上可以看出,铸币税给一马克标准金增加的价值,就是七百二十利弗减去六百七十一利弗十迪尼厄的差了,也就是四十八利弗十九苏二迪尼厄。

实际上,由流通货币应含纯金银量减去实含纯金银量所得的差额,就是熔解新铸币的利润。在大多数情况下,这种利润会因为征收铸币税而减少或完全

丧失。当上述差额小于铸币税时,熔解新铸币不仅没有利润还会有损失;当上述差额和铸币税相等时,熔解铸币既没有利润也没有损失;当差额大于铸币税时,则所得利润与没有铸币税时相比要小得多。假若在金币改铸以前,铸造货币须纳税百分之五,那么熔解金币会有百分之三的损失;假若铸币税是百分之二,那么熔解金币没有利润也没有损失;假若造币税是百分之一,那么熔解金币可以获得利润,但获利只有百分之一,而非百分之二。在某些地方,货币是以个数而不是以重量来计算的,那么铸币税将是防止熔解铸币及铸币出口的最佳办法。因为,那些私自熔解或出口铸币的人,为了获得最大的利润,使用的大部分都是最好、最重的铸币。

最早在查理二世时,曾制定通过免税来鼓励铸币的法律。但该法律时效很短,经过几次延长期限后,最终于1769年被修改为永久性的法律。政府将该法律改为永久性的法律,也许就是由于英格兰银行这样的大银行的请求。英格兰银行常常自己拿着金银条块到造币厂铸币,以补充金柜。因为它认为,与自己负担造币费相比,政府负担造币费显然更为有利。在金币改铸以前,假设以重量计算金的习惯被废除(由于不便,它很有可能被废除),或者以个数来计算,那么大银行会发现,他们错误地估计了自己的利害关系。

在金币改铸以前,没有铸币税,英国流通金币低于标准重量百分之二,其价值也比应含标准金量的价值低百分之二。因此,大银行此时购买金块以备铸造时,铸成之后的价值比支付的价格要少百分之二。倘若要缴纳百分之二的铸币税,那么,在流通金币比标准重量低百分之二时,其价值仍然和应含标准金量的价值相等。在这种情况下,铸币的价值抵消了其重量减少的价值。虽然银行需要支付百分之二的铸币税,但与以前一样,它所遭受的损失也只有百分之二。这是因为,当铸币税是百分之五,并且流通金币低于标准重量百分之二时,银行可以在金块价格上获得百分之三的利润,减去它必须支付的百分之五的铸币税之后,损失刚好是百分之二。当铸币税是百分之一,并且流通金币低于标准重量的百分之二时,银行在金块价格上将损失百分之一,减去它必须支付的百分之一的铸币税之后,最后损失也刚好是百分之二。当铸币税不高不低,并且铸币含有标准重量(就像改铸以前一样)时,那么如同没有征收铸币税一样,英格兰银行将没有利润也没有损失。他们在金块价格上获利了,但在铸币税上损失了。

因此,当一种商品的税适中(当然不致奖励走私)时,那么这种商品的运输商其实可以被认为不是真正的纳税人，因为其在商品价格中又收回了缴纳的赋税。而商品最后的购买者即消费者，才是这种赋税的负担者。但在一般情况下，对于货币来说，不存在最后的购买者或消费者，因为对于货币，所有人都是商人。我们购买货币就是为了把它再出售。因此，当铸币税适中时，所有人都需要支付赋税，每个人都会在铸币价值的提高中，收回各自支付的数额。

因此，无论如何，铸币税是否适中，都不会增加或者减少银行或其他拿着金银条块去造币厂铸造的私人的费用。只要流通货币中含有标准重量，那么无论有没有铸币税，铸币都不会使任何人承担费用；而当流通货币小于标准重量时，铸币所需费用，一定与铸币应含纯金量减去实含纯金量的差额相等。这样一来，在由政府支付铸造费时，政府不仅要负担一定的费用，而且不能获得应得的收入。即使政府有这样的慷慨，银行或任何私人却并没有因此而获得任何利益。

另外，银行理事不会因为相信"铸币税的缴纳不会给他们带来任何损失或利益"而同意缴纳铸币税。在目前的情况下，如果继续以重量计算金银价值，他们不会得到利益；但如果废除了重量计算的习惯，并且金币的质量又回到改铸以前的状况，那么征收铸币税的结果是银行将会获得或节省一大笔收入。目前，英格兰银行是唯一一家将大量金银条块送到造币厂去的银行，因此其需要负担铸币的费用。假若造币的目的仅仅是弥补铸币不可避免的损失和磨损，那么每年的铸币一般不会超过五万镑，最多也不超过十万镑。但倘若铸币比标准重量低，那么每年的铸币还必须额外补充由于不断熔化和出口所造成的巨大缺口。因此，金币改铸前的那十年或十二年间，英国每年的铸币平均都在八十五万镑以上。而银行每年要因为铸八十五万镑以上的金币，而在金块上损失百分之二点五，也就是两万一千二百五十镑以上。在当时的情况下，征收百分之四或百分之五的金币铸造税，也许能有效地阻止铸币的出口与熔解。这时，银行的损失也许就不到上述数额的十分之一。

议会每年拨给铸币的费用不超过一万四千镑，但在一般情况下，政府真正的费用（例如造币厂职工的工资），只是这个数额的一半。有人会认为，对政府来讲，节省这么小额的钱或者取得和这差不多的钱，并不是一件很值得关注的事；但对于英格兰银行这样的大公司来讲，如果每年可以节省一万八千镑或两万镑的话，就是一件非常值得关注的事情了。

上面的描述，也许有一些放在第一篇的几章中来论述更合适一点。例如，

可以放在货币的起源和效用、商品的真实价格与名义价格的区别那几章。我之所以将其放在这一章，是因为奖励铸造的法律起源于重商主义的偏见。货币生产奖励金，被认为是重商主义的富国政策之一。重商主义认为，货币构成了所有国家的财富，奖励货币生产最符合重商主义的精神。

第七章　殖民地

第一节　新殖民地建立的目的

欧洲人最初在美洲和西印度建立殖民地的目的，并不像蒙古、希腊、罗马建立殖民地那样明显。

在古希腊，由于各个城邦的邻国都非常好战，因此对于任何一个城邦来说，扩大领地都是极其困难的。于是，他们各自都占据着一片极小的领地。当一邦的人口多到本邦土地不能维持的时候，他们便会将一部分人派送到世界上偏远的地方去定居。例如，大部分多利安人都移民到了意大利和西西里，在罗马建立以前，这两个地方居住的都是一些野蛮民族；大部分伊沃尼亚人和伊沃利亚人（希腊另外两大部落）都移民到了小亚细亚和爱琴海各岛，这两个地方与意大利和西西里的情况基本相同。

原城邦将这些殖民地视为自己已经"解放"了（相当于现在所说的分家）的儿子，虽然一直都对他们施以恩惠和帮助，但并不对其实施直接的统治。殖民地可以自行决定政体、自己制定法律、自主选拔官员，以独立国家的身份向邻国宣战或讲和，并不需要得到原城邦的承认或同意。而殖民地也对原城邦感恩戴德。这种殖民地的建立目的实在是太明显不过了。

古罗马也像其他大多数古代共和国一样，建立了一种土地分配法，按一定比例将所有的公有领地分配给各市民。然而人事的变迁，例如结婚、继承、割让等，扰乱了原来的分配，常常使本来由多个家族维持的土地归属到一个人手中。为了解决这种不利情况，他们颁布了新法律，限定各市民占有的土地量不得超过五百朱格拉（约合三百五十英亩）。据我所知，这项法律只实施过一两次,而大部分情况下是被人忽视或者回避的,结果是财产分配越来越不平均,大部分市民都没有土地。但是,按照当时的风俗习惯,没有土地就不能保有自由人的资格。在现代,对于没有土地的贫民来说,如果他有一些财产的话,还可以租耕他人的土地经营某一种零售业;就算他没有任何财产,他也可以在农村担任雇佣劳动者或技术工人。然而,在古罗马,贫穷的自由人很难成为农民或农村雇佣劳动者,因为富人家里的土地都是由奴隶来耕种(奴隶在监工的监督下工作,当然监工也是奴隶)。所有的商业、制造业,乃至零售业,也都是由奴隶为主人的利益来经营的。对一个贫穷的自由人来讲,他们很难与富人们的财富和权势相竞争。因此,没有土地的市民,除了在每年选举的时候得到候选人的馈赠以外,基本上没有其他的生计。

每当护民官想鼓动人们反抗富人时,就会叫人们回想古代的土地分配制度,并且宣扬限制私产的法律是共和国的基本法律。于是人们吵闹着要求土地,但富人们是绝对不会把任何土地分给他们的。为了在一定程度上满足他们的要求,富人们便提议建立新殖民地。但我认为,作为征服者的罗马,即便在这种情况下,也是没有必要将市民派送到殖民地去的。原城邦为了很好地掌握市民们定居的地点,就把自己征服的土地分配给了市民们。市民们在那里不能建立任何独立的共和国,最多只能形成一种自治团体。并且,这种自治团体必须接受和遵守原城邦的统治和法律,虽然他们也有一定的制定地方法律的权利。

就性质和作用来说,这种殖民地的建立满足了一部分市民的要求,并且,由于一个新地方被征服,殖民地基本上都设置了守备军来解决当地人民是否服从的问题。可以看出,罗马殖民地与希腊殖民地无论从性质还是目的上比较,都是完全不一样的。用以表示这种制度的同一个词,却具有不相同的意义。拉丁语 Colona 表示殖民;而在希腊语中,则是离家、离乡、出门的意思。罗马殖民地与希腊殖民地虽然在许多方面都有不同,但它们建立的动机都是显而易见的,即因为无奈的选择或受某种显著利益的驱使。

然而,欧洲人在美洲及西印度建立殖民地并不是因为必要,虽然他们在那里获得了很大的利益,但利益也并不是那么显著。在殖民地建立之初,没有人知道会获得这种利益,因为并不是这种利益驱使人们去发现和建立殖民地的。直到现在,大部分人都没有很好地理解这种利益的性质、范围及界限。

在十四、十五世纪期间,威尼斯人从事着一种非常有利的贸易。他们在埃及购买香料及其他东印度货物,然后向欧洲其他国家出售。埃及当时由高加索军人统治。高加索军人和威尼斯人都是土耳其人的敌人。这种一致的利害关系，以及威尼斯的货币援助，使得高加索军人和威尼斯人勾结起来，从而使威尼斯人享受到了一种垄断贸易的利益。

威尼斯人获得的巨大利润诱惑了葡萄牙人。在十五世纪中，葡萄牙人致力于寻找一条通过埃及（摩尔人跨过沙漠给他们带来象牙和金砂的地方）的海道。逐渐地，葡萄牙人发现了马德拉群岛、卡内利群岛、亚逊尔群岛、弗得角群岛、几内亚海岸、卢安果、刚果、安哥拉、本格拉各海岸，最后又发现了好望角。葡萄牙人早就想要分享威尼斯人的利益，好望角的发现为他们分享利益提供了可能性。1497年，瓦斯科·达·迦马从里斯本港开航，带领四只船的船队经过十一个月航行，到达了印度斯坦海岸。一个世纪以来，所进行的这种发现工作，在坚毅的决心和不断的努力下终于完成了。

多年以前，在欧洲人对葡萄牙的计划是否能成功表示质疑时，有个热那亚舵手提出了更大胆的计划，即从西边航行到达东印度。在当时，欧洲对东印度各国的情况还不是很清楚。也许是出于无知，少数欧洲旅行家一直夸大这些地方的距离，使那些不能计量距离的人觉得这些地方非常遥远。当然，我认为那些旅行家们也许只是为了炫耀自己敢于冒险去这么远的地方，而故意夸大这些距离的。哥伦布说得非常有道理，那就是如果向东走这段路程越远，那么向西走就越近。于是，他建议向西走，认为这是最近且最稳当的。幸运的是，他说服了克斯梯的伊萨伯拉，使她相信了这一计划的可行性。

1492年8月，大约比瓦斯科·达·迦马从葡萄牙出发的时候早五年，哥伦布从帕罗斯港出发，经过了两三个月，他首先发现了小巴哈马群岛——卢克原群岛中的若干小岛，接着发现了圣多明各大岛。然而，他这次航海以及以后各次航海所发现的地方，与他本来想要到达的地方并不一致。并且，他所发现的地方和马可·波罗所描述的地方也并不一致。他发现了一个被裸体野蛮人占据的未开垦的丛林，却没有发现中国和印度的财富、农业以及稠密的人口。马可·波罗是第一个到过中国和东印度的欧洲人，也是第一个将当地情况描写下来的人。当哥伦布发现圣多明各西巴奥山的名字与马可·波罗所提到的西潘各的名字有点相似时，就以为那是他想要到达的地方（虽然有明显的证据证明那并不是）。在他给裴迪南和伊萨伯拉的信中，他把自己所发现的地方叫做印度。他坚信那就是马可·波罗所描写的与恒河距离不远的地方的一端，它离亚力山大征服的地方也不远。就算后来证明了那是另外一个地方，他仍然认为那里离那些富庶国家不远。因此,在后来的一次航行中,他还沿着火地岛海岸向达利安地峡航行,去寻找那些国家。

从那以后,那些国家一直被叫做印度,就是因为哥伦布的错误。最后,由于发现了新印度与老印度完全不相同,所以把前者叫做西印度,后者叫做东印度。然而,在哥伦布看来,无论发现的是怎样的地方,最重要的是应当向西班牙宫廷表明他所发现的是极为重要的地方(虽然实际上并不是这样)。

我们都知道,各国都将土地上生产的动植物作为真实财富,而那个地方所生产的动植物,并没什么财富可说。科里是当时圣多明各最大的哺乳类四脚兽,它是介于鼠与兔之间的一种动物(布丰认为,它和巴西的阿帕里亚是同类的动物)。听人说,西班牙人的犬和猫,几乎把这种动物以及躯体比它小的其他动物都吃掉了,因此这种动物从来就不多。然而,这种动物,和所谓伊外诺的那一类大蜥蜴,却是当地所能提供的最主要的动物性食物了。

在那些地方,由于农业不发达,居民的植物性食物并不多,主要为玉米、芋、薯、香蕉等,不过不像动物性食物那么少。欧洲人虽然以前并不知道那些食物,但他们并不认为那些植物和欧洲生产的一般谷豆有同等的营养力。

我们都知道,棉花是一种重要的制造业原料。在当时,欧洲人也认为那是岛上最有价值的植物性作物了。不过,当时的欧洲人并不怎么重视这种产物,虽然在十五世纪末,欧洲各地都较为重视东印度的软棉布及其他棉织品,但欧洲却没有棉织制造业。

由于那些新大陆上的动植物都无法证明这些地方有多重要,于是哥伦布就将视线转移到了矿物上。他认为,动植物产物的匮乏可以用矿产物的富足来弥补。他看到当地居民的服装上挂着小金片,并且听说这些金片常常可以从山上流下的溪流或急流中发现。因此,他完全相信,那里的大山必然藏有富饶的金矿。最后,无论是如今的偏见还是当时的偏见,圣多明各就被说成了是金矿丰饶的国家,被认为是西班牙国王及其国家取之不尽的财富源泉。于是,哥伦布首次航海回国时,被克斯梯和亚拉冈国王接见。国王举行了凯旋仪式,并动用了隆重的仪仗队来迎接当时所发现的各国主要生产物。实际上,有价值的部分就只是小金发带、金腕环及其他各种金饰品,还有几捆棉花。新奇的是,有六七个肤色和相貌奇怪的土著人参加了这次展览。其他东西就是一些令当时的普通人觉得珍奇的东西,例如几株极大的芦苇、几只羽毛极美的鸟、几张大鳄鱼和大海牛的皮。

基于哥伦布的描述,克斯梯议会决定占领这些国家。显然,它们的人民没有反抗的能力。而这种非正义的计划,由于打着传播基督教这个神圣的旗号,也变成了神圣的事业。但实际上,这个计划的唯一目的,只是希望发现这些地方的宝藏。哥伦布为了突出这种目的,甚至提议国王可以拥有那里所发现的金的一半。当然,这种提议也被议会接受了。

冒险家运进欧洲的全部或大部分黄金,最开始都是用非常容易的方法获得的,如掠夺无抵抗能力的土著人。因此,就算要缴纳重税,他们也毫不在意。然而,在土著人拥有的黄金被搜刮完之后,他们就只能从矿中挖掘黄金,从而也就无力承担这样的重税了。而事实上,在圣多明各及哥伦布发现的其他地方,黄金不到六年或八年就被搜刮完了。据说,征收这种重税,曾导致圣多明各的矿山几乎全部停止了开采。因此,金税在不久之后就下降到金矿总生产额的三分之一,再到五分之一、十分之一,最后减到了二十分之一。而且,银税在长时间内,都保持在总生产额的五分之一,直到本世纪才降到十分之一。其实,最初的冒险家认为,比金低贱的东西不值得他们关注,因此他们并不太关注银。

那些去探索新世界的西班牙冒险家的目的,和哥伦布一样,也是为了获取黄金。出于对黄金的强烈渴望,奥伊达、尼克萨、瓦斯科·努格尼斯·德·巴尔博到了达利安地峡,科特兹到达了墨西哥,亚尔马格罗和皮查罗到达了智利和秘鲁。当他们到达一个陌生的海岸时,首先关注的就是那里有没有金矿,然后依此决定他们的去留。

与其他容易导致破产的事业相比,探索新金银矿山耗费极其巨大、成就极为不确定,更容易使人破产。它就好像是世界上利益最少的彩票,有奖票很少、无奖票很多,且每一张票的普通价格相当于一个极有钱人的全部财产,因此中奖者所获得的利益远远不能补偿落奖者的损失。与此相同,开矿的计划,不但不能补偿开矿的成本并提供利润,还会损失大部分成本和利润。因此,英明的立法者最不愿意对这种计划予以特别鼓励,也不愿意为违反资本流入规律的这种计划投入大部分资本。然而,人们总是对运气抱有不合理的信念,认为有些行业只要有一丝成功的可能,就会吸引大量资本的自行流入。

其实,只要是有理智和有经验的人,都不会认为这种开矿的计划是可行的。但由于贪欲,人们却认为这样的计划是可行的,有人甚至有了点石成金的荒唐想法,也使更多人开始幻想金银矿山的富饶。对任何时代和任何国家来说,这种金属的价值主要依托于其自然藏量的稀缺性,而他们却认为,这种金属的矿山在许多地方都和铅、铜、锡、铁矿山一样多。于是,他们完全忽略了挖掘那些金银矿山所需要花费的劳动与成本多么巨大。华尔特·罗里夫爵士所做的黄金国的梦,充分表明了就算是智者,也还是会有这种奇怪的想法。在这位伟人死后的一百余年,耶稣教会会员伽米拉也极其虔诚地相信黄金国的存在。我想说的是,假若对那些以优厚报酬答谢布道者的人,这些耶稣教会员还能做到宣传福音的话,那真是他们的荣幸啊!

现在来看,西班牙人最初发现的那些地区,没有一个是值得开采的金银矿山。当初的冒险家极大地夸大了他们所发现的金属量,以及各矿山的生产力。然而冒险家的描述,足以唤起国人的贪欲——每一个航行到美洲的西班牙人,都希望发现一个黄金国。大约在哥伦布第一次航行之后三十年或四十年,墨西哥和秘鲁被发现并被征服。这时,命运的女神才降临,就如虔诚者的希望在一定程度上被实现了一样,他们在那里找到了梦寐以求的、富饶的贵金属。

为了与东印度通商,人们发现了西印度;为了征服,西班牙人在这些新发现的国家里建立起了所有设施。而真正促使他们去征服的原因,其实就是为了发现金银矿山。并且发现金银矿山的计划,由于一些意料不到的事情,最后却成功了。

最初,欧洲其他各国的冒险家,也是在同样的幻想的驱使下去美洲殖民的,不过他们并没有获得多少成功。自从巴西第一次被殖民以来,经过了差不多100年,人们才发现了金、银和金刚石矿山。在英国、法国、荷兰、丹麦等国的殖民地中,至今都还没有发现过贵金属矿山,或者说还没有发现目前看来有开采价值的矿山。最初,在北美殖民的英国人,把他们所发现的金银的五分之一献给国王,诱使国王向他们颁发特许状。正是以所得金银的五分之一献给国王为条件,华尔特·罗里夫爵士、伦敦公司及普林穆斯公司以及普林穆斯参议会等都获得了特许状。这些最初的殖民者,既希望发现金银矿山,又希望发现由西北通向东印度的道路,但最后都没有获得成功。

第二节 新殖民地繁荣的原因

虽然新殖民地土地荒芜、人口稀少,但由于土著人对殖民者的妥协让步,新殖民地往往比其他人类社会富强得更快。

与土著人几百年甚至几千年来形成的知识相比,殖民者们所带来的关于

农业和技术的知识，显然要强得多。同时，殖民者还带来了统治的习惯、正常政府、法制和正常司法制度的观念。并且，他们想要将这些观念在新殖民地树立起来。不过，在法律和政府建立之后，法律和政府的进步速度与自然和技术的进步速度相比，则要慢得多。每个殖民者所拥有的土地，都比他能够耕作的土地要多得多，并且他不需要支付地租和缴税，没有地主来瓜分他的收获物，君主分掉的也很少，并且由于所有的生产物都是他自己的，所以他会更加致力于生产物的增长。然而，他所拥有的土地实在太多了，即使他和所有雇用的人一起劳动，也不能完成其土地所需劳动量的十分之一。于是，他开始从各地招募劳动者，并给予他们优厚的工资。有了这些优厚的工资，再加上殖民地土地丰饶且价格低廉，那些被雇用的劳动者不久便离开了殖民者。他们自己去购买土地成为地主，并再以优厚的工资去雇用其他劳动者。同样的情况继续发生，被雇用的劳动者最后也会离开他们。劳动者丰厚的工资待遇，还奖励了结婚，并且使儿童在幼年就能得到很好的抚养和照顾。他们长大之后，劳动的价值将极大地超过其抚养费用；他们成年之后，劳动的高价与土地的低价使他们能够像自己的祖先一样成为地主。

与其他国家那种地租和利润侵吞劳动者的工资、两个上层阶级压迫下层阶级的情况不同，新殖民地两个上层阶级的相互关系，使得他们更人道地对待下层阶级。在那里，至少下层阶级并没有生活得像奴隶一样。一方面，他们只需付出极小的代价，便可以获得生产力极大的一片荒地。另一方面，身兼企业家的地主，必须雇用他人来开垦荒地才能从耕作中获得并增加收入和利润（一般情况下，是丰厚的利润）。然而在土地面积大、人口数量少的新殖民地，地主想要获得这些雇用劳动者并不是一件简单的事情。于是，他通常愿意支付任何价格来雇用劳动者。一方面，高昂的劳动工资刺激了人口的繁殖；另一方面，土地的丰饶与地价的低廉改善了土地的耕作，地主也能支付这样高的工资。这种工资基本上构成了土地的全部价格。不过，这种工资虽然很高，但与劳动所带来的奖励人口、促进耕作，最后促进财富的增加和地区的强大这一结果相比，这种工资又显得有点低。

在古希腊，很多殖民地都迅速地繁荣富强起来。在一两个世纪后，有一些殖民地的实力与原城邦基本上相当，有些甚至超过了原城邦。例如，无论从哪一点来看，西西里的塞拉库西及阿格里琴托、意大利的塔伦图及洛克里、小亚细亚的埃弗塞斯和密理图斯，都与古希腊的任何一个都市不相上下。虽然它们的建设比较晚,但无论是文艺、哲学、诗学还是修辞学,它们都和母国(原城邦)的发展水平一样高。值得一提的是,达理士学派和毕太哥拉学派是古希腊两个最右的学派,但两个都没有建立在古希腊,而是一个建立在亚细亚殖民地,一个建立在意大利殖民地。可以说,所有的殖民地都建立在未开化的野蛮民族居住的地方。在那里,新殖民者可以很容易地获得很多良好的土地,并且独立于原城邦,因此,他们可以按照最有利于自己的方式,自行处理自己的事务。

相比之下,罗马殖民地好像没有这么辉煌的历史。例如弗罗伦萨,它经过很多年,等到原城邦衰落以后才成为一个大的国家,可见其进步速度是非常缓慢的。这是因为罗马殖民地是在被征服的地方建立的,因而遭受着两种不利的条件:一、在那里,人口差不多已经非常稠密了,因此殖民者们分得的土地也不多;二、殖民地没有独立于原城邦,殖民者们不能按照最有利于自己的方式来自由处理自己的事务。

与古希腊殖民地相比,欧洲人在美洲及西印度所建立的殖民地很多,甚至超过古希腊殖民地。而在与母国的关系这一点上,它们又与古罗马殖民地有点相似。不过,由于殖民地远离欧洲,因此就在一定程度上降低了这种依附关系,因而它们受母国监视和统治的影响较小。有时是欧洲不知道或不了解他们的行为,而有时是因为距离太远,欧洲只好容忍放任。于是,殖民地人民同样也可以按照自己的方式来追求自己的利益。因此,即使是西班牙那样专制的政府,也会因为担心人们造反而常常撤回或修改已经发下的对所属殖民地的命令。最后,无论是在财富、人口还是土地改良上,欧洲的所有殖民地都取得了很大的进步。

由于分获金银,西班牙国王从殖民地建立以来,便从殖民地获得了很多收入。然而,西班牙国王还想要从殖民地获得更多的收入。于是,西班牙从殖民地建立时起,就一直给予了殖民地紧密的注意。相比之下,欧洲的其他国家在很长一段时期内,都不太注意自己的殖民地。但西班牙殖民地并没有因为这种注意而比其他国家的殖民地繁荣,其他国家的殖民地也没有因为缺乏这种注意而比前者落后。甚至,按照土地面积比例来说,欧洲其他国家殖民地的人口与农业改良比西班牙殖民地更好。但不可否认的是,西班牙殖民地在人口与农业改良方面,其进步速度是非常快且巨大的。据乌罗阿描述,经过征服后建立的利玛市,在大约三十年前人口不过五万人,基托则是印第安的一个小村落,和利玛市拥有等量的人口。而克麦里•卡勒利(听说是个冒牌旅行家,不过其著作

却较为可信)曾说,墨西哥城有十万居民。可以看出,无论西班牙的作家是否夸张,这十万的人口总数的确比蒙特祖玛时代居民数的五倍还要多。并且,这个数目也极大地超过了英国殖民地的三个大城市——波士顿、纽约和菲拉德尔菲亚的居民总数。

在西班牙未征服墨西哥和秘鲁之前,骆马是当地唯一的驮畜,其力气远不如一般的驴子,并且当地没有耕犁,不知道使用铁器,没有铸币,也没有任何稳定的商业媒介。人们之间的贸易仅仅是简单的物物交换,他们将木制锄作为农业上的主要工具,将尖石当做刀斧来切东西,将鱼骨或其他动物的腱当做针来缝东西。上述这些器具,基本上就是他们生活中的主要工具。如果一直在这样的状况下,这些国家是不可能像今天这么进步并且将土地耕种得这么好的。如今,那里有了各种欧洲的牲畜,已经使用铁和耕犁,并采用许多欧洲技术。我们知道,国家的人口密度,是与其改良及耕作程度相适应的。因此,从墨西哥和秘鲁被征服以来,虽然它们的居民遭遇了杀害,但目前的人口数量比以前还多,并且其人种也发生了极大的改变。我们不得不承认,在很多方面,古印第安人的确不比西班牙裔的西印度人强。

葡萄牙人在巴西的殖民地,和西班牙人的殖民地一样,也可以算是欧洲人在美洲最早的殖民地了。葡萄牙人在发现巴西之后很久,由于没有找到过金银矿,对国王所能提供的收入少得甚至没有,因此他们在很长一段时期内都没有关注过殖民地。在这种不注意的情况下,殖民地也变得强大起来。在西班牙统治葡萄牙时,作为西班牙敌人的荷兰人袭击了巴西。巴西原有十四个省,荷兰人占据了其中的七个。荷兰人原本是要夺取另外七个省的,但当时葡萄牙恢复了独立(布拉甘查王朝执政),与荷兰人成为了朋友。当然,葡萄牙人也就和西班牙成为了敌人。最后,荷兰人同意把巴西剩下的那七个省给葡萄牙,葡萄牙人也同意荷兰人占据巴西那已被征服的七个省。但不久之后,荷兰政府开始压迫葡萄牙的移民。在埋怨诉苦不能解决问题的情况下,这些葡萄牙移民拿起了武器来对付荷兰人。虽然他们并没有得到母国的公开援助,但基本上是在母国的默许下,凭借自己的勇气和决心将荷兰人赶出了巴西。荷兰人考虑到自己不能占有巴西的任何部分之后,将巴西全部归还给了葡萄牙国王。据说,这个殖民地有六十万以上的人口,包括葡萄牙人、葡萄牙人的后裔、西印度人、黑白混血种人,还有葡萄牙与巴西族的混血种人。可以说,葡萄牙的巴西殖民地是美洲殖民地中包含欧洲血统最多的殖民地了。

在十五世纪末和十六世纪的大部分时间内，西班牙和葡萄牙一直是两大海上强国。在当时，虽然威尼斯和欧洲各地在通商，但其舰队基本上没有出过地中海。西班牙人认为自己是美洲的最早发现者，因此他们应当享有整个美洲。除了大海军国葡萄牙在巴西建立殖民地外，大部分其他欧洲国家由于害怕西班牙，都不敢在这片大陆上建立殖民地。法国人曾想要在弗罗里达建立殖民地，结果全都被西班牙人杀掉了。自从十六世纪末西班牙的无敌舰队失败以后，西班牙的海军力量也衰落了，从而也没有能力再阻止其他欧洲国家在美洲建立殖民地了。因此，在17世纪，英国、法国、荷兰、丹麦、瑞典，以及所有海港大国，都开始在新大陆上建立殖民地。例如，瑞典人在新泽西建立了殖民地，当地如今还有不少瑞典家族。事实证明，殖民地若能够得到母国的保护，是可以一直繁荣发展的。然而，由于瑞典不重视这个殖民地，于是它不久就被荷兰人的纽约殖民地吞并了。而荷兰人的纽约殖民地，于1674年又被英国人吞并了。

在新大陆上，丹麦人仅在圣托马斯和圣克洛斯两个小岛上建立了殖民地，并且由一个特许公司来管辖这两个小殖民地。在那里，只有这个公司有权力购买殖民者的剩余生产物，并向他们供应他们所需的其他外国货物。因此，这个公司在买卖上不仅有压迫他们的欲望，而且有压迫他们的权力。无论在什么地方，专营的商业公司的统治都是最不好的统治，但即便在这种情况下，殖民地仍然能够进步，只是其进步的速度比较迟缓。之后，丹麦前国王下令解散了这个公司。从此以后，这两个殖民地就非常繁荣了。同样，荷兰人在东印度和西印度的殖民地，原来也受一个特许公司的管理。因此，这些殖民地与旧殖民地相比，虽然也在进步，但比大部分新殖民地进步得慢。例如，苏里南殖民地，虽然已经很繁荣了，但与其他欧洲国家的大部分蔗田殖民地相比，还是有一定的差距。

良地的富饶与地价的低廉，是殖民地繁荣的主要原因。因此，即使是最不好的统治，也不能完全阻止这些殖民地的繁荣。例如，即使在荷兰的统治下，诺瓦·博尔基亚殖民地（如今分成纽约和新泽西两个省）也可以在经过一段时间之后繁荣起来。并且，由于与母国距离较远，移居者还可以通过走私或多或少地避免特许公司的垄断权对他们的妨害。目前，在苏里南殖民地，这个特许公司允许所有获得特许状的荷兰船只，在缴纳货物价值百分之二点五的税后与苏里南通商。但它依然垄断着非洲与美洲间的直接贸易（几乎全是奴隶买卖）。当然，公司专营特权的减少，也是殖民地现在这么繁荣的重要原因。例如，库拉苏亚和尤斯特撒（荷兰的两大岛）是自由港，各国船舶都能出入。因为有了这种自由,与周围较好殖民地只允许一国船舶自由出入的海港相比,这两个以前是不毛之地的岛才能够如此繁荣。

在上世纪大部分时间和本世纪一部分时间里,法国在加拿大的殖民地也是被一个特许公司所管理。在这样不好的管理下,它的进步速度与其他殖民地比较,是很缓慢的。不过,在密西西比计划失败之后,这个公司被解散,殖民地的进步速度也就快了很多。后来,英国占领了这个殖民地,它的人口与二三十年前的人口相比(神父查理万描述,这位耶稣教会会员曾经游历加拿大全部,应当不会少报其实际人数),差不多增加了一倍。

法国在圣多明各的殖民地,是海盗建立起来的。在很长一段时期里,他们不需要法国的保护,也不承认法国的统治。之后,这些海盗承认了法国的政权,并且享受了很长一段时间的优待。就是在这段时期内,殖民地的人口增长与技术进步速度都非常快。虽然那时殖民地正遭受着特许公司的压迫统治,但这种压迫并不会阻止其进步;并且,一旦这种压迫解除,它发展的速度便会和以前一样快。目前,圣多明各是西印度最重要的蔗田殖民地,据说,它的产量大于全部英国蔗田殖民地的总产量。当然,法国其他的蔗田殖民地也都非常繁盛。但总的来说,英国的北美洲殖民地是进步速度最快的殖民地。

从以上可以看出,所有新殖民地的繁荣都有两大原因:一是有大量优良的土地,二是殖民地人民可以按照有利于自己的方式自由处理事务。

就第一点而言,英国在北美殖民地拥有的很多土地,既比不上西班牙人和葡萄牙人的殖民地,也比不上上次战争前法国人的某些殖民地。然而,从政治制度上来看,英国殖民地的政治制度却比其他三国殖民地的政治制度更能促进土地的改良与耕作。其原因如下。

首先,英国殖民地虽然没有完全禁止对未开垦土地的垄断,但它与其他殖民地相比,对垄断的限制还是比较多的。殖民地的法律规定,在一定期间内,每个地主都必须对自己所有的一部分土地进行改良和耕作。如果他不承担这种责任的话,就应当把这部分土地交给其他人。虽然这项法律并没有被严格执行,但还是有一定的效果。

其次,在没有长子继承法的宾夕法尼亚,土地像动产一样,是平均分配给家中的所有儿女的。而新英格兰的三个省的法律则类似于摩西律令,允许长子获得双份的遗产。在这三个省中,有时会有个别人垄断大量土地的情况,但经过一两代人的继承分割之后,土地还是会被分割得很充分。在英国其他的殖民地中,长子继承法仍然像英国法律规定的那样存在着,但由于所有殖民地的土地都因自由借地法而享有借用权,因此土地更加容易被分割。并且,大土地所有者也认为,尽快将大部分土地分割出去,自己保留一小部分收取地租更有利于自己。在西班牙和葡萄牙的殖民地上,所有有勋爵称号的大地产都保留着长子继承法,并且是由一个人继承的、不许分割的限定继承制。法国殖民地在土地继承方面保留着巴黎的习惯,其土地继承与英国法律相比,更有利于小儿子。而对于有骑士和领地称号的贵族地产,即便被部分分割让了,领地或家族继承人也可以在一定期限内将其赎回来。试想,如果国内所有的大地产都是这种贵族土地的话,结果必然会妨碍土地的割让。不过,新殖民地未开垦的大地产与通过继承来分割土地相比,割让使土地分割得更快。前面已经谈到,殖民地迅速繁荣的主要原因在于肥沃土地的富饶和地价的低廉。事实上,土地的垄断会破坏这种繁荣条件,尤其是对未耕地的垄断,将极大地阻碍土地的改良。我们知道,用来改良和耕作土地的劳动,能够向社会提供数量最多和价值最大的生产物。劳动者的工资、雇用劳动资本的利润以及劳动者所耕土地的地租,都是由劳动的生产物来支付的。与其他三国相比,英国移民的劳动要多一些,因此其提供的生产物的数量和价值也要大一些。并且,其他三国在殖民地的土地上基本都实行垄断,这样就在一定程度上致使国家的劳动转入了其他资本用途。

  再次,那些英国移民的劳动,生产出了数量多、价值大的生产物,又由于适当的赋税,他们可以拥有大部分的生产物,从而维持更多的劳动。并且,移民们从未负担过母国的国防和行政费用。相反,母国倒要支付保卫他们所需的费用。我们都知道,海陆军费用比必要的行政费用要大得多。行政费用一般来说不是很多,仅仅包括总督、裁判官和警察的薪水,以及维持一些必要的公共工程的费用。在目前的扰乱事件开始以前,每年马萨诸塞的行政设施费一般只需要一万八千镑左右,新议布什尔和罗得岛的行政设施费每年各只需三千五百镑,康涅狄克只需四千镑,纽约和宾夕法尼亚各只需四千五百镑,新泽西只需一千二百镑,弗吉尼亚和南卡罗利纳各只需八千镑。诺瓦斯科夏和乔治亚,每年的行政费有一部分由议会拨款,其中,诺瓦斯科夏每年的行政费用大约是七千镑,乔治亚大约是两千五百镑。总的来说,除了马里兰和北卡罗利纳这两州(无确切记载),英国整个北美殖民地的全部行政设施费每年都不超过六万四千七百镑。想一想,用这么少的费用将三百万人统治好,真的是一件值得称赞的事情。

在政府费用中,最重要的是防卫费用,而这部分是由母国来负担的。因此,殖民地政府总是用非常隆重的仪式来欢迎新总督和新议会。同样,殖民地的教会也很节俭,它并不征收什一税,并且那些为数不多的牧师是依靠少量的薪俸或人民的捐款来维持生活。与此相反的是,西班牙和葡萄牙政府却在一定程度向殖民地征税。法国虽然没有从殖民地获取比较多的收入,但也向殖民地征税。这些税虽然都用在殖民地境内,但殖民地的行政费用与其他两国一样巨大,而且各种仪式也很铺张浪费。举个例子,殖民地欢迎一个秘鲁新总督就要花费很多费用。这种仪式不仅使富裕的移民在这种情形下要纳税,而且还会使他们养成在其他场合浪费的坏习惯。最后,它将变成一种永久的、严苛的税,那就是导致富人无止境地奢侈和浪费,而不仅仅是暂时的;另一方面,这三国的殖民地中,教会也同样苛刻,他们在这些殖民地征收什一税。而且,在西班牙和葡萄牙两国的殖民地,这种现象尤为突出。在这些殖民地里,有很多僧侣化缘,虽然这种行为未经政府认可,但是被宗教许可。那里的贫民们受到教导,认为施舍僧侣是一种义务,而拒绝施舍则是很大的罪恶,于是,施舍僧侣成了贫民的一种负担。但具有讽刺意味的是,在这三国殖民地内,僧侣是最大的土地垄断者。

最后是殖民地剩余生产物的市场。英国殖民地比欧洲其他任何国家的殖民地拥有更广阔的市场和优势地位。从上述情况可以看出,欧洲任何国家都想垄断所属殖民地的贸易。因此,每一个国家都采取了各不相同的垄断方式,来禁止殖民地和外国船舶通商以及从外国进口欧洲货物。

例如,有的国家依靠一个特许公司来管理所属殖民地的所有贸易。在这个公司的管理下,殖民地人民必须通过该公司才能购买所需的欧洲货物,并且只能将自己的全部剩余生产物出售给这个公司。因此,这个公司不仅可以提高前一种货物的出卖价格来获利,而且可以通过压低后一种货物的价格,然后再高价转售给欧洲的方式来获利。这样一来,不仅使殖民地剩余生产物的价值在任何场合都被降低了,而且在很多情况下阻碍了殖民地生产物产量的自然增长。这种公司的成立,可以说是最妨碍新殖民地自然发展的了。荷兰一直都奉行这一政策,不过,荷兰的公司曾在很多场合下停止行使垄断经营权。而丹麦,直到前一任国王上任时,才放弃这种政策。法国有时也采取这样的政策。但自1755年以来,除了葡萄牙之外的欧洲其他国家都认为这是一种不合理的政策,从而也放弃了。葡萄牙在巴西的佩南布科和马伦好两大省,仍实施着这种政策。

又如,有的国家虽然没有采取以上借助特许公司管理的政策,但为了限制殖民地的贸易,使其仅能和母国的特定港通商,也规定只有在船队出航的情况下,或者持有特许状(大都是要付出高额代价的)的单船出航的情况下,才允许船舶从特定港出航。很明显,这种政策使得母国所有的居民都能从事殖民地贸易,只要他们是在适当的港口、适当的期间、使用适当的船只就行。然而,那些投资装备船只并持有特许证的商人,出于自己利益的考虑,想要合作起来经营这样的贸易。试想,这种合作最后必然会转化为和特许公司差不多的经营模式。并且,这种商人联合的利润和特许公司的利润基本上是一样多的。而殖民地得不到充足的货物供给,它们必须用较高的价格买入货物,而以较低的价格卖出。西班牙一直到几年前都在采取这一政策。据说,在西班牙所属西印度殖民地,所有欧洲货物的价格都很高。乌罗阿说:"在基托,一磅铁大约卖四先令六便士,一磅钢大约卖六先令九便士。"殖民地人们出卖自己的生产物,就是为了购买欧洲产物。因此,后者的价格越高,那么出卖自己生产物的所得实际上就越小。葡萄牙对于除佩南布科和马伦好两省以外的其他殖民地,也是采取的这一政策,只是对于那两个省则更严厉一些。

有的国家采取的政策,是允许所有人民从事殖民地贸易。对于母国人民,他们可以在任何港口,使用海关的证件(不需要特许状)与殖民地通商。在这种政策下,经商的人数很多,而且他们散居在各地彼此竞争,因而一般不会获得太高的利润。在这种政策下,殖民地可以以比较公平合理的价格,出卖自己的生产物以购买欧洲的商品。自从普林穆斯公司解散(当时英国殖民地才刚开始)以来,英国就一直采用这一政策。自从密西西比公司解散以来,法国也一直采用这样的政策。因此,英、法两国从事殖民地贸易的获利并不怎么高,欧洲商品在这两国大部分殖民地的价格也不是很高。如果允许其他各国自由竞争的话,他们的利润可能会更低。

在英国殖民地,关于剩余生产物的出口,也只是限定一部分商品必须运送到母国市场。这些商品被称为列举商品,因为它们曾经被列举在航海法和后来颁布的其他法令中。其余的商品则被称为非列举商品,它们可以直接出口到其他国家。不过,货物的运输必须使用由英国人所有,且有四分之三的英国船员的英国船或殖民地船只。

在美洲和西印度有几种非常重要的产物,例如各种谷物、木材、腌制食品、鱼类、砂糖以及甜酒,都被包含在非列举商品中。谷物是所有的新殖民地最早耕种和最主要的作物。英国法律使得殖民地拥有了广阔的谷物市场,有利于促

进这种耕作的推广，使产品极大地超过稀少人口的消费量，从而为不断增加的人口储备了充足的生活资料。

在树木很多的地方，木材价值低得甚至没有价值。而土地改良的主要障碍，就在开拓土地的费用。于是，法律为殖民地的木材开拓了广阔的市场，使得原本价值较低的商品，卖出了好的价钱，并且使殖民地居民在原本耗费的土地开垦工作中获得了利润。这样，土地的改良也就很容易了。

牲畜繁殖的数量，在人口不稠密、耕作不充分的地方，基本上都要大于当地居民的数量，因此牲畜的价值往往降低到没有价值。前面已经说过，一国的大部分土地能够进行改良的条件，是牲畜的价格与谷物的价格必须保持一定的比例。英国法律也为美洲的死牲畜和活牲畜提供了广阔的市场，提高了这种商品的价值，从而促进了土地的改良。不过，乔治三世四年第十五号法令关于"皮革和毛皮定为列举商品"的规定，降低了美洲牲畜的价值，在一定程度上抵消了上述自由贸易带来的有利影响。

鱼，是北美洲与西班牙、葡萄牙和地中海沿岸各国之间通商的主要商品之一。英国的议会一直都有一个目的，那就是通过发展殖民地的渔业来增加我国航运业和海军的力量。于是，法律便为这种渔业自由贸易提供各种奖励，使其极大地发展繁荣起来。在最近的变乱之前，新英格兰的渔业几乎是世界上最重要的渔业之一。在英国，虽然捕鲸业有特别的奖励金，但效果却不佳。大家都认为，英国每年所支付的奖励金的数额与捕鲸业的全部生产物相比，其实是差不多的。而在没有奖励金的新英格兰，捕鲸业却在大规模地经营。

砂糖，以前也是只允许运送到英国的列举商品。1731年，经过甘蔗种植者的申请，法律开始允许砂糖有限制地出口到世界各地。由于英国的砂糖价格非常高，这种自由的出口没有产生多大的作用。英国蔗糖殖民地的砂糖市场，几乎还是被英国及其殖民地所垄断。英国及其殖民地对砂糖的消费量快速增长，虽然由牙买加和其他被割让岛屿日益增加的产量来供应，但这二十年内砂糖的进口需求仍然很大，因而蔗糖殖民地出口到外国去的数量也没有以前多。

甜酒是美洲与非洲沿岸贸易中非常重要的商品，它是黑奴在这种通商中带回来的。

稍微理智的人都知道，如果将美洲各种谷物、腌制食品和鱼类的全部剩余生产物，都定为列举商品，强制要求其运往英国市场，就会对本国人民的劳动生产物造成极大的妨碍。因此，一般情况下，除了稻米之外，其他谷物和腌制食品都被禁止运往英国,就是为了本国劳动生产物的利益,而并非是为了美洲殖民地的利益。

非列举商品,可以出口到世界任何地方。木材和稻米曾经都被定为列举商品,后来又改为非列举商品,但其允许出口的欧洲市场,仅限于菲尼斯特雷角以南的欧洲各国。乔治三世六年第五十二号法令规定,所有的非列举商品都要受到上述相同的限制。菲尼斯特雷角以南的欧洲各国,全都不是制造业国。因此,我们不用担心殖民地船只从那里带回来的东西会影响英国的制造品在殖民地的销售。

列举商品,可以分为两种。第一种是美洲特有的,并且母国不能生产或不生产的产物。例如,蜜糖、咖啡、椰子果、烟草、红胡椒、生姜、鲸须、生丝、棉花、海狸皮和美洲其他各种毛皮、靛青、黄佛提树,以及其他各种染色树木,就是属于这一类别;第二种是非美洲特有、母国也能够生产,但产量不足以满足需要的产物。例如,所有海军用品、船桅、帆桁、牙樯、松脂、柏油、松香油、生铁、铁条、铜矿、生皮、皮革、锅罐、珍珠灰,就属于这一类别。其中,第一类商品的大量进口,不能妨碍母国任何生产物的生产和销售。一方面,我们的商人想要限制这种商品进入本国市场,使自己能够在殖民地上低价购买之后,在国内高价卖出以获利;另一方面,商人们想在殖民地与外国之间,进行一种有利的运输贸易,即以英国为中心,将这些商品进口到英国再出口到欧洲其他国家。同样,第二类商品的进口,可以阻碍外国进口商品的销售,但不得阻碍本国同种产物的销售。因为,这种商品的价格在征以重税之后,比本国同种产物的价格要高,而比国外进口品的价格要低。限制这些商品,使其只能运往本国市场,是为了阻碍贸易差额中那些不利于英国的外国产物,而不是要阻碍英国产物。

需要提出的是,禁止殖民地将船桅、帆桁、牙樯、松脂、柏油出口到英国以外的国家,将会降低殖民地木材的价格,并增加开拓殖民地土地的费用,最后阻碍土地的改良。1703年,瑞典松脂柏油公司规定,除非上述商品由该公司的船只装运,按照它制定的价格,并按它认为合适的数量运出,否则禁止出口。该公司想要通过这种办法来抬高出口到英国的该商品的价格。于是,英国采取对从美洲进口的海军用品发放奖励金的措施,来应对这个引人注目的商业策略,并使英国在这类商品上尽可能不依赖瑞典和北方其他国家。这种奖励金,大大提高了美洲木材的价格,并且超过了限定进口国市场所能接受的程度。由于以上两个规定是同时颁布的,其结果最后还是鼓励了美洲土地的开拓。

生铁和铁条,也是列举商品。与从其他各国进口缴纳重税相比,从美洲进口生铁和铁条可以免税。这个规定一方面鼓励了美洲制铁厂的建设;另一方面也起了一定的妨碍作用。但总的来说,鼓励作用大于妨碍作用。因为这种铁制造业,需要消耗非常多的柴火,从而促进了树木丛生的地方的开发。于是,这种规定会提高美洲木材的价值,最终促进土地的开拓。虽然立法机关并没有注意和明白这一利益,然而,我们并不能否认其有利的结果。

无论是列举商品还是非列举商品,在英领美洲殖民地及西印度之间的贸易都有最完全的自由。这些殖民地如今那么富裕,对于彼此所有的产物都能提供广大的市场。从整体上看,对方对于彼此的产物,就是一个大的国内市场了。

然而,英国对其殖民地贸易采取的宽大政策,大部分是限定在原料或粗制品的贸易上的。至于对殖民地产物的精致加工,英国商人和制造者会要求自己经营,并请求议会课以高关税或禁止殖民地建立这种制造业。例如,从英领殖民地进口粗制砂糖,每一百斤只要纳税六先令四便士,而白糖需纳税一镑一先令一便士,单制或复制的精制糖块则需纳税四镑二先令五又二十分之八便士。在赋税如此沉重的情况下,英国是英领殖民地砂糖出口的唯一市场,到目前也仍然是主要市场。这种高关税,就相当于禁止白糖或精制砂糖供应外国市场,如今则相当于禁止制造白糖或精制砂糖,使其不能供应那些主要的消费市场(可消费全产量的十分之九以上)。因此,大家可以看到,法国蔗糖殖民地精制砂糖制造业很发达,但英国殖民地的精制砂糖制造业除了满足殖民地本地市场需求以外,就没有其他的了。例如,在哥伦内达由法国人占领时,各个甘蔗园都有砂糖漂白厂。一经英国人占领后,就基本上放弃了这一类制造厂。我相信,目前(1773年10月)这个岛上这类制造厂最多不超过三个。不过,由于现在海关比较松散,被磨成粉末的白糖或精制砂糖,可被作为粗砂糖出口。

英国虽然允许从美洲免税进口生铁和铁条到英国,以奖励美洲这种制造业的发展,但绝对禁止在英属殖民地上建立制钢厂及铁工厂。哪怕是殖民地人民为自己消费而制作这种精制品,也是不被允许的。他们自己消费的生铁和铁条也只能向英国的商人和制造者购买。

同时,英国还禁止美洲生产的帽子、羊毛和毛织物通过水运或车马陆运,从一省运到另一省。这种条例,不仅有效地防止了殖民地通过远途贩卖而建立起这一类商品的制造业,而且使殖民地人民除了自用或同省邻人使用之外,不能经营那些精制品制造业。

然而，禁止人们制造他们所能制造的产品、禁止人们自由地将资本和劳动投入到自己认为最有利的用途上的做法，显然是侵犯了最神圣的人权的。这种不公正的禁令，并没有在多大程度上妨碍殖民地的发展。土地价格仍然很低廉，劳动价格仍然很昂贵，使他们能够以比自己制造更低廉的价格，从母国进口几乎所有的精制品。因此，就算是没有这一类禁止令，在目前土地改良的情况下，他们出于对自己利益的考虑，也可能不愿意自己经营这种事业。因为，在目前的情况下，这种禁令并没有约束他们的劳动，或使他们的劳动不能投入到应当投入的用途上。但不可否认的是，这是由于母国的商人和制造者的嫉妒，而没有任何缘由地给他们附加了这种奴隶的印记。随着殖民地的发展进步，这类禁令最终可能会成为一种令人无法忍受的的压迫。

英国规定殖民地的某几种非常重要的产物，必须运往它的国内市场。但是为了补偿，它采取对从外国进口的同类产品征以重税，而奖励殖民地进口的方式，使殖民地这几种产物在英国市场里占有优势地位。例如，对于殖民地的砂糖、烟草和铁，英国采取的是第一种方法，即对外国进口的同类产品征收重税；而对于殖民地的生丝、大麻、亚麻、靛青、海军用品和建筑木材，英国采取的是第二种方法，即进口奖励金的方式。据我所知，第二种方法是英国特有的，第一种方法却不是，葡萄牙曾因为不满足了仅仅以高关税限制烟草从殖民地以外的地方进口，于是直接禁止外国烟草的进口，并规定违反者将受到严重处罚。

与其他国家相比，英国在进口欧洲货物方面，对于殖民地的政策是最为宽大的。在英国，进口外国货物再出口时，将退还进口税的一半或一大半甚至全部。试想，如果英国对于进口外国货物征以重税，而在其出口时又不予退还，那么绝对没有一个独立自主的国家能接受这样的出口商品。从这个角度上说，重商主义提倡的运输贸易能够持续的条件，就是实行出口退税。而实际上，英国取得了向殖民地供应所有欧洲商品的垄断权。殖民地并不是独立自主的国家，英国本可以采取其他国家对待殖民地的方式，强迫殖民地接受这种进口税繁重的出口商品。不过，在1763年以前，大部分外国货物出口到英国殖民地时，都可以像出口到其他独立的外国一样获得退税。之后，1763年乔治三世四年第十五号法令却规定，除葡萄酒、白洋布、细洋布外，欧洲或东印度的其他农产品、制造品，从本国出口到任何英属美洲殖民地时，不得退还旧补助税任何部分。这项法律的颁布，差不多取消了殖民地的上述优待。以前在殖民地，许多外国货物的价格都比母国低；如今，就只有一些货物还是这样的情况了。

在制定大部分有关殖民地贸易的条例时，主要的顾问就是那些从事殖民地贸易的商人。因此，这些条例当然是更关心这些商人的利益，而不是那么关心殖民地或母国的利益了。这表现在以下两个方面：第一，这些商人拥有垄断特权，一方面可以将欧洲货物运往殖民地；另一方面可以将殖民地中不妨害他们国内贸易的那部分剩余生产物运回本国。这种垄断特权的结果，明显是为了商人的利益而牺牲殖民地的利益。第二，在他们将大部分欧洲和东印度货物出口到殖民地时，可以像出口到独立的外国那样享受出口退税。在重商主义的学说中，实行这种退税其实就是为了这些商人的利益而忽视母国的利益。在这些条例的保护下，对于商人来说，他们将外国货物运送到殖民地去，可以尽可能少缴税；而将外国货物进口到英国时，他们又可以最大限度地收回支付税额的资本。这样一来，当商人们在殖民地出售等量货物时，较之以前就可以获得更多的利润。总之，这些商人总是可以从这里或那里获得利润。对于殖民地来说，它想要以最低的价格获得最多的货物；但对于母国来说，上述条例的规定会带来两种不良的后果：一是出口时退还这些货物大部分的进口税，必然影响母国的收入；二是退税使得将外国制造品运往殖民地更加容易，从而降低了母国制造品在殖民地市场的售价，最后影响母国的制造业发展。这也是人们为什么常说"针对德国亚麻布出口到美洲殖民地的退税，极大地阻碍了英国亚麻布制造业的发展"的原因。

虽然英国同样受到重商主义的影响，但在有关殖民地贸易方面，英国的政策不像其他国家那样狭隘而令人无法接受。

就其他方面来说（除了对外贸易），英属殖民地人民拥有完全的自由，可以按照自己的方式处理事务。他们的自由和国内同胞的自由是平等的，同样也由人民代表议会来保证这种自由。人民代表议会，享有征税权以维持殖民地政府。在殖民地，行政权力是指只要遵守法律，哪怕是最卑微和令人厌恶的殖民地人民，也不用担心总督或政府文武官员的欺压。议会的权力在行政权力之上。殖民地议会和英国众议院一样，它虽然并不一定是最平等的人民代表机关，但还是具有这样的性质。母国负担着殖民地行政机关的费用，因此在殖民地，行政机关没有必要去讨好议会，当然也没有这样的财力。因此，议会在一般情况下，更容易受选举人意志的影响。和英国贵族院相比，殖民地参议院和其地位差不多，但人员不是世袭的贵族构成（所有的英属殖民地都不存在世袭的贵族）。在一些殖民地，如新英格兰的三个殖民地，这些参议院议员是由人民代表推选,而不是由政府指派的。所有殖民地像其他独立国家一样,老殖民家族的后裔与有相同功德和财产的暴发户相比,更受到人们的敬重,但他们并没有妨碍他人的特权。在目前的变乱开始之前,殖民地议会享有立法权和一部分行政权。在康涅狄克和罗得岛,议会还可以选举总督。在其他殖民地上,议会直接派人出去征税,征收员直接对议会负责。因此,英属殖民地的人们,感觉比在母国受到的平等待遇还要高,并且他们更有民主共和的精神,尤其是新英格兰的那三个政府。

与英国相反,西班牙、葡萄牙和法国三国,都在自己的殖民地上建立起了他们的专制统治。这种统治,就是授予所有下级官员垄断权。这种垄断权的行使,由于距离母国遥远而非常苛刻。我们知道,在所有的专制统治中,首都相对而言比较自由些。因为对于君主自己来讲,破坏正义、压迫人民大众的制度,对他没有什么好处。而且君主居住在首都,对下级官员多少有些威慑;然而,在地方上,下级官员为非作歹,人民的怨声载道又很难让君主得知。与那些最大的国家中最远的省相比,欧洲人在美洲的殖民地要远得多。自古以来,只有英属殖民地政府才给殖民地人民完全的保护。不过,与西班牙、葡萄牙两国殖民地的政策相比,法国殖民地的行政也较为温和一些。这与法国民族的性格相称,其实也与所有民族的性格相称的。法国政府的统治和英国相比,仍然较为专制;但和西班牙、葡萄牙相比,还是比较自由的。

我们可以从北美殖民地的进步上看出英国殖民地政策的优越。虽然英国蔗糖殖民地和其他殖民地一样享受着自由政治,但大部分英国蔗糖殖民地的进步与法国蔗糖殖民地的进步相比,有的与它差不多,有的甚至还不如法国殖民地。这是因为,法国不像英国那样阻碍殖民地从事精制砂糖的生产;另外,法国政府对黑奴的管理更好,这一点是更重要的原因。

所有的欧洲殖民地,都由黑奴负责种植甘蔗。就目前的情况来说,种植甘蔗还是手工劳动。据说,生长在欧洲温带的人,体格不适宜在西印度的烈日下从事挖土的劳动。很多人使用锥犁来劳动,认为这会比较有利。而在很大程度上,犁耕的利润和效果是由良好的牛马管理来决定的。同样的道理,奴隶耕作的利润和效果也是由良好的奴隶管理来决定的。大家一般都认为,与英国种植者相比,法国种植者更善于管理奴隶。在专制政治的殖民地上,要对奴隶给予一定的保护,使他们不受主人的欺凌,比在政治自由的殖民地采取这种政策要容易一些。这是因为,在有奴隶法规的国家,在保护奴隶时,地方长官会在一定程度上干涉主人的私有财产。在自由国家,奴隶主要么是殖民地议会的代表,要么是代表的选举人,非经慎重考虑,地方长官是不敢干涉他们的。由于地方长官对奴隶主有一些顾虑,因此他们也就不能很好地保护奴隶了。在这些国家,奴隶享有的就是一般奴隶的待遇。在政治专制的国家,地方长官常常会干涉个人的私有财产,如果有人不按照他的意思管理,他就会逮捕他们,因此,他想要保护奴隶也容易得多,并且出于普通人的人道主义精神,他也愿意保护他们。有了地方长官的保护,主人便不敢轻视奴隶,因而会给予他们比较好的待遇。而这样好的待遇,会使奴隶更加诚实、能干,也更加有用。虽然他们的境遇与佣人差不多,但他们又与佣人不一样,他们只是在一定程度上会忠于主人,并为主人的利益行事。

我们可以从任何时代、任何国家的政策中得出这样的结论,那就是奴隶在奴隶专制政治下,比在自由政治下拥有更好的待遇。在古罗马史上,皇帝是第一个保护奴隶使其不受主人压迫的人。曾经,维迪阿·波利奥要把一个犯了一点错误的奴隶切成小块,扔进池塘喂鱼,奥古斯丁大帝非常生气,立即下令释放该奴隶主的其他奴隶。但在共和政治下,长官根本没有足够的权力保护奴隶,就更不用说处罚主人了。

可以告诉大家的是,法国对殖民地的改良,尤其是对圣多明各殖民地的改良,基本上都依靠殖民地自己的改良和开垦。也就是说,殖民地土地的改良以及殖民地人民劳动的产物,是他们自己依靠良好的经营、逐渐的积累得来的。与此相反,英国改良和开垦其蔗糖殖民地的资本,大部分是从英国来的。因此,英国蔗糖殖民地繁荣的主要原因,是财富充足的英国向这些殖民地投入了一部分资本;而法国蔗糖殖民地繁荣的主要原因,是殖民地人民的良好经营。从这一点上看,法国移民是优于英国移民的。并且,从奴隶的良好管理上,也可以明白地看出这个优点。

上述是欧洲各国对所属殖民地政策的一个纲要。

从政治上来说,欧洲政策对于美洲殖民地最初的建立和此后的繁荣,几乎没有什么值得炫耀的贡献。

最初计划建立这些殖民地的目的,差不多是幻想和不正义。幻想,可以从寻找金银矿山上看出;而不正义,可以从侵占善良的土著人的居住地可以看出。善良的土著人从来没有损害过欧洲人,还曾经亲切热情地接待了那些最初的欧洲冒险家。

第四篇　论政治经济学体系

　　后来,冒险家建立殖民地的目的,除了幻想之外还有一些比较合理和可称赞的,但这也不能为欧洲的殖民政策增添什么光彩。例如,英国的清教徒,是由于在国内受到限制而逃往美洲追求自由,从而在新英格兰建立了四个政府的;英国的天主教徒,也由于待遇不公而逃到美洲,在马里兰建立了政府;教友派教徒,则在宾夕法尼亚建立了政府;葡萄牙的犹太人,由于受到宗教法庭的迫害,被剥夺财产并被赶到巴西,他们在这个曾经是流犯与娼妇居住的殖民地,传播了某些知识和产业,教当地人种植甘蔗。在上述这些事例中,我们可以看出,是欧洲各国政府的暴政与专横迫使人民移民到美洲从事耕作的。

　　对于建立殖民地的一些重要目标以及目标的实现,欧洲各国政府没有作出任何贡献。例如,古巴总督决定(而不是西班牙议会的决定)征服墨西哥的计划之所以能够得以实现就是因为大胆的冒险家们的行为的推动。即使总督后悔将这一任务交给冒险家,事后又对他们百般阻挠,也没能阻止这个计划的成功。而对于智利和秘鲁的征服,或对美洲大陆上西班牙其他殖民地的征服,征服者们得到的仅仅是以西班牙国王的名义来建设殖民地,而没有得到其他任何帮助,他们是通过自己冒险并支付费用来建立殖民地的。同样,英国政府对一些重要的北美殖民地的开拓,也没有作出什么贡献。

　　在这些殖民地建立以后,由于从中取得的利益很大,母国政府也开始加以关注。比如,针对殖民地贸易颁布一些条例法令,就是为了保证自己垄断这些殖民地的贸易,通过限制殖民地的市场而扩大自己的市场。所以,这种关注不但没有促进殖民地的繁荣,反而抑制了它的发展。欧洲各国为实现对殖民地贸易的垄断,使用的方法并不一样,这也是造成欧洲各国殖民政策区别较大的一个原因。其中,英国采取的政策可以说是最好的了。但其实,英国的殖民政策,也只是在一定程度上不如其他国家的政策那么苛刻而已。

　　那么,欧洲政策,究竟在哪些方面促进了美洲殖民地最初的建立和如今的繁荣呢?其实只有一个方面的帮助,那就是它培养、造就了能够完成这项伟大事业、建立伟大帝国的人才。世界上其他国家的政策,都没有培养出这样的人才,也没有培养过;欧洲政策造就了殖民地那些受到良好教育、目光远大、富有积极进取心的建设者。对于那些最大、最重要的殖民地,这也是欧洲政策作出的唯一贡献了。

第三节　两大发现对欧洲的意义

两大发现是指美洲的发现以及从好望角到东印度的通道的发现。上面已经述说了欧洲政策对于美洲殖民地的贡献。那么反过来，欧洲从美洲的发现和殖民中又获得了多少利益呢？

我们可以把这些利益分成两类：一类是欧洲的大国从这些殖民地中获得的一般利益；另一类是他们从殖民地可以得到的特殊利益，即对殖民地享有的统治权。

欧洲的大国从美洲的发现和殖民中取得的利益有：他们可以享受的生活用品增加了；他们的产业发展了。美洲的发现和殖民，给欧洲送去了美洲的剩余生产物，给这些大陆居民提供了品种丰富的商品，其中有的是便利品和实用物品，有的是装饰品，极大地增加了他们的生活用品。

同时，美洲的发现与殖民还促进了以下各国的产业：与美洲直接通商的国家，诸如西班牙、葡萄牙、法国、英国；与美洲间接通商的国家或地区，它们以其他国为媒介，将大量麻布和其他货物运送到美洲，如奥属法兰德斯以及德国的几个省。对于这些国家，殖民地是销售他们剩余生产物的广阔市场，从而也鼓励了这些国家剩余生产物的生产。

对于那些没有把生产物运送到美洲去的国家，如匈牙利和波兰，虽然不能明显地看出建立殖民地对其产业的促进作用，但我们还是不能否认建立殖民地对这些国家有这样的作用。因为，匈牙利和波兰也消费了一部分美洲生产物，例如砂糖、巧克力、烟草。并且，匈牙利和波兰必须用自己的产物或自己购买的东西来交换上述商品。而美洲的这些商品，是以新的价值出口到匈牙利和波兰，去交换那里的剩余生产物的，从而也间接地为匈牙利和波兰的剩余生产物提供了一个新的广阔市场，促进了其剩余生产物的生产。也就是说，虽然匈牙利和波兰的剩余生产物没有直接出口到美洲，但它出口到了其他国家，而其他国家又与美洲的剩余生产物进行了交换。这种贸易最开始是由美洲剩余生产物引起的，而匈牙利和波兰的剩余生产物正是由于这种贸易才找到了广阔的市场。

殖民地的建立，也可能增加没有把产品出口到美洲，并且没有从美洲运回任何产品的国家生活用品，并促进其产业发展。因为，从那些与美洲通商增加了剩余生产物的国家那里,这些国家也可以获得更多的其他商品。而这些更多的商品,就会促进他们生活用品的增加和产业的发展。并且,更多新的等价物会出现,来购买它们产业的剩余生产物,从而为这些剩余生产物提供更广阔的市场,提高其价值,增加其产量。随着美洲全部剩余生产物的增加,每年流入欧洲市场的商品总量也会增加,而随着这个总量的增加,分到各国的商品数量就会增加,从而最终促进各国生活用品的增加和产业的发展。

然而,母国对殖民地的垄断贸易,阻碍了殖民地(尤其是美洲殖民地)自己的享乐用品的增加和产业的发展。这是因为:一方面,这种垄断贸易,使殖民地产品的价格在其他国家上升,殖民地的享乐用品价格上升,于是享乐用品的需求开始减少从而导致殖民地生产物的消费量不断下降,生产利润降低,于是生产物的生产便开始减少;最后的结果是阻碍了殖民地产业的发展,减少了其他国家的享乐用品供应。另一方面,这种垄断贸易,使其他国家的生产物价格也在殖民地提高,于是阻碍了其他国家产业的发展,减少了殖民地享乐用品的供应。一些国家,就是为了这种想象中的利益,不仅对其他国家的享乐用品和产业造成了阻碍,而且对殖民地的产业造成了阻碍,并且对殖民地发展的阻碍最大。它不仅尽可能地阻碍其他国家的商品进入某一市场,而且尽可能地将殖民地的商品限制在某一市场上。虽然说,将某一个市场封闭而开放其他所有市场,和开放某一个市场而封闭其他所有市场是不同的两件事,但是母国的垄断贸易,却极大地阻碍了欧洲人从殖民地剩余生产物贸易中增加享乐用品的数量,从而阻碍了它自身产业的发展。

各殖民国家从所属殖民地得到的特殊利益,也可以分为两种:一种是各帝国从所属殖民地中获得的普通利益;一种是由于美洲殖民地的特殊性质,欧洲在殖民地获得的特殊利益。

各帝国从所属殖民地获得的普通利益,表现在各殖民地为保卫帝国提供兵力、为帝国提供一般收入。例如,罗马殖民地有时同时提供这两种利益。而希腊殖民地,有时提供兵力,但不提供任何收入,甚至不承认受到母国的管辖。它们在战争时会和母国结成联盟,但在平时基本上不认为自己是母国的人民。而欧洲在美洲的殖民地,从来没有为保卫母国而提供兵力,因为它们的兵力连自己都难以保卫。在母国陷入战争时,它们非但不能提供兵力援助,反而还要母国分散兵力来保护它们。因此,从这一点上看,所有的欧属殖民地,不但不能使母国强大,反而还会削弱母国。

在所有的欧属殖民地中,只有西班牙和葡萄牙的殖民地,为防卫母国或维持母国的民政提供了一些收入。其他欧洲各国,尤其是英国,即使向殖民地征税,也难以补偿平时向殖民地支付的费用,战争的时候就更别说了。因此,这样的殖民地,对于母国来说,与其说是财产来源,倒不如说是负担。

因此,各母国从这些殖民地中所得的利益,就只有后一种利益了,也就是由于美洲殖民地的特殊性质,欧洲在殖民地获得的特殊利益。而很多人认为,这种特殊利益的源泉就是垄断贸易。

由于这种垄断贸易的限制,被定为列举商品的英属殖民地的剩余生产物,不允许运往其他国家,只能运往英国。而其他国家,只得向英国购买。这类列举商品在英国的价格,比在其他国家都要低廉,所以英国享乐用品的增加也自然比其他国家多;和其他国家比较,英国将本国的剩余生产物的价格定得很高,来与这些列举商品相交换。举个例子来说,就是和其他国家制造品相比,英国的同种制造品能交换数量更多的英属殖民地的砂糖和烟草。因此,当所有的国家都用自己的制造品来交换英属殖民地的砂糖和烟草时,英国制造业能够从这种垄断中获得一种利益,而其他国家则无法获得这种利益。随着殖民地垄断贸易的不断减少,能经营这种贸易的国家,相对于不能经营这种贸易的国家,其享乐用品的增加以及产业的发展都能获得更多的利益。然而,这种利益只是一种相对利益,而非绝对利益;实施这种垄断贸易的国家享受到的这种利益,是在阻碍其他国家产业和生产的基础上,促进本国的产业和生产,使其超过了自由贸易下的发展程度。

例如,英国对马里兰和弗吉尼亚的烟草拥有垄断权,它可以用低廉的价格将其进口到英国。而法国,则只能从英国间接购买所需的大部分烟草,所以法国烟草的价格比较昂贵。试想,如果法国及欧洲其他国家,都能自由地和马里兰和弗吉尼亚通商,那么他们就可以以比现在低廉的价格进口这些烟草,而且英国也能以更低的价格进口。那时,烟草市场会更广阔,产量也会极大地增加,但是种植烟草的利润会下降到和种植谷物的利润持平。虽然听说目前烟草的价格还是稍微高过自然的标准,但还是有可能下降到稍微低于现在的价格。那个时候不同于现在,与马里兰和弗吉尼亚通商的所有国家,都能用同量的商品交换较大数量的烟草,并且各国在那里都能以更好的价格出卖它们自己的商品。因此,如果那里的烟草富足且价格低廉,能增加所有国家的享乐用品或促进其产业发展,那么在自由贸易的情况下,这种烟草贸易会取得比现在更好的效果。因为在自由贸易的情况下,英国能够以比现在更低的价格购买所属殖民地的烟草,然后以比现在更高的价格,出售本国的商品;不过,和其他国家与殖民地的贸易相比,它与前者交换的价格也并不是那么低,而出售自己货物的价格也并不是那么高。也就是说,英国和其他国家在殖民地的利益几乎是差不多的。但是,这时它失去的仅仅是相对利益而已,得到的则是一种绝对利益。

然而,英国为了要获得殖民地贸易上的这种相对利益,为了尽可能地阻止其他国家来分享殖民地贸易的利益,不惜牺牲自己和其他国家本来能从这种贸易中获得的一部分绝对利益,并且使自己几乎在其他所有的贸易部门,都遭到了绝对不利和相对不利。

英国根据航海条例垄断殖民地贸易时,其他国家以前投在殖民地贸易上的资本就只好撤回了。而英国以前从事这种贸易的一部分资本,如今成为了这种贸易的所有资本。因此,以前那一部分提供殖民地所需欧洲产物的英国资本,如今成为了全部资本向殖民地提供其所需的欧洲产物。然而,英国的这一部分资本,并不能提供殖民地需求的全部商品,于是英国资本向殖民地所供给的商品,由于数量少而价格高昂。并且,以前只能用来购买一部分殖民地剩余生产物的资本,如今可以用来购买其全部剩余生产物了。当然,这些资本,绝对不是以与原价差不多的价格来购买这些剩余生产物的,而是以比较低廉的价格来购买这些物品的。对于资本的使用来说,如果商人能以低价购买商品,然后以高价出售,那么这中间的利润必然很大,从而会极大地超过其他贸易部门的一般利润。这种丰厚的利润,当然会吸引其他贸易部门的部分资本流入。而这种资本的转移,使得殖民地贸易中的资本竞争不断增加,而其他贸易部门中的资本竞争不断减少,最后也就不断地提高了后者的利润,而不断降低了前者的利润,于是,所有的利润都将达到一个比旧水平稍高的新水平。

吸引其他贸易的资本和提高所有贸易的利润率(较以前稍高)的结果,不但是这种垄断权确定时所产生的结果,而且是这种垄断权长期实行以来所产生的结果。

首先,这种垄断权,不断地吸引其他贸易中的资本投入殖民地贸易。

从订立航海条例以来,英国财富虽然有了很大的增加,但与殖民地贸易的增加并不保持着相同的比例。一般来说,某一国的海外贸易,会随着其财富的增加比例而增加,其剩余生产物会随着所有生产物的增加比例而增加。英国基本上垄断了所有的殖民地海外贸易,但是其资本与殖民地海外贸易量却并不是保持着一样的增加比例。因此,为了维持殖民地贸易,英国只能不断地吸引其他贸易部门的部分资本或更大的资本投入到殖民地贸易。于是,从制定航海条例以来,殖民地贸易不断增加,然而其他许多海外贸易部门不断衰落,尤其是对欧洲其他各国的海外贸易。航海条例制定以后,英国对外销售的制造品,不像以前那样适合欧洲市场或更远的地中海周围的市场,反而大部分都比较适合殖民地市场。也就是说,英国的制造品比较适合享有垄断权的市场,不太适合竞争激烈的市场。德柯尔爵士和其他作家在研究其他国外贸易部门衰落的原因时,提出了征税方法不当、赋税太重、劳动价格昂贵、奢侈增加等观点。但实际上,主要的原因是殖民地贸易的过度膨胀。虽然英国的商业资本很大,但它不是无限的;从制定航海条例以来,英国资本大大增加,但并没有和殖民地贸易保持相同比例的增加。因此,英国只能不断地吸引其他贸易部门的部分资本,最后导致了其他贸易部门的衰落。

应当说明的一点是,英国早已是个商业大国。在航海条例巩固了殖民地垄断贸易之前,甚至在殖民地贸易还未盛行之前,它的商业资本就已经很大,并且一直在不断地增大。

克伦威尔当政时期,在对荷战争中,英国的海军力量要比荷兰强大得多;在查理二世即位之初发生的战争中,与荷、法二国的联合海军相比,英国海军的实力至少与他们相等,甚至更强大。然而,在荷兰海军一直与其商业保持相同比例增强的情况下,英国以前那种强大的海军实力,到目前一直都没有增强。需要指出的是,在上述两次战争中,英国强大的海军力量并不是由航海条例造成的。因为,在第一次战争时,英国才刚刚制订有关这个条例的计划;虽然在第二次战争发生前,这个条例已经制定完成,然而在短时期内产生这么大的成效,尤其是条例中关于建立殖民地垄断贸易的部分。当时的殖民地和殖民地贸易与现在相比,简直是不值一提。例如,牙买加岛那时还是一个不适宜居住、没有多少人口、没有充分耕作的荒岛;纽约和新泽西被荷兰占有;圣克里斯托弗有一半的地方被法国占有;安提瓜岛、南北卡罗利纳、宾夕法尼亚、乔治亚、诺瓦斯科夏甚至还没有开始殖民;弗吉尼亚、马里兰、新英格兰虽然已经是较繁荣的殖民地,但在当时,任何欧洲或美洲的人都不会想到那里将来会有那么多的财富、人口和土地改良。在英属各殖民地中,当时的情形和现在相似的就只有巴巴多斯一个岛。在制定航海条例的一段时间里,英国仅拥有一部分的殖民地垄断贸易(因为该条例制定几年后,才被严格执行)。因此,当时英国贸易的繁荣以及海军力量的强大,绝对不可能是殖民地贸易带来的结果。实质上,欧洲和地中海沿岸各国的贸易,才是导致当时英国海军力量强大的原因;不过,目前那里的这种贸易,恐怕就不能再支持当年那么强大的海军了。假若日益增长的殖民地贸易由所有国家自由经营,那么英国所能占有的部分可能是很大一部分,但这部分也只抵得上它以前所占有的贸易的附加部分。垄断贸易的结果,虽然增加了殖民地贸易,但并没有增加它以前就占有的贸易,只是引起了贸易方向的改变而已。

其次,与其他国家都与英属殖民地自由通商时的利润率相比,这种垄断权提高的英国各贸易部门的利润率更大。

由于这种垄断的殖民地贸易的影响,大部分英国资本,违反自然规律而流入殖民地贸易,并将其他外国资本排挤出去。最后,殖民地贸易上的资本总量与自由贸易时相比,反而要小一些。不过,这种垄断权会减少贸易部门中的资本竞争,因而会提高这些贸易部门的利润率。也就是说,它减少了所有贸易部门英国资本的竞争,因而提高英国资本在所有贸易部门的利润率。从制定航海条例以来,无论英国商业资本在某一时期的状况和范围如何,殖民地贸易的垄断都会在这段时间内提高英国的普通利润率,使英国所有贸易部门的利润率比没有垄断权时要高。假设从制定航海条例以来,英国的普通利润率已经大大下降,那么这种垄断权就能防止它继续下降。

但是,当某国由于垄断而违反一般趋势,提高普通利润率时,它在没有垄断权的其他贸易中,必将遭受绝对不利和相对不利。

遭受绝对不利的原因是,这些贸易部门的商人,必须要以比原来更高的价格出售外国进口商品和本国出口商品,否则就不能获得较大的利润。他们的国家也不得不贵买贵卖、少买少卖,因此国家的享乐用品和产业发展都将比以前更少。

遭受相对不利的原因是,这些贸易部门,与那些未遭受绝对不利的国家的同类贸易部门相比,处在一个更不利或者说比以前不利的地位。因此,其他国家的贸易部门能比它销售和生产得更多,从而增强了它们的优势。由于这些贸易部门生产物价格较高,其他国家的商人便能在国外市场上以低于它的价格出售商品,最后,其他国家的同类贸易部门便会垄断外国市场,将我国那些不享有垄断权的贸易部门的商品排挤出去。我经常听到英国商人抱怨说,制造品在外国市场的价格低是由于英国的高工资造成的。但是,他们却从来不说是资本利润高造成的。他们经常抱怨他人得到的利益太多，但却从来不说自己得到的利益也很大。当然，英国的高资本利润和高劳动工资，在很多情况下都对英国制造品价格的提高起了作用，并且，在有些情况下，前者的作用更大。就是在这种情况下，在那些英国没有垄断权的贸易部门（尤其是欧洲和地中海沿岸各国贸易），英国资本有的被吸引进来，有的被排除出去了。

有的资本被吸引进来的原因是，随着殖民地贸易继续扩大，一方面殖民地贸易常常感到经营资本不足；另一方面是由于殖民地贸易的高利润吸引了其他贸易部门的资本。

有的资本被排除出去的原因是，英国建立的高利润率，使其他各国在那些英国不享有垄断权的贸易部门中处于优势地位，从而将那些英国的资本从这些贸易部门排挤出去了。

殖民地的垄断贸易，一方面吸引了那些原本要投入其他贸易部门的部分英国资本；另一方面也吸引了那些即使无垄断权也不会投入这些部门的外国资本。这样就降低了英国资本在其他贸易部门上的竞争，提高了利润率，并使它超过了应有水平。与此相反，它增加了外国资本的竞争，从而使外国的利润率下降到了不应有的水平。在上述作用下，英国在其他贸易部门便遭受了相对不利。

英国在殖民地贸易中获得的利润是最大的，而垄断贸易所吸引的资本能够为英国带来更多的利润。

国家对资本最有效的利用形式，是使其能够维持最大量的生产劳动和最大量地增加土地劳动年产物。我在本书的第二篇曾谈到，投入国外消费品贸易的资本，所能维持的本国生产劳动量和其周转的次数成正比。以一千镑资本为例，将其投入消费品国外贸易上，如果一年周转一次，那么其所能维持的本国生产劳动量，与一千镑一年所能维持的本国生产劳动量相等；如果一年周转两次或三次，那么其所能维持的本国生产劳动量，就相当于两千镑或三千镑一年所能维持的本国生产劳动量。因此，一般情况下，相对于与远国进行消费品国外贸易，与近国进行消费品国外贸易要更为有利；同理，在一般情况下，相对于间接的消费品国外贸易，直接的消费品国外贸易更有利。我在第二篇中已经说明了这一观点。

然而，英国在殖民地的垄断贸易，使得它几乎在所有的情形下，都将一部分资本从近国的消费品国外贸易中流入了远国的消费品国外贸易；在大多数情形下，英国的一部分资本从直接的消费品国外贸易中转入间接的消费品国外贸易。

第一种情况，即殖民地的垄断贸易，使得在所有场合下，一部分英国资本都从近国的消费品国外贸易，流入远国的消费品国外贸易。

具体来说，殖民地的垄断贸易，使得英国在欧洲和地中海沿岸各国贸易中的一部分资本，在所有情形下流到了更远的美洲和西印度进行贸易。美洲和西印度贸易，不仅距离遥远，而且由于这些地方情况特殊，资本的周转次数也较少。就像我们前面说的，新殖民地总感觉资本匮乏，新殖民地的资本总是不能满足它们进行有效的改良和耕作土地所需的资本。于是，它们总是需求自己资本以外的其他资本。例如，它们设法向母国借债，以弥补自己资本的不足。不过，殖民地人民最常用的借款方法，不是向母国的富人立据借款（只是偶尔这样），而是尽量拖欠来往商人的货款，也就是拖欠那些向他们提供欧洲货物的商人的款项。而他们每年的还款，常常只达欠款的三分之一，甚至不到三分之一。这样，这些来往商人为他们垫付的全部资本，基本上不能在三年以内归还英国，有时甚至四、五年内都不能归还。也就是说，一千镑资本五年周转一次所能维持的英国劳动，是一千镑资本一年周转一次所能维持的劳动量的五分之一，也就是两百镑资本一年内所能持续维持的劳动量。虽然美洲移民采取各种手段来弥补那些来往商人的损失，并且有时还让他们有所得，例如用高价购买欧洲的货物、用高利息购买长期期票、用高佣金购买短期期票等。但这些措施却并不能弥补英国的损失。商人在周转期很长的贸易中获得的利润，也许和他在周转期很短并且周转次数很多的贸易中所获利润一样大，或者更大；但是其所在国的利益，即国家所能持续维持的生产劳动量，以及土地和劳动的年产物，则要少得多。所有从事远程贸易的人可能都会承认这一点，那就是与欧洲和地中海沿岸各国贸易相比，美洲贸易的周转期不但太长，而且更不确定、不稳定，尤其是西印度的贸易。

第二种情况，即殖民地的垄断贸易，使得在大多数情形下，一部分英国资本从直接的消费品国外贸易，流到了间接的消费品国外贸易。

那些只能运送到英国的列举商品，有几种的数量极大地超过了英国的消费量，所以只好将一部分出口到其他国家。然而，这样做的话，一部分英国资本也就会流入间接的消费品国外贸易了。例如，马里兰和弗吉尼亚每年送到英国去的烟草是九万六千桶以上，大大超过英国一万四千桶的消费额。因此，剩余

的八万两千桶的烟草,不得不出口到法国、荷兰、波罗的海和地中海沿岸各国。这八万两千桶烟草是先运送到英国,然后再出口到其他国家的,也就是说,那一部分从其他国家购买货物或货币的英国资本,就必须流入间接的消费品国外贸易,以解决这些消费剩余。如果想知道全部的这种资本需要多久才会回到英国,我们就必须考虑对美洲贸易的周转期加上和其他国家贸易的周转期。假设与美洲直接的消费品国外贸易方面的资本,三四年内不能回到英国,那么流入间接消费品国外贸易上的全部资本,也就四五年内不能回到英国了。与资本一年周转一次相比,如果前者能够维持三分之一或四分之一的本国劳动量,那么后者就只能维持四分之一或五分之一的本国劳动量了。在某些出口港,外国商人出口烟草时常常可以赊帐;而在伦敦港,通常是现钱出售,基本上是现称现付。因此,在伦敦港,所有的间接贸易最后的往返期都比较短,与美洲贸易的往返期相比,只是多了货栈停留的时间(不过,这段时间有时也很长)。如果殖民地的烟草不是仅仅出售给英国,那么运送到英国的烟草,也许刚好会满足英国国内的需要。在这种情况下,英国就需要用本国产业的直接产物或制造品去购买他国商品,以供本国消费。那时,英国产业的直接产物或制造品,就能从现在只供应一个大的市场,转变为供应很多个较小的市场了;也就是说,目前英国进行的大的间接消费品国外贸易,将转变为很多个小的直接消费品国外贸易。由于直接消费品国外贸易周转较快,所以那时候只需要目前大的间接消费品国外贸易的一部分资本,大概三分之一或者四分之一,就能够进行很多个小的直接消费品国外贸易,并且可以持续维持相同数量的劳动量,以及土地和劳动的年产物。这样也就大大节省了这种贸易的资本,从而使大量的剩余资本,可以转入其他的用途,诸如改良土地、促进制造业、鼓励商业,或者与投入这些用途的其他英国资本相竞争,最后降低所有行业的利润率,使英国相对于其他国家享有比现在更好的优势地位。

殖民地的垄断贸易,也使得英国的一部分资本从消费品国外贸易流入运输贸易。于是,以前维持英国产业的资本,有一部分用来支持殖民地的产业,还有一部分用来支持其他各国的产业。还是用上面举的烟草的例子来加以说明。剩余的那八万两千桶烟草每年再出口,交换回来的外国货物并不是所有的都在英国消费。比如,从德意志和荷兰换回的麻布,就运送到了殖民地。然而,其中那部分英国资本,也就是购回烟草后又用烟草去交换麻布的那部分英国资本,就不能再用来维持英国的产业。它的一部分被用去维持殖民地的产业,另一部分被用于维持那些用本国产物交换烟草的国家的产业。

另外,殖民地的垄断贸易,还使得英国大部分资本违反自然规律流入殖民地贸易中,从而破坏了英国所有产业间的自然均衡。英国产业,主要适应于一个大市场的情形,而不适应多个小市场结合的情形。与此相同的是,英国的贸易主要是在一个大的商业系统下展开的,而不是在多个小的商业系统下进行的。因此,英国的整个工商业系统,并不是很安全;其全部政治组织形态,也不是很健康。可以说,在目前状态下的英国,就如一个不健全的机体,有的重要的生理器官长得太大,从而容易引发很多严重的疾病。就好像现在,殖民地贸易就像一个人造的、过度膨胀的大血管,使得大部分的产业和商业流入这个血管,一旦这个大血管阻滞,国家的全部政治组织便会陷入极端的混乱之中。而这种情况在那些发展比较均衡的机体上是不会发生的。所以说,相对于对西班牙无敌舰队或法国侵袭所带来的威胁,英国人民更担心殖民地从母国分离出去。

无论这种担心是否有道理,但是一般人,尤其是商人,都认为应该废除印花税法令。如果殖民地市场长时间完全排斥英国商品,那么大部分商人和制造业者就可以预见到他们的贸易和事业会完全停止或被破坏;大部分工人也会预见到他们将会完全失业。虽然和大陆其他邻国断交,可能也会造成有的人中断或失去工作,但是和与殖民地断交相比,这种担心就是小巫见大巫了。我们都知道,即使很多小血管血液循环停滞,血液也很容易流到大血管,因而,不会引起任何严重的疾病。然而,一旦大血管的血液循环停滞,那么无法避免的结果是痉挛或者半身不遂,甚至是死亡。如果因为奖励金制度或者国内市场与殖民地市场的垄断政策,使得一种制造业违背正常规律过度膨胀,以致超过正常发展的程度,那么一旦其稍有停滞或中断,可能就会使整个社会发生骚乱,从而震惊政府和议会。因此,如果英国大部分的主要制造业者都突然完全停业,就必然会引起社会的大动乱。

无论何时,想要将英国从上述危险中救出来,唯一的办法就是适度地、逐渐放开对殖民地贸易的垄断权,使其获得一定的自由,从而使英国能够从这种大贸易中撤出一部分资本,投在利润较少的其他贸易部门上,并且逐渐缩减某一个产业部门,增大其他产业部门,逐渐把所有的产业部门恢复到自由制度所建立和保持的自然的比例上。然而,立即将殖民地贸易开放,使所有国家都可以从事经营,不但会引起一些暂时的困难,而且还会造成大部分经营者的永久损失。比如说,运送八万两千桶烟草的船只的废弃,就是一个严重的损失。这就是重商主义政策所带来的严重结果。这种政策给政治组织造成了极大的混乱，而且这种混乱就算不会引起（至少短时间内）更大的混乱，正常的秩序也是很难得到恢复的。因此，未来的政治家和立法者们，应当解决的问题就有很多，包括：应当怎样逐渐开放殖民地贸易；应当首先废除什么限制，最后废除什么限制；应当如何恢复完全自由和正义的自然制度。

从1774年12月1日以来的这一年多，北美洲十二个联邦完全拒绝英国商品，使英国在殖民地贸易中丧失了一个非常重要的部门。一般人也许会想，这次英国人应该遭受了很大的损失。然而幸运的是，接着发生了五件不曾预料到的事情，从而使英国避免了这样的损失。一是这些殖民地为了做好完全抵制英国商品的准备，买尽了那些它们市场需要的所有英国商品；二是西班牙船队因为特殊的需要，在这一年买尽了德意志和北欧许多和英国制造品相竞争的商品；三是俄罗斯和土耳其媾和，使得土耳其市场有了特殊的需要。由于前些时候土耳其本身比较困难，而俄罗斯舰队又在爱琴海巡逻，因此目前土耳其市场的供应品非常缺乏；四是在过去很长一段时间，北欧逐年增加了对英国制造品的需要；五是波兰最近被征服和瓜分，需要英国制造品去满足一个新的市场。上述五件事情，除了第四件外，其他事情都可以算得上是偶然的。如果这十二个联邦继续长期抵制英国货物的话，英国还是会受到一定程度的损失的。但这种损失比较缓慢，不会像突然发生那样让人难以接受。与此同时，英国的劳动和资本，也会转入新的贸易部门，因此这种损失也不会太严重。

综上所述，殖民地的垄断贸易，使得所有情形下，一部分英国资本都从近国的消费品国外贸易，流入远国的消费品国外贸易；在多数情形下，一部分英国资本从直接的消费品国外贸易，流入到了间接的消费品国外贸易；在某些情形下，一部分英国资本，从消费品国外贸易流入运输贸易。总的来说，在所有情形下，英国资本所能维持的生产劳动量在逐渐地变少。并且，由于大部分的英国产业和商业仅仅适合于一个特殊市场，与适合于多数市场相比，英国的产业和商业处于一个更不确定和不安全的状态。

这里值得一提的是，我们应当将殖民地贸易的影响和殖民地垄断贸易的影响加以认真区分。前者总是有利的，而后者总是有害的。然而，殖民地贸易的垄断正是受前者所引诱。因此，总的来说，殖民地贸易是利大于弊的，如果没有垄断的话，其有利程度就更大了。

在自由状态下，欧洲和地中海沿岸各国市场剩余的那一部分产物，因为殖民地贸易而获得了一个偏远但广阔的市场；英国不用从原来运往邻近各市场的产物中分离任何部分，因为殖民地贸易使殖民地不断用新的物品来交换英国剩余生产物，从而促进了英国剩余生产物的生产；英国的生产劳动量，因为殖民地贸易而不断增加，并且没有改变其原来的用途；所有的国家都因为殖民地贸易而进入竞争状态，从而使新市场或新行业上的利润率不会高于一般水平。也就是说，新市场不用吸收旧市场的任何产物，就能自己创造出一个新的产物；新的产物会形成一个新资本来经营新行业，新行业也可以不用吸收旧行业的任何资本。

与此相反，殖民地的垄断贸易，排斥其他国家的竞争，提高了新市场和新行业的利润率，因而必然会吸收旧市场的产物和旧行业的资本。这种垄断贸易的目的，就是增大殖民地贸易中英国的份额。如果英国在殖民地垄断贸易中所占的份额，还没有以前未垄断时多，那么这种垄断也就没有理由了。并且，这种贸易的往返较其他贸易慢，时间周期也很长。如果某一国的大部分资本违反自然规律流入这种贸易，那么其每年维持的生产劳动总量和土地及劳动的生产物总量，必然将比原来的少；该国居民的收入也会低于自然情形下的收入；人民的积累能力也会下降。这时的资本，不但在任何情况下都不能维持较多的生产劳动量，而且也不能增加从而维持更大的生产劳动量。

不过，对于英国来说，殖民地贸易的良好结果，可以抵消垄断的不良结果并获得利益，因此，如今这些垄断贸易对英国来说还是非常有利的。与垄断带来的损失相比，殖民地贸易所开拓的新市场与新行业要大得多。与资本从周转次数较多的贸易部门撤回所损失的生产劳动量相比，在英国殖民地贸易所创造的新产业和新资本所能维持的生产劳动量也要多得多。然而，目前进行的殖民地贸易，如果说还是对英国有利，那么也是因为垄断以外的其他原因了。

殖民地贸易所开拓的新市场，其实是欧洲制造品的新市场，而非欧洲原生产物的新市场。农业是所有新殖民地的一般产业；并且由于土地低廉，因而殖民地的农业比其他地方的农业更有利。因此，殖民地拥有丰富的土地原生产物，它们不仅不需要进口，反而经常有大量剩余出口。新殖民地的农业，经常从其他行业雇用工人，并使他们不再转入其他行业。于是，必需品制造业的工人不多，装饰品制造业的工人可以说基本上没有。因此，他们都觉得与其亲自生产这两种制造品，还不如向外国购买。殖民地贸易通过鼓励欧洲制造业，而间接鼓励了欧洲农业。殖民地贸易所维持的欧洲制造业，为欧洲土地生产物提供了一个新市场。这种情况下,美洲贸易极大地促进了谷物和牲畜、面包、家畜肉的国内市场。

不过,西班牙和葡萄牙的前例,向我们说明了一点,即并不是垄断了富裕的殖民地贸易,就可以使其他国家建立起或维持制造业。在没有什么大殖民地时,西、葡两国就已经是工业国了。相反,它们自从占有世界上最富裕的殖民地以后,却又不是工业国了。原因在于,西班牙和葡萄牙的垄断所产生的不利影响以及其他原因,基本上完全抵消了殖民地贸易的有利影响。其他原因大概包括:其他种类的垄断;金银价值低于其他大多数国家;对出口商品征收不适当的赋税,从而使其不能参与外国市场竞争;对国内各地间货物的运输贸易征收不适当的赋税,从而使国内市场缩小;最为重要的是司法制度的不公平,常常保护有钱有势的债务人逃避债务,致使国内劳动阶级不愿意向这些人提供制造品,因为他们不能拒绝这些有势力的人的赊账,然而又不能确定账款何时能够收回。

与此相反,殖民地贸易对英国的有利影响以及其他原因,在很大程度上克服了垄断的不利影响。而这些其他原因大概包括:一定自由的贸易(虽有一些限制,但比其他国家要自由);出口自由,无论本国的产物是什么种类,也不论它出口到哪个国家,都不用缴纳出口税;重要的是本国产物在国内运输是自由的,不需要向任何政府机构报告,也不用接受任何盘问和检查;最为重要的是司法制度公平,最上层的英国人民会尊重最下层英国人民的权利,使每个人都能保有自己的劳动果实,从而最为有效地促进各种产业的发展。

殖民地贸易的确促进了英国制造业的进步,但英国制造业的进步并不是由于殖民地的垄断贸易造成的,而是由其他途径造成的。垄断,不但没有增加英国制造品的产量,而且改变了一部分英国制造品的性质与形式,使其违反自然规律,适合周转较慢、时间较长的市场,而不适合周转较快、时间较短的市场。因此,它改变了一部分英国资本的用途,大大减少了其所能维持的制造业数量,最后减少了英国制造业的总量。

和重商主义其他有害的政策一样,殖民地的垄断贸易阻碍了其他国家的产业,尤其是殖民地自身的产业。

这种垄断势必妨碍母国的资本用途(无论其在特定时间有多少资本),使它不能够维持其正常状态下的生产劳动量,不能向劳动人民提供本来应当提供的收入。我们知道,节省收入能够增加资本。由于这种垄断减少了收入的提供,也就必然会妨碍资本增长的速度,从而使其不能维持更大的生产劳动量,不能提供国内劳动者更多的收入。而在这种情况下,与没有垄断时相比,劳动工资更低。

这种垄断提高了各行业的商业利润率,从而妨碍了土地的改良。土地现实的生产量与增加资本后土地的生产量之间的差额,决定了土地改良的利润。如果这个差额比等量资本从商业中获得的利润大,那么土地改良就可以从商业中吸收资本。如果这个差额小于商业利润,商业就会从土地改良中吸收资本。因此,所有提高商业利润率的措施,都会降低土地改良的利润。在前一种情况下,资本会流入土地改良之中;在后一种情况下,资本则会从这一用途中流出。垄断妨碍了土地的改良,也就会阻碍另一个地租的自然增加。另外,垄断使利润率提高,就会使市场利息率提高到不应有的水平。最终,这种垄断将影响与地租成比例的土地价格。因为,土地价格通常按地租的年份计算买价,与利息率的升降成反比。总的来说,垄断不仅在妨碍地租增加方面不利于地主,而且在降低土地价格方面也不利于地主。

不可否认的是,垄断提高了商业利润率,英国商人的利益会因此而有所增加。不过,由于它妨碍了资本的正常增长,因此最终还是会减少人们从资本利润率中获得的收入总额。与小资本的大利润相比,通常大资本的小利润能提供更大的收入。垄断提高了利润率,利润总额当然与没有垄断时不一致。而且,与没有垄断时相比,垄断减少了劳动的工资、土地的地租和资本的利润这些收入的数量。最后,垄断为了国家一个小阶级的利益,妨碍了这个国家所有其他阶级的利益和其他国家所有阶级的利益。

垄断要使所有阶级获得利益,只有通过提高一般利润率的方式来实现。一般情况下,高利润率对国家所带来的各种不良影响,除了上面谈到的之外,还有一种更坏的影响。那就是无论在哪里,高利润率都会使商人忘记本来应有的节俭性。这与高利润率紧密联系,且有害作用更大。在利润很高时,商人们认为穷奢极侈较之简朴,好像更适合富裕的生活。由于大商业资本所有者,基本上是全国实业界的领袖和领导者,他们对人民大众生活方式的影响比其他阶级的影响要大得多,因为他们起着榜样的作用。试想,如果雇主是谨慎节俭的,那么工人也会这样;如果主人是放浪随便的,那么佣人也会依照这样的生活方式生活。于是,以前最会积攒的人,手上也不会有积蓄了。由于人们的收入不能增加,因此不能增加维持生产劳动的基金,国家的资本会逐渐地减少,国内所维持的生产劳动量也会逐渐地减少。加的斯和里斯本商人超额的利润,不曾增加

西班牙和葡萄牙的资本、促进其产业的进步,不曾减轻他们的贫穷,就是一个很好的实例。因为,这两大商业都市的商人花费很大,导致超额的利润不仅没有增加国家的总资本,反而使其不能保持原有的水平。大家可以想象得到,在这种情况下,外国资本就会逐渐地流入加的斯和里斯本的贸易中去。西班牙人和葡萄牙人为了驱逐这些贸易中的外国资本,也逐渐地强化了这种不合理的垄断。通过将加的斯和里斯本和阿姆斯特丹的商人习俗进行比较,我们可以发现,高利润影响下的商人的行为和性格,是迥异于低利润影响下的商人的行为和性格的。当然,伦敦的商人,虽然不会像加的斯和里斯本的商人那样成为贵族,但也不如阿姆斯特丹的商人那样谨慎和节俭。不过,听说大部分伦敦商人比加的斯和里斯本商人更富裕,但其财富却比大部分阿姆斯特丹商人要稍微少一些。并且,伦敦的利润率比前者低得多,而比后者高得多。有谚语说:"来得容易,去得容易。"无论什么地方,消费情况一般都是由赚取花费的难易度决定的,而不是由真实消费能力决定的。

垄断虽然给一个阶级带去了利益,但在很多方面又妨碍了国家的一般利益。初一看,为了要垄断市场而建立一个大帝国的计划,好像仅适合小买卖商人的国家,甚至也不适合这种国家,而只是适合小买卖商人支配政府的国家。有且只有这样的政府,才会用同胞的血汗钱来建设和维持这样一个帝国。举一个例子,假设你叫一个小商人卖给你一块地,并答应以后经常到他的店铺购买衣物作为代价,即使他的价格比别人贵,但是他也许不会愿意接受你的提议。然而,假设是另一个人卖了一块这样的地皮给你,然后叫你去那个小买卖商人的店铺里购买你所有的衣物,这时小买卖商人将会非常感激另外那个人。有些英国人无法在国内定居,于是英国就在远处给他们购买了一块大地皮。他们只需花费发现费、勘探费和获得土地费等小额费用,而不用像现在那样花三十年年租的价格购买。并且,那里的良地是广阔的,人们有大量的土地可以耕作,而且能够自由地在任何地方出售其生产物,不到四十年(1620~1660年),他们就变得非常富裕了。英国的小商人和其他各种商人,都希望这些富裕的人只光顾他们的店铺。这些小商人忽视了这些耕作者曾经用一部分货币购买土地,又用一部分货币来改良土地的事实,而只是一味地向议会请愿,要求美洲殖民地人民将来只许与他们的店铺通商:一、殖民地人民需要的所有欧洲货物,都必须到他们的店铺购买;二、殖民地人民出售的殖民地产物,也要全部卖给他们。当然,他们认为并不是所有的产物都适合购买,例如那些会对国内商业部门构成竞争的产物就是不适合购买的。他们希望殖民地将这部分生产物,尽可能地出售到相对较远的外地,例如限定这些生产物出售到菲尼斯特海角以南的各国。后来,这些提议被规定为航海条例中一个条款。

英国进行殖民统治的主要目的或者说唯一目的,就是维持垄断。殖民地从来没有提供任何收入来维持母国的民政,也没有提供过任何兵力来保卫母国的国防。母国在殖民地的主要利益,就是这种垄断的贸易。这种垄断,就标志着这些殖民地隶属于英国,也是英国从这种隶属中唯一能获得的东西。英国用以维持这种隶属关系的费用,其实就是为了维持这种垄断。在目前的扰乱事件发生之前,殖民地平时编制的军费,一般是二十个联队步兵、炮兵队、军需品的费用,以及他们所需的特殊食品和海军力量的费用。维持这些海军,是为了戒备漫长的北美海岸和西印度海岸,防范其他各国秘密出入的船只。以上平时编制的全部军费,只是英国花费在殖民地上的费用的一小部分,但仍然是英国财政的一个负担。而英国所花费的全部费用,恐怕得在这个平时编制每年花费的军费之外,加上英国在各个时期为防卫殖民地所花费的费用利息,还必须加上上次战争的全部费用和以前战争的大部分费用。上次战争纯粹是殖民地战争,无论是对谁,德意志或是东印度,其全部费用都是为殖民地而花费的。费用总数在九千万镑以上,它不仅包括新的借债,而且包括每镑一先令的地税,以及每年的减债基金。1739年开始的西班牙战争,也主要是殖民地战争,其主要目的是对殖民地与西班牙秘密通商的船舶进行搜查并予以阻止。这次的全部费用,可以认为是维持垄断的奖励金。提出它的目的,虽然是为了奖励、发展英国制造业和商业,但实际结果却是提高商业利润率,使英国商人将大部分的资本投入周转较慢、期间较长的殖民地贸易中去。如果奖励金能阻止这种结果的发生,那么发放奖励金也是值得的了。因此,目前英国对殖民地的经营管理,与其说有所得,还不如说是亏损。

世界上任何国家以前和将来都不会采纳的提议,就是让英国放弃对殖民地的所有统治权,让它们自主选举地方长官、自主制定法律、自主决定对外宣战或媾和。就算某个地方提供的收入很少并且很难统治,但还是没有一个国家会自动放弃这个地方的统治权。因为虽然这种放弃符合一国的利益,但是它会损害一国的威信。而且更重要的是,这种放弃并不符合统治阶级的个人利益,它会剥夺他们对有利可图的事务的处分权,以及剥夺他们从那里获取财富和名誉的机会。对他们来讲,在统治最动乱不安并且对人民最不利的地方,他们

往往就能取得这种利益的处分权和机会。因此，即使是最喜欢幻想的人，也不会同意采纳上述意见。然而，假设英国真的采纳了上述提议，那么一方面可以节省国家每年为殖民地支付的全部军事费用；一方面可以和殖民地订立自由通商的商事条约，其结果和目前所享有的垄断权的结果相比，对人民大众是更为有利的，虽然不怎么有利于商人。这么一来，殖民地和母国，就会像相距很远的好朋友，目前的一些不和睦也会消除，殖民地对母国的感情也会恢复。从此以后，他们不再是动乱者，他们不但会尊重商事条约，将来还会在战争和贸易上给我们帮助，和我们成为忠诚、亲密的同盟。那时，我们和殖民地的关系说不定就和古希腊时期那样，殖民地和母国不仅有父母之爱，而且还有孝敬之心。

一个有利于帝国的省份，必须做到平时对国家提供的收入，一方面可以支付自己平时编制的全部军费，另一方面还可以按比例维持帝国总政府的费用。每一个省份都应当多少负担帝国总政府的费用。如果有某些省份不按比例负担这种费用，那么各个省份对帝国总费用的负担就不均匀。由此可以推出，向帝国提供的特别收入，要和平时的经常收入保持相同的比例。人们也许会说，对于英国的全部收入来讲，英国从殖民地取得的经常收入与特别收入并没有保持一个这样的比例。有人说，因为垄断使英国人的个人收入增加了，从而提高了他们的纳税能力，也就补偿了殖民地公共收入的不足。然而，前面已经谈到，对殖民地来说，赋税沉重的这种垄断，只会增加英国特定阶级的人们的收入，而不会增加广大人民群众的收入，不会提高人民大众的纳税能力，反而会减少他们的收入，降低人民大众的纳税能力。而这些因垄断而增加收入的特殊阶级，是不可能缴纳比其他阶级更多的赋税的，因此，也就不可能从这些特殊阶级的身上获得特别收入。我会在下一篇中谈到这个问题。

殖民地的征税，可以由自己的议会进行，也可以由英国的议会进行。母国几乎不可能控制殖民地议会。殖民地议会为了任何时候都能维持本地的民政和军政，并且能够按照适当比例维持英帝国总政府，需要从当地人民那里征收足够的公共收入。接受君主监督的英国议会，也是经过了很长时间才开始这样的管理制度的，换句话说，才开始了他们自己征收赋税，来满足本国民政、军政的需要。英国君主对议会的控制方式，是将大部分的高级官职以及这些官职的权能分配给了议会的个别议员。离君主很远的殖民地议会数目多且分散，而且组织又很不一致，因此，君主不能也绝对不会采用上述相同的手段来控制殖民地议会。因为他绝对不可能将英帝国总政府的大部分职位或这些职位的职能，分配给殖民地议会的主要成员,而使他们违反民意向选民征税,来维持总政府。这样的话,总政府的俸禄,就基本上都分配给他们不认识的人了。还有一点是,英国政府对于各个议会中代表的相对地位并不是很了解,采取上述方法时,可能会犯错误。因此,上述那种控制的方法一点也不适合殖民地议会。

还有就是,对于整个帝国的国防经费和维持费,殖民地议会不可能是适当的判断者。这些不是他们的任务,他们不会被委托来处理这样的事务,也不会常常获得这方面事务的信息。虽然省议会,例如教区委员会,能够对所属地域的事务作出适当的判断,但他们无法对有关整个帝国的事务作出适当的判断。就连本省占全国多大比例,或者本省与其他省的重要性和富裕程度的比较这种事务,他们恐怕都不能作出适当的判断,因为他们并不能了解和控制其他各省的议会。因此,只有能够了解和控制全国事务的议会,才能对整个帝国的国防和维持的需要,以及每个省应负担的比例,作出适当的判断。

有人提议,由英国议会决定殖民地应缴纳的税额,并且殖民地各省的议会可以按各省情况决定最适当的纳税比例。这样一来,了解和控制全国事务的议会就决定着有关整个帝国的事务;各殖民地的议会就决定着自己当地的事务。在这样的情况下,即使殖民地没有派代表出席英国议会,议会所决定的征税数额也不会不合理。因为,英国议会从来没有给过他们过重的负担。例如,根西和泽西两岛,它们没有任何能力抵抗议会,却比其他省缴纳的赋税要少。虽然英国议会想要行使他们对殖民地的征税权力,但到现在为止,英国议会甚至没有要求殖民地人民按照国内人民纳税的比例来纳税。另外,如果殖民地纳税与土地税的增减成正比的话,那么英国议会只有在对自己的选民征税的同时,才能够对殖民地征税,其实就相当于殖民地派驻了代表在英国议会里。

其他帝国也有过这样的先例,即各省不按相同的办法和标准征税,君主在决定各省应纳税的数额后,只需再决定一部分省份的纳税额,而由各省议会自己决定纳税方法。在法国就有这样的情况,君主既决定一些省份的纳税额,又决定它的纳税方法;而对另一些省份,君主只决定纳税数额,而由他们自己的省议会决定纳税方法。这样的话,英国议会对殖民地议会的政策,与法国国王对能够组织议会且组织得很好的省议会的政策,其实是一样的。

按照上述政策,殖民地人民并不用担心他们对母国的负担会超过国内人民应承担的负担,然而,英国议会却有理由担心殖民地对国家的负担达不到国内人民应承担的负担。与法国相比,英国已经巩固了对那些能够组织议会的省份的统治权,而在过去很长时间里,英国一直没有确立这样的统治权。只要殖民地议会不愿意(一般情况下都不会愿意),他们就会有很多借口逃避或拒绝英国议会哪怕是最合理的征税。例如,如果爆发了英法战争,议会要求立刻征收一千万镑来保卫帝国的中心地,那么必须由议会用某项基金作担保,向人民借贷这笔款项,并支付利息。至于基金,议会会提议一部分在国内征收税款,另一部分向美洲和西印度殖民地议会派征。然而,殖民地议会认为他们离战地遥远,和这件事也没有多大的关系,因此,募集这个基金,主要取决于殖民地议会的意愿。那么,这里就会有一个问题,就是人民会不会根据这个基金的担保而立即借贷款项呢?这个基金所借得的货币,也许会比英国国内征得的税款要少。但是,战时借贷的全部债务,还是和以前一样,一部分由英国来偿还。也许自有世界以来,只有英国一国在开疆辟土时不断地增加费用,然而却没有增加它的收入。其他国家,往往会以帝国防卫费的名义从其所属地方征收绝大部分税款,以减轻自己的负担。然而,英国往往由本国来负担全部的费用而解除从属地方的负担。因此,如果要使英国和其所属殖民地(法律认为的)处于平等的地位,议会就必须在派征赋税政策上采取一些手段,避免殖民地议会逃避、拒绝纳税。不过,到底采取怎样的手段,是一个比较难的问题。

假设英国议会拥有可以不经殖民地议会同意便对殖民地征税的权利,那么殖民地议会的重要地位和英领美洲领导人物的重要地位,也就完全没有了。人们之所以参与公共事务的管理,就是为了取得重要的地位。而一个自由政府的安定和持久,要看这个国家大部分领导人(上层阶级)的重要地位如何保持。因此,国内的派别活动,就是其领袖人物为保持自己的重要地位,而不断互相攻击别人的重要地位。和其他国家的领导人物一样,美洲的领导人物也想要保持自己的重要地位。他们认为,如果他们的议会(他们认为其权力与英国议会相当)成为了英国议会的下属机构或执行官,也就是他们的议会没有了自己的权力,那么他们自己的重要地位也就丧失了。于是,他们像那些有雄心壮志的人一样,拒绝议会派征赋税的提议,哪怕会引起武力冲突,他们也要保卫自己的重要地位。

罗马共和国国力逐渐衰微之时,负有保卫国家重任的罗马同盟国,趁势要求与罗马市民享有同样的特权。当共和国拒绝了它们的要求时,内战便爆发了。最后,在这样的战争中,罗马按照各同盟国的独立程度,逐个地给予大部分同盟国市民的特权。目前的英国也发生了类似的情况,即议会要求对殖民地征税,而殖民地以未派代表参加议会为由拒绝这种征税。英国为了继续保持殖民地人民对母国的服从,应当对那些想要独立出去的殖民地采取以下措施,那就是:允许他们按照国内税的比例纳税;允许他们自由贸易;使他们和国内人民享有相同的地位;随着纳税额的增加,他们在议会中的代表人数也可以增加。这样,各殖民地的领导人就会发现一个新的保持自己重要地位的方法。他们对自己的才能和运气非常自信,认为从殖民地这张小彩票获得小奖已经不能满足他们的野心,他们想要从英国政治界这张国家大彩票中获得大奖,来保持他们领导人物的重要地位。这样,他们就会自愿地服从母国的统治了。我们都需要明白的是,如果用武力迫使他们服从,那么其中流的每一滴血,都是我们人民的血,或者为了英国人民的人的血。因此,那种以为时机一到便可以用武力征服殖民地的想法是愚蠢的。目前来说,那些联合殖民地议会的主持人,也许会感到自己的地位是极其重要的。在那里,小商人、商人、律师,变成了政治家和立法者,他们为一个广大的新国度制定新的政体,并扬言那里将成为世界上最强大的国家。也许结果真的会是这样。大约只有五百人直接在联合殖民地议会工作,然而却有大约五十万人听这五百人的号令,当然,这些人也觉得自己地位的重要性提高了。可以说,美洲政党中的所有人都希望自己的地位不仅比以前高,而且比他们所能想象到的地位要高。他们都会尽自己最大的努力去维护自己的地位,除非有新的更高的地位来诱惑他们。

"我们在饶有兴致地了解一些关于同盟的小事情时,并不知道当时那些事情发生时有多少人认为它们并不重要。"亨诺主席以前说,当时每个人都认为自己的地位比较重要。那时流传下来的大部分记录,也都是由那些愿意记录,并且夸大自己重要地位的人记录的。我们都知道,巴黎市曾经为了保卫自己,抵制那位被认为是最好、最受人尊敬的国王,因此遭受了一次大的饥荒。当时参加抵制活动的大部分市民或其领导者们,由于担心一旦旧政府恢复,他们的重要地位就会消失,因此他们为了保卫自己的重要地位而拼命奋斗。在英国目前的状态下,除非我们能说服殖民地与我们结合,不然的话,它们就会来抵抗母国中最好的一个母国,就像巴黎市抵抗他们最好的一个国王那样。

当一国人民取得了在他国的市民权之后,除了和人们一起投票、讨论,他们没有其他方式来行使这种市民权。因为在古代,不存在代表制的观念。因此,在罗马共和国时期,如果将罗马市民特权授予大部分意大利居民的话,就会完全破坏罗马共和国。这是因为,人们无法分辨谁是罗马市民、谁不是罗马市民;

一个家族,也不知道自己的成员了;并且,无论什么样的人,哪怕是暴民都能进入议会,取代那些真正的市民,然后自己决定共和国的事务。然而,对英国来说,就算美洲现在派五十或六十个新代表出席议会,人们还是很容易地从中分辨出谁是议会议员、谁不是议会议员。因此,与罗马组织因为罗马与意大利的结合而受到破坏不同,英国组织不会因为英国与其殖民地的结合而受任何损害。与此相反的是,英国组织还会因此得到完善。为了得到准确的消息,各殖民地应当派出代表参加讨论和决定帝国事务的所有会议。不过,对于英国与殖民地结合政策实行的难易,或者说实行时会遇到多大的困难,我不想妄加推断。不过,我认为主要的困难,不会出自这种结合的本质,而可能会来自大西洋两岸人民的偏见。

实际上,对于大西洋此岸的人民来说,我们根本就不用担心美洲的代表会打破议会组织的平衡,他们的加入并不会使国王的势力过分增强,也不会使民主的势力过分增大。因为,如果美洲代表的人数和美洲的纳税额成比例,那么统治手段将与受统治人数的增加成比例。美洲加入议会之后,君主和民主的势力仍然会保持相同程度的相对实力。另一方面,对于大西洋彼岸的人们来说,他们其实也不用担心因为远离政府而遭受较多的压迫。因为他们有出席议会的众多代表保护,从而免受所有的压迫。远距离并不会削弱代表对于选民的依存关系,代表们还是会记得是由于人民的选举,他们才能获得议员一席,并且从中获得好处。因此,他们为了尽可能让选民保持对自己的好感,必然会以议会议员的权力为选民的利益办事,例如举报殖民地的行政或军事长官的各种不法行为。而且,美洲人民应当有很多理由认为,他们不会永远远离政府所在地。由于殖民地的财富、人口和改良发展速度飞快,也许只要一个世纪,美洲的纳税额就会超过英国国内的纳税额。那时候,帝国的首都可能就会迁到帝国内纳税最多的地方。

人类历史上最大并且最重要的两件事情,就是美洲和绕好望角到达东印度通道的发现。这两大发现在不过二三百年,这样短的时间内,影响已经很大了,不过其对世界的所有影响还没有完全呈现出来。以我们的智慧,暂时也无法预测它们以后将对人类产生怎样的利益或不利。然而,就目前来说,它们将世界上最遥远的部分联系起来了,人们能够互通有无、增加和促进产业发展,从这些角度上看,它的影响基本上是有利的。然而,对于西印度和东印度的土著居民来说,这两大发现带给他们的不幸,已经抵消了那些商业上的利益了。

但是这种不幸的结果,应当说是出于偶然,而并非出于事物的本质。美洲及东印度通道被发现之后,欧洲人的强势力使他们在这些遥远的地方横行霸道。以后,这些地方的土著人可能也会强盛起来,而欧洲人可能会衰弱,世界各地的居民就都具有了相同的实力。这样相互之间可以制衡,从而使它们能够相互尊重。但最能达到这种相同实力的方式,就是相互传授知识和改良技术,而这个过程又伴随着世界各国商业的扩大。

这两大发现的另一个重要结果,就是它促进了重商主义的发展,使重商主义异常膨胀。重商主义的目标,就是要用商业和制造业以及都市产业来促进国家的繁荣,而不是依靠土地改良和耕作以及农村产业来促进国家的富强。于是,欧洲的商业都市市民成为了很多地区的制造业者或运输业者,例如,他们既是欧洲、波罗的海和地中海周围各国的制造业者和运输业者,也是美洲耕作繁荣地区的制造业者,还是亚洲、非洲和美洲各地的制造业者和运输业者。这样一来,欧洲的产业就开拓了两个新的市场,每一个都比以前的市场要广阔得多,并且其中一个市场还在逐渐地扩大。

表面上看,虽然那些占有美洲殖民地且直接和东印度通商的国家,享受了这种贸易的全部利益,但是受到一些限制的其他国家,也常常可以享受这种贸易的大部分实际利益。以西班牙和葡萄牙的殖民地为例,它们对其他国家的产业提供的利益,就要大于其对母国产业提供的利益。听说,殖民地每年要消费三百万镑以上(我不敢肯定)的亚麻布,而这么大的消费,西班牙和葡萄牙只提供了一小部分,其他都是由法国、荷兰和德意志等国家提供的。另外,这些国家还将从这项贸易获得的利润分配给人民,以增加他们的收入。而西班牙和葡萄牙所获得的那些资本利润,仅仅是使加的斯和里斯本的商人更加奢侈。

同上,有一些保证殖民地垄断贸易的条例,常常非常不利于该条例本来想要施惠的国家,反而对该条例本来想要限制的国家的不利影响较小。也就是说,本来想要不正当地抑制其他国家的产业,结果反而在很大程度上抑制了自己的产业发展。举个例子,按照这样的条例,汉堡商人不能直接将亚麻布运往美洲,也不能直接从美洲运回他们需要的烟草,因此,他们需要将亚麻布运到伦敦,然后从伦敦运回德国需要的烟草。于是,这些商人只好以略低的价格出卖亚麻布,而以略高的价格购买烟草,从而他们的利润也就相应地减少了。不过,和直接与殖民地进行贸易相比,汉堡与伦敦贸易的资本周转速度要快得多。我们根本不需要去假设殖民地没有伦敦还款及时,因为这一点单从距离就可以看出。这样一来,汉堡的资本就能在德意志维持更多的劳动量。因此,这种限制汉堡商人与美洲直接通商的条例,虽然使汉堡商人个人的利润减少了,却有利于其整个国家。然而,对英国来说,殖民地的垄断吸引了大量伦敦商人的资本,并且资本周转速度很慢,因而对伦敦商人自己来说是有利的,但对国家来说则是不利的。

欧洲各国都想要以各种不正当的手段来获得对其殖民地垄断贸易的全部利益,结果,它们除了为殖民地支付维持其统治和保卫其战时安全的费用外,没有获得别的利益。垄断这些殖民地所产生的困难和负担那么多,然而殖民地垄断贸易所获得的利益却要和其他国家一起分配。

表面上看,对美洲的垄断贸易,好像能获得很多的价值。对那些目光短浅的野心家来说,情况尤其如此。在政治纷争和战争中,这种垄断贸易自然是最吸引人的了。然而,在这光鲜的外表下,却深藏着有害的因子。因为它使得大量资本超过自然状态流入这种垄断贸易,从而不利于国家的整体利益。

我曾在第二篇谈到,一国的商业资本总是会流入对国家最有利的行业中。如果它投入运输贸易中,那么这个国家会成为经营各国货物贸易的中心市场。资本的所有者会尽可能将大部分货物在国内市场上销售,从而可以避免出口的各种麻烦和费用。即使在国内市场上销售的价格低于出口销售的价格,资本所有者还是会愿意在国内销售。同时,他也会尽可能地想要将运输贸易转变为消费品的国外贸易。一旦他的资本投在消费品的国外贸易上,他又会尽可能地将那些要出口到国外的大部分货物在国内销售,使消费品的国外贸易变为国内贸易。这是因为,各国的商业资本,都会自然流入近距离的贸易而拒绝远距离的贸易;流入周转次数多的贸易,而拒绝周转次数少的贸易;流入能维持国家最大生产劳动量的贸易,而避免流入维持国家生产劳动量最小的贸易。总之,在一般情况下,它会自然流入对国家最有利的贸易,而避开那些最不利于国家的贸易。

在一般情况下,那些远距离贸易对国家的利益的确很少,不过,如果其中的某一贸易突然提高了利润,致使其足以抵消近距离贸易的好处,那么这种高利润也会吸引近距离贸易中的资本,从而使各种贸易的利润都保持在一个适当的水平。不过,这种高利润正好证明了这样一个事实,那就是在社会实际情况下,用于远距离贸易的资本,和其他贸易的资本是不相称的,并且全社会的资本,并不是按照最合理的方式分配到社会上的不同贸易中的。以不应有的低价买入一些物品,或者以不应有的高价卖出一些物品,或许会使市民中的某一阶级受到损害,使他们付出多而收获少,从而破坏了所有阶级应有的平等状态。投入远距离贸易和投入近距离贸易的同量资本,虽然不能维持相同的生产劳动量,但他们都是社会所必需的。许多远距离贸易经营的货物,是为了满足近距离贸易经营的需要。不过,如果从事远距离贸易经营的货物的利润,超过了应有的水平,那么这些货物就会以不应有的高价(稍微超过正常水平)出售。这种高价,就会使所有从事近距离贸易的人受到或多或少的损失。因此,在这种情况下,他们出于对自己利益的考虑,会从近距离贸易中撤回部分资本,转入远距离贸易,使利润达到适当的水平,也使货物的价格降低到正常水平。在这种情况下,出于对公共利益的考虑,人们也会从通常对公众有利的贸易中撤回一部分资本,投入通常对公众利益较少的贸易中。并且这个时候,个人的利益与公共利益是一致的,于是他们都将从近距离贸易中撤回资本,投入远距离贸易之中。

个人利益的驱使,会使他们将资本投入对自己有利,通常也是对社会最有利的贸易中。假若他们将过多资本投入某一贸易,那么当这种贸易的利润下降,而其他贸易的利润提高时,他们便会立刻改变这种错误的投资。不需要法律的干涉,个人利益的驱使就会自然引导人们把社会的资本,尽可能地按照对全社会最有利的比例投入国内不同的贸易中。

然而,这种自然且最有利的资本分配,却会受到重商主义法令的不良影响。尤其是关于美洲和东印度贸易法规的影响。这两大洲的贸易,比其他两个贸易部门吸收的资本要大。不过,扰乱这两个贸易部门的法规是完全不一样的。虽然两者都采用垄断的手段,但垄断的种类并不相同。然而,无论是哪种垄断,它们都是重商主义的手段。

我们知道,各国都尽可能地想要垄断对美洲的贸易,从而阻止其他各国与其所属殖民地直接通商。在十六世纪的大部分时间里,葡萄牙人认为是他们发现了通往东印度的通道,因此想要垄断东印度的贸易,并声称他们拥有印度各海的唯一航行权。荷兰人也排斥欧洲其他国家与其所属香料岛直接通商。很明显,这种垄断妨害了欧洲其他国家,使它们不能经营本来有利的贸易;与直接和殖民地通商相比,它们只好用更高的价格,来购买这种垄断贸易经营的货物。

自从葡萄牙权力衰落以后,欧洲国家都不要求印度各海的航行垄断权了,目前印度各海的主要海港都对外开放,所有欧洲国家的船只都可以在那里航

行。但目前,除了葡萄牙和法国,欧洲其他国家的东印度贸易都受到了特许公司的不利影响。这种特许公司的管理的垄断,事实上不利于实行垄断的国家。因为这些国家的大部分人民,不仅不能从事本来有利的贸易,并且与自由贸易时相比,人们只好以较高的价格来购买这种垄断贸易经营的货物。以英属东印度公司的成立为例,英国的其他居民不但不能经营这种有利的贸易,而且还要用较高的价格购买东印度货物。这些特许公司的垄断,使他们在出售这些货物时,可以获得超额的利润;并且在处理公司事务时,又难免会产生大的浪费。这些超额的利润和大的浪费,最后都是由本国购买者来负担的。因此,特许公司的这种垄断(我们称为第二类垄断)比前述的殖民地垄断贸易(第一类垄断)更加不合理。

虽然这两种贸易垄断采取的并不是相同的方式,但都会破坏社会资本的自然分配。第一种垄断,会吸引大量社会资本违反自然趋势,流入享有垄断权的贸易中;第二种垄断,根据不同的情况,有时吸引资本流入享有垄断权的特殊贸易,有时又排斥资本流入这种贸易。在贫穷的国家,吸引过多的资本流入这种贸易显然是不利的;而在富裕的国家,排斥过多资本流入这种贸易也是对国家不利的。

以东印度贸易为例,如果没有一个特许公司管理,像瑞典和丹麦那样贫穷的国家,也许根本不会派船到东印度去。特许公司的设立鼓励了冒险家。垄断权使他们在国内市场上能够抵制所有的竞争者,在外国市场上又能和其他国家的贸易者相竞争。这种垄断权,使他们对大量的货物都可以获得较大的利润。正是这种鼓励,使贫穷国家的商人愿意冒险将资本投入那些遥远又不确定的东印度贸易中。相反,在贸易自由的情况下,像荷兰那样富裕的国家,派遣到东印度的船只比现在要多得多。由于荷兰东印度公司对资本有限制,因而阻碍了很多本来要流入这种贸易的大商业资本,使得较多的商业资本不断流出,有的流入外国公债,有的借贷给了外国商人和冒险家,有的流入了间接的消费品国外贸易中,有的流入了运输贸易。当所有有利可图的近距离贸易中的资本已经饱和时,荷兰的资本只好投入远距离贸易中。如果东印度贸易是完全自由的,那么也许会吸收这些过剩资本的大部分。东印度向欧洲的制造品和美洲的金银及其他产物提供了一个比欧洲和美洲合起来还要更广大的市场。

无论是排斥资本投入特定贸易,还是吸引资本投入特定贸易,这种资本自然分配的扰乱都会给社会带来影响。如果没有特许公司,那么荷兰对东印度的贸易一定比现在大；它的一部分资本，不能投入最有利的贸易中，也会造成它较大的损失。同理，如果没有特许公司，瑞典和丹麦对东印度的贸易会比现在小甚至没有，但目前它们的一部分资本，投在不适合它们现状的贸易中，仍然会对它们造成较大的损失。因为，按照目前的情况，哪怕是高价向他国购买东印度货物，也比他们将小资本投入这种远距离的贸易有利。不可否认的是，资本在这种贸易中的周转的确很慢，其所能维持的国内生产劳动量也很小，而国内又是迫切需求生产劳动的。

虽然没有特许公司，个别国家不能与东印度进行直接贸易，但我们也不能由此得出，一定要在那里设立这样的公司，我们只能说，在这种场合下，这些国家不应该直接与东印度通商。葡萄牙没有设立特许公司，却垄断这种贸易长达一个世纪以上。这个事例，就说明了经营东印度贸易并不是必须要有这样的公司。

有人说，商人们并没有足够的资本来维持东印度各港的代理人或经理人的费用。代理人是为他们开往港口的船只准备货物的人。如果商人不能支付代理人的费用的话，他们寻找待运的货物就会很困难，从而延误船期，而由此产生的费用，不但抵消了贸易的利润，还会造成很大的损失。如果这种说法是正确的，那么它所证明的就是，任何大贸易部门的经营都必须依赖特许公司。因为，任何大贸易部门的单个商人的资本，是不足以兼营贸易的主要部门和附属部门的。

当一个国家有资格经营大的贸易部门时，有的商人会投资经营主要的部门，有的商人会投资经营附属部门。虽然所有的贸易部门都有人经营，但不可能由一个商人的资本来经营。因此，如果一个国家有资格经营东印度贸易，那么它的资本会分别投入到这种贸易的不同部门。有些商人觉得住在东印度是有利于自己的，他们可以给住在欧洲的商人提供货物，并由他们自己的船只运出。其实，如果欧洲各国对东印度的殖民地的管理，能把这些特许公司变为直接由君主管理，那么殖民地对于所属国的商人来说，的确是安全和宜居的地方。当某国投入东印度贸易的资本不足以经营这种贸易的各个部门时，那就说明该国没有了经营这种贸易的资格。对该国来说，哪怕是以高价从其他欧洲国家购买所需的东印度货物也非常划算。这种高价造成的损失，是低于与东印度直接贸易造成的损失的，因为那些投入的资本可以进行其他更重要、更有用的贸易。

虽然欧洲人在非洲海岸及东印度也占有很多重要的殖民地，但是他们却没有建立像美洲各岛和美洲大陆那么富裕的殖民地。非洲和那几个统称为东印度的国家，居住的都是一些野蛮民族。这些民族，不像可怜的美洲土著人那样软弱无力，他们人口稠密，自然产量与人口密度也相适应。非洲和东印度最野蛮的民族就是游牧民族，好望角的土著人也是游牧民族。而美洲各地除了墨西哥和秘鲁外，其土著人都是狩猎民族。肥沃程度一样和面积相等的土地，所能维持的游牧人和狩猎人的数量的差别是很大的。因此，想要征服非洲和东印度的土著人，把欧洲殖民地推进那些地区，就不是一件容易的事情。另外，特许公司的管理，不利于新殖民地的增长，这也许是东印度殖民地没有太大进步的主要原因。葡萄牙在非洲海岸的刚果、安哥拉和本格拉，以及在东印度的果阿，建立了殖民地，他们并没有在那里设立特许公司，然而由于迷信和各种暴政，殖民地还是没有得到充分的发展，但是和一些美洲殖民地一样，葡萄牙人在那里的有些地方居住了几代。荷兰人在好望角、巴达维亚建立的殖民地，如今可以算得上欧洲人在美洲和东印度建立的最大殖民地了。这两个殖民地都占据着特别有利的地理位置。好望角的土著人像美洲的土著人一样，非常软弱。并且，那里是欧洲通往东印度的中间客栈，来往的欧洲船只都会在那里停留一段时间，那里便为这些船只提供所需的各种新鲜食品、水果、葡萄酒。光这一点，就使殖民地的剩余生产物有了一个广阔的销售市场。和好望角一样，巴达维亚也是东印度各大国间的中间客栈，是印度斯坦到中国和日本的要塞，所有航行于欧洲和中国间的船只也基本上会停泊在巴达维亚。同时，巴达维亚又是东印度国家贸易的中央市场，不仅有欧洲人在那里经营贸易，也有东印度土著人在那里经营贸易。中国人、日本人、越南人、马六甲人、交趾支那人、西利伯岛人所航驶的船只，都常常停泊在那里。还有一点就是，巴达维亚的气候可以说是世界上最好的了。这种有利的地理位置，使这两个殖民地即使有特许公司所造成的不利影响，也能够克服障碍向前发展。

除了上述两个殖民地外，英、荷两国没有在东印度建立任何大的殖民地，不过他们以前征服了东印度的许多地方。但是，在他们统治新归属的人民时，还是采用了这种特许公司管理的方法。听人说，在盛产香料的岛上，对于丰收年份所产的香料，荷兰人担心剩余太多不能提供高利润，便将那些过多的香料全部焚毁。而对于他们还未占为殖民地的岛上，他们对采集丁香和豆蔻花叶的人则提供一种奖励。正是由于这种不适当的政策，那些天然生长在那里的植物,如今都快要灭绝了。对于他们已占为殖民地的岛,他们也极大地减少这类植物。一旦他们岛上的产物超过了自己市场上的需求,他们就会担心土著人会将剩余部分运往其他国家,因此,对他们来说,保持垄断的最好方式,是使产物不超过自己市场的需求。他们曾经对马鲁古群岛做过多种类似这样的行为,例如,为了给自己的少数守军以及不时来运香料的船只提供新鲜食品和其他生活必需品,他们减少了岛上的人口。然而,相比之下,殖民岛屿在葡萄牙的垄断统治下,人口依然稠密。不过,英国的公司当时还没有充足的时间对孟加拉造成那样的破坏。但英国政府的确有这样的计划。例如,英国东印度公司的分支机构的领导者,经常会以防止粮食缺乏为借口,命令农民挖掉罂粟用以种植稻米或其他谷物。但其真正目的,是将自己手中的大量鸦片以高价脱销。有的时候,当他们预料到鸦片将可以获得较高利润时,他们又命令农民挖掉稻米或其他谷物来种植罂粟。公司的职员,出于自己利益的考虑,几次想要垄断国外和国内最重要的贸易部门。一旦允许他们一直这样做,那么他们早晚都会想要垄断其他特殊商品的生产,将其数量限制在他们所能购买的数量内,以致在出售时他们可以获得高利润。在这种情况下,英国公司的政策在一两个世纪里,和荷兰的政策一样,非常具有破坏性。

然而,这些公司作为所征服地区的"统治者",如果实施这种破坏性的计划,其实是最违背公司的利益的。因为,几乎所有国家统治者的收入,都必须依靠人民。人民的收入越大,土地劳动年产量越高,他们缴纳给统治者的也就越多。因此,统治者为了自己的利益,应当尽可能地增加土地年产量。尤其是那些主要由土地地租来提高收入的国家,如孟加拉,土地年产量就更是统治者的利益了。我们都知道,地租一定是与生产物的数量和价值成比例的,而市场范围决定着生产物的数量与价值。生产物的数量,多少会适应有购买能力的人的消费;而消费者支付的价格,又是和市场竞争的激烈程度成比例的。因此,统治者为自己的利益考虑,一方面应当为国家生产物开拓最广泛的市场,并且允许最自由的贸易,尽可能地增加购买者的人数和促进竞争;另一方面,不仅应当废除所有的垄断,而且应当废除对本国生产物国内运输、出口以及外国商品进口的限制。这样一来,他就能最大限度地增加生产物的数量和价值,从而增加自己享有的生产物,也就是增加自己的收入。

但是,商人团体不可能将自己作为"统治者"看待,即使他们真正成为统治者。对他们来说,买入然后卖出这样的贸易,是他们的主要业务;他们的想法也

很特别,那就是统治者的地位是商人地位的附属物,统治者是为商人利益服务的,换言之,统治者的地位,就是为了使他们在印度以低价购买商品,之后在欧洲出售以获得高利润。为了这个目的,他们想把自己"统治"的市场上的所有竞争者都排斥出去,或者减少那里的剩余生产物,使其产量供自己的需要即可,也就是说,使他们能在欧洲出售时获得高额利润。于是,几乎在所有的情况下,他们作为商人的特性使他们愿意获得垄断者暂时的小利润,而不愿意获得"统治者"长远的大利润,并且他们逐渐地像荷兰人对待马鲁古一样,对待他们自己"统治"的地区。东印度公司作为"统治者"时,它的利益就在于低价出售从欧洲运往印度的货物,而高价出售从印度运往欧洲的货物。这时,它的利益和国家的利益一致。但当它作为商人时,它的利益和国家的利益则是相反的。

这样的管理方式,对欧洲的统治来说就是一个无法弥补的错误,对印度来说更是如此。这种管理机构和一个商人协会无异。商人的职业,其实是令人尊敬的,但在世界上任何国家,这种职业都没有给人民带来压迫,更没有使用暴力让人民服从。如果这样的商人协会,是靠武力来迫使人民服从的话,那么,可想而知,他们的政府也一定是一个依靠武力执行命令的政府。本来,他们的本职工作是作为一个商人,受主人委托出售欧洲货物,并买回印度货物,即尽量低价购入高价出售,从而在特定市场上排除所有的竞争者。然而,现在他们在被征服的地区有了管理者的身份。因此,"统治"和管理一样,对公司的贸易来说,影响是相同的。它使政府服务于垄断贸易的利益,因而阻碍当地部分剩余生产物的自然生长,使其在满足该公司的需要范围内。

另外,所有的公司职员,都多少为自己的利益而经营贸易,就算禁止也没有用。这时,因为这些公司职员不但有经营贸易的手段,而且他们的办公地点也在万里以外,基本上不受公司领导人的监视,因而要他们放弃所有为自己利益打算的营业(相当于放弃所有发财的希望),仅仅依靠公司所发放的不太可能增加的薪水(通常和公司贸易的真实利润相称),几乎是不可能的。在这种情况下,禁止公司职员为自己的利益经营贸易,只是给了公司上级人员压迫下级人员的一个借口而已,不会有其他的结果。这些公司人员,会尽量仿效公司的贸易方式,从而设立有利于自己的个人垄断贸易。如果任由他们自由行为的话,他们就会公开且直接地建立这种垄断,从而禁止其他人民经营他们要经营的那种货物贸易。这似乎是建立垄断最好的一种方法。就算欧洲的法令禁止他们这样做,他们也会秘密地建立这种垄断,那时,国家受到的损失可能更大。因为，他们一般是以代理人的身份秘密进行这种贸易，如果有人干涉他们，他们就会借用政府的权力，颠倒是非地加以限制和破坏。由于公司的贸易，只限定在欧洲贸易和一部分国外贸易，因此，公司人员的私人贸易，能比公司贸易提供更多的商品，它可以不受限制地向国内外所有部门提供商品。前面已经讲到，公司的垄断，会阻碍在贸易自由时出口到欧洲的那部分剩余生产物的生长；然而，公司人员的垄断，则会阻碍他们经营的所有产物的生长（包括国内消费和出口国外的产物），最后会破坏全国的耕作，减少全国的人口数。并且就公司人员经营的那些产物（包括生活必需品）的数量，将被限制到他们能够购买以及他们可以获得利润的范围内。

另外，由于这些公司职员所处地位的性质，他们会采用更苛刻的手段来维护自己的利益，并损害国家的利益。对他们来说，国家是他们公司统治的，国家的利益也是由公司来提供的。国家并不等于他们自己。他们明白，他们公司的真实利益和属国的利益是一致的；即使公司损害属国的利益，也是出于无知的重商主义偏见。然而，公司职员的真实利益和属国的利益是不一致的，因此，就算是最伟大的智者，为了自己的利益，也还是会损害属国的利益。欧洲发布的条例，虽然没有多大效果，但是大部分用意是好的；然而在印度的工作人员订立的条例，虽然更为有效，但都是极为邪恶的。这也是一个奇怪的现象，就是这些公司人员想尽快离开国家，和政府脱离关系。对他们来说，在他们离去之后，即使地震毁掉了那个国家，也不关他们的事。

以上谈到的内容，并不是贬低所有东印度公司人员的人格，也不是要贬低任何个别人员的人格。我埋怨的是这些人员所处的地位和政治组织形式。他们的地位决定了他们的行为；因为那些咒骂他们的人的行为也不见得会更好。马得拉斯和加尔各答的议会在有关战争和商事上的几次决定，就犹如罗马共和国强盛时期的元老院那样英明果断。虽然这些议会成员的职业，都不和战争及政治有关。但是，他们即使没有受到教育、没有经验或者榜样，也能形成优秀的品质和德行。这一点，也许就连他们自己也没有意识到。因此，在某些情况下，是他们的地位，促使他们做出了某些高尚或者不高尚的行为。

总之，无论哪一点，这种特许公司的管理都是有害的；对于设立这种公司的国家，它多少会造成损害，而对于被这种公司统治的国家，则一定会带来灾难。

第八章　关于重商主义的结论

奖励出口和限制进口是重商主义提出的富国的两大手段,但对于某些特定的商品,国家所执行的政策却是奖励进口和限制出口。不过,听说最后的目的还是相同的,那就是通过有利的贸易差额使国家富强。例如,这种政策限制工业原料和生产工具的出口,使英国商人处于有利地位,使他们在外国市场上能够以比其他国家更低的价格出售货物,从而更有竞争力。这种政策也对一些价值不大的商品的出口加以限制,从而增加其他数量和价值更大的商品的出口。此外,它还对工业原料的进口加以奖励,使英国人民能以低价购买这些原料,并将其制成成品,从而避免了高价进口制造品。不过,在英国所有的法律中,我并没有看到有关对生产工具进口加以奖励的法令。这是因为,当制造业发展到一定程度时,制造生产工具是一种很重要的制造业。奖励这些用具的进口,必然影响这些工具制造业者的利益。因此,法律往往是禁止而不是奖励这些用具的进口。以羊毛梳具为例,根据爱德华四世第三年的法令,这种商品的进口是被禁止的,除非其是从爱尔兰进口,或作为破船货物、捕获货物进口的。伊丽莎白女王第三十九年,对这种禁令进行了重申,并且以后的法律也继续禁止,使它成为了一项永久禁令。

对于进口工业原料,有时是对其免税,有时是对其发放奖励金。例如,从一些国家进口羊毛;从所有国家进口棉花;从爱尔兰或英属殖民地进口生麻、大部分的染料和生皮;从英属格林兰渔场进口海豹皮;从英属殖民地进口生铁和铁条,还有其他几种工业原料的进口,如果按照正当程序向海关申报,则可以免除所有税款。英国商人和制造业者,也许是为了自己私人的利益,向立法者施压,要求他们制定这种免税条例,和其他许多商业条例。不过这些规定,的确是适当和合理的;如果有利于国家,将这些规定施行到其他的工业原料上,也一定会对人民大众有利。

然而,贪婪的大制造业者,却想要使这种免税超出加工原料的范围。以前,每进口一磅帆布麻织纱需要纳税六便士,每进口一磅法国和荷兰麻织纱,需要纳税一先令,而每进口一磅普鲁士产的麻织纱,则需要纳税两镑十三先令四便士。乔治二世二十四年第四十六号法令则规定：每进口一磅外国黄麻织纱，只需要纳税一便士。然而，英国制造业者似乎还不能长期满足于这样的低税额。乔治二世第二十九年第十五号法令规定：出口每码价格不超过一先令六便士的不列颠和爱尔兰麻布，可以获得奖励金。这种规定，实际上免除了对黄麻织纱所缴纳的进口税。与麻织纱制成的麻布相比，亚麻制成麻织纱的各种操作需要更多的劳动量。亚麻种植者和亚麻梳理者给一个织工带来的工作量，最少相当于三四个纺工的工作量；麻布的制造，有五分之四以上的劳动，用在麻织纱制造上面。英国的纺工，大都是些可怜的无依无靠的妇女，她们散居在国内各地。而且，大制造业者出售的制品不是纺工的制品，而是织工的成品。他们的利益，是尽量以低价购买原材料，以高价出售成品。他们为了以高价出售自己的货物，向立法者施压，要求立法者奖励他们自己麻布的出口，以高税限制所有外国麻布的进口，尤其禁止法国为国内消费提供的几种麻布。为了以低价购入贫穷的纺工的制品，他们主张对外国麻织纱进口予以奖励，使其和本国麻织纱竞争，从而降低本国麻织纱的价格。这样，也降低了那些贫苦纺工的收入，与此相同，他们还设法压低自己织工的工资。值得一提的是，重商主义奖励的产业，大都是有钱有势的人所经营的产业。对于那些为穷人利益而经营的产业，他们基本上是忽视和压制的。因此，他们想要提高完成品的价格或者减低原料价格，完全不是出于对劳动者利益的考虑。

麻布出口奖励金和外国麻织纱进口免税条例，颁布之初是十五年的期限，后来经过两次延长，将于1786年6月24日议会议期结束时期满。

享受进口奖励金的工业原料，主要是指从英国美洲殖民地进口的原料。最开始是在本世纪初，英国对于美洲造船用品的进口，才发放这种奖励金。造船用品，包括适于建造船桅、帆桁、牙樯的木材，以及大麻、柏油、松脂、松香油。例如，进口每吨船桅木材享有二十先令的奖励金，每吨大麻是六镑的奖励金。后来对从苏格兰进口的船桅木材也发放这种奖励金。这两种奖励金，一直按原有金额继续发放，直到期满为止。大麻进口奖励金，于1741年1月1日议会议期结束时期满；船桅木材进口奖励金，于1781年6月24日议会议期结束时期满。

然而，柏油、松脂、松香油的进口奖励金，在其有效期内，却经过了多次变化。以前，进口一吨柏油和松脂奖励四镑；一吨松香油奖励三镑。之后，进口一吨柏油奖励四镑的情况，只限于按照特殊方法制造的柏油，其他好的商用柏油，则是每吨奖励四十四先令。每吨松脂的奖励金则减为二十先令；每吨松香油的奖励金减为一镑十先令。

乔治二世第二十一年第三十号法令所规定的对从殖民地进口蓝靛的进口奖励金,便是第二次对工业原料进口发放奖励金。殖民地蓝靛的价格相当于法国上等蓝靛价格的四分之三,这个法令规定,每磅殖民地的蓝靛可以得到六便士的奖励金。当然,这个奖励金的发放也是有期限的,并且经过了几次延期,最后变为每磅奖励四便士,并于1781年3月25日议会议期结束时期满。

乔治三世第四年(这期间英国与北美殖民地的关系不是很稳定)第二十六号法令,对殖民地的大麻或生亚麻的进口奖励金,是第三次类似奖励金的发放了。这个奖励金的期限是二十一年,每七年分为一期,从1764年6月24日到1785年6月24日。第一期每吨奖励八镑;第二期为六镑;第三期为四镑。由于苏格兰的气候不适宜种植麻,其种植的麻产量不高、品质也很差,因此不享受这种奖励金。试想,如果苏格兰亚麻进口也可以享受奖励金,那就大大不利于英国南部的麻的种植和生产了。

乔治三世第五年第四十五号法令对进口美洲木材的奖励金,是类似奖励金的第四次发放。它的期限是九年,三年为一期,从1766年1月1日到1775年1月1日。第一期时,每进口好松板一百二十条,可奖励二十先令;其他方板每五十立方尺,奖励十二先令。第二期时,前者减为十五先令;后者减为八先令。第三期时,前者减为十先令;后者减为五先令。

乔治三世第九年第三十八号法令对殖民地生丝进口的奖励金,是类似奖励金的第五次发放。它的期限是二十一年,七年为一期,从1770年1月1日到1791年1月1日。第一期时,每进口一百磅生丝,奖励二十五镑;第二期时,减为二十镑;第三期时,减为十五镑。由于养蚕造丝需要较多的手工人员,而北美的工价很高,因此即使这样高的奖励金,也没有起到什么作用。

乔治三世第十一年第五十号法令,对殖民地酒桶、大桶、桶板、桶头板的进口奖励金,是类似奖励金的第六次发放。其期限是九年,三年为一期,从1772年1月1日到1781年1月1日。第一期时,进口一定量的以上各物,奖励六镑;第二期,减为四镑;第三期,减为两镑。

乔治三世十九年第三十七号法令,对爱尔兰大麻的进口奖励金,是类似奖励金的第七次发放,也是最后一次了。它的期限是二十一年,七年为一期,从1779年6月24日到1800年6月24日。这次奖励金的发放,与美洲大麻和生亚麻的进口奖励金的标准一样,只不过没有扩及生亚麻。这是因为,如果对爱尔兰生亚麻进口发放奖励金,将会大大影响英国对这种植物的种植。其实,在对从爱尔兰进口的大麻发放奖励金时,英国议会和爱尔兰议会之间的关系,并没有英国当时和美洲的关系好,但大家还是认为,与后者相比,前者是在更适当的情况下发放的。并且我们只是奖励从美洲进口的这几种商品,而对从其他国家进口这几种商品的都征收了较高的关税。因为,我们认为美洲殖民地的利益和国家的利益是一致的。他们的财富被认为是我们自己的财富。听人说,流入他们那里的货币,最后会因为贸易差额又全部回到我们这里,因此,无论我们在他们身上花多少钱,也不会减少我们的财富。也就是说,他们所有的也都是归我们所有,在他们身上花钱,就相当于花钱来增进我们自己的财产,是有利于本国人民的。重商主义的这种愚蠢,已经被实践经验所证明。假若英国的美洲殖民地真的是大不列颠的一部分,那么这种奖励金可以认为是对生产的奖励金,然而我们仍然要忍受奖励金自身所带来的弊端。

由于绝对的禁止或者较高的关税妨碍了工业原料的出口,英国呢绒制造者成功地让议会相信,国家的繁荣必须依赖他们这种制造业的发展。从绝对禁止外国呢绒进口中,他们获得了一种不利于消费者的垄断权利;从禁止活羊和羊毛出口中,他们也获得了一种不利于牧羊者和羊毛生产者的垄断权利。很多人指责英国关于保证年收入的法律,认为它对那些以前是无罪的行为加以严厉处罚,实在是太苛刻了。但是,与英国商人和制造业者要求议会颁布的那种支持他们不正当垄断权的法律相比,上述那种苛刻的法律也不是那么苛刻了。那些支持不正当垄断权的法律,就如德拉克的法律一样,可以说是人们的血泪史。

伊丽莎白第八年第三号法令规定,违反规定出口绵羊、小羊、公羊者,第一次犯,没收全部货物,监禁一年,并在某一市日在市镇上砍断左手示众;第二次犯,则被宣告为重罪犯人,判处死刑。这种法律的目的,就是防止英国的羊种在外国繁殖。查理二世第十三年及第十四年第十八号法令又规定,出口羊毛也是重罪,出口者将被没收货物,并判处死刑。

说实话,为了国家的人道主义名誉,我们并不希望这两种法律得到实施。根据我的了解,第一种法律虽然到目前还没有被明令废除(法学家霍金斯认为是有效的),但在查理二世第十二年第三十二号法令第三节中,其实已经被取消了。查理二世的法令,虽然没有明确取消第一种法令所规定的刑罚,却规定了一种新的刑罚,那就是凡是出口或企图出口一头羊的,罚金二十先令,并没收这头羊及其所有者对船只的部分所有权。第二种法律被威廉三世第七年、第八年第二十八号法令第四节明确废除了。这法令规定:"查理二世第十三年及第十四年颁布的禁止羊毛出口法令,将羊毛出口当做重罪。这一法令的刑罚过于严苛,不能依法处理对犯罪者的控诉。因此,撤销该法令关于上述犯罪行为为重罪一节的规定,宣告其无效。"

然而,即使是这个较为缓和的法令所制定的刑罚,也还是和以前的法令一样严苛。除了没收货物,出口者每出口或想要出口一磅羊毛,需要被判处罚金三先令,这相当于高出原价的四到五倍。并且,犯罪的商人或其他人,不得向任何代理人或其他人,要求清偿债务。无论其财产状况怎么样,也不论他是否能交付这样重的罚款,法律的规定都会使他完全破产。假若犯此罪的人,不能在判决后的三个月内交付罚款,法律规定便对他处以七年的流刑,未满期而潜逃的,作为重犯处罚,并不得享受僧侣的特别庆典。船主知情不报的,没收船只及其设备。船长、水手知情不报的,没收所有的动产和货物,并处以三个月的有期徒刑(后被改为六个月)。不过,人民大众的道德,还没有像法律的制定者那样坏,因此,至今也没有人使用过这个条款。

为了防止羊毛出口,国内的羊毛贸易都受到了非常严重的限制,并且这些限制的法规在全国通行。例如,羊毛不能装在箱内、桶内、匣内,只能用布或皮革包装,外面用三寸长的大字写上"羊毛"或"毛线",否则,将没收货物及其容器,每磅罚款三先令,由所有者或包装者交纳。羊毛不可以由马或马车搬运,在离海五里以内不可以由陆路搬运(除非在日出和日落之间的时候),否则没收货物和车马。邻近海岸的小镇,在一年内,可以对由小镇或经过小镇而运出或出口羊毛的人提出控诉。如果羊毛价不及十镑,则处以罚金二十镑;如果羊毛价格在十镑以上,则处以三倍于原价和三倍诉讼费的罚金。如果有人和小镇官员私通以减免罚金,则任何人都可以告发,并对犯者处以五年有期徒刑。

肯特和萨塞克斯两郡对羊毛出口的限制更多。例如,距海岸十里以内的羊毛所有者,必须在剪下羊毛后三天内向最近的海关书面报告所剪羊毛的数量和储藏的地点;在其中任何部分转移以前,必须同样报告羊毛的捆数、重量、买者姓名、住址和运往的地址。在这两个郡内,凡是居住在距海十五里内的人,除非向国王保证不会将羊毛转售给距海十五里内的其他人,否则不得再购买任何羊毛。如果没有做这样的报告和保证,那么一经发现有人向这两郡的海边运输羊毛,则没收羊毛,并处以罚金,每磅三先令。如果没有做过这样的报告就将羊毛存放在距海十五里内者,则查封没收其羊毛;如果在查封后,有人要求领取,则必须向国库提出保证,在败诉后除了要接受其他所有处罚外,还须交付三倍的诉讼费。

国内贸易都受到这样的限制,可想而知,羊毛的沿海贸易也不会自由到哪里去。例如,如果羊毛所有者要运输羊毛到沿海某一港口,那么他在将羊毛运到距离出口港五里以内之前,必须向出口港报告羊毛的包数、重量和记号,否则,没收羊毛、马、马车和其他车辆。目前还继续有效地禁止羊毛出口的其他法律,也作出了类似的处罚规定。不过,威廉三世第一年的第三十二号法令倒没这么严厉。例如,它规定:"即使剪毛地点是在距海五里以内的地方,如果在剪毛之后十天内,羊毛所有者亲自向最近的海关证明羊毛的真实捆数和储存地,并且在羊毛转移前三天内,亲自向最近的海关说明,就可以把羊毛从剪毛地点运回家来。"这些沿海运输的羊毛,都必须在其先前登记的港口起航,如果没有经过官员的检验就自行上货,那么将接受下列处罚,即没收羊毛,每磅处以三先令罚金。这些不正当的限制政策,都是因为英国呢绒制造者向议会施压所造成的。

为了证明上述不正当限制是正当的,英国呢绒制造者们居然提出了以下理由:一、英国羊毛具有特殊的品质,好过任何其他国家的羊毛;二、如果不掺入一些英国羊毛,其他国家的羊毛就不能造出质量很好的制造品;三、精制呢绒只能由英国羊毛织成;四、如果英国完全禁止本国羊毛的出口,那么它基本上就可以垄断全世界的呢绒业,从而排除他人的竞争。在这种情况下,国家就可以以高价出售呢绒,并且在很短的时间里以最有利的贸易差额获得巨大的财富。就像很多人盲目跟随某种学说一样,上述那些理由从过去到现在都一直被人们盲目跟从着。尤其是那些不懂呢绒业的人,他们对上述理由是完全相信的。但实际上,英国羊毛并不完全适合制造精制呢绒,更不用说它是制造精制呢绒所必需的了。真正的精制呢绒,其实全都是由西班牙羊毛织成的;并且,如果将英国羊毛掺入西班牙羊毛中,还会多少降低精制呢绒的质量呢。

本书前面已经说明,与目前应有的羊毛价格相比,这样的法律规定会使羊毛价格更低;而与爱德华三世时期的羊毛价格相比,上述规定也使羊毛的价格更低。在英格兰和苏格兰合并之后,这个法规便也适用于苏格兰。听人说,那时苏格兰羊毛的价格一下子就下降了一半。《羊毛研究报告》的作者、聪明的约翰·斯密曾说:"在英国,最好羊毛的价格,都低于阿姆斯特丹市上极差的羊毛的通常价格。"上述法规的目的,其实就是降低羊毛的价格,使其降低到应有的价格以下。可以说,它们的确达到了这种目的。

人们也许会认为，这样降低羊毛的价格之后，羊毛的生产必然会受到阻碍，羊毛的年产量也会极大地下降。当然，年产量比以前还是要高些，只是羊毛的年产量与正常情况相比，相对较低而已。不过，我认为羊毛的年产量受上述法规的影响不是很大。因为牧羊者投入劳动和资本的主要目的，并不是扩大羊毛的生产，而是从羊肉中获得利润。在很多情况下，羊肉的价格可以补偿羊毛价格的下降。在本书第一篇第十一章中谈到："如果羊毛和羊皮的价格因为某种制度或政策而低于正常情况下的价格，那么在农业发达的国家，羊肉的价格就必然会稍微上涨。当人们在改良的耕地上饲养牲畜时，出售牲畜的价格必须保证地主获得地租、农民从改良的耕地中获得一定的利润。当这种利润太少时，农民不久之后就会停止饲养牲畜。当羊毛、羊皮的价格不足以保证这种利润时，人们就只能从羊肉的价格来补偿。也就是说，当羊毛、羊皮所获得的利润越少时，羊肉所获得的利润就要越多。当然，对地主和农民来说，他们并不关心这种利润由羊的各部分来负担的比例，他们所关心的只是利润的大小而已。因此，在农业发达的国家，上述规定可能使消费者遭受高价食品的影响，但不会怎么影响地主和农民的利益。"按照这种结论，在农业发达的国家，即使羊毛的价格降低，其年产量也不会因此而减少。但是，它会提高羊肉的价格，从而使羊肉的市场需要稍微减少，最后羊肉的生产量也就会降低。然而，就算是这样，这种影响也不是很大。

还有人认为，这种规定对羊毛的年产量的影响不是很大，但对其品质的影响却是很大的。虽然目前英国羊毛的品质比以前好，但与目前正常情况下的羊毛品质相比，它显然是要差一些的。有的观点认为，羊毛的品质低基本上是和其价格低成比例的。因为羊毛的品质，是由羊种、牧草及羊毛生产过程中羊的管理与清洁来决定的，而牧羊者对于这些事情的态度，取决于羊毛价格能够获得怎样的利润以补偿其所花费的劳动和费用。但实际上，羊毛品质的好坏，基本上是由羊的健康与躯体决定的。改良羊肉所需要注意的地方，其实就是改良羊毛所应当注意的地方。因此，虽然英国羊毛的价格低，但在本世纪，其品质却还有一定的提高。如果羊毛的价格再高一些，也许品质的提高幅度会更大一些。所以说，虽然羊毛价格降低可能对其品质的提高有一定的不良影响，但这种影响也不是很大。

综上所述，上述法令的规定，对羊毛质的影响可能要大于量的影响，但总的来说，它对羊毛的年产量和品质的影响似乎并没有人们想象的那么严重。虽然羊毛生产者的利益遭受了一定的损害,但这种损失整体上也不是很大。当然,我这种说明并不是要证明禁止羊毛出口是正当的,只不过是证明对羊毛出口征收重税,也有一定的正当性而已。

一国的政策,应当公平对待国内各阶级人民,不能为了满足一个阶级的利益而损害另一个阶级的利益。上述禁令,实际上是为了制造业者的利益而损害羊毛生产者的利益。对各阶级人民来说,大家都有纳税义务来维持君主或国家。例如,每出口一托德羊毛(三十八磅)纳税五先令甚或十先令,就为君主提供了很大的收入。与禁止出口相比,这种征税并不会有效地降低羊毛的价格,因此对羊毛生产者的损害也要小一些。然而对于制造业者来说,上述禁令为他们提供了巨大的利益。与禁止出口时相比,虽然他需要花费更高的价格购买羊毛,但他还是比外国制造业者少支付五先令或十先令,并且不需要像外国制造业者那样支付运费和保险费。然而,既为君主提供很大的收入,又不对任何人造成损害的赋税,几乎是不可能存在的。

虽然上述禁令规定了出口的各种处罚,却没有阻碍羊毛的出口,羊毛的出口量每年都还是很大。外国市场和本国市场羊毛价格上的巨大差额,诱使着人们进行秘密出口,即使法律再严苛也不能阻止这种走私。我们知道,缴纳赋税的合法出口,不但可以为君主提供收入,还可以免缴其他重税,对国内各阶级人民都是有利的。然而,这种不合法的秘密出口,除了对走私者有利外,对其他人都不利。

和羊毛一样,制造呢绒和漂白所必需的物品——漂白土,其出口也受到了相同的限制和处罚。由于漂白土有时被作为烟管土出口,因此虽然烟管土和漂白土不太相同,但由于类似,其出口同样也受到禁止和处罚。

另外,查理二世第十三年和十四年第七号法令规定,除了靴、鞋或拖鞋外,禁止出口所有的生皮、鞣皮。这种法律使英国靴匠和鞋匠享有了一种垄断地位,但却妨害了牧畜业和鞣皮业。后来的法律又作出了新的规定,即鞣皮业对每一百一十二磅鞣皮只需纳税一先令就可以出口。于是,人们就将未加工的鞣皮出口,并且在出口时还可以重新得到所缴纳的三分之二的国产税。另外,所有的皮革制造品都可以免税出口,并且可以退还所缴纳的全部国产税。这样,鞣皮业才摆脱了上述那种垄断的影响。然而,英国畜牧业者却要继续遭受上述垄断权的损害。由于畜牧业者彼此都分散地居住在全国各地,因此,对他们来说,无论是团结起来强迫他人接受自己的垄断,还是摆脱他人强加给自己的垄

断,都是一件很困难的事情。而各种制造业者基本上都居住在大都市,他们能够很容易地团结起来。另一个对畜牧业者不利的规定是,禁止牛骨出口。于是,制角器和制梳业这两个不重要的行业,也享受到了一种垄断地位。

以禁止或征收重税的方法来限制半成品的出口,并不只有皮革制造业采用。当物品要经过加工才能直接使用和消费时,制造业者们就会认为是他们完成了产品的制造。例如,跟羊毛一样,羊毛线和绒线也被禁止出口,违反者要受到与处罚私自出口羊毛绒和绒线同样的处罚。还有,白呢绒的出口也要纳税。这样,英国染业便获得了一种垄断权,然而呢绒业则因此遭受损害。于是,虽然有些呢绒制造者有能力维护自身的发展,但大部分呢绒制造者还是会同时经营染业。另外,由于担心外国人的竞相购买使商品价格提高,英国制表者和制钟者好像都不愿意钟表类制造品出口。于是,表壳、钟壳、表盘、钟盘都被禁止出口。

在爱德华三世、亨利八世和爱德华六世时期,一些法令规定:除铅、锡外,禁止出口所有的金属。将铅、锡列为例外,也许是因为这种金属非常丰饶;其出口又占了当时国家贸易的相当大一部分。后来,威廉和玛丽第五年第十七号法令放开了这种规定,为鼓励开矿,英国矿物制造的铁、铜和黄铜的出口不受限制。威廉三世第九年和第十年第二十六号法令规定,无论铜块是产自本国还是外国,都可以自由出口。但是未加工的黄铜,也就是枪炮金属、钟铃金属或货币鉴定人金属(shroff-metal),还是被禁止出口。不过,各种黄铜制成品都可以免税出口。

对那些未完全禁止出口的工业原料,经常在出口时被征以重税。例如,乔治一世第八年第十五号法令规定,英国所有的货物,无论是英国生产或制造的,按以前法令出口时需要纳税的,现在都可以免税出口。但下列货物除外:明矾、铅、铅矿、锡、鞣皮、绿矾、煤炭、梳毛机、白呢绒、菱锌矿、各种兽皮、胶、兔毛、野兔毛、各种毛、马匹、黄色氧化铅矿。上述物品,除了马外,其他都是工业原料、半成品或生产工具。这项法令的规定,仍然要求这些货物继续缴纳补助税和百分之一的出口税。

这项法令同时规定,许多染色用的外国染料在进口时可以免税,但在出口时则须缴纳一定的税(不是很重)。从这一点上看,英国染业从业者似乎认为,奖励这些染料进口和阻碍其出口,都是对自己有利的。但是,商人因为贪婪而想出的这种方法,似乎在这里没有取得什么效果。因为它使进口者在进口时,会尽量将数量限制在国内市场需要的范围内。最后,国内市场上这类商品的供给,就会常常出现不足,其价格也就会常常高于自由进口时的价格。

以上法令将西尼加胶和阿拉伯胶也列在染料之中,它们可以免税进口,其再出口时,每一百一十二磅只需要缴纳不超过三便士的轻税。那个时候,法国在这些染料生产国(西尼加附近)拥有垄断地位,英国要从那些国家直接进口染料比较困难。于是,乔治二世第二十五年的法令便规定,可以从欧洲各地进口西尼加胶。而这种规定是违背航海条例的原则的。现在,这项法令规定,西尼加胶进口时,每一百一十二磅纳税十先令,再出口时没有任何出口退税。可以看出,该规定的目的并不是奖励这种贸易,因此它也违背了英国重商主义政策的一般原理。1755年战争的胜利,使英国像以前的法国一样,在那些染料生产国也拥有垄断特权。战争和议达成之后,我们的制造者便立即抓住这个大好机会,建立一种对他们有利的垄断,但这种垄断并不利于商品生产者和进口者。因此,乔治三世第五年第三十七号法令规定,英属非洲殖民地的西尼加胶只允许运往英国,并且,西尼加胶和英国美洲和西印度殖民地的列举商品一样,也被规定了相同的限制和处罚。不过,它进口时每一百一十二磅只需缴纳六便士,但出口时每一百一十二磅必须缴纳三十先令。将这些产品全部运到英国来,就是英国制造业者的目的。这样,他们可以以自己制定的价格购买这些商品,并且使任何这些商品出口都需要负担重税。实际上,和以前许多情况一样,最后的结果都会令他们极为失望。因为这种重税就是走私出口的诱因。于是,许多这类商品,最后都由英国和非洲走私到了欧洲各制造国(尤其是荷兰)。于是,乔治三世第十四年第十号法令,便将上述出口税降为每一百一十二磅缴纳五先令。

根据旧补助税的规定,一件海狸皮的地方税差不多是六先令八便士。1722年以前,每件海狸皮进口时缴纳的各种补助税和关税,差不多是一先令四便士,相当于地方税的五分之一。在出口时,除了旧补助税的一半(二便士)外,其他的都可以退还。人们认为,如此重要的工业原料,进口时缴纳的关税的确过重。不过,1722年,它的地方税被减为二先令六便士,进口税也降为六便士。当然,在出口时也只能退还六便士的一半了。那次战争胜利之后,英国占领了产海狸最多的地方。由于海狸皮是列举商品之一,因此,其出口被限定从美洲运往英国。于是,英国制造业者便也想利用这次机会。在1764年,一件海狸皮的进口税减为一便士,出口税却提高到每件七便士,并且没有出口退税。该法令

411

同时规定,每磅海狸毛或海狸肚出口须纳税一先令六便士。但海狸皮的进口税不变,即使是英国人用英国船进口的,所纳税额也还是四五先令。

既可以被当做工业原料,也可以被当做生产工具的煤炭,其出口是被征以重税的。例如,1783年,每吨煤炭出口需要纳税五先令以上,或每纽卡斯尔缴纳十五先令以上。但在很多情况下,所纳税额都高于炭坑所在地或出口港的煤炭原价。

不过,一般来说,对于真正的生产工具的出口,国家都是绝对禁止的,而不是通过高关税来限制。例如,威廉三世第七年和第八年第二十号法令第八条规定,禁止织手套和长袜的织机或机械出口,违反者不仅要被没收机械,还要处以四十镑罚金,其中罚金的一半归国王,一半归举报人。乔治三世第十四年第七十一号法令也规定,禁止出口棉制造业、麻制造业、羊毛制造业和丝制造业使用的所有工具,违反者没收货物,并处以二百镑罚金,知情不报并且向其提供船只的船长,将被处以二百镑罚金。

试想,如果死的生产工具的出口都受到这么重的处罚,那么活的生产工具(技术工人)的出口就更加不自由了。例如,乔治一世第五年法令第二十七号规定,那些唆使英国技工或制造业工人到外国工作或传授技能的,第一次犯,处罚一百镑以下的罚金和三个月有期徒刑,并连续拘禁到罚金付清为止;第二次犯,则根据法庭判决,处以罚金和十二个月有期徒刑,并连续拘禁到罚金付清为止。乔治二世第二十三年第十三号法令,又加重了这种处罚,如第一次犯,就处以五百镑罚金和十二个月的有期徒刑,并连续拘禁到罚金付清时为止;第二次犯,则处以一千镑罚金和两年的有期徒刑,并连续拘禁到罚金付清时为止。

根据乔治一世的法令,如果某人被证明曾诱惑技工去国外,或者某一技工被证明受人引诱而答应去国外,那么除非这个技工向法庭作出不出国的书面保证,否则将由法庭将其拘禁。

如果某一技工私自出国,并在外国工作或传授技能,那么他必须在接到英国驻外大使或领事的警告后的六个月内回国,并长期居住在本国。否则,他将被剥夺国内财产的所有继承权,也不得作为国内任何人的遗嘱执行人或财产管理人,当然也不能继承或购买国内的任何土地。他自己在国内所有的财产,无论是动产还是不动产,都将被国王没收。他将被作为外国人,不再受英国国王的庇护。英国总是说维护个人自由,但是上述这些规定却是和自由精神相矛盾的。可以说,在这种情形下,自由的精神已经被商人和制造业者的利益给牺牲了。

这所有的规定中,如果有值得人们称赞的一点内容,那就是其目的的良好性,也就是说它是为了促进英国制造业的发展。然而,采取的手段却是通过阻碍邻国的制造业、消灭竞争者,而不是努力改良自己的制造业。在英国制造业者看来,他们应当垄断本国人民的技术。他们为了将职业的技术限制在他们这些为数不多的人手中,采取了以下措施:一、限制某些职业的人数;二、所有的行业都规定要有一段很长的学徒期。也就是说,懂得技术的人越少越好,并且这些少数人不得向外国人传授技能。

生产的唯一目的无疑是消费。生产者只有关注消费者的利益,最后才能获得自己的利益。这是一个非常明白的道理。然而,在重商主义流行的社会里,生产者总是为了自身利益而牺牲消费者的利益。并且,人们将生产者的利益作为工商业的最终目的,而不是把消费者的利益作为工商业的最终目的。

为生产者的利益而牺牲国内消费者利益的实例,就是限制所有和本国制造品相竞争的外国商品的进口。生产者为了自己的利益,只好让消费者来负担这种垄断所造成的商品高价。对本国某些生产物发放出口奖励金的制度,也是完全出于生产者利益的考虑才颁布实施的。因为,国内消费者一方面要缴纳为支付奖励金而征收的赋税;另一方面要负担国内市场上商品高价所产生的赋税。

还有一个事例,就是英国与葡萄牙签订的那个著名的通商条约。它通过高关税限制英国消费者向邻国购买我们不能生产的商品,而要求消费者必须向一个远国购买这种商品,哪怕远国的这种商品质量较差。于是,为了使本国生产者能在稍微有利的情形下,将本国的某几种产物出口到这个远国,国内消费者只能接受上述不利条件。并且,消费者还必须承担这几种产物出口所引起的国内高价。

和英国所有的通商条例相比,管理英国美洲和西印度殖民地的许多法律,为了生产者的利益,对国内消费者利益的牺牲更加严重。这个大帝国建立起来的唯一目的,就是垄断一个广阔的市场,使当地人只能向英国生产者的店铺购买各种物品(英国能生产的)。英国生产者因为这种垄断高价而获得了利益,然而,英国消费者却是维持这个帝国所需费用的最终负担者。仅仅是为了上述目的,英国在最近的两次战争中就花费了两亿镑以上,借债一亿七千万镑以上。并且,以前几次战争的费用,都还没有算在里面。仅仅那项巨额借款的利息,不

仅比殖民地垄断贸易的所有超额利润多,而且比每年平均出口到殖民地货物的全部价值大。

以上,我们可以看出消费者的利益几乎全部被忽视了,而生产者的利益却受到了全面的关注。因此,我们可以明白地知道,消费者绝对不是重商主义体系的设计者,而生产者尤其是商人和制造业者,一定是重商主义学说的主要设计者。在这一章所讨论的商业条例中,制造者的利益得到了最特别的关注。也可以说,制造业者的利益,是以牺牲消费者或者其他生产者的利益为代价的。

第九章　重农主义

重农主义,是指在政治经济学中将土地生产物看成各国收入和财富的唯一来源的思想学说。我认为有必要对重商主义学说进行详细说明,但对于政治经济学中的重农主义,则不需要进行太长的说明。因为根据我的了解,还没有一个国家实际采用重农主义的思想。目前,只有少数法国学者在理论上研究这种学说。这种学说,从来没有也许以后也不会对世界造成什么不利影响。不过,在这里,我还是会稍微勾画出这种学说的轮廓。

科尔伯特,是路易十四时期一位有名的大臣。他为人正直勤勉,学识渊博,做人精明,在公共账目审查方面经验丰富。总的来说,他对于公共收入的收支方面的事务,都处理得有条不紊。不幸的是,这位大臣怀有严重的重商主义偏见。他工作勤劳,习惯设置一些监督制裁措施来很好地管理各部门之间的公务,使各部门都在适当范围内活动。而重商主义的实质就是设立限制和管理,因此,这种学说很符合他的管理方式。于是,就像他管理各部门公务一样,他采取了相同的方式来管理一个大国的工商业。结果,他限制了个人在平等自由的条件下追求自己的利益的权利;他给予一些产业部门特殊的限制,而给予另一些产业部门特殊的权利。和其他欧洲大臣一样,他更加鼓励城市产业的发展,而较少鼓励农村产业的发展;并且经常为了支持城市产业的发展而抑制农村产业的发展。例如,他对谷物出口进行完全禁止,就是为了使城市居民能够廉价购买食物,从而促进制造业和国外贸易。但是这样做,却限制了农村居民将谷物运输到国外进行交易。以前对于各省间谷物运输的限制法令，以及各省耕作者的沉重赋税负担，加上这项谷物出口限制令，像三座大山一样阻碍了农业按照自然气候、土壤条件获得其应有的发展。全国各地都已些许感觉到了农业的这种不利状态，因此，也开始多方面地探讨发生的原因。而其中的原因之一，就是科尔伯特更多地鼓励城市产业，而过少地鼓励农村产业。

有一个成语叫"矫枉过正"，那些将农业视为各国收入财富的唯一来源的法国学者，采取的行为似乎就应了这句成语。和科尔伯特过分重视城市产业相比，这些重农主义学者的学说，就是过多重视农村产业的发展，而过少发展城市产业。

某些阶级在任何方面对一国土地和劳动的年产物都作出了贡献。重农主义学说便将这些阶级分为三种。第一种是土地所有者阶级；第二种是耕作者、农民和农村雇佣劳动者阶级，也叫做"生产阶级"；第三种是工匠、制造者和商人阶级，他们并不被认为是生产阶级。

土地所有者阶级，将资本花在土地改良、建筑物、排水沟、围墙及其他耕作改良方面，因此他们对年产物的提高做出了一定的贡献。正是因为这些改良，耕作者才能用相同的资本生产出更多的生产物，并且支付更多的地租。这种增多的地租，可以被认为是地主花费或投资改良所应得的利息或利润。在重农主义学说中，地主的这种费用称为土地费用。

耕作者或农民，因为在耕作土地上花费了劳动和费用，因此也对年产物的提高做出了一定贡献。在重农主义学说中，这种费用分为初始费用和年度费用。初始费用是指在第一年度耕作的大部分期间，或者在土地收获以前，需要花费的对土地的维持费。农具、耕畜、种子，以及农民的家属、雇工和牲畜的花费就属于初始费用。而每年维持种子、农具的磨损，以及农民的雇工、耕畜和作为农业雇工的家属的生活，所花费的费用就是年度费用。农民的耕作就是依靠这两种资本。在他支付了地租之后，剩余的部分土地生产物必须要有以下用途。首先，它应当补偿耕作者一定期间内（至少是耕种期间内）的全部初始费用并提供利润；其次，它应该能够补偿耕作者全部的年度费用并提供利润。如果耕作者或农民手中不能经常握有这两种资本并提供一定利润的话，他和其他职业者就不能够处于同等的地位。这时，他出于自身利益的考虑，不久就会去其他行业谋生而放弃这种职业。可以说，那部分土地剩余生产物，就相当于维持农民继续工作所必需的基金。如果地主侵害了它，就必然会减少自己的土地

生产物。不久以后,农民不但支付不起沉重的地租,就连适当的地租也负担不起。在这种学说中,耕作者或农民之所以被称为生产阶级,就是因为耕作者的劳动,在付清了全部土地生产物所需要的所有必要费用之后,还能向地主提供地租。地主的地租,就是将全部土地生产物所必需的所有费用全部付清之后,剩余下来的纯产物。而耕作者或农民的初始费用和年度费用,除了补偿自身价值以外,还能生产出这个纯产物,因此,在这种学说中,初始费用和年度费用被称为生产性费用。

在重农主义学说中,地主用来改良土地的土地费用,也被称为生产性费用。全部的费用及其利润,将会变成更多的地租返回地主手中。而在地租交给地主之前,教会不得征收什一税,国王也不得进行征税。因为那样的话,就会妨碍土地的改良,最终妨碍教会什一税的增加和国王税收的增加。在正常的状态下,这些土地费用除了生产出自身的全部价值外,还能在一段时间以后再生产出地租这种纯产物,因此,它也被称为生产性费用。

重农主义学说,只将地主的土地费用、农民的初始费用及年度费用这三种认为是生产性费用。其他所有费用,即使在其他所有阶级人民看来都是最具有生产性的,也不能被认为是生产性的。

比如,人们一般都认为,工匠和制造者的劳动能够极大地促进土地原生产物的价值。然而,在重农主义学说中,工匠和制造者却被认为是最不具有生产性的阶级。有人说,这是因为他们的劳动,只能偿还雇佣资本并提供利润。雇佣资本是指雇主维持他们生计,以及为他们的原材料、工具和工资支付的费用。而他们的劳动所提供的利润,是用来维持雇主的资本的。总的来说,雇主负担了雇佣资本以及维持自身所需的维持费。这些维持费,一般是和他产品价格上所获得的利润成比例。如果产品价格不够补偿这些维持费和雇用资本的话,那么也就显然不能使雇主收回其投入的全部费用。因此,制造业资本的利润与土地地租不一样,它在补偿全部费用以后没有剩余产物。虽然农民和制造者一样,资本可以为资本所有者提供利润,但农民的资本还可以提供一个额外的地租,而制造者的资本却不能。因此,用来雇用农民或农村雇佣劳动者的费用是生产性费用,因为它除了生产出它本身的价值外,它还可以生产出一个新的价值——地主的地租;而用来雇用并维持工匠、制造业工人的费用,完全不是生产性的费用,因为它只是生产出了它自身的价值,而没有生产出新的价值。

商业资本和制造业资本一样,也只是生产了它自身价值,而没有生产出新的价值,因此也不具有生产性。商业资本的利润,只是使投资人收回了其在投资期间或者收得报酬之前所垫付的费用而已,也就是对投资费用的一部分补偿。

工匠和制造业工人在劳动时,要消耗一定的土地生产物。因此,虽然他们的劳动能够增加土地原生产物某些特定部分的价值,但是不会增加土地原生产物全年产量的价值。因为,他们对这部分产物的增加,刚好被他们对那部分产物的消费所抵消了。因此,无论什么时候,他们的劳动都不会增加土地生产物的总价值。举个例子,制造花边的人,有时会将价值一便士的亚麻提高到三十镑来出售。表面上,制造者将一部分原生产物的价值提高了约七千二百倍,但实际上,他并没有增加原生产物全年产量的价值。因为制造这种花边大概需要花费他两年的劳动,他所卖得的那三十镑,只是补偿了他这两年所花费的生活资料。也就是说,他的劳动所增加的亚麻价值,只是补偿了这段时间他自身消费的价值。因此,无论什么时候,他都没有增加土地原生产物年产量的总价值。他继续生产的价值,总是与他继续消费的那部分原生产物相等。一般来说,只有非常贫苦的人,才会被雇用到这种花费多又不是很重要的制造业来工作。并且我相信,在一般情况下,他们制造出来的制造品价值,并不会大于他们生活资料的价值。然而,对于农民和农村雇佣劳动者来说,情况是不一样的。他们的劳动不仅可以补偿自己的全部消费,以及维持工人、雇主的全部费用,还可以继续生产出地租的价值。

重农主义学说认为,工匠、制造业工人和商人,只能靠节俭来增加社会的收入和财富,或者说只能靠节省自己的一部分生活资料来增加社会的收入和财富。而他们每年再生产的,也只是这种生活资料。也就是说,如果他们每年不节省一部分,或者说不克制自己一部分的享受的话,他们的劳动就根本不会增加社会的收入和财富。与此相反,农民和农村雇用劳动者,不仅可以享受自己全部的生活资料,还可以增加社会的收入和财富。也就是说,他们的劳动不仅能给自己提供生活资料,还能提供地租这种纯产物;而地租的增加,又必然会增加社会的收入和财富。在法国和英国,地主和耕作者占了全国人口的大多数,因此,那里的人们依靠辛勤的劳动和积极的消费就能富裕起来。相反,在荷兰和汉堡,商人、工匠和制造业工人占了全国人口的大多数,因此,那里的人们只能依靠节俭和克制享受来使自己富裕。由于这种不同的情况和不同的利害关系,不同国家人民的性格也就很不相同。在前一类国家中,人民的性格大部分是宽容、坦诚和友爱的;而在后一类国家中,人民的性格会比较狭隘、自私和

卑鄙，甚至厌恶所有的社会性娱乐。

总的来说，土地所有者和耕作者这两个阶级，维持着商人、工匠和制造业工人这些非生产阶级。前两个阶级不仅会提供后一个阶级工作的材料和生活资料，还会提供他们工作时需要消费的谷物和牲畜。可以说，地主和耕作者支付了非生产阶级所有工人的工资和所有雇主的利润。说得严格一点，这些工人和雇主其实就是地主和耕作者的"佣人"。他们和家仆的唯一区别是，一个在室外工作，一个在室内工作，但他们都是依靠同一个"主人"来养活的。这些非生产阶级的劳动，都是不具有生产性的，土地原生产物的总价值不但不会因为他们的劳动而增加，反而还会有所减少。

但是，这些非生产阶级对于前两个阶级来说，也是非常有用的。因为只有有了商人、工匠和制造业工人的劳动，地主和耕作者才能用花费较少劳动的产物去交换所需要的外国货物和本国制造品。如果他们想要亲自进口或制造这些货物或制造品的话，由于不熟练或者不灵活，他们将花费大量的劳动。正是由于非生产阶级的存在，耕作者才能不为其他事务分心，专心耕作土地。其结果，就是耕作者能够生产出更多的产品。而更多的产品，不仅能够完全收回他们自己的成本，还能够补偿地主维持这些非生产阶级的全部费用。从商人、工匠和制造业工人的角度来说，虽然他们的劳动本身不具有生产性，却间接有利于土地生产物的增加。正是由于有了他们的劳动，生产性劳动者才得以专心地耕作土地，促进生产力的发展。也就是说，依靠非耕作者的劳动，耕作这项业务变得更加容易且更好了。

因此，任何限制或阻碍商人、工匠和制造业工人产业的行为，都是不利于地主和耕作者利益的。只有这些非生产阶级越自由，各行业间的竞争越激烈，其他两个阶级才能够以越低的价格购买自己所需的外国商品和本国制造品。另一方面，压迫那两个生产阶级，也是不利于这些非生产阶级的利益的。这是因为，土地生产物的剩余物在先维持了耕作者和地主之后，才用来维持和雇用这些非生产阶级。这个剩余量越大，非生产阶级的生活条件才会越好。综上可以看出，使这三个阶级达到共同的繁荣，最简单且最有效的方法就是建立完全的自由和平等。

如前所述，在荷兰和汉堡那种商业国家，这些非生产阶级同样也是由地主和土地耕作者的劳动来维持的。不过，和其他国家的唯一区别是：在荷兰和汉堡,大部分地主和耕作者距离商人、工匠和制造业工人很远,也就是说,其实是其他国家的人民,在向这些非生产阶级提供工作材料和生活资料。

不过,对其他国家的人民来说,这些商业国家也是非常有用的。当其他各国由于本国政策的某些缺陷,不能在本国找到足够的商人、工匠和制造业工人时,这些商业国家正好为他们解决了这一问题。

因此,任何妨碍或抑制这些商业国产业的行为,例如对商业国的贸易或供给的商品征收高额关税,都是不利于那些农业国利益的。高额关税会提高这些商品的价格,从而减低农业国土地剩余生产物的真实价值。最后,这种关税所起到的作用恐怕就只有一个,那就是阻碍了农业国剩余生产物的增加,从而阻碍了土地的改良和耕作。相反,使这些商业国在贸易上享有最完全的自由,不仅是提高剩余生产物价值,增加剩余生产物,并促进国内土地改良和耕作的最佳手段,也是在适当时期弥补国内工匠、制造业工人和商人不足的最佳方案。

在农业国,当土地剩余生产物经过一段时期的增加后,继续进行土地的改良和耕作时,其所创造的一部分资本就不能获得平均利润率。这部分资本,便会转而用来雇用工匠和制造业工人。那么,国内的那些工匠和制造业工人,就能够在国内获得工作的材料和生活资料。与商业国同类的工匠和制造业工人相比,就算他们的技术和熟练程度还不够,他们也同样能够制造出价格低廉的制造品。因为在那些商业国,工匠和制造业工人必须从很远的地方运来所需的材料和生活资料。也正是由于这个原因,再加上他们缺乏技术和熟练程度,虽然不能和商业国的工匠和制造业工人一样制造出价格低廉的制造品,但是在国内市场上,他们也许能以同样低廉的价格出售自己的商品。并且,当他们的技术和熟练程度得到提高之后,他们便能以更低廉的价格出售自己的商品了。这样一来,这些商业国的工匠和制造业工人就会在那些农业国的市场上遇到竞争者,不久他们也只能低价出售自己的商品,并且不断地被挤出市场。随着技术与熟练程度的不断进步,农业国的这些价格低廉的制造品,将会在适当时期被推广到更多的国外市场,并且以同样的方式,慢慢地将这些商业国的许多制造品挤出市场。

同理,农业国的生产物和制造品经过一定时期的增加后,国内农业或制造业上的一部分资本也不能获得平均利润率。这部分资本,也会转而用来投资到国外贸易上,将国内市场上不需要的过剩生产物和制造品运往外国。就像前面

所述的，相对于商业国的工匠和制造业工人来说，农业国的工匠和制造业工人的地位更有优势。同理，相对于商业国商人，农业国商人在本国生产物国外贸易中也更有优势。这是因为，商业国商人必须到很远的地方去寻求货物、原料和食品，然而农业国商人在国内就能找到这些东西。因此，即使农业国商人的航海技术拙劣，他们也能和商业国商人一样，在外国市场上以同样低廉的价格出售自己的商品。当航海技术相同时，农业国商人便能以更低的价格在国外市场出售商品了。这样一来，在国外贸易中，农业国商人不久就能和商业国商人竞争；并且在一段时间以后就能将那些商业国商人挤出市场。

综上所述，对所有其他国家的工匠、制造业工人和商人给予最完全的贸易自由，是农业国培育本国的工匠、制造业工人和商人的最好方法。这样做会有两个有利的结果：一是提高本国国内剩余土地生产物的价值；二是由于剩余生产物价值的不断提高，国家不久就可以拥有一大笔资金，从而在很长一段时期内，逐渐培养出国家需要的各种工匠、制造业工人和商人。

与之相反，如果农业国用高额关税或禁令的方式限制外国贸易的话，那么它自身的利益也一定会在以下两个方面受到阻碍：一、这种限制会提高所有外国商品和制造品的价格，则与外国商品相交换的本国剩余土地生产物的真实价值必然会下降；二、这种限制使本国商人、工匠与制造业工人在国内市场占有垄断地位，从而使工商业利润率高于农业利润率，原来投入农业的部分资本被吸引到工商业去了，或者说是本来要投入农业的那部分资本转而不投入农业了。因此，这种限制政策对农业的阻碍体现在以下两个方面：一方面降低了土地生产物的真实价值，从而降低了农业利润率；另一方面是提高了所有其他资本用途的利润率，从而与有利可图的商业和制造业相比，农业成为利益较少的行业，于是每个人出于自己利益的考虑，都尽量会把资本和劳动从后一种行业中转到前一种行业。

有人说，与自由贸易的时候相比，农业国的这种限制政策能够以较快的速度培养出本国需要的工匠、制造业工人和商人。不过，这种说法还有待证实。即使较快地培养出了这些工匠、制造业工人和商人，也是在时机未到的情况下过早地将其培养出来了。而社会发展的规律告诉我们，过快地培养一种产业，必然会抑制另一种更有价值的产业的发展；如果过快地培养那些只能偿还资本和提供利润的产业，就会抑制那些不仅能补偿资本并提供其利润，还能提供纯产物这种作为地主地租的产业的发展;过快地鼓励完全不生产的劳动,就会抑制生产性劳动的发展。

奎那是重农主义学说最聪明、最渊博的创始者。他用一些数学公式,明确地表示了全部的土地年产物是怎样在上述三个阶级之间进行分配的,以及不生产阶级的劳动为什么只补偿它所消费的价值,而不增加社会全部生产物的价值。在他所描述的这些公式中,非常重要的是第一个公式,他将其命名为《经济表》。他用第一个公式描述了土地生产物在他构想的情况下的分配方式,这些情况包括:最自由且最繁荣的状态,年生产物能提供最大量的剩余物的情况,以及在所有年产物中各阶级都能获得其应得部分的情况。另外,他又用了几个公式,将土地生产物在其构想的情况下的分配方式进行了描述:国家存在各种限制和规章制度的情况,地主阶级和不生产阶级享有的优惠多于耕作者阶级的情况,非生产阶级侵占生产阶级应得生产物的情况。根据他的学说,如果在最完全自由状态下所确立的自然分配受到侵害,那么年生产物的价值总和多少会有所降低,社会收入和财富也会有所减少。随着自然分配所受侵害的程度,社会财富减少的程度会以较快或较慢的速度不断加深。这些公式就是将社会财富相应的减少程度描述了出来。重农学说也正是这么认为的。

有一些有想法的医生认为,人体要想保持健康状态,就只能依靠食物和运动这种正确的养生方法,否则人体就会根据违反这种正确方式的程度,遭受相同程度的疾病。奎那就是一个很有想法的医生,并且他对国家似乎也抱有同样的观念,认为只有在完全自由和公平的正确制度下,国家才能繁荣起来。但实际上,人体在不同的养生方法下都能保持良好的状态,即使是在很不卫生的情况下,人体也能保持健康(从表面上看好像是这样)。这是因为,人体本身有一种隐藏的免疫力。在很多情况下,这种免疫力可以预防和抵抗不卫生的方法所造成的不良后果。同样,奎那也许没有看到国家潜在的力量,那就是每个人为改善自身境遇自然而然地不断努力。在很多情况下,这种力量都能够预防和抵制不公平的政治经济政策所带来的不良后果。虽然这种政治经济政策会对国家的繁荣富裕有一定的阻碍,但不会完全阻碍国家向前发展的趋势,更不可能使国家的发展倒退。试想,如果一国没有完全的自由和正义,就没有繁荣的可能,那么世界上的任何国家都不能够发展了。幸运的是,国家中潜在的自然力量,就如同人体中的免疫力那样,对于人类的愚蠢和许多不公正的坏影响都有

充分的准备，并且能够抵制人类的懒惰和无节制所造成的不良后果。

总的来说，将工匠、制造业工人和商人当成是完全没有生产性的阶级，这种观点是重农主义学说的最大错误。我可以用以下观点来证明这种观点的错误。

首先，工匠、制造业工人和商人，每年除生产出他们自己消费的价值外，还是有其他作用的，至少他们的劳动保证了那些雇用和维持他们的资本的持续。这一点是重农主义学说也不可否认的。所以说，把他们当成是完全没有生产性的阶级就是不恰当的。就如我们把那些只生一个儿子来延续香火但没有增加人口数量的婚姻叫做不生育的婚姻一样，是不恰当的。当然，除了补偿维持和雇用他们的资本以外，农民和农村雇用劳动者每年还生产出了地租这种纯产物。的确，相对于商人、制造业工人和工匠的劳动，农民和农村雇佣劳动者的劳动更有生产力。就像生育三个儿女的婚姻，与仅生育两个儿女的婚姻相比更有生产力一样。然而，我们不能因为一个阶级的生产力很强，就否定其他阶级的生产性。

其次，将工匠、制造业工人和商人当做"家仆"，无论从哪个角度来说，这种观点都是不恰当的。这是因为：一是家仆的劳动并不能保证雇用和维持他们的资本的持续；二是维持和雇用家仆的资本是由主人来支付的；三是家仆们工作的性质也不可能补偿上述资本。一般来说，他们的工作都是临时性的，没有固定在任何可出售的商品上，也不可能从商品的售价中获得利润来补偿主人支付的工资和维持费。与之相反，工匠、制造业工人和商人的劳动，固定在可出售的商品上，并且可以从商品的售价中获得利润。所以，我在讨论生产性和非生产性劳动那一章时，就把工匠、制造业工人和商人归入了生产性劳动者的行列，而把家仆归入了非生产性劳动者的行列。

再次，如果说工匠、制造业工人和商人的劳动，在任何情况下都不能增加社会的真实收入，那么这种说法也是不恰当的。就算他们每天、每月、每年所生产的劳动与他们每天、每月、每年所消费的价值相等，我们也不能因此就认为他们的劳动不会增加社会的真实收入或土地和劳动年产物的真实价值。举一个例子，一个工匠在六个月的时间，完成了价值十镑的工作，那么即使他同时消费了价值十镑的谷物和其他必需品，实际上他还是增加了价值十镑的土地生产物。这是因为，当他消费十镑的谷物和其他必需品时，他生产了一个等价的商品,从而使他自己或别人又能够获得十镑。可以说,他在这六个月内消费和生产的价值是二十镑,而不是十镑。但是,在表面上看,只存在十镑的价值。其实,如果十镑的谷物和其他必需品是由某一士兵或家仆来消费时,那么六个月后,与上述工匠的情况相比,剩下的年产物价值要少十镑。因此,表面上看,这个工匠所生产的价值,无论什么时候都与他所消费的价值相等,但与没有他生产的情况相比,市场上实际存在的货物价值更大。

拥护重农主义学说的人经常说,工匠、制造业工人和商人消费的价值,与他们所生产的价值相等。这里,他们的意思也许是"他们的收入和供他们消费的资本,与他们所生产的价值相等"。其实,说得更简单一点,这句话的意思是这一阶级生产的价值就是他们的收入。于是,我们可以立即想到,如果这一阶级从收入中节省一部分的话,那么社会的真实财富也会因此增加一部分。但重农主义者总是按照上述表达方式,表达出一种批评的意思。就算事实和他们的假设一样,他们的上述议论也是非常不恰当的。

最后,如果农民和农村雇佣劳动者不知道节俭的话,他们和工匠、制造业工人和商人是一样的,也不能增加社会的真实收入。在任何社会,人们都只能采取以下两种方法来促进土地生产物的增长:一是提高社会所实际雇用的有用劳动的生产力;二是增加社会雇用的有用劳动量。

提高有用劳动的生产力,可以从以下两个方面来做:一是提高劳动者的能力;二是改进他劳动时使用的机械。因为,与农民和农村雇佣劳动者的劳动相比,工匠和制造业工人的劳动分工更精密,每个工人所进行的操作更加单一。因此,上述两种改进方法可以极大地提高工匠和制造业工人的生产力。在这种情况下,相对于耕作者,工匠和制造者阶级处于一个更优越的地位。

有用劳动的雇用资本的增加,决定了社会实际雇用的有用劳动量的增加;而收入(资本管理人或资本出借人的收入)的节省又正好能够促进雇用资本的增加。如果真如上述学说所设想的,商人、工匠和制造业工人与地主和耕作者相比,更有节俭的习惯,那么他们就能够增加更多的社会有用劳动量,从而增加社会更多的土地和劳动年产物。

最后,如果真如上述学说所设想的,人们劳动所得的生活资料构成了人们的全部收入,那么在其他所有条件都相同的场合,工商业国的收入比没有工商业的国家要大得多。从土地现有耕作状态上比较,有工商业的国家每年从外国进口的生活资料的数量更多。虽然城市居民没有田地，但他们能够依靠自己的劳动获得他人的土地原生产物。通过这种方式，他们不仅获得了工作原料，还获得了生活资料。在商业国，城市和邻近农村的关系就像两个独立国家之间的关系一样。荷兰就是这样一个国家，它从其他国家获得了自己需要的大部分生活资料。例如，他们从霍尔斯汀和日兰德运回活牲畜；从几乎所有的欧洲国家运回谷物。由于少量的制造品总是能交换到大量的原生产物，因此工商业国一般都用少量的本国制造品去交换大量的外国原生产物。这样一来，工商业国就可以用这些生产物去维持大多数人的生活。与之相反，工商业不发达的国家，就只好花费大量的本国生产物，去交换少量的外国制造品。而这些少量的制造品所能维持的就只有少数人的生活。因此，工商业国家的人民所拥有的生活资料，总是多于其土地现有耕作状态下所能提供的数量；而没有工商业的国家的人民，所拥有的生活资料就要少得多。

虽然上述学说有很多缺点，但在政治经济学这个主题下的众多学说中，这一学说还可以算得上是最为正确的了。所以，一般来说，所有致力于研究政治经济学这个重要主题的人，都会非常关注这一学说。虽然这一学说的有些观点有一些狭隘，例如它将投在土地上的劳动看做是唯一的生产性劳动，但这一学说的很多观点还是很正确的，例如，该学说认为：国民财富是由社会劳动每年再生产的可消费的产品构成，而不是由不可消费的货币构成的；另外，最大限度地促进每年再生产的唯一有效方法，就是保证贸易的完全自由。人们似乎都比较喜欢怪异的理论，从而显示自己能够理解平常人不能理解的东西，所以这一学说有很多的追随者。它的与众不同之处在于，它认为制造业劳动不是生产性劳动。这也许是很多人欣赏它的一个重要原因。在过去的几年里，这些追随者们形成了一个很重要的学派。在法国学术界中，他们被称为经济学家。他们将很多以前不怎么被人重视的主题重新拿出来讨论，并且促使国家对农业提高一定程度的赞助。可以说，他们对于他们的国家，的确做出了一些贡献。也是由于他们的学说，法国政府采取了以下几项措施，减轻或解除了该国农业一直遭受的多种压迫。例如，将任何人——无论是土地购买者还是所有者——都不得予以侵犯的土地租期，从九年延长到了二十七年；废除以前国内各省间谷物运输所受的限制；通过习惯法确认在一般情况下允许谷物的自由出口。这些经济学家，写了很多政治经济学方面的著作，他们不仅论述国民财富的性质和原因,而且对国家行政机关的其他各部门也进行了研究。但是,这些著作基本上都抄袭了奎那的理论,所以大部分著作的内容也基本上和奎那的差不多。曾任马提尼科州长的利维埃,写有《政治社会的自然与基本制度》一书,他对这一学说的描述,可以说是最明白清楚的了。就像古代的哲学学派对其创立者的崇拜那样,这个学派对他们的大师们也非常称颂。该学派的大师们,好像也挺谦虚朴素的呢。例如,有一位勤勉可敬的作者叫弥拉波,他说:"从古到今,世界上有三大发明给政治社会带来了极大的安定。他们分别是文字的发明、货币的发明和《经济表》的发明。文字的发明,能够使人类把法律、契约、历史和发明继续流传给下一代;货币的发明,使各文明社会之间相互联结起来了;《经济表》的发明,则是上述两项发明的结果,它是我们这个时代的大发现,它完善了前两者的目标,使我们的后代可以从中受益。这些发明和其他装饰政治社会的很多发明都没有关系。"

在近代欧洲,各国的政治经济学政策,似乎都是对制造业和国外贸易的城市产业比较有利,而对农村产业比较不利。在其他国家,其政治经济学政策则刚好相反,是对农业比较有利,而对制造业和国外贸易比较不利。例如中国,它的政治经济学政策就非常重视农业。不同于欧洲大部分工匠的处境优于农业劳动者的情况,中国的农业劳动者的处境要优于工匠。中国人似乎都想拥有一定的土地,要么拥有土地的所有权,要么拥有土地的租地权。据说,中国的租借条件很不错,租地人可以得到充分的保障。然而,中国人对国外贸易不是很重视。当年,俄国大使兰杰去北京请求与中国通商,北京的官员用一贯的口吻对他说:"你们所进行的贸易就像是乞丐在乞求施舍!"中国人基本没有用自己的船只来与其他国家进行国外贸易,日本也只有一两个允许外国船只出入的海港。因此,在中国,国外贸易被限制在很窄的范围内。其实,如果本国船只或外国船只可以比较自由地经营国外贸易的话,国外贸易的范围也会变得很大。

与大部分原生产物相比,制造品一般都占地小、价值大,因此其从一国运往他国的费用就相对较低。于是,在所有国家,国外贸易主要针对的都是制造品。中国幅员辽阔,并且国内贸易非常有利。然而欧洲的很多国家,情况不同于中国,它们的制造业就非常需要国外贸易的支持。试想,如果没有广阔的国外市场,制造业在那些幅员不大且国内市场狭小的国家,以及那些国内交通不方便、生产物不能顺畅地运往各地的国家,就不可能得到很好的发展。我们曾经说过,制造业的进一步发展,完全依靠分工的完善,而市场范围的大小又决定着制造业分工程度的高低。中国由于幅员辽阔、气候多样,因此各地都有不同种类的产物,同时各省间大部分的水运交通又极其便利,并且人口数量大、居民的市场需求多。中国的国内市场的面积,几乎相当于全欧洲各国的市场面积。它广大的国内市场,就足够支持国家很大的制造业发展,并且其分工程度很高。如果广阔的国内市场再加上广阔的国外市场的话,这种大范围的国外贸易一定能够极大地促进中国制造品的增加,从而促进制造业生产力的发展。尤其是当中国经营大部分的这种国外贸易时,其结果更为可观。中国人经过多次的航行之后,就一定会掌握使用和制造外国机械的技术,并且能够很快地掌握世界各国的技术和产业改良方式。不过,按照目前中国的状况来看,他们除了模仿邻国日本以外,几乎没有机会模仿其他外国来进一步发展自己。

采取类似于中国的政策的,还有古埃及和印度政府。它们的政策也是对农业比较有利,而对其他行业比较不利。在古埃及和印度,全体人民被分成各个阶级或部族,家庭世袭某一特定或某一种类的职业。例如,僧侣的儿子将来必定是僧侣;士兵的儿子将来必定是士兵;农业劳动者的儿子将来必定是农业劳动者;织工的儿子将来必定是织工;缝工的儿子将来必定是缝工等。并且,在这两个国家中,僧侣阶级都是处于最高的地位,士兵的地位其次。而商人和制造者阶级的地位要低于农民和农业劳动者阶级。

在古埃及和印度,它们的政府对农业的发展都特别重视。例如,古埃及国王为了灌溉各地,在尼罗河上兴建了著名的水利工程,其遗迹现在成了很多旅行者所青睐的旅游观光地点。同样,古代印度各王公为灌溉各地,也在恒河和许多河流上兴建了水利工程。虽然这些工程没有前者那么有名,但也都是非常宏伟的。因此,这两国都以粮食富饶而闻名于世。虽然那里人口稠密,但在一般的丰收年,他们都有大量剩余谷物出口到邻国去。当然,有时它们也有粮食不足的情况。

在古埃及,人们因为迷信而畏惧大海。在印度,教会禁止教徒在水上点火,因而教徒们不得在水上烹调食物。这其实就是变相地禁止教徒进行远海航行。于是,对于埃及人和印度人来说,要出口剩余生产物就只能依靠外国航业。自然地,这种依赖就会限制市场的扩大,从而不利于剩余生产物的增长。并且,由于制造品所需要的市场比土地生产物需要的市场要大得多,因此这种依赖对制造品的不利程度,要比对原生产物的不利程度大得多。例如,一个鞋匠一年可以制造出三百多双鞋,但其家属一年可能连六双都穿不坏。因此,他差不多需要五十家人来购买他的商品,否则他就无法将他的全部劳动产物销售出去。无论哪个大国,就算其工匠的人数很多,但是再多也不会超过全国人口的五十分之一或一百分之一。一些作家计算,在英国和法国,以农业为职业的人数占到了全国居民的二分之一(另一些作家计算的则为三分之一);但根据我所了解的,没有一个计算的比例是在五分之一以下。英、法两国大部分的农产物都在国内消费。按照上述标准计算,只需要一两家工匠那样的家庭,至多四家来购买农民的生产物,他就可以将他的全部劳动生产物完全出售出去。因此,与制造业相比,农业在市场狭小的不利情况下更容易维持自己。当然,在古埃及和印度,内地航运的便利在一定程度上弥补了外国市场的狭窄,便利的内地航运给本国各地不同种类的生产物提供了全国性的市场。并且,印度幅员辽阔,国内市场大得足以支持多种制造业的发展。就是因为这样,印度出口谷物最多的省——孟加拉,非常引人注目。不过它之所以引人注意,不是因为它出口了很多谷物,而是因为它出口了很多制造品。与此相反,古埃及的国家面积小得甚至不如英国,因此狭窄的国内市场根本不足以维持各种制造业的发展。虽然古埃及也出口了一些制造品,例如精麻布和其他几种货物,但它还是以谷物的大量出口而闻名。在很长一段时期,它甚至被称为罗马帝国的谷仓。

在中国、古埃及和印度,君主的收入几乎全部来自地税或地租。这种地税或地租与欧洲的什一税一样,包含了一定比例的土地生产物(据说是五分之一),由实物或货币缴纳;并且租税的数额随着各年谷物丰收程度的不同而不同。由于农业的兴衰直接决定了这些国家君主的年收入,因此这些国家的君主都非常关注农业的发展。

在古希腊各共和国和古罗马,国家的政策也是重视农业发展,而轻视制造业和国外贸易的发展。然而,与上述三国不一样的是,他们不是直接有意识地鼓励前者的发展,而是积极地阻碍后者的发展。在古代希腊,有的国家对国外贸易进行完全禁止;有的国家则认为,工匠和制造业工人是一种对人的身体和精神都有害的职业,这种职业既不利于人们养成军事训练和体育训练中所要求的习惯,又不利于人们养成忍受战争困难和危险的精神。于是,国家不允许自由市民从事经营这种职业,而认为这种职业只适合奴隶来从事。在罗马和雅典,虽然没有那样的禁令，但人们实际上还是被禁止从事类似的职业，也就是目前底层城市居民所从事的各种职业。在雅典和罗马，这一类职业都由富人的奴隶来经营，而奴隶们又都是站在主人的利益角度来从事这些职业的。由于这些富人既有钱有权，又受到国家的特殊保护，因此贫穷市民的产品几乎不可能在市场上与这些富人奴隶的产品竞争。但是，自由人却比奴隶更有创造性，无论是机械还是工作安排和分配方面，它们总是能发明各种节省和减轻劳动的改良方法。然而，当一个奴隶提出类似的改良方法时，他的主人常常会认为这是奴隶企图牺牲主人的利益、节省自己劳动的懒惰行为。结果就是，奴隶不仅得不到报酬，而且可能因此受到责骂或惩罚。因此，奴隶经营的制造业和自由人经营的制造业相比，在同等的工作任务下常常需要更多的劳动量。也是因为这样，与自由人经营的产品价格相比，奴隶经营的产品的价格更加昂贵。孟德斯鸠举过一个例子，说匈牙利的矿山虽然没有土耳其的矿山那么富饶，但总是因为开采费用小而获得了较大的利润。其实，这是因为土耳其的矿山是由奴隶来负责开采的，对于土耳其人来说，奴隶们的胳膊就是他们使用的机械；而匈牙利矿山是由自由人开采的，他们使用了很多节省和便易劳动的机械。

我们对古希腊和古罗马时期的制造品价格知道得不多，但就我们的知识来看，精制制造品基本上是非常昂贵的。比如，丝和金基本上是等量交换的。那时候的丝是从东印度运来的，并不是欧洲制造品。在一定程度上，远途运输导致了其价格的高昂。那时，有些贵妇人也经常愿意用同样高的价格购买精致的麻布。大部分麻布都是欧洲制造品，最远的是埃及的制造品。因此，产品在这种情况下高价的原因，就是生产麻布所用的机械很笨拙，导致需要花费很多的劳动量。另外，那时的精制呢绒的价格比现在的价格高得多，虽然没有丝那么贵。普林尼曾经说，那时按某种方法染的呢绒，一磅值一百迪纳里，也就是现在的三镑六先令八便士；而按另一种方法染的呢绒，一磅值一千迪纳里，也就是三十三镑六先令八便士。这里要弄清楚的是，罗马时期的一磅仅仅相当于现在的十二盎司。表面上看，呢绒这样的高价好像主要是因为染料贵，但事实上，如果呢绒本身的价格没有现在高的话，也就不会在呢绒上使用这么昂贵的染料了；否则，附属物与主物之间的价值就太不均衡了。普林尼还说，一种放在长椅上的毛织枕垫的价格，有的值三万镑以上，有的值三十万镑以上，真是高得令人难以置信。当时也没说是因为染料导致这么高的价格。亚邦斯诺博士说："古时候一些时髦的男女服装，没有现在的样式多。因此，古代人的服装一定会比现在便宜。"对于他的观点的前半部分，我们可以从古代雕像中的服装样式极少这一点来证实；至于他的结论，似乎不太恰当。这是因为，服装样式少是由于制作服装花费的劳动很大。其实，只要制造技术和制造业的生产力提高之后，所有服装花费的劳动都不会很大，衣服的样式自然也就多起来了。当富人们不能用一件价格昂贵的衣服来显摆财富时，就只好用各种样式的服装来炫耀自己了。

我在前面说过，城乡之间的贸易，在任何国家的贸易中都是最大且最重要的部分。城市向农村提供一定数量的制成品（可供目前使用），农村又反过来向城市提供土地生产物以满足他们需要的工作材料和生活资料。二者的贸易，总是表现为一定数量的制造品和一定数量的土地生产物相交换。在任何国家，土地生产物越贵，制造品就相应地越便宜；反过来，制造品的价格越高，土地生产物的价格就会越低，最后就会妨害农业的发展。这是因为，如果一定数量的土地生产物能够交换的制造品数量越少，就说明它的交换价值越小，那么地主改良土地、农民耕作土地以促进产量增长的积极性就越小。另外，任何国家采取的减少工匠和制造业工人的措施，都会导致国内市场的缩小，从而也就缩小了土地生产物最重要的市场，最后阻碍了农业的进一步发展。

重农主义学说就是想通过抑制制造业和国外贸易的方式，达到促进农业发展的目的。然而，它所采取的方式是无法实现其目的的，甚至还会阻碍其目的的实现，也就是反而会阻碍农业的发展。因此，与重商主义相比，该学说存在的内在矛盾似乎更大。重商主义重视制造业和国外贸易的发展，但不重视农业的发展。在重商主义学说下，虽然社会上一部分资本会从利益较大的产业流向利益较小的产业，但无论怎么样，其结果还是促进了它想要促进的产业的发展，也就是实现了自己的目的。然而，重农主义的学说，最后却阻碍了它想要促进的产业的发展。

综上所述，无论哪种学说，只要它采取的措施是特别重视某产业，违反规律地将社会上大部分资本投入这种产业，或者特别限制某产业而违反规律地强迫本来要投入该产业的那部分资本流出，那么它的结果都是违背其目的的，也就是说无法促进其想要促进的目的。这种情况，与其说会促进社会的发展，还不如说会阻碍社会的发展；与其说会增加土地和劳动的生产物价值，还不如说只会减少其价值。

如果上述特别的奖励或限制制度全都被废除了，就可以建立起最简单明了的自由主义制度。人们只要不违反正义的法律，就可以完全按照自己的方法追求自己的利益，用自己的劳动和资本与任何其他人自由竞争。以前，君主负有监督、指导私人产业使之最有利于社会的义务。这时，君主们的义务也完全解除了。可以说，要很好地履行上述义务，恐怕不是人类的智慧所能做到的，因此，君主们在履行这种义务时经常容易犯错误。然而，在完全自由的制度下，君主则只要履行三个应尽的、非常重要的、人们能够理解的义务。它们分别是：保护国家免遭其他独立国家的侵犯；设立公正严明的司法机构，尽可能地保护社会上每个人，使其免遭任何其他人的侵害；建设并维持某些公共事业和公共设施。当然，这些公共设施的建设和维持绝对不是为了任何个人或少数人。这是因为，当由社会全体来经营这种公共事业和设施时，所得的利润一般能够补偿费用还有剩余；但是，如果是由个人或少数人来经营这种事业时，获得的利润甚至无法补偿费用。

君主要适当履行上述三项义务，必然需要花费一定的收入来支付其中的必要费用。因此，我在下一篇将会竭力说明以下几点：什么是君主或国家的必要费用，其中哪部分应由全社会的一般纳税来负担，哪部分应由社会内特殊部分或特殊成员的纳税来负担；应当由全社会负担的费用应当用怎样的方式向全社会征收，各种方式有什么样的利弊；近代各国政府都用一部分收入来抵押借债的理由和原因是什么，这种债务会对土地和劳动的年生产物造成什么影响。因为以上三点，下一篇自然也就分为三章来叙述。

第五篇　论国家的收入

第一章　君主或国家的费用

第一节　国防经费

君主的首要任务，在于保护国家的安全，使之不受敌国的侵略和蹂躏。而君主要完成这一任务，就必须借助于军事力量。但是，在不同的社会状态与发展阶段下，所需要的军事费用是非常不同的。

在最低级、野蛮的狩猎社会，人人既是狩猎者又是战士，现在北美的土著人就是很好的例子。他们为了保卫自己的部落或者为了报仇而去战斗，就像在家中通过劳动维持生计一样。在此情形下，君主和国家并不存在，部落无须为他的战斗或战时生活承担任何费用。

在比较进步的游牧民族社会，情况也大致相同。例如，在鞑靼民族和阿拉伯民族中，人人既是游牧者又是战士。他们没有固定的住所，要么生活在帐篷中，要么生活在能够迁徙的马车中。随着季节的变迁，或因为偶发的事件，整个部落或民族保持着不断迁移的状态。如果某地的牧草被他们所放养的牲畜吃完了，他们就会迁移到另外一个牧场，周而复始。在干燥的季节，他们迁往河边；在阴湿的季节，他们又迁回高地。由于他们的民族习惯了四处漂泊，所以一遇到战争，他们并不会不负责任地将老幼妇孺留在后方照看牲畜，而是让所有人都变身为冲锋的战士。虽然战争和生活的目的不同，但无论是作为士兵还是牧民，他们的生活方式都不曾改变。在战争中，他们并肩作战，所以人人都竭尽所能。正如我们经常听说的那样，鞑靼的妇女也会参加战争。当他们获得了胜利时，他们就可以拥有敌方民族的所有东西。但是，如果他们战败了，那么他们整个民族都会灭亡，不止牲畜，就连妇女、儿童都将成为对方的战利品。至于大多数没有战死沙场的战士，他们为了活命只好臣服于征服者；剩下的一些人则会因为遭到驱逐而四处流亡。

对于鞑靼人或阿拉伯人而言，日常的许多生活方式与习惯都是在为以后的战斗准备。他们平时所玩的游戏，如赛跑、摔跤、练棍、掷枪、拉弓等，仿佛就是在进行战斗。他们的作战状态也与平日一样，依靠自己放养的牲畜维持生存。这些民族虽然有酋长或君主，但酋长或君主却从不曾负担过他们平时训练的费用。他们所期待或要求的唯一报酬，就是在战争期间大肆掠夺的机会。

由于狩猎不能够提供稳定的生活资料来源，因此无法支持过多的人数，所以狩猎者的人数通常不超过两三百人。与此不同，游牧者的队伍有时能够达到二三十万人。一般来说，如果他们的迁徙过程没有受到任何阻碍，他们就会在甲区域的牧草被吃光后，迁移到牧草充裕的乙区域。这样，他们所能容纳的人数也就一直在不断地扩大。因此，对于文明国家而言，邻近的狩猎民族不足为惧，而游牧民族的威胁则大得多。所以，印第安人在美洲的战争一点也不可怕，鞑靼人在亚洲的无数次侵略才是最令人害怕的。修昔底德曾说，不管是欧洲人还是亚洲人，都无法与团结起来的塞西亚人相对抗。而事实也证明了他的这一论断。塞西亚（或称鞑靼）处于无边的、没有屏障的荒野之中。在出现征服者部落时，或者在一族酋长的统治下，人民一般都会团结在一起，并将亚洲各处蹂躏为荒漠。另外一个大的游牧民族，居住在阿拉伯大沙漠上，仅仅在穆罕默德及其接任者的统治下团结过一次。那次团结的原因，是宗教的狂热，而不是征服。当然，那次团结所造成的结果还是如上文所述。试想，如果把美洲的狩猎民族换成是游牧民族，那么邻近的欧洲殖民地居民的生活就肯定不会像现在这样安稳了。

在更进步的农业社会，由于没有发达的制造业和对外贸易，每个人都是战士，或者很容易就能够成为战士。人们在从事农业生产时，每天都要在露天的环境里受尽日晒雨淋。这种艰难的日常生活，正好锻炼了他们忍受战争艰难的能力。实际上，与战争中遇到的困难一样，农业工作中也会遇到类似的困难。以挖掘沟渠为例，农民的农业工作中需要不断挖掘沟渠，而他们在战场上也不断挖掘战壕、修筑围墙。在农业工作中锻炼的能力,便于他们在战场上发挥作用。与游牧民族的游戏一样,农民平日里的娱乐仿佛也是在进行战斗。但是,由于农民不如牧民那么悠闲,所以不能够经常进行这些游戏。虽然大家都是战士,但农民却不如牧民那么擅长战斗。当然,以他们的情形,君主或国家一般也不需要支付费用来训练他们的战争能力。

与游牧业不同的是,农业的性质决定了它必须是固定的。所以,即使是最愚昧、最落后的农民,也都有一个固定的居住地。如果他们放弃这一住所,将会遭受巨大的损失。因此,在发生战争时,农民不能像狩猎民族、游牧民族那样倾巢出动。一般来说,在农业社会,老幼妇孺都留在后方照看住所,而达到兵役年龄的男子则当全部奔赴战场,小民族尤其如此。并且,一个国家中达到兵役年龄的男子,一般约占全国人口的四分之一或五分之一。只要战争发生在播种期开始后、收获期结束前,即使农民和主要劳动力全部离开住所参加战争,他们也不会遭受太大的损失。因为他们相信,在这期间,老人、妇女和儿童就可以把所有的农活做好。因此,一般来说,发生短期的战争,他们都不需要国家费用的支援,完全可以自力更生。也就是说,君主和国家既不需要花钱训练他们,也不需要支付很多的费用维持他们作战。在第二次波斯战争发生之前,古希腊各城邦的市民似乎就是以此种方式服兵役的。在伯罗奔尼撒战争发生之前,伯罗奔尼撒人也是以此种方式服兵役的。修昔底德曾描述说,伯罗奔尼撒人大约在夏季离开战场,回家收获庄稼。在诸王统治时期至共和国初期,罗马人采取的也是这一方式。维伊之围后,他们才开始通过向后方民众征费的方式来维持前方作战的费用。罗马帝国没落之后,欧洲各王国纷纷在其废墟上建立。在这些王国的封建法律制定前后,很多封建领主及其属民都是自己支付费用来侍奉国王的。与在家中一样,他们在战场上向来也是自力更生,从来不用从国王那里获得任何俸金或资金支援。

当社会进一步向前发展时,由于制造业的进步和战争技术的改良,战士们也就不可能再自力更生了。以农民远征为例,当远征发生在播种期开始后、收获期结束前,他们的离去对收获的影响不大。在这段时间里,就算他们不劳动,大自然也会让农物自行生长。然而,对于一般技术工人来说,战争的影响就截然不同了。以铁匠、木匠、纺织工人为例,他们一旦离开工作的场所,就会断绝其唯一的收入来源。因为,对他们的工作来说,大自然给不了任何帮助,他们必须完全依靠自己的劳动。因此,如果他们因为为国家服兵役而无法在经济上维

持自己的生活的话,国家就应当支出费用供给他们的生活。如此看来,在一个国家里,如果大部分居民都是技术工人和制造业者,导致大部分人都要去服兵役,那么国家就得负担他们服兵役期间的生活费用。

此外,战争的技术已经逐渐发展成为一门深奥且精细的科学。战争,已不再是早期社会那种简单、随意的小对抗、小争夺。并且,战争持续的时间也不确定,例如,经常连续发生战事,每一次差不多都要持续大半年。于是,至少在战争期间,国家很有必要维持服从征募人民的生活。不管一个人原来的职业是什么,长期自费服兵役肯定是一个沉重的负担。于是,第二次波斯战争之后,雅典军队好像就采用了一种独特的用兵制度。这种制度,是指士兵一部分由本国人民组成,另一部分由外国人组成,而二者全都由国家支付费用。自维伊之围以来,留在前方的罗马军队也会得到一定的薪酬。在之后的各封建政府时期,封建领主及其从属基本上是通过支付金钱的方式来免除自己的兵役,而这笔金钱就可以用来维持那些必须去服兵役的人。

与未开化的野蛮社会相比,文明社会里服兵役的人数占全国人口总数的比例要小得多。在文明社会里,军队的开支将由那些没有参军的劳动者负担。对于劳动者来说,他们不仅要负担军队的开支,还要维持自己的开支,并且根据自己的身份相应地负担行政司法机关的开支。因此,士兵的数目就不能超过这些劳动者所能维持的限度。在古希腊,小的农业国家的四分之一或五分之一的人口都可以称为士兵,他们随时都在服役征战。然而在近代,各文明国家的士兵人数一般都不超过全国人口的百分之一,否则就会给人民带来过重的负担,甚至危及国家经济的发展。

只有当君主或国家为了作战而练兵之后,供养军队才会成为一笔大的开支,而此前的开支似乎并不大。古希腊各共和国的军事训练,是自由市民的义务教育之一。各个城市似乎都建有公共广场,而教师们则在政府官员的监督下对青年进行各种军事训练。这种简单的设施开销,基本上就是希腊各共和国训练市民作战所支付的全部费用。与古希腊的竞技场类似,古罗马也有类似的运动场。后来的封建诸国为了同一目的,也曾多次规定,市民必须操练弓箭并接受其他军事训练,但好像没有得到预期的结果。后来,要么因为官员们缺乏责任心,要么因为其他一些事情,这些规定最后总是成为一纸空文。随着政府的不断更迭,军事训练逐渐远离了人民大众。

在古希腊、罗马共和国时期,以及封建制度建立后很长一段时期中,士兵并不是一种独立的职业,更不能构成一个阶级。任何职业的人民,不仅在平时会认为自己适合当一名军人,而且在战时更会觉得自己有参军的义务。

可以说,战争技术在所有技术中是最重要的。随着技术的改良和进步,这种技术也就成为了所有技术中最复杂的。在一定时期内,虽然战争技术的完善程度取决于机械技术以及其他相关技术的情况,但为了使战争技术达到非常完善的程度,就必须有某些市民以此为职业。当然,这种技术的改良和其他技术一样,也必须非常重视分工。但是,这种分工与其他技术的分工是有区别的:其他技术的分工,是因为个人意识到专精一种职业比从事多种职业获取更多的利益;而让士兵成为一种独立的职业,则是出于国家利益的考虑,并非个人的考量。试想,在和平时期,如果人们将大部分的时间用来参与军事训练并不求报酬,那么他除了获取一些军事知识和乐趣外,不能获得其他的任何利益。只有国家支付报酬,他们才会为了自己的利益来参加训练。不过,很多国家往往缺乏这一意识。

相对来说,牧民的空闲时间很多,早期的农民也有些许闲暇,而手艺工人或制造业者则没有多少空闲时间。因此,关于军事训练,牧民可以花费大量的时间,早期的农民可以花费部分时间,但是手艺工人或制造业者可以花费的时间就很少,因为如果他们花费一小时去进行军事训练的话,他们就会损失这一小时的收入。他们出于自身利益的考虑,自然会非常抵触这一训练。再者,工艺技术和制造业的进步,必然会促进农业生产的改良使得农民和工人一样,也没有多少闲余时间。自然地,农民也会抵触军事训练,并逐渐消磨了战斗的意识。但正是由于农业改良增加了财富,所以容易引起邻国的垂涎和侵略。经验告诉我们,勤勉致富的国家往往最能成为他国攻击的对象。因此,如果国家不采取新的国防战略的话,人民战斗意识的衰弱会使他们丧失自卫的能力。

这时,国家一般都只好采取以下两种国防战略:不顾国民的利益、资质、职业、意愿,用严厉的法令强迫所有或部分适龄市民参与军事训练;雇用一部分市民参加军事训练,使士兵成为一个特殊的独立的职业。

当国家采取第一种策略时,国家的军队就被称为民兵部队;当国家采取第二种策略时,国家的军队就被称为常备军。常备军唯一的工作就是进行军事训练,其主要生活来源就是国家发放的生活费或薪饷。相对来说,民兵部队的军事训练就只是临时性的任务,他们仍然要靠本来的职业养活自己。这两种士兵的本质区别是:民兵们更像工人、工匠、商人,而不是士兵;而常备军更多的则是军人性质。

民兵部队也分多种类型。有的国家只对公民进行军事训练,而不将它们编成一个个独立的部队,这些公民没有正式和固定的长官。在古希腊和罗马各共和国,公民们在家乡进行的军事训练一般都是分开的,要么自己单独训练,要么和好友一起训练,只有到战争时期才会隶属于某一特定部队。其他国家则又有所不同,民兵不但要进行军事训练,而且还被编成固定的部队。例如,英国、瑞典乃至近代欧洲的一些民兵制国家就是这样。无论是平时还是战时,国家的每个民兵都隶属于一个特定的部队,都有正式和固定的军事长官。

在火器发明之前,军队的优良程度取决于各个士兵使用武器的熟练度和技巧。体力和敏捷度最为重要,它们通常决定了战事的胜负。与现在的剑术一样,使用武器的熟练度和技巧,不是在普通的社会环境之中就可以学会的。要获得那类武艺,只有进入特定的学校,由特定的老师传授,并辅之以自己单独学习或和本领相同的朋友一起学习。在火器发明之后,体力、敏捷乃至使用武器的技巧和熟练度的重要性就比以前差得多了。虽然新式火器不会把笨拙者提升到和熟练者同一水平,但与以前相比,他们之间的水平更为接近了。并且,人们普遍认为,在部队的学习中,可以不断获得使用新式火器所需要的技巧和熟练度。

因此,决定近代战争胜负的,与其说是士兵使用武器的技巧和熟练度,倒不如说是纪律、秩序和服从命令的速度。近代的火器有声响、烟雾,人们在战斗开始的很久之前,往往一听到炮声就会感觉自己可能连怎么死的都不知道。于是,在通常的情况下,战斗一开始,军队就丧失了纪律、秩序和服从性。古代的战斗则不同。除了人的吼叫声以外,没有大的声响和烟雾,负伤和死亡的原因也都是可以知晓的;附近有没有致命的武器,大家都看得一清二楚。此时,一支军队只要对使用武器的熟练度和技巧有充分的信心,那么无论在战事的任何阶段,与使用火器时相比,维持军队的纪律和秩序都要容易得多。这里需要指明的是,只有在同一个军队进行操练的士兵队伍,才可能获得纪律、秩序和服从命令的速度。

然而,无论怎样训练,民兵部队都比不上一支纪律良好、训练得当的常备军。相对于一周或一月训练一次的士兵,每天或每两天训练一次的士兵使用武器的熟练度更强。在近代,虽然军队使用武器的熟练度没有以前那么重要,但在目前来说,使用武器的熟练度还是比较重要的。例如普鲁士的军队,它之所以被公认为是优秀的,据说就是因为他们更擅长使用武器。

试想,有这样两种士兵:一种士兵每周或每月只需服从长官的一次命令,其余时间均可自由处理自己的事务,而不必受长官的管制;另一种兵士每天的全部生活行动都处于长官的监管之中——哪怕是上床起床、都必须遵循长官的指令。那么,将上述二者进行比较,在对长官的敬畏和对命令的服从速度方面,后一种士兵是绝对比前一种士兵更优秀的。因此,可以说,在使用武器方面,民兵往往不如常备军;在纪律和服从方面,民兵更是不如常备军。并且,在近代的战争中,相对于使用武器的本领,纪律与服从要重要得多。

鞑靼和阿拉伯的民兵是最好的民兵,因为他们平日里跟随并服从酋长,养成了尊敬长官和迅速服从命令的习惯,类似于常备军那样。例如,苏格兰高地的民兵,就是这样在自己酋长指挥下行动的。不过,与鞑靼和阿拉伯的民兵不同的是,苏格兰高地的民兵有固定的住所,不像牧民那样四处游荡,平时也不会追随酋长迁徙至其他地方。因此,他们与鞑靼人和阿拉伯人相比较而言,更不愿意跟随酋长奔赴远方的战场,也更不愿意在战场停留过久。他们获得战利品后就会渴望回家,即使是酋长也难以制止。这就意味着,他们在服从长官方面是不如鞑靼人和阿拉伯人的。而且,他们在高地上习惯了固定的生活而很少去到野外,因此他们在军事训练和善于使用武器方面,也远不如鞑靼人、阿拉伯人。

其实,任何种类的民兵只要参加过几次战斗,就能够变成一个合格的常备军战士。因为他们每天操练并接受长官的命令,久而久之就会像常备军那样习惯于迅速服从命令。无论他们之前的工作是什么,只要参加过几次战斗,就必然会获得常备军的所有优点。所以说,美洲的民兵在任何方面都可以与常备军相抗衡,即使这支常备军的勇武不逊于法国和西班牙最顽强的老兵部队。

明确了这个区别,我们就能够用历史事实证明:有纪律的常备军比民兵部队要优越得多。

就我们所知,马其顿王腓利普所统帅的军队是历史上有记载的最早的常备军之一。它经常与色雷斯人、伊里奥人、色萨利亚人甚至附近的希腊城邦发生战争。他的军队最初也许只是民兵部队,但经过多次的战争后,军队逐渐锻炼成了一支训练严格的常备军。即使是在短暂的和平时期,他也没有解散军队,而是谨慎地保持着军队。之后,经过长久而激烈的战争,他不断打败并征服了希腊各主要城邦的勇敢而精练的民兵。然后,又与大波斯帝国交战。战事一

开始，他就迅速击溃了波斯那羸弱又缺乏训练的民兵。希腊各城邦和波斯帝国的衰落，就证明了常备军比民兵优越得多。这是人类历史上有详尽记载的第一次大革命。

罗马的兴起并取代迦太基，是人类历史上的第二次大革命。这两个共和国在历史上都赫赫有名，而且，他们的兴衰荣辱都有着共同的原因。

从第一次迦太基战争结束，到第二次迦太基战争开始，迦太基的军队相继由三位大将——哈米尔卡尔、其婿哈斯德鲁巴及其子汉尼巴率领，一直进行着战争。首先，他们惩处了国内叛变的奴隶；其次，他们镇压了非洲叛乱的各民族；最后，他们征服了西班牙王国。在这几次战争中，军队都受到了犹如常备军的严格训练。在由汉尼巴率领军队时，他们开始从西班牙向意大利进攻。虽然当时的罗马人生活得也不是很太平，但他们却没有经历过上述那样的战争。因此，他们的军事训练十分松缓。可以说，在特雷比阿、斯雷米阿和肯尼，当罗马军队和汉尼巴的军队会战时，简直就像是用民兵来对抗常备军的场面。这种情形基本上已经决定了这几次战争的结果。

留在西班牙的常备军，也比罗马的民兵更强大。于是，这些常备军在汉尼巴的弟弟小哈斯德鲁巴的率领下，没用几年就将西班牙境内的罗马民兵全部驱赶出去了。

之后，久战沙场的罗马民兵，也逐渐成为了训练有素的常备军。相比之下，汉尼巴的军队却得不到本国的充足供给，于是他所固有的优势也就不断地消失了。后来，小哈斯德鲁巴觉得自己有必要率领所有留在西班牙的常备军，前往意大利援助他的兄长。但结果是全军覆没了。据说，是因为他们在行军途中被指错了路，来到了一个陌生的国家，在那里他们遭到了另一支同样精锐的常备军的突袭。

在小哈斯德鲁巴的军队离开西班牙之后，罗马大将西皮阿在那里就只遭到了一些民兵的抵抗，而这些民兵又都弱于他的军队。于是，他将那些民兵征服了，并且他自己的民兵在战争中不自觉地成为了训练有素的常备军。接着，这个常备军来到了非洲，抵抗他们的也只是一些民兵。这时，为了防御迦太基，汉尼巴的常备军被召回了，并且那些失败的非洲民兵也加入汉尼巴的常备军。汉尼巴的军队中，大部分士兵都是这些非洲民兵。于是，相互敌对的两大共和国的命运在查马会战中被决定了。

第二次迦太基战争结束到罗马共和国衰落，罗马的军队可谓是十足的常备军，但还是需要战争的锻炼。当马其顿的常备军与之对抗，并且战争进行到高潮时，若不是马其顿国王示弱，罗马军队可能还需要经过两三次大的战争或会战，甚至更多的困难才能征服这个小国家。那时，古代世界所有的文明国家（诸如希腊、叙利亚、埃及）的民兵，都只能对罗马的常备军做一些微弱的抵抗。然而，一些野蛮国家的民兵则抵抗得较为激烈，例如米斯里德斯率领的黑海、里海以北各国的塞西亚（鞑靼）民兵，他们是罗马军队遇到的最强劲的敌人；帕斯阿和日耳曼的民兵也很强大，曾经将罗马军队打败了好几次。但从总体上来说，罗马军队只要得到了很好的指挥，所有民兵都将不是他们的对手。然而，罗马人觉得自己的帝国似乎已经足够大了，因此并没有彻底地征服帕斯阿、日耳曼。其实，古代的帕斯阿人好像属于塞西亚或鞑靼的民族，他们一直都保留着祖先的很多风俗习惯。而古代的日耳曼人，和塞西亚人或鞑靼人一样是游牧民族。他们由酋长率领，平时向各地迁流，战时则进行战斗。他们的民兵就像塞西亚或鞑靼的民兵一样，也许还是后两者的后裔也说不定。

罗马军队松散的原因有很多，纪律太严明也许也是其中的原因。在强盛时期，他们就已经打遍天下无敌手了。于是，他们开始抛弃那些认为不再必要的沉重盔甲，开始忽视那些认为不再必要的艰苦操练。另外，特别是镇守边疆防御日耳曼人和班诺尼亚人的常备军拥护自己的将军，经常反对皇帝。因此，对罗马各皇帝来说，这些常备军简直构成了对他们的威胁。听一些作家说，德奥克里星大帝（另一些作家说是康斯坦丁大帝）为了要降低这些常备军的威胁，于是将驻守边疆的由两三个军团合成的大部队召回内地，并将其分化为小部队分散驻扎在各省，禁止其移动，除非需要武力驱逐外敌。我们都知道，当军队长期驻留在商业和制造业都市，兵士们自身就会逐渐变成商人、技工或制造业者了，士兵的性质也就逐渐地转化成了市民的性质。于是，罗马的常备军也就逐渐衰落成了腐败、无训练的民兵。于是，当日耳曼和塞西亚民兵入侵罗马时，西罗马帝国已经无法抵挡了。各皇帝只好去雇用其他国家的民兵来抵抗另一些国家。依靠这种方法，他们维持了一段时间，但他们也没有别的办法了。

西罗马帝国的衰落，是古代史上留有详细记录的人类历史的第三次大革命。它衰落的结果，表明了这样一个事实，那就是就民兵来说，野蛮国家的民兵要胜于文明国家的，也就是说，相对于由农夫、技工和制造业国家的民兵而言，游牧国民兵更加厉害。但是，需要明确的是，这里民兵所战胜的并不是常备军，而只是那些训练和纪律弱于自己的民兵而已，例如希腊民兵战胜波斯民兵，瑞

士民兵战胜奥地利和勃艮第民兵。

日耳曼和塞西亚民族在西罗马帝国的废墟上建立起了自己的国家。他们的兵力在一段时期内依然保持着原来的性质,即牧人和农夫组成的民兵,由酋长在战时率领他们作战。因此,他们都是训练有素、纪律严明的。后来,由于生产技术的不断进步以及产业的不断发展,人们慢慢地不是那么服从酋长的领导了,并且大多数人进行军事训练的空余时间也没那么多了。于是,封建时代的民兵制度逐渐衰落,训练和纪律都不断地松散。为了矫正这种不利情况,他们开始着手建立常备军。我们可以想象得到,一旦编制常备军的方案被某一文明国采用,那么其他文明国就会相应地效仿。因为,只有这样,他们才能抵抗其他已经编制了常备军的国家,从而保卫自己。

即使常备军的士兵从来没有上阵杀敌或使用火炮,却常常显示出老兵的勇气,一上阵作战就犹如最顽强、最有经验的老兵。例如,俄罗斯帝国在1756年前的二十年一直国泰民安,士兵们上阵打仗的次数并不多。1756年,当俄罗斯攻打波兰时,俄罗斯军队表现出来的勇武,却完全可以和欧洲当时最顽强最老练的普鲁士兵士相媲美。又比如,英国在1739年西班牙战争爆发前,度过了二十八年的和平时期,但是它的常备军却没有退化,他们在攻打喀他基那时,也表现得异常勇武。不过,这场战役,的确是他们的一次冒险。因为和平日子过久了,将军、士兵们可能的确会忘记他们的技能。但是,管理得当的常备军,只要坚持训练,就决不会忘记勇武的精神。

如果一个文明国的国防依靠民兵来守卫,那么它随时都可能遭到邻近野蛮民族的侵犯。我们可以从鞑靼人征服亚洲各文明国的历史事实中,看到野蛮国民兵比文明国民兵更厉害。然而,纪律严明、训练有素的常备军,又优于任何民兵。只有这种军队才能很好地保卫国家不受野蛮邻国的侵犯,所以,一国要永久或长时期地保持文明,就只有编制常备军。当然,只有富裕的文明国家,才能很好地维持这种军队。

纪律严明的常备军,使得文明国可以抵御外敌,而野蛮国可以变得文明。国家可以依靠常备军的威力,将君主的法令推行到帝国最偏远的地方。并且,常备军的威力,可以在那些没有常备军就无政治的国家里维持相当程度的正常统治。所有对俄罗斯彼得大帝各种变法图强措施进行过认真研究的人,都会发现彼得大帝各种措施的核心就是建设正规常备军。可以说,常备军是皇帝执行和维持其他所有法律的工具。之后,俄罗斯帝国享有的一段时期的和平与秩序,就是与这种常备军有密切的关系。

一些有共和主义思想的人,常常担心常备军会妨碍自由。的确,当掌握军队的人的利益和国家宪法的利益不一致时,可能会存在这样的妨碍。凯撒的常备军破坏了罗马共和国,克伦威尔的常备军解散了英国成立已久的议会,这些都是很好的例子。但是,如果一国的军权握在君主手里,各军队的主要将领是国家的贵族时,就不会存在这样的威胁了。也就是说,如果全国的兵力都是由那些享有最多民政权力的人掌握,这些人的最大利益就在于支持民政权力时,常备军就绝不会妨碍自由了。与之相反,常备军在一些场合可能还有利于自由。这是因为,君主有了常备军的保护,认为自己很安全了,就不需要像近代一些共和国君主那样监视市民的行动。对于国家的行政长官来说,虽然他得到了多数人民的支持,但只要有群众不满,他的安全就会受到威胁;有时,一个很小的纷争都可能引起大革命。因此,为了自己的安全,政府只好使用权力镇压各种不满的情绪。有了常备军之后,一国君主或行政长官感觉不仅有可靠的贵族支持自己,还有精锐的常备军保护自己,因此就不用担心那些粗暴、放肆的抗议了。他感觉到自己地位的稳固,对这些抗议他可能就会心平气和地宽恕,或者置之不理。因此,只有在有精锐的常备军保障的国家,才可能享有接近于放肆的自由;也只有在这样的国家,君主才不会为了公共安全而镇压各种放肆的自由。

总的来说,君主的首要任务,就是要保护本国社会的安全,避免其遭受其他独立国家的侵犯。随着社会文明的进步,这种任务的实行逐渐需要越来越多的费用。在社会的进步过程中,社会兵力的维持也发生了很大的变化。以前,平时和战时都不需要君主支出任何费用来维持;后来,君主需要在战时支付费用来维持;再后来,无论是平时还是战时君主都需要支付费用来维持。

火器的发明使战争技术发生了很大的变化。造成的结果就是,平时训练军队和战时使用军队的费用不断地增加。与以前相比,军队所使用的武器和弹药更贵。例如,与矛和弓箭相比,短枪更贵;与弩炮或石炮相比,大炮或白炮更贵。在以前阅兵时,发射出去的矛和箭总是很容易收回,因此花费极少;然而近代阅兵所消费的火药,放射出去就不再返回,需要的费用非常巨大。相对于弩炮和石炮,大炮和白炮不仅造价更高,而且非常笨重。这种笨重机械的制造,需要花费很大的费用,而制成后运往战场,又需要花费很大的费用。并且,由于近代大炮的战斗效力要高于以前的石弩,因此一个都市要抵御大炮的攻击,所需要的费用也要巨大得多。在近代,国防费用不断增加的原因有很多。一方面,有事物自然发展不可避免的趋势;另一方面则是战争技术的不断进步,而火药的发明即是引起技术大革命发生的一个偶发事件。

在古代,富裕的文明国家很难抵御贫穷的野蛮国家的侵略;但是在近代,贫穷的野蛮国家则很难抵御富裕的文明国家的宰割。近代战争需要的巨大的火药费用,为那些能负担这些费用的国家提供了一种利益,从而使文明国家比野蛮国家处于更优越的地位。表面上看,火器的发明似乎对维持文明有害;但实际上,它是有利于文明的维持的。

第二节　司法经费

君主的第二大任务,就是设立一个公正严明的司法机关,以保护公民免受他人的欺辱或压迫。履行这一任务,其费用的大小也因社会时期的不同而不同。

狩猎时期的人们几乎没有财产,有也只是值两三天劳动的劳动价值。当然,固定的法官和司法机关也就没有存在的必要了。因为没有财产,所以人们相互伤害的只是声誉或身体。虽然遭遇凶杀、殴打、诽谤的受害人感到痛苦,但加害者却没有获得什么利益。但是,损害财产的情况就不一样了。往往加害人所获得的利益,与受害人所遭受的损失一致。人们之所以去伤害他人的身体或声誉,一般来说是受到了嫉妒、怨恨、愤怒等情绪的影响,但大多数人并不会经常被这些负面情绪冲昏头脑。就算是最坏的人,也只不过是偶尔受到这些情绪的影响。对有些人来说,伤害他人的确可以使自己的情绪得到暂时的抒发,但对大多数人而言,这并不能带来任何实际和长远的利益,因此他们一般都会克制自己的不良情绪。正是由于人们的这种性情,即使没有法官存在,人们还是能安定地生活。

然而,随着社会的发展,富人的贪得无厌和穷人的好逸恶劳,使人们产生了侵害他人财产的情绪。并且,这种情绪是极为牢固和普遍的。人们常说,哪里有巨大的财富,哪里就有严重的不平等。一个富豪的存在,至少同时伴随着五百个穷人的存在。也就是说,少数人的富有总是伴随着多数人的贫穷。而穷人对富人的嫉妒和怨恨,会促使他们产生侵犯富人财产的情绪。然而,对于那些劳动多年或世代劳动而拥有财富的人来说,如果他们的财产得不到司法的保障,那么他们每天都将无法高枕无忧。于是,富人的周围随时都可能潜伏着未知的敌人,即使他没有得罪他人,也无法避免他人对他财富的侵犯。而要想免受侵害,他就只能依靠强大的司法保护,因为法官能够持续打击所有的非法行为。这就是为什么人们一旦获取了贵重的财产,就必然要求建立民权政府的原因。而在人们没有财产的社会,或者财产只值两三天劳动价值的社会,则没有设立这种政府的必要。民权政府的性质,要求人民对其服从。由于大笔财富的存在是建立民权政府的必要性,因此,民权政府逐渐发展的主要原因就是财产价值的不断增大,因而,它自然要求人民对它更加服从。

这时就会产生一些问题,那就是人们为什么会服从这种政府?在民权机关产生之前,为什么有一小部分人拥有支配其他大多数人民的权力?对于这些问题,可以从以下四个方面来寻找答案。

首先就是自身的种种优越性。它包括个人资质的优越;力量、容貌、敏捷等身体方面的优越;智慧、道德、正义感、坚强、克制能力等意识方面的优越,等等。在任何社会时期,如果要获取统治权,光有强壮的身体是远远不够的,还必须得到聪明的头脑和高尚的品德的支持。我们知道,身体强壮的人依靠体力可以迫使一两个弱者服从于他。而一个头脑聪明、品德高尚的人,凭自己的本领却可以统治相当多的人。然而,头脑的好坏以及品德的高尚与否,都难以用眼睛看出来,因此它经常会成为争议的对象。所以,不管是野蛮社会还是文明社会,它在规定等级与服从的制度时,都不会以那些抽象的品质为标准,而总是以那些明显和清楚的事物为标准。

其次就是年龄的优越性。年老者只要没有老到腐朽不堪,就总能比有同等身份、同等财产和同等能力的年轻者更受人尊敬。在北美土著人那些狩猎民族中,年龄是划分身份和优先地位的唯一标准。他们对长辈称父,对同辈称兄弟,对于下级称子。而在一切都平等的文明国家里,除了年龄之外,就没有其他标准可以用来划分身份了。于是,年龄通常被当成划分身份的标准。如在兄弟姐妹之间,年长的地位优先。继承父亲的遗产时,诸如名誉称呼这一类属于不可分割的人身权,一般都是将其分配给年长的人。年龄划分出来的这种身份的不同优越性,是非常显而易见,并且是毫无争议的。

再次就是财产的优越性。我们知道,在所有的社会,富人都有较大的优越性,而在财产最不平等的野蛮社会里,富人的优越性最大。鞑靼一个酋长所拥有的牲畜,繁殖之后足足可以养活一千人。在那个野蛮社会里,人们不可能将自己消费不了的生产物去交换制造品,因此,酋长所拥有的牲畜除了养活那一千人之外,没有别的用途。而他所养活的那一千人,便不得不听从他的安排,战时服从他的命令,平时服从他的管理。这样一来,他就成了他们的统帅和裁判官。在那时,酋长所拥有的优越地位,就是因为他拥有较多的财富。然而,在文明社会里,即使一个人的财产非常多,完全服从他的人可能也不到十个。即使他的财产增值之后,能够维持一千人,并且可能实实在在地维持了一千人,但这一千人同时也付出了相应的代价。因为如果这个富人没有获得相应的等价物的话,他也就不会给予这一千人任何东西。因此可以说,那些人只是表面上靠他养活,而实际上并不是。在文明社会里,也许只有一些家仆才是真正地靠他人养活并服从他人命令的人。但不可否认的是,财产的作用在文明富裕的社会里仍然非常大。与年龄、个人资质所划分的优越性相比,财产划分出来的优越性更大。也正是因为这样,在任何时期,在财产不平等的社会里,人们经常会感到不满。

人类社会的第一个时期是狩猎民族社会,在这个社会里不存在财产的不平等。普遍贫困,造成了普遍平等。年龄和个人资质的优越,就是唯一决定命令和服从关系的条件。人类社会的第二个时期是游牧民族社会,在这个社会里财产出现了非常不平等的可能,这时期由财产造成了优越性的不同,从而明确地区分了命令和服从的关系。例如阿拉伯的酋长、鞑靼的可汗,他们的势力大得基本上达到了完全专制独裁的地步。

最后就是门第的优越性。这种优越性是以上一辈财产的优越性为前提的。任何家族都是从旧时传承下来的。王侯的祖先可能更为人所知,但在数目上却是更少于乞丐的祖先。任何地方的古老世族,都表明了它曾经拥有过巨大的财富,或者说曾经因财富而获得了巨大的声誉。就是因为这样,世族总是比暴发户更能得到人们的尊敬。就如人们憎恨那些篡夺者而敬爱昔日的王族一样,很大程度上只是因为人们自然而然的心理状态而已;武官们一般都是甘心服从昔日指挥他的上司,而无法忍受他的下级爬到他的上面去,也是因为相同的心理。人们也都愿意服从他们自己或祖先曾服从过的门第,而无法忍受那些一直弱于他们的门第,突然成为了他们的支配者。

门第的不平等是由于财产上的不平等造成的,因此,在财产平等、家世也基本上平等的狩猎民族中,就不可能存在这种门第的差别了。当然,不可否认的是,在那种社会里,即使聪明勇敢者的儿子和愚昧怯懦者的儿子本领不相上下,但前者还是更受人尊敬。不过,这种差别对待是非常有限的,因为世上很少存在一个完全依靠智慧德行来维持家世荣誉的大门第。而在游牧社会中,实际上存在门第的差别。那时,他们一般还不使用或者说不知道奢侈品,平时也就不需要耗费较大的财产,于是财富便可以一直保持在同一家族手里很长时间。所以,在游牧民族中,拥有很多财富的家族最多,那些依靠祖先的权势和财富而受人尊敬的门第也就最多。

门第和财产,既是使一个人的地位高于另一个人的两大因素,也是个人优越性的两大前提,同时也是将人自然地划分为发布命令者和服从命令者这两种人的主要原因。尤其是在游牧民族中,那些拥有多数羊群的大畜牧者,要么因为有巨大的财富养活了很多人而受人尊敬,要么因为出身高贵、门第显赫而受人尊重。于是,相对同族中其他的牧羊者或畜牧者,他自然就有一种优越性。他能团结到更多的人由他支配,从而拥有更多的兵力。在战时,那些愿意在他旗下的人,也多于其他旗帜下的人。这样,凭借着门第和财产,他自然获得了一种行政权力。正是因为他能比其他任何人团结到更多的人由他支配,所以对于那些危害他人的人,他也就有能力强迫其赔偿损害。这样一来,所有那些自己没有防御能力的人,都会请求他的保护。于是,任何人感到自己遭人侵害时都会向他求助;而他对这些纠纷所做的裁判,与别人所做的裁判相比,又更容易使被告人服从。最后,凭借门第和财产,他获得了一种司法权力。

人类社会发展的第二个时期,即游牧民族时期,出现了财产上的不平等。它带来了人与人之间某种程度的权力和服从(以前不可能存在),从而带来了维持权力和服从所必须的政府组织。虽然说这种社会的进步是自然而然的过程,和上述那些因素并没有必然联系。然而,上述那些因素对于权力和服从关系的确定,的确做了很大的贡献。富人毫无疑问会维护这种关系,因为只有这种关系得到维持才能保证他们的既得利益。于是,小富人们团结起来一起保障大富人的财产,因为他们认为这样做的话,大富人也会一起保障他们的财产。所有的牧人,都认为小牧群的安全必须依靠大牧群的安全。同样,要维持他们的小权力,就必须先维持最大牧者的较大权力。只有他们服从于那些地位更高的人,那些地位低的人才会服从他们。最后,他们形成了一个小贵族。在他们看来,只有保障君主的财产、服从君主的权力,君主才会保障他们的财产和权力。政府组织的建立,就是为了保障财产的安全,保护富人来对抗穷人,保护有产者来对抗无产者。

于是，在一段时间内，君主的司法权力不但不需要耗费什么东西，反而是一种收入的来源。因为要求他裁判的人，总是愿意给他报酬，不断地给他赠送礼物。君主权力确立后，由于犯罪者破坏了君主的安宁，因此他除了要赔偿原告的损失外，还需要向君主缴纳罚金。在亚洲，鞑靼政府统治时期，对君主以及特定部落、氏族或领地的酋长诸侯来说，司法行政权力都是一项大的收入来源。在日耳曼和塞西亚民族建立的欧洲各政府的统治，情况也是这样。

以前，司法裁判权都是由君主或酋长自己行使。后来由于种种原因，司法裁判权就委任代理人或裁判官来行使。然而，对于司法收入的情况，代理人仍然对君主或酋长负有报告的义务。通过阅读亨利二世给巡回裁判官的训示，我们就可以明白，那些巡回裁判官的任务，只不过是为国王征收收入而已。在当时，君主就是希望从司法行政中获得一种收入，而司法行政的确向君主提供了一项固定的收入。

由于这种敛财的性质，使司法行政组织不可避免地出现了很多的弊端。那些送大礼请求主持公道的人，往往得到多于的公道；而送小礼请求主持公道的人，常常谈不上获得了什么公道。在当时，享有司法权的人常常做出很多不恰当的事情。例如，为了获得原告更多的礼物，他经常迁延，延迟判决或者不进行判决；为了获得被告的罚金，他常常将无罪之人判为有罪。我们只需翻一翻欧洲各国的古代史，就可以清楚地发现这些司法上的弊病。

如果司法职权是君主或酋长行使，那么即使是滥用也无法纠正，因为他们是最有权势的人，任何人都不能对他们进行责难。但是，如果司法职权是由代理人行使，那么当其滥用时还有纠正的可能性。因为如果代理人仅仅是为了自己的利益而做出一些不正当的行为，君主就可以惩罚他或强制他改正错误。当然，如果代理人所做的不正当行为是为了君主的利益，例如为了向任命他的人献殷勤，那么在大多数情况下，司法权的滥用就犹如君主滥用一样，无法得到纠正。因此，可以说，在很长一段时期内，所有野蛮国家的司法行政都处于极端腐败的状态。那些在罗马帝国废墟上建立起来的欧洲各国，其司法行政的腐败更为严重。就算是在最好的国王的统治下，也不可能有什么公正、平等，就更不用说在最坏国王的统治下的情况会怎么样了。

游牧民族中的君主或酋长，其实就是整个民族中最大的牧羊者或畜牧者。他们和那些小牧羊者一样依靠畜牧来生活。同理，在游牧民族发展之后的农耕民族中，君主或酋长其实也是民族中最大的地主，诸如特洛伊战争时期的希腊各部族、刚移居到罗马帝国废墟上的日耳曼人和塞西亚人的祖先。和一般的地主一样,君主和酋长的收入也完全依靠自己的私有土地。在近代欧洲,君主和酋长的私有土地被称为御地。平日里,君主或酋长除了依臣民请求动用司法权力处理违法乱纪的事情外,不需要做别的事情。在臣民们请求他帮助时,会向他赠送礼物,他的全部收入基本上就依赖这些礼物了。这些礼物可以说是对他行使司法行政权的报酬,当然,在特殊的情况下不是这样。荷马曾经说:"为了保持友谊关系,奥格默农将希腊的七个城市送给了埃塞利斯,在那七个城市中,人民赠送的礼物就是埃塞利斯能够获得的唯一利益。这些礼物的实质就是司法行政的手续费。"当这些手续费成为君主的经常性收入时,君主就不可能会放弃这些收入,哪怕是任何人提议他放弃,他都不会放弃的。不过,人们曾经提议,叫他将这礼物的收取进行一下明确的规定。然而,由于君权至上,即使规定得再好,要想制止君主超越规定的范围,还是非常困难的。于是,任意收取礼物的状态被继续放任,这些不确定的礼物导致了司法行政上严重的腐败现象。

　　后来,有很多原因导致法令明确规定,君主或其代理人和裁判官,无论在什么情况下,都不得收受礼物。其中一个比较重要的原因,就是国防费用不断增加,君主私有土地的收入不足以支付国家的行政费用,人民不得不缴纳各种赋税来支持国防费用。从这里可以看出,要想明确规定礼物的收受,的确很困难,但是将其彻底废除倒是非常容易的。从此,审判基本上是免费的了。这是因为,君主征收的赋税,也可以补偿以前收受的礼物部分并有所盈余;并且,裁判官享受的薪俸,基本上可以被认为是以前收受礼物时可以分得的份额。

　　不过,严格来说,无论哪个国家的审判,都不可能是完全免费的。因为诉讼当事人至少也应该给付一定的律师费,不然律师就会更加不为当事人的利益着想了。就各个法庭总的计算来看,诉讼当事人每年给付的律师费总额,几乎比裁判官的薪俸还要多。虽然国王给付了裁判官薪俸,但任何地方处理诉讼的必要费用都没有减少。因此,可以说禁止裁判官收受当事人的礼物,并不是为了减少司法费用,而是为了防止司法腐败。

　　对人们来说,裁判官这个职位是一个有名誉的官职,即使报酬再少,依然有很多人想从事。例如,比裁判官职位较低的治安同事,虽然工作异常麻烦,报酬也不高,但是很多的乡绅却都想将其弄到手。对于各文明国家来说,所有司法人员的薪俸和司法行政的费用即使很浪费,其总额也只是占了国家全部费用的极小比例。

另外，法院收取的手续费可以支付全部的司法经费。这样不仅不会使司法行政陷于严重的腐败，还的确节省了国家收入的一小笔开支。但是，如果一部分法院手续费要被作为像君主这样有权势的人的主要收入的话，那么要对这种手续费进行有效的规定就是很困难的。不过，如果享有这部分手续费的人是裁判官的话，对其进行有效的规定就要容易得多了。因为一般来说，法律不能让君主遵守某种规定，却可以使审判官遵守某种规定。如果法院手续费的收取被规定得很严密，例如在诉讼的一定时期内，所有费用都交给出纳机构，等到诉讼裁决之后，再按照一定的比例分配给各裁判官，那么征收这种手续费并不会导致腐败。并且，这种手续费基本上可以足够支付全部的司法费用，而不会引起诉讼费用的明显增加。由于在案件判决结束之前，裁判官不能获得手续费，因此就更能激励所有法院人员在审理案件和判决上勤勉认真了。如果裁判官员每人分得手续费的份额，是按照他们在审理案件时所花的时间为标准的话，那么就更能激励他们勤勉了。只有按照办理公务的勤勉程度决定薪酬的多少，才能激励大家把工作做好。例如，在法国，各高等法院的手续费就是裁判官最主要的薪酬来源。按照等级和权限，土鲁斯高等法院，是法国第二大的法院。该法院的裁判官每年从议会领到的薪水，在减去所有应当扣除的部分之后，差不多只有一百五十利弗（约合英币六镑十一先令），仅相当于当地七年前一个仆役每年的普通工资。在那里，手续费的分配是按照各裁判官的勤勉程度为标准的。勤劳的裁判官，就可以得到更多的收入，虽然不是特别多，但足够他过上安乐的生活；懒惰的裁判官，就只能得到比薪水多一点的收入了。从整体上说，这些法国高等法院虽然可能不是最令人满意的法院，但是从来没有人会认为它们腐败。

最开始，英国各法院的主要收入也来源于法院收取的手续费。后来，为了审理更多的诉讼案件，各法院将那些也许本来不属于自己管辖的案件都予以受理。以仅审理刑事案件的高等法院为例，它以原告声称被告的行为犯了非法侵害罪或轻罪为由，也接受民事案件。又如，设立王室特别法院的唯一目的，本来就是为了征收国王收入、强制人们清偿对国王的债务；后来，它以原告声称被告不偿还债务，导致他不能偿还对国王的债务为由，也受理所有其他契约债务的诉讼。正是由于这种随意管辖，许多案件究竟由哪个法院审理，基本上由诉讼当事人来选择。而各法院又想多受理案件，审理时力求迅速公平。英国目前的法院制度值得人称赞的原因，很大程度上也许是因为昔日各法院法官之间的相互竞争所导致的。各个法院对所有不正当的行为,都力求在自己法院管辖的范围内给予最迅速、最公平的裁决。在英国,处理违反契约的行为,普通法院都是判决被告赔偿损失;而作为债权法院的衡平法院,一般都是先强制被告履行合同。当违反契约的行为是不交付货币时,对当事人的救济方式就是偿还货币。在这种情况下,普通法院能给予充分的救济。当一个租地人控诉他人非法夺回其租地时,他所能得到的损害赔偿决不是占有土地。在这种情况下,普通法院无法给他提供充分的救济,于是,在一段时期内,这类案件都是由衡平法院来审理的。后来,普通法院为了争取审理这类案件,发明了一种预先扣留土地的令状,这种令状对于不正当剥夺土地以及侵占土地的事件,能够提供最有效的裁决。

在受理诉讼案件时,各法院征收的印花税(手续费),不仅可以维持法官和其他工作人员的生活,还可以负担司法行政的费用,从而减轻了社会一般收入的负担。但是,在这种情况下,为了增加手续费的收入,裁判官处理案件时可能会增加一些不必要的手续。在近代欧洲,诉讼习惯是以公文页数来决定辩护人和法院书记员的薪酬。并且,当时还明确规定了每页的行数和每行的字数。因此,辩护人和法院书记员为了增加自己的报酬,经常故意增加一些啰唆的句子以增加公文页数。这样的结果就是,欧洲所有法院的公文都变得陈滥不堪。同样,诉讼的程序也发生了类似的变化。

然而,无论司法行政费用是司法部门自行解决还是由其他途径解决,行政部门都不需要肩负管理这项财产、支付薪水的责任。至于这些费用的负担,有的来源于地租,有的来源于一定数额的货币利息。当司法费用由地租负担时,法院就必须担负管理地产的责任;当司法费用由利息负担时,法院就必须负责管理货币的出借问题。例如苏格兰,巡回法院法官的一部分薪水就是由货币利息来负担的。然而,由货币利息来负担司法费用不太稳定,因此,用不稳定的财产来维持一个稳定的机构,当然是不太合理的。

最开始,由于社会进步和社会事务的增加,司法权和行政权逐渐分离。当社会事务不断增加时,司法行政也就变得日益烦琐,处理这一事务的人也就没有心力同时去关注其他的事情了。例如,处理行政事务的人,由于没有时间处理私人的诉讼案件,只好任命代理人去处理。在罗马帝国强盛时期,大执政官因为忙于政务而无法顾及司法行政,只好任命民政官来代行这种职务。罗马帝国衰落之后,在它的废墟上建立起来的欧洲各王国,他们的君主或大领主们,

都视司法行政为一种过于烦琐的工作,亲自处理不免有失身份。于是,一般情况下,他们也是委任代理人或裁判官去从事这项工作。

正是由于司法权与行政权的分离,公平正义才不会被政治势力影响。肩负国家重任的人,即使有腐败的观念,有时也会为了国家的重大利益,必须牺牲个人的利益。然而,只有公平的司法行政,才能保证每个人的自由和安全。为了保障人们所有的应有权利,司法权不但要与行政权分离,而且应当完全独立于行政权。行政部门不得随意任免裁判官,行政部门的决定或经济政策的变化也不得随意影响裁判官的薪酬。

第三节 公共工程和机关的费用

建立和维持某些公共机关和公共工程,是君主和国家的第三大任务。对整个社会来讲,这些工程都是非常有益的。由于这些机关和工程的性质特殊,个人或少数人从事的话,其所得的利润甚至不能补偿所花费的费用。因此,一般情况下都不是个人或少数人来从事这种事业。并且,在不同的社会发展时期,从事这些工程所花费的费用也不一样。

总的来说,这些公共设施和公共工程,包括前两节提到的国防和司法行政方面建立的公共设施和公共工程,以及性质与其类似的促进商业和人民教育的公共设施和工程。其中,教育上的设施又可以分为两种:一是青年教育的设施;二是各年龄人民教育的设施。对于如何妥善解决这些设施和工程所需的费用,本节将分为以下三项来进行论述。

第一项 促进商业的公共设施和公共工程

良好的道路、桥梁、运河、港湾等公共工程,对一国的商业发展来说影响很大。在社会不同的发展时期,这些工程的建造和维持费用是有很大差别的。具体来说,国家公路的建设费和维持费是和该国土地和劳动的年产物的增加成正比的,更确切地说,公路的维持费的数额,是随着公路上运输货物的数量和重量波动的;桥梁的支持力必然要与可能通过的车辆数量和重量相适应;运河的深度和水量,也必然与可能通过的货船数量和吨数相适应;港湾的宽度,也是与可能停泊的船只数量相适应的。

很多国家的国家收入,是由行政部门来负责征收和调用的。不过,上述公共工程的维持费用,通常不需要国家收入来支付;大部分的工程,自己就能提供一项特别收入来支付其维持费用,从而不会增加国家收入的负担。以各工程的维持费为例,在多数情况下,通过对车辆、船舶征收的小额通行税,就可以弥补公路、桥梁、运河的建造费和维持费;同样的,通过对装卸货船只征收的小额港口税,也可以弥补港湾的建造费和维持费。另外,在很多国家,负责铸币的机构不但可以负担自己的维持费用,还能为君主提供一笔铸币税的收入。同样,在所有的国家,像邮政局这样的设施,不但可以维持自己的费用,还可以为君主提供一项不错的收入。

对于车辆和船舶的通行税,如果是以货物的重量或吨数为标准来缴纳的话,那么可以说,正是按照它们所带来的损耗程度支付维持费用的。这也是维持这些公共工程所采用的最公平的办法了。我们都知道,通行税是由运输者暂时支付,最后由购买货物的消费者来负担的。并且,这些公共工程降低了货物的运输费,与没有公共工程的情况相比,消费者购买货物所花费的费用要少得多(即使负担了通行税)。这是因为运输费降低对货物价格的影响程度,比通行税提高对货物价格的影响程度要大,因而货物也就更便宜。也就是说,最后纳税人由于纳税而获得的利益,是大于纳税所造成的损失的。他的纳税使他获得了更大的利益;他只不过是牺牲一小部分利益而获得其他的利益而已。可见,这种征税方式的确是最公平的了。

如果以车辆的重量为标准征收通行税的话,那么与那些不可或缺的车辆(如二轮运货马车、四轮马车)相比,对那些奢华的车辆以及四马大马车、驿递马车等征收的通行税要略高一些。这实际上就是让懒惰、虚荣的富人对穷人有所救济,从而在一定程度上降低运往国内各地的笨重货物的运费。

如果公路、桥梁、运河等的建造和维持是由需要它们的商业来支持的,那么这种工程就只能建造在需要它们的地方。并且,建造的费用和规模要与该地商业的承受能力相适应。例如,在没有商业的国家或某大领主的乡村别墅周围,不应当建造宽阔的大道;在无人通过或仅仅为增加宫殿的眺望景致的地方,就不应当建造大桥。当然,在公共工程建设费由国家收入支付的国家,情况也许就不一样了。

在欧洲,很多地方的运河通行税都属于私人的财产。一般来说,他们为了保有这种财产利益,都会尽力地维护运河。因为,如果不进行定期的整顿、维护的话,运河就不能够通航,那么他们也就不可能再继续从运河通行税中获得他们本来可以获得的全部利益。试想,如果由那些行政委员们负责征收运河的通行税,那么他们绝对不会像私人那样关注这些工程的维护。例如兰格多克运河,它是法国国王和兰格多克州花费一千三百万利弗建造的。按上个世纪末法国的货币价值(每马克银合二十八利弗)计算,一千三百万利弗相当于九十万英镑。当这个大工程完成时,人们觉得维护这个工程最好的方法,就是由设计并监督工程施工的设计师里戈来收取运河的全部通行税,以激励他不断修理和维护。如今,这些通行税成了里戈后代的一大笔财富。当然,他们也非常关注运河的修理和维护。想一想,当时如果决定由那些与工程无关的委员们来收取通行税的话,那么他们可能会将所有的通行税浪费在一些不必要的开支上,并且不会顾及工程的维护而任其坍塌。

与运河的通行税不同的是,公路的通行税不能随便由私人管理并作为其财产。这是因为,运河如果不进行修理和维护的话,便不能继续通航;然而公路不一样,不对它进行修理,并不会导致它完全不能通行。也就是说,即使不修理道路,道路仍然可以提供同样多的通行税。因此,对于公路通行税的管理,应当交由行政委员们或保管员来负责。

英国的人们,经常会批评这些通行税保管人员的各种行为。其实,很多情况下这种批评都是十分正确的。有人说,道路通行税的税额一般都大于道路维持费的两倍以上。但是,修理工程却常常随意进行,甚至没有进行。这里需要指出的是,用通行税来负担道路维持费这种制度才刚建立不久,因而有一些弊端也是情有可原的。等到时机成熟,也就是用通行税来负担道路维持费的制度不断成熟之后,议会定会采取适当的措施,来矫正目前存在的问题,例如任命不适当的人作为管理者、滥征通行税、没有监督机构等问题。

如上所述,一般来说,英国各种道路的通行税都会大于道路的维持费。有些大臣说,如果多出来的数额没有被滥用的话,以后可以在一定程度上满足国家的紧急需要。有人认为,与保管员收取通行税相比,如果是政府来管理通行税的话,管理的成本将会少很多,效果也会更好。这是因为,保管员是雇用工人来维修道路,工人是完全依靠工资来生活的;而政府可以派士兵来维修道路,士兵则都有固定的军饷,政府只需要补贴他们少量的报酬即可。因此,有人提出,如果政府自己管理通行税的话,国家就可以增加五十万镑的收入,那么收税道路就会和邮政局一样,也可以为国家提供一般收入。

虽然说政府管理收税道路毫无疑问会获得一大笔收入,然而,所得的收入却未必有那么巨大,因为这个设想本身还有以下缺陷。

首先,当国家将通行税当做解决急需的收入时,国家就会不断地增加其急需的程度,从而增加通行税的数额。试想,一笔大收入可以毫不费力地获得,政府当然会有所行动。根据不列颠的政策,这些通行税必然会快速增加。虽然说目前就是否能从通行税中获得五十万镑的收入还存在疑问,但是如果是真的的话,政府就会尽量把通行税增加两倍,从而获得一百万镑;增加三倍,从而获得两百万镑。并且,对于这样一大笔收入的征收,政府并不需要任命新的税吏来负责。然而,建造收税道路的目的,是为了便利国内的商业。如果不断增加通行税的数额的话,将会对商业造成不利的影响,如国内由一地运往他地的笨重货物的运输费用将会迅速增长。于是,这类货物的市场范围也将越来越小,从而极大地妨碍这类货物的生产,乃至国内最重要的产业部门的发展。

其次,当按照货物重量为标准征收的车辆通行税就是为了修理道路的目的时,这种税的征收就是公平的;当这种税的征收是为了解决国家急需这种其他的目的时,这种税的征收就是不公平的了。当道路通行税是用来修理道路时,各车辆相当于按照其对道路所造成的损耗程度来进行纳税;当道路通行税还有其他用途,如解决国家急需时,对于各车辆所征的税额,就会超过其对道路造成的损耗程度。并且,由于这种税的征收,货物的价格不再由货物的价值所决定,而由货物的重量来决定。因此,最后负担这种税的人,不是购买价值高、重量轻的商品消费者,而是购买价值低、重量重的商品消费者。结果是由穷人这类最没有负担能力的人,而不是富人来承担这种通行税。

再次,如果政府对损坏的公路不理不睬,我们根本不可能强制政府用一部分通行税来修理道路。所以说,以维护道路为唯一目的的通行税,应该尽可能完全不用来修理道路。如果说将这种收税公路交给穷人管理会有一定的弊端的话,那么将它交给富人管理所产生的问题,可能要比交给穷人管理所产生的问题多十倍。

以法国为例,它的公路修理基金交由国家行政部门直接管理。这个基金一部分由大部分农村居民每年为修理公共道路提供一定天数的劳役构成,另一部分是国王在国家收入中划拨的一部分修路专款。

依据法国和欧洲大多数国家的旧法律,一般由地方长官指挥监督农村居民的劳役,而地方长官并不直接隶属于国王的枢密院。与此不同,现在的法律规定:州长来管理农村居民提供的劳役和国王拨付的修路专款;并且,州长的任命由枢密院负责,它必须接受枢密院的领导。可以说,专制政治发展的结果,

是行政部门逐渐掌握了国家的所有其他权力，将作为公共用途的所有收入都掌握在自己手中。在法国，其大驿路（联络国内各主要都市的道路）一般都非常宽阔整洁；有些州境内的这些道路比大部分英国道路都要壮观。而在英国，大部分乡村道路（十字路）完全没有进行过维护，重载车辆在很多地方都不能通行；在有的地方，就连骑马通行也有危险，而只能骑骡。一般来说，崇尚虚华的国家官员，总是愿意去建造壮丽的工程，如王公贵族经常经过的大道。这是因为，王公贵族们的赞赏会使他们感到光荣，甚至可能会因此而升他们的职。而乡村的小工程，除了有实际的用途之外，既不壮观也不能给这些官员带来什么好处，因此他们也不会太注意这些小工程。

中国和亚洲其他一些国家，都由行政部门来负责建造和维持公路以及通航水道这两大任务。那里，在朝廷给各省官员的训示中，总会有鼓励治河修路的内容。并且，官员执行这一任务的情况决定了他官职的升降。因此，这些国家，尤其是中国，非常关注这些工程。据说，中国的通航水道，要比欧洲著名的水道还要好。不过，我认为这些传言都只是来自一些旅行者和爱说大话的传教士。如果是由比较有见识且诚实的人去那里考察报道的话，那里的水道工程也未必会令我们惊讶。例如柏尼尔，他报告的印度这类工程的情况，就完全没有那些旅行者们描述的那么夸张。在法国，对于那些朝廷和首都人士经常谈话联络的地方大道，国家都经营得很一般，更不用说那些小道了。我相信亚洲各国的情况应该也差不多。不过，不同的是，中、印两国君主的全部收入基本上都来自土地税或地租。由于土地年产物的多少决定了租税的大小，因此，国内土地的垦治状况、土地产物数量和价值的大小，和君主的利益和收入有着直接的关系。为了尽量增加生产物的数量和价值，就必须保证它有广泛的市场。而广泛的市场，要求国内各地方的交通尽量便捷且便宜，因此也就要求各地建造最好的公路和通航水道。然而，在欧洲，虽然所有大国的主要收入还是依靠土地生产物，但它们并不像亚洲国家那样直接依赖。也就是说，欧洲各国君主的主要收入，并非完全来自于土地税或地租。因此，欧洲各国的君主对于促进土地生产物的数量和价值并不迫切，对于维持良好的水道和公路工程也不那么迫切。所以，亚洲的某些国家的行政部门，的确可能会在治河修路方面取得卓越的政绩（虽然我对传言还有所怀疑），而在欧洲，行政部门是不可能将治河修路方面的事情办得那么好的。

如果一项公共工程不能由自身收入维持自己的费用，并且只对某特定地方带来便利的话,那么由地方行政部门对其管理和维持,比由国家行政部门来管理和维持要好得多。以伦敦市的照明与铺路费用为例,如果街上的照明和铺路都是由国库开支的话,那么情况将绝对不会像现在这么完善和节省费用。当这些费用不能由伦敦各街坊、教区、市区的居民提供的地方税来支付时,就必须从国家收入中开支,那么,那些没有享受到街道和街灯利益的人也无辜负担了这部分费用。

虽然地方政府或州政府管理地方收入或州收入会有一些弊端,但和国家管理整个帝国的收入相比,这些弊端应该说是微不足道的,而且这些弊端可以很容易得到纠正。在英国地方或州治安司事的管理下,农村居民每年要提供六天劳役来维修公路,却从来没有发生过压迫的情况。但法国的情况却不一样,那里是由州长负责管理这项劳役,强征勒索的事情时常发生。法国人将强迫劳役作为欺压人民的主要手段。当某残暴的官员因为嫉妒某教区或某村社时,他就会采取这种手段来欺压他们。

上述公共设施和公共工程的目的是便利一般商业。如果想要便利某些特殊商业的话,就需要某些特殊的设施,并需要支付额外的费用。

当英国和野蛮国家通商时,应当要特别注意保护货物。那些普通货栈的设备,根本不能很好地保障非洲西部海岸的贸易商人的货物。因此,国家需要加固货栈的防御工事,以防止当地土著人对货物的抢夺。由于印度秩序混乱,所以欧洲人与其贸易时,也同样需要加强戒备(虽然印度人很温和)。例如,在印度,英、法两国的东印度公司建筑的几个最早的堡垒,就是以防止暴力、保护生命财产为由获得批准的。其实,如果一国政府强硬的话,一般是不会允许外国人在本国领土内建筑堡垒的。以前,无论是战争关系还是同盟关系,国家都不用在外国建立使馆,但现在,国家常常为了商业的利益而在外国建使馆。例如,英国在君士坦丁派驻大使,是因为土耳其公司的商业;英国在俄罗斯建立大使馆,也完全是为了商业的利益。在平时,欧洲各国向一些邻国派驻大使的原因,可能就是欧洲各国人民的商业利害关系经常发生冲突。当发生暴力、危害生命财产安全的事情时,两国间互派的大使或领事就会来解决问题。例如,当本国人民之间在驻国发生诉讼时,大使或领事可以依本国的习惯进行裁判;当本国国民和驻国国民之间发生诉讼时,大使或领事可凭外交官的身份进行干涉,按照本国的习惯进行裁判。与任何私人相比,大使或领事能够向本国人民提供更强有力的保护。十五世纪末或十六世纪初,在商业开始扩展到大部分欧洲国家

时,欧洲各国开始注意商业利益,这种派驻大使的制度也就逐渐开始了。

国家对某商业部门征收适当的税,来弥补保护其发展而支付的特别费用,这应当说是无可厚非的。据说,关税制度最初设立的目的,就是保护贸易免遭海盗的抢劫。那么同理,在商人开始营业时,征收小额的营业税可以说是公平的;对于商人从事的特定进出口贸易征收特定的税,当然也是公平的。如果国家为保护一般贸易而征收一般税收的话,那么为保护特殊贸易,就应当征收特殊税收。

对于行政部门来说,保护一般贸易被认为是国防的重要任务,因此也是其必须履行的义务。所以,对于一般关税的征收,常常由行政部门来管理。同样,保护特殊贸易,也是行政部门的一项义务。那么按照常理,似乎也应当由行政部门来负责征收为保护特殊贸易而引起的特殊税收。但事实却不是这样。例如,大部分欧洲商业国家,就是由一些商人集团公司来管理这些特殊税收的,而不是由行政部门来管理的。

对于创立政府不敢轻易尝试的某些商业部门这一点,上述商人集团公司自付费用来创立,应当说是做了一定贡献的。但最后总是因为经营的不当或者范围狭窄,这些商业部门全都变成了无用且花费资本的部门。

这种公司一般分为下列两种。其中一种公司被称为组合公司,它没有共同资本,所有具备一定条件的人通过缴纳一定的入伙费就可以加入,并且自己经营自己的资本,各自负担贸易风险,按照公司章程的规定遵守公司的义务。另一种公司被称作股份公司,它以共同的资本来进行贸易,各股东按照股份比例分担贸易上的利润或损失。无论是组合公司还是股份公司,它们都有时享有垄断权,有时又不享有这种权力。

组合公司似乎在任何方面都类似于欧洲各都市普遍流行的同业协会,是一种大的垄断组织。如果一个人不先从同业协会那里取得自由营业权,那么他就不能从事同业协会的所有行业。与此相同,在大多数情况下,如果一个人不先成为组合公司的成员,他就没有权利经营组合公司任何部门的国外贸易。这种垄断权的大小,和公司入伙条件的难易,以及公司董事权力大小相对应。公司董事的权力,是把公司的大部分贸易控制在自己和亲友手中。组合公司有一点和其他公司是一样的,那就是那些在公司服务一定年限的人,不需要缴纳或只需要缴纳很少的入伙费,就可以成为公司的成员。只要没有法律的强制性规定,合伙的一般原则都适用于所有的组合公司。也就是说,当法律允许它自由行动时，它总是会订立各种严格的规章制度来限制有关贸易的经营，从而限制竞争；当法律禁止它这种行为时，它也就变得毫无意义了。

目前，英国对外贸易的组合公司还有以下五个，它们是汉堡公司（以前叫做商人冒险家公司）、俄罗斯公司、东方公司、土耳其公司和非洲公司。其中，汉堡公司现在的入伙条件非常简单，并且公司董事没有或者不使用限制有关贸易的权力。当然，这只是最近的情况了，以前的情况则根本不是这样。例如上世纪中叶，汉堡公司的入伙费，有时是五十镑，有时达一百镑。并且，那时候公司的行为非常跋扈。1643年、1645年、1661年，由于该公司以垄断者的地位阻碍贸易、压迫国内制造业者，因此，英格兰西部毛织业者和自由贸易者便将该公司起诉至议会。虽然议会没有采取任何行动，但这种起诉却狠狠地吓了该公司一大跳，从而使其改正了不少不当行为。从那时起，也没有人再控诉它。根据威廉三世第十年和第十一年第六号法令，俄罗斯公司的入伙费被减为五镑；根据查理二世第二十五年第七号法令，东方公司的入伙费被减为四十先令。同时，这两个法令取消了两公司在瑞典、丹麦、挪威以及波罗的海北岸所有国家的垄断特权。这两条法令的规定，正是为了纠正这两个公司的不当行为。约西亚·柴耳德以前说过，这两个公司和汉堡公司，在议会未颁布这些法令之前，行为都是非常嚣张跋扈的。他认为，正是因为这些公司的不当行为，特许状所授权的国外贸易才会萎靡不振。如今，它们可能没有以前那么跋扈了，但它们也没多大用了。

至于土耳其公司的入伙费，章程规定的是二十六岁以下的缴纳二十五镑，二十六岁以上的缴纳五十镑；并且非完全的商人不得加入。这种限制将所有的店员和零售商排除出去了。根据该公司的章程，所有由英国运往土耳其的制造品，必须由该公司的船舶装运，否则不得出口。由于该公司船舶一般在伦敦港起航，所以英国与土耳其的贸易就局限在伦敦港上，从而也只由伦敦附近的人来经营这项贸易。该公司章程又规定，所有定居在伦敦市二十英里以外的人，如果没有取得伦敦市的市民权，则不得加入该公司。这种限制将所有没有取得伦敦市民权的人都排除出去了。由于该公司船舶的上货和起航日期都由公司董事来决定，因此董事经常会为运送自己及亲友的货物而拒绝装载他人的货物。这时，可以说该公司就是一个极其专制的垄断组织。为了纠正这种不当行为，乔治二世二十六年第十八号法令规定，只要愿意入伙的，不论其年龄大小、是否为完全的商人，以及是否取得了伦敦市民资格，只要缴纳二十镑入伙费就

可以成为公司的成员。并且,入伙人可以自由地从英国任何港口将英国货物运往土耳其的任何地方,当然,禁止出口的货物除外。同样,除禁止进口的货物外,他们可以自由地将所有土耳其货物进口到英国。当然,他们必须缴纳关税,以及为支付该公司费用而征收的特定税,并且服从英国驻土耳其大使和领事的训诫、遵守公司章程。上述法令同时规定,该法令通过以后,如果公司中有七个成员对公司订立的任何章程感到不满的话,可以在章程制定之后一年内向贸易殖民局申请修改。目前,贸易殖民局由枢密院下的委员会掌管。并且,这种修改申请同样适用于以前公司所制定的任何章程,但必须在该法令实施一年后提出。不过,在大公司中,各成员用一年时间也许并不能发现章程内容的各种不当。如果他们在规定的期限过后才发现章程内容的不当,那么贸易局、枢密院委员会也无能为力。其实,和所有同业协会的章程一样,组合公司的大部分章程,比如高额入伙费这种规定,是为了阻止其他人的加入,而不是为了针对已经加入的成员。另外,为了不断提高自己的利润,他们总是不断使自己进出口的货物存量不足、不断限制竞争,防止其他人从事相同的贸易。对一个想长久从事土耳其贸易的人来说,二十镑的入伙费根本不算什么,但对于只想试一次的投机商人来说,二十镑就可以阻止他们的这种想法了。无论哪种职业,从业很久的人就算是没有缔结任何组织,也会自然地相互联合来提高利润。

　　让所有的投机者都来参与竞争,是在一定程度上降低商业利润率的唯一方法。从某种程度上说,英国对土耳其的贸易,已经由议会的这个法案对外放开了,只是还没有达到自由竞争的局面。同时,土耳其公司还负担着一名大使和两三名领事的维持费用。但按常理来说,大使和领事作为国家官员,其费用应当由国家收入来支付。并且,土耳其贸易应当对国王的所有臣民开放。但试想一下,如果该公司以各种目的征收的各种赋税都归入国库的话,那么维持几个驻外官员就根本不在话下。

　　约西亚·柴耳德说,虽然组合公司维持着驻外官员的费用,但其并不维持任何堡垒或守备军。相反,股份公司却常常会维持在外国的堡垒或守备军。这是因为:一、维持堡垒和守备军的目的是维护公司贸易的发展,而组合公司的董事与公司贸易的发展没有任何特别的利害关系。公司贸易衰退导致竞争对手减少后,他们能够低价买进高价卖出,反而有利于其私人贸易的进行。股份公司则不一样,公司管理的共同资本所产生的共同利润中包含着董事的个人利益,因此他们的私人利益与公司贸易的繁荣发展密切相关,从而也就与堡垒或守备军的维持密切相关,所以他们比组合公司的董事更加注重堡垒或守备军的维持。二、组合公司的董事手中,除了一些临时收入(入伙费和征收的合伙税)外没有别的资本。然而,股份公司的董事手中往往拥有一大笔公司股本。如果有设置、增补堡垒或守备军的需要时,他们可以随时拨出一部分资本。因此,总的来说,组合公司的董事不会像股份公司的董事那样,关心并有足够的资本来维持堡垒和守备军。与组合公司能力相称的,就只有维持驻外官员的费用了。

在1750年间,即柴耳德时代过后很久,非洲贸易商人公司成立了。最开始,英国政府命它负担非洲沿岸由布兰角到好望角之间所有英国堡垒和守备军的维持费;后来,又命它只负担鲁杰角、好望角的所有堡垒和守备军的维持费。乔治二世第二十三年第三十一号法令中透露,设立该公司的目的好像有两个:一是抑制组合公司董事的垄断倾向;二是强迫他们维持当地的堡垒与守备军。

对于第一个目的,乔治二世第二十三年第三十一号法令规定了以下内容:将入伙费限定在四十先令;禁止该公司以股份公司身份从事贸易,不得以公司印章借贷资本;对所有缴纳入伙费的英国人民,不得限制其在各地的自由贸易;公司的管理权掌握在伦敦的九人委员会手中;每年在伦敦、布里斯托尔和利物浦三市的公司成员中各选三名作为委员,委员的任期不得超过三年;若委员有任何不当行为,贸易殖民局在听取其本人辩护之后可以决定将其免职;该公司不得从非洲运出黑奴,并且不得将非洲货物运入英国。由于该公司负责维持驻在非洲的英国堡垒,因此那些与此相关的货物和军需品都可以自由地由英国运往非洲。

上述法令还规定,委员从公司领取的钱,数额不得超过八百镑。如果在支付了伦敦、布里斯托尔、利物浦三市办事人员和经理人的薪水,以及伦敦事务所的房租和杂费之后,公司财务还有剩余,那么委员们可以将其自行分配。可以说,上述规定已经非常严格,按常理是可以限制垄断行为实现第一项目的的。但事实并非如此。乔治三世第四年第二十号法令规定,由非洲贸易商人公司负责管理所有桑尼加堡垒和其属地。但第二年,根据乔治三世第五年第四十四号法令规定,由国王来管理桑尼加及其属地,以及从南巴巴利的萨利港到鲁杰角全海岸的贸易。该法令同时规定:国王的所有臣民,都可以自由地进行非洲贸易。从这里可以看出,之所以有后面的这种规定,就是因为该公司当时还存在限制竞争、形成不当垄断的可能。应该说,根据乔治二世第二十三年法令的严格规定,他们应当很难再做出上述不当行为。然而,在下议院的议事记录(可能不是完全准确)中,确有关于控诉他们的记载。其中的原因,可能是委员会的九位委员都是大商人,各堡垒和殖民地的大小官员都必须依赖他们维持,因此他们还是可以很容易地拥有一种垄断地位。

至于第二个目的,乔治二世第二十三年第三十一号法令规定了以下内容:议会每年支付该公司一万三千镑堡垒维持费。公司委员会每年要向国库会计报告对该金额的使用情况,然后由国库会计向议会报告。不过,议会对于这区区一万三千镑的使用,一般不会加以注意。而国库会计对于堡垒费用使用是否得当也不是很了解。虽然国家的海军舰长或海军部委派的官员可以调查堡垒的情况,并向海军部报告,但海军部对该委员会并没有直接的管辖权,从而也无权纠正其不当行为。加之,舰长这些人并不太了解建筑堡垒这种事情,因此,只要这些委员没有侵吞公款,就算要惩罚他们的不当行为最多也就是免职而已。由于这些委员的任期最长不超过三年,而且报酬也非常低,因此是否免职对他们来说没有什么威慑力。例如,有人曾经控告修缮几内亚海岸卡斯尔角的堡垒的委员会,说其从英格兰运去的砖石质量很差,修筑的城墙需要重新修筑,议会为此几次支付临时费用。再如,对于鲁杰角以北的堡垒,基本上是国家来维持其费用的,并且是直接由行政部门管辖的;然而对于鲁杰角以南的堡垒,国家只支付其中的一部分费用,并且其并不由国家的行政部门来管辖。还有直布罗陀和米诺卡的守戍设备,以前就是以保护地中海贸易为由建造的。从以上事例可以看出,实际上都是国家的行政部门在管理并支付守备军的维持费用,并非土耳其公司。

我们基本上可以说,正是由于行政部门的管辖,英国在当地的统治领域才不断扩大。行政部门也十分关注该领域防御上的必要设置,他们从没有忽视过对直布罗陀和米诺卡边戍的管理。虽然米诺卡曾经两次被抢夺并且现在也没有恢复管辖,但这些并不是由行政部门管理上的过失所造成的。当然,以上所述,并不是在暗示当年从西班牙手中夺取这些耗费巨大的要塞是正确的。其实,夺取这些要塞,只是让英国背离了自己的同盟者西班牙而已,没有其他的意义。

股份公司的性质不仅不同于组合公司,也不同于个人合伙企业。它的设立,要么经过国王的特许,要么由议会通过。它的特征主要表现在以下几个方面。

首先，在个人合伙企业，除非经全体合伙人同意，否则他人不得入伙，合伙人不得将其持有的份额转让给他人。并且，合伙人在退出合伙之前，必须提前声明自己经过一段时间后可以退回其份额。股份公司的规定则不同。他人加入股份公司以及股份公司股东转让股份都是自由的，但公司股东不得取得股本。股票价值是由其市场价值决定的。由于市场价值常有波动，因此股票的真实价值与其票面价值常常不同。

其次，在个人合伙企业，各合伙人对其营业上的全部债务负责。但在股份公司，各股东仅以自己的股份比例对公司债务负责。股份公司一般由董事会负责处理经营事务，董事会同时受到股东大会的支配。一般来说，股东对公司事务并不是很了解，只要董事会每年或每半年给他们分配红利，他们也就心满意足了。这么省事且风险负担小的投资，当然会吸引很多人将资金投入到股份公司，而不是合伙公司了。所以，股份公司吸收资本的能力大于任何合伙企业。例如，南海公司的营业资本，在某一时期就超过了三千三百八十万镑。目前，英格兰银行的分红股本，共计一千零七十八万镑。在财务的管理上，股份公司的董事是在为他人管理，而个人合伙企业的合伙人则都是为自己管理。因此，股份公司董事们对财务的管理，也就不会像个人合伙企业那样周到细致了。就像富人的管家一样，他们往往并不会在小事上斤斤计较。所以，股份公司经营上的这些疏忽和浪费，也常常会有很多弊端。这也就是为什么所有从事国外贸易的股份公司，常常竞争不过私人贸易者的原因了。在股份公司有垄断特权的时候，它们都很少获得成功，更别说无垄断特权的时候了。它们在没有垄断特权时，常常会经营不善，而在有特权的时候，他们不但经营不善，而且还会限制贸易的发展。

目前的非洲公司，其前身是皇家非洲公司。该公司是根据国王颁给的特许状而未经议会的同意取得的垄断特权。在人权宣言宣布后不久，非洲贸易就对全国人民开放了。哈德逊湾公司与皇家非洲公司的情况一样。南海公司则不同，它在贸易期间享有的是一种经过议会确认的垄断特权。现在的联合商人公司（和东印度进行贸易）也是这样。

非洲贸易开放后不久，皇家非洲公司发现自己竞争不过私人贸易者，因此它不顾人权宣言的精神，以无照经营为由来迫害这些私人贸易者。1698年，它对私人贸易者所有部门的贸易几乎都申请征税百分之十，税款用以维持堡垒和守备队。然而，在征收重税的情况下，公司还是竞争不过私人，反而使公司的资本和信用不断地降低。到1712年，公司就已经负有巨额债务。为了保障公司和债权人的安全，议会制定了以下法案：无论是就人数还是价值来说，三分之二以上公司债权人做出的关于债务清偿的相关决议，对所有债权人有约束力。1730年，公司的业务极度混乱，根本没有能力维持堡垒和守备队。而当年设立这些公司的唯一借口，就是维持这些堡垒和守备队。在这种情况下，议会决定每年拨款一万镑来继续维持这些堡垒和守备队，直到该公司解散为止。1732年，因对西印度黑奴贸易的常年亏损，该公司决定中止这项贸易，将已经由非洲海岸买得的黑奴转卖给美洲的私人贸易者，并且让公司雇员从事非洲内地的金沙、象牙、染料贸易。然而，这种小范围的贸易并不比以前大范围的贸易经营得更好，公司的经营仍然每况日下，已经到了破产的边缘。于是，议会下令将其解散，由贸易商人设立的组合公司来管理堡垒和守备。而在皇家非洲公司之前，有三个股份公司先后经营过非洲贸易，它们都拥有未经议会确认的特许状（有垄断特权），但它们都没有成功。

上次战争对哈德逊湾公司的打击很大。以前，它与皇家非洲公司相比，一般费用很少，并且也很幸运，它在各居留地和住所（堡垒）维持的总人数不超过一百二十人。虽然人数很少，但他们总在该公司货船未到之前，就已经将要装上货船的毛皮或其他货物准备好了。由于当地港口的冰期很长，因此船舶一般不会停留七八周以上，预先准备货物也就非常有必要了。而私人贸易者却无法做到这一点。因此，虽然该公司资本不到十一万镑，却基本上能够垄断特许状许可的那片广阔但贫乏地区的所有贸易和剩余生产物，而私人贸易者从来没有想要去那种地方和该公司竞争。这样，虽然该公司可能没有拥有垄断特权，但实际上却享受了垄断贸易的利益。并且，由于该公司所拥有的资本较少，好像是由少数股东集成的，因此其性质实际上和个人合伙企业差不多，并且能像个人合伙企业那样谨慎地经营。就是因为这些有利的因素，在上次战争之前，哈德逊湾公司在贸易上是相当成功的。但《商业历史和年代的推断》的作者安德生认为，该公司获得的利润可能并没有多布斯描述的那么多。经过研究多布斯关于该公司数年来的进出口报告，并考虑该公司所冒的风险和开支之后，安德生认为，该公司的利润并没有极大地超过一般的贸易利润。我对他的这种论评是十分认可的。

南海公司没有维持过堡垒或守备军的费用，因此不需要负担其他国外贸易公司所负担的那一大笔开支。然而，该公司资本额太大，股东人数非常多，因而整个业务经营上的疏忽和浪费也是非常大的,就更别提它那狡诈而又没有节制的招股计划和商业计划了。最开始,该公司经营的贸易是把黑奴运往西印度。约特雷特条约的阿西斯托约定认可了这项贸易,所以该公司对这项贸易享有一种垄断的特权。不过,它却没有从这种特权中获得多大的利益。在这之前,葡萄牙和法国两公司也是经营同一贸易并享有特权的,但它们早就倒闭了。因为有了前车之鉴,该公司要求允许其每年派遣一定吨数的船舶直接与西印度进行通商。但结果却是该公司派遣的船舶,十次有九次都是亏损,只有1731年加洛林皇后号的那一次航行获得了巨大的利润。该公司的代理人认为,是西班牙政府的压迫导致了其经营上的不成功。但实际上,这种不成功应该说主要是因为代理人的浪费和侵吞资产。听人说,他们中的好多人在一年内都发财了。1734年,由于营业利润微薄,该公司请求英王允许其将贸易权和船只等价卖给了西班牙国王。

从1724年开始,该公司着手经营捕鲸业务。虽然它对这项业务并没有垄断权,但在经营期间,没有其他英国人经营这项业务。该公司船舶曾经八次航行到格林兰岛,但只有一次获利,其他几次都亏损了。在最后一次航行结束后,该公司将船只、积压的商品和渔具拍卖时,才发现这项业务的亏损(包括资本和利息)共计二十三万七千镑以上。

1722年,该公司请求议会同意将其借贷给政府的三千三百八十万镑资本分为两等份,一份作为政府的公债,董事不得用以清偿债务和弥补商业经营的损失;另一半仍然作为贸易资本,可以用来清偿债务和弥补损失。1733年,该公司再次向议会申请同意将其贸易资本的四分之三作为公债,其余四分之一留作贸易资本来清偿债务和弥补损失。这时,经过政府几次偿还,该公司保有的公债和贸易资本都各减少了两百万镑以上,剩下的四分之一贸易资本,不超过三百六十六万两千七百八十四镑八先令六便士。1748年,由于《亚琛条约》,该公司以一定的等价条件放弃了以前根据《阿西斯托约定》从西班牙国王那里获得的所有权利。于是,该公司也就终止了与西印度之间的贸易。最后,该公司剩下的所有贸易资本全部都转为了公债,它从此也不再是贸易公司了。

值得一提的是,南海公司与西印度进行的贸易,是南海公司唯一可能获得很多利益的贸易。然而,它在经营这种贸易时,无论是在国外市场还是国内市场上,都有很多的竞争者。例如,当该公司进行出口贸易时,在卡塔赫纳、贝洛港和拉维拉克鲁斯遇到了西班牙商人的竞争——西班牙商人将同种欧洲货物

由加的斯运往那些地方;进行进口贸易时,又遇到了英国商人的竞争——英国商人将西印度货物从加的斯进口到英国。虽然说西班牙和英国商人要忍受负担重税的不利影响,但实际上,该公司的疏忽和浪费所造成的不利影响和负担重税差不多,或者更甚。因此,假设私人贸易者可以与股份公司进行公平竞争的话,那么股份公司也就不可能再从国外贸易中获利了。

1600年,根据女王伊丽莎白的特许状设立起来的英国东印度公司,似乎就是一种组合公司的形式,因为在它最早的十二次印度航行中,船舶是共有的、贸易资本是各人独立享有的。这些个人分别享有的资本于1612年开始结合成了共同资本。当时,虽然该公司拥有的垄断特权未经过议会的确认,但这种垄断权还是被认为是一种真实有效的特权。因此多年来,没有其他商人与它竞争。它的股本总额为七十四万四千镑,每股为五十镑。由于资本不是很大,公司的营业规模也不是很大,所以经营上的疏忽和浪费也不是很多。因此,它在多年的经营中一般都很成功,虽然它也曾经遭受过荷兰东印度公司的陷害和一些意外事故所带来的损失。

随着社会的不断进步和人们对自由的不断理解,人们开始怀疑那种女王发布但未经议会确认的特许状是否享有垄断特权。而法院对这个问题的认定,是随着政府权力和民意的变动而变动的。于是,私人贸易者的贸易范围不断地去吞噬公司的特权经营范围。在查理二世晚年、詹姆士二世时期和威廉三世初年这些时期,该公司的经营一直都非常困难。

1698年,议会收到了两份提议。其中一份提议的内容是,有人愿以百分之零点八的年利率向政府购买两百万镑的公债,对购买公债的人,政府应当允许其设立一个有垄断特权的新东印度公司;另一个提议是旧东印度公司的建议,它表示愿意以百分之零点四的利息借给政府七十万镑。

就当时国家的情况来说,以百分之零点八的利息借入两百万镑的提议似乎更好。因此,前者的建议被采纳了,一个新东印度公司便设立起来了。但到1701年为止,旧东印度公司还一直可以进行贸易。并且,该公司以会计的名义认购了新公司三十一万五千镑的股本。议会法案确认了新公司与东印度进行贸易的垄断特权。但由于议会法案对于新公司的资本是否是共同资本的表述不是很清楚,因此仅认购七千二百镑资本的少数私人贸易者,坚持认为他们是各负资本、各担风险。到1701年时,旧东印度公司既可以使用旧资本进行贸易,又能和其他私人贸易者一样,使用投入新公司的三十一万五千镑资本进行贸易。正是由于新、旧两公司以及两公司与私人贸易者之间的竞争，它们所进行的贸易几乎没一个成功的。

1730年，当有人向议会提议由一个组合公司来管理印度贸易，并且一定程度地将其对外开放时，东印度公司鉴于上述竞争的悲惨结果，强烈反对这种提议。上述竞争使印度货物价格极高，而英国市场上的该货物却因存货过多而价格极低。不过，不可否认的是，在市场供给充足的情况下，英国的印度货物价格极大地下降，广大人民群众可以低价购买货物，的确使他们享受到了一定的利益。但印度市场货物价格极高的原因却不仅仅有购买者增多的因素，还有需求增加的因素。需求的增加一开始也会提高货物的价格，不过最后还是会导致价格下降。购买者的增加会鼓励生产，从而促进生产者之间的竞争；而生产者为了以更低的价格出卖自己的产品，会不断地进行新的分工和技术改良。商品价格低以及生产扩大，就是该公司所说的悲惨结果，但这种结果却是政治经济学所想要极力促进的。

但这种竞争并没有持续很久。1702年，新、旧东印度公司与女王签订了一个三方协议，于是这两个公司也就差不多合并为一个公司了。

1708年的议会法案，则使他们完全合并为了一个新公司，也就是现在的东印度贸易商人联合公司；并且，法案的附款规定，各个私人贸易者的经营可以持续到1711年米迦勒节；公司董事负责通知这些私人贸易者，公司要用三年的时间收购他们七千二百镑的零散资本，将公司的资本形式变为共同资本形式。同时，该法案规定公司应当增加借贷给政府的款项，也就是从两百万镑增加到三百万镑。于是，1743年，公司又借给政府一百万镑。不过，这次的款项来自公司发行的公司债券，而不是由股东提供的。因此，虽然它没有增加给股东分红的资本，但却增加了公司总的贸易资本，因为这一百万镑和其他那三百万镑一样，也加入了公司的营业，它当然也就会负担公司的亏损和债务。从1708年或者说1711年开始，该公司基本上垄断了英国在东印度的贸易，排斥了其他的竞争者。并且，由于公司经营得很好，股东每年都可以获得不错的分红收入。

1741年对法战争中，潘迪特里地方的法国总督杜卜勒，故意使东印度公司卷入这次战争以及印度的政权纠纷之中。经过多次成功和失败后，该公司竟失去了其在印度的主要殖民地马得拉斯。不过，之后的《亚琛条约》又使该公司重新获得了马得拉斯。从那时开始，该公司派驻印度的人员似乎一直都富有一种征服的精神。1755年,法兰西战争爆发,英国的兵力不断获胜;在印度,该公司不但捍卫了马得拉斯、占领了潘迪特里、收复了加尔各答,还获得了一片广大且富裕的领地。听说,当时这些领地的收入每年都超过三百万镑,公司的红利分配比率也不断由百分之六增加到了百分之十。也就是说,按三百二十万镑总资本来计算,公司的红利增加了十二万八千镑,每年的分红比以前的十九万两千镑增加了三十二万镑。

到1767年,由于政府提出该公司占领的领地和收入都是归属国王的,因此要求该公司与政府签订协议,每年向政府支付四十万镑的对价。本来这时,公司想要将分红比率增加到百分之十二点五的。但这样做的话,每年公司分给股东的红利就达到四十万镑,和每年需要提供给政府的金额相等。并且,就在那两年,由于公司已经负担了六七百万镑的债务,议会为了促使公司尽快清偿债务,制定了两个法案,规定公司不得再增加分红。1769年,公司之前和政府的协定延长了五年期限,双方约定在这五年内,公司可以将分红比率慢慢提高到百分之十二点五,但每年最多增加百分之一。相对于公司最近所占领地三百万镑以上的年收入,即使公司分红的比率提高到了百分之十二点五,公司每年付给股东和政府的金额,加起来也没有超过六十万八千镑。

克鲁登敦号(东印度贸易船只)1768年的报告显示,扣除军事维持费和其他费用,该公司的纯收入总计达到二百零四万八千七百四十七镑。并且,听说公司还有其他收入,收入总额也在四十三万九千镑以上。它们大部分来自殖民地的海关收入,当然也有一部分是来自土地收入。该公司的董事长在下议院的陈述表明,当时公司每年的营业利润都超过四十万镑;而公司的会计则说该利润每年都超过五十万镑。

其实,无论是多少,这些利润每年都能给股东分配高额的红利。对公司来说,在年收入这么大的情况下,公司应当能够每年增加六十万八千镑的支出,并提供一项减债基金尽快地偿还自身的债务。但到1773年,公司的债务不但没有减少反而还有增加。例如,赊欠国王四十万镑;欠关税、英格兰银行的借款,以及开出的待承兑的汇票,共计一百二十多万镑。这些债务使得公司只好一次性将股息降低到百分之六,并且请求政府进行下列援助:一、解除每年向政府支付四十万镑的协议;二、贷款一百四十万镑以缓解破产的危险。

虽然说殖民地的扩大的确增加了公司的财产,但是财产越多,公司人员对财产的浪费和侵吞也就越大。于是,议会开始调查该公司的有关情况,包括公司人员在印度的行为；公司在欧洲和东印度两地的业务情况等。最后的结果是，议会认为应当对公司国内外的管理机构进行几项重要的改革。例如，议会在印度采取了以下措施：一、将该公司在印度的主要殖民地——马得拉斯、孟买、加尔各答，由以前的相互独立状态变为由同一个总督来管辖，并有四名顾问组成的评议会辅佐总督。二、议会任命第一任总督和顾问常驻加尔各答。所以，现在的加尔各答如同以前的马得拉斯一样，成了英国在印度的最重要殖民地。三、新设最高法院来替代加尔各答裁判局，并将其司法管辖权恢复到以前的状态，即只负责审理该市及附近地方的商业性案件。其中的一个审判长和三个审判官，都由国王负责任命。

议会在欧洲采取了以下措施：一是将股东行使投票权的资格由以前的五百镑出资改为现在的一千镑出资。二是改变了股东投票权的行使期限。以前，如果股票是自己购买的而非承继的，那么在购买六个月之后就可以行使投票权，现在则需要经过一年的时间才能行使投票权；三是关于董事的变更。以前，公司的二十四名董事每年进行一次改选，现在改为每四年进行一次改选。并且，每年将二十四名董事中的六位旧董事剔除，选入六位新董事，旧董事不得成为下一年的新董事。议会想通过这种改革来避免董事们以前的疏忽，而让股东和董事会都能谨慎从容地做好自己的工作。

但是，无论改革怎样进行，还是不能让董事们更加关注印度的发展。因为，对他们大多数人来说，印度的繁荣与否跟他们的利益没有多大关系。所以说，无论从哪个方面来看，他们根本就不配参加帝国的统治，更别说由他们来统治了。有些有钱人购买东印度公司的一千镑股票，常常就只是为了获得股东大会的投票权。因为他们认为，自己虽然不能亲自去印度获得财富，但有权利选择其他人去印度获取财富。虽然董事由股东选举产生，并且股东有否决董事会任命派驻印度人员的权利，但董事会还是要受到股东大会的影响。如果一个股东几年来一直都享有这种选举权，并且在公司安排了一些自己的势力，那么他不仅不会关心红利分配，可能连股份价值也不会太关心，就更别说关心帝国的繁荣和发展了。

然而，君主与商业公司的股东不一样，无论怎么样，君主还是会关心被统治者的幸福或不幸、土地的改良或荒废以及政府的荣辱。总的来说，根据调查的结果，议会制定的改革措施，其实并没有增加股东对公司的关心，反而减少了这种关注。以下议院的一个决议为例，它规定：只有当公司清偿欠政府的一百四十万镑债务,以及将私人欠债降低到一百五十万镑时,公司才可以对股本分配百分之零点八的红利;并且该公司在本国的收入和纯利润要被分为四份,其中三份交给国库,剩下的一份以备偿还债务和应付公司急需之用。我们可以试想一下,在以前公司所有的收入和利润都由自己所有并自由支配时,公司都不能进行很好的治理;而现在只有四分之一的收入和利润且必须在他人的监督下使用,公司的治理怎么可能会有所改进呢?

如果按照下议院的决议,在公司分配百分之零点八的红利后,由一些不相关的人来管理公司剩余的资本,那么对公司来说,还不如让公司人员直接滥用呢。也许是因为上述公司雇佣人员在股东会里势力很大,因此有的股东有时对公司人员的各种疏忽浪费行为都不会理会。对大部分股东来说,他们有时并不太关注维护自己的权益,反而还更关注那些侵犯自己权益的公司人员的利益。

所以,1773年的规定并不能解决东印度公司所存在的各种问题。例如,公司曾有一次获得了三百多万镑的利润,它将这些资本都存放在加尔各答的金库中。后来,虽然它的统治范围逐渐扩大,延伸到了印度好几个最富裕、肥沃的地区,但先前所有的获得最终还是被浪费了。到海德·阿利入侵时,公司完全没有任何准备,以致无法抵抗;加上上述的各种混乱,公司现在已经处于极端困难的状态。为了避免破产,它只好请求政府的援助。议会各党派在改善该公司经营方面,都提出了各种方案,但这些方案中共同的一点,就是取消该公司对其占有领地的统治。其实,该公司本身也没有能力统治这些地区了,于是将交由政府来管理领地。

一般来说,如果一个机构有权在僻远、野蛮的国家建立堡垒和守备军的话,那么它也有权与当地宣战和媾和。股份公司就拥有前一项权利,并且它想要正式拥有后一项权利,还曾经对人行使过后一项权利。其实,从后来的结果可以看出,它们对后一项权利的行使是多么的不正当以及残酷。

对于某些商人自付费用和风险在其他国家建立新的贸易的行为,政府为了奖励这种将来有利于人民大众的冒险,一般都允许其设立股份公司,并且在其经营顺利时,授予它们一定年限的垄断权利。这种暂时垄断权的性质,就如授予发明者对其发明的专利权,授予作者对其著作的著作权一样。一定的期限届满,垄断的权利也就没有了。如果堡垒和守卫还有必要维持的话,政府就应当以一定的代价将其从公司手中买过来,并由全国人民一起自由经营当地的贸易。如果政府授予公司的这种垄断权时间太长的话,对全国其他人民来说,会造成以下两种不合理的负担：一是提高了有关货物的价格；二是限制了很多人去经营那种贸易。然而，使人民遭受这种负担的原因，仅仅是为了维持公司里的那些懒散、浪费甚至侵吞公款的雇员而已。正是这些雇员的胡作非为，公司分配的红利常常低于其他行业的普通利润率。并且，如果股份公司没有取得这项垄断权的话，那么它也不能够长久地经营任何国外贸易。如果一项贸易在甲地购入货物之后，在乙地销售就可以获得利益的话，那么一般来说，甲、乙两地就都会存在着很多的竞争者，因此经营者不仅需要时刻关注需求情况的变动，还要时刻关注竞争及供给情况的变动。可以说，为了使货物的数量适应需求、供给和竞争的变动情况，如何灵活运用各种技巧以及正确判断市场就是一种不断变化的战争。如果经营者不加以关注的话，根本就不可能取得成功。然而，股份公司的董事们是不可能做到这一点的。当东印度公司没有垄断特权以及清偿债务之后，虽然议会允许它继续保留着股份公司的身份与其他商人竞争，但这时，私人贸易者的谨慎和关注一般都会将该公司排除出印度的贸易。

莫雷勒修道院的院长是法国有名的作家，他对经济学也很有研究。他曾经列举了1600年以后五十五家欧洲各地设立的国外贸易股份公司。根据他的描述，虽然这些公司都有垄断特权，但都因为管理不当而全部失败了。不过，他列举的五十五家中，有两三家被弄错了，并且还少列了几家。

一个股份公司不需要专营特权并能成功的贸易，基本上只有以下四种性质的贸易，这些贸易活动都非常简单，并且没有多少变化。它们是银行业，水、火以及战争灾害保险业，建修通航河道或运河，以及为城市提供清水。

虽然银行业的原理有一点深奥，但其实际经营却没多大变化，且有规可循。但是，如果为了贪图眼前的巨大利益，而不顾应当遵守的规矩，那么银行就很容易陷入绝境之中。和个人合伙企业相比，股份公司更能遵守规矩。所以股份公司也就更适合银行的营业，这也是欧洲主要银行采取股份公司形式的原因。这些公司有很多都没有获得专营特权，但还是经营得很成功。例如，英格兰银行一点特权也没有，只有议会限定的所有银行需遵守的六人以下的股东。爱丁堡的两个银行也是股份公司，并且没有任何垄断权利。

虽然火灾、水灾乃至战争造成的损害很难准确地计算出来，但一定程度上可以通过一些规则和方法估算出来。因此，没有特权的股份公司，似乎可以成功地经营保险业。伦敦保险公司、皇家贸易保险公司，都属此类。对于通航河道或运河，一旦它修造好了，其管理也是很容易的，可以制定出一些规则和方法

来进行管理,就连修建河道也可以这样。例如,一里的造价、一闸的造价,都可以与承包人订立合同来约定。修建向城市供给清水的运河、水槽或大水管,也可以采取这种方法。那些没有取得特权的股份公司经营这些事业,也可以获得很大的利益。

但如果股份公司的设立仅仅是让特定的商人享受其他人无法享受的利益的话,那肯定是不合理的。股份公司的设立要趋于合理,不仅要求其经营事业必须制定出一定的规则和方法,还必须有以下两个条件:一是那种事业的效果明显比一般商业更大;二是所需的资本必须大于个人合伙企业能够筹集到的数额。那些效果很大胆、所需资本很少的事业,个人合伙企业也能够做到,因此并不是必须设立股份公司。上述的四种事业均满足以上两个条件。

如果银行业管理得当,就会取得很大效果,其效果之大我已经在第二篇中讲过了。如果一家公共银行的设立,是为了维持国家信用,也就是说当国家有特别急需时,为政府垫付某一税收数百万镑的全部收入,再由该税收一两年后归还,那么这种银行所需的巨额资本,个人合伙企业是不可能筹集得到的。

保险业能够给个人财产带来很大的保障。因为一种可能使人没落的损失,有了保险业后,就被分配给很多人来分担了。但保险业要想给予他人保障,就必须拥有巨额的资本。听人说,在伦敦西保险股份公司设立以前,在检察长那里的一份名单中,一百五十个私人保险业者在开业不到几年的时间里就全都失败了。

通航水道、运河以及供给城市自来水的各种必要工程,不仅需要很大、很普遍的效用,而且需要的巨大费用也是个人所办不到的。

综上所述,设立股份公司必须具备上述三个条件才是合理的;同时,也只有上述那四种行业是具备这三个条件的。其他公司,诸如伦敦的英国制铜公司、熔铅公司和玻璃公司,则都不是同时具备上述那三个条件的。这些公司需要的费用非常大,大得任何个人都无法支付,但它们的效益却很低。不过,对于他们是否制定了适合股份公司管理的规则和方法,从而获得了巨大的利润这件事,我就不得而知了。还有,矿山企业公司也是不具备上述三个条件的,因此它早就已经破产了。而爱丁堡英国麻布公司,情况也类似,虽然最近它的股票价格没有跌得像以前那么厉害,但还是和其票面价格差很多。还有其他一些为促进国家特殊制造业而设立的股份公司,也都是弊大于利,常常因为经营不当而导致社会总资本的减少。由于董事们对某些特定制造业的偏爱,因此即使他们很正直,股份公司的发展也会妨害其他制造业的发展,并破坏产业和利润间的正常比例。而我们都知道,产业和利润之间的平衡比例,是影响一国一般产业的最大因素。

第二项　青年教育的费用

和前面所提到的道路运河一样,青年教育也是由自身的收入来支付自身的开支。老师收受学生的学费或谢礼,就构成了这一类收入。虽然教师的薪酬并不是完全来源于学费或谢礼,但也似乎不需要社会一般收入来支付。在很多国家,行政部门都掌握着这种收入的征收和运用。大部分的欧洲地区,普通学校和专门大学需要的费用,并不需要社会一般收入来负担,或者说需要得极少。教育经费主要都来自地方收入,例如某项地产的租金,或某项专款的利息。这些专款是交给保管人负责的,它们有的是由君主拨付的,有的是私人捐赠的。

无论哪种职业的人,他努力的程度都与他努力的必要性相适应。当然,由于每个人所处的境况不一样,这种必要性也就因人而异了。如果一个人生活资料的唯一来源就是他的工资,那么对他来说,工作努力的必要性最大。为了获得更多的工资以养家糊口,他必须做一些有价值的工作。在自由竞争的情况下,相互的竞争就会自然地使每个人都努力地做好自己的工作。即使是卑微的工作,竞争也会激励人们不断努力,从而超过别人。所以,只有竞争才能够激励最大程度的努力。还有就是伟大的目标,它也会诱导一些坚强且具有雄心壮志的人去努力做好工作。但一般来说,努力的程度可以说并不是必须要有大的目标来督促。如果一个人仅仅有大的目标而没有实现的必要性的话,那么这种目标也不会激励人们作出多大的努力。以英国为例,对法律知识的掌握可以使很多人实现自己的野心,但那些富贵家庭的人,却并没有几个人在这种职业上崭露头角,就是因为他们学习法律的必要性很低。

对于上述那些捐赠的财产,是否对教育设施有所促进,是否激励了教师的勤勉和能力,是否使教育转变为对个人和社会都有利的事业,其实是非常容易回答的。

如果一个普通学校或专门学校获得了一笔捐赠的财产,那么势必会降低老师勤勉的必要性。因为,老师是依照其教学成绩和名望按月领取一定薪水来维持生活的,这笔捐赠的基金其实就是给予了他与教学成绩不相关的收入。在有的大学,薪水其实只是老师收入的一小部分,他们很大一部分收入都来自于学生的谢礼或学费。在这种情况下,捐赠的基金的确会稍微降低教师勤勉教导的必要性,但在这种情况下,对老师来说,教学的名望还是很重要的。他必须尽职地履行各种任务,以获得学生对他的敬爱、感谢和好评。

而有的大学禁止老师接受学生的谢礼或学费,他的薪水就是他工作的全部收入。在这种情况下,他的义务和利益可以说是一个相互对立的关系。如果无论他是否履行义务,他的薪水都是一样的,那么他就会选择不去履行义务。因为,对每一个人来说,过着安逸的生活总是有益的。当然,当某种权力禁止他放弃工作时,他自然就会在权力允许的范围内敷衍塞责了。就算他喜欢工作,他也会去找一些有利可图的事情做,而不是把精力浪费在这些无利可图的事情上。

当教师服从的权力掌握在法人团体(专门学校或大学)的手中,并且教师又是学校或法人团体中的一员时,教师们之间总是会彼此宽容。他们以允许自己不履行义务为条件,宽容其他人不履行义务。并且,这被他们视为共同利益。于是,近年来,牛津大学一些教授连装都不想装了。当教师服从的权力掌握在外部的人手中时,诸如主教、州长或阁员的手中,那么他们基本上就不能够忽视义务的履行了。然而,这些权力对教师们来说的,能够强制他们的也仅仅是上课的时间和演讲的次数而已。对于演讲的内容,还是得依赖教师的勤勉,而这是由努力的必要性来决定的。并且,这种外部监督的性质常常是任意专断的。一方面,享有监督权的人并不亲自去听讲,并且不一定能理解教师讲授的内容,因此,有效地行使监督并不是一件很容易的事情;另一方面,这种监督权所产生的傲慢情绪,常常使监督者们不知道如何正确行使职权,于是,他们经常没有正当理由地任意批评和开除老师。这样一来,教师的地位降低了,他们从社会上最受尊敬的人变为了最卑微受轻视的人。教师们为了避免这种不利的后果发生,也只好采取一些自我保护的措施。这些措施并不是更加勤勉地工作,而是牺牲法人团体的名誉和利益去阿谀奉承那些监督者。例如,法国大学的管理,在相当长的一段时期内,都是这种专横的外部监督,其所产生的结果不言而喻。

假设学生能够随意进入专门学校或大学接受教育,而不需要考虑老师的学问名望,那么这种情况同样也会降低教师追求学问名望的必要性。例如艺术、法律、医学、神学专业的学生只需要在大学住满一定年限就能毕业,必然会促使一定数量的学生不考虑教师的学问和名望,而直接去那个大学住满一定的期限。毕业生制度其实就是学徒制度,像其他学徒制度可以促进技术的进步一样,毕业生制度也可以促进教育的进步。

现实社会中,一些学生会因为某个大学提供的研究费、奖学金、贫困津贴等一系列慈善基金,而不考虑学校的名誉去那个大学学习。其实,如果需要依赖这些慈善基金的学生能够自由选择喜欢的大学就读的话,也许在一定程度上还可以引起各大学之间的竞争呢。然而,各大学都规定就算是自费生,未经学校允许也不得转入他校,这种规定其实就消灭了学校之间的竞争了。同样地,当学生不能够自由选择上课的导师或教师时,就算校长指定的老师很没有能力,未经申请许可,学生也不能更换老师。这种规定同样也会降低学校里各老师之间的竞争,从而降低他们勤勉任教以及关心学生的必要性。在这种情况下,无论是否接受了学生优厚的报酬,老师都会疏忽职责,并不关心学生的教育。

教师作为一个理性的人,当他发现自己所讲的东西都没有多大意义,或者当大部分学生都不愿意来听他的课,或即使来听也表现出蔑视和嘲笑时,他必然会感到不高兴。于是,当他必须进行一定次数的演讲时,即使没有其他利益,他也会尽量完善以避免遭受嘲笑。当然,他可能会采用几种简单的办法来改善那种受人嘲弄的情况,例如不加说明地直接拿着书本来宣读,或者将外国的书籍直接翻译过来讲解,或者主要叫学生上去讲解而自己偶尔说几句。对于这种简单的事情,一方面只需要有限的知识和勤勉度即可;另一方面又不会遭到轻蔑或嘲弄,同时能避免讲出无意义甚至可笑的东西。而且,由于学校的规定,学生不得不全部到教室里去听老师讲课,并且要保持最有礼貌的态度。然而,这些规定其实就是在极大地削弱教师勤勉的必要性。

这些专门学校和大学的规定,其实就是为了老师的利益,更准确地说是为了使老师享受安逸,而不是为了学生的利益。大家似乎都认为,教师是有智慧、有德行的,而学生是愚钝的,因此在任何情况下,校规总是在维持教师的威严。无论老师是否疏忽职责,学生都必须对其保持礼貌的态度。实际上,如果教师真的履行了自己的义务,大多数学生都会自觉地尊敬老师,而不需要校规的强制。例如,当老师的讲授非常值得学生去听时,无论什么时候,学生都会去听课。实际上,校规的强制应当仅针对那些幼小的孩子,强迫他们受到必要的教育。而当学生到了十二三岁以后,其实只要教师认真地履行自己的教学义务,学生们就会很自觉,也就不需要校规的干涉了。当老师努力做好本职工作并使学生们有所得时,即使他在工作上有很多失误,学生们也不会计较,甚至还会

隐瞒教师的许多疏忽呢。

我们可以注意到,大部分非公立机构的教育都做的很好。例如击剑学校或舞蹈学校,青年学生进去之后虽然未能学得很精通,但都学会了如何舞剑和跳舞。相比之下,公家设立的马术学校,其费用很高,但学校的教学效果却不是那么好。在文科教育中,最重要的三部分是读、写、算。到目前为止,与去公立学校去学习这三者相比,进私立学校学习这三者的更多,并且他们都可以学到必要的程度。然而在英国,虽然公立学校很腐败,但还是比大学要好得多。这主要表现在以下两个方面:一是在公立学校里,青年至少可以学到希腊语和拉丁语,老师也会将必要的功课都教给学生;在大学,青年既没学到这些必要的科学,也没有学到学习这些科学的正确方法。二是在公立学校,在很多情况下,学生的谢礼或学费基本上就构成了教师的全部薪酬。公立学校并没有什么别的特权。一个人并不需要在公立学校住满一定的年限才能毕业。在考试时,只要他已经知道学校教授的东西,就不管他在什么学校学过。

有时,我们感觉到那些大学所教授的一些课程并不是很好,但无论就个人还是社会来说,又感觉这些功课非常必要并且是教育的重要部分。现在有一部分欧洲大学,以前是罗马教皇为教育僧侣建立的宗教团体。那时,教师和学生基本上都拥有一种僧侣特权,而且由教皇直接保护学校所有的教师和学生。并且,他们享有一种豁免权,可以不受所在国民事法律的管辖,而只接受宗教法庭的审判。当然,这些学校里教授的大部分课程,都是诸如神学或为学习神学准备的知识。

当法律确定了基督教为国教时,拉丁语便成了西欧的普遍语言。那时,在教堂中都使用拉丁语举行礼拜和诵读圣经译文。自从野蛮民族入侵颠覆罗马帝国之后,拉丁语在欧洲各地也不像以前那样流行了,各地懂得拉丁语的人也慢慢地变少。虽然宗教环境发生了改变,但是人民的虔诚却保留了那些原有的宗教仪式,教会在举行礼拜时仍然使用拉丁语。于是,就像古埃及一样,欧洲同时使用着两种不同的语言——僧侣的语言和人民的语言。前者被认为是神圣的、有学问的语言;而后者被认为是世俗的、没有学问的语言。由于所有的僧侣在进行祭祀时,都必须使用这种僧侣的语言,因此,拉丁语开始成为大学教育的一个重要内容。

宣称绝对正确的教会布告,曾经将拉丁语圣经(拉丁语译成的圣经)、希腊语及希伯来语的原文,共同当做是上帝口授的。因此,与拉丁语圣经一样,希腊语和希伯来语的圣经原书也有同样的权威。于是,对僧侣来说,他们也必须掌握希腊语和希伯来语。不过,对这两种语言的研究,一直都不是大学的必修课程。就算是西班牙的一些大学,也从来没有将希腊语当做一般的课程来教授。相对于拉丁语圣经,最开始的宗教改革者们认为,《新约全书》的希腊语原文和《旧约全书》的希伯来语原文更有利于他们的主张的宣扬。而天主教会一直都将拉丁语的圣经当做自己的精神支柱。面对宗教改革者使用希腊语原文和《旧约全书》的希伯来语原文对拉丁语圣经的攻击,天主教徒如果不了解希腊语和希伯来语,就不能进行很好的辩护。因此,无论是拥护宗教改革者还是反对宗教改革者,他们都渐渐地将希腊语和希伯来语作为多数大学的课程,研究希腊语与研究古典密不可分。以前,主要是天主教教徒和意大利人研究古典,后来宗教改革开始之后,研究古典已经是非常普遍的现象了。所以,在多数大学中,关于希腊语的学习,学生一般在学习了一些拉丁语之后就开始学习希腊语,学习了希腊语之后,才开始学习哲学。而关于希伯来语的学习,由于其和古典研究没有什么关系,并且除了圣经以外,没有一部有价值的书是用希伯来文写成的,因此,希伯来语的学习是在学生学习了哲学之后,需要进行神学研究时才开始学习的。

最开始在各大学中,都只教授希腊语和拉丁语的初级内容。后来,一些大学认为,对于这两种语言的学习,学生不仅应当掌握初步知识,而且还应当深入研究。于是,到目前为止,各地大学都将深入研究这两种语言作为重要的内容。

我们知道,古代希腊将哲学分为了三个部分,包括物理学(自然哲学)、道德哲学(伦理学)和论理学。其实,这样的划分还是很合理的。各种伟大的自然现象总是会激发人们的好奇心去探根究底。例如,天体运行、日蚀月蚀、彗星、雷电和其他异常的天文现象,以及动植物的出生、成长和死亡等,都非常奇异。哲学最开始研究的领域就是这些这些伟大的自然现象。历史上最早留记录的哲学家,也是这些自然哲学家。最开始,人们将这些奇异的现象都迷信地理解为神的力量。到了后来,哲学致力于以更容易让人理解的原因去解释这些现象。

无论哪个时代或哪个国家的人民,总是喜欢共同规定或确认一些关于生活和行为的高尚准则。对那些已经确立并受人尊重的准则,很多聪明人或自作聪明的人,都喜欢用各种方式来表达他们对于某种行为是否正当的看法。如

《伊索寓言》中采取的是虚假的寓言形式；《所罗门金言》中采取的是单纯的箴言形式；提西奥尼斯和弗西里迪斯采用诗歌的形式；希西奥德则是通过写作各种作品的形式等。在很长一段时期内，人们都只是通过上述形式来不断提高智慧和道德的准则，但从来没有想要将这些准则整理成一种明确有组织的秩序，就更不用说形成从原因推断出结果的推理规则了。人们将这种推理规则作为系统地整理知识的普遍原则。自然哲学的一些论文，是最早采用这种普遍原则来进行知识体系的整理的。之后，道德领域也开始这么做。于是，日常生活的准则像研究自然现象一样，也采用了一些普遍原则进行知识整理。人们将研究并说明这些原则的科学称为道德哲学。

对于自然哲学和道德哲学的体系，不同的作家有不同的理论。他们的议论常常没有多大的根据，有的只是一些微弱的假设而已；有的则只不过是错误的诡辩。任何时代的思辨体系都一个特点，那就是关注一些琐碎的、细小的、对人们的观点不起决定性作用的推论，例如一些没有什么金钱利害关系的事情。对于人们的一般观点，诡辩基本是没有什么影响，但它对人们有关哲学和思辨方面的观点影响却非常大。各个自然哲学体系和道德哲学体系的拥护者，都致力于寻找异己者的弱点，从而攻击他们的理论。伦理学就是在他们相互讨论异己者的观点时产生的。伦理学涉及的内容很多，主要包括以下几个方面：一、盖然的议论和论证的议论之间的区别；二、似是而非的议论与决定性的议论之间的区别；三、由上述两者引导出来的关于正确推论与错误推论之间的区别。虽然论理学的起源较之物理学和伦理学晚一些，但古代的大部分哲学学校，总是先教授论理学的知识。这是因为，当时的人们认为，学生只有掌握了关于正确推论与错误推论的不同之后，才能够很好地进行物理学和伦理学这两个重要领域的推论。

欧洲的部分大学，将古代哲学的三部分划分为了五部分。关于人类精神或神的性质的知识，在古代哲学中属于物理学体系的一部分。当时的人们认为，无论这种精神或神的本质是什么，它都是属于非常重要的宇宙系统的内容。人类从这部分推测出来的所有东西，基本上可以分为非常重要的两部分：一是用来说明宇宙体系的起源；一是说明宇宙运行的科学。哲学在现在欧洲各大学的课程中，是作为神学的附属部分的。因此，相对于其他部分，教师们会更加细致地教授上述两部分的内容。于是，这两部分内容被不断充实并扩张，便又细分了很多章节。这样一来，在哲学体系中，就像物理学的阐述一样，人们了解并不多的精神内容也用了很多篇章来阐述。之后,物理学和精神学也成为了区分各种事物的科学。作为物理学的对立面的精神学(或者说形而上学),它被看做更为高尚的科学,且对某特定职业来说,它被看做更有用的科学。于是,人们也就不再那么关注物理学中的实验和观察了。相反,除了一些显而易见的真理外,大多数人都对那些不确定的、以诡辩为主题的研究充满极大的兴趣。

在对上述两种对立的科学进行比较时,就会自然地产生第三种科学。这种科学被称为本体学,它是分析其他两种科学的共同性质的科学。不过,当大部分学派都是形而上学时,这种没有什么意义的本体学其实也是形而上学。

古代道德哲学的目的,是研究个人、家族、国家甚至人类社会如何追求幸福和善良。它认为,人们之所以要负担各种义务,就是为了追求人生的幸福和完善。然而,当传授道德哲学和自然哲学的目的是为了研究神学时,可以说,人们之所以要负担各种义务是为了来生的幸福。在这一方面,近代哲学与古代哲学有很大的不同,这表现在:古代哲学认为,善良完美且有德行的人在今生必能享受到最大的幸福;近代哲学却认为,善良完美且有德行的人并不能在今生享受到幸福。因为近代哲学的观点认为,只有忏悔、禁欲和苦修才能使人升入天堂;而仅仅是慷慨大方、宽容活泼的人并不能升入天堂。于是,各学校大部分的道德哲学内容都是良心学和禁欲主义的,这样,哲学中最重要的内容也就被完全曲解了。

在欧洲,大部分大学的哲学教育是按照下列程序进行的:一、传授论理学;二、传授本体学;三、传授精神学;四、传授道德哲学(但这种道德哲学如前所述已经变质了;它与精神学、人类灵魂不灭学以及由神来裁判来生赏罚的学说直接联系);五、传授简单的物理学。但是,由于哲学被认为是研究神学的一门合适的入门学科,因此,欧洲各大学常常为了教育僧侣的目的,而对古代哲学课程内容作出修改。但增加的诡辩以及良心学和禁欲主义,并不适合对绅士或普通人的教育,并不能提高他们的悟性、改善他们的感情。

目前,欧洲大部分大学的哲学课程仍然由教师教授,同样地,这种教育的效果要受教师勤勉的必要性的影响。在一些富裕的大学,它拥有很多的捐赠基金,那里的教师们常常只是非常马虎地教授那些已经变质了的哲学的部分内容。

在近代,多数大学都采取了一些措施对哲学部门进行改革,只是并没有很快地在实践中采取这些改革措施。虽然大部分人已经无法容忍那些陈腐的偏见,但仍然有一些学术团体继续坚持着这些腐朽的观念。可以说,那些富裕的、有很多捐赠基金的大学,基本上是最慢采取改革措施的,因为它们最不愿意对已经实行很久的的教学计划作出任何大的改变。相比之下,在那些稍微贫困的大学里,教师们基本上依靠自己的名声和学问来维持生活,因此他们更加关注当前时代的思潮。所以,这些贫困的大学总是最快采取改革措施的。

最开始,欧洲的公立学校和大学就是为了教育僧侣而设立的。虽然它们并没有非常认真地教授学生知识,但它们吸引了几乎所有人尤其是有钱人家的子女来学校里求学。虽然各公立学校和大学所教授的大部分内容,并不是非常有利于学生将来从事的事业,但对人们来说,幼年时期到中年时期这中间的一段时间里,度过它的最好方式是进入大学学习。

现在,英国越来越流行将青年人送往外国游学,而不是将他送进大学学习。有人说,青年人去国外游学对其智能的提高很有帮助。但实际上,我们可以想一想,一个青年十七八岁出国,二十一岁回来,在三四年这么长的时间里,就算他在国内智能也当然会提高。其实,去国外游学对青年人会带来两种影响:一方面,青年们在游学中会学会一两种外语,但一般来说,他说得肯定不是很流利,写得也不是很好;但另一方面,游学回国之后,他会变得骄傲,更不能专心勤奋地做事情。这种远离亲人的监督和管理的漫游,使他们把一生最宝贵的时光消磨在放荡而没有意义的生活中,并且使他以前所受到的教育在内心形成的所有良好习惯都逐渐消失了。但归根究底,之所以会流行这么无聊的国外游学风气,主要还是因为社会上的人们不信任各个大学的教育。当亲人们不愿意见到子女在自己面前整天无所事事地堕落时,只好将他们送出国外。这正是近代的大学教育所造成的结果。

相比之下,其他时代的各国都是采取各种不同的教育方法和教育设施。例如古代希腊各共和国,在国家官员的指导下,当时的自由市民学习着体操和音乐。音乐教育的目的是为了使人性情温和、通情达理,从而培养人们履行生活上所有的社会义务和道德义务的意愿。体操的教育可以强身健体、锻炼勇气,培养人们战时忍受疲劳和危险的能力。我们考察所有的记录,可以得出这样的结论,那就是希腊的民兵被认为是以前最好的民兵之一。从这里可以看出,当时的公立教育是达到了其所要达到的目标的。还有古罗马时期,罗马人当时拥有练武场的体操场所和希腊的体育馆一样,并且同样取得了良好的教育效果。不同的是,罗马没有希腊的音乐教育。然而,无论在个人生活还是社会生活上,相对于希腊人的道德,罗马人的道德水平甚至更高。我们可以用两个人来证明罗马人个人道德的优越,他们就是最通晓两国国情的作家——坡里比阿和哈里卡纳萨的狄奥尼西阿。而罗马人社会道德的优越,则可以由希腊和罗马的历史来证实。所有自由民族对社会道德最关注的事情,不外乎党派争执、不动怒气、不走极端。与希腊人各党派动辄以暴力引发流血事件相比,直到格拉奇时代为止,罗马人从来没有因党派斗争而发生流血事件。而格拉奇时代之后,罗马共和国实际上已经解体了。因此,无论柏拉图、亚里士多德和坡里比阿是如何地值得人尊重,我们还是可以看出,希腊人的音乐教育好像对人民道德的改善并没有什么显著的功效。虽然罗马人没有像希腊那样的音乐教育,但总体上来说,罗马人的道德似乎更优于希腊人。

以前的人们非常尊重自己的祖先所制定的制度,他们总是很习惯地从古代的制度中寻找适合自己的政治智慧。于是,那些古代的习俗被一直流传下来。在野蛮民族,音乐和舞蹈是他们公认的娱乐项目,同时也是他们款待朋友的表演技艺。例如,目前非洲海岸的黑人、古代居尔特人、斯堪的纳维亚人以及特洛伊战争以前的古代希腊人,都是这样。当希腊各民族成立各共和国时,对音乐和舞蹈的研究在很长一段时期内,都是当时公共教育的一部分内容。

在罗马以及古希腊的雅典,向学生教授音乐、体操的教师们,并不是由国家任命的,其薪水也不由国家负担。当时,国家强制所有自由市民接受军事训练的目的,就是战时保卫国家。然而,国家却只负责提供公共广场,市民们要自己去寻找指导军训的教师。在希腊和罗马共和国初期,除上述音乐和体操科目外,教育的内容就只有读写和算术。富人们常常请家庭教师来教授这些知识;穷人们则一般是到教师设立的学校去学习。这些穷人一般都是奴隶,或者是由奴隶解放了的自由人。那时,无论在家里学习还是在学校学习,国家不实行任何监督或指导,都是由父母来指导和监督子女教育的情况。根据索伦制定的法律,如果亲人忽视对子女的教育义务,子女就可以免除为亲人养老的义务。

随着文化的发展,哲学修辞学逐渐成为流行的科学。社会上流的人为了让子女学习这种知识,于是将子女送到那些哲学家和修辞学家设立的学校。在很长一段时期内,国家对于这些学校都只是予以默认,但没有给予过任何支持。然而在很长一段时间,社会对哲学和修辞学的需要非常少,于是,这个专业的教师无论在哪个都市都找不到稳定持久的工作。例如,埃利亚的曾诺、普罗塔哥拉斯、戈吉阿斯、希皮阿斯和其他许多学者的情况,都是如此。后来,随着社会需要

的增加,教授哲学和修辞学也有了固定的学校。雅典以及其他许多城市,都设立了这样的学校。然而,国家不对这些学校提供任何奖励,只是为它们提供一定的场所,例如柏拉图的学园、亚里士多德的讲学地、斯多噶学派创建者基齐昂的之诺的学府。有时,有些学校的场所都是私人支持的。例如,伊壁鸠鲁的学校,就是他自己的花园改建的。一直到马卡斯·安托尼阿斯时代,所有的教师都没有在国家那里领取过薪水,他们的全部收入都是来自学生交的谢礼或学费。鲁西安曾经说,马卡斯·安托尼阿斯皇帝非常爱好哲学,他曾经给过一位哲学讲师以奖励金支持,但在他死后这种奖励金就停发了。从这些学校毕业的人们并没有什么特权,在这些学校学到的东西对他们将来要从事的职业也没有什么帮助。法律既不强制人们进入这些学校,但也不会为进入学校的人提供任何好处。因此,这些学校只能依靠舆论来吸引学生前来就读,并且由于那里的教师并没有权利管辖学生,因此教师们只能凭借自己优越的德行和才能来获得学生的尊敬。

在罗马,少数特定家族将民法的研究视为教育的一部分。那时并没有一个公立的学校为那些渴望获得法律知识的青年提供教育,他们只能从熟知法律的亲戚朋友那里获得一些知识。需要指出的是,在希腊,法律从未发展成为一门科学,虽然十二铜表法的很多内容抄袭了古代希腊某共和国的法律。然而在罗马,法律很早就是一门科学了。所有知晓法律的市民,都能获得较高的荣誉。在古希腊各共和国,尤其是在雅典,法院都是由很多人民团体组成的,他们不但没有秩序,而且所做出的判决也经常被一些宗派意见所左右。不过,在那里,错误判决的不良后果是由法院所有的人来承担,无论是五百人、一千人还是一千五百人,因此每个人所承担的也就不觉得有什么了。与之相反,罗马的主要法院是由一个或少数几个裁判官组成的。如果裁判的结果不公正,尤其是在公开审理的情况下,裁判官的声誉便会受到较大的影响。因此,法院在遇到疑难案件时,为了避免世人的责难,总是会遵循以往的裁判官所做出的先例来审理案件。于是,罗马法形成了遵循判例的体系,并且这种有规则的体系一直流传下来了。其实,如果其他国家的法院也采取相同的做法,那么也会产生相同的结果。坡里比阿和哈里卡纳萨的狄奥尼西阿斯曾极力认为,罗马人的性格要优于希腊人。我认为,罗马人的这种优越性,最主要的原因就在于他们更好的法院制度。罗马人还有一个比较有名的性格特征,那就是非常注重对誓约的遵守;一般来说,大家都认为,与那些在没有秩序的集会上宣誓的人相比,在勤勉且受人尊重的法官面前宣誓的人,更会遵守自己的誓言。

希腊、罗马人的行政军事能力，可以说和现代国家人民的能力差不多。虽然我们经常会因为偏见而高估他们的这种能力，但是我在上面的论述中已经说到了，希腊的音乐教育对于这种能力的培养并没有多大作用，而除了军事训练外，国家没有提供别的支持去促使这种能力的形成。但是，如果上流社会的人民想要学习所有有用的科学技术的话，他们也还是可以很容易地找到老师。正是这种教育的需要，才产生了满足这种需要的才能，而自由的竞争又使这种才能达到了完善。与近代的教师相比，古代哲学家似乎更懂得如何吸引听讲者的注意、了解听讲者的意见、关注听讲者的行动和言论。然而在近代，公立教师的生活环境降低了他们勤勉的必要性，他们并不是很关心自己在工作上是否成功，以及是否有名望。在目前的情况下，那些私人教师和他们相比，就好像没有奖励金的商人与那些得到很多奖励金的商人竞争一样。当前者用同一价格出售商品时，并不能获得相同的利润，反而会更加贫困潦倒，甚至是破产；而当他将货物定价过高时，购买者就会减少，他的境遇还是无法得到改善。

在许多国家，人们从公立学校毕业之后就有一定的特权，对于多数从事学问的职业的人或者需要教育的人来说，这种特权对他们非常重要。然而，想要获得这种特权的唯一方法，就是去听公立教师的讲课。如果私人教师讲得很好，学生们也很愿意去听他们讲课，但学生去听私人教师讲课并不能获得毕业的特权。因此在近代，有些人认为，那些讲授大学课程的私人教师是最卑微的，他们的职业也被认为是最无利可图的职业。最后，普通学校和专门大学的捐赠基金造成了两种不良的后果：一是降低了公立教师勤勉的必要性；二是减少了优秀的私人教师人数。

试想，如果没有公立学校的话，那么根本就不会有人教授那些不符合社会需要的学科知识，也不会有人教授那些没用的、不流行的知识。因为，私人教师绝对不会为了卖弄学问而去教授那种已经被推翻或没有用的科学，他从中得不到任何好处。于是，这种陈旧的科学知识就只会留在公立学校里了。因为那里的教师，其收入和他们的名声以及勤勉程度没有什么关系。并且，就算没有公立学校，一个勤奋好学的人也还是能接受到完全的教育。当他与别人探讨问题时，他的知识是足够的。

当时，由于没有对女子教育的公立学校，因此在女子教育的课程中也就完全没有那些没用的、不合理的内容。女子接受的教育，就是她的父母或监护人认为她必须要学习的东西，并且是有用的东西。之所以说她所学的东西有用，是因为这些东西不仅可以促进她身体自然的丰姿,而且可以使她形成内心谨慎、谦逊、贞洁及节俭的美德,最后让她学习妇道,将来成为一个家庭主妇等。女子在她的一生中,都会感受到这些教育给她带来的各种利益。然而,男子教育与女子教育不一样,男子接受的都是极辛苦的教育,并且在一生中并不能感受到这种教育带来了多大的便利。

综上所述,我们可以问一个问题,那就是难道国家不应该对人民的教育加以注意吗?如果应当注意的话,要注意哪些部分呢?应该如何注意呢?

在某种情况下,即使政府不关心人民的教育,社会的自然状态也会为大多数人创造一种环境,使他们形成社会所需要的能力和品德。但是,在更多的情况下,社会并不能为大多数人创造这样一种环境,这时,为了防止人民的堕落或退化,政府就应当开始关注教育问题。

人类的大部分能力都形成于日常的工作中,而分工的进步则使大多数劳动者的工作被局限在了少数甚至一两个简单的操作上。如果一个人一生都在进行少数相同的简单操作,那么他基本上碰不到什么困难,这样他也没有什么机会发挥自己的聪明才智去寻找解决困难的方法了。于是,他逐渐没有以前那么努力了,慢慢地变成了一个愚钝无知的人。由于精神上的无知,他不仅不能理解一些正常的谈话内容,而且缺少高尚宽大的情感。最后,他甚至没有能力来判断许多日常生活上的一般义务,更不用说要他判断国家的重大利益了。即使在战时,我们也必须花费很大的力气才能教会他如何作战以保卫国家。单调的生活,不仅磨去了他精神上的勇气,使他不习惯士兵不规则的冒险生活;也磨去了他肉体上的活力,使他不能坚强从容地从事任何别的工作。从这些方面来看,他牺牲了所有的社交能力和尚武品德,才获得了自己工作中的技巧和熟练。因此,在所有的文明社会里,如果政府不加以注意人民的教育,那么大多数的人民就将会陷入上述这种状态。

在那些被称为野蛮社会的狩猎社会、游牧社会,以及制造业和国外贸易不发达的初期农业社会里,就不会发生上述情形。因为在这些社会里,每个人的工作多种多样,他不得不具备各种能力,随时想出应付不断发生的困难的办法。于是,发明会层出不穷,人们的精神也不会像文明社会的底层群众那样呆滞。前面曾经提到过,野蛮社会中的所有人都可以称得上是战士,并且也可以称得上是政治家(在某种程度上,我们可以这样说)。他们能够正确地判断社会的利益以及统治者的行动。每个人几乎都能明白酋长平时是一个怎样的裁判官,战时是一个怎样的指挥者。然而,不可否认的是,文明社会的人们的确比野蛮社会的人们拥有更多的大智慧。这表现在:在野蛮社会里,虽然每个人的职业多种多样,但社会整体的职业却没有多少种类。一个人所做的工作其他人都能做,虽然每个人都具有一定程度的知识水平和发明天赋,但这种能力并不是很高。当然,在他们的时代,他们所具有的能力是足够应付社会的所有领域的。相反,在文明社会里,虽然大部分个人的工作单调得没有任何变化,但社会全体的职业却种类繁多。对那些愿意去研究自己没有从事过的职业的人来说,这些种类繁多的职业为他们提供了无限的可能性。研究者必然会花费很多心思,观察比较这些又多又杂的对象,在这个过程中,他也会变得更加聪明并且眼界开阔。然而,如果这些少数聪明的人不能在社会上拥有一种特殊地位的话,那么他们的这些能力就仅仅是对自己有用,而无法为社会做出什么贡献。最后,这些能力很强的少数人也将逐渐淹没在人群之中;人类的高尚品格也逐渐地消失在社会中。

在文明的商业社会里,相对于那些有身份、有财产者的教育,国家更应当关注普通人民的教育。这是因为,那些有钱人在从事职业之前,有充分的时间或者说准备时间去学习各种知识。正是这些知识能够使他们受到人们的尊敬。一般来说,他们基本上是在十八九岁以后才去从事他们想要从事的特定职业的。并且,他们的父母或监护人也都非常希望他们能学习到各种知识。在大部分情况下,父母们总是会豪不犹豫地支付这些学习的费用。所以,那些有钱人如果没有受到合适的教育的话,那么其原因并不是因为支付不起费用,而是因为费用花费得不当;并且其原因不是因为教师太少,而是因为教师都不够勤勉能干,或者是当时找不到更好的教师。另外,有身份的有钱人,并不像普通人那样一成不变地度过自己大部分的职业生涯。他们的工作基本上都非常复杂,动脑多、动手少。他们的理解力不会因为脑力太少而变得迟钝,他们的工作也不是很繁忙。因此,他们有大量的空余时间来专研并掌握自己已有基础的各种有用或无用的知识。然而,普通人民则不一样。他们基本上没有多少时间接受教育。在幼年期间,他们的父母可能都无力抚养他们。因此,一到可以工作的年龄,他们就马上去工作了。他们的工作一般都很简单,不需要动用多少脑力,并且他们的工作很繁忙,因此他们根本没有空暇的时间来做别的事情。

在文明社会里,虽然普通人民不能像有身份的有钱人那样受到那么良好的教育,但他们在早年还是可以学会一些基本的诸如读写和算术知识。这个时

候，可以说他们就在为那些最低级的工作做准备了。因此，国家其实只需要花费很少的费用，就能让全体人民接受这种基础教育，而无论他们是自愿还是被强制的。

在各地教区，国家可以建立教育儿童，并且收费低廉的小学校，这样，普通劳动者就能够负担费用，从而人们就能够便利地获得基础教育了。对于这种学校教师的薪酬，国家只应当支付其中的一部分，因为如果国家负担全部或者大部分的话，教师就容易变得懒惰。例如，苏格兰的教区学校，所有的人民在那里都学会了诵读，而大部分人都学习了写算；英格兰的慈善学校也是如此，只是建立得不像苏格兰教区学校那么普遍，因此其效果也不如苏格兰的教区学校。试想，与现在学校用的普通读物相比，小学教育儿童的读物变得更有意义了；并且，在他们的课程中，几何学和机械学的初步知识替代了那些没有什么用的拉丁语。这么一来，这一阶级人民的文化教育水平就可能达到较高的程度。由于任何普通的工作都涉及几何学和机械学原理的应用，所以在学习更有用、更高深的科学之前，都必须先学习几何学和机械学的原理。

其实，国家还可以采取以下方式保证人们接受到基础教育，那就是：一、为那些学习成绩优秀的儿童设立小奖励或小荣誉奖章，鼓励他们好好接受教育；二、规定所有人在加入某种同业组织之前、在自治村落或自治市从事某项工作之前，都必须接受国家的考试或检测。在希腊、罗马各共和国，它们就是采用这种方法来保持全体人民的尚武精神，强制他们接受军事和体操训练的。当时，各共和国为了便利人民学习和训练，都提供了学习和训练的场所，并授予一些教师在这种场所教授的特权。但是，这些教师的薪酬并不是由国家负担，他们也没有任何排他的垄断权。他们的所有薪酬，都由学生的学费构成。并且，与接受私人老师教授的市民相比，在公立体育馆学习的市民，并没有什么法律上的优越性，只有前者也学得一样好。当时，各共和国为了鼓励市民好好学习，为成绩特别优异的学生提供了小奖励或小荣誉奖章。例如，在奥林匹克运动会或地峡运动会或纳米安运动会上，不仅那些获得奖励的人自己，就连整个家族的人都会感到很光荣。另外，所有共和国的市民，一经召集都必须在共和国军队中服务一定的年限。为了完成军队服务的工作，所有市民都被强制进行军事和体操训练。

政府需要费大力气来维持治安和军事训练，否则大多数人民的尚武精神就会逐渐衰退。在近代欧洲，这种情况时常发生。然而，无论哪个社会的治安维持,都需要依靠大多数人民充满活力的尚武精神。在近代,虽然仅有尚武精神而没有精练的常备军并不能够保障社会的安定,但是如果人们都具有军人精神的话,那么社会所需要的常备军也就不会那么多了。并且,对于那些担心常备军会危害自由的人来说,他们的担心也就可以减少了。总之,在外敌入侵时,人民的尚武和军人精神能够促进常备军的行动;而在常备军违反宪法发生叛乱时,人民的尚武和军人精神也能够很好阻止不良后果的发生。

与近代的民兵制度相比,在保持大多数人的尚武精神方面,希腊和罗马时期的制度似乎更为有效。在希腊和罗马时期,上述制度一经确立就非常有活力地继续进行下去,几乎不需要政府太多的关注。而在近代,由于民兵制度的规则非常复杂,政府需要不断地加以关注。并且,一旦政府不注意的话,这些规则就会被人们忽略,直至被抛弃。还有一点不同的是,在古代,上述制度对人们的影响更为普遍,几乎所有人都会使用武器;而在近代,除了瑞士外,其他国家的民兵教育都只针对一小部分人民。我们说,一个不能保持甚至无法保护自己的人是懦弱的,他缺少人性中最重要的精神。这种精神上的残缺比身体上的残缺更叫人痛苦。我们知道,痛由心生,身体上的残缺所带来的痛苦要小一些,然而精神上的残缺所带来的痛苦要大得多。因此,即使社会的发展已不需要人民的尚武精神了,但为了防止上述精神上的残缺在人民之间蔓延,政府仍然应当切实地关注人们精神上的教育。虽然这种残缺和一些令人讨厌的疾病一样不会致人死亡或危险,然而政府还是应当注意防止这种情绪的蔓延,即使这种注意没有带来别的利益。

同样,当文明社会的所有底层人民失去理解力而变得愚昧无知时,他其实比懦弱者更可耻。因为,那更是人性中重要部分的缺失。因此,虽然保证底层人民接受教育,国家得不到任何利益,但国家仍然应当关注这种教育,使底层人民摆脱无教育的状态。实际上,人民接受了教育之后,国家最终还是会受益的。这是因为,无知的国民常常因为狂热的迷信而引起可怕的骚乱。当底层人民接受的教育越多,他们就越不会受到狂热和迷信的影响。与没有知识的人相比,有知识的人常常更懂得礼节、更遵守秩序。因为有知识的人总是觉得自己的人格更高尚,他们更容易获得法律的认可,以及长者的尊敬,因此他们自己也就更加尊敬那些长者。对于利己者的煽动,他们也能看得更透彻,于是,那些反对政府的放肆言论也不能蛊惑他们。因此,对国家来说,自由政府的安全,就是极大地依赖人民对政府行动的善良意见。人民不轻率、不任性地批判政府,对政

府来说当然是一件幸事。

第三项 各年龄人民的教育经费

一般来说,针对各年龄人民的教育,基本上是宗教教育。这种教育的目的是让来世人们的生活更好、世界更好,而不仅仅是为了使人们成为一个优秀公民而已。和其他普通教师一样,这种教育中教师的生活费,或者由听讲人自愿负担,或者由经国家法律认可的某些收入来支付,例如地产、什一税、土地税、薪水等。然而,这种教育中老师的努力、热心和勤勉,比一般的老师要大得多。因此,新教的教师们在攻击古老的旧体制时,常常有一些优势。这是因为,旧教牧师依赖国家收入的薪俸,常常不怎么关注大多数人民的信仰和皈依的维持,甚至懒得都不愿意保护自己的教会。由捐赠财产成立的古老国教中的牧师,一方面往往都是一些博学儒雅之人,具有绅士或者类似的品质;另一方面,他们容易丧失这些感化底层人民的品质。这些品质无论好坏,恐怕都是他们的宗教称为国教的主要原因。于是,当这些牧师遇到那些勇敢但可能无知的新信徒的疯狂攻击时,就犹如亚洲南部懒惰、无忧的国民遇到北方活泼、强健的鞑靼人的侵略一样,完全不能自卫。这时,他们常常采取的一种手段,就是向行政长官申诉,声称新教教徒扰乱治安,应当对其进行迫害或消灭。例如,罗马天主教教士迫害新教徒,采取的就是这种方法;英格兰教会迫害非国教派,也采取了这种方法。实际上,那些被认为是国教而安静地度过了一两个世纪的宗教,一遇到新宗教对其攻击而自己无力反击时,都请求政府援助。在新教与国教的对抗之中,虽然国教可能在学问方面的确比新教要强;但新教更善于笼络和收买人心,采取各种手段拉拢很多新教徒入教。而在英国,那些拥有巨额捐赠财产的国教教会的牧师们,早已不会这些手段了。目前来说,只有反对国教派和美以美派的教徒还保持着这些笼络人心的手段。很多地方的反对国教派,它的牧师依靠自由捐赠、信托权利和其他违法行为,获得了独立的生活资料。因此,牧师们的热情和活力也不断下降,他们中有很多人成为了非常有学问和高尚的人,而不再是令众人尊敬的传道者。所以,就目前来说,那些在学问方面劣于反对国教派的美以美派教徒是最得人心的了。

罗马教会的下级牧师,出于对自己利益的考虑,比所有古老的耶稣教会的牧师都更加勤勉和热心。在很多教区,牧师的大部分生活资料都来源于人民的自愿贡献,另外,他们又从人们的秘密忏悔中增加了很多收入。托钵教团就是如此。他们就像急速行军的军队那样,如果不去掠夺,就不能获得生活资料。一般来说，教区牧师的收入，一部分来自薪俸，一部分来自学生交的学费。因此，教师们的勤勉和名誉与自己的收入的多少有很大关系。托钵教团中也有依靠勤勉获得全部生活资料的教师，他们需要尽量拉拢普通民众皈依教派。例如，马基弗利尔的描述中曾谈到，在十三世纪和十四世纪，人民对天主教教会的信仰和皈依日益衰落，正是圣多米尼克和圣弗兰西斯两大托钵教团的设立恢复了那种信仰的活力。而罗马天主教各国，则全是依靠修道僧和贫苦的教区牧师来维持这种皈依精神的。那些教会的大人物，虽然拥有绅士的品质和学者的才能，并且非常关注下级牧师的秩序和纪律，但他们却不怎么关心人民的教育和皈依精神的维持。

目前有一位最著名的学者，他既是哲学家，又是历史学家。他曾说："一、国家大多数的技术和行业在促进社会利益的同时，也会对某些人有好处。因此，在技术刚刚传入的时候，国家需要制定一些法律加以规范。其他时候，就应当由该行业自由发展，并且将其交给那些能从它收获好处的人经营。例如，当工艺制造者发现顾客的光临能够增加自己的利润时，他们就会更加勤劳，不断提高自己的熟练程度。除非没有一些意外的干涉，否则，无论什么时候，市场上的商品供给和需求都会保持着适当的比例。二、有些行业虽然对国家有用，却对个人没有什么好处。例如，对于财政、海军还有政治这类行业的从业人员，最高权力者一般都会给予不同的待遇。它以国家奖励来维持这些人的生活；同时最高权利者为了防止他们懈怠，会对那种职业给予特别的荣誉或者制定严格的升、降级制度。一开始，我们也许会认为，与律师和医师一样，牧师和教士属于上述第一种职业，他们可以从那些信仰教义并从其精神上的服务和帮助得到利益的人们那里获得奖励。这也是他们勤勉的强大动力。并且随着实践、研究的不断增加，他们笼络人心的技巧和支配人民思想的智慧也在不断增长。但仔细考虑，我们就会发现，所有贤明的立法者就是要防止牧师们这种利己的考虑。除了真正的宗教，其他所有宗教都会不自觉地将迷信、愚昧和幻想渗透到宗教里面去，因而害处极大。各宗教的从业人员为了使自己的形象在信徒眼中更神圣，总是贬低其他宗教如何蛮横，努力制作各种新奇的事情来树立听众的信心；但他们并不关注教义中所含的真理、道德和礼节。反国教徒们为了吸引人民，常常运用各种手段通过集会来煽动人民大众的情绪，骗取人们的信任。于是，政府就会发现，表面上不为教士提供薪俸好像是一种节省，实际上付出的代价却更大。政府为了和'心灵指导者'们形成最有利、合适的关系，只好向

他们提供固定的薪俸,从而使他们变得懒惰,不再从事过多的活动。从以上可以看出,宗教牧师的固定薪俸制度(独立扶养制度),最开始是为了宗教的利益,但后来证明实际上是为了政治上的目的。"

制度的制定者总是很少考虑制度当中的利弊关系,例如牧师、教士的独立扶养制度。政治上的争论总是和宗教的争论有很大的联系。宗教上争论激烈的时候,也是政治上斗争激烈的时候。在这个时候,各政治党派都会发觉自己与某一教派利益是一致的,采纳那一教派的教义之后他们就可以成为同盟。如果某一特定教派正好站在胜利的政党那一边,那么它当然可以享受到同盟者的胜利。一般来说,作为胜利党的同盟,依靠胜利党的帮助和保护,它能很快地压制所有敌对的教派。因为这些敌对教派,一般都是胜利党的政敌的同盟,从而也就是胜利党的敌人了。可以说,这些胜利党的同盟者——特定教派的教士,取得了最完全的胜利,他们不仅可以支配大多数人民,而且他们支配大多数人民的这种势力和权威,使得同盟党的领袖和政府都会尊重他们的意见。而他们要求政府做的第一件事,就是镇压和打倒所有的敌对教派。一方面,因为他们对政治上的胜利有所贡献,因此想要分享一些胜利品;另一方面,他们已经厌倦了通过迎合民众的心理来换取生活资料的生活。因此,他们要求政府做的第二件事,就是给予他们独立的扶养。这个要求的提出,完全是为了他们自己的安逸打算,并没有考虑将来会对教会的势力和权威造成什么样的影响。而对政府来说,答应这个要求,就相当于把自己取得并归自己保留的东西分给别人。因此,政府也不会立即答应这种要求。但是,在各种因素的影响和考虑自己的利益之后,政府还是会屈服,并最终推三阻四地答应他们。

试想,如果政治斗争不需要宗教的援助,胜利党胜利时没有接受过任何教派的教义,那么这个政党将会一视同仁地对待所有不同的教派,并让人民自己选择合适的宗教和牧师。那么,这种状态下,社会上就会不断涌现出各种不同的教派。各种不同意见的人都可以自成一个小教派,或者拥有自己的特殊教义。这种情况下,教师要想保持现有的教徒或者增加教徒的数目,必定要花费一番工夫并且使用所有的笼络人心的手段。而其他教师也会深有同感,从而人人都下大工夫,并使用各种手段。于是,最后没有一个教师能够成功。

当社会上只有一个教派或者两三个教派,并且教派的教师们都有一定的纪律服从关系时,那么宗教教师的利己情绪就可能会给社会带来危害。如果一个社会中有两三百甚至数千个小教派,那么其中任何一个教派的势力都不足以危害社会的秩序,教师的利己主义也不会有害于社会。这时候,各宗派教师身边的敌人多于朋友,于是教师们也必须十分关注自己品质的修养。那些品质都已经被大教派的教师所忽视了。大教派的教师之所会忽视那种品质,是因为政府支持大教派的教义,其获得了广大帝国几乎所有居民的尊敬,而教师们的身边全都是同门、信徒或崇拜者,没有任何敌对者。而小教派的教师之所以要关注这些品质的修养,是因为他们发现自己基本上是孤立无援的,因此也只好尊敬其他教派的教师。在这种相互谦让中,他们彼此都能感到便利,从而他们大部分的教义也能摆脱所有荒谬、欺骗的东西,从而变成纯粹、真正的宗教。这样的宗教,是世界各个时代的人们最希望看到的。但是,成文法律从来没有使这样的宗教成立,也许将来也没有一个国家能成立这样的宗教。这是因为,关于宗教的成文法律,总是会受到世俗的迷信和狂热的影响。那种独立教派的教会管理方案,其实可以说是无管理方案,可以使所有宗教教义实现最和平适中的精神。在英国内战结束时,曾经有人建议在英国成立这种宗教。在宾夕法尼亚,政府实施了这种教会管理方案。虽然那里的教友派占最多数,但法律对所有的教派都一视同仁。因此,听说那里就产生了上述最好状态下的精神。

虽然说仅仅平等对待各教派,并不能使一国的所有教派或大部分教派产生那种和平适中的精神,但如果教派数量繁多,并且教派势力小到不足以扰乱社会秩序的话,那么各教派对其教义的狂热不仅不会对社会有害,反而会对社会有利。要做到这一点,对政府来说,就必须果断地决定让所有宗教自由,并且教派之间不允许互相干涉,这样它们自然会迅速分裂成很多的教派。

在阶级区别完全确立的文明社会,常常并存着有两种不同的道德体系:一种是严肃、刻板的,一种是自由、开放的。普通人民一般都会赞扬和尊敬第一种体系;而那些时下名流一般都会尊重第二种体系。我认为,这两种相反体系的区别是由人们对过度纵乐的谴责程度决定的。对于放肆甚至扰乱秩序的无节制的纵乐和破坏贞节等行为,只要不有伤风化,自由开放的体系就会毫不犹豫地予以包容。然而,严肃的体系对这些过度的纵乐行为是极其厌恶的。人们常说,轻浮会导致普通人的毁灭。对一个贫穷的劳动者来说,即使胡作非为的放荡行为只持续了一周时间,也足以让他一直沉沦,陷入绝境而不得翻身,最后逼于无奈作出一些违法乱纪的事情来。因此,那些聪明善良的人,都非常厌恶这些放纵的行为。因为他们知道,他们会因为这些行为而陷入绝境,甚至不得翻身。然而,对一个上流社会的人来说,这些行为并不会立即使他陷入绝境,反

而他们还将一定程度的放纵当做他们财产利益或地位的一种象征。所以这一阶级的人，大都不会厌恶这些放纵的行为，最多也只是轻微责备而已。

我们知道，几乎所有的教派都是在民间创立的。它们在普通人民中间吸收了最初的和最多的皈依者。因此，这些教派一般都采用严肃的道德体系，当然也有一些极少数例外。正是采用了这种严肃的道德体系，各教派提出改革旧教义的方案时才获得了大多数普通人民的支持。为了进一步获得这种支持，很多教派不断地改进这种严肃的道德体系，甚至到了过分的程度。然而与任何其他事情相比，这种过度的严格总是能获得更多普通人民的尊重和理解。

一般来说，那些有身份的富人大都是在社会上地位显赫的人。因此，社会时刻都在关注他的举动，他自己也就只好不断注意自己的所有举动。社会对他的尊敬程度，与他在社会上的权威和声望关系很大。于是，他们不敢做任何毁坏名誉的事情，并且要谨慎地遵循社会对他们这种人的一致道德要求，而不论这种要求是自由还是严肃的。相反，一个地位比较低的人，并不是社会上的什么显赫人物。当他在农村时，说不定还有人会关注他的行为，他也只有在这种情况下才会更加注重自己的行为和声誉。当他进入上层社会时，他立即就沉没在卑微和忽视之中。没有人会关注他的行为，他也就任意妄为、自甘堕落地去做一些卑劣的事情。而一个卑微的人想要获得上层社会对他的关注，唯一的方法就是成为一个小教派的信徒。一旦成为某教派的信徒后，他就会立即受到几分尊重。因为为了教派的名誉，所有的教友都会关注他的举动；一旦他做出了什么廉耻的事情，违反了教友们相互要求的严肃道德纪律，他就会被驱逐出教派，这也是当时最严厉的惩罚了。当然，这种惩罚不是国家法律上的制裁。所以，相对于国教来说，小教派往往非常注重规矩和秩序，因此其严肃道德体系也要严肃得多。事实上，这些小教派的道德其实也严厉得有点过度了，似乎有点不通情达理。不过，国家对国内所有小教派道德上的任何不合情理之处，所采取的解决方式不是使用暴力，而是采取了以下两种简单有效的方法。

第一种方法是国家应当对国内中等及以上身份的有钱人施压，叫他们全都去从事科学和哲学的研究；并且，国家不给予教师固定的薪水，避免他们变得怠惰；另外，国家可以对较难懂的科学采取考试检测的制度。无论什么人，他在从事某种自由职业或者被提名为某种名誉有酬的职务候选人之前，都必须经过这种考试检测。如果国家强迫这一阶级的人研究学问，他们自己就可以很快找到很好的老师，那么国家也就不需要替他们提供老师了。对于狂妄和迷信来说，科学就是一针消毒剂，把社会上流人士从狂妄和迷信的毒害中解救出来。这么一来，下层人民也同样不会受到很大的损害。

第二种方法是促进人民的娱乐。迷信和狂妄的产生，常常是因为内心忧郁或悲观。而绘画、诗歌、音乐、舞蹈，乃至所有的戏剧表演都可以很容易地消除大部分人民的这种情绪。国家应当对专门从事这些技艺的人给予奖励，或任由其自由发展。对于煽动人民群众的狂妄者来说，他们一般都对公众娱乐非常惧怕和厌恶。因为娱乐给人们带来的快感，违背了他们煽动的目的。并且，戏剧表演常常会揭穿他们的诡计，使他们成为公众嘲笑的对象。所以，他们尤其讨厌戏剧。

如果一国法律对国内所有宗教的教师都一视同仁的话，那么这些教师和君主或行政部门，就不需要保持任何特定或直接的从属关系，君主或行政部门也不需要去管理他们职务上的任免。这时，君主或行政部门对他们唯一要做的，就是维持他们之间的和平，防止他们相互迫害，就像对待其他人民一样。不过，如果一国存在国教或统治的宗教，那么情形就大不一样了。那时，如果君主对该宗教的大部分教师不能进行有力控制的话，那么他自己也将永无宁日。

所有的国教教士都建立了一个较大的法人团体。他们共同协作并坚持自己一直坚持的精神，并且在一个人的指导下按照计划追求自己的利益。作为法人团体，他们的利益与君主的利益完全不同，有时甚至是相反的。对他们来说，最大的利益就是维持人民对他们的信仰；而且，他们用以下设想来实现这种权威。一是设想他们教导的所有教义是确实且最重要的；二是设想这些教义是摆脱悲惨的绝对方法。如果君主敢嘲笑或质疑他们教义中最细微的部分，或者保护其他嘲笑教义者的话，这些教士就会宣布君主亵渎神明，同时采用所有宗教上的恐怖手段，使人民归顺于其他君主。如果君主反对他们的任何要求的话，也会有相同的结果。不管君主怎样声明他的信仰，或者表达他对教会认为君主应当遵循的教义是如何服从，只要君主反对教会，他就会被判逆反之罪，说不定还要加上一个伪道的罪名呢。因为，宗教的权威超过了其他所有的权威，宗教发出的恐怖行动超过了其他所有的恐怖行为。当国教教会的教师宣传颠覆君权的教义时，君主就只能凭借暴力即常备军的力量，来维持自己的权威了。有时，常备军也不能保障君主永久的安宁，因为士兵常常也会被那些教义所腐化。例如，在东罗马帝国存续期间，希腊教士就曾在君士坦丁引起了多次革命；后来几百年间，罗马教士也曾在欧洲各地引起多次动乱。上述实例充分证明了这么一点：

如果一国君主没有控制国教或统治宗教的教师的话,那么他的地位也是岌岌可危的。

人们认为,俗世的君主无法管辖有关宗教信仰和其他有关心灵的事件。即使君主能够很好地保护人民,但没有人认为他能够很好地教导人民。在上述信仰和有关心灵的事件上,君主的权威与国教教士们团结起来的权威相比,一般没有那么大。另外,保障社会的治安和君主的安全,也常常依赖于教士们关于上述事件所宣扬的教义。既然君主不能以自己的权威对教士们的决定直接表示反对,那么君主就必须拥有影响他们决定的能力。而影响他们决定的办法,就是让大多数教士对有些东西有所害怕,但对有些东西又有所期望。例如,他们害怕降职或处罚,希望获得升迁。

在所有的基督教会,牧师的薪俸基本上就是他们可以终生享受的财产。只要他们行为端正,任何人都不得随意剥夺。如果这种财产的保留不是那么稳固的话,他们就不能维持对人民的权威了。试想,如果他们稍微得罪君主或达官贵人,就要被剥夺财产的话,那么人们就会认为他们是朝廷的爪牙,从而也就不再相信他们的教导了。如果君主滥用暴力,以他们宣传煽动的教义为由剥夺他们的财产,那么这种迫害只会使他们以及教义的声望增加十倍,从而君主自身地位的危险也将增加十倍。所以说,在任何情况下,暴力手段都不是治国治民的好方法;对那些仅仅要求一点点独立自主权利的人,更不能采用暴力的手段。因为吓唬这些人,反而会刺激他们的反感,从而引起更顽强的反抗。相反地,如果对反抗者宽容一些的话,也许就可以缓和双方的矛盾,使反对者们放弃反抗。例如,法国政府常常使用暴力手段强迫议会或最高法院公布一些不孚众望的公告,但最后的结果总是很少达到其目的。不过,它采取的将所有顽强不服的人全部送进监禁的办法,却非常有效果。斯图亚特王室的各君主,有时也采用类似的手段来控制英国议会的一些议员,然而却遭到了他们的强烈反抗。于是,各君主也就只好改变策略了。但现在的英国议会,可以说正被人用另一种方式控制着。

大概十二年前,奇瓦塞尔公爵曾经对巴黎最高法院进行了一个小实验。那个实验充分证明了一件事情,那就是如果法国所有的最高法院都采用英国目前的方法的话,那么法院将更容易被操纵。不过,这种实验并没有继续进行下去。如果说强制和暴力是政府最坏的统治方法,那么分权和谏言应该说是最好的统治工具了。但由于人性本身的傲慢,所以当人们不能或不敢采用坏的统治方法时,才会勉强采用好的统治方法。法国政府一般能够并敢于使用暴力的统治方法,因此它对一般好的统治方法不屑一顾。

根据以往的经验,对国教教会的牧师采取强制和暴力所产生的危险,要大于对其他阶级采取强制和暴力所产生的结果。牧师有自己的权利、特权和个人自由,只要他们和本阶级的人关系良好,那么就算在最专制的政府下,他们的权利和自由比同等身份的有钱人更受人尊敬。无论是在巴黎温和的专制政府下还是在君士坦丁强暴的专制政府下,或者这中间各种程度的政府统治下,情况都是这样。不过,虽然牧师阶级很难用暴力加以强制,但却和其他阶级一样容易操纵。君主的安全和社会的治安,在很大程度上都是依赖君主操纵的手段,而这种手段就是不断提升他们自己的权力。

以前,基督教的制度规定:由各主教辖区内的牧师和人民共同选举主教。不过人民这种选举权没有持续多久。即使是在享有这种选举权的时候,他们也大多是听牧师们的。在这种有关心灵的事件上,牧师们总是把自己当做人民的指导者。后来,牧师们就开始厌倦这种操纵人民的事情。他们认为,自己来选举主教要方便得多。大部分修道院也是一样,其院长也是由院中的修道士来选举的。在教区内,主教决定着所有下级任职人员的任命。也就是说,主教掌握了教会里所有的升迁权力。虽然这时君主对他们的选举有一定的间接影响,如教会对于选举和选举的结果有时会征求君主的同意,但君主还是不能直接操纵他们。这样,每一个想要升迁的牧师,都会去阿谀奉承教会中掌握升迁决定权的人,而不是君主。

最早将欧洲大部分的主教和修道院院长的任命权掌握在自己手中的,就是罗马教皇。接着,他采取各种手段和借口,将各主教区内大部分下级任职者的任命权也控制在自己手中。这样,主教所拥有的权力就只是维持所管辖的牧师们而已。而且,在这种情况下,君主的境况也比以前更坏。因为,欧洲各国的牧师们,几乎组成了一支宗教军队。这些军队在一个首领的指挥下,分散在各国,按计划进行着所有的活动。每个特定国家的牧师,都可以被认为是军队的一个支队,各支队的活动也可以很容易地得到周围其他支队的支持和援助。并且,对于驻在国的君主,每个支队都是独立的,同时他们还隶属于一个外国君主。当这个外国君主叫他们反对驻在国君主时,他们就会义不容辞,并且可以得到其他支队的支援。

可以说,上述这种武力的可怕,恐怕已经超出了我们所能想象得到的程度。在欧洲的技术和制造业未发展之前，牧师对普通人民的权力，就犹如诸侯对待自己的家臣、佃户和侍从那样。牧师们在皇族和私人由于虔敬而捐赠给教会的土地上，确立了一种司法权，就犹如诸侯在其领地上拥有的司法权一样。在那些土地范围内，牧师或其执事不需要君主或其他任何人的支持和援助就能维持和平；而如果没有牧师的支持和援助，那么君主或其他任何人都维持不了那里的和平。所以，牧师们的司法权和俗世大领主在其特定领地和庄园拥有的司法权一样，独立于法院，在国家司法权的管辖范围之外。牧师们的佃户也和大领主的佃户一样，是依靠直接隶属的主人的，也都是可以自由退租的。因此，当这些牧师们之间发生争斗时，这些佃户们也必须应召前去参加。

一般来说，牧师们的收入有两种来源：一是所有地的地租；二是从什一税中获得欧洲所有国家的大部分土地地租。上述两种地租，大部分收取的都是实物，诸如谷物、葡萄酒和牲畜等。并且，它们的数量极大地超过了牧师们自己能够消费的数量。在当时，没有艺术品或制造品可以来交换这些剩余量。因此，他们就像诸侯那样，只能用那些剩余量来大宴宾客或做慈善活动了。所以，以前牧师们宴客和施舍的规模都非常大。他们几乎维持了所有国家的全部穷人，而且很多无法自力更生的骑士阶层也以皈依之名去接受款待。一些特殊修道院院长的排场，几乎和最大的领主一样大，拥有的侍从也和大领主拥有的差不多。如果把所有牧师们的侍从加起来，恐怕比所有领主的侍从总数还要多。而各牧师的团结，也极大地超过了领主的团结。之所以这么说，是因为牧师们处于一种正规的纪律和从属关系下，必须完全服从于罗马教皇的威望；而各领主彼此间，经常互相猜疑并且嫉妒国王。因此，虽然牧师所拥有的佃农和侍从加起来要少于大领主，或就佃农来说，牧师拥有的更少于大领主拥有的，但是牧师团结的力量却很大，足以使君主感到恐惧。另一方面，牧师们的款待和慈善活动，不仅让他们拥有了一种对大多数人民的绝对支配权，而且极大地提升了他们精神力量的地位。由于底层人民几乎都是依靠牧师们来维持生活，因此牧师们由那些善举中获得了底层人民最高的尊敬和崇拜。牧师们的所有物、特权、教义，在普通民众的眼中也就成为了神圣的东西。所有侵犯这些神圣事物的行为，都是罪大恶极的。如果君主抵抗少数大贵族的同盟都感到困难，那么它抵抗牧师们的联合力量也就更加困难了。并且，这种联合力量还有其他邻国的声援。这时，君主也就只好屈服了。

从现在来看，古代牧师们完全不受世俗司法权支配的特权，应该说是最不合理的了。英格兰牧师就是享有这种特权的。不论牧师犯下了什么罪,只要教会想要保护他,它要么说犯罪证据不足以处罚神圣人物,要么说处罚过重,于是君主也就不便采取任何手段去处罚那位牧师了。这时,最好的方法就是将犯罪者交给教会法庭来审判。而教会法庭为了教会的名誉,必然会有所顾忌;它坚决禁止犯大罪者,就算是一般的丑行也加以禁止。

在十世纪到十三世纪以及之后若干时期,罗马教会组织建立了非常恐怖的团结,来反对政府的权力和秩序,反对人类的自由、理性和幸福。而在那个时期,即使是愚蠢的迷信也能得到多数私人利己观念的支持,导致任何人类的理性的反击都无法动摇其地位。这是因为,虽然理性能够拆穿迷信,但理性却不能攻破利己心的团结。如果仅仅只有人类的理性对教会组织进行反击的话,那么它将一直存续下去。不过,按照事物发展的趋势,这个牢固的组织也会逐渐地衰弱,说不定几百年后就完全瓦解了。

大领主和牧师们在欧洲拥有的世俗权力之所以最后瓦解了,就是因为技术、制造业和商业的发展。因为,在技术、制造业和商业发展以后,牧师们和大领主一样,找到了可以交换自己剩余生产物的东西,并且找到其他消费收入的方式。于是,他们自己就能消费完所有的物品,而不用再分给旁人,他们的宴客和施舍范围也就不断地缩小了。这么一来,以前众多的侍从也就不断离开。牧师们为了满足生活的虚荣和欲望,想要增加更多的地租。牧师们为了增加地租,只好和租地人订立佃租合同,从此,那些租地人也就基本上独立了。于是,牧师们支配底层人民的各种利害关系,也不断地衰微直至瓦解。与大领主的支配地位的衰落瓦解相比,牧师们的瓦解更加迅速。因为大领主的领地远多于大部分教会的土地。教会土地的所有者,能够更快地消费掉土地上的所有收入。在十四世纪和十五世纪的大部分时期,欧洲大部分地区的封建诸侯的势力到达了顶点。而牧师们的势力却衰微到了极点。这时,教会在欧洲大部分的势力,只剩下心灵上的权威了,甚至由于牧师停止宴客和慈善,这种权威也没有了。底层人民也不再将其视为自己的救济者了。并且,由于虚荣和奢侈的富有牧师为了自己的享乐,将以前救济贫民的财产消费掉了,因而激起了底层人民的激愤和憎恶。

这时,欧洲各国的君主都想要重新恢复他们对教会的重要神职所享有的支配权。首先,他们恢复了各主教区副主教和牧师选举主教的权利;其次,他们恢复了各修道院修道士选举院长的权利。在十四世纪,英格兰制定的一些法令,尤其是圣职栓叙条例,以及十五世纪法国颁发的诏书,都是君主为了重新恢复那些旧制度而颁布的。依据这些条例或诏书的规定，选举开始以及选举的结果都必须由君主同意才能发生效力。表面上看，选举是自由的，但实际上君主使用了各种间接手段来控制牧师。欧洲其他国家也有类似的规定。不过在宗教改革之前，英、法两国是最为严厉地限制罗马教皇任命教会重要神职的权力的。在十六世纪时，罗马教皇和法国国王达成了一种协定：国王对教会所有担任重要神职的人们享有绝对的推荐权。

法国自从颁布诏书和签订上述协定以后，国内一般的牧师就不如其他天主教国家的牧师那样听从教皇的命令了。也就是说，如果君主和教皇发生争执，那么牧师一般都会支持君主。可以看出，正是这些诏书和协定，使法国牧师们脱离了罗马教皇。在以前，法国牧师和其他国家的牧师一样，都是非常忠心于教皇的。例如，当年教皇将克培王室第二君主罗伯特赶出教会时，虽然教皇的决定非常不当，但国王的大臣们还是在牧师的指使下，拒绝食用罪犯国王给他们的所有东西，并将饭桌上的食物全部扔掉。

教皇为了维护教会任命神职的权力，常常会动摇基督教国家君主的地位，哪怕是最强大的君主也会受到这种影响。而正是由于上述原因，在欧洲各国进行宗教改革之前，各国君主就已经开始抑制、废除教会任命神职的权力了。随着牧师对人民支配力量的减少，国家对牧师的支配力量逐渐增大。因此，牧师们也就无法扰乱国家的治安了。

当德国开始发生宗教改革的争论时，罗马教会的权威就处于这种动摇状态中。这种争论不久就传播到了欧洲各地。并且，新教义受到了人们的普遍欢迎。新教义的传播者精神奋发，不断从事攻击旧教会的宣传。新教教师与旧教牧师相比，虽然没有那么多的学识，但他们对宗教以及旧教思想体系的起源和发展，还是比较了解的。因此，在争论时，他们总是处于优势地位。与大多数牧师的散漫相比，他们的严肃态度和循规蹈矩的行为更加能够博得普通人民的尊重和爱戴。另外，这些新教教师采取了各种更加高明的获取名望和信徒的方式。从而，很多人都更喜欢新教的教义和新教义的新奇特别。更多的人甚至喜欢新教对旧教牧师们的憎恶和侮辱。需要指出的是，大多数人喜欢它的主要原因，还是新教义者到处宣传教义的雄辩，因为那雄辩是那样的热诚和狂热，虽然用语有一些粗鲁。

新教义到处都获得了成功。当时那些和罗马教皇发生矛盾的君主，都凭着新教义，打倒了自己领域内的教会。而教会失去了底层人民的尊敬和崇拜，自然也都无力反抗。例如,在德意志北部,一些经常不受罗马教皇重视的小君主,就在自己领土内进行了宗教改革。正是由于克雷蒂恩二世和阿普索的大主教特诺尔行为残暴,卡斯塔瓦斯·瓦萨便将他们从瑞典驱逐出去了;而教皇想要保护这个暴君和主教,于是卡斯塔瓦斯·瓦萨在瑞典进行了宗教改革。而后,雷蒂恩二世在丹麦被废的情况和瑞典的情况差不多,继承王位的霍斯泰恩·徘勒德烈在丹麦进行了宗教改革。柏恩与久里克政府,虽然和教皇没有什么特别的矛盾,但因为少数牧师的行为不当,激起了当地人民的憎恶,因此那里也很容易发生宗教改革。

罗马教皇危机四伏,只好向法国和西班牙(当时是德国的皇帝)这些强大的君主示好。教皇依靠他们的援助,才把他们领土内的宗教改革镇压下去,但是他们付出了很大的牺牲。当时,教皇也有意向英格兰国王示好,但为了避免得罪更强大的西班牙国王查理五世,因而未与英国结交。本来英王亨利八世并不太相信新教教义,但由于新教义已经在国内流行了,因此他也不得不顺从民意,消除领土内所有的罗马教会势力。虽然他只做到了这一步就停止了,但那些宗教改革的拥护者也有些满意。随后,英国王子继位,宗教改革者操纵了国家政权,他们便将宗教改革进行得更彻底了。

像苏格兰那样的国家,政府势力很弱,不是很稳固,并且政权统治不得民心。于是,那里的宗教改革运动不但推翻了罗马教会,还推翻了支持罗马教会的国家政权。

欧洲各国都散布着宗教改革的拥护者。不像罗马教皇或罗马全体教会会议那样,他们并没有一个最高法院来解决拥护者之间的争议,明确规定他们正教的范围。因此,当一国宗教改革的拥护者,与另一国宗教改革的拥护者发生争执时,由于没有共同的裁判官来裁决纠纷,所以他们之间的很多争论都无法得到解决。在各种争论中,关于教会的统治和教会职务的任命,应当说和市民社会的和平幸福关系最为密切。于是,所有新教拥护者,就分成了两大主要党派或教派。它们是路德派和喀尔文派。虽然新教也分成了很多的宗派,但在欧洲各地以法律规定其教义的就只有这两个派别。

路德派和英格兰教会,都保留了一定的监督制。例如,牧师之间形成了一定的从属关系;君主负责一国领土内所有主教和其他牧师的任免,是教会的真正首领。虽然主教区内下级牧师的任免权还是由主教掌握,但君主和其他新教拥护者享有重要的推荐权。这样的教会管理体制从一开始便有两大好处:一是

有利于和平和良好秩序的维持；二是有利于对君主权力的服从。因此，任何国家一旦确立了这种教会管理体制，就基本上没有因此而发生骚乱或内讧。尤其是英格兰教会，自称他们对于信奉的教义都非常忠心地遵守着。在这种教会管理体制之下，牧师们为了自己的升迁，便会努力地获得君主、宫廷和贵族绅士的好感。有时，他们会阿谀奉承；更多时候，他们在锻炼各种技巧，诸如增加各种风趣的学识、注意风度仪态的自在，以及社交谈吐的谦恭，甚至还要有蔑视狂妄者的态度等，以获得那些最值得尊敬的人的好感。他们之所以要公然蔑视那些狂妄者，是因为这些狂妄者为了获得普通人民的尊敬，佯装善良，唆使人们憎恨那些有身份地位的人。然而，这些牧师在向上流阶级阿谀奉承之时，却忘了维持他们对人民的感化力和权威。因此，他们虽然受到了上层人民的称赞和尊重，但在下层人民面前，当他们受到狂妄者的攻击时，他们并不能对自己的教义进行有效的捍卫。

喀尔文派（或者说茨温克利派）不同于路德派。他们对待教会采取了两项措施：一是将各教会牧师的选举权交给各教区人民，一旦牧师缺少，人民便可以随时选举；二是保持各牧师之间完全的平等关系。就第一项措施来说，似乎曾经导致了秩序的混乱，并使牧师和人民的道德都沦丧了。但第二项措施并没有产生什么不良的后果。

实际上，各教区人民在享有选举权的时期，基本上是按照牧师们的意思行为的。大部分牧师都非常狂热，并拥有党派精神。他们为了保持自己在选举上的优势，大多数人都成为了狂妄者，他们不断鼓励人民信仰狂妄主义，并将那些最具有狂妄主义精神的候选人选举出来。对一个教区来说，任命牧师本来是一件小事。但结果却是，在本教区和其他邻近的教区，选举都发生了激烈的斗争。当教区在大城市中，这种斗争可能就会将所有的居民分成两个派别。而当那些斗争发生在一个小共和国，或小共和国的首都，或者是在瑞士、荷兰的许多大城市，那么这些斗争除了遭到其他党派的厌恶之外，还会造成两种结果：一是教会内产生新的宗派；二是在国家产生新的党派。因此，在那些小共和国，政府为了维持社会治安，不久就开始自己掌握牧师任职的推荐权。

苏格兰是建立长老管理教会制度的最大国家。威廉三世执政初期，长老会的一项法令实际上撤消了政府对牧师任职的推荐权。这项法令使得各教区某些阶级的人，只需要通过支付很少的代价就可以购买本区牧师的选举权。这项法令形成的制度，大概持续了二十二年。因为这种选举总是引起秩序的混乱，于是安妮女王第十年的第十二号法令将其废除了。然而苏格兰幅员辽阔,僻远教区发生的纠纷,一般不会传到国王的耳朵里。因此,安妮女王同年的一定法令,恢复了牧师任命的推荐权。这项法令规定,所有被人推荐的人,在法律上一律授予牧师的职位,但是教会在授予被推荐者灵魂监督权或教区管辖权之前,有时需要得到人民的同意。有时因为教区治安问题,牧师职位的授予会一直拖延到完全获得人民同意时为止。于是,很多人经常利用这样的借口故意拖延。例如,有的邻近牧师为了阻止他人获得牧师的授予,从而阻止这种同意的获得,经常进行各种私底下的干涉,并采用各种有效的手段。正是因为这样,在苏格兰,无论是民间还是牧师之间,都还有旧时狂妄主义的残留。

  由长老管理教会的制度确立了牧师之间的平等。这主要表现在两个方面,一是权力或教会管辖权的平等;二是薪俸的平等。在所有的长老教会中,一般都做到了权力的平等,然而没有做到薪俸的平等。但是,薪俸之间的差距也不是很大,还不至使牧师为了获得更多的薪俸而阿谀奉承。长老管理教会,确立了完全的牧师推荐权,牧师要获得上级的赏识,一般只能凭借良好的学问、生活规律,忠实勤勉地履行职务这些能力,以致他们的推荐者常常觉得他们过于独立,甚至忘恩负义。但实际上,他们只不过没有了进一步的需要,因而态度冷淡而已。在欧洲各地,可能只有荷兰、日内瓦、瑞士和苏格兰长老教会中的大部分牧师,是最有学问和礼节、最具有独立精神,以及最值得人尊敬的牧师了。

  为了使教会的薪俸趋同,缩小薪俸间的差距,教会采取了一些措施。虽然这些措施常常有些过度,但对教会却产生了一些良好的结果。人们都知道,一个小的有产者若想保持威严,就必须保持具有模范作用的德行和品质。如果他轻浮虚荣,品行不正的话,必定会遭人嘲笑以致灭亡。所以,他们在行为时,一般都会遵循人们最尊重的道德体系。根据他自己的利益和地位遵循道德体系的生活方式,就是他获得普通人尊敬的生活方式。一般来说,如果某个人的状况和我们自己的状况很接近时,或者优于我们时,我们就会对这个人充满了亲切感。正是因为这样,人们对那些牧师很亲切,而牧师也很仔细地教导人们、关心帮助并救济他们。牧师们不会鄙视人们的自私和偏见,更不会以傲慢的姿态对待他们。这样一来,与其他任何国教教会的牧师相比,长老教会的牧师对人们思想上的支配力更强。因此,只有在实行长老教会制的国家,普通人民才会受到迫害而全部改信国教教会。

  如果一国教会的薪俸都很普通,那么大学教师的薪水就会多于教会人员

的薪水。在这种情况下,大学就会吸引全国所有的牧师去当教师,因为任何国家的牧师,都是拥有最多学问的阶级。与之相反,如果一国教会的薪俸很多的话,那么教会就会吸引大学的知名学者加入教会。由于很多人以推荐这些学者为荣,因此这些学者一般很容易就能找到推荐人。在第一种情况下,全国知名的学者都聚集在各大学;在第二种情况下,各大学的知名学者人数将很少,可能连最年轻的教师,在他们获得教授经验之前,就都被教会吸引过去了。

根据伏尔泰的描述,耶稣教徒波雷本来不是一个很了不起的学者,但在法国各大学的教授中,只有他的著作值得一读。真是令人感到奇怪!在产生那么多知名学者的国家,竟然没有一个是大学教授。例如著名的加桑迪,他在青年时曾是艾克斯大学的教授。后来,正当他天才爆发时,有人对他说教会里容易过上安静愉快的生活,并且有适合研究的环境,劝他加入教会。他听信之后,便立即辞去了大学教授的职位,加入了教会。我认为伏尔泰描述的这种现象不仅在法国存在,在其他罗马天主教国家也同样存在。除了教会不太关注的法律和医学这两个领域,要想在这些国家的大学教授中找出知名学者,真的很难!在所有基督教国家中,除罗马教会之外,英格兰教会是最富裕的,也是拥有最多捐赠财产的了。于是,在英格兰,各大学中最优秀且有能力的学者,都不断地被吸引到教会中去了。因此,和罗马天主教国家的情况差不多,要想在英格兰大学找到一个知名的教授也很难。与之相反,在日内瓦、瑞士新教各州、德意志新教各邦、荷兰、瑞士、瑞典、丹麦,它们大部分最著名的学者都在大学担任教授。而这些国家教会中的所有知名学者,则不断地被吸引到大学中去了。

值得一提的是,在古代希腊、罗马,除了诗人、少数雄辩家、历史家以外,其他大部分知名的学者,基本上都是哲学或修辞学的教师。从里西阿斯、伊索克拉底、柏拉图和亚里士多德时代,到普鲁塔克、埃皮蒂塔斯、斯韦托尼阿和昆蒂里恩时代,都是这样。由一个人负责教授某一特定学科,可以使他对那门学科专研得更加透彻。如果他每年都教这门学科,除非他是个一事无成的人,否则他在数年内一定会精通那门学科的各个部分。即使今年他对某些见解还有错误,但到明年再讲到这个主题时,他就会改正那种错误了。很多人成为学者之后,真正想从事的职业就是教授科学的教师。在这一职业上,他们可以不断充实自己的学识。当一国教会的薪俸很普通时,大部分的学者就都会从事这项最有益于国家和社会的职业,同时也能有用地充实自己的学问。

这里需要说明的是,各国国教的收入,也属于国家一般收入的一部分,但特定土地或庄园的收入除外。但教会的收入并没有用在国防上，而是用到了和国防相反的目的上。教会征收什一税是一种真正的土地税。如果教会不征收这种税，那么土地所有者对国防将做出更大的贡献。因为对于支付国家急需的收入，基本上是依靠土地的地租。因此，如果教会取得的这部分收入越多，那么国家取得的部分就越少。就像其他情形一样，教会越富有，君主和人民就贫穷，国家抵御外敌的能力也就越弱。在一些新教国家，尤其是瑞士新教州中，以前属于罗马天主教教会的收入（如什一税和土地收入）非常巨大，现在不但能够提供国教牧师们的薪水，而且有时略加补充或者无须补充就足够开支国家其他的所有费用了。这里值得一提的是，伯尔尼州政府把以前提供给宗教的数百万镑资金储存起来，一部分归入国库，一部分作为欧洲各债务国（主要是英、法两国）的公债获得利息。不过，我并不知道伯尔尼或瑞士其他新教州各教会平时需要花费国家多少费用。根据一项比较正确的计算，1755年苏格兰教会牧师们的所有收入，包括教会所有地和住宅的房租，估算之后大概只有六万八千五百一十四镑一先令五又十二分之一便士。而这一收入中，每年需要支出八万镑至八点五万镑的费用，它包括支付九百四十四名牧师的生活资料，以及教堂和牧师住宅的建造费用和维修费用。从这些数据中，我们可以想象到苏格兰教会基金的紧张。但从维持大多数人民的信仰和皈依的精神，维护国家的秩序和严肃的道德体系来说，任何基督教国家的最富有教会，也比不上苏格兰教会。所有国教教会能够产生的各种社会方面或是宗教方面的良好结果，苏格兰教会都可以做到。瑞士新教教会的收入比苏格兰教会还少，却能产生更好的结果。在瑞士大部分新教州中，几乎没有一个人会公然地说自己不是新教教徒。因为，如果他不是新教教徒，那么法律就会驱逐他出境。试想，如果不是因为牧师们的勤勉使全体人民都信仰国教，那么这种压迫的法律就不可能在那个自由的国家产生。在瑞士的一些地方，由于新教和罗马天主教相互结合，因此改变信仰的人并不像其他地方那么普遍，那里的法律默认这两种宗教同时存在，并将其共同作为国教。

为了促使一项工作做好，支付给该项工作的报酬就应当尽量与该工作的性质相适应。试想，如果报酬太少，那么只有一些能力低的人来从事这项任务，从而这项工作就不能被很好地完成；如果报酬太多，那么从事这项工作的人就容易产生懒惰，最后给这项工作的完成带来更大的损害。对于一个拥有大笔收入的人来说，无论他从事什么职业，他都会要求自己和其他那些有大收入的人

一样，过着虚荣放荡的生活。但是，对于牧师来讲，他们不能过这样的生活。因为，如果他这样做的话，他不仅会浪费应该花在职务上的时间，还会丧失他在人民心中的人格尊严。而正是这种人格尊严，才使他拥有了适当的权威执行职务。

第四节　维持君主的尊严也需要费用

国家除了花费必要的费用从事上述各项事业之外，也需要花费一定的费用维持君主的尊严。随着社会发展时期和政体形态的不同，这种费用也不同。

在富裕发达的社会，各阶级人民的房屋、家具、食品、服装以及玩具都很奢侈。这种情况下，君主很难逆向而行。君主为了维持尊严，他所有物品的花费必将逐渐增多。反之亦然。

相对于普通市民的尊严和地位相比，君主的尊严更加高不可攀。国家为了维持这高不可攀的尊严，必然要花费很多的费用。例如，国王的宫殿必然要比总督或市长的府邸更华丽。

本章的结论

防御社会、维持一国元首尊严的费用，全部都是由社会一般收入来负担。而且正常来说，这费用应当来自全社会的贡献，并且社会上每个人是按照自己的能力来支出相应的费用。

有时，社会的一般收入还要负担司法行政的费用。表面上看，由社会全体来负担费用的确比较合理，但国家之所以要负担这项费用的原因，是因为社会上有些人违法乱纪，非设置法院进行治理不可。而从法院治理或救济中，获得直接利益的人，是那些因为法院审判而其权利获得了恢复或维持的人。因此，司法行政费用或者说法院的手续费，理应由当事人双方或其中一方来支付。除非在特殊情况下，如罪犯没有财产支付手续费，否则这项费用是不应当由社会全体来负担的。

对于那些有益于某一地的地方费用或州区费用，例如为特定城市或地区负担的警察费，应当由地方或州区的收入来支付，而不应由全体社会来负担。

因为，我们不能为了社会局部的利益，而增加社会全体的负担。

维持良好道路和交通设施是有利于全体社会的，因此，由全社会来负担其费用是合理的。只是，最直接获得利益的人，往往是那些往来运输货物的商人和购用货物的消费者。因此，英格兰以及欧洲其他各国的道路通行税或路捐、桥捐，都是由这两种人来负担的，从而减轻了全体社会的负担。

另外，一国的教育和宗教设施是对社会有益的，因而由全体社会来负担其费用是合理的。当然，如果由最直接受到教育和宗教利益的人来支付费用的话，那么全体社会的负担也会减轻不少。

大多数情况下，对于有利于全社会的各种设施或土木工程的费用，如果最直接获得利益的人不能全部支付的话，就只能依靠全体社会的一般收入来补足。所以，除了开支国防费用和维持君主尊严的费用外，社会一般收入还需要补充许多特别支出的不足。至于社会一般收入或公共收入的来源，我将在下一章详细说明。

第二章　公共收入的来源

除了国防费、维护君主权威的费用外，每年国家的支出还包括宪法未规定由哪种收入来负担的其他必要费用。但总的来说，这些费用的来源有两个：一是属于君主或国家的特别收入；一是人民的收入。

第一节　君主或国家的非常规收入

君主或国家的特别收入是由资产和土地构成的。君主从资产中获得收入的方式和其他财产所有者一样，要么是亲自使用这笔财产，要么是将其借贷他人。在前一种情况下，他获得的是利润；在后一种情况下，他获得的是利息。例如，鞑靼或阿拉伯酋长的收入全部是由利润构成，他们自身是本部族中的主要牧畜者，自己饲养牲畜来获得收入。不过，只有在最低级、不成熟的政治状态下，君主或国家才以利润为主要收入。

大部分小共和国的收入，都是来自商业经营的利润。例如汉堡小共和国，其大部分收入就是来自国营酒库和国营药店的经营利润。想一想，如果君主有

空从事酒、药的经营，那么这个国家当然不是很大。更大国家的收入都是来自公立银行的利润，例如汉堡、威尼斯和阿姆斯特丹。就连不列颠这样的大帝国，也未忽视这种收入。英格兰银行的股息为百分之五点五，若资本是一千零七十八万镑，那么每年除去营业费用剩下来的纯利润，就已经超过五十九万二千九百镑。有人说，政府可以以百分之三的利息去借贷这项资本自己经营，这样政府每年就可以获得二十六万九千五百镑的纯利润。事实告诉我们，只有像威尼斯和阿姆斯特丹那种贵族统治下的有秩序、谨慎节约的政府，才适合经营这项事业。而英格兰政府，从来没有得到过精于理财的名头，虽然它也有别的优点。在平时，英格兰政府会因为君主国惯有的懒惰、疏忽而浪费掉那项资本；在战时，英格兰政府又容易因为民主国的没有计划而浪费掉这项资本，从而无法从事上述事业。因此，对于英格兰政府来说，能否将上述事业经营好，的确是一个大问题。

邮政局是一种这样的商业——政府事先支付各种购买或租赁车辆马匹的费用以及邮吏的薪水，之后再由邮费来补偿政府垫付的费用，并且从中获得较大的利润。这种商业投入的资本不多，业务也不是很复杂，不过资本的收回比较稳定且非常快。我相信，各政府经营的成功商业可能就只有这一种了。

各国君主和私人一样，为了改善财产状态，经常会从事其他的许多商业，从而变成那些商业部门的冒险家。然而，他们并没有获得多少成功。君主经营一种商业往往会浪费，而浪费就会使他们不可能获得成功。君主的代理人和君主一样浪费。他们总是以为君主有数不尽的财富，因此他们并不关心货物的购买价格、出售价格以及由一地到另一地的运费价格。并且，他们有时还会用各种巧妙的方法造假帐，私吞君主的财产。马基雅弗利曾说，麦迪西的洛伦素并不是一个没有能力的君主，那些后果发生的原因就是他的代理人替他经营商业。由于代理人的浪费，他多次举借债务，弗罗伦萨共和国都曾为他进行过好多次偿还。最后，他放弃了家庭而从事商业经营。在他的后半生里，他把自己剩下的财产和可由他自由支配的国家收入，全都用在更适合自己的事情上了。

人们常说，商人性格可以说和君主性格是极为不相容的。例如，当东印度公司的商人精神使它成为了最坏的君主时，它的君主精神又会使它成为最坏的商人。当公司是以商人身份经营时，它能成功地获得利润，并向各股东分配一定的红利。但当公司成为当地的"统治者"时，即使它有三百万镑以上的收入，也仍然要向政府请求临时援助以避免破产。在前一种情形下，公司员工认为自己是商人的伙计；在后一种情形下，公司员工认为自己君主的下属。

一般来说，国家大部分的收入都是来自货币的利息和资本的利润。如果国家积蓄了一笔财富，它可以将一部分财富借贷给外国或本国的臣民。例如，伯尔尼联邦的特有政策就是将货币借贷给外国。它曾经将一部分财产投到欧洲各债务国（主要是英国、法国）的公债中，从而获得很大的收入。在这种情况下，收入的稳定性取决于以下两个因素，一是公债的安全性，以及管理公债的政府信用；二是与债务国保持友好关系的可能性。因为在战争发生时，债务国采取的最早敌对行为就是没收债权国的公债。

在汉堡市有一种公家当铺。人民可以用物质从那里换取货币，当铺从中收取百分之六的利息。据说，这种当铺向国家提供的收入共有十五万克朗，以每克朗四先令六便士计算，相当于三万三千七百五十英镑。

在宾夕法尼亚，虽然政府没有积蓄的财产，但是它发明了一种向人民贷款的方法，即只提供一种和货币等价的信用证券。议会法律规定：这种证券可以用十五年来偿还，在偿还之前可以像银行钞票一样在市场上流通，并且是本州所有人民的法定货币。人民借贷这种证券，必须用两倍的土地价值作担保并支付利息。宾夕法尼亚政府非常节俭且秩序良好。它每年的经常费用只有四千五百镑，而通过这种方法获得的收入，可以完全负担那些经常费用。然而，这种借贷方法的结果要取决于以下三种情况：一是金银货币以外的其他交易媒介的市场需要如何，换一个角度说，就是必须用金钱向外国购买的消费品有多少；二是政府的信用怎么样；三是这种方法使用的适度情况怎么样。因为，信用证券的全部价值，不能够超过正常情况下（没有信用证券时）流通领域需要的金银币的全部价值。在美洲其他几个殖民地，也曾经采取过这种方法，但都由于滥用而最后没有成功。

只有确定、持久的收入才能够维持政府的安全和尊严。那些不持久的资本和信用，不能够成为政府的主要收入。因此，游牧阶段之后的大国政府，没有一个将不持久的资本作为其大部分公共收入的来源。

土地是一种比较确定和持久的资本，因此大国的主要收入都来源于国有土地的地租。例如古代希腊和意大利各共和国，在很长一段时期，它们大部分必要费用的开支，都来源于国有土地的产物或地租。以前欧洲各国君主大部分的收入，也都来源于王室领地的地租。

近代有两件事情花费了大国大部分的必要费用，那就是战争和准备战争。

在古代希腊和意大利各共和国,每个市民都是兵士,无论是服役还是准备服役,都是他们自备费用,不需要国家负担太多费用。因此,那时即使一块土地的地租不太多,也足够政府支付所有的必要费用并有剩余。

在古代欧洲君主国中,由于当时的社会习惯和环境,大部分人对战争都有充分的准备。封建时期的租地条件规定,人们一旦参加战争,就必须自己支付费用,或由直属领主支付费用,因此不会增加君主的负担。而政府其他方面的支出又都比较少。正如前面所述,司法行政不但不用支出,反而还能带来收入。国内商业所需要的所有桥梁、道路和其他土木工程,则由农村居民在每年收获前后各提供三天劳动来维持。因此,当时君主的主要费用,基本上就是他自己的家庭和宫廷的维持费了。宫廷的官员,如户部是为君主收地租的;宫内部和内务部是为他管理家庭收支的;警卫部、部署部是照料他的寝宫的;卫戍总督是守卫君主宫殿的(就像一个主要要塞)。这些人就是君主平时需要支付费用来维持的。因此,一块大土地的地租,基本上就可以负担这所有的必要费用了。

目前,在欧洲大多数文明君主国里,所有的土地全都归属一个人,全部土地的地租远不如平时人民缴纳的税那么多的收入。例如,英国平常的收入每年有一千万镑以上,其支出包括经常必要费、公债利息,以及清偿部分公债等。然而,以每镑征四先令的税率来征收土地税,也不足二百万镑。按照设想,土地税不仅要包括对所有土地地租征收的五分之一,还要包括对所有房租、资本利息征收的五分之一。借贷给外国的资本以及用于耕作的资本,是免纳这种税的。除了一小部分土地税是按规定向国家各市镇征收外,大部分的土地税都来自于房租和资本利息。例如,以每镑征四先令的税率计算,伦敦市的土地税,共达十三万三千三百九十九镑六先令七便士;威斯敏斯特市的土地税,共达六万三千零九十二镑一先令六便士;沃特赫尔和圣詹姆斯两宫殿的土地税,共达三万零七百五十四镑六先令三便士。然而,英国采取的这种五抽一税率的土地税,总额不到二百万镑,而全部地租、房租、资本利息的收入总额不超过一千万镑,这个事实就可以说明土地税的实际收入远低于平时人民缴纳的税收。就全国的平均数额来看,英国为征收土地税而对各种收入所作的估计,和实际的价值相差很远。不过,也有几个州区的估计和实际价值差不多。很多人估算说,不包括房租和资本利息,仅土地地租一项每年的总额就有二千万镑。我认为这是有点高估的。但是,在目前的耕作状态下,如果英国全部土地提供的地租没有超过二千万镑,那么说明土地是由私人占有并交给代理人管理的。在代理人的怠慢、浪费下,别说一千万镑了,可能连五百万镑都无法提供。而目前,英国王室领地提供的地租,连上述私人占有土地时提供的四分之一都没有。如果王室领地还要进一步扩大,那么其经营将更加惨淡。

人们从土地上获得的收入和土地生产物成比例,但不和土地地租成比例。除播种的种子外,一国每年的全部土地年生产物都由人们消费掉,或者交换他们需要的其他物品。英国的土地地租,即属于地主的那部分生产物,几乎还不到总生产物的三分之一。因此,无论什么原因导致土地生产物增加到应有程度,这种原因对人们收入的损害程度,都比对地主收入的损害程度要大得多。举一个例子,土地在一种耕作状态下,一年只能提供一千万镑地租;在另一种耕作状态下,一年可以提供二千万镑地租,并且在这两种情况下,地租都是总生产物的三分之一。这时,地主的收入在前一耕作状态下遭受的损失只是一千万镑,而人们的收入遭受的损失则是三千万镑;其中没有计算的只是播种的种子而已。当一国的土地生产物价值减少三千万镑时,按照各阶级人民的生活方式,这三千万镑减去种子价值后的余额所能维持的人口也就相应地减少了。

在现在的欧洲,已经没有国家将国有土地地租作为国家的主要收入来收取了。但在所有的大君主国内,君主仍然拥有着广大的领地。一般来说,王室的领地大都是林地,但当你沿着领地范围行走三英里时,恐怕找不出一棵树木。这种土地的保留,既减少了国家的产物,又减少了国家的人口。如果各国君主都将其私有领地出卖,那么获得的货币一定很多。用这些货币去清偿国债收回担保物,从而获得更多的收入,应该说比任何时候这块地向君主提供的收入都要多。一般来说,那些改良和耕种得极好的土地,售价相当于三十倍的年租。而没有经过改良耕种的王室领地,地租较少,其土地的售价则可相当于四十倍、五十倍或六十倍年租。如果将该王室土地出卖,则一方面君主可以用这些卖得的价款收回国债的担保物,并可以立即享受担保物所带来的收入和其他收入;另一方面,当王室领地变为了个人财产后,土地会得到很好的改良和耕种,于是就会提高生产物和人民的收入和消费,从而增加人口。并且,君主从关税和国产税中获得的收入,随着人民收入和消费的增加也增加了。

从表面上看,君主从其领地上获得的收入似乎不会对人们造成什么损害,但实际上,它与君主获得其他任何收入相比,对全社会的损害更大。因此,出于对社会全体利益的考虑,如果王室领地出卖后不是分配给人民的话,君主就应当从人民的其他同等收入来代替从领地中获得的收入。

我认为,在大的君主国里,只有那些被用成公园、林园和散步场所的土地应当属于君主。因为,建设这些场所的目的是供游乐和观赏,不但不能向国家提供收入,还要花费维修费。君主或国家所特有的两大收入来源——公共资本和土地,它既不适宜也不够用来负担一个大国的平时必要费用。于是,对于大部分必要费用的负担,就只能依靠其他各种税收了。也就是说,人们需要从自己的私人收入中缴纳一部分资金,为君主或国家提供收入。

第二节 赋税

在本书第一篇我就说过,个人的收入最终来源于地租、利润和工资三项。任何赋税,最后也都无区别地对这三种收入进行征收。由于许多赋税比较复杂,比如开始打算对某项基金或收入征收,结果并不是由那项基金或收入来负担,因此我将详细讨论赋税的问题。我将本节内容一共分为四部分:一、论地租税;二、论利润税;三、论工资税;四、无区别地对上述三项收入征税。其中有三部分内容要进行一些细分。

在讨论各种特殊的赋税之前,我们可以先来看一下一般赋税的四个原则。

首先,一国国民都必须按照各自的能力即收入的比例,缴纳赋税以维持政府。就如一个大地产的公共租地者,要按照他们所受利益的比例缴纳管理费一样,一个大国的每个人都必须缴纳费用以维持政府。对于这个原则的遵守与否,关系到赋税的平等与不平等。当任何赋税只是由地租、利润、工资三者之一来负担时,就必然会不平等。还有一些不平等是由于某种特殊赋税不平等地对特定私人收入的征收所引起的。

其次,各国民缴纳的赋税必须是确定的,不可随意变更。无论是纳税的日期、方法还是数额,都应当明确地告知所有的纳税人及其他人。否则,纳税人就会或多或少地受到税吏权力的影响。税吏可能会无端地加重赋税,或者借此勒索财物或贿赂。如果赋税不确定,那么即使是不腐败的税吏,也会变得腐败。根据所有国家的经验,赋税不平等对人民的损害其实比较小,然而赋税不确定对人民的损害却很大。

再次,各种赋税缴纳的日期和方法,应当便利纳税人。例如,房租税和地租税应当在缴纳房租、地租时征收。而奢侈品一类的消费品税,最终应该由消费者来负担。当他每次购物之时就缴纳一些。当他因这种税的缴纳而感到困难时,他完全可以选择不买这种物品。因为,买与不买完全是他的自由。

最后,人民缴纳的税收总额应当尽量等于国家的收入总额。如果人民缴纳的多于国家收入的数额,那可能是由以下四种原因造成的。第一,使用了大批的税吏,这不仅要花费大部分税收作为他们的薪水,而且他们还有可能勒索人民,增加人民的负担;第二,征税影响了人民的勤劳程度,人们不愿意去从事那些能够提供很多工资的事业,并且因税款缴纳,可能会减少甚至消灭本来用来从事上述事业的基金;第三,不适当的赋税越重,将导致逃税越厉害,对于逃税未遂者的惩罚常常使他们倾家荡产,社会便失去了使用这部分资本所能获得的利益;第四,税吏频繁的访问和稽查,给纳税人带来了不必要的烦扰,虽然这种烦扰并不是什么金钱上的损失,但人人都想要设法摆脱它。总之,正是因为上述原因,赋税常常困扰人民而且对国家收入无益。

所有国家在制定税法时,多少都注意到了上述四个原则。这些原则都尽可能地使赋税保持公平、纳税日期和方法确定且便利纳税人,并且使人们在纳税之外不受其他勒索。但下面关于各时代各国家的主要赋税的描述,将表明各国在赋税方面的努力并不是都取得了成功。

第一项　地租税

一般来说,政府通常会采取两种方法来征收土地地租税:一是按照某种标准对各地区确定一定数额的地租税;二是地租税随着土地实际地租的变动而变动。

英国采用的是第一种方法,它的土地税就是根据一个确定的标准来评定的。这种固定的税虽然在设立之初很平等,但由于各地方耕作情况不一,不久就显示出了不平等。不过,威廉和玛丽四年的法令所规定的各州区、各教区的土地税,甚至在设立之初就很不公平。可以说,地租税基本上符合上述税收四原则中的后三个原则,而不符合第一个原则。也就是说它是十分明确的;征税和纳税为同一时期,便利了纳税人;在所有的情况下,地主都是真正的纳税人。虽然税款开始是由佃农预先支付的,但地主在收取地租时又将它补偿给了佃农。另一方面,它比其他相同收入的赋税使用了更少的税吏。由于英国的地租税并不随着地租的增加而增加,因此地主并不用和君主分享土地改良所获得的利润。虽然有些改良会导致同一地区的其他地主破产,但这种偶尔加重某特定地租税的情况是非常少见的,因此它并不会阻碍土地的正常改良和生产。它既不会减少土地产量,也不会提高生产物价格,因此并不会影响人民的勤劳。

地主除了要纳税,也不会有其他不便。

英国地主从这种恒久不变的地租税中,获得了利益,但这些利益的获得并不是因为赋税本身,而是其他一些外部的因素。从评定地租税以来,英国各地繁荣起来,所有土地的地租都在不断增加。于是,按目前的地租计算的应付税额,和以前所评定的实付税额之间就有了一个差额。正是因为这个差额,所有的地主都获得了利益。如果我们假设情况相反,因耕作衰退地租逐渐下降,那么所有的地主都不能获得这个差额。从英国革命后的社会发展来看,恒久的土地税对地主有利而对君主不利;如果情况是相反的,那么土地税的征收就会对君主有利而对地主不利。

土地的评价和国产税一样,都是以货币表现的。自从出现土地评价以来,银价一直都很稳定,铸币在重量上和品质上的法定标准也没有发生变化。如果银价突然上涨(像美矿发现之前的两个世纪那样),那么这种恒久性的评价将会大大不利于地主。如果银价显著下降(像美矿发现之后的一个世纪那样),那么这种恒久性的评价将会极大地不利于君主,极大地减少君主的收入。另外,如果货币的法定标准发生变动,同一银量的名义价格下降或上升,都会有不同的影响。当一盎斯银以前可以铸五先令二便士,而现在只能铸二先令七便士或十先令四便士时,在后一种情况下,君主将遭受不利的影响;而在前一种情况下,地主将遭受不利的影响。

从以上可以看出,这种土地税评价的恒久性,由于实际情况的差异而对纳税人或国家带来了很大的影响。和所有其他的事物一样,各帝国的生命有时也可能会结束,但它们总是希望能够永远存在。帝国的所有制度也一样,不仅希望能够适应某些情形,而且希望适应所有的情形。也就是说,人们总是希望制定出来的制度能够适应那些必然的情况,而不仅仅要求它适应偶然的情况。

法国的经济学家曾经认为,地租税随着地租的变动而变动才是最公平的。他们认为,所有的赋税最终都是由土地地租来负担的。因此,应该对于最后支付赋税的收入予以平等地征收。虽然说所有的赋税应该尽量平等地落在最后负担它的收入上,这种说法的确是正确的,然而,这种学说是一种形而上学的议论。我们可以从以下的叙述中清楚地知道,哪些赋税最终由地租负担,哪些赋税最终由其他收入负担。

在威尼斯,对于所有用租约将土地租给农民耕种的土地,征收的税额相当于地租的十分之一。租约需要在税吏管理的登记册上登记。如果土地所有者自己负责耕地,那么地租由官员公平评定后,减去五分之一的税额。这样,土地所有者缴纳的赋税,就不再是评定地租的百分之十,而是百分之八了。

和英国的土地税比较,这种土地税要公平得多,但又不是很确定。因为,评定税额的方式可能往往给地主带来更多的麻烦,浪费更多的征收时间。我认为,要制定一种既能防止不确定性又能减轻费用的管理制度,是很有可能的。例如,要求地主和佃农的租约必须在登记册上登记。如果一方隐瞒情况,则对其处以罚金,并将一部分罚金奖励给告发实情的人。这样做,一方面可以有效防止地主、佃农合伙骗取国家的收入;另一方面也可以详细知道所有租约的内容了。

在重新制定租约的情况下,有的地主并没有要求增加地租,而只是要求支付一些续租金。在大部分情况下,可以说这是一种只为眼前现金利益而放弃更多将来利益的行为。这种行为,在任何情况下都是有损国家收入利益的;大部分情况下是损害地主利益的;而只是有时会损害佃农利益。这是因为,佃农因此花费了更大的资本,从而极大地降低了他耕作土地的能力。在他看来,与增加地租相比,缴纳续租金支付较低的地租会使他更有压力。而土地税被认为是国家收入最重要的一部分,这种降低佃农耕作能力继而损害土地税收入的事情,当然是有损国家利益的。因此,缴纳续租金是一种有害的行为。如果对其征收多于普通地租的赋税,那么也许会阻止这种行为,并且无论是对地主、佃农、国王还是整个社会都是有好处的。

有些租约规定的内容还包括:佃农在整个租期内应当采用的耕作方法和应当种植的谷物。一般来说,这种规定,是因为地主认为自己有丰富的知识而做出的,但多数情况下,他的这种知识判断是没有根据的。而佃农受到这种条件的约束,其实会增加劳务,也就相当于增加地租了。因此,只有从高评定这样的地租,征收比普通地租更多的税,才能够防止这种愚蠢的行为。有的地主不收取货币地租,而是要求交纳实物地租,诸如谷物、牲畜、酒、油等;有的地主不收取货币地租,而是要求劳务地租。但无论是实物地租还是劳务地租,一般来说,都对地主有利而对佃农无利。因为,佃农所支付的总是多于地主所收取的。因此,在实施这种地租的国家,佃农都是非常贫困的。为了阻止这种损害社会的事情发生,只有从高评定这种地租,对其征收比普通地租更多的税。

如果地主自己耕种一部分所有地,那么邻近的农民和地主负责评定这种地租。按照威尼斯的办法,如果评定的地租没有超过一定数额,则可以减少一些税额。鼓励地主自己耕种土地是非常重要的。因为地主的资本一般大于佃农的资本,虽然其耕种技术不如佃农,但也往往能获得较大的收获。并且,地主勇于进行试验且有钱进行试验,一旦他试验成功,将会极大地促进全国的土地耕作和改良。即使他失败了,对他造成的损害也是很小的。通过减税方法,也是鼓励地主自己耕种一部分土地而已。如果一些地主能够被鼓励去自己耕种所有的土地,那么全国到处都有懒惰的地主管家。勤劳的佃农被地主管家所代替。懒惰的地主管家的管理费用极大,不久就会荒废土地,减少土地年生产物的数量,从而不但减少了地主的收入,而且减少了全社会的收入。

不过,上述让地主自耕一部分土地的管理制度,不仅可以防止税收不确定对纳税人造成的压迫与不便,而且可能会对全国土地耕作和改良作出极大贡献。

由于土地税随着地租的变化而变化,因此,和那些固定数额的税相比,土地税的征收费用更多。这是因为,在这种税制下,各地需要设立很多的登记机构,从而会增加费用;同时,当地主自耕其地时,需要重新评定地租,还是会增加征收费用。总的来说,这些费用都很低,和那些收入小于土地税的税收的征收费用相比,都算不上什么。

土地税不断变化从而影响耕地改良,这似乎是反对土地税的主要原因。试想,如果君主只分享土地改良的利润,而不分担土地改良的费用,那么地主也就不愿意从事土地的改良了。但还是有方法解决这个问题的。例如,地主在进行土地改良之前,可以和收税官员共同选择一些邻近地主和农民,按照他们的公平评定来确定土地的实际价值,接着在一定期限内对地主的土地都按照这种评定征税,这样就可以稍微补偿地主进行土地改良的费用了。由于王国关心自己收入的增加,因而也会关心土地的改良情况。为了补偿地主改良费用的那一定期限,不应当规定得太长,只需足以补偿即可。如果规定得太长,地主享受到的利益就会阻碍王国应当享受的利益。总的来说,将那一定期限规定得过长,比规定得过短要好一些。这是因为,虽然规定过长会影响王国收入,但规定过短的话会影响地主改良的积极性,这种后果比前者更为严重。对于王国来说,他只是非常宏观地考虑怎样做才有利于国家大部分土地的改良;而对于地主来说,他关心的是如何经过精密的计算以有利于他的每一寸土地的改良。君主要好好做的事情是,在其权力范围内,尽可能用各种手段鼓励地主和农夫关注农事,换言之,就是促使他们按照自己的判断和方法,追求自己的利益;为他们提供便利安全的水陆交通，使他们最安全地享受勤劳的成果；为他们的所有生产物提供最广泛的市场，并且允许他们将所有生产物自由地运往其他各国。

只要这种管理制度能够使土地税不仅不会阻碍土地的改良，而且会促进土地改良，那么地主对缴纳土地税就不会觉得有什么别的不便，只是完成自己的纳税义务而已。

实际上，无论社会状态如何变动、农业是否发展、银价是否浮动、铸币标准是否变化，以及这种赋税是否得到了政府的关注，这种赋税都会自然地适应事物的本质，并且在上述各种变动下一样地适当和公平。因此，针对这种赋税最好的征收办法，不是按照一定的评定来征收，而是将它规定为一种不变的国家基本政策。

有些国家并没有采用简单的土地租约登记的方法，而是费劳费钱地进行全国土地的丈量，制造丈量册。它们这样做的原因，就是担心出租人和承租人合伙隐瞒租约的实际内容，从而骗取国家收入。例如，以前普鲁士国王领土内的土地税，就是以实际丈量和评价为准征收的，什么时候丈量，就什么时候征收。按照当时的评价，普通土地所有者，需缴纳百分之二十到百分之二十五，教士们需缴纳百分之四十到百分之四十五。据说，西里西阿土地的丈量和评价，是按照国王的命令进行的，因而十分准确。按照他们的评价，布勒斯洛主教的土地，需要缴纳地租百分之二十五；新、旧两教教士的土地，需要缴纳百分之五十；在条顿和马尔达，骑士团的采邑需要缴纳百分之四十；贵族的土地需要缴纳百分之三十八点三三；平民的土地需要缴纳百分之三十五点三三。

据说，波希米亚的土地丈量和评价工作进行了上百年时间。直到1748年，现任女王才命令其限期完成。查理六世时期开始的米兰公领地的丈量，到1760年以后才完成。塞沃伊和皮德蒙特的丈量，也是按照国王沙廷尼亚的命令进行的。一般来说，这种丈量是不可能精确的。在普鲁士王国中，与普通土地所有者的纳税相比，针对教会的征税要多得多。教会的大部分收入，都来自土地地租，但他们却很少用这些收入来进行土地的改良等有益于大众的事情。因此，普鲁士国王认为，教会应当对国家急需负担更多一些。但在有些国家，教会的土地是完全免税的或者比其他土地的税收要少。例如，1577年以前，米兰公国领土内所有的教会土地，都是按它实际价值的三分之一征税。在西里西阿，贵族土地比平民土地的土地税高出百分之三。这样做的原因，可能是普鲁士国王认为：前者拥有各种荣誉、特权，因而能够负担较高额的赋税；

而后者生活贫苦,减轻其赋税应该对其有所弥补。但其他国家的赋税制度都不是这样,它们一般只会加重平民的负担,就别提什么减轻平民负担的事情了。例如,沙廷尼阿国王领地和实行贡税的法国各省,所有的赋税都由平民负担,贵族则可以免税。

虽然根据丈量和评价确定的土地税一开始是很公平的,但不久之后就会变得不公平。例如,1666年,芒托本按照丈量和评价征收的贡税是极为公平的,但到1727年,这种税的征收就变得非常不公平了。为了防止这种问题发生,政府需要经常关注国内各农场的状态和产物的变动情况。例如,普鲁士政府、波希米亚政府、沙廷尼阿政府和米兰公国政府,曾经都是这样做的。但由于政府的性质,政府通常无法长期关注这种事情,即使长期关注,对纳税人也没有什么帮助,只是带来了更多烦扰而已。为了解决上述芒托本税收不公平所带来的问题,当地政府除了对全区强制征收一万二千利弗的附加税外,没有别的什么方法。虽然说按照有关规定,这项附加税应当对所有采用评定方法纳税的地区征收,但最后却仅仅对一些纳税较少的地方征收而已。以两个地区为例,其中一个按实际情况应当纳税九百利弗,另一个应当纳税一千利弗。按照旧的评定方法征收,则两者都需纳税一千利弗。征收附加税时,两者的税额也都定为一千一百利弗。但实际上,这种附加税只加在了第一个地区。因此,附加税只是针对以前纳税较少的地区,而对于此前纳税较多的地区,附加税的征收反而给其带来了一定的优势。像上述第二个地区,只需缴纳税额九百利弗。由于附加税的征收只是救济以前评定税额所产生的不公平,并且附加税都是由税区一些独断专行的行政长官来裁决的,因此,对政府来说,附加税的征收不会引起政府收入的得失。

非与地租成比例、与土地生产物成比例的赋税

对土地生产物征税,其实就是对土地地租征税。虽然这种赋税一开始由农民垫付,但最后还是由地主负担的。当一部分生产物要用来支付赋税时,农民就必须计算出每年这部分生产物的价值大概是多少,以便他从付给地主的地租中扣除这一定的数目。例如,向教会缴纳的什一税就是这样做的。

什一税和其他所有类似的土地税一样,表面上很公平,实际上非常不公平。在不同的场合,相同的生产物缴纳的地租不相同。肥沃的土地往往能产出更多的生产物;此时,一半的生产物就足以偿还农业资本并提供利润,在没有什一税的情况下,其他一半就可以缴纳地主的地租。在有什一税的场合,租地者要将十分之一的生产物用来缴纳什一税,那么在保证自己获得资本利润的前提下,他就必然会减少对地主缴纳的五分之一地租。这时,地主的地租就不是所有生产物的一半,而只有十分之四了。在贫瘠的土地上,生产物的产量有时非常少,但耕作费用却非常大,从而租地者需要花费五分之四的所有生产物,才能来偿还农业资本并提供利润。这时,即使没有什一税,地主得到的地租也不超过所有生产物的五分之一。在农民缴纳了什一税之后,地主的地租恐怕就只有所有生产物的十分之一了。总的来说,肥沃土地的什一税,一般相当于每镑四分之一或四先令的税;而贫瘠土地的什一税,一般相当于每镑二分之一或十先令的税。

从上述所知,什一税可以说是加在地租上极不公平的赋税,因而会极大地阻碍土地的耕作和改良。试想,教会不负担任何费用,却分享那么多的利润。造成的结果就是,地主将不会愿意进行花费较多的各种重要改良;而农民也不愿种植那些虽然价值很大但是花费很多的谷物。从欧洲实行什一税以来,只有荷兰联邦种植茜草这种有价值的染料,因为荷兰联邦是长老制教会国家,没有什一税。最近,英格兰也开始种植茜草,原因是议会法令规定对茜草地每亩征税五先令代替什一税。亚洲的许多国家,和欧洲大部分的教会一样,征收的土地税并不和土地地租成比例,而和土地生产物成比例。例如中国,皇帝的主要收入就由全国所有土地生产物的十分之一构成。不过,这里的十分之一可能并没有那么多,据说很多地方都不到三十分之一。在东印度公司统治之前的印度,孟加拉回教政府征收的土地税,大概就是土地生产物的五分之一。古代埃及的土地税也和孟加拉一样。

亚洲国家的君主,正是因为这种土地税才普遍关心土地的耕作和改良。例如,中国的皇帝、孟加拉回教政府的君主、古代埃及的君主,他们为了尽可能增加国内所有土地生产物的数量和价值,都积极从事公路和运河的建造和维持,从而为生产物提供广泛的国内市场。而在欧洲,那些征收什一税的教会则不是这样。由于教会分得的什一税数额极小,因而他们不会像亚洲的君主那样关心土地的耕作和改良。因为,一个教区的牧师从修建运河或公路以扩大本教区产物的市场这些事情上,并不会获得什么利益。所以说,如果是国家征收这种税,那么其在一定程度上带来的利益,可以抵消其带来的不利。但如果由教会征收这种税,那么就只有不利了。

对土地生产物征税,有的征收实物,有的按照评价征收货币。对于教区的

牧师和居住在田庄的小乡绅来说，他们认为征收实物似乎对自己更为有利。因为征收的数量较少、区域也很小，他们可以亲自监督每一部分应收实物的收集和处理。但是，对于住在大都市有大资产的绅士来说，征收实物可能不是那么有利，因为其代理人很有可能在处理这些分散在各田庄的地租时不够谨慎。但对君主来说，由于税吏的滥用职权，君主的损失应当说要大得多。一个粗心的个人与一个谨慎的君主相比，个人一般能够更好地监视他人。因此，如果国家收入是靠征收实物得来的，那么由于税吏胡作非为所造成的损失将很大，最后归入国库的只是人民缴纳的一小部分而已。据说在中国，大部分的国家收入就是采取征收实物的方式获得的。究其原因，也许是中国的大官和税吏们，认为征收实物比征收货币更容易徇私舞弊吧。

采取货币形式对土地生产物征税，也有两种方式：一种是税额根据市场价格的变动而变动；另一种是固定税额。例如，无论市场价格怎么样，对一蒲式耳小麦总是征收相同的货币。按照前一种方法征税，税额只是随着耕作的勤勉与否对实际生产物的影响而变化；按照后一种方法征税，税额不仅要随着土地生产物的变化而变化，而且还要随着贵金属价值的变化，以及铸币所含贵金属的分量的变化而变化。所以，对第一种方法来说，税额与土地实际生产物价值总是保持着相同的比例；对第二种方法来说，税额与土地实际生产物的比例在不同时期会有所不同。

英格兰对土地税采取的征收方式是，不征收一定部分的土地生产物，而是收取一定数额的货币来代替所有赋税或什一税。这种征收方式，使得税收既不会受到土地地租的影响，也不会影响土地的改良。许多教区采取以货币代替实物征收什一税的方式，就与此类似。在孟加拉回教政府的部分地区，采取的方式是以相当少的货币来代替五分之一生产物的实物。后来，由于东印度公司的某些人员以将国家收入恢复到应有价值为借口，将一些州区以货币纳税的方式改为了实物纳税。在他们的管理下，这种改变不仅阻碍了耕作，而且增加了征收上的徇私舞弊事件。结果，和以前相比，公司人员的收入增加了，国家收入反而极大地减少了。

房租税

房租一般可以分为建筑物租和地皮租两个部分。

我们一般把建筑房屋所花费资本的利息或利润称为建筑物租。为了使建筑业和其他行业保持在相同的水平，建筑物租就必须首先支付建筑业者一种利息,以弥补他抵押贷款的利息;其次要使建筑者能够一定年限内收回建造房屋的成本。正因为这样,各地建筑物租常常受到货币普通利息的影响。当市场利率是百分之四时,除去地皮租,建筑物租金还能提供全部建筑费用的百分之六或百分之六点五的收入,作为建筑者的利润。当市场利率是百分之五时,建筑物租金就可以提供全部建筑费的百分之七或百分之七点五的收入,作为建筑者的利润。由于利润和利息成比例,因此,当建筑业的利润无论什么时候都大于利息时,其他行业的资本就都将转移到建筑业上来,直到建筑业的利润降为正常水平为止。相反,如果建筑业的利润无论什么时候都小于利息时,那么建筑业的资本就会转移到其他行业上去,直到建筑业利润回升到正常水平。

地皮租是指所有房租中超过合理利润的部分。在地皮与建筑的所有者是不同的人的情况下,地皮租要全部交给地皮所有者。地皮租是住户为补偿地皮所有人提供的某种利益而支付的对价。在那些远离大都市、建筑空间很大的地方,基本上不需要缴纳地皮租。或者说将地皮用于农业生产所得到的利益,比用于建房所得的地皮租金要大得多。但大都市附近的郊外别墅,那里的地皮租有的就非常高。那些地理位置特别便利、风景优美的地方,地皮租就更贵了。而在一国首都,在由于经商、娱乐或虚荣时尚等各种行业对房屋需求非常大的特别地段,地皮租是最高的。

如果房租税由住户负担,并且和房屋的租金成比例的话,那么在相当长时期内,这种税都不会影响建筑物租。一般来说,建筑业者如果得不到适当的利润,他就会放弃这一行业。不久之后,建筑物的需求就会提高,他的利润也就会恢复到和其他行业的利润保持在相同水平。当然,这种税也不会完全由地皮租承担。一般来说,一部分由住户负担,一部分由地皮所有者负担。

现在,我们假设有一个人,每年他能接受的最高房租是六十镑,并且由住户负担房租税,房租税是每磅四先令,或全部租金的五分之一。这时,对于六十镑租金的住宅,他就需要花费七十二镑。其实,那十二镑就是超过了他能够承受的数额。于是,他就会选择住在一年租金是五十镑的房屋里,这时五十镑加上房租税十镑,刚好是他能够承受的数额。也就是说,为了支付房租税,他必须放弃贵十镑房租的房屋所能提供的便利。另一方面,房租税又使他以五十镑租到了在无税情况下租不到的较好的房屋。因为,就像在年租六十镑的情况下,房租税将他排除出去一样,对于年租五十镑的房屋,竞争者同样也减少了。由此可知,除了那些租金很低从而在一段时间吸引竞争者的房屋外,其

他所有房屋的竞争者都会减少。这样一来,竞争者减少的房屋的租金,也就会有所下降。但无论减少多少,在一定时期内,都不会影响建筑物租,因而那部分房租税也就全部要由地皮租来负担了。所以说,最后,房租税一部分由住户支付,一部分由地皮所有者支付。至于他们之间分担的比例,则难以判断。一般来说,在不同的情况下,他们分担的比例应当是不同的,并且受到房租税影响的程度也不同。

关于房租税的分担比例问题,地皮所有者因此税可能受到的不平等,完全是因为分担上偶然产生的不平等;而住户因此税可能受到的不平等,不仅有分担上的原因,还有其他原因。根据财产大小的不同,房租占全部生活费的比例也不同。一般来说,财产越多,这个比例越大;财产越少,这个比例也就越小。生活必需品需要花费穷人大部分的费用。因为,他们常常很难获得食物,因此他们大部分微薄收入都花费在食物上。但对富人来说,则不是这样,他们主要的收入都花费在生活奢侈品和装饰品上。因此,房租税一般对富人来说最重。因为对富人来说,华丽的居室又最能显示他的虚荣并陈列他的奢侈品。由于大家认为富人应该按照收入比例为国家收入多做贡献,因此,即使他们负担着最重的房租税,这种不平等的分担也被认为是合理的。

虽然房租和土地地租在很多方面都很类似,但有一点却和土地地租有着根本的不同。土地地租的产生,是因为使用了土地这种具有生产力的物质,地租其实是由土地来支付的。然而,房租的产生并不是因为使用了某种具有生产力的东西。房屋以及房屋的地皮,都具有生产性。因此,房租的支付者必须以那些和房屋无关的收入支付房租。当房租税由住户负担时,房租税和房租一样,由他们的其他收入来负担,无论这些收入是劳动工资、资本利润还是土地地租。它不单独由某一种收入负担,而是无区别地由所有收入负担。它在这一点上,和消费品税的性质相同。一般来说,房租与其他费用相比,更能反映出一个人生活是否节俭。对房租这种特殊消费对象征税,所得的税收收入也许比现在欧洲任何其他的税收收入都要多。但是,房租税如果太高,人们就会尽量去住小的房屋,而将大部分费用节省下来转入其他的行业。

如果采用确定普通地租那样的方法来确定房租的话,房租的数额很容易就能准确地确定。例如,没有人居住的房屋,当然是免税的。因为,如果对它征税的话,税收就完全由房屋所有者来承担了,也就是要他为一种不能提供收入和便利的东西承担赋税。如果房屋所有者自己居住,那么应当缴纳的税额,不能以建筑费为准,而应以房屋租给他人时应得的租金为准。这是因为,如果按照建筑费为准的话,每镑需缴纳三四先令,再加上其他捐税,那么全国的富人都可能被毁掉。只要大家留意一下本国一些富人在城中的住宅和乡下的别墅,就可以发现这样的事实,即如果按照住宅的原始建筑费的百分之六点五或百分之七来征税的话,他们缴纳的房租税,就和他们地产的全部净收入相等。他们华丽的住宅虽然历经数代,但消耗的费用只是原建造费的一小部分而已。

其实,地皮租和房租相比,更应当成为征税对象。由于地皮租税是由地皮所有者负担,因此并不会提高房租的数额。地皮所有者一般都具有垄断地位,因此对于地皮的使用,总是尽量追求最大的租金。而其得到的租金的大小,是由竞争该地皮的人的贫富来决定的,或者说是由竞争者出在该地皮上的价钱来决定的。在所有国家,首都是拥有最多竞争地皮的有钱人聚居的地方,因此首都的地皮通常能获得最高的租金。但是,由于竞争者的财富不因为使用地皮而增加,因此他们并不愿意为使用地皮支付很多的税。无论地皮租税是由住户负担还是由地皮所有者负担的,其实结果都没有什么影响。如果住户必须支付的税越多,那么他愿意支付的地皮租也就越少。最后,地皮租税完全由地皮所有者来负担。没有人居住的房屋当然也就不需要支付地皮租税了。

在很多情况下,地皮租和其他普通地租一样,不需要所有者亲自管理即可以获得很多收入。试想,如果把他这些收入的一部分作为国家费用,那么对任何产业来说都是有益的。和以前未征税相比,征收地皮租税后,社会土地劳动的年产物,也就是人民的真实财富和收入,发生了变化。

从以上可以看出,地皮租和其他普通地租,应当说是最适合负担某种税收的了。甚至,地皮租比普通地租更适合成为特定税的征收对象。因为,在大多数情况下,部分普通地租还得依靠地主的注意和经营。如果地租税过重,那么就会妨碍地主的经营。然而,地皮租却不一样。如果说地皮租的数额有超过普通地租的话,那全因为君主的良好政策。这种良好的政策,不仅保障了全体人民的产业,还保障了一些特殊住民的产业,从而使这些住民对其所占地皮,能够极大地提供超过其实际价值的租金。而对这种依靠国家良好政策的租金征税,或者对其征收多于其他收入的税额来支持国家费用,当然是非常合理的了。

据我所知,虽然欧洲各国都对房租征税,但似乎没有一个国家将地皮租作为征税对象。因为对于税法制定者来说,似乎很难确定房租中哪个部分是地皮租,哪个部分是建筑物租。但这其实并不是那么难区分的。

英国存在一种年土地税,按照这种税法,房租税的税率和地租税的税率是相同的。在不同的教区和行政区,年土地税所依据的评价一般也是一样的。其实,无论是以前还是现在,这都是极不公平的。但是,就全国范围来说,相对于将这种税征收在地租上,对房租征税显然要轻一些。在那些税率很高而房租较低的少数地区,这种对房租征收每镑三四先令的土地税,基本上和所缴纳的实际房租差不多。并且,法律规定对于无人居住的房屋也要征税,但大部分情况下,好心的税吏都将其免除了。虽然这种免除有时可能引起特定房屋税率的小变化,但整个地区的税率还是没变的。能够引起特定房屋税税率较大变动的情况就是,当房屋建筑经过修理后增加了租金,却没有增加房租税的情况。在英格兰,房租税的制定者似乎觉得房屋的实际价值是非常难以准确确定的。因此,大部分情况下,他们规定房租税时,都是按照对房租享有的一定比例来计算的。

在荷兰,无论实际房租有多少以及是否有人居住,对所有房屋一律按价值征税百分之二点五。其实,对无人居住的房屋,征收这么重的税是太过严苛了的。在荷兰,市场利息率一般不超过百分之三,对于房屋价值征税百分之二点五,在多数情况下,也就是相当于建筑物租的三分之一以上。虽然征税根据的评定很不平等,但基本在房屋的实际价值以下。一旦房屋再建、维修或扩大,就需重新评价,并且房租税按照新评价的标准来征收。

最开始有一种税收被称为炉捐,是指每炉缴纳二先令税。为了确定一个房屋到底有几炉,税吏就必须挨家挨户的调查。而这种调查,最使人感到厌烦。于是,革命后这种税也就被废除了。炉捐之后,又有一种税对每房屋征收二先令。如果房屋有十四窗,则增收四先令;有二十或二十个以上的窗,则增收八先令。这种税后来发生了很大的变化。例如,只要窗子在二十个或者三十个以下的房屋,征收十先令;窗子在三十甚至三十以上的房屋,征收二十先令。因为窗子的数目一般都可以从外面算出,而不需要进入私人的房间。因此,这种税也就没有炉捐那么令人厌烦了。这种税后来也被废止了,并且代之以窗税。窗税也经过了一些变化。到目前(1775年1月)为止,除了英格兰每房屋征收三先令,苏格兰每屋征收一先令以外,另外还需要再征收一些窗税,并且窗税的税率也在不断地上升。在英格兰,以前七窗以下的房屋最低就征收二便士,现在对二十五窗乃至以上的房屋则最高征二先令的税。人们对这种税的反对很强烈,就是因为其加在穷人身上的负担要重于其加在富人身上的负担。因为乡间市镇上十镑租金的房屋,可能比伦敦五百镑租金的房屋的窗户还要多。如果不管住户的贫富,而只按照窗税的规定征税,那么前者就要比后者负担更重的税收。这类税直接违反了前述税收四原则的第一个原则。

窗税或者其他所有房屋税的自然结果,都是降低房租。因为,一个人纳税越多,那么他所能负担的房租也就越少。但英国自实行窗税以来,却听说所有市镇乡村的房屋租金,反而有了一些提高。不过,这是由于房屋需求的增加,使房租提高的程度超过了窗税使其降低的程度。如果没有窗税的话,房租增加的程度可能会更大。这个事实其实证明了国家更加繁荣,居民的收入也更多了。

第二项 利润税

一般来说,资本所产生的利润有以下两个用途:一是由资本所有者(使用者)用来支付利息;二是由资本所有者(使用者)保留支付利息之后的余额,以继续从事经营。就后者来说,国家并不能对其直接征税。因为那是对投资风险的回报,并且这种回报通常情况下都很少。只有资本使用者获得了这种回报,他才会继续使用资本从事经营。不然,他出于自身利益的考虑,不会再继续经营。并且,如果按照后者占利润的比例来对它直接征税的话,资本使用者为了保证自己的利益就会采取两种方式:一是提高利润;二是减少利息的支付,将这种赋税负担转移到货币利息上。实际上,当他按照纳税的比例提高利润率时,他所缴纳的税最后是按照他的投资方法由地主或者消费者来负担的。例如,当他将资本作为农业资本种植土地时,他提高利润率的方法是保留大部分土地生产物。而他这样做的话,必然就会降低地租,于是上述税额最后就是由地主来负担了。当他将资本作为商业资本或制造业资本时,他提高利润率的方法只能是提高货物价格。这时,该税最后就由消费者来负担了。另一方面,如果他不提高利润率,那么他就会减少货币的支付利息,把所有税都转移到货币利息上去。最后,该税就是由利息来负担了。总之,无论什么时候,当他不能用一种方法减轻自己的负担保证自己的利益时,他就会采用另一种方法。

货币利息是除去投资风险的回报之后剩下来的纯收入,其性质和土地地租差不多。我们知道,地租税并不会提高地租,因为地租是偿还了农民资本和利润后剩下来的纯收入,而地租税后的价值绝对不会大于税前的价值。同理,货币利息税也不会提高利息率。这是因为,无论是税前税后,和土地量一样,一国的资本总量是没有变化的。我曾在本书第一篇中说过,可供使用的资本量与资本使用量的比例决定了一般利润率。换一种说法是,一般利润率是由可供使用的资本量与使用资本的营业量之间的比例决定的。这里,资本使用量并不会

受到利息税的影响。如果可供使用的资本没有变化,那么一般利润率也将没有变化。同时,由于投资的风险没有变化,那么投资者的回报部分也不会有变化;剩下的属于资本所有者的货币利息,当然也就没有任何变化了。

从以上可以看出,表面上看货币利息似乎和土地地租一样,也是可以被直接征税的。但是和地租相比,货币利息却并不是适合直接征税的对象,原因如下:

首先,个人所有土地的数量和价值是公开且确定的。但是,一个人拥有的资本却通常是秘密的且他人无法确定的;并且资本额随时会发生变化。而为了征税对私人财产进行调查,可以说是无人能够忍受的。

其次,土地的性质决定了其无法移动,然而资本是可流动的。土地所有者一定是土地所在国的公民。然而资本所有者,却不一定要依附在某一个特定的国家。如果某国为了征税而调查私人财产的话,他大可离开该国去往别处。只要哪个国家能够保证他在那里自由地从事经营、安逸地享受生活,他就会将资本转移到那个国家去。而一旦他的资本转移到那个国家,该资本在原所在国所经营的产业都将随之凋零。社会中的资本不仅是用来耕作土地,而且用来雇用劳动力。如果某一国的税收政策导致国内所有资本都转移到他国的话,整个社会以及君主的收入都将极大地减少;资本利润、土地地租和劳动工资也将极大地减少。

正是由于以上的弊端,在对资本收入征税的国家里,政府一般都是对资本进行随便估算而已,不会采取严格的调查方法。并且,采取低税率,刚好能弥补这种征税方法的不公平和不确定的弊端。因为每个人所纳的税额都远低于自己的实际收入,即使其他人更低,他也无所谓了。

英格兰试图将土地税的征收税率应用到对资本征税中。例如,当土地税率为每镑四先令,相当于其估算地租的五分之一时,对资本征税的税率就是其估算利息的五分之一。当现在的土地税刚开始实行时,法定的利息率是百分之六,于是每一百镑资本应缴税二十四先令(六镑的五分之一)。当法定利息率降到百分之五时,每一百镑资本就应当缴税二十先令。土地税的征收,是由乡村和主要市镇共同分担的,并且由乡村来分担大部分。市镇方面分担的大部分是对房屋征税,而对市镇资本或营业的征税,一般都低于资本或营业的实际价值。所以,无论固定的税率多么不公平,只要税额较轻,还是不会产生什么问题的。目前,国家日益繁荣,许多地方的土地、房屋和资本的价值都不断增加。然而，各教区、各地区对上述这些物质的征税，还是按照以前的标准来进行的。因此即使那些税收不太公平，对纳税人来说也无所谓。另外，各地区的税率长期没有什么变化，这样就减少了税收的不确定性。总的来说，对个人资本的征税极大地减少了，且变得不是很重要了。有一种说法是，如果英格兰大部分土地没有按照实际价值的二分之一估算税额的话，那么英格兰大部分资本也就绝对没有按照实际价值的五十分之一估算税额。另外，各地区征收的展开也不一致。例如威斯敏斯特的全部土地税都是针对房屋，它对资本和营业不进行征税。但伦敦却又与之不一样。

其实，每个国家都会小心回避调查个人财产的事情。因此，国家会采取其他方式对财产进行征税。例如在汉堡，人民对其所有财产都必须向政府缴纳百分之零点二五的税。而汉堡人民的财产主要是资本，因此这项税相当于一种资本税。在那里，每个人都是自己评定应当缴入国库的税额。他们在长官面前，将一定数额的货币归入国库，并发誓那是他所有财产的百分之零点二五。他不需要报告自己的财产数额，任何人也不得进行查问。这种纳税方式，一般都是很忠实的。因为小共和国的人民，总是完全相信长官，相信赋税是为了维持国家的必要，并且这些税也将真正地维持国家的需要。

采用这种良心纳税的方式的，不仅仅只有汉堡人民。例如，瑞士翁德沃尔德联邦，由于经常遭遇暴风和洪水灾害，该国经常需要临时筹备紧急费用。在这种情况下，人们就会聚集在一起，报告自己的财产数额，然后根据数额纳税。据说，久里奇的情况也是如此。那里的法律规定，国家遇有急需时，每个人应按照收入比例纳税，人人负有发誓报告其财产数额的义务。而当地的行政部门从未怀疑人民会有欺瞒。巴西尔政府的主要收入，来自出口货物的小额关税。该国法律规定，所有市民都应当发誓每三个月缴纳一定税款。所有商人甚至旅舍主人，都必须亲自登记自己在领土内外销售的货物，每三个月月末，他们就把数额清单交给国库官员。没有人会怀疑国库收入会被人侵吞。

在瑞士各联邦中，要求各市民公开宣布财产数额不是一件很困难的事情。但是，在汉堡，那就非常困难了。尤其是那些从事风险贸易的商人，最害怕公开自己的财产状况。因为大多数情况下，这样做会破坏他的信用，从而导致企业经营失败。不过，对于一些质朴节约的人民来说，他们则根本没有必要隐瞒自己的财产状况。

另外，在荷兰，奥伦治公爵就职总督后，法律规定对全体市民的财产征收

百分之二或五十取一税。并采取与汉堡相同的征收方法。一般来说,人们都会很诚实地纳税。因为大家对刚建立的新政府,都有极大的信任感;更何况这种税只征收一次,目的是为了解决国家急需。当时,荷兰的市场利息率一般在百分之三以下,对一般资本收入征税百分之二,就是说每镑要纳税十三先令四便士。在国家非常危急的情况下,人民基于爱国热情,一般都会选择放弃这部分资本。但如果这种重税长期实行的话,人们最后也会无力支援国家。

在英格兰,按照土地税法案征收的资本税是和资本额成一定比例的。但国家并不想减少资本量,因此按照地租税的比例,资本税的征收就得由货币利息来负担了。并且,当地租税为每镑四先令时,货币利息税也是每镑四先令。汉堡、翁德沃尔德和久里奇征收的轻税,也都是打算向资本利息征收的,而不是向资本征收。不过,在荷兰,这种税是向资本征收的。

特定营业利润税

资本有时用于特殊商业部门,有时用于农业。有的国家对资本利润征收特别税。例如,在英格兰,对小贩商人和行商、出租马车以及酒店主取得零售执照所征收的税,就是对特殊商业部门的征税。就在前不久的战争时期,有人提议对店铺征收类似的税。战争开始之后,有人认为战争保护了本国的商业,因此战争费用应当由获利的商人来负担。

但是,对特殊商业部门的资本征税,最后并不由商人负担,而是由消费者来负担。因为商人在任何情况下,都要求超额利润。在自由竞争的商业环境中,商人所获得的一般都低于这种超额利润。消费者最后在自己购买的物品上,负担了商人垫付的税额。并且在多数情况下,商人还会将价格提得更高。

当这种税和商人的营业额成比例时,该税不会对商人造成任何损害,因为其最后是由消费者负担的;当该税不和商人的营业额成比例时,虽然该税最后还是由消费者负担,但它有利于大商人,对小商人则会造成一定的损害。例如,每辆出租马车,每个星期需要缴税五先令;每辆出租车,每个星期需要缴税十先令,这种税是与他们各自的营业范围成比例的,由车辆所有者垫付。因此,该税无论是对大商人还是小商人,都不会造成损害。酒店主领取麦酒贩卖执照,每年需要缴税二十先令;领取火酒贩卖执照,每年需要缴税四十先令;领取葡萄酒的贩卖执照,每年需要缴税八十先令。这种税制,对零售酒店也进行所谓的"平等"征税,因此,对大的营业者来说有利,而对小的营业者来说显然不利。因为前者比后者更容易在货物价格中收取垫付的税款。但总的来说,该税的税率较轻，即使有一些不公平，对于纳税人来说也不是很重要。并且，很多人都认为，对那些到处存在的小麦酒店加以一定的管理限制也是恰当的。然而对店铺征税，采取的方式是不论店铺大小一律平等对待。因为，除非采取调查的方式，否则无法弄清每个店铺的营业范围。而如前所述，调查总是令人们深恶痛绝的。当店铺税很重时，小商人会感到很困难而无法经营下去，最后所有零售业都将并入大商人的手中。由于缺乏小商人的竞争，大商人便拥有了经营上的垄断权。他们会和其他垄断者一样联合起来，将利润提高到超过纳税的需要。在这样的情况下，消费者不仅负担了店铺税，还要负担一笔费来填补店主的利润。正是由于上述不利的影响，1759年的补助税便代替了这种税。

法兰西有一种叫做个人贡税的赋税。该税是对农业资本利润进行征收的，而且可以说，该税恐怕是这类税种征收得最重的了。欧洲所有的地方，都实行这种税。欧洲封建政府统治时期的君主，由于受到各种压力，只好答应只对一般人民征税。在国家发生特别情形急需费用时，大领主们都愿意提供帮助。但是他们并不愿意成为永久的纳税人，而君主也没有能力强迫他们成为永久的纳税人。最开始，欧洲土地的大部分占有者，都是农奴。后来，他们都逐渐被解放，并且其中一部分人可以保有地产。他们在国王或者大领主的统治下，以奴隶的身份保有地产，就像英格兰当时根据政府登记簿享有土地的人一样。领主手下其他没有地产保有权的人，可以以一定年限租得其占有的土地，这样他们就不用依附领主了。当大领主们看到这些下层人民不断繁荣和独立时，不免心生嫉妒，当然非常同意君主对他们征税的提议。在一些国家，政府只对那些以贱奴身份保有的土地征税；这时，这种税就是一种不动产贡税。例如沙廷尼阿的土地税，兰多克、普冯斯、多菲那、布列塔尼各州、芒托本征税区、亚琛和康顿选举区，以及法国其他一些地区征收的贡税都是这一类。而在其他各国，政府是对那些租用他人土地者的利润进行征税，而不管土地的保有情况怎么样。这时，这种税就是个人贡税。例如，法国选举区各州，征收的税就是这一类。虽然不动产贡税只针对国家一部分土地征收而不太公平，但一般也不会发生什么独断专行的事情。而个人贡税是对某一阶级人民的利润征税，这些利润的计算不可能精确，因此往往会出现专断和不公的现象。

目前（1775年），法国实行的个人贡税，每年对选举区的二十个征税区征收的数额，共计四千一十万七千二百三十九利弗十六苏。各州负担这个税额的比例，是由枢密院收到各州收获的程度和它们的纳税能力报告所决定的，因而每年都有所不同。每个征税区被分成一些选举区,各选举区按照上述报告确定的比例分担税额,因此其分担的总额每年也有所不同。从这里可以看出,即使枢密院想要做到尽善尽美,也不可能确定当年度某地域的实际纳税能力和其应负担的税额比例。因为,一些无知和误报,可能会一定程度上影响公正的枢密院的判断。同时,一个教区对所有选举区应负担的税额比例,以及每个人对所属教区应负担的税额比例,会随着不同的情况而有所不同。前者由选举区的收税人员判断;后者由教区的收税人员判断。但在一定程度上,两者都要受州长的指示和影响。听说,或者由于无知和误报,或者由于党派之争或个人恩怨,这些收税人员常常会做出错误的判断。

当然,在税额评定之前,每个纳税人都不知道自己要交纳多少税。即使在税额评定之后,他也不能准确知道这个数额。当对一个应免税的人征税或者对一个人的征税超过了其应交的数额时,为了弥补他们的损失,教区就会在第二年加征一个附加额。同样,当纳税人破产或无力支付应缴税额时,收税人员应当垫付税额,而为了弥补收税人员的损失,教区也会在第二年加征一个附加额。如果收税人员自己破产了,那么他所在的教区要受到选举区总收税员的控诉。由于这种控诉非常麻烦,因此总收税员一般是先任意选择选举区的五六个富人,由他们先行垫付收税员未支付的数额,然后总收税员再向整个教区追偿。这种追偿,其实就是在特定年度的贡税以外额外征收赋税。

一般来说,如果对特定商业部门的利润征税,商人们就会格外注意自己的供货量,使其不超过自己的可销售量,并且使获得的利润足以补偿税额的支付。有时,他们会从经营中撤出一部分资本,从而减少市场上的供给。于是,国内市场上货物的价格上涨,最后就由购买货物的消费者来负担这种利润税了。然而,如果一种税是对农业资本的利润进行征收的,那么农民从经营中撤出一部分资本后,不会得到任何利润。这是因为,每个农民都需要对自己占有的那部分土地支付地租。一定的资本额对于适当耕作土地来说非常必要。一旦他撤出了一部分必要的资本,他支付地租或赋税的能力就会降低。为了缴纳赋税,他必须提高农作物的产量,从而提高市场上农作物的供给量。因此,缴纳这种赋税,农民并不能通过减少供给提高货物价格,将税收转移到消费者那里。但是,和其他经营者一样,农民也要求一定的利润,不然他早就不会从事这种行业了。而在负担赋税后他要获得一定的利润,唯一的办法就是减少对地主的地租。所以说,农民需要缴纳的赋税越多,他向地主提供的地租就会越少。尤其在租约未满之前,对农民征收这种赋税必然会使他们陷入绝境甚至破产。不过,当租约续期时,这种赋税也就转移到了地主身上。

一般来说,在实行个人贡税的国家,农民的纳税额与他投在耕作上的资本成一定的比例。正是因为这样,农民们为了减少税额,常常不使用那些好马好牛,而尽量使用一些没有价值的农具来进行耕作。他们总是不信任收税人员,认为他们可能会故意征收重税,于是农民们总是装得自己很无力支付税款。其实,他们采用这样的策略,可以说根本没有很好地为自己的利益着想。因为,减少生产物给他带来的损失,极有可能大于他为减少赋税所节约的费用。由于恶劣的耕作,市场上的供给减少,货物价格就会稍微上涨。然而,货物价格的上涨很可能都不够弥补他们减少生产物所带来的损失,就更别提向地主交地租了。这样的耕作情况,可以说无论是对国家、农民还是地主,都是没有好处的。所以说,在很多方面,个人贡税都是有害于耕作,从而有害于国家收入的增长的。

在北美南部各州和西印度群岛,政府每年对每个黑奴征收一种人头税。实际上,这种税就是对农业资本利润进行的征收。由于大部分耕作者既是农民又是地主,因此这种税最后是由地主来负担的。以前,欧洲各地都曾实行对农奴按人头进行征税,现在的俄罗斯帝国还在继续实行这种税。现在的人,常常认为人头税是对奴隶征收的税。但对于纳税人来说,纳税不是奴隶的象征,而是自由的象征。因为,一个人纳税了,就表明他隶属于政府。既然他有财产纳税,就说明他自己不是主人的财产。针对奴隶的人头税,和针对自由人的人头税,性质是完全不同的,虽然名称都叫人头税。首先,后者由纳税人自己缴纳税额,而前者由其他不同阶级的人来缴纳;其次,后者完全是任意征收的或者不公平的,有时甚至既任意又不公。然而,前者由于奴隶价值的不同,虽然很多方面不公平,但它从来都不是任意的。因为奴隶主知道他拥有的奴隶数量,也就明确了自己应缴纳的税额。

在荷兰,仆役税是对人们雇佣男女仆人的开支进行征税,而不是对使用的资本征税,有些类似于消费税。最近,英国对于每个男仆征税二十一先令的做法就是在效仿荷兰。这种税对中产阶级来说,负担最重。这是因为,那些年收入过百镑的人,会雇用一个男仆;但那些年收入过万镑的人,绝对不会雇用五十个男仆,可能只雇用一个。因此,收入少的和收入多的人要承担一样的赋税。不过,这种税对穷人倒没什么影响。

另外,对特定营业的资本利润进行征税,并不会影响货币利息。因为,一个

人通过提供贷款收取利息时,对于那些将借贷资本用在征税项目上的人,他收取的利息要多;而对那些将借贷资本用在无税项目上的人,他收取的利息要少。如果一国政府想要按正确的比例,对各用途的资本利润进行征税,那么很多情况下,税额都由货币利息来负担。例如,法国的二十分之一税和英格兰的土地税一样,是对土地、房屋和资本利润进行征税。虽然说法国对资本征税不是很重,但相对于英格兰对资本按照土地税的方式征税的做法,法国的方式似乎更好一些,因为很多情况下,税收的收入都由货币利息来承担。在法国,人们都喜欢把钱投资在一种永久年金上。当债务人有钱时可以随时偿还本金,但债权人只有在特殊情况下才能要求偿还。这种二十分之一税对所有的年金进行征税,但并没有提高这些年金的利息率。

第一项和第二项的附录:

加在土地、房屋、资本上的税

对人们拥有的财产进行征税,虽然会从其财产中分离出一定的收入,但其目的绝对不是要减少财产的价值。但当财产转移时,如由一人手中转移到他人手中,或者由死者转移到生者,这时对财产征税,就必然会减少其一部分的资本价值。

当财产转移(由一人转移到他人手中,或者由死者转移到生者)涉及的财产是不动产时,如土地、房屋,财产的转移总是公开的。因此,国家可以对其直接征税。然而,对于人们之间因借贷关系发生的资本或动产的转移,一般都不是公开的,并且秘密的状态有时能维持很长时间。因此,国家不可能对这种秘密的财产转移进行直接征税。为了解决这一问题,国家一般都采用以下两种间接的方法:一是设立一种债务契约,即必须将财产转移关系写在支付了一定印花税的纸或羊皮纸上,否则转移无效;二是规定相互接受行为,也就是说,必须将财产转移关系登记在一个公开或不公开的册子上,并缴纳一定的登记税,否则财产转移也无效。其实,有一些可以直接征税的财产转移,也采用了上述印花税或登记税的手段。例如,生者继承死者财产的有关证件,一人将不动产转移给他人的有关证件等。

古代罗马,奥古斯塔斯制定的二十取一的遗产税,就是对生者继承死者财产时征收的赋税。第昂·卡西厄斯曾经对这种税进行过详细的描述。他说,这种税虽然是针对所有由死亡引起的继承、遗赠和赠与行为,但如果财产的接受者是死者最亲的亲属或者穷人时,就可以免除对他们征税。

在荷兰,也有类似的继承税。所谓继承税,是指所有继承人按照与死者的亲疏程度,对继承的全部价值征税百分之五到百分之三十。遗赠关系也有相同的赋税。例如,夫妻之间遗赠,对遗赠的财产征税十五分之一。在直系继承中,如果是长辈对晚辈的继承,则需要对继承的遗产纳税二十分之一;如果是晚辈对长辈的继承,则一般都免税。因为,长辈去世对生前与其居住的子女来说,不仅不会增加他们的收入,反而还会减少他们的收入。例如,父亲去世了,那么他的劳动力、生前的官职、某些终生年金都要随之消失,如果还要对一部分遗产征税的话,对其子女来说简直就是雪上加霜。不过,罗马法上有"解放了的子女"之说,苏格兰法上也有"分家的子女"之说,就是指那些已经分有财产、成家立业、独立于父亲,并且自己有独立财产来源的子女。在继承的情况下,这些子女和前述子女是不一样的。这时,父亲的遗产能分多少,那么他们的财产也就能增加多少。因此,和其他赋税一样,对他们这种遗产继承进行征税是完全合理的。

在封建时期,法律规定:无论是生者继承死者的土地,还是人们之间进行的土地转移,都需要缴税。这种税可以称为遗产税。从以前到现在,遗产税都为欧洲各国国王提供了大量收入。例如,对于那些继承邑地的人,在继承时必须缴纳一年的地租作为税款。如果继承人是未成年人,那么在他成年之前,国王可以收取邑地的所有地租,并且国王只需要抚养该未成年人至成年,同时交给寡妇部分应得的遗产即可。当继承人成年时,他还必须向国王缴纳一种交代税,一般也是一年的地租。就现在的法令来说,如果未成年到成年的这段时期很长,那么大地产上的债务就可以解除,从而也能恢复家族往日的繁荣。但当时的情况却不是这样,如果继承人从未成年到成年的这段时期很长,那么出现的结果只可能是土地的荒芜,而不是债务的解除。

并且,那时的法令规定,未经领主同意邑地保有者不得擅自转让邑地。而一般来说,支付一笔金钱就可以取得领主的同意。最开始,这笔金钱的数额是随意的;后来,很多国家将其规定为一部分的土地价格。在一些国家,虽然已经废除了其他的封建惯例,但仍然保留着土地转让税,使其继续为君主提供收入。例如,在伯尔尼联邦,土地转让税的税率非常高;当土地是贵族所有时,土地转让税征收的是土地价格的六分之一;当土地是平民所有时,土地转让税征收的是土地价格的十分之一。在卢塞恩联邦,土地转让税则不是很普遍,只是限定在一定的地区。但如果一个人是为了到其他地方居住而转让土地时,则对

其转让价格征收十分之一的税。还有其他很多国家，对土地转让有不同的规定：有的规定对所有的土地转让征税，有的则只对那些按一定条件保有的土地转让进行征税。但无论怎么样，这种土地转让税都是君主的一项重要收入。

上述财产的转让税，也可以采取印花税或登记税的间接征税形式。税额既可以和转让财产的价值成比例，也可以不成比例。例如，英国的印花税，就不是按照转移财产的价值来征收的，而是由依据转让合同的性质来决定税额的多少。最高金额的借据，一般只需缴纳一先令六便士或二先令六便士的印花税。最重的印花税，是每张纸或羊皮纸需缴纳六镑。这种高税的征收，不是以转移物价值高低为标准的，而是以国王的敕许证书和某些法律手续的规定为依据。英国并没有契约或文件的登记税。而只有官员管理这些册子的手续费而已。这些手续费，一般都不会超过该管理者劳动的适当报酬。而对于君主来说，他在该项手续费上不会获得任何收入。

荷兰同时存在着印花税和登记税。这两种税，在多数情况下都是按照转移财产的价值来征收的；在有些情况下，则不按照这种标准征收。例如，在荷兰，所有的遗嘱都必须用印花纸（要缴纳印花税的纸）来书写。纸的价格和转移的财产价值成一定比例。印花纸的种类，从三便士一张或三斯泰弗一张，到三百佛洛林（相当于二十七镑十先令）一张不等。如果所用的印花纸的价格低于应用的印花纸的价格，那么继承的财产全部予以没收。其实，这项税可以说是对遗产税之外的征税。所有的票据、借据等，除汇票和一些商用票据外，都需要缴纳印花税。但该印花税的数额不会受转移财产价值的影响。所有的房屋、土地的转让以及抵押合同，都需要进行登记。在这些项目进行登记时，需要按转让物或抵押物的价格征收百分之二点五的登记税。这种登记税的征收，还包括载重二百吨以上无论是否有甲板的船舶。这种规定的原因，可能也是将船舶看做水上的房屋。另外，按照法庭的命令转让的动产，同样需要缴纳百分之二点五的印花税。

法国和荷兰一样，也同时存在印花税和登记税。印花税，作为国内消费税的一部分，由实施该税各州的国内消费税征收人员进行征收。登记税，作为国王收入的一部分，由其他官员进行征收。

虽然说印花税和登记税的征收方法是最近才发明的，但在不到一百年的时间里，印花税和登记税都已经普遍流行于欧洲。一个政府总是能够很快地向其他政府学习对自己有利的政策，尤其是那些搜刮人民收入的政策，它会学得更快。

遗产税,最终都直接由接受财产的人来负担;土地转让税,最终却完全由卖者来负担。这是因为,对于土地的卖者来说,他们往往是逼不得已才出卖土地的,因而必然要求他人接受他期望的价格;而对于买者来说,他们并不是非常迫切,所以只愿意支付他想支付的价格。买者一般把土地的价格和赋税放在一起来计算。如果必须支付的赋税越多,那么他愿意支付的买价就越低。所以,最后这种税一般都由那些经济困难的人来负担。在不出卖地皮的情况下,对于新房屋的转让税一般由买者来负担。因为建筑家总要获取利润,如果他不能获得利润,他就会放弃这种职业。因此,即使是他垫付了税额,最后买者在价款中也会自然地偿还他。而对房屋的转让税,一般由卖者来负担,原因和土地转让是一样的。那就是,卖者有出卖的必要,或者出卖对他有利。每年的新房屋的转让数量,一般都是由社会需求决定的。如果需求不能为建筑家提供利润的话,他就不会继续从事建筑事业。与此相反,每年的旧房屋的转让数量,则是由偶然事件决定的,和社会需求没什么关系。例如,如果一个商业城市有两三件大破产发生,那么就会有很多房屋需要被出卖,并且都能够以预期的价格出卖。对于地皮的转让税,一般也由卖者来负担,理由和土地转让一样。借贷契约的印花税和登记税,事实上都是由债务人来负担的。诉讼所发生的印花税和登记税,则由诉讼者来负担。对于原被告来说,这种税都会一定程度地减少争讼对象的资本价值。因为为了争取某种财产花费的费用越多,该财产到手后的纯价值就会越少。

如果对各种财产转让税的征收减少了财产的资本价值,自然就会减少该财产维持生产性劳动的能力。一般来说,人民的资本都用来维持生产性劳动,而君主的收入则大多是用来维持非生产性劳动的。这种转让税,其实就是以牺牲人民的资本来增加君主的收入,因此,总的来说是对国家经济不利的。

即使是按照转移物的价值来征收这种税,也还是不公平的。因为等价的财产转让的次数并不相同。而那些不按价值征收的印花税和登记税,却更不公平。但是,无论什么情况下,这种税都是确定的。虽然有时会由一些无力负担的人来负担,但支付的期限总是会便利纳税人。另外,这种税的征收费用也非常少。因此,除了纳税本身性质造成的不便外,这种税不会带来其他任何的不便。

在法国,人们不怎么反对印花税,却对登记税怨声载道。这是因为收税人

总是以各种借口去任意勒索人民。在那些反对法国现行财政制度的刊物上,基本上表达的都是反对登记税的内容。但似乎不确定性并不是这种税的内在性质。如果产生这种不公平一定有某种原因的话,那就是征税法规用语的不明确性,和该税的性质无关。

抵押契约和所有不动产权利的注册登记,给债权人和买者都带来了很大的保障,因此是有利于人民大众的。除此之外的其他契据的注册登记,不仅无益于人民大众,还对个人造成了不便。因为,大家都认为不应当存在那种保守秘密的股据;个人的信用安全,不应当完全信赖正直和良心的纳税那种薄弱的保障。然而,当注册手续费成为君主的收入来源时,无论是否应当登记注册的契据,都被要求注册。于是注册机关也就不断地增加。此外,法国还有各种秘密的注册簿。可以说,这些弊端虽然不是登记税的结果,但也是它自然发展的结果。

在英格兰,对于纸牌、骰子、新闻纸和定期印刷物等的印花税,实际上都是消费税;这些税,最后都由使用或消费上述物品的人来负担。对于麦酒、葡萄酒和火酒的零售执照税,虽然本来是对零售者的利润征收的,但最后也还是由消费者来负担。虽然这种税也被称为印花税,并且和上述财产转移的印花税一样,是由同一收税人员采取相同的征收方法来征收的,但就两者的性质来说,则是完全不同的,并且由完全不同的收入来负担。

第三项 劳动工资税

在本书的第一篇我就描述过:劳动的需要和食物的平均价格,决定着低级劳动者的劳动工资。

劳动需要的增减与否,或者人口的增减与否,决定着劳动者生活资料的是否充裕。食物的平均价格,决定着劳动者的劳动工资数量,即他们每年对生活资料的购买力。当劳动需要和食物价格没有发生变化时,向劳动工资征税就会提高工资,使其稍微超过应纳的税额。假设某一地方的劳动需要和食物价格,决定了当地劳动者的普通工资为每周十先令;劳动工资税每镑征收四先令。如果劳动需要和食物价格保持不变,劳动者在缴纳了工资税以后,仍然应当获得每周十先令来购买生活资料。然而,纳税之后,还要使劳动者获得这个工资数额,就会立即提高该地劳动的价格。不仅可能提高到十二先令,而且可能要提高到十二先令六便士。也就是说,为了支付那五分之一的工资税,他的工资就必须提高四分之一。在任何情况下,无论工资税率是多少,工资都会按照税率的比例或者是比税率更高的比例增高。当税率是十分之一时,劳动工资会提高八分之一。

虽然说征收的劳动工资税可能由劳动者来负担,但确切地讲,其实根本就不需要劳动者来预先缴纳,尤其是在纳税后劳动需要和食物价格保持不变的情况下。在这种情况下,工资税以及超过工资税的一部分款项,实际上都是由雇佣他的人负担的。不过,这些费用最后的负担者,是根据不同的情况由不同的人负担。例如,制造业劳动工资由于征税提高的数额由制造业主来预先缴纳;而制造业主又将自己缴纳的金额和应得的利润,转移到了货物的价格上。因此,工资税所提高的数额最后是由消费者来负担的。而乡村劳动工资因征税提高的数额,则由农民预先缴纳。农民为了维持相同的劳动人数,必然要花费较大的资本。而他为了收回这些资本并获得利润,就会留下大部分的土地生产物,于是,他对地主缴纳的地租就会减少。这种情况下,工资税所提高的数额最后由地主来负担。总的来说,在任何情况下,相对于其他征税数额相等的税,例如一部分来源于地租,一部分来源于消费品,直接征税劳动工资税对地租降低的幅度更大,对制造品价格的提高幅度也更大。

由于劳动需要极大地减少,因此劳动工资税并没有相应地提高劳动工资,反而导致了农业的衰退、贫民就业机会的减少,最后降低了一国土地劳动年产物。然而,劳动工资税相对于没有此税的情况,提高了劳动的价格。而且,最终是由地主或消费者来负担这种提高的价格。

就如农民的利润税不会提高土地原生产物的价格一样,乡村劳动者工资税,也不会按照比例提高土地原生产物的价格。

虽然劳动工资税有一些不合理甚至有害之处,然而许多国家都在施行这种税。例如,法国对乡村劳动者和短工的劳动征收的贡税就是此类。这些劳动者的工资,是根据他们居住地的普通工资率来计算的。为了减轻他们的其他负担,每年都按不超过二百天来计算工资。并且,每年每个人应缴的税额,根据州长委派的收税员或委员的评定不同而有所不同。例如,1748年波希米亚开始改革财政制度之后,对手工业者的劳动征收非常重的税,并且将这些手工业者分为四个等级:第一级,每年纳税一百佛洛林(每佛洛林是一先令十个半便士),相当于九镑七先令六便士;第二级,每年纳税七十佛洛林;第三级,每年纳税五十佛洛林;第四级,包括乡村手工业者和城市低级手工业者,每年纳税二十五佛洛林。

在本书第一篇我曾说过,优秀的艺术家和自由职业者的工资,和职业较低的人的工资保持着一定比例。对这些劳动工资征税,就会提高这些工资,使其略高于应纳税款。试想,如果征收工资税以后,优秀的艺术家和自由职业者的工资没有得到同样的提高,那么他们就不能和其他职业者处于同等地位,从而就将大大减少这些职业的从业人员。

政府官员的工资不同于普通职业者的工资,它不受自由竞争的影响,因此其并不和职业的性质成一定的比例。在大多数国家,政府官员的工资一般都高于其职业应当享有的最高工资。掌权者总是倾向于给自身及其从属者很高的工资,甚至超过了应有的最高限额。所以,人们一般都很嫉妒官员,尤其是工资很高的官员。在大多数情况下,对官员的工资征税,或者征收高于他种税收的数额,都是令人们满意的。以英格兰为例,其法令规定:以土地税法为标准,其他收入每镑征收四先令时,年薪在百镑以上的官员收入每镑征收五先令六便士,皇室新成家者、海陆军官以及少数为人尊敬的官员除外。另外,英格兰对于劳动工资并没有直接征收其他税。

第四项　本来准备无区别地对各种收入征收的税

本来准备无区别地对各种收入征收的税,是指人头税和消费品税。对于这类型的税,无论纳税人是从其土地地租、资本利润还是劳动工资中负担,或是其他,都有所不同。

人头税

如果按照纳税人的收入或财富比例来征收人头税,那就是完全任意的了。因为一个人的财富状态,每天都会有所不同。如果没有进行调查的话,就只能凭空猜测了。于是,在大多数情况下,税额的评定,要看税员一时的心情好坏。这也就完全是任意和不确定的了。如果按照每个纳税人的身份来征收人头税的话,则会造成完全的不公平。因为,即使是身份相同的人,他们的富裕程度也会不一样。因此,按照上述两种方法来征收人头税,如果想要公平,就会变得不确定;如果想要达到确定而非任意,就会导致不公平。而无论税轻税重,不确定总会引起人们的不满。在税轻时,人们也许还可以容忍很大的不公平;但在税重时,任何不公平,人们都难以忍受。

威廉三世时期,英格兰曾实行过各种人头税,其中大部分都是根据纳税人身份来征收的。当时的身份等级有:公爵、侯爵、伯爵、子爵、男爵、士族、绅士及贵族长子、末子等。并且,所有财富在三百镑以上的商人,也就小康水平的商人,都要纳税,不论三百镑以上的财富大小的不同程度怎么样。因为,当时考虑的身份多于财富。其实在以前,人头税是按照推定的财富缴纳的,后来就改为按照身份缴纳了。法律家、辩护人、代诉人,以前按照收入标准缴纳人头税时,每镑需要缴纳三先令,后来就改为按照绅士的身份来纳税了。征税较轻时,即使有一定程度的不公平,也不会引起人们的不满。因为,人们最无法忍受的是不确定的税制。

法国推行的人头税,从本世纪初一直持续到现在。它的方式是:最高阶级的征税税率不变,最低阶级按照推定的财富程度各不相同。采取第一种方式征税的对象包括:宫廷的官员、高等法院的裁判官和其他官员、军队的士官等。各州的较低阶级的人民,则都是以第二种方式纳税。对于法国一般的达官显贵来说,这种税只要不过重,即使很不公平,他们也能接受;但如果州长任意评定税额的话,他们就无法接受了。然而,无论怎样,下层阶级的人民都只有默默地忍受。

英格兰的各种人头税,从来没有达到过预期的数额。不过,在经过精心策划之后,则可能达到预期的数额。相反,法国的人头税,总是能达到预期数额。这是因为,英国政府比较温和,对各阶级人民征收的人头税,征得多少就算多少;对于不能纳税、不愿纳税,或者因法律不强制其纳税的人,政府并不要求他们补偿,即使国家将蒙受损失。然而,法国政府则比较严厉,对于每个纳税区,州长都必须竭力收足一定的金额。如果某州申诉说税额太高,那么在交足本年度应当缴纳的数额后,可以在次年的税额上按照一定的比例予以扣减。为了确保收足税额,州长经常会把税额估算得大于应收数额;这样一来,那些破产或无力纳税的人未缴纳的部分,就可以从其他人那里获得补充。直到1756年为止,这种额外征税的决定都是由州长作出的。1756年后,则开始由枢密院决定。很有见识的法国赋税记录者描述说,各州贵族和享有不纳税特权的人,负担的人头税比例最小。缴纳贡税的人则承担了最大部分的人头税。并且对他们征税的方式就是根据他们承担贡税的能力,决定他们每镑需缴纳的人头税数额。

对底层人民征收的人头税,其实可以说是对其劳动工资的直接征税。前面已经说了,对劳动工资直接征税有各种弊端。虽然征收人头税提供的收入有限,但是严格执行的话,也可以为国家提供一定的收入。正是因为这样,国家便牺牲掉底层人民的安定、舒适和安全,对其征收人头税。然而,对于一些大的帝

国来说，从人头税中获得的只不过是公共收入的一小部分；国家可以采取其他对人民便利得多的方法获得大部分收入。

消费品税

无论人头税采取哪种征收方法，都不可能真正按照人民收入的比例征收。于是，政府就发明了消费品税。当国家不知道怎样直接按比例对人民的收入进行征税时，它就会采取间接对他们的支出征税的办法。在大多数情况下，这种间接征税所征得的税额和人们的收入保持着一定的比例。对他们的支出征税，其实就是对需要购买的消费品征税。

这里所说的消费品，要么是必需品，要么是奢侈品。必需品是维持生活所必不可少的商品。按照一国的习惯，没有它，就连最底层阶级的人们也会觉得有损体面。严格地说，麻衬衫并不算是生活必需品。因为，希腊人、罗马人没有亚麻，照样生活得很舒适。然而在现在欧洲大部分地区，麻衬衫却是生活必需品。即使是一个短工，如果他没有穿上麻衬衫，那么他会觉得不体面而不敢出门的。因为，没有衬衫，就表明他穷到了出不了门的地步。而一般人的感觉是，只要没有做过什么大奸大恶的事，人们是不会穷成那样的。在英格兰，皮鞋也是生活必需品。哪怕是最穷的人，他们都会穿上皮鞋才出门。在苏格兰，最底层阶级的男子，视皮鞋为生活必需品，然而，对于同阶级的女子来说，皮鞋却并不是生活必需品，她们哪怕光着脚出门也不会觉得有损体面。在法国，皮鞋对任何人来说，都不是生活必需品。法国最底层阶级的男女，可以穿着木屐或光脚出门。从以上可以看出，必需品不仅包括那些大自然所决定的维持生活的必要物品，还包括那些影响体面而成为必需的物品。除必需品之外的其他物品被我称之为奢侈品。之所以称为奢侈品，并不是对其的大量使用表示不满。以英国为例，啤酒、麦酒，乃至葡萄酒产国的葡萄酒，都被称成奢侈品。任何一个阶级的人，都可以完全禁止这类饮料，因为大自然并没有决定这类饮料是生活的必要物品，并且各地的习惯中，也并没有因为缺少它而有损面子。

各地的劳动需要和生活必需品的平均价格决定了劳动工资的水平。因此，在劳动需要保持不变的情况下，提高生活必需品的平均价格，就会提高工资，劳动者就可以购买到更多的必需品；另一方面，对这些生活必需品征税，也一定会提高这些必需品的价格，使其略高于税额。因为预先支付了税额的商人，为了收回这笔款项并获得利润，必然会提高必需品的价格。于是，劳动工资必然按照必需品价格上涨的幅度而得到提高。

由上述情况可以看出，类似于直接对劳动工资征税，对生活必需品征税所带来的影响是与其一样的。虽然劳动者是自己预先负担税额，但长期来看，他甚至都不需要预先支付，因为最终雇主通过提高的工资弥补了他之前的负担。如前所述，当雇主是制造业者时，他将把增加的工资和一定的利润加到了货物的价格上，于是税款最终是由消费者来负担的；当雇主是农民时，税款最终则由地主来负担。

对奢侈品征税，乃至对穷人的奢侈品征税所带来的影响，与上述截然不同。征税品价格的提高，并不一定会引起劳动工资的提高。以香烟为例，它是富人和穷人共同的奢侈品，但对它进行征税并不会导致劳动工资的提高。在英格兰，香烟税达到了原价的三倍，法国则达到了十五倍，税率如此之高，然而劳动工资却并不受影响。在英格兰和荷兰，茶和砂糖是最底层人民的奢侈品；在西班牙，巧克力糖也已经是最底层人民的奢侈品。对这些奢侈品征税，和对香烟征税一样，并不会提高劳动工资的数额。不过，我们可以思考一下，对各种酒征税将会对劳动工资造成什么影响。当每桶浓啤酒征收附加税三先令时，黑麦酒价格就会上涨，但是伦敦普通工人的工资没有什么变化。例如，在征收附加税以前，他们每天的工资大约是十八便士或二十便士，征收附加税之后也没有提高。

这些商品的价格高涨，对底层阶级人民养家糊口的能力并没有什么影响，也就不会降低他们持家的能力。对这些高价商品征税，对于勤劳朴实的穷人来说，就犹如禁止奢侈品，他们只要节省或者不用那些奢侈品就行了。并且这种征税强制他们节省，反而还会提高他们持家的能力呢。一般来说，这些勤劳朴实的穷人既要养活大家庭，又要供给有用的劳动。当然，有些放肆的贫民，在奢侈品价格上涨以后依然不知道节省，还像以前一样使用，简直是不顾家庭的维持。这样的人，养活大家庭的能力很小。他们可能连自己的小孩都照顾不好，要么导致孩子因缺乏食物或者营养不良而死亡；要么养活了他们，却由于自己行为的不当而给孩子树立了坏的榜样，等小孩长大之后，不但不勤劳贡献社会，反而会成为社会上伤风败俗的败类。因此，穷人奢侈品价格的上涨，也许增加这种胡乱家庭的困难，降低他们持家的能力，但并不会极大地减少一国的有用人口。

如果劳动工资不随着生活必需品平均价格的上涨而相应地增加，那么不论劳动需要的情况怎么样，也不论人口的增加情况怎么样，一般情况下，穷人

养家的能力都会降低,从而他们提供有用劳动的能力也会随之降低。

除了提高商品本身的价格外,奢侈品税并不会提高其他商品的价格。奢侈品税,最终都由消费者无偿地负担,不论它们是以土地地租、资本利润还是以劳动工资的形式出现。然而,由于提高了劳动工资,必需品税必然会提高所有制造品的价格,从而降低它们的销售和消费范围。必需品税,最终有一部分由地主的一部分地租来负担;另一部分由购买制造品的消费者或地主或其他人来负担,并且他们所负担的数额很大。对穷人来说,这种税的影响可以说只在一定的限度内。对那些真正生活所必需的制造品,尤其穷人是主要消费群体的制造品,例如粗制毛织物等,对其征税所导致的物品价格上升,必然会使工资提高,最后又弥补了穷人的税收负担。如果说中等以及上等阶级的人民真正明白自己的利益的话,他们就应该坚决反对生活必需品税和直接对劳动工资征税。因为这两者的税额,最后都由他们来负担,并且还会伴随着一个非常大的附加数额。在这些中等和上等阶级中,地主的负担最重,因为他是以双重身份来负担这种税的:一是地主身份,要牺牲一部分地租来负担;二是消费者身份,以增加购买价格的形式负担。马特·德柯尔对生活必需品税,作出了非常正确的分析。他说,有些加到商品价格上的税,有的会被重复计算四五次之多。以皮革为例,购买者要负担的赋税就有很多种,包括:自己鞋子上皮革的税;鞋匠和制革匠鞋子上皮革税的一部分;工匠在制造期间消费的盐、肥皂和蜡烛等的消费税;制造盐、肥皂、蜡烛的人在工作期间消费皮革的消费税。

英国主要对以下四种商品征收生活必需品税,它们是盐、皮革、肥皂和蜡烛。

在世界上,征税最普遍且征税历史最古老的对象就是盐。在罗马时期,人们就开始对盐征税了。现在的欧洲各地,都推行着盐税。由于每个人每年消费的盐非常少,并且这些少量的盐可以现用现买,因此,即使盐税很重,人们并没有什么感觉。例如,在英格兰,盐税是每蒲式耳盐缴纳三先令四便士,相当于原价的三倍。其他各国的盐税有的则更高。皮革,对人们来说是一种真正的必需品;亚麻布流行之后,肥皂也是一种必需品了。蜡烛,在冬夜较长的国家可以说是各行各业的必备品。在英国,皮革税和肥皂税,都是每磅缴纳三个半便士,皮革税相当于原价的百分之八或百分之十,肥皂税相当于原价的百分之二十或百分之二十五;蜡烛税则是每磅缴纳一便士,相当于原价的百分之十四或百分之十五。虽然这些税与盐税相比较轻,但其实也是非常重的。对这四种商品真正的必需品征收这样的重税,必然会增加穷人们的负担,从而会提高他们的劳动工资。

在英国这种冬季非常寒冷的国家,燃料不仅有烹调食物之用,而且对于在户内工作的劳动者来说,也是这个季节的必需品。在所有的燃料中,煤是最廉价的。一方面由于燃料价格对劳动价格有重要影响;另一方面是因为产煤区的煤价很低廉,于是,英国主要的制造业都在产煤区周围。另外,有些制造业,诸如玻璃、铁及其他金属工业,对煤的需求也很大。如果说奖励金在某种情况下是合理的,那么奖励从产煤富饶的地方运煤到产煤很贫乏的地方这种事业,就是更合理不过了。然而事实是,煤价低廉的地方可以免税消费;煤价昂贵的地方,却反而要负担重税。立法机构不但不奖励上述那种合理的事业,反而对沿海岸运输的煤按每吨征收三先令三便士的税,相当于多数煤出矿价格百分之六十以上。不过,对于陆运或内河航运的煤,则一律免税。

虽然这类税提高了生活必需品的价格和劳动价格,但对政府来说,它提供了一大笔收入,采取其他方式可能没有这么多的收入。因此,他们为了自己的利益,当然会继续征收这类税。与此相反,谷物出口奖励金在实际耕作情况下,也会提高必需品价格,发生上述的不良后果。但它对政府来说,根本无利可图,反而还要负担一大笔费用。在丰收的年份,对外国谷物进口征收重税,实际上就相当于禁止进口。并且,在一般情况下,法律都是绝对禁止活牲畜和盐腌食品的进口的。但目前由于这些物品匮乏,这条法律对爱尔兰和英国殖民地的产品则暂时停止适用。和必需品税一样,上述这些规定也带来了不利的后果,并且更严重的是它们对政府收入毫无贡献。其实,只要广大人民群众相信这些规定的确没有意义,就可以废止它们继续施行了。

其他很多国家对生活必需品的征税,都要高于英国。生活必需品税在很多国家的范围很广,甚至包括磨坊研磨的麦粉和粗粉、火炉上烘烤的面包。根据他人的推测,因为这种税,荷兰市场上面包的价格上涨了一倍。在农村,有其他的税可以代替一部分这种税的缴纳。例如,根据每年每个人消费的面包种类来征税,对于小麦面包的消费,每人需要纳税三盾十五斯泰弗,相当于六先令九个半便士。正是由于这种税和其他类似的税,荷兰的劳动价格大幅度提高了,大部分的制造业都几乎衰落了。同类的税,在其他很多国家和地区都普遍流行,例如米兰公国、热那亚各州、摩登那公国、帕马、普拉逊蒂阿、瓜斯塔拉各公国,乃至教皇的领地,都有这种税,只是相对较轻而已。西西罗曾说,"哪怕是最荒谬绝伦的事,有时也会有一些哲学家去做"。例如法国曾经有一位稍有名望的作者,就提议改革国家财政,将大部分其他税由这种破坏性最大的必需品税来代替。

与上述面包税相比,家畜肉税更为普遍。不过,在不同的地方,人们对家畜肉是否是生活必需品还有一定的争论。一般来说,即使没有家畜肉,米、麦和其他菜蔬,以及牛奶、干酪、牛油或者酥油,也能提供最丰盛、营养的食物。虽然许多地方为了体面,要求人人穿麻衬衫和皮鞋,但没有一个地方要求人人都吃家畜肉。

无论是必需品还是奢侈品,对消费品征税都可以用以下两种方式:一、在消费者消费某种货物时,要求他缴纳一定的税额;二、当货物还在商人手中时,也就是在消费者购买之前,就对消费品征收一定的税额。第一种征税方法,适合于那些不能立即用完且可继续消费一段时间的商品;而第二种征税方法,比较适合于那些可以立即消费完的商品。例如,马车税和金银器皿,采用的就是第一种征税方法;大部分其他的国内消费税和关税,则采用的是第二种征税方法。

一辆马车如果经过很好的管理的话,可以使用十年甚至十二年。在它离开制车者之前,可以以一次性征收的方式对其征税,这样购买者除了支付马车的价格外,还要额外支付四十镑或四十八镑。但为了保持马车的所有权,购买者认为每年对其纳税四镑则更方便一些。一件金银器皿,有时可以使用上百年。对消费者来说,对该器皿每一百盎司每年纳税五先令(相当于其价值的百分之一),要比一次性付清这项税额(差不多是一年需支付的二十五倍或三十倍)更容易一些。因为在一次性付清的情况下,器皿的价格将至少上涨百分之二十五或百分之三十。同样的,对于房屋征税,也以每年支付少量数额对购买者更为方便。

马太·德柯尔爵士曾经建议:所有的商品,哪怕是立即消费的商品,都必须按照下面的方法征税——消费者要得到许可来消费某商品,并逐年缴纳一定的金额,而商人不需要负担任何税额。他这个提议的目的,在于废除所有的出口税和进口税,使商人的所有资本都能投入到货物的购买和船舶的租赁上,而不需要去预先垫付税款,从而能够促进各部门的对外贸易,尤其是运输贸易。然而,如果对立即消费的商品也采取这种方法征税的话,则可能会产生以下四种弊端。第一,和普通征税方法相比,这种方法更为不公平,因为这样不是根据各纳税人的消费比例来征税的。例如,以前的麦酒、葡萄酒和火酒税,最后由各消费者按照各自消费的数量比例来负担;然而,现在的这种征税方式是以购买饮酒许可证的方式来缴纳的,则根据消费量的比例,节酒者就要比好酒者缴纳的税更多,客人不多的家庭就要比客人多的家庭负担的赋税要多。第二,根据这种征税方法,如果消费某种商品,就必须按照每年或每半年或每季度支付一次许可证的费用。也就是说,以前对于立即消费的商品可以分次缴税的便利,现在没有了。例如,现在一瓶黑啤酒的价格是三个半便士,而其中麦芽、酒花、啤酒的税额,加上酿酒者垫付税款后增加的额外利润,可能就占到了一个半便士。如果一个劳动者有三个半便士,那么他就可以购买一瓶黑啤酒;如果他没有,那么他就只能购买一品脱。人们常说:"节约一便士,就可以获得一便士。"分次缴纳税额的方式,使纳税人愿意缴纳的时候就缴纳,想什么时候缴纳就什么时候缴纳,即使想要逃税也很容易。第三,这种征税方式对杜绝奢侈的作用很小。因为,你一旦领取了消费许可证,无论消费的数量是多少,需要缴纳的税都是一样的。第四,对普通劳动者来说,每次支付一瓶或一品脱黑啤酒税比较容易,但是按照每年或每半年或每季度缴纳他消费的黑啤酒税总额,则比较困难。因此,如果不采取其他压迫的措施的话,这种征税方法不可能得到预期的数额,而现在并没有采取任何压迫手段。不过,有些国家对立即消费的商品按照这种征税方式,的确采用了压迫手段。例如,荷兰人获得饮茶许可证时,每人需要缴纳一定数量的税,以及农村人民消费的面包,都是按这样的方法征收税款的。

对那些国内制造并且供国内消费的商品,国家对其征收国内消费税。这种税只针对销量最广的几种商品。因此,对于征税商品及其税率,人们都非常清楚。除了前述盐、肥皂、皮革和蜡烛外,这种税的征收对象还包括普通玻璃和所有的的奢侈品。

与国内消费税相比,关税的实行得更早。customs 就是表示从古时流传下来的一种习惯,也被称为关税。在封建时代,商人的遭遇和其他居民一样,不但人格受到轻蔑,而且利益遭到嫉妒,他们就和解放了的农奴差不多。大贵族们对于国王向他们的佃农征税都表示同意,就更不用说同意对那些跟自己没多大利益关系的人征税了。在那个时代,人们都很愚笨,认为关税只是对商人利润的征税。然而,他们不知道对于商人利润的直接征税,实际上最后都是由消费者来负担的,并且还要附加一个额外数额。

一般来说,外国商人的利益比英国本国商人的利益更易遭人嫉妒。因此,国家对外国商人的征税要重于对本国商人的征税。在很久以前,这种区别对待就已经存在了,后来为了保证本国商人在国内外市场上拥有垄断地位,这种区别对待又继续保留下来了。另外,以前的关税针对的是所有种类的商品,无论是必需品还是奢侈品,也不论是出口品还是进口品,都对其平等地征税。虽然那时的人也会想,似乎有的商人比其他商人享受了更多的优惠,出口商人比进口商人享受了更多的优惠。

在以前,关税可以分为三种。第一种是所有关税中最早的部分,即羊毛和皮革的关税。这种关税基本上全都是出口税。当时,毛织物制造业才在英格兰建立,国王担心毛织物出口会导致羊毛关税丧失,因此将这些税都加在毛织物上面。另外两种关税包括:葡萄酒税,即对每吨葡萄酒征收一定的税额,也被称为吨税;对其他所有货物的关税,即按照货物的推定价格每镑征收一定税额,也被称为镑税。例如,爱德华三世四十七年,除有特别税的羊毛、羊皮、皮革和葡萄酒外,对所有进出口的商品每镑征收六便士。查理二世十四年,这种镑税被提高到每镑缴纳一先令,三年以后又降回了每镑六便士。亨利四世二年,这种镑税被提高到每镑缴纳八便士,两年后又提高到每镑缴纳一先令。于是一直持续到威廉三世九年。议会曾经用同一个法令将吨税和镑税分给国王,称为吨税补助税、镑税补助税。镑税补助税,在很长一段时期内都是每镑一先令,或者百分之一(关税用语上的补助税,一般都是这种百分之五的税)。到目前,这种补助税(如今称旧补助税)仍然按照查理二世十二年制定的关税表进行征收。据说,在詹姆士一世时代以前,就已经采用了按关税表审定应纳税货物价值的方法。威廉三世九年、十年两次征收的新补助税,对大部分货物增税百分之五;三分之一补助税和三分之二补助税合起来组成了另一种百分之五税;1747年的补助税,是对大部分货物征收的第四个百分之五税;1759年的补助税,则是对一些特定货物征收的第五个百分之五税。除了这五项补助税外,有时为了满足国家急需,有时为了按照重商主义政策管理本国的贸易,还在一些特定货物上,征收了很多种税。

旧补助税,还是毫无差别地对进出口货物一律征税。后面的四种补助税和其他一些对某特定货物的征税,除特殊情况外,则都是对进口货物进行征收的。而对本国产品和国内制造品出口所征收的大部分税,要么减轻,要么被废除了,甚至对这些货物的出口还发放奖金予以支持。对于进口后又出口的外国货物,有时退还进口税的全部或部分。当其进口税是旧补助税时,出口则只退还一半;当其进口税是以后的补助税和其他关税时,在大部分货物的出口时则予以全部退还。这种对出口予以鼓励,对进口予以限制的政策,对我们商人和制造业者所需要的两三种原料并没有什么影响。因为,他们都想尽量便宜地将这些原料弄到自己的手里,再以高价出售到外国竞争者手中。正是因为这样,国家一方面允许一些外国原料免税进口,西班牙的羊毛、大麻和粗制亚麻纱线就是此类;另一方面则对出口国内原料和殖民地的特产原料征收重税或禁止出口。例如,禁止英国羊毛的出口;对海狸皮、海狸毛和远志树胶的出口征收重税。因为自从征服了加拿大和塞尼加尔,英国就几乎垄断了这些商品。

重商主义日益流行。我在本书的第四篇谈到过,重商主义并不利于增加人民的收入和国家的土地年产物,也不利于增加君主的收入,尤其在其依赖关税收入的时候。这种学说的流行,导致一些货物的进口被完全禁止了,进口商被迫走私。有时,走私根本就行不通,而其他情况下,进口的又少。例如外国毛织品的进口就被完全禁止了,外国丝绒的进口极大地减少了。在这两种情况下,征收这些物品的进口税基本上不会获得什么利益。

在很多情况下,对很多外国物品进口征收重税,其实反而在鼓励走私,而在任何情况下,对外国商品进口征收重税,都只是在减少关税收入,使其少于税轻时的数额。崔弗特博士说:"在关税的计算上,有时二加二不等于四,而等于一。"他的这种说法,正好契合了我们现在所说的重税。在多数情况下,如果不是因为重商主义教我们将征税作为保持垄断和获得收入的手段,国家也就不会产生那种重税了。

对国内生产物发放的出口奖励金和对大部分外国货物的出口退税,曾经引起过很多欺诈和走私行为,并且走私行为对国家收入的破坏最为严重。人们为了得到奖励金或退税,常常将货物装到船上送出海口,之后又从本国其他沿海地方上陆返回。关税收入的短缺主要就是由奖励金和退税导致的,其中大部分都被欺诈者骗去了。1755年1月5日,年度关税总收入共计五百零六万八千镑。这总收入中支出的奖励金(当年还没有谷物奖励金),共计十六万七千八百镑;退税共达二百一十五万八千六百镑。后两者共计二百三十二万四千六百镑。将这一金额扣除之后,关税收入仅仅只有二百七十四万三千四百镑。再扣除官员的薪水和其他行政费用的开支共计二十八万七千九百镑,该年度关税的纯收入就只有二百四十五万五千五百镑了。可以看出,关税行政费用相当于

关税总收入的百分之五到百分之六之间,相当于扣除了奖励金和退税后的剩余部分的百分之十以上。

由于对于所有进口货物征收重税,英国的进口商大多都选择走私进口,只有较少人才报关进口。相反,英国的出口商为了虚荣心,常常装成经营免税货物的富商,将报关出口的数量常常超过实际出口的数量,以获得奖励金或退税。由于这两方面的欺诈,英国在海关登记册上的出口,极大地超过了英国的实际进口。而这又正好满足了那些主张以贸易差额富国强民的政治家们的虚荣心。

除少数特别免税的外,所有的进口货物都要缴纳一定的关税。如果某种不在关税表中的货物仅凭进口者的宣誓进口,那么按照其价值,每二十先令征收四先令九又二十分之九便士的关税,这相当于前述五种补助税的关税。关税表包含的范围极广,其中列举了种类繁多的各种商品,很多甚至都不太使用并不太为人所知。就是因为这样,对于那些不属于关税表中的货物,常常无法确定如何征税。这不仅使税吏感到困难,也使进口者感到麻烦和苦恼,并且要花费很多的费用。因此,从以上各点可以清楚明了地说明,关税远不如国内消费税对国家的收入有利。

其实,使人民按照各自花费的比例向国家提供税收,好像没有必要对人们使用的所有物品征税。国内消费税和关税征收的收入,都是由消费者平等地来负担的。不同的是,国内消费税只对一些用途较广、消费较多的物品征税。于是,很多人提出意见,认为如果适当管理,关税也可以只对少数物品征收,不但不会使国家收入亏损,而且可以促进对外贸易。

目前在英国,用途最广、消费最多的外国货物主要是葡萄酒和白兰地酒,美洲和西印度产的砂糖、蔗糖、酒、烟草、椰子,东印度产的茶、咖啡、瓷器、各种香料和一些种类的纺织物等。这些物品,几乎提供了大部分的关税收入。目前在外国制造品缴纳的税收中,如果将上述列举的外国货物的关税扣除,我们就会发现,一大部分税收并不是为国家收入的目的,而是为垄断的目的征收的。所以,废除所有的禁止令,对外国制造品征收适度的关税,不仅英国工人仍然可以在国内市场上保持很大的利益,而且那些对国家不提供收入(或提供极少)的很多物品,也可以为国家提供大量的收入了。

如前所述,重税可能会减少课税物品的消费,并且可能会奖励走私,从而给政府所提供的收入要少于轻税的时候。为了防止消费减少导致收入减少,唯一可行的办法就是降低税率;而为了防止走私增加导致收入减少,一般可以采取两种方法：一种是减少诱惑走私的因素，一种是加大走私的困难。而实现这两种方法的手段就只有降低关税和设立最能阻止走私的税收制度。

根据一般的经验，国产税法比关税法更能有效地防止走私。根据各税的性质，如果国产税制度应用于关税的征收，那么就能极大地增加走私的困难。

有人认为，应纳关税商品的进口商，可以自由选择将商品存储在自己的货栈或国家的货栈。当他将商品存储在国家的货栈时，钥匙应当由海关人员保管，他不能擅自打开货栈，除非有海关人员在现场。如果商人将货物存储在自己的货栈，就应当立即缴纳关税，并且以后不再退还；同时，为了确定货物数量和纳税货物数量是否一致，海关人员可以随时检查。如果商人将货物存储在国家货栈以备国内消费之用，那么只需在出货时才纳税。如果再出口到国外就可以完全免税，然而，他必须提供一定的保证，担保货物一定出口。除此之外，无论是批发商还是零售商，在经营这些货物时，都需要随时接受海关人员的访问和检查，并出示适当的凭证证明他对全部货物缴纳了关税。目前，英国对蔗糖、酒的进口所征收的国产税，就是按照这种方法进行的。只要某些税是对少数使用广、消费多的货物征收的，就可以采用这种征收方法。不过，现在对所有种类的货物，都采用这种方法来征税，其实也有一定的困难。首先是要建造大面积的国家货栈，其次是对于一些极精细的或者在保存上需要特别注意的货物，商人并不放心将它存储在他人的货栈。

如果采用的税制是保持高关税，那么就可以有力地阻止走私。如果各种税时而高时而低，高低都会影响国家的最大收入，并且征税是作为国家收入的手段，而非垄断市场的手段；那么只需要对少数使用最广、消费最多的货物征收关税，就能取得和现在的关税一样多的收入，并且使关税和国产税一样明了正确。同时，在这种税制下，国家目前由于退税所遭受的损失，也就可以完全避免了。这项数额非常巨大的节省，加上国产货物的出口奖励金的取消，将导致关税纯收入和制度变更与以前几乎一样。

如果这种制度变更并不会带来国家收入上的任何损失，那么国家的贸易和制造业将会获得非常大的利益。在商品中，那些未课税商品将占大多数，它们的贸易将是完全自由的，从而可以销往世界各地，获得所有可能的利益。而这些商品，包括所有生活必需品和制造品的原料。试想，如果生活必需品是自由进口的，那么其在国内市场上的平均货币价格就将降低，从而劳动的货币价格也会在这个限度内降低，虽然劳动的真实价格没有降低。货币的价值与它所能购买的生活必需品的数量相关,但生活必需品的价值却与它能换得的货币数量完全无关。劳动货币价格的降低,会导致国内所有制造品的货币价格也随之降低,于是国内制造品就可以在所有的国外市场上获得很多利益了。因原料的自由进口,一些制造品的价格可能降低得更多。假设中国和印度的生丝能够无税进口,英格兰的丝制业者就能以低于法兰西、意大利的丝制业者的价格出售制品。在那种情况下,也就没有必要禁止外国丝绒的进口了。本国制造品的廉价,不仅能使英国商人垄断国内市场,也能使他们极大地支配国外市场。于是,即使是课税品的贸易,也会比现在更有利。如果这些商品存储在国家货栈并将出口到外国,那么它将被免除所有的税,变成完全自由的贸易了。

在上述制度下,各种货物的运输贸易,也可以享受所有可能得到的利益。如果这些货物存储在国家货栈以备国内消费,那么在进口商将货物卖给商人或消费者之前,商人或消费者并不需要支付税金,这时进口商就能以更便宜的价格出卖货物了。因此,在税率相同的情况下,即使经营课税消费品的外国贸易,也会比现在更为有利。

罗伯特·沃尔波尔提出了著名的国产税案,就是为了在葡萄酒和烟草上设立和上述差不多的税制。虽然当时他向议会提出的议案只包含这两种商品,但一般来说都会推广到更宽的范围。但是,走私商人和营私党派对这一提案表示了强烈的反对,这种强烈反对使首相不得不撤回了那一提案,并且以后再也没有人提起这个计划。

对于那些进口供国内消费的外国奢侈品税,如外国葡萄酒、咖啡、巧克力糖、茶、砂糖等的关税,虽然有时由穷人来负担,但大部分情况下是由中产阶级和中产阶级以上的人民负担的。

对于国内生产供国内消费的廉价奢侈品税,则是按照各人消费的比例,平均地由所有阶级的人民来负担。例如,穷人负担自己消费的麦芽、酒花、啤酒、麦酒的税;富人负担自己和仆婢消费的各该物的税。

值得一提的是,在所有国家,底层阶级的人民或中层阶级以下的人民的全部消费,无论在数量还是在价值上,都比中层阶级和中层阶级以上的人民的全部消费还要多。也就是说,和上层阶级的花费相比,底层阶级的全部花费更多。这是因为,首先,各国的全部资本,基本上都用在生产性劳动的工资发给下层阶级的人民了。其次,土地地租和资本利润所产生的大部分收入,都是用来维持仆婢和其他非生产性劳动的工资和费用的。再次,一部分资本利润属于底层阶级人民自己资本投资所得的利润。例如,小商店店主、伙计乃至所有的零售商人每年挣得的利润额都非常大,占据了大部分的年收入。最后,就连一部分土地地租也属于这一阶级,因为普通劳动者有时也能保有一两亩土地。不过,其中一大部分属于比中层阶级略低些的人民,另一小部分属于最底层阶级人民。就个体来说,这些底层阶级人民的消费都是极小的,但就全体来说,他们却是社会全部消费中的最大部分。相对来说,一国土地年产物供上层阶级消费的,无论在数量还是价值上都是非常少的。因此,相对于对所有阶级消费进行征收的税额,或者是对底层阶级消费征收的税额,对上层阶级征收的税额要小得多。也就是说,对年产物较小部分的征税数额,要少于对全部年产物的征税数额,或者对大部分年产物的征税数额。所以,在对消费(花费)的征税中最能提供收入的,就是国产酒类及其原料的国产税了;而这些货物的国产税,主要都由普通人民来负担。例如,1775年1月5日那个纳税年度,这些货物的国产税总收入,共计三百三十四万一千八百三十七镑九先令九便士。

需要提醒大家的是,应当征税的是底层阶级的奢侈品消费,而不是必需品消费。如果对于必需品消费征税,那么最后的税款将完全由上层阶级的人民来负担,也就是说由年生产物较小部分来负担。这是因为,在所有的情况下,这种税都会提高劳动工资或者减少劳动需要。如果这种税最后不是由上层阶级来负担,那么劳动价格绝对不会提高;如果一国土地劳动年产物没有减少的话,那么劳动的需要也绝对不会减少。而无论劳动需要减少的程度如何,劳动工资都会不可避免地提高,直到没有这种税为止。并且在任何情况下,都是由上层阶级最后来支付这提高的工资的。

在英国,如果酿造发酵饮料和蒸馏酒精饮料是为自己消费的,将不征收国产税。这种免税就是为了私人家庭避免收税人员的烦扰,但却导致富人负担的税过轻,而穷人负担得过重。自己蒸馏酒精饮料的事情经常发生,虽然在当时不是非常流行。在农村,很多中等家庭和富人家庭都是自己酿造啤酒。他们酿造的烈性啤酒,每桶要比普通酿造者便宜八先令。普通酿造者对自己所支付的所有费用和税金,都要获得利润。很多人为了方便,都直接到酿造者那里购买饮料,但是和这些人喝的同质饮料相比,自己酿造的饮料每桶至少要便宜九先令或十二先令。同样,制造麦芽供自家消费,也不用遭受收税人员的烦扰,但每人却需要缴纳七先令六便士税。七先令六便士相当于十蒲式耳麦芽的国产税,而十蒲式耳麦芽一般可以供节俭家庭全家的消费数量。但宴席较多的富人家庭，麦芽饮料只占其消费的全部饮料的一小部分。或许因为这个税，也或许是其他原因，自家制造麦芽并不像自家酿造饮料那样流行。但令人想不通的是，酿造或蒸馏自用饮料的人，为什么不用像制造麦芽的人那样纳税。

常有人说，麦芽征税较轻的话，获得的税收会比对麦芽、啤酒和麦酒征收重税时少得多。因为，为自己消费制造麦芽的人要缴纳一定的税，而为自己消费酿造饮料的人可以免纳所有税。并且，麦芽制造场并不像酿酒厂有那么多欺瞒税收的机会。

伦敦的黑麦酒酿造厂，每夸脱普通麦芽可以酿二桶半或三桶酒。各种麦芽税是每夸脱六先令；各种烈性啤酒和淡色啤酒税是每桶八先令。因此，在黑麦酒酿造厂，对麦芽、普通啤酒和淡色啤酒的征税，共计二十六先令乃至三十先令。在以普通乡村为销售对象的乡村酿造厂，每夸脱麦芽一般可以酿出的烈啤酒不会低于两桶、淡啤酒不低于一桶，有时能酿出两桶半烈性啤酒。淡啤酒税每桶为一先令四便士。因此，在乡村酿造厂，一夸脱麦芽所产生的麦芽、普通啤酒和淡色啤酒的各种税，通常是二十六先令，一般不会低于二十三先令四便士。就全国平均来计算，一夸脱麦芽所产生的麦芽、普通啤酒和淡色啤酒上的各种税，也不会低于二十四先令或二十五先令。

其实，如果废除所有的淡色啤酒税，将每夸脱麦芽的税由六先令提高到十八先令，那么由这一项税所得的收入，就比现在各种重税所得的收入还要多。

	旧麦芽税收入			附加税收入			地方国产税收入			伦敦酿酒厂缴税数目		
	磅	先令	便士	磅	先令	便士	磅	先令	便士	磅	先令	便士
1772	722,923	11	11	356,776	7	9 3/4	1,243,128	5	3	408,260	7	2 3/4
1773	561,627	3	7 1/2	278,650	15	3 3/4	1,245,808	3	3	405,406	17	10 1/2
1774	624,614	17	5 3/4	310,745	2	8 1/2	1,246,373	14	5 1/2	320,601	18	0 1/4
1775	657,357	0	8 1/4	323,785	12	6 1/4	1,214,583	6	1	463,670	7	0 1/4
合计	3,835,580 磅 12 先令 0 3/4 便士						6,547,832 磅 19 先令 2 1/4 便士					
平均	958,895 磅 3 先令 0 3/10 便士						1,636,958 磅 9 1/2 便士					
两平均数之和	2,595,853 磅 7 先令 9 11/11 便士											
总平均数	958,895 磅 3 先令 340 3/16 便士											

548

当每夸脱麦芽税由六先令提高到十八先令时,这一税的总收入即为二百八十七万六千六百八十五镑九先令十六分之九便士,比以前的税收收入多出了二十八万八百三十二镑一先令十三点三七五便士。

旧麦芽税中包含了每半桶四先令的苹果酒税和每桶十先令的烈啤酒税。1774年,苹果酒税总计只有三千零八十三镑六先令八便士。由于该年度苹果酒税在平常收入额度以下,所以这一年的税额也是少于平常的税额的。虽然烈性啤酒税较重,但由于酒的消费不大,因此总的收入是少于苹果酒税的。在地方国产税下,有以下四项收入可以极大地弥补麦芽税中所含有的苹果酒税和烈性啤酒税,主要包括:每半桶苹果酒六先令八便士的旧国产税;每半桶酸果汁酒六先令八便士的旧国产税;每桶醋八先令九便士的旧国产税;每加仑甜酒或蜜糖水十一便士的旧国产税。

麦芽不仅可以用来酿造普通啤酒和淡色啤酒,而且还可以制造劣质火酒和酒精。如果每夸脱麦芽税提高到了十八先令,那么劣质火酒和酒精的国产税就应当有所降低。在麦芽酒精中,一般含有三分之一的麦芽,三分之二的大麦;或者是三分之一的麦芽、三分之一的大麦和三分之一的小麦。在麦芽酒精蒸馏所里,走私的机会比酿酒或麦芽制造厂更多。酒精占地较小且价值大,因此更容易走私;酒精的税率高,每加仑达到三先令十又三分之二便士,因此更能引诱走私。所以,要减少走私活动、增加国家收入,就应当增加麦芽税、减少蒸馏所税。

在英国,曾经有某段时间,政府认为酒精饮料对人民的健康有害,并且不利于人民道德的建设,因此下令阻止这种饮料的消费。在这种情况下,降低蒸馏所税的程度不宜过大,应当使酒精一直保持在高价上,而使对人们健康和道德无害的饮料,诸如麦酒、啤酒等,价格下降。这样一来,不仅人民的赋税负担得到了减轻,国家的收入也获得了极大的提高。

达文纳特博士非常反对目前国产税制度的改革。他认为:现在平等地分配在麦芽制造者、酿造者和零售业者利润上的国产税,在改革之后就将全部归麦芽制造者来负担了;酿造者和零售业者可以通过提高酒价来收回税额,而麦芽制造者却不能。同时,麦芽税如此之重,必会减少大麦耕地的地租和利润。但似乎这些意见是没有什么道理的。

首先,一般来说,在很长的一段时期内,任何一种税都不会降低特定职业的利润率;任何职业的利润率,总是会和其他职业的利润率保持在差不多的水平。目前的麦芽税、啤酒税和淡色啤酒税,并不会影响商人在这些商品上的利

润；因为他们可以通过提高酒价来收回税额，并且还能获得一个额外的利润。虽然对货物征税可能会提高该货物的价格而减少它的消费，但由于麦芽的消费就是酿造各种麦芽酒，因此，每夸脱麦芽税是十八先令时，与二十四或二十五先令相比，酒价并不会更贵；相反，还可能更低，从而也就可能还会增加它的消费。

其次，麦芽制造者要收回十八先令的麦芽税，并不会比酿造者更困难。虽然现在麦芽制造者对每夸脱麦芽需要垫付十八先令的税，但酿造者对每夸脱麦芽则需要垫付二十四或二十五甚至三十先令的税。麦芽制造者垫付税额明显较酿造者轻。不过，酿酒者卖出其酒窖中啤酒、淡色啤酒的存货，要比麦芽制造者卖出其仓库的麦芽存货，时间要快得多。所以，最后酿酒者和麦芽制造者都能以同样的速度收回自己的税额。而对于麦芽制造者因垫付较重的税而形成的困难，则可以通过延长缴税时间来解决。

再次，只要大麦的需要并未减少，大麦耕地的地租和利润也就不会减少。假设酿造啤酒和淡色啤酒的麦芽，每夸脱税率由二十四、二十五先令降为十八先令，那么它的需要将会增加，大麦耕地的地租和利润，和同样肥沃的其他土地地租利润将不相上下。如果少于其他土地的地租利润，那么大麦耕地的一部分资本将转入其他用途；如果多于其他土地的地租利润，那么其他土地将会转而种植大麦。只有当土地的某一特定产物具有垄断价格时，对其征税才会减少该土地的地租和利润。以葡萄酒为例，由于它经常供不应求，所以其价格极大地高于同样肥沃土地的其他产物的价格。如果现在对葡萄酒征税，那么必然会使葡萄园的地租和利润降低。这是因为，葡萄酒的价格已经达到市场范围内的最高价格，如果市场的葡萄酒数量不减少的话，它的价格就不会再提高，那么土地也就不能转用去生产其他同样贵重的产物；如果上市数量减少的话，它的损失会更大。因此，赋税的所有负担，都落在了地租和利润上，更准确的说是落在了地租上。当有人主张对砂糖征收新税时，蔗糖种植者总会说，该税的所有负担都将落在生产者身上，而不是消费者身上。过去在征税以后，他们并不能将砂糖的价格提高到超过未征税以前的水平。因为砂糖价格在未征税以前就已经是一种垄断价格了，而对于垄断者，应当是随时都最适于征税的。而大麦的普通价格从来都不是一种垄断价格；因此大麦耕地的地租和利润，与同样肥沃的其他土地相比，并不会超过自然的比例。对麦芽、啤酒和淡色啤酒的各种税，并不会使大麦的价格降低，也并不会使大麦耕地的地租利润降低。使用麦芽作原料的酿造者对麦芽支付的费用，不断地根据麦芽税的提高而提高，麦芽税和啤酒税、淡色啤酒税，都不断地提高了那些商品的价格，从而降低了那些商品的质量。所以，这类税的最后负担者，是消费者而非生产者。

这种税制改革，只可能对自家消费的酿造者造成损害。因为，现在一般穷苦劳动者和工匠们负担的重税，到了上层阶级那里却被免除了，那应当说是最不公平的了。即使不变革税制，也应当将这种免除加以废止。然而，一般来说，也正是上层阶级的利益在妨碍着利国利民的各种制度的改革。

除上述关税和国产税外，还有一些更间接影响货物价格的不公平的税。法国将之称为路捐、桥捐，萨克逊时代将其称为通行税。和英国道路通行税以及运河、通航河流通行税的目的一样，其开征的本来目的是用来维持道路和水路的。并且，这种税最适宜按照货物的体积或重量来征收。最开始，这些税都是地方税或省税，大多数情况下都是委托地方的特定市镇、教区或庄园来进行管理，希望他们能采用各种方法负责实施该税。后来，很多国家的君主都将这项税收的管理权掌握到了自己手中。但他却并不负责任，在大多数情况下，他将极大地提高税额，但完全不关心道路的维持。试想，如果英国的道路通行税被当做了政府的收入来源，那么看看其他国家的先例，我们就能差不多猜到它的结果了。这种通行税，最终都是由消费者来负担的；并且这种税不是按照消费者消费的货物价值的比例，而是按照消费货物的体积或重量来负担的。当这种税按照其推定的价值而非按其重量来征收时，它可以说其实就是一种国内关税或国产税，会极大地阻碍国内贸易的发展。

对于从一国运往另一国的货物通过其领域内的水路或陆路，一些小国也会征收类似的税。有国家将其称之为通过税。例如，位于波河及各支流沿岸的一些意大利小国，就是由这种税获得一部分收入的。这种收入全部来自外国人，并且不妨害本国的工商业。这可能是唯一的一种对外国人民的征税吧，其中世界上最重要的通过税，是丹麦国王对所有通过波罗的海海峡的商船征收的税。

虽然大部分关税和国产税，都是平等地由各种收入来负担，最终由消费货物的消费者负担，但一般来说并不平等地由每个人分担。因为，一个人的性格会决定他的消费倾向和消费数量，因此，对他的消费征税，应当根据他的性格，而不是根据他的收入。这样，浪费者缴纳的数额将超过适当的比例，而节约者缴纳的数额反而达不到适当的比例。例如，大财主在未成年时，因为国家的保

护而获得了大量的收入,但一般情况下,他都不能以自己的消费向国家做出多少贡献。尤其是那些身居他国的人,对于自己收入来源国,基本上没有在消费上做出任何贡献。如果他的收入来源国是爱尔兰那样没有土地税,并且对动产或不动产的转移也没有任何重税的国家,那么他对收入来源国政府可以说一点贡献都没有。当一个政府隶属或依赖于其他国家政府时,一个在附庸国拥有广大土地财产的人,总是愿意定居在统治国。而爱尔兰正是处于这种附庸地位,因此向外国居住者纳税的提议,在该国非常受欢迎。然而,遇到的困难是,一个人要怎样才能算是应当纳税的外国居住者,以及其纳税应当从何时开始何时结束。不过,将这种困难排除,这种税的确可以解决每个人在贡献上的不公平情况;于是每个人的贡献,完全凭他对课税商品消费的自愿。因此,如果该税的评定很公平,所税商品也很适当,那么纳税人的埋怨也会很少的。当这种税由商人或制造者垫付时,最后负担此税的消费者,不久就会将它和商品价格混同,从而忘记自己支付了税金。

这种税可以说是完全确定的,即对于纳税数额和期限都是确定的。英国的关税或其他国家类似的各种税之所以有时会不确定,并不是因为税的性质,而是因为法律的措辞不明确。

奢侈品税一般是零碎地缴纳,也就是说纳税人什么时候需要购买课税品,就什么时候纳税,购买多少就纳税多少。这种税在纳税时间和方法上,可能是最方便的了。而且,从总体上看,这种税符合前述征税四原则中的前三项原则,却违反了第四项原则。和其他所有的税相比,人们缴纳该税的数额比实际归入国库的数额要大得多。这种情况可能是由以下四种情况造成的。

第一,即使安排得很合适,该税的征收也需要很多的税关和收税人员。人民缴纳的一部分税无疑将负担他们的薪水和津贴。不可否认,英国的这种费用,相对于其他多数国家都较轻。以1775年1月5日为止的那个税收年度为例,英格兰国产税委员管理下的各税总收入,共计五百五十万七千三百零八镑十八先令八又四分之一便士,其中花费了百分之五点五的费用,然而,在扣除出口奖励金和再出口退税之后,这项总收入缩减到了五百万镑以下。不过,盐税作为一种国产税,由于管理方法不同,从而其征收费用要大得多。再如关税,其纯收入不到二百五十万镑,然而征收人员的薪水和其他费用就超过了百分之十。无论哪里的海关人员,其津贴都是多于薪水的,有时甚至是薪水的两三倍。因此,如果海关人员薪水和其他费用超过了关税纯收入的百分之十,那么征收该税的全部费用总计可能超过百分之二十或百分之三十。国产税的征收人员没有任何津贴；且其管理机构为新设，因而没有海关那么腐败。因此，如果现在将麦芽税和麦芽酒税变为只征收麦芽税，那么国产税每年的征税费用将节约四万镑以上；如果关税按照国产税的征收方法且只对少数货物征收，那么关税每年的征收费用也可能节省很多。

　　第二，该税必然会阻碍某部门的产业。因为被税商品因此价格上涨，从而在一定限度内妨碍了消费及其生产。如果该商品是国产商品，那么生产和制造该商品使用的劳动就会减少；如果该商品是外国商品，那么，由于其价格因税上涨，国产的同类商品就能在国内市场获得利益，从而使大部分国内产业都转向这种商品的生产。虽然国内某特殊部门的产业将受到鼓励，但所有其他部门的产业都将受到损害。例如在伯明翰，外国葡萄酒越贵，制造业者购买葡萄酒的那部分金属器具的价格就越便宜。对他来说，这一部分金属器具的价值相对于以前减少了，那么促使他去增产金属器具的动力也就减少了。也就是说，一国消费者购买的他国剩余生产物价格越贵，他们卖掉的自己那一部分剩余生产物的价格也就越便宜，从而促使他们去增产那一部分生产物的动力也就减少了。因此，对所有消费品征税，会使生产性劳动量降低到自然程度（无税时）以下。当消费品是国产品时，被税商品生产上的劳动量将缩减；当消费品是外国商品时，外国商品购买的那部分国内商品生产上的劳动量将缩减。除此之外，那种税经常会改变国民产业的自然方向，使其转向一个通常来说比较不利的方向。

　　第三，走私活动常常会导致财产的没收和其他惩罚。虽然走私者违反了国家的法律，应当加重惩罚，但他并没有违犯自然、正义的法律。如果国法将所有大自然未视为犯罪的行为也不认定为犯罪的话，他应当是一个良好市民。在那些腐败、任意支出、滥费公币的国家，保障国家收入的法律常常得不到人们的尊重。因此，如果能有安全容易的走私机会，并且不会触犯伪誓罪，那么很多人都会进行走私。那些假装对购买走私物品心存顾虑的人，其实明明就是在奖励别人去做违反财政法规或者伪誓的事，于是，他们在很多国家，都被认为是伪善的人。由于公众对走私活动的宽容，走私者便经常受到鼓舞，继续从事着这种活动。当税收法律要对其进行处罚时，他常常想通过武力来保护自己的所谓正当财产。最开始，他可能只是粗心，但到了后来，应该说他是大胆地触犯法律了。当走私者没落后，他之前用来维持生产性劳动的资本，被吸收到国家收入

中,从而去维持非生产性劳动了。这样,社会的总资本就会减少,以前得到维持的有用产业也会减少。

第四,该税的施行使得经营课税商品的商人,不得不因为常常受到收税人员的烦扰而感到某种压迫。我在前面说过,虽然说这种烦扰不是费用,但人们一般为了摆脱烦扰总是愿意支付费用,因此,烦扰和费用也就差不多了。国产税在这一点比关税还让人烦扰,虽然其设定目的的效果比较好。这是因为,征收关税时,如果商人进口课税商品时已经支付了关税,那么在大多数情况下,他将不会受到海关人员的烦扰。但征收国产税的情况就不是这样。商人常常要受到收税人员的不断访问和检查。虽然有人说国产税征收人员的表现其实比海关人员要好,但是,相对于关税来说,人们更讨厌国产税。一些秘密从事走私的商人由于常常受到国产税征收人员的阻碍,因此常常嘲讽国产税征收人员冷酷。

然而,只要有消费品税,就可能免除这种对人民带来的不便。虽然英国有很多地方还有待完善,但与其他邻国相比,英国的各种制度可以说还是比较优良的,这种不便恐怕也是比较小的。

有些国家认为,消费品税是对商人的利润征税,于是商人每卖出一次货物,就进行一次征税。他们还认为,如果对进口商或制造商的利润征税,那么,也应该对那些中间商人的利润征税。例如西班牙的消费税就是这样。这种税,对每次出卖所有种类的动产或不动产征收,最开始征税百分之十,到百分之十四,再到目前的百分之六。征收这种税需要特别多的收税人员,因为不仅要观察货物由一地转向另一地,还要观察货物由一个店铺转向另一个店铺。可以说,遭受征税人员烦扰的人,不仅包括经营某几种特定货物的商人,还包括所有的农民、制造业者等。实行这种税的国家,各地方的生产都必须适应于邻近的消费,而不能为远方生产。乌斯塔里斯认为,正是因为这种税导致了西班牙制造业的衰落。其实,西班牙农业的衰落也是因为此税造成的,因为它也对土地原生产物征税。那不勒斯王国也有类似的税,如对所有契约价值、所有买卖契约价值征收百分之三。但相对于西班牙,那不勒斯的税并没有那么大的破坏性。首先,这两种税都是很轻的,并且该国大部分城市和教区还允许以一种赔偿金来代替缴纳。而城市教区征收赔偿金的方法则只需遵守不妨碍该地的商业的原则即可。

联合王国施行的统一征税制度(有少数不重要的例外),基本上使全国内地的商业和沿海贸易都实现了自由。大部分对内贸易的货物,可以不需要许可证、通行证,且不会受到征税人员的烦扰,可以自由地从一地运往另一地。虽然有一些例外,但那些都是无关紧要的。沿海运送货物,虽然要有证明书或沿海运输许可证,但它们基本上是免税的,除了煤炭。对每一个国家来说,其国内就是本国大部分产业生产物的最佳市场,因此英国统一的税制所产生的国内贸易的自由,应该说是其繁荣的一个主要原因。如果爱尔兰和各殖民地也有这种自由的话,那么我们伟大的帝国应当说会更繁荣吧。

法国各地方施行的税法,需要在国家边界和各省边界处安排很多的征税人员,以对某种货物征税或防止其出口。这样,其国内商业不免会受到一定的损害。有一些省,可以用一种赔偿金来代替盐税的缴纳,有些省则完全免除盐税的缴纳;大部分地区包税人享有烟草专卖权,而一些省没有烟草专卖。各省对类似于英国国产税的税,征收情况不同。有些省可以用一种赔偿金来代替,有些采取包税制度的省或其他地方,则只对特定诚实和地区征收此税。对与英国关税类似的税的征收,将法国分为了三大部分:一是适用1664年税法的五大包税省,其中包括皮卡迪、诺尔曼和大部分内地各省;二是适用1667年税法的外疆各省,包括大部分的边境各省;三是与外国享受同等待遇的各省,它们可以和外国自由贸易,并且其余外国贸易所享受的关税待遇也适用于在与其他各省贸易时。阿尔萨斯、茨图尔、凡尔登三个主教区和邓扣克、贝昂那、马赛三市都是这种。之所以称为五大包税区各省,是因为以前的关税分为五大部门,每部门有其特定承包的对象,目前各部门已经统一了。五大包税区各省和外疆各省,都有许多的地方税,并且那些税的征收被限定在特定城市或地区。与外国受同等待遇的各省,例如马赛市,也有一些地方税。因此,可想而知这各种复杂的税将需要很多的收税人员,并将一定程度地阻碍国内商业的发展。

葡萄酒贸易在法国被认为仅次于谷物贸易,因此除了这些复杂的税所施加的一般约束外,大部分省还施加了很多特殊约束。这是因为,某特定省区的葡萄园相对于其他省享受了特别的优惠。那些在葡萄酒贸易上受约束最少的各省,就成为了葡萄酒最出名的各省。它们拥有广泛的市场,促使他们不断地采用良好的方法进行葡萄的栽培和葡萄酒的调制。

不仅是法国,还有其他国家也同样有这种复杂的税制。例如米兰公国,分为六省对于一些种类的消费品都有特别的征税制度。就连很小的帕马公爵领土,其三四省也各有不同的征税制度。在这些不合理的制度之下,这些国家如果不是因为土壤特别肥沃,气候非常适宜,可能早就成为最贫穷的国家了。

555

消费品税的征收一般有两种方法,一是由政府征收,即由政府任命收税人员,他们直接对政府负责,并且政府的收入随着税收的变动而变动;一是政府规定一定的额数,让包税者征收,这时包税者自行任命征收人员,受包收者监督,直接对包收者负责,但是他们必须按照法定的方法进行征收。这种包税制度应当说绝不可能是最妥善、最节约的收税方法。因为包税者除了从税额中补偿自己垫付规定税额、征收人员的薪水和征收费用外,还要获得与他所冒危险和困难以及处理这项事务的知识相应的利润。如果政府设置一个类似包税者的管理机构自己直接监督,那么这笔巨额的利润就可以节省下来了。但由于承包国家的任何大项税收,不但必须要有大资本或大信用,而且还要具备相应的知识和经验,因此这种包税工作也就被局限在少数人那里。这些少数人明白,只要他们彼此团结,就能对自己更有利,因此他们不互相竞争,反而成为合作者,于是在包税竞标时,他们所出价格比真实价值要低得多。在那些采用包税制的国家,包税者一般都是极其富裕的人。仅是由于富有,他们就已遭到一般人的厌恶;而他们虚荣和炫耀就更加使人厌恶了。

对包税者来说,那些惩罚逃税者的法律永远都不会过于严苛。因为纳税人不是他们的人民,包税者根本就不会怜悯他们,因此,即使纳税人在缴税的次日破产,他们也毫不关心。在国家的非常时期,君主非常关心收入的时候,包税者就会趁机诉苦说,如果不将法律变得更严厉,那么他们连平常的税额也交不出来。这时,君主也会答应他们,于是包税制也就越来越严苛了。所以,在那些国家收入采取包税制的国家,他们的税法是最为严酷的;而在那些君主直接监督税款征收的国家,他们的税法是最温和的。因为即使君主再愚昧,他们也比包税者更关心人民的生活。因此,他们明白,国家的持久伟大与人民的繁荣是分不开的。而包税者们的富裕却常常带来人民的衰弱。

虽然要提供一定的税额,但包税者却从中取得了一种征税的权利,而且享有了对课税商品的垄断权。法国的烟草税和盐税,就是以包税方法进行征收的。在这种情况下,包税者其实获得了两个利润,一个是包税者付出的利润,如前所述;一个是垄断权的利润。且后者比前者更大。烟草作为一种奢侈品,人们可以自由地选择买与不买;然而盐是必需品,每个人都必须购买一定数量。如果他不在包税者那里购买,就只能向走私者购买。烟草税和盐税的繁重使得走私的诱惑极大;但由于法律的严苛和征税人员的提防,想走私的人都有破产的风险。由于走私盐和烟草,每年有数百人进监狱,还有很多人被判处死刑。这种税征收的收入很大,如1767年,烟草税额是二千三百五十四万一千二百七十八利弗,盐税额是三千六百四十九万二千四百零四利弗。这两项税的包征,从1768年起持续六年。可以说,只有那些重君主收入而轻民生疾苦的人才会同意这种征税的方式。在其他国家,例如意大利大部分地区,以及奥地利和普鲁士,对于盐税和烟草税的征收,采取的都是这样的方法。

法国国王大部分的实际收入有八个来源,那就是贡税、人头税、二十取一税、盐税、国产税、关税、官有财产及烟草包征。对于最后五项,各省几乎都是采用包征方式;对于前三项,各地都由政府直接监督的税务机关征收。按照收取的比例来说,前三项实际归入国库的比后五项还要多,因为后五项在管理上需要更多的费用。

其实,现在法国的财政状态,应该可以进行以下三项改革。第一,废除贡税和人头税,增加二十取一税,使其增加的收入等于前两者的金额,从而不仅保证了国王的收入,而且减少了征收费用,并且减轻了贡税和人头税对各阶层的负担。贡税最终是由土地所有者来负担的;大部分人头税,是按照贡税的税率对贡税的纳税人来征收的,因此,人头税最终也是由土地所有者来负担的。法国的二十取一税,类似于英国的土地税。所以,就算二十取一税是随着贡税和人头税所提供的税额而增加的,它也不会增加上层阶级的负担。但是,由于目前贡税的征收不是很公平,从而改革之后,就会加重很多个人的负担。因此,那些享有特惠或相关利害关系的人,最反对这种改革。第二,统一法国各地的盐税、国产税、关税、烟草税,也就是说统一所有的关税和消费税,这样就能减少这些税的征收费用。并且,还能够使国内商业自由发展。第三,由政府直接监督的税务机关来征收所有的税,这样就可以将包税者的过度利润节省下来,从而增加国家收入。但有些人为了个人私利,会坚决地反对后两项改革的施行。

可以说,在所有的方面,法国的税制都比英国差。英国每年对八百万以下的人民征收了一千万镑的税款,却没有任何人感觉到受压迫。不仅埃克斯皮利神父搜集的材料显示,而且《谷物法与谷物贸易论》的作者也描述过:法国包括洛林和巴尔在内,总共有二千三百万甚至二千四百万人口,几乎是英国人口的三倍多。并且法国的土壤和气候都比英国优良,其土地的改良和耕作也先于英国,其经过很长时间建造和积累的所有事物,包括大都市和城市、乡村的建筑、房屋等,都优于英国。如果说英国都可以不费力地收到一千万镑,那么按人口比例来说,法国应该可以收到三千万镑才对。不过,根据我现有的虽不完全但

已经算最好的报告可以知道,1765年和1766年法国收归国库的所有收入,只有三亿八百万利弗到三亿二千五百万利弗之间,相当于一千五百万镑以下。这个金额还不到三千万镑的一半,但法国人民遭受捐税的压迫却比英国人民要大得多。不过,在欧洲,除英国外,法国政府应该算得上最温和、最宽大的了。

据说,荷兰对生活必需品征收的重税曾经对该国所有的主要制造业,甚至连渔业和造船业都造成了严重的损害。荷兰政府和各都市每年的收入达五百二十五万镑以上。荷兰人口不到英国人口的三分之一,因此,按人口比例来看,荷兰的租税的确很重。英国的必需品税很轻,因此没有对任何制造业造成损害。在英国制造业中,只有几种原料,尤其是生丝,负担最重的进口税。

当所有适当纳税对象都已纳税之后,如果国家有急需(如战争发生),仍然可以继续征收新税,这时就会对那些不适当的对象征税。因此,荷兰对必需品征税,并不是因为共和政府的无知。由于共和国要维持独立,虽然平时已经非常节俭,但遇到耗费巨大的战争时,就只好大肆举债。另外,荷兰和其他国家不同的是,为了防止被海水吞没,它也要花费很大的费用,从而极大地增加了人民赋税的负担。可以说,荷兰现在的主要支柱就是共和政体。大资本家、大商人,要么可以直接参加政府的管理,要么可以间接左右政府的决定。大资本家和大商人正是由于具有这种地位,所以在荷兰受到尊敬并且享有权力。因此,就算和欧洲其他地方相比,在荷兰使用资本、借贷资金的利润或利息更少,同一资本获得的生活必需品更少,他们还是愿意居住在那里。这种状态带来的结果就是,虽然荷兰遭遇的困难很多,但这些富人的定居使得该国的产业仍能在一定程度上继续维持。一旦国家发生灾难、共和政体被破坏、国家统治权落入贵族和军人的手中,商人的重要性就会完全消失而不再被人尊敬。那时,他们也就不会再愿意居住在那里了。他们就会带着资本去其他国家,去支持其他国家的产业和商业。

第三章 公债

在没有商业和制造业的野蛮社会里,人们对于高价奢侈品还不是很了解,收入较多的人,除了能养活很多人之外,没有其他消费和享受的方法。拥有的

第五篇 论国家的收入

财富意味着随时都可以拥有大量的生活必需品。在那个时代,虽然那些富人可以拥有很多的生活必需品,诸如衣服、食物的原料——谷物、牲畜、羊毛和生皮等,然而他找不到别的物品来交换自己剩余的大部分必需品。于是,这些剩余的必需品除了多供养几个人之外,也没有别的用途了。在这种情况下,富人(或有权势的人)只要不进行非常奢侈的款客和施惠,他们一般是不容易破产的,因为那不同于纯粹的利己享乐。讲到纯粹的利己享乐,可以以曾经的斗鸡为例来加以说明。在当时,哪怕是聪明人都因为那种狂热而破产。然而,节俭朴素的款客和施惠却并不会造成多少人破产。

在封建时代,同一家族一般都长期保持着同一块地产。从这里可以看出,当时的人们在生活上是非常勤俭持家的。一些大地主经常会举行一些节俭朴素的款客,虽然表面上看,这似乎有悖理财生活的良好秩序,但是不可否认的是,他们至少还懂得节俭。平时,大地主们会将一部分羊毛或生皮出售,从而获得货币。他们会用其中一部分货币去购买当时的某种虚荣品和奢侈品来享受,然后把另一部分储存起来。而他们将那部分货币储存起来的原因,实际上是因为他们不知道如何利用。那时,对一个绅士来说,将剩下的货币用来经商,不是一件很名誉的事情;用来放债则更不适当,因为法律早就规定放债是非法的。并且,身处那个混乱不安的时代,人们说不定哪一天就可能被赶出自己家,因此手中留有一些货币逃生可以以备到时之需。可以说,人们将货币藏匿起来的主要原因,就是当时社会的不安定。从那些经常发现的埋藏物和无主物我们就可以知道,当时藏匿货币似乎是一件非常普遍的事情。甚至有一段时期,君主也将埋藏物视为一份重要收入。但现在,即使是将全国所有的埋藏物加起来,也可能抵不上一个富裕绅士的主要收入。

那时,不但民间厉行节约和储蓄,就连君主也都保持着节约的好习惯。我在本书的第四篇就说过,在那些商业和制造业不发达的国家,由于社会环境所决定,君主也会自然地保持约和储蓄的习惯。因为在那种处境下,即使君主很虚荣,他也不能够大手大脚地花费他的收入。例如,他希望华丽地装饰自己的宫廷,但在那个时代,一些毫无价值的小东西就构成他宫廷的全部装饰品了。当时,国家没有常备军,因此,君主和其他大领主一样,除了奖励佃户、款待家臣之外,他们的收入就没有别的用途了。当然,奖励和款待一般都是有节制的,只有人心的虚荣才会导致无节制的奢侈浪费。因此,当时欧洲所有的君主,都拥有很多的财富。现在,听说就连每个鞑靼的酋长,都还积蓄着很多财宝呢。

559

然而,在现在的商业国里,各种高价奢侈品品种丰富,君主和其他大地主一样,自然会将大部分收入用于购买奢侈品。例如,他用本国和邻国提供的各种高价装饰物将自己的宫廷装饰得非常华丽壮观。而贵族们也一样,只不过他们追求的是低一等的华丽壮观。为了实现那种追求,他们不但将家臣打发走,而且让租地人独立了。于是,他们也慢慢地失去了权威,最后和其他大部分富人没什么两样。贵族们这种追求享乐的行为,也同样影响了君主。试想,如果领域内的每个富人都在追求享乐,那么君主怎么可能不采取任何行动呢?就算他没有因为享乐而花费大部分的收入,从而导致国防力量减弱(实际上他经常是这么干的),但对于超过国防需要的那部分收入,他是会全部消费掉的。所以,他的收入和平常的花费基本上持平;只要花费不超过收入,那就要谢天谢地了,根本不可能指望他储蓄财富。当出现急需情况时,他就只会向人民请求援助。例如,1610年法兰西国王亨利四世去世后,当时的欧洲就只有普鲁士现任国王和前任国王储蓄了很多财富。就算是共和政府,厉行节约和储蓄的情况也非常少见。例如,意大利各共和国和尼得兰共和国,别说储蓄了,它们都还负有债务。不过,伯尔尼联邦倒是一个特例,它当时储蓄了很多的财富;不过瑞士共和国其他联邦全没有任何积蓄。俗话说,爱美之心人皆有之。那些大国的王宫殿堂装饰得富丽堂皇就不说了,然而,一些小共和国的议会厅也弄成这样,就有点铺张浪费了。

如果一国在平时不厉行节约,那么当战争发生时,国库中除了维持平时设施的必要费用以外,没有其他收入以供急需,那么就只能借债了。我们都知道,战时的国防费用是平时的三四倍。也就是说,战时所需要的收入,也是平时收入的三四倍,而君主几乎不可能立即能按照费用的增大比例来增加收入。即使他有办法,也是采取向人们征税的方式,然而征收的赋税往往需要十个月乃至十二个月的时间才能进入国库。而战争的突发,需要国家立即增加军队、装备舰队,在防军驻扎的城市设防,并且提供武器、弹药和粮食。也就是说,战争爆发的那一瞬间,国家就必须立即支付一大笔费用;而这种费用不可能通过慢慢征收赋税来解决。因此,在这种紧急的情况下,政府除了借债,没有其他方法。

从上述可知,商业社会的状态带来了国家借款的必要,那么它同样也会带来借款的便利。因为它使人们具有了贷款的能力和贷款的意愿。在商人和工厂主较多的国家,有一种人的手中不但有自己的资本,还有那些借贷货币给他或委托他经营的人的资本,这些资本在他手中周转的次数很多。相比之下,那些不经商的私人资本，一般每年只在自己手中周转一次。而对于能从商业中很快收回本利的商人来说，他的全部资本和信用，一般每年能在自己手中周转三四次。因此，在商人和工厂主较多的国家，很多人都愿意并且有能力为政府提供贷款。

在没有正规司法行政制度的国家，人们总是会对自己的财产没有安全感，对人们是否遵守合同没有信心；在没有健全的法律的国家，人们的债权无法得到法律强制力的保障。在这些国家里，商业和制造业必然不会得到长远的发展。一句话，当人民对政府的公正失去了信任时，这个国家的商业和制造业也必然不会得到长远的发展。因为，如果大商人和大工厂主平时信任政府的话，他们就敢把财产委托给政府保护，那么在国家急需时，他们也敢把财产交给政府使用。由于政府有急需款项，它就会用极有利的借款条件来借款。因此，向政府提供贷款，不仅不会降低人们进行商业和制造业的能力，反而还会增强那种能力。另外，债权人还可以获得以下利益：一方面，政府交给原债权者的担保物可以在任何债权人之间移转；另一方面，由于人民信任政府，政府的担保物也可以在市场上卖得很高的价格。因此，商人或富人将钱借给政府，可以从中获得利益，从而增加他的营业资本。这就是为什么商业国人民非常愿意贷款给政府的原因。不过，在这种国家，上述状况也会产生一种消极影响，那就是政府容易认为，如果在国家急需时人民有能力且愿意借钱给它，那么平时它就不会厉行节约了。

在没有商业和制造业的野蛮社会，人们把自己节约的货币都藏匿起来，就是因为他们不相信政府。并且，他们还害怕政府知道货币藏匿之处后会掠夺他们的货币。在这种情况下，当政府处于危急关头时，几乎没有人愿意且有能力贷款给政府。而君主也早就知道借款的难度，因此平时厉行节约，以备紧急关头之用。

在欧洲各大国，几乎都存在着债务不断增加的情况；各国的国民也因此而深受其害，没准哪天就都破产了。和私人借款一样，国家最开始借款时也依靠国家的信用，不需要用特定收入或抵押来作担保。不过，当债权人不再信任债务人时，如果债务人想要继续借款，就要用特定收入来作担保了。

在英国，它的无担保公债就是凭借信用借的。无担保公债共有两种：一种是没有利息的债务，就相当于私人间的记帐债务；另一种是有利息的债务，相当于个人用期票和汇票借的债务。前一种债务一般包括：对特别服役的欠债、对各种服役的未付余额、陆海军和军械方面的部分临时开支、对外国君王补助金的未付余额,以及对海员工资的未付余额等。后一种债务一般包括:为偿还一部分债务和为其他目的发行的海军证券或财政部证券。其中,财政部证券,从发行之日起计算利息;海军证券,从发行后六个月起计算利息。另外,针对上述证券,英格兰银行会采取两种措施:一是自动按照市价对这些证券贴现;二是通过与政府商定的条件使财政部证券在市场流通。一般来说,流通的条件是按照票面价格购买证券并支付相应的利息。这样可以使证券保值,政府也能因此借到巨额的公债。相比之下,由于法兰西没有银行,其国家证券有时只能按百分之六十或百分之七十的价格出售。而在威廉改铸货币时期,由于英格兰银行停止了日常业务,财政部证券就只能按照百分之二十五到百分之六十的价格出售。不过,除了英格兰银行没有给予援助之外,革命刚过,新政府还未安定也是一个原因。

当政府需要以特定收入担保借款时,在不同的时期,政府采用了两种不同的方法。一种被称为预支法,指的是短期抵押的情况下(一年或几年),抵押的收入在一定期间内,能够清偿所借货币的本息;另一种被称为永久付息法,指的是长期抵押的情况下,抵押的收入只够支付利息或长期年金,并不能偿还本金。

英国政府总是不断根据借款条款来挪用每年征收的土地税和麦芽税。具体的操作程序是,英格兰银行首先垫付借款并收取利息,等到税款缴入国库之后,政府再归还给英格兰银行。自革命以来,英格兰银行利息率一直处在百分之三到百分之八之间。当某一年的税款不能清偿借入的本息时,不足的部分就用下一年的税款来补足。于是,每一年,在那些未作担保的收入进入国库之前,国家就已经将它们提前用完了。国家这种通过支付利息向代理人和经理人借款的行为,就像那些没有计划的浪费者一样,总是在取得收入之前提前付息借款来消费。

永久付息的借款方法,在威廉王和安妮女王的大部分时期还没有现在这么流行。那时,大部分新税都限定在短期内征收,如四、五、六或七年。国家每年的借款就是为了国库的支出,这些借款可以认为是预先挪用这些税收。而税收在限定期内,一般都不足以支付借款的本息,于是只能通过延长收税年限来补足缺额。例如,1697 年,威廉三世第八年第二号法令规定,将那些即将到期的各税征收年限延长到 1706 年 8 月 1 日,就是为了弥补税额的不足。这项法令的规定,在当时被称为第一次总抵押或基金。当时该基金需要补足的总额,共计五百一十六万四百五十九镑十四先令九便士半。1701年,因为同样的目的,各种税的征收年限被延长到 1710 年 8 月 1 日。这被称为第二次总抵押或基金。这次基金需要补足的总额,共计二百零五万五千九百九十九镑七先令十一个半便士。1707 年,作为一种新公债的基金,这些税的征收年限被延长到了1712 年 8 月 1 日。这被称为第三次总抵押或基金。这次基金需要补足的总额,共计九十八万三千二百五十四镑十一先令九又四分之一便士。1708 年,除了半额吨税、镑税两种旧补助税,以及英格兰和苏格兰废除的苏格兰亚麻进口税之外,其他税作为一种新公债基金,征收年限都被延长到了 1714 年 8 月 1 日。这被称为第四次总抵押或基金。这次基金补足的总额,共计九十二万五千一百七十六镑九先令二又四分之一便士。1709 年,除了吨税、镑税两种旧补助税外,因为相同的目的,这些税的征收年限被延长到 1716 年 8 月 1 日。这被称为第五次总抵押或基金。这次基金补足的总额,共计九十二万二千零二十九镑六先令。1710 年,这些税的征收年限又被延长到 1720 年 8 月 1 日,此被称为第六次总抵押或基金。此次基金补足的总额,共计一百二十九万六千九百六十七镑九先令十一又四分之三便士。到 1711 年时,由于要支付四项预支的本息,这些税和其他一些税被规定为永久持续征收,作为支付南海公司资本利息的基金。在当年,政府曾向南海公司借款共计九百一十七万七千九百六十七镑十五先令四便士,用以还债和弥补税收的不足。这也是当时最大的一次借款。

在这之前,为支付债务利息而永久征收的赋税,只包括以下三种:一、为支付英格兰银行的贷款利息;二、为支付东印度公司的贷款利息;三、为支付土地银行的贷款利息。其中,当时的土地银行只是在计划中,后来并未实现。那时,英格兰银行向政府提供的贷款达到了三百三十七万五千零二十七镑十七先令十个半便士,年利息率为百分之六,利息共计二十万六千五百零一镑十三先令五便士;东印度公司向政府提供的贷款共总为三百二十万镑,年利息率为百分之一,利息共计十六万镑。

1715 年,乔治一世元年第十二号法令规定,为了支付英格兰银行的年利息以及其他年金和债务,那些作为担保的各种税和该法令规定的永久征收的其他税,一起成立一个共同的总基金。并且,乔治一世三年第八号法令和五年第三号法令的规定,使得该基金增大了,并且将之后附加的各种税规定为永久性征收。1717 年,乔治一世三年第七号法令,又将其他几种税规定为永久性征

收。并且它们也构成了一个共同基金,被称为一般基金。该基金所支付的年息,共计七十二万四千八百四十九镑六先令十个半便士。

以上几个法令的规定,造成了两种结果:一是以前是短期预支的大部分税,现在都变成了永久性税收;二是这些税的用途从支付借款本金变为支付利息了。

当政府采用预支方式借款时,它只需要注意以下两点就可以在几年内清偿债务。一是使基金在限定期间内负担的债务不超过其所能负担的数额,二是在第一次预支尚未清偿之前不进行第二次预支。然而,欧洲大多数国家的政府,都没有对这两点加以注意。它们经常在第一次预支未清偿之前,就开始了第二次或第三次预支;或者在第一次预支时,就对基金造成了过度的负担。如果这种情况持续下去的话,上述法律建立的基金就只能支付借款的利息或者说永久年金,而不可能清偿借款的本息和。正是由于这种无计划预支方式的弊端,政府才转而采取永久付息的方式借款,然而,永久付息的方式所造成的不利后果更严重。于是,国家收入的负担,由一定的期间延续到了无限期。不过,不可否认的是,在所有情况下,这种新方法借到的款项比旧的预支方法借到的要多。于是,一到国家费用紧张之时,政府就会采用新方法来借款。因为在国家处于急难之时,对于那些直接参与国事的人来说,他们只负责解国家当时之急,对于什么时候能够还清借款,他们认为那是后人的事情了。

后来,安妮女王时期的市场利息率从百分之六降到了百分之五。并且,安妮女王十二年的法令,规定私人抵押借款的最高合法利息率是百分之五。由上述情况可知,英国大部分的短期税变为了永久性税收,而且这些税款作为了总基金、南海基金和一般基金的构成部分。因此,国家的债权人和私人债权人一样,都必须接受百分之五的利息率。这样,当大部分短期公债变为长期公债时,政府在这种变换之间产生了百分之一的节省费用。也就是说,上述三种基金需要支付的年利息就可以减少六分之一了。于是,在支付了每年担保的借款利息之后,各基金就有一个巨大的余额。这个余额就是以后的减债基金的基础。1717年,这个巨大余额,共计三十二万三千四百三十四镑七先令七个半便士。到1727年,大部分公债的利息率降到了百分之四;1753年,降到了百分之三点五;1757年,又降到了百分之三。于是,上述减债基金的数额也就越来越大了。

虽然说减债基金是为了清偿旧债而设立的,但是它也便利了新债的募集。实际上,它可以被当成是一种补助金,当国家有急需时,它可以用来弥补其他基金的不足。在过去,英国就经常用减债基金来清偿旧债、举借新债。

如前所述,借款有预支和永久付息这两种方法。其实,在这两者之间还有两种方法:一是有期年金借款;二是终生年金借款。

威廉国王和安妮女王时期,政府一般都采用有期年金的方式借款,期限或长或短。例如,1693年,议会的一个法案规定,以百分之十四的年金借款一百万镑,用十六年来偿还,每年还十四万镑的年金(利息)。1691年,议会曾经有一个法案规定,以终生年金方式借款一百万镑,现在来看其实是非常有利于债权人的,不过当时并没有完全借足款项。第二年,议会便采取了措施将余额全部借足了。例如,规定了百分之十四的终生年金七年收回本金的借款条件。1695年,法令又规定允许所有购买此项年金的人,向财政部以百分之六十三的价格换取十九六年为期的年金。也就是说,六十三镑就购买了百分之十四的终生年金与百分之十四的九十六年年金之间的差额。虽然购买条件很优惠,但由于当时政府地位不稳定,因此没有多少人愿意去购买。安妮女王在位期间,政府曾经多次借款,分别采用了终生年金、三十二年期、八十九年期、九十八年期以及九十九年期的有期年金的方式。1719年,持有三十二年期的年金所有者享受到了两项优惠政策:一是可以将其年金折换为十一年半年金的南海公司股份;二是政府拖欠的未付金额可以折价为等价的南海公司股份。1720年,其他期间长短不一的有期年金,基本上被聚合到一起,构成了一个基金。在当时,政府每年应付的长期年金共计六十六万六千八百二十一镑八先令三个半便士。到1777年1月5日为止,政府未募集的余额只有十三万六千四百五十三镑十二先令八便士。

在1739年和1755年发生的那两次战争时期,政府很少采用有期年金或终生年金借款。而九十八年期或九十九年期年金的货币价值和永久年金基本上一样,因此也能像永久年金一样借入相同数额的款项。我们知道,那些为家庭理财且深谋远虑的人是购买公债的主要人群,但是,他们在购买公债时,绝对不愿意购买那些不断减值的公债。因此,虽然长期年金和永久性年金的内在价值差不多,但由于前者容易减值,因此没有多少人愿意购买。新债的原始债权人总是想要早点出售自己认购的公债。由于永久年金由议会来偿还,其价值一直保持不变,因而相对于长期年金,它更便于转让。因此,在认购价格相等的情况下,人们大都愿意购买永久年金,而非长期年金。在上述的两次战争期间,新债的原始债权人不仅可以获得有期年金或终生年金的利息,还可以获得一

种额外的奖金。

对于如何授予终生年金,政府曾经采用了以下两种方法:一是对个别人终生授予年金的方法;一是对一群人终生授予年金的方法。在法国,由于第二种方法是顿廷发明的,因此其被称为顿廷法。在第一种方法的情况下,如果受领年金的个人死亡,那么国家收入也就减轻了这一部分的负担。而如果按照顿廷法,只有等到所有受领年金者都死了之后,国家收入这部分负担才得以解除。那一群人,有时是二十个甚至三十个,其中后死者继承先死者的年金,最后生存者继承所有人的年金。在用同一收入作为抵押借款的情况下,由于顿廷法中生者可以继承所有的年金,在金额相等时,它比单个人能够获得的年金有更大的价值,因此采用顿廷法比采用第一种方法能够借到更多的钱。正因为每个人都很相信自己的运气,所以彩票生意应运而生。也正是这种自信的心理,顿廷年金的出售价格一般比其实际价值要高。我们知道,政府一般会选择能够借到最多钱的方法,而不是选择能够最快解除国家收入负担的方法。因此,当一国政府采用年金的方式借款时,它一般采用的都是顿廷法。

在法国,终生年金构成的公债比英国要多得多。根据1764年波尔多议院向国王提出的备忘录记载,法国的全部公债共计二十四亿利弗,其中以终生年金借入的大约有三亿利弗,占了公债总额的八分之一。据估计,这项年金每年共三千万利弗,几乎是全部公债利息(一亿二千万利弗)的四分之一。虽然这种计算可能不太正确,但一个国家重要机关估计的数值应该和真实情况相差不远。英、法两国借债方法上的差异,不是因为两国政府对于解除国家负担的意愿程度不同,而是因为出借人的利益不同。

大家都知道,英国政府所在地是世界上最大的商业都市。在那里,基本上都是商人向政府提供贷款,而商人提供贷款的最终目的是为了增加自己的商业资本。因此,如果出售新债的债券不能获得一定利润的话,他就不会贷款给政府了。然而,当他贷款所获得的是终生年金而不是永久年金时,无论终生年金是他自己还是他人的,这种年金在转售时,都很难获得较高的利润。与购买自己的终生年金相比,购买和自己年龄、健康状态差不多的他人终生年金时,无论是谁都不愿意出相同的价格。因此,当人们出卖自己的终生年金时,多少会有一点损失。对于买卖双方来说,第三人的终生年金,无论对买者还是卖者,价值都是一样的。但由于这种第三人年金的真实价值在获得年金之时就已经开始减少了,并在其存续期内一直在减少。因此,终生年金很难像永久性年金那样便于转让。

相对来说,法国政府所在地不是大的商业都市。在那里,并不都是商人向政府提供贷款。当政府经费紧张时,一般是向那些和财政有关系的人借款,诸如赋税包征者、赋税征收人员、宫廷银行家等。虽然这些人身份低微,但他们因为有钱,所以也很高傲。他们宁愿过单身生活,也不屑和同等身份甚至身份更高的妇人结婚。他们自己没有家庭,平日也不愿意和亲戚来往。对他们来说,只求自己安度一生、财产够用就行了。并且,在法国,那些不爱结婚或其生活状况不宜结婚的富人比英国多。对于这些不用为后人着想的单身汉,用财产换取一种长期收入是最好不过了。

近代各国政府的平时必要费用,基本上是和经常收入一致的。一旦发生战争,国家根本不可能立即按照费用增加的比例来增加收入。首先是它们不愿意,因为突然增加巨额的赋税,会伤害人民的感情使他们厌恶战争;其次是它们不能,因为战争需要的费用不确定,对于赋税增加的幅度也不确定。而举借债款就可以容易地解决这两种困难了。因为政府借债之后,只需要增加少量赋税,就可以满足战争费用的需要。尤其是当采用永久付息的方式借债时,政府甚至不需要增加人民的赋税就可以获得很多款项。一般来说,在大帝国首都居住的人和远离战场的人,都不会感到战争带来的不便,相反,他们将从报纸上阅读本国海陆军的功勋视为一种"享受"。对他们来说,这种娱乐还能多少弥补一下他们为战时缴纳赋税所带来的损失呢。他们甚至对恢复和平感到不满意,因为那样,他们的"享受"也就没有了,而且战争可能带来的征服和光荣也没有了。

和平恢复了之后,战争中增加的大部分赋税成为了战争借债的利息担保,因此它们并没有随着战争的结束而减轻。旧税和新税在支付完债务利息和政府必要费用之后还有剩余,剩余的部分就会转入减债基金。然而,这里需要注意的是:一、该基金一般都被挪作他用了;二、该减债基金即使没有挪作他用,一般在和平期间,也不足以清偿所有的战争借债。征收新税的唯一目的,就是为了偿付借款时担保的利息。即使有剩余,剩余也不多。所以说,减债基金的产生常常是因为应付利息的减少,而不是因为新税收入超过了应付利息的数额。例如,1655年荷兰的减债基金、1685年教皇领地的减债基金,都是由利息减少形成的。因此这种基金是不足以来偿还债务的。

在国家太平时期,政府为支付各种特别的必要费用,总是觉得挪用减债基金比开征新税要更加方便。因为,无论新征哪种税,人民都会反对。征税的种类越多,税额越重,人们对新税的反对就越厉害,下一次再征新税时就更困难了。当人民已负担了过度的赋税时,除非因为战争而被迫解救国难,人民是再也无法忍受新的赋税的。然而,暂时停止偿还债务,人民并不会立即感到痛苦而引起反对。于是,挪用减债基金常成为摆脱目前困难的首选方法。然而,公债越多,滥用减债基金也就越危险,研究减少公债也就越必要;另一方面,公债减少的可能性越小,挪用减债基金来支付各种特别必要费用的可能性也就越大,因此减债基金常常遭到滥用。

英国从开始采用永久付息的方法以来,平时公债的减少和战时公债的增加一直都不相适应。目前的大部分巨额公债,还都是由1688年开始的那场战争(于1697年《里斯韦克条约》结束)所引起的。

到1697年12月31日,英国的各长、短期公债,共计二千一百五十一万五千七百四十二镑十三先令八个半便士。其中,一大部分以短期预支的方式借入,另一部分以终生年金的方式借入。因此,在1701年12月31日以前,政府就已经偿还了一部分公债,并将一部分缴入了国库,归入国库的数额共计五百一十二万一千零四十一镑十二先令四分之三便士。在这么短的时间,偿还这么多的公债,是非常罕见的。当时剩余的公债,就只有一千六百三十九万四千七百零一镑一先令七又四分之一便士了。

然而,于1702年开始由乌特勒克特条约结束的那场战争,又使公债增加起来。到1714年12月31日,公债数额共计五千三百六十八万一千零七十六镑五先令六又十二分之一便士。后来,募集南海公司的基金,又增加了公债的数额。于是,在1722年12月31日,公债数额达到了五千五百二十八万二千九百七十八镑一先令三又六分之五便士。虽然1723年起开始还债,但偿还的速度非常慢,直到1739年12月31日,偿还的公债一共只有八百三十二万八千三百五十四镑十七先令十一又十二分之三便士。还剩余的公债数额,共计四千六百九十五万四千六百二十三镑三先令四又十二分之七便士。1739年开始的西班牙战争和接下来的法兰西战争,又增加了公债数额。1748年12月31日,《埃·拉·查帕尔条约》结束战争之后,英国的公债数额已高达七千八百二十九万三千三百一十三镑一先令十又四分之一便士。这两场战争所增加的公债额,达到三千一百三十三万八千六百八十九镑十八先令六又六分之一便士。然而上述十七年间所偿还的公债数额,仅八百三十二万八千三百五十四镑十七先令十一又十二分之三便士。

佩兰主持政务时期，英国公债利息由百分之四降低到百分之三，增加的减债基金偿还了部分公债。1755年（最近一次战争开始之前），英国的长期公债共计七千二百二十八万九千六百七十三镑。而1763年1月5日战争结束时，英国的长期公债达到了一亿二千二百六十万三千三百三十六镑八先令二又四分之一便士，其中无担保的公债为一千三百九十二万七千五百八十九镑二先令二便士。然而，战争引起的费用并没有因为战争的结束而停止。1764年1月5日，英国的长期公债已经增加到一亿二千九百五十八万六千七百八十九镑十先令一又四分之三便士，其中一部分为新公债，一部分是无担保公债转化的长期公债。一位见识广博的作者在其著作《英国商业和财政考察》中提到，该年度和第二年度，无担保公债还剩有九百九十七万五千零一十七镑十二先令二又四十四分之十五便士。也就是说，在1764年，英国所有的公债达到了一亿三千九百五十一万六千八百零七镑二先令四便士。另外，1757年，采用终生年金举借新公债，国家对原始债权人的奖金数额，按照十四年年金估计，大概是四十七万二千五百镑；1761年和1762年，采用长期年金举借新公债，国家对原始债权人的奖金数额，按照二十七年半年金估计，大概是六十二万六千八百七十五镑。虽然佩兰对国事非常慎重，但是国家在经过七年和平时期之后，不但没有偿还六百万镑的旧债，反而在战争中举借了七千五百万镑以上的新债。

1775年1月5日，英国的长期公债一共是一亿二千四百九十九万六千零八十六镑一先令六又四分之一便士。除去一大笔皇室费用的债务后，无担保的公债是四百一十五万零二百三十六镑三先令十一又八分之七便士。上述两者一共是一亿二千九百一十四万六千三百二十二镑五先令六便士。按照这样计算，国家在十七年的和平年间所偿还的债务，一共只有一千零四十一万五千四百七十四镑十六先令九又八分之七便士。但是，国家并不是靠平时收入的节省来偿还这少数公债的，而更多的是靠外来的款项来偿还的。这些外来款项包括：三年来对土地税每镑增加一先令的税款；东印度公司为占领新的地区而向国家缴纳的二百万镑赔偿金；英格兰银行为更换特许状而缴纳的十一万镑；最近的战争所获得的款项等。其中，最近的战争所获得的款项就相当于负担战争的费用，它包括以下几项：

	L	S	D
法国战利品收入	690,449	18	9
法国俘虏赔偿金	670,000	0	0
以割让各岛为代价而得到的报酬	95,500	0	0

上述银行、东印度公司以及土地税增加所提供的数额，加上战争所获的数额（包括查特姆伯爵和克尔克拉弗特推算的余额），以及其他军费的剩余，必然会使外来款项的总额极大地超过五百万镑。所以在战争结束后，如果用国家经常收入的节余来偿还公债的话，那么每年平均下来还不到五十万镑。不过，在和平时期，减债基金因为下列因素而增加了。一是由于一部分公债的偿还和一部分终生年金的期满；二是利息率由百分之四降到百分之三。如果和平一直持续的话，那么减债基金有可能每年都拿出一百万镑来偿还公债，例如去年就偿还了一百万镑。然而现实是，皇室费用的债务还未付清，我们又开始卷入新的战争。这次新战争中所举借的新债数额，可能与国家平时收入的节余所能偿还的全部旧债数额一样多。因此，也就不可能幻想由国家经常收入的节余来偿还所有的公债了。

有作者说，欧洲各债务国尤其是英国，其公债可以说是一种大资本。这个资本可以进一步扩展商业和制造业、改良和开垦土地，从而取得比其他资本更好的效果。但是，这个作者忽视了下列一些情况，那就是原始债权人在贷款给政府之时，资本的性质就已经变为了收入，也就不再是用来维持生产性劳动，而是维持非生产性劳动了。并且，一般来说，政府在借款当年就把它消费完了，因此不可能再期待它能有什么生产作用。当然，对于债权人来说，他们收到了和借出资本等值的公债年金，这年金不但可以偿还他们的资本，使他们进行更大规模的商业和贸易，而且还能使他们卖出年金，或以年金作担保来借款。不过，他们新借入的资本，以前属于国家用来维持生产性劳动的；当这些新资本转到国家公债债权人手里时，对该国家来说它并不是新资本，只是用途的转化而已。因此，对债权人来说，借给政府的资本是有所偿的，而对国家来说，国家用以维持生产性劳动的资本从以前的两种变成一种了。

如果政府采取用年度赋税（未作借款担保的）来支付必要费用的方式，那么人民的一部分收入就会从维持一种非生产性劳动,变为维持另一种非生产性劳动。人民支付的税款,虽然大部分被消费在维持非生产性劳动上,但还是有一部分本来是可以由他们储蓄起来作为资本维持生产性劳动的。国家通过这种方式支付必要费用,虽然不会对现存的资本用途造成损害,却或多或少会阻碍新资本的进一步积蓄。如果国家采取借债的方式来支付必要费用,那么国家的一部分现有资本用途将会遭受损失,也就是说,以前用以维持生产性劳动的部分资本,将会转化用来维持非生产性劳动了。然而,这种情况下,国家征收的赋税比前一种情况下要轻,人民的负担也较轻,不过人民积蓄资本的能力却得到了提高。和前一种情况相比,借债在相当程度上对现存资本的用途不利,却不怎么妨碍新资本的积蓄。虽然社会一般资本由于政府的随意开支而遭受了损失,但是从人民的节约和勤劳中又得到了补偿。

需要指出的是,借债的优势只有在战争持续的时间内才能显示。例如,战争费用如果能从当年征收的赋税中支付,那么这种为战争而征收的赋税就不用继续到下一年。这种情况下,人们积蓄资本的能力在战时虽小,但在平时却很大。战争不一定会破坏旧资本的用途,但和平时期人们积蓄新资本的能力一定会提高。在战争持续时,由于战争带来了沉重的负担,人们都很厌烦战争。因此,政府为了要顺应民意,不会将战争维持太久。所以,一般来说,战争总是会很快结束。如前所述,战争给人们带来了繁重的负担,如果没有真实而确定的利益的话,人们是绝对不会主张战争的。所以,战争对人民积蓄能力的损害是比较少见的,即使有这种损害,持续的时间也不会太久。而平时(不需要借债时),人们积蓄能力很旺盛的时期却很长。

债务的增加,会伴随着赋税的增加。于是,平时的赋税制度对人们积蓄能力的损害,和战时差不多。目前,英国每年的平时收入为一千万镑以上。如果各种赋税既未被用来担保借款,又管理得当的话,即使发生最惨烈的战争,国家也不需要举借任何新债就可以支付战争的费用。然而,现在英国已经采取了不当的借债举措,因此平时人们收入所承受的负担和积蓄能力所遭受的损害,与战时不相上下了。

有一种说法认为,偿还公债利息,就好像将右手上的东西交给左手;所有的货币都没有流出国家,只是国内某一阶级的一部分收入转移到了另一阶级而已。国家并不会因此而更穷。这种说法完全是站在重商主义的角度上所说的。持这种说法的人还认为,全部公债都是来自本国人。这种说法也是不正确的，因为英国公债有很大一部分都是荷兰人和其他外国人的投资。就算全部公债都是来自本国，公债的弊端也不会因此消失。

无论是私人还是国家，土地和资本都是所有收入的两个来源。无论资本是用于农业、制造业还是商业上，都是用来负担生产性劳动工资的。这两种收入属于两个不同的人群支配：一是土地所有者；一是资本所有者或使用者。

土地所有者出于自身利益的考虑，会经常从事其他各种改良，例如修理或建筑佃户的房屋、建造和维持田庄的必要沟渠和围墙，从而保证土地的良好状态。然而，当土地税繁重、其他生活必需品税也很繁重时，不仅地主的收入会减少，而且其收入的真实价值也会减少。于是，地主将没有能力进行上述那些维持和改良，租地人也没有能力好好地耕作土地。最后，由于地主越来越困难，国家的农业也就趋于荒废了。

同样，当本国的生活必需品税繁重，资本所有者和使用者使用相同的资本，无法像在其他国家那样购到那么多的必需品和便利品时，他们就会将资本转移到其他国家。另外，如果大部分或全部的资本使用者由于赋税的征收而不断受到税务人员的烦扰，那么他们同样会打算移居他国。试想，一旦资本移走，那些依靠该资本支持的产业就将没落，国家的商业和制造业也将趋于荒废。

如果将土地和资本所产生的大部分收入由其所有者手中移转到国家的债权人手中，那么不久也会产生土地荒芜、资本外流的结果。虽然说国家债权人对于农业、制造业和商业的繁荣是有一定利害关系的，其中任何一个失败或衰退都会使各种税收的收入不足以支付他应得的年金或利息，但是仅仅就国家债权人这个身份来说，特定土地的良好状态、特定资本的良好经营，又是跟他是没有任何直接利益的。作为国家债权人，他既不明白也不会关注某一特定土地或资本。即使土地或产业荒废了，他也不知道或不关心，因为这不会对他造成什么直接影响。

曾经采用过举债制度的所有国家，现在都已逐渐衰弱了。意大利各共和国好像是最早采用这一方法的。例如，意大利各共和国中仅存的两个独立共和国——热那亚和威尼斯，都是因为举债而衰弱的。西班牙也采用了这种举债制度。也许是由于税制更为不明智吧，相对于意大利各共和国，它更加衰弱。十六世纪末以前，也就是在英格兰开始举借公债一百年以前，西班牙就已经负有沉重的债务。法国虽然自然资源丰富，但同样承受着债务的负担；荷兰共和国的情况则与热那亚和威尼斯差不多。所以说，英国又怎么可能在采取举债措施之后不受损害呢?

的确,上述国家的税制都比英国要差,但我们必须明白的是,即使是最贤明的政府,在对所有适当纳税的对象征收以后,遇到紧急需要时也会采取不适当的措施。例如荷兰,它的政府很贤明,然而有时也只能像西班牙那样征收一些不适当的税收。的确,英国现行税制使得各产业都自由地向上发展,因此,即使发生战争需要最大的耗费,平时每个人的积蓄,也足以弥补政府的不足而负担这种费用。例如,最近这次战争,其费用可谓是英国历来战争中最高的了。但这次战争结束后,全国农业、商业和制造业还是和以前一样繁荣;维持各产业部门的资本,也还是和从前一样多。和平恢复之后,农业有了更大的改进,人民的财富和收入不断增长,国内各都市、各村落的房租收入也不断增加。消费以及生产的增加,又引起大部分旧税,尤其是国产税和关税的收入逐年增加。在半世纪以前,人们认为谁也无法承受的重担,目前的英国好像可以毫不费力地负担起来。但我们并不因为这样而盲目自信,认为英国可以负担任何重担。因为当国家收入的负担未减轻之时,英国又发生新的战争,那么迫切的形势可能会使英国的税制,变得像西班牙那样繁重。

当公债增大到一定程度时,国家就不可能公道地完全偿还了。即使国家收入上的负担完全解除了,那也是因为倒账解除的,也就是我们常常说的假偿还。假偿还,是指通过提高货币的名义价值的手段来偿还债务。比如,按照依议会法令或国王布告,将六便士的银币或二十枚六便士银币的名义价值提高为一先令或一镑,那么以前借入二十先令或约四盎司银的人,现在只须偿还二十枚银币或略少于二盎斯的银就可以偿还债务了。若按此方法还债,英国约一亿二千八百万镑的国债,就只需现币六千四百万镑即可。实际上,在这种偿还制度下,无论是国家债权人还是私人债权人,他们的每一镑都损失了十先令。

在大多数情况下,国家的债权人,不但得不到利益,反而还会遭受一大笔损失。虽然说国家的债权人如果用同一方式向自己的债权人偿还借款的话,多少可以弥补一些损失;然而,在多数国家,向政府提供贷款的人,大都是富人,他们一般都不会处在债务人的地位上。因此,这种损失并不能得到减轻。所以说,这种偿还方法不但没有使国家获益,反而给私人财产造成了一种最普遍的损失。在大多数情况下,勤劳节俭的债权人将会吃亏,而懒惰浪费的债务人却可以致富。于是,那些能使资本增值的人手中反而没有了资本,而那些懒惰浪费的人手中却有很多的资本。其实,如果国家可以像私人那样在必要时宣布破产,那么无论是对债务人的名誉还是对债权人利益的损害都是最轻的。然而国家隐瞒倒账的事实,采取这种偿还方式,可谓是最愚昧的了。

无论古今,只要国家在有必要的时候,它都会采用这种隐瞒的倒账方法。在第一次罗马和迦太基战争结束时,罗马人将阿斯(当时计算其他铸币的标准)的价值,从含铜十二盎司,降低到含铜二盎司。用这种方法,共和国就只要偿还此前债务的六分之一就可以了。依我们的想象,这么巨大的倒账一定会导致极大的混乱,然而当时什么也没有发生。这是因为,和其他所有关于铸币的法律一样,该次贬值的法律也是由护民官提出、民会通过的。所以在当时,这项法律说不定还很得民心呢。和其他古代共和国一样,在罗马,穷人也是不断地向富人或有权势的人借债生活。富人或有权势的人为了在每年选举中获得选票,经常会以极高的利息向穷人提供贷款。由于这些债务慢慢累积成为了债务人不能偿付的巨债,于是,债务人只能被迫投票选举债权人推荐的候选人。虽然当时的法律严禁贿赂和收买,但在罗马共和国晚期,贫穷市民的生活资料主要就来源于候选人提供的报酬和元老院不时发放的谷物。为了摆脱债权人的控制,贫人不断要求债权人放弃对他们的债权,或要求制定新法案,即偿还一部分债务就算清偿。所以,将所有铸币价值降到其原值的六分之一的这种法律,正是一种最有利的新法案。在大多数情况下,富人或有权势的人为了满足人民的要求,只好同意取消债务和制定新法案。当然,他们之所以同意,除了上述原因之外,另一个主要原因是因为他们一般都是政府的主要领导者,也想借此来缓解国家的负担。用这种方法偿还债务,英国负担的一亿二千八百万镑的债务,就变为二千一百三十三万三千三百三十三镑六先令八便士了。在第二次罗马和迦太基战争期间,罗马人又对阿斯进行了两次贬值,一次是由含铜二盎司减到一盎司,一次是由一盎司减到零点五盎司,相当于其原值的二十四分之一。罗马的上述三次货币贬值如果是集中在一次进行的话,那么英国负担的一亿二千八百万的债务,一下子就变为五百三十三万三千三百三十三镑十六先令八便士了。就算英国负债再多,这种方法也能使债务马上得到清偿。

其实,所有国家都曾采取过上述方法,使铸币的价值或含银量降到比原值低很多的状态。为了实现相同的目的,国家有时会采用其他效果相同的方法。例如,在铸币中掺入大量的劣金,从而降低铸币的标准成色。按照现行的法定标准,每一镑银币只能掺入十八本尼威特劣金。如果掺入八盎司的话,一镑或二十先令银币的价值,就和现在的六先令八便士的价值一样。

第五篇 论国家的收入

这种降低货币标准成色的方法，与法国人直接提高货币名义价值的效果完全一样。不过，二者的不同是：直接提高货币名义价值的做法一般都是公开的，这种方法使较轻、较小的铸币和以前较重、较大的铸币价值一样；然而降低货币标准成色的做法大都是保密的，这种方法使造币局造出的铸币在重量、体积和外貌上和以前一样，但实际价值却不一样。例如，如果法国国王约翰想要采取降低铸币标准成色的方法偿还债务，那么造币局的所有官员都必须誓死保守秘密。虽然上述两种做法都是不正当的，但增大货币价值的做法是公然的不正当行为，而降低货币标准成色的做法却是隐蔽的不正当行为。因此，人们对后者的反感要比对前者的反感大得多。于是，直接提高货币名义价值之后，货币很少会在近期恢复以前的重量；然而降低货币标准成色过度之后，一般都会尽快地恢复以前的成色以平民愤。

在亨利八世末期和爱德华八世初期，英国同时采取了上述两种方法，即不但提高了货币的名义价值，而且还降低了货币的标准成色。在詹姆士六世初年，苏格兰也采取了同样的手段。当然，很多其他国家，也经常这么做。

英国国家收入在开支了必要费用之后的节余非常少，因此，除非国家收入极大地增加或国家支出极大地缩减，不然，基本上不可能依靠国家收入的节余来解除国家的负担。在前一章所提到的对关税和国产税制度改革，以及实施比现在更公平的土地税和房产税，也许可以在不增加多数人民负担的基础上，将这种负担平均分配给全体国民，从而极大地增加国家的收入。然而这种增加的收入，也不可能完全解除国家收入上的负担，或者说在下次战争发生时，国家还是要增加公债才能支付费用。

我们可以采取这样一个方式来增加收入，那就是将英国的税制推广到帝国所属的各地，不论那里居住的是英国人还是欧洲人。然而，这又是非常难以做到的。根据英国的宪法，各地方在议会中所占的议员席数，和地方纳税额要保持一定的比例。也就是说，如果将税制扩张到各属地，就意味着在议会中要按照同一比例增加他们的代表。这样大的变革，很可能违背一些实力强大的私人的利益和大部分人民的固有偏见。不过，不可否认的是，这种理论如果仅仅是用来考察英国的税制在多大程度上可以应用于各属地，以及可以获得多少收入，而不考虑不列颠与各属地是否统一，那么这种理论是恰当的。说得难听点，它也只是一种乌托邦而已，但也不致没有用处。

英国的税收一共有土地税、印花税、各种关税及各种国产税四个主要部门。

就缴纳土地税的能力来说,爱尔兰和不列颠差不多,美洲和西印度殖民地则更强。没有负担什一税或救贫税的地主,比负担了这两税的地主更有能力缴纳土地税。相对于每镑征收五先令的土地税,在什一税以实物缴纳的情况下,地主的地租受损更严重。在大多数情况下,什一税一般要么是土地真实地租的四分之一以上,要么是偿还农业资本及其合理利润后的剩余部分。在不列颠和爱尔兰,除去所有俗人保管的财产,教会的全部什一税总额将超过六七百万镑。也就是说,如果不列颠或爱尔兰没有什一税,那么地主就能够多提供六七百万镑的土地税,且他们的负担也会减轻不少。与此相对,美洲没有什一税,因此地主缴纳土地税的能力自然很高。然而,美洲和西印度的土地一般都不出租给农民,所以那里没有地租簿作为征税依据。不过,在威廉和玛丽四年,不列颠的土地税也不是根据地租簿来定的,而是根据一种非常不正确的估价来定的。所以,美洲按这种估价方法征税也是可行的。要不然就要按照米兰公国和奥地利、普鲁士和沙廷尼亚等国领地那样,正确丈量土地、评价后再征税。

在各属地推行印花税基本上是没有困难的。在诉讼程序和动产、不动产移转合同形式差不多的各地方,这种税可以进行相同的征收。

如果将关税法推广到爱尔兰和各殖民地,并同时扩大贸易自由的话,将对这两地产生最大的利益。因为这样的话,将会完全消除现在抑制爱尔兰贸易的各种束缚,以及取消美洲产物间列举与非列举的区别。并且,现在菲尼斯特尔海角以北的各地,将会和以南的各地一样,对一些美洲产物开放市场。关税统一之后,大英帝国各地之间的贸易将和现在的沿海贸易一样自由。帝国将对各属地的产物都提供了一个巨大的国内市场。当市场扩大时,爱尔兰和各殖民地因增加关税遭受的损失也能立即得到补偿。

在英国各税中,只有国产税需要加以修改才能适应各属地的特殊情况。爱尔兰和不列颠的生产和消费性质相同,因此该税无须经过修改即可适用。然而,美洲与西印度和不列颠的生产和消费性质极为不同。因此必须对此税进行修改才能应用到这些地方,就像以前对英格兰的苹果酒、啤酒征收国产税时,需要对该税进行修改一样。

美洲的啤酒是由蜜糖制成的,和英国的啤酒不太一样,它占据了当地人民普通饮料的大部分。和英国啤酒一样,美洲的啤酒的存放时间也不长,因此不能在大酿造厂制造储存以待出售。于是,每个家庭都自己酿造自己消费。并且,各私人的家庭,不用像麦酒店主和以贩卖为业的酿酒家那样,遭受收税人员的访问检查。即使政府为了公平,认为应当对啤酒征收赋税,它也只能对其制造原料和原料的制造厂所征税。如果商业情形不许对这种啤酒征收国产税,那么可以在原料进口到殖民地时征收一定的进口税。例如,对于进口到美洲的蜜糖,除了英国议会征收的每加仑一便士外,可以对用其他殖民地的船舶进口到马萨诸塞特湾的蜜糖,每霍格彻德征收八便士的州税;对由北部各殖民地进口到南卡罗林那的蜜糖,每加仑征收五便士的州税。如果觉得这种方法不方便的话,还可以采取以下三种办法来解决。一是可以像英格兰那样,不征收麦芽税,各家庭按人数的多少缴纳一定的金额;二是像荷兰那样,各家庭按照成员的年龄和性别的区别,每年缴纳一些金额;三是像德柯尔提议的那样,按照英格兰所有消费品税的征收方法来征收(虽然这种方法对及时消费的东西不太适用,但在没有其他更好的方法的情况下,还是可以采用的)。

无论在哪里,砂糖、甜酒和烟草都不属于生活必需品,但都是普遍消费的对象,因此对它们征税是很适当的。如果英国和各殖民地实现了统一,那么对这些商品的征税可以采取以下措施。一是在其离开制造者或种植者之前,对其征税;二是如果这些商品存储在制造地的公共货栈,或者可能运往的帝国港口的公营货栈中,由其所有者和税务机关共同管理,那么在其交给消费者、国内零售商或出口商之前,可以不对其进行征税。而当其出口时,如果出口商保证一定是出口,则对其可以免税。实际上,假若英国和各殖民地实现了统一,那么英国税制所必须进行的一些修改,就主要是对这几种商品的征税了。

将这种税制扩展到帝国的各属地,到底能获得多少收入,是一个不可能得到确切答案的问题。爱尔兰有二百万以上的人口;根据某次美洲议会的报告,美洲十二个同盟州有三百万以上的人口(可能有一些夸张,我们可以假设北美洲和西印度各殖民地人口共不超过三百万)。我们知道,英国有八百万以下的人口,但根据英国的税制,英国每年可征收一千万镑的收入。如果按照这种比例,对于总共一千三百万的居民,就可以征收一千六百二十五万镑以上的收入了。当然,在这个假设的收入中,必须扣除爱尔兰和各殖民地日常政府经费的开支。按照1775年3月以前的两个财务年度统计的平均值,爱尔兰的行政费、军费以及公债利息,每年一共不超过七十五万镑。按照比较正确的计算,在现在的混乱开始之前,美洲和西印度主要殖民地的收入,共计十四万一千八百镑;其中没有包括马里兰、北卡罗林那和英国最近在大陆和岛屿上获得的领地的收入(可能有三四万镑)。为方便计算,我们暂且假设爱尔兰和各殖民地的必

要行政费开支为一百万镑。用一千六百二十五万镑减去一百万镑,还剩余一千五百二十五万镑,基本上可以维持帝国的一般开支以及偿还公债利息了。

按照这种计算,现在英国的平时收入如果节约一百万镑,收入就可以节省下六百二十五万镑,用来偿还公债。又由于以前各年度偿还的公债不需要支付利息,因此一大笔减债基金不断地增加。减债基金的快速增加,在几年之后就足以偿还全部公债了,从而可以完全解除帝国的负担,恢复其活力。同时,人民也可以摆脱沉重的生活必需品税或制造原料税等各种赋税。穷苦的劳动人民也能过上较好的生活:由于他们的劳动价格降低了,生产出来的货物价格也降低了,于是货物的需要和生产货物的劳动需要增加了,劳动人民的人数也增加了。最后,他们的生活水平也逐渐提高了,消费水平也会不断提高,最终增加了消费品税的数额。

不过,按照英国的税制征收的收入,并不按照人口数增加的比例而增加。这是因为,各殖民地中有一些属地还从未承受过英国赋税的负担,在一定时期内,对这样的属地就应当放宽数额。另外,即使各地都严格按照税制征收,这些收入有时也不是按照人口数的比例增加的。这里有两方面的原因。一方面的原因是,贫穷地方的人民对需要支付关税和国产税的主要商品消费得较少。例如,苏格兰的底层人民,很少有饮用麦芽饮料的。虽然麦芽品质不同,麦芽税税率在英格兰和苏格兰有所不同,但两国漏税的程度应当说是差不多的。因此,在苏格兰,按人口数和税率比例来计算,麦芽、啤酒和淡色啤酒的国产税收入就会少于英格兰。另一方面的原因是,在居民稀少的地方,走私的机会很多。按人口比例计算,苏格兰对酿造所的征税和大部分关税要比英格兰少,不仅是因为被税商品消费的少,也是因为走私的多。和苏格兰相比,爱尔兰的底层人民更加贫穷。并且,爱尔兰大部分地方和苏格兰一样人口稀少。因此,按人口比例计算,爱尔兰走私活动和苏格兰一样容易,但其被税商品的消费比苏格兰更少,因此爱尔兰的关税比苏格兰的关税收入更少。与英格兰的底层白人的生活条件相比,美洲和西印度的底层白人生活得更好一些。对于奢侈品的消费,他们比英格兰人消费得多一些。虽然南美各殖民地和西印度群岛的大部分居民都是黑人(他们现在还是奴隶),他们的生活状况的确比苏格兰或英格兰穷人的处境还要差;但他们并没有比英格兰的底层人民吃得更差或者对轻税物品消费得更少。他们的主人为了使他们更好地工作,将他们照顾得很好。无论在哪里,黑人与白人都同样享受着甜酒、蜜糖和针枞酒。即使这些商品都是轻税商品,但也不会因此被取消消费。因此,按人口比例计算,美洲和西印度对被税商品的消费,并不会低于英帝国任何一个地方。虽然按国土面积的大小比例,和苏格兰或爱尔兰相比,美洲的人烟更为稀少,人们走私的机会更大,但是,现在如果采取下列两种措施的话还是可以减少国产税的逃税和走私的。一是用单一的麦芽税来代替麦芽和麦芽饮料税;二是只针对用途最广、消费最多的少数物品征收关税,并且按照国产税的方式来征收。经过这两种简单的改革,哪怕是在人烟最稀少的地方,按消费的比例计算,关税和国产税的收入也可以和现在人口最稠密的地方一样多。

曾经有人说过,美洲人的所有内地贸易都是用纸币来进行的,他们没有保留金币或银币。即使偶尔有金银流到那里,我们的商品又将其交换到英国来了。我们知道,没有金银就无法交纳税收。但是想一想,既然我们已经取得了他们的所有金银,又如何再进一步地剥削他们呢?值得注意的是,美洲并不是因为贫困得没有购买力而缺少金银,而是他们自愿选择的结果。和英格兰比较,那里的劳动工资那么高,食品价格又那么低,如果他们大多数人想要购买金银的话,他们绝对有能力购买。

金银币之所以非常必要,主要是它能够满足国内外进行交易的需要。在本书第二篇我曾说过,各国国内交易,无论是用纸币还是金银币,便利程度都是差不多的。至少在和平时期是这样。美洲人将很多的资本投入到土地的改良上,同样可以得到利润;因此,将剩余生产物中节省下来的部分,去购买生产工具、衣料、家具和必要的铁制农具等,而不是购买昂贵的金银,对他们来说更有利。也就是说,购买活的资本而不是死的资本,对他们来说能够带来更多的利益。而对殖民地政府来说,向人民提供足够的纸币量用于国内交易,是对政府更有利的。于是,很多殖民地政府,尤其是宾夕法尼亚政府,经常以低利息(几厘利息)向人们提供贷款的方式从中获得一定利益。马萨诸塞政府采取的方式是:当政府费用紧张时,就开始发行纸币,之后再按纸币逐渐下跌的市价予以收回。1747年,该殖民地按照这种方法,用相当于其发行纸币的十分之一的款项,偿还了大部分的公债。虽然这种媒介物会带来一些不利,但它节省了国内交易使用金银的费用,从而给人民和政府带来便利。当然,纸币过多会将国内市场中的金银排挤出去,就会像苏格兰那时那样,市场上的纸币过多,将大部分国内贸易市场中的金银都排挤出去了。在宾夕法尼亚和马萨诸塞这两个地方,纸币过多并不是因为人民贫困,而是他们的商业计划,他们就是希望将所

有的资本用在活的生产性资本上。

各殖民地在与英国进行对外贸易时,需要使用金银的数量完全取决于需要的大小。例如,英国和产烟殖民地进行贸易时,都是先将英国货物赊给殖民地人民,等一段期间过后,就用殖民地一定价值的烟草来偿还。对殖民地人民来说,相对于金银来说,用烟草支付更为便利。就像商人向与其往来的店家购买货物时,是以他自己经营的货物交换,而不是金银来支付的,因为这样对他更便利一些。这样,商人就不用为临时需要而在他的营业资本中拨出一定的现金。于是,他可以在自己的店铺中存储更多的货物,从事更大的经营。但是,商人对所有与之往来的店家都以他正在经营的货物偿付货款的情况,还是非常少见。但是,那些与弗吉尼亚、马里兰进行贸易的英国商人,都觉得以烟草来收回货款的确比金银要便利一些。因为相对于金银来说,他们可以从烟草买卖中获得利润。于是,英国在这些产烟殖民地进行贸易时,对金银的需要是极小的。无论是国内贸易还是国外贸易,马里兰和弗吉尼亚似乎都没有使用金银的必要。因此它们所拥有的金银比其他任何殖民地都要少。但就繁荣程度来说,它们却并不比任何邻近的殖民地差。

在宾夕法尼亚、纽约、新泽西、新英格兰等北部各殖民地,运往英格兰的殖民地产物的价值,要小于英格兰运来的欧洲制造品的价值。因此,只能以金银来补足这其中的差额,并且他们总能找到金银。与上述国家相反,产砂糖各殖民地每年运往英格兰的生产物价值,要远大于英格兰运来的所有货物的价值。因此,英国每年都不得不支出一大笔货币来交换砂糖和甜酒。所以,对英国来说,这种贸易其实是极为不利的。然而事实是:许多产糖的大农场的主要所有者都在英国居住。他们每年都以自己农场里的产物——砂糖、甜酒来支付地租。西印度商人在这些殖民地购买砂糖和甜酒的价值,其实要小于他们每年在那里出售的货物价值。因此,殖民地人民也只能以金银来补足这其中的差额,并且他们也总是能找到金银。

在殖民地贸易中,各殖民地经常拖延偿付货款,但其拖延偿付货款的程度,和所欠数额的大小并不是成比例的。在与英国的贸易中,北部各殖民地处在贸易逆差,经常需要向英国支付大量款项,而产烟各殖民地经常对英国拖欠货款,有时甚至分文不给。所以一般来说,前者能按期偿付货款,而后者却不能。另外,英国向产糖殖民地收取货款的困难程度,和应收数额的大小也是不成比例的,但是和荒地面积的大小成比例。因为,殖民地荒地面积越大,就越能诱惑殖民地人民将资本投入垦殖开荒的营业中（即使这样超过了自己的资力范围），从而他们就越不能还清欠债。荒地面积越小，结果则相反。正是因为这样，相对于那些土地已经耕种了多年的地方，例如巴道斯、安提瓜和圣克利斯托福岛等地方，像牙买加这种还有很多荒地的地方，偿付货款就变得非常不确定。例如，最近新获得的哥伦比达、托巴戈、圣文逊特和多米尼加，与牙买加一样，货款的偿付也很不规则和不确定。

前面已经讲到，大部分殖民地并不是因为贫困而缺少金银，而是因为它们更需要活的生产性资本，因此尽量节省死的资本，从而采用那不怎么适宜但廉价的交易媒介。这样一来，他们就可以将节省下来的那部分资本，投入到生产工具、衣料、家具和必要的铁制农具上。而在那些必需金银的交易部门，他们通常总是能找到必要的金银来使用。就算找不到，那也不是因为他们贫困，而是因为他们经营了太大的企业。就像他们拖延偿付，不是因为贫困付不起，而是因为他们想要更富裕。

在支付当地行政费和军事设备费之后，殖民地税收的剩余部分都要用金银送去英国，这时他们必须能够购买到这些必要的金银。于是，他们就将购买活的生产性资本的一部分剩余物转而去购买死的金银。为了进行国内交易，殖民地人民只好使用这些价格高的交易媒介。而购买这些交易媒介的费用，又可能会阻碍他们对土地的改良。不过，美洲殖民地的任何税收都只要用汇票寄到英国，而不需要以金银送去。汇票是指由代售美洲产物的特定英国商人或公司开出，并在其借到汇票之后予以承兑的一种商业证券。这些商人或公司在收到货物后，就会按票面金额将货币缴入国库。因此，美洲连一盎司金银都不需要。

可以说，爱尔兰和美洲都应当帮英国偿还公债，因为英国一开始就是为了支持革命后建立的政府才举借公债的。正是依靠这个政府，爱尔兰的新教徒才能在本国享有现在的所有权力、自由、财产乃至宗教。也正是依靠这个政府，美洲一些殖民地才有了现在的特许状和宪法；美洲所有殖民地人民享有的自由、安全和财产才得到保障。所以说，举借公债的原因，不仅是为了保护英国，也是为了保护所有英属殖民地。尤其是（无论是现在还是以前的）战争中举借的那些巨额公债，目的都是为了保护美洲。

如果爱尔兰并入英国，那么它除了享受自由贸易的利益外，还能享受其他很多重要的利益，这些利益比他们因归并而增加的赋税负担要大得多。例如，苏格兰并入英国之后，中、下级人民从贵族的剥削中获得了解放。而爱尔兰的

贵族剥削更加严重,因此其并入英国之后,大部分人民遭受的贵族剥削也将获得更大的解放。不过,与苏格兰不同的是,爱尔兰贵族的形成,不是因为门第财产的区别,而是因为宗教和政治偏见的不同。因为这种不同,剥削阶级更加高傲,而被剥削阶级更加充满了愤恨。于是,同一国居民间的相互敌意,比异国人民间的相互敌意还要大。想一想,数十年甚至上百年之后,它们的居民可能会将自己和同国居民看成是不同国家的人民对待呢。然而,爱尔兰并入英国之后,这种不良的状况将会有很大的改善。

美洲各殖民地的情况不同于爱尔兰,那里从来不存在剥削的贵族。即使是这样,它们并入英国之后,人民的幸福和安定还是会得到一定的提高。那些在小的民主政体下经常发生的互相仇视以及惨烈的党派竞争,常常会割裂人民之间的感情、破坏政府的秩序。在它们并入英国之后,这些不利的影响将会大大减轻。而如果美洲完全脱离英国,那么他们的党派竞争将比以前惨烈十倍。在现在的混乱发生之前,母国的强大能够将党派竞争控制在一定的范围内。我们都知道,在所有的大国,一般只有首都才充满了隶属一个统一政府的党派精神,那些僻远地方的党派精神则比较淡薄。这是因为,当人们与首都相距很远时,党派斗争和夺权野心就十分薄弱;人民能够以超凡的态度接受各敌对党派的见解;以旁观的态度对待各党派的行动。就目前来说,苏格兰的党派斗争相对于英格兰比较缓和;而如果爱尔兰并入英国的话,那么爱尔兰的党派斗争将比现在的苏格兰还要缓和;而如果美洲各殖民地并入英国的话,那么那里将可能会一直持续和谐的景象。当然,归并之后,爱尔兰和美洲各殖民地的赋税负担可能会更重,但是当大家都勤勉地偿还公债时,不久之后,英国的国家收入就足以维持平时设施的费用,最后也就不需要征收目前的大部分赋税,人们的负担也就不会像目前这么重了。

另外,东印度公司管理的领土,也是属于国王的,也就是属于英国国家和人民的。那些领土可以成为一个收入的来源,并且可能带来更多的收入。据说,那些土地比英国的土地更富饶广大,人口也更稠密。那里的赋税收入已经十分充足;即使不开征新税,也能够从那里获得一大笔收入。从这里可以看出,获得收入的最佳办法,不是开征新税,而是防止赋税的滥用和私吞;不是增加人民的负担,而是减轻人民的负担。

当英国不能从上述各种收入来源中增加更多的收入,那么它可以采用的办法就只有减少费用了。因为无论是在征税方法还是国家收入的开支方法上,英国都还有进一步改良的余地。而与其他任何实力相当的欧洲国家相比,英国平时的国防设备已经非常适当,因此不可能在这个项目上节省费用。在现在的混乱发生之前,英国用于美洲各殖民地的平时建设费非常巨大。试想,如果不能从殖民地获得任何收入的话,英国就应当完全节省这项费用。其实,相对于英国防御殖民地所花费的费用,这些平时建设费恐怕是微不足道的。如前所述,英国为了保障殖民地,在最近发生的战争上的费用就达九千万镑以上。例如,1739年的西班牙战争和由此引起的法兰西战争,费用都在四千万镑以上,而这大部分费用理应是由各殖民地来负担的。英国为各殖民地在这两次战争上的花费,比战争之前其所负公债总额的两倍还要大。如果不是为了殖民地,这些战争可能都不会发生。如果没有这些战争,说不定当时的公债就已经全部清偿了。英国之所以支出这么大的费用,就是因为它将这些殖民地当成是自己的省份。但实际上,这些既没有提供财力又没有提供武力来维持帝国的地方,是不应当被视为国内省份的。它们也许只是帝国的一种华丽装饰而已。当帝国支付不起这些装饰的费用时,就应当放弃它们。当国家不能按照支出的比例增加收入时,国家就应当节省开支。试想,如果每个殖民地都拒绝纳税,但还是被视为帝国的省份,那么为了保障殖民地而发生的战争,仍然会花费和以前一样多的费用。

  一百多年来,人民想象着英国的统治者在大西洋西岸建立的伟大帝国,常常感到非常欣慰。然而,这一切都只是想象而已。建立帝国的目的,只是为了开发金矿。从过去到现在,这种计划已经耗费了英国太多的费用,如果继续的话,费用将会进一步扩大且没有任何利润。如前所述,殖民地贸易垄断的结果对人民大众是有害而无利的。如果英国统治者现在不能实现自己和人民的那种黄金梦的话,就应当马上使自己和人民从那种美梦中清醒过来。如果一个省份对帝国的维持不能做出任何贡献的话,那么英帝国就应该停止支付费用去保障和维持那个省份的发展。总之,一个国家应当按照自己的实际情况和自己的利益,去更好地制定自己将来的发展方向。

图书在版编目（CIP）数据

国富论 / （英）斯密著；富强译 . —北京：北京联合出版公司，2014.11（2025.8 重印）

ISBN 978-7-5502-3640-0

Ⅰ.①国… Ⅱ.①斯… ②富… Ⅲ.①古典资产阶级政治经济学 Ⅳ.① F091.33

中国版本图书馆 CIP 数据核字 (2014) 第 216624 号

国富论

作　　者：［英］斯密
出 品 人：赵红仕
责任编辑：徐秀琴
封面设计：王　鑫

北京联合出版公司出版
（北京市西城区德外大街83号楼9层 100088）
北京新华先锋出版科技有限公司发行
三河市中晟雅豪印务有限公司印刷　新华书店经销
字数550千字　787毫米×1092毫米　1/16　37印张
2014年11月第1版　2025年8月第16次印刷
ISBN 978-7-5502-3640-0
定价：48.00元

版权所有，侵权必究
未经书面许可，不得以任何方式转载、复制、翻印本书部分或全部内容。
本书若有质量问题，请与本社图书销售中心联系调换。电话：（010）88876681-8026